Politische Vierteljahresschrift Sonderheft 29/1998

Deutsche Vereinigung für Politische Wissenschaft

Regieren in entgrenzten Räumen

Herausgegeben von
Beate Kohler-Koch

Westdeutscher Verlag

Der Westdeutsche Verlag ist ein Unternehmen der Bertelsmann Fachinformation GmbH.

http://www.westdeutschervlg.de

Höchste inhaltliche und technische Qualität unserer Produkte ist unser Ziel. Bei der Produktion und Verbreitung unserer Bücher wollen wir die Umwelt schonen: Dieses Buch ist auf säurefreiem und chlorfrei gebleichtem Papier geduckt. Die Einschweißfolie besteht aus Polyäthylen und damit aus organischen Grundstoffen, die weder bei der Herstellung noch bei der Verbrennung Schadstoffe freisetzen.

Druck und buchbinderische Verarbeitung: Lengericher Handelsdruckerei, Lengerich
Gedruckt auf säurefreiem Papier
Printed in Germany

ISSN 0032-3470

ISBN 3-531-13305-5

Vorwort

Die Idee zu diesem Band wurde durch Diskussionen im Kreis von Kollegen beflügelt. Ein Kreis umfaßte Kollegen, die den DFG-Forschungsschwerpunkt „Regieren in der Europäischen Union" mit initiiert haben, der andere die Mitglieder von Vorstand und Beirat der Deutschen Vereinigung für Politische Wissenschaft (DVPW), in dem die Überlegungen zur Themensuche für den Bamberger Kongreß immer wieder zur Problematisierung der vielschichtigen Konsequenzen der zunehmenden Internationalisierung und der Zukunft der Demokratie führte.
Wertvolle Anregungen für die Gestaltung des Bandes erhielt ich aus zahlreichen Gesprächen mit Markus Jachtenfuchs und Jakob Edler. Jakob Edler war es auch, der mich bei der Fertigstellung des Bandes tatkräftig unterstützte und zusammen mit Birgit Hellmann die Lektorierung und technische Fertigstellung der Manuskripte übernommen hat.
Als besonderen Gewinn möchte ich verbuchen, daß es dank der finanziellen Unterstützung der Deutschen Forschungsgemeinschaft möglich war, die vorliegenden Manuskripte dieses Bandes im Rahmen einer Tagung des Forschungsschwerpunktes zu diskutieren. Unter den vielen Mitarbeitern, die zum Gelingen der Mannheimer Tagung im Juli 1998 beigetragen haben, hat sich vor allem Michèle Knodt verdient gemacht. Dank der Bereitschaft aller Tagungsteilnehmer aktiv mitzuwirken - sei es durch die Vorstellung oder Kommentierung der vorgelegten Papiere, sei es durch ihre intensiven Diskussionsbeiträge - ist ein höchst angenehmes, intellektuell stimulierendes Tagungsklima entstanden, in dem zahlreiche Anregungen auch für die Überarbeitung der Manuskripte generiert wurden.
Allen Beteiligten möchte ich ganz nachdrücklich für ihre Kooperationsbereitschaft danken. Aus den inhaltlichen Beiträgen habe ich viele Denkanstöße gewonnen und die reibungslose und zügige Zusammenarbeit war geradezu ein Vergnügen.

Mannheim, im Oktober 1998

Beate Kohler-Koch

Inhaltsverzeichnis

III. Demokratie über die Grenzen des Staates hinaus?

Einleitung
Effizienz und Demokratie: Probleme des Regierens in entgrenzten Räumen

Beate Kohler-Koch

1. Entgrenzung als Differenzierungsprozeß

Diese Einführung ist eine Bestandsaufnahme eigener Art. Sie verzichtet darauf, das Thema in der breiteren wissenschaftlichen Diskussion zu verorten, weil dies in den vorliegenden Beiträgen und den Kommentaren zu den einzelnen Abschnitten ohnehin in umfassender Weise geschieht. Vielmehr soll dem Anliegen der Veröffentlichung, nämlich die Diskussionsstränge einer laufenden aber im internationalen Vergleich weit entwickelten Debatte über die Problematik effizienten und demokratischen Regierens unter den Bedingungen fortschreitender Globalisierung und Europäisierung zusammenzuführen, in der Form Rechnung getragen werden, daß hier versucht wird, die unterschiedlichen Ansatzpunkte wie auch die übergreifenden Fragestellungen zu vergegenwärtigen und so den Stand der Diskussion mit seinen Kontroversen, gesicherten Erkenntnissen und innovativen Ansätzen zu verdeutlichen.
„Regieren in entgrenzten Räumen" ist ein bewußt als Provokation gewählter Titel, der als Angriff auf die Langlebigkeit des Modells in unseren Köpfen von einer territorial segmentierten Welt von Staaten mit zwar geographisch aber sonst unbegrenzter Hoheitsgewalt zu verstehen ist. Die These von den „entgrenzten Räumen" soll die Aufmerksamkeit darauf lenken, daß Territorialität und das Zusammenfallen gesellschaftlicher Funktionsräume im Staat distinkte Merkmale des westfälischen Modells sind, die durch politisches und unternehmerisches Handeln in erheblichem Ausmaß verlorengegangen sind, so daß es nun gilt, der Praxis analytisch hinterherzueilen. Die theoretische Herausforderung verknüpft sich mit der These, daß Internationalisierung ein neuartiges Problem für politisches Handeln schafft, weil nicht nur die Wirkungs- und Gestaltungsräume von Regieren auseinanderfallen, sondern die internationale Expansion von Interaktionsräumen auch zu neuen funktionalen Differenzierungen und internen Grenzverschiebungen führt. Für die faktische und normative Bewertung von effizientem und demokratischem Regieren wird damit die Frage nach dem Subjekt politischer Zielvorgaben und Partizipationsansprüche aufgeworfen, denn die Selbstzuschreibung der Bürger als Teil einer politischen Gemeinschaft ist bislang überwiegend an territorial definierte Gesellschaften gebunden. Wenn nun Grenzüberschreitung zur Alltäglichkeit wird, die Grenzen der wirtschaftlichen, kulturellen und auch politischen Handlungsräume über die sich national definierenden Gesellschaften hinaus expandieren und unterschiedliche Prozesse von Inklusion und Exklusion die gedachte und normativ beanspruchte Einheitlichkeit der demokratischen Gesellschaft auflösen und

der politische Raum abhanden kommt, kann die Zukunft der Demokratie nicht mehr mit traditionellen Kategorien erfaßt werden.

Entgrenzung als analytischen Begriff einzuführen, ist insofern ein Wagnis, als - wie Greven (250)[1] zutreffend bemerkt - uns eine Theorie der Grenze fehlt, die die gesellschaftliche Funktionalität von Grenzziehungsprozessen erhellen könnte. Zudem lehnt er die Verknüpfung von Entgrenzung und Raum mit dem Hinweis ab, daß Räumen erst durch ihre Begrenzung Gestalt gegeben wird. Ohne dieser These der gegenseitigen Konstituierung von Raum und Grenze mit dem Hinweis auf die Grenzenlosigkeit des Universums zu widersprechen, soll mit dem Begriff der Entgrenzung auf den Prozeßcharakter der Aufhebung, Verschiebung und Umdeutung von Grenzen verwiesen werden, im Zuge dessen sich die Bezugsräume politischen Handelns stetig verändern. „Entgrenzte Räume" sind dann durch die fortgesetzte Expansion und Verschiebung politischer Bezugseinheiten gekennzeichnet. Entgrenzung kann nicht lediglich mit den Begriffen von Öffnung und Schließung eingefangen werden, weil im gesellschaftlichen Kontext kein strategisches Grenzmanagement greift, sondern ein vielschichtiger sozialer Prozeß abläuft, der sich dem planenden Zugriff einer einzelnen Instanz entzieht (vgl. dazu auch Kohler-Koch/Edler). Selbst rechtliche Grenzziehungen fallen nicht mehr in die ausschließliche Autonomie einzelner Regierungen, sondern unterliegen vielfältigen Beschränkungen des internationalen Vertragsrechts und völkerrechtlicher Grundnormen. Die Herausbildung neuer Grenzen ist ebensowenig als alleiniges Produkt internationalen Handelns wie als Prozeß funktionaler Entsprechung angemessen zu erfassen. Wie Ortmann/Sydow für Organisationen generell feststellen, bedarf es zur Konstitution, Reproduktion und Veränderung von Grenzen „... neben entsprechenden Selektions- und Deutungsleistungen ... ebensosehr einer autoritativen und allokativen Praxis, die sich durch Akte des tätigen Trennens - und des Herstellens von Verbindungen über die Trennungslinien hinweg - zur Geltung bringen. Diese Praxen, insbesondere die Handlungen der Akteure sind notwendig interessengeleitet. Autoritative und allokative Ressourcen ermöglichen den Akteuren den machtvollen Eingriff in das praktische Geschehen in und zwischen Organisationen" (Ortmann/Sydow: 36). In kurzen Worten: „Grenzen werden zu Grenzen, indem sie so behandelt werden" (ebenda).

Entgrenzung im Sinne des Ab- und Umbaus von Grenzen bietet einen analytischen Ansatz, der die Veränderung von Ordnungsstrukturen erfassen läßt. So unterscheidet Wolf in Anknüpfung an Albert zwei unterschiedliche Phänomene von Entgrenzung, nämlich zum einen Entgrenzung im Sinne der Entterritorialisierung politischer Räume, als „Verabschiedung des territorialen Differenzierungsprinzips", und zum anderen Entgrenzung als Reorganisation territorialer Räume, im Sinne der „Verschiebung von Grenzen innerhalb der territorialen Welt".

Daraus entsteht nicht nur ein Problem für die praktische Gestaltung von Politik. Vielmehr ist die Thematisierung von Entterritorialisierung mit einer radikalen Kritik an der Angemessenheit fundamentaler Erklärungskategorien für die globalisierte Welt verknüpft. Nicht nur die Instrumente der Steuerung und Legitimierung, die in einer Welt von Territorialstaaten entworfen und eingesetzt waren, greifen nicht mehr und müssen überdacht werden; auch die in der Welt der Territorialstaaten gedachten Be-

1 Sämtliche Zitatverweise dieser Einleitung beziehen sich auf die Beiträge in diesem Band.

griffe und normativen Zielvorstellungen bedürfen der Neukonstruktion. Es gehe nicht lediglich darum, „... territorialstaatliche Demokratiemodelle an 'entgrenzte Räume' anzupassen. Vielmehr sind die *normativen* Vorgaben dieser Demokratiemodelle selbst auf ihre ursprüngliche Verwobenheit mit dem territorialstaatlichen Ordnungsmodell zu durchleuchten" (Albert: 55, Hervorhebung im Original).

Entgrenzung als teilweise Aufhebung von Grenzfunktionen seitens des Nationalstaates, wie sie vor allem durch das Freizügigkeitsregime der EG verfügt wurde, aber auch mit der Freihandelszone im US-mexikanischen Grenzraum einhergeht, hebt zwar nicht das Prinzip territorialer Organisation auf. Die Ausdifferenzierung politischer Zuständigkeiten auf unterschiedliche Ebenen beinhaltet jedoch einen Bedeutungsverlust für den Nationalstaat und eine Zerteilung und Überlagerung politischer Orientierungsräume, die in doppelter Hinsicht folgenträchtig sind. Die Herausbildung überlappender Kompetenzebenen wirft Probleme funktionaler Koordination aber auch demokratischer Legitimation auf, die sich nicht einfach im Wege der institutionellen Anpassung differenzierter Repräsentations- und Kontrollmechanismen an ein politisches Mehrebenensystem beheben lassen. Vielmehr drängt sich die Frage auf, ob die gesellschaftliche Integrationsfunktion auf der Ebene der Nationalstaaten verbleibt bzw. ob es überhaupt hilfreich ist, daß „... mit einem Begriff von Gesellschaft operiert wird, der diese weiterhin eng an eine als normativ verstandene Integration um einen politisch-gemeinschaftlichen Kern herum erachtet" (Albert: 70). Bezogen auf seinen empirischen Untersuchungsraum diagnostiziert Albert einen Prozeß der Ausdifferenzierung kollektiver Identitäten, der - wenn auch mit Vorbehalt formuliert - nur den Schluß zuläßt, "... daß eine gemeinschaftliche Integration unter einer kollektiven Identität immer schwieriger und unwahrscheinlicher wird" (ebenda: 66). Insgesamt zeigt die Studie, daß die funktionale Teilentgrenzung im Zuge des Aufbaus einer nordamerikanischen Freihandelszone eine erhebliche Entgrenzungsdynamik freisetzt und neue Grenzziehungsprozesse in anderen Funktionsbereichen einleitet. In höchst komplexen Wechselwirkungen kommt es zur Herausbildung neuer Räume, deren Dimensionen schwer auszumachen sind, weil die Ausfransungen an ihren Rändern die Bestimmung von Trennungen und Übergängen erheblich erschwert. Die territoriale Verortung erweist sich zunehmend als sperriges Hilfskonstrukt, das weder die Transnationalisierungsprozesse im wirtschaftlichen Bereich noch die örtliche Koexistenz von ethnisch-kulturellen Gruppen, die sich in höchst unterschiedlichen Bezugsräumen bewegen, begrifflich zu fassen vermag.

Die paradoxe Gleichzeitigkeit von unterschiedlichen Raumbezügen wird bereits mit dem Begriff der „Glokalisierung" eingefangen. In ihm drückt sich die zunehmende Überlappung und Durchdringung örtlicher Verhältnisse durch Prozesse, die sich im globalen Referenzrahmen vollziehen, aus. Entterritorialisierung bringt dagegen die Verselbständigung von Handlungszusammenhängen, die sich nicht mehr in den Kategorien von Territorialität angemessen erfassen lassen, auf den Begriff. Im Zuge der Globalisierung sind Prozesse der Ausdifferenzierung zu beobachten, die nicht zum Wegfall von Grenzen an sich, sondern zu einem Umbau besonderer Art führen: „Funktionale Differenzierungen und neuartige Exklusionsmechanismen übernehmen in verschiedenen Lebensbereichen die Kontroll- und Regulativfunktionen territorialer Grenzen" (Albert: 51). Die nachlassende Bedeutung der territorialen Differenzierung verweist auf zunehmende Inkongruenz zwischen politischen, wirtschaftlichen und soziokulturellen Räumen und den damit einhergehenden Bedeutungsverlust des Staates: „Die territoriale Segmentierung der Organisation des Staatensystems und die daran gekoppelte Verteilung von Zuständigkeiten deckt sich immer weniger mit den entterritorialisierten Bezugs- und Wirkungsräumen, denen gegenüber staatliche Regulierungsansprüche geltend gemacht werden müssen" (Wolf: 79). Bemerkenswert ist, worauf auch Wolf verweist, daß die organisationssoziologische Analyse der Entgrenzungsproblematik von Ortmann/Sydow ganz ohne Territorialitätsbezug auskommt.

2. *Regieren jenseits des Staates: Rückgewinn politischer Gestaltungsmacht*

Die Beiträge, die sich in diesem Band mit der Problematik des Regierens unter den Bedingungen der Entgrenzung beschäftigen, zielen nicht auf eine stark abstrahierende theoretische Betrachtung, sondern arbeiten in vergleichender Perspektive die empirischen Befunde über die unterschiedlichen Möglichkeiten des Regierens heraus und legen dabei eine breite Vielfalt der Modi des Regierens offen. Selbst die auf nur das eine Kriterium der „Problemlösungsfähigkeit" reduzierte Untersuchungsperspektive läßt eine Vielfalt von Phänomenen erkennen, so daß es geraten erscheint, jeweils explizit über den gegebenen Kontext zu reflektieren und z.B. die in der EU erprobten Analysemodelle und theoretischen Einsichten nicht „umstandslos" auf die globale Ebene zu übertragen (Jachtenfuchs: 238). Der weithin geläufigen These, daß Entgrenzung die Möglichkeiten politischer Gestaltung deutlich schwächt, wird hier nicht grundsätzlich widersprochen. Die Beiträge zeigen jedoch, daß auf internationaler und europäischer Ebene Regieren prinzipiell möglich und de facto ziemlich verbreitet ist.
Die überwiegend positive Bilanz muß selbst für die EG überraschen, denn aus der institutionell geprägten Asymmetrie zwischen „negativer" und „positiver" Integration ergibt sich, daß der Spielraum für politische Einflußnahme zur Kanalisierung der Eigendynamik des Marktes kleiner geworden ist. Über das Kausalmodell besteht, wie Scharpf feststellt, Einigkeit, doch die empirischen Befunde zeigen deutliche Unterschiede. Er zeigt anhand einer systematischen Auswahl von Politikfeldern auf, daß sich in ihnen keine *„universellen* empirischen Regelmäßigkeiten" niederschlagen (Scharpf 140, Hervorhebung im Original). Vielmehr ist jeweils im einzelnen zu prüfen, wie die rechtlichen und wirtschaftlichen Beschränkungen des nationalen Handlungsspielraums (Einschränkung durch die rechtlichen Regeln der negativen Integration und Anpassungszwänge erzeugt durch den ökonomischen Wettbewerb) mit der durch Kompetenzzuschreibungen und Abstimmungsmodalitäten umschriebenen europäischen Handlungsfähigkeit zusammenwirken und bereichsspezifische Interessenskonflikte zu Geltung kommen lassen. Die Verortung von politikspezifischen Fallstudien in einer solchen Matrix hilft dann, den augenscheinlichen Widerspruch zwischen den Ergebnissen von „optimistischen" und „pessimistischen" Fallstudien aufzuklären. Erst beide zusammen spiegeln das komplexe Gesamtbild der Problemlösungskapazität im europäischen Mehrebenensystem wider.
Der Binnenmarkt fördert zwar den Wettbewerb regulativer Systeme, doch ein solcher Regulationswettbewerb ist auf nationaler Ebene keineswegs durchgängig festzustellen und dort, wo er stattfindet, führt er nicht zwangsläufig zum Unterbieten von Schutz- und Leistungsniveaus. Soweit politische Regulierungen nur noch auf europäischer

Ebene möglich sind, stoßen sie auf hohe Konsenserfordernisse. Trotzdem kommen Vereinbarungen zustande, und sie liegen auch nicht stets auf dem kleinstem gemeinsamen Nenner. Nationale Regierungen haben in sensitiven Bereichen rechtlich verbriefte Interventionsmöglichkeiten, können aber auch außerhalb dieser Politikstrategien entwickeln, die Anreize zu einem Regulierungswettbewerb nach oben schaffen. Bei produktions- und standortbezogenen Sozial- und Umweltschutzregelungen sind die nationalen Gestaltungsspielräume deutlich beschränkter, selbst wenn hier gesellschaftlicher Widerstand Deregulierungsbestrebungen in der Vergangenheit immer wieder wirkungsvoll begrenzt hat. Insgesamt ist eine Verengung der nationalen Gestaltungsspielräume gerade in den politisch sensitiven Bereichen der Sozial- und Umweltpolitik festzustellen, so daß sich hier mit Nachdruck die Frage nach den Chancen der Re-Regulierung auf europäischer oder internationaler Ebene stellt.

Zu einer differenzierten Beurteilung politischer Regulierung in der internationalen Politik kommt auch Zürn. Ihm geht es darum, empirisch und theoretisch plausibel zu machen, daß keine „unüberwindbaren strukturellen Defizite" für ein Regieren jenseits des Nationalstaates bestehen. Er zeigt auf, wie sich sachbereichsspezifisch Verregelungswahrscheinlichkeiten auf internationaler Ebene ergeben. Insoweit sind die Folgen von Entgrenzung für politische Regulierung in hohem Maße kontingent. Auf der Grundlage von Längsschnittdaten aus unterschiedlichen Politikfeldern im Bereich von Wohlfahrt und Sicherheit kann er aufzeigen, daß „(a) sich tatsächlich marktkorrigierende, positive internationale Regelungen identifizieren lassen und (b) die Schere zwischen negativen und positiven internationalen Regelungen nicht systematisch auseinanderläuft, sondern sich eher im Sinne der *ungleichzeitigen* Denationalisierung mit zeitlicher Verzögerung in einzelnen Sachbereichen und Regionen bereits gegenläufige Entwicklungen abzeichnen" (Zürn: 93). Verallgemeinernd läßt sich sagen, daß konstituierende und distributive Regelungen vergleichsweise leicht zu vereinbaren sind und empirisch bereits häufig nachgewiesen werden können. Gleiches gilt für regulative Politiken, die keine deutliche Verschiebung von Gewinn- und Marktchancen bewirken. Regelungsdefizite treten vor allem dort auf, wo regulative Politiken signifikante Verteilungsimplikationen haben oder offen auf Redistribution angelegt sind. Gegen die daraus abgeleiteten pessimistischen Erwartungen führt Zürn ein theoretisches und empirisches Argument ins Feld: Zum einen plädiert er dafür, die interessenorientierte Analyse internationaler Institutionen nicht zu vereinseitigen, sondern auch die Rückwirkungen einmal geschaffener institutioneller Arrangements auf die Definition von Interessen mit in den Blick zu nehmen, weil sich so erklären läßt, daß selbst regulative Politiken mit weitreichenden redistributiven Implikationen jenseits des Nationalstaates systematisch betrieben werden können. Zum anderen verweist er darauf, daß letztere nicht zwingend notwendig sind, weil es in der Praxis häufig genügt, über regulative Regime auf internationaler Ebene die erwünschten redistributiven Maßnahmen auf nationalstaatlicher Ebene, mit denen die Eindämmung unerwünschter Ungleichheiten erreichen werden sollen, abzusichern.

Ein Feld, in dem Entgrenzung offenkundig Machtpositionen im Interessenausgleich auf nationaler Ebene verschoben hat und in dem auf übernationaler Ebene noch keine ausgleichenden Prozesse zur Regulierung dieser Machtverschiebungen in Gang gekommen sind, sind die Arbeitgeber-Arbeitnehmer Beziehungen. Es ist fraglich, ob die durch die Schwächung der Position der Arbeitnehmer entstandenen Verteilungseffekte durch eine Einigung auf regulative Regime auf europäischer Ebene wieder bearbeitbar werden. Da in diesem Sachbereich die Funktionsfähigkeit der etablierten politischen Regelungsmodi von ihrer nationalen Verankerung abhängt, stellt sich mit verschärfter Dringlichkeit die Frage nach den Folgen von Entgrenzung. So wird allgemein bezweifelt, daß das Instrument des Flächentarifvertrages die ihm zugedachte politische Funktion, nämlich den Preis des Lohnes den Wirkungsgesetzen des Marktes zu entziehen, unter den Bedingungen von Globalisierung und Europäisierung noch erfüllt. Aber obwohl die Öffnung der Marktgrenzen die exit-Optionen ungleich verteilt hat, ist empirisch festzustellen, daß kein Zusammenbruch der nationalen Regelungsmuster folgte. Selbst im europäischen Binnenmarkt kann auf eine erstaunliche Stabilität der nationalen Kollektivvertragsinstitutionen verwiesen werden. Nicht ein Wandel der Systeme ist zu beobachten, sondern ein Wandel in den Systemen. Substantiell drückt er sich in einem Übergang vom keynesianischen Nachfragekorporatismus zum weltmarktorientierten Angebotskorporatismus und in einer Einengung der jeweiligen Geltungsbereiche der Abkommen aus. Verschiedene Formen dezentraler Absprachen verdrängen die bislang vorherrschend nationalen Arrangements. Dezentralisierung birgt allerdings eindeutig die Gefahr einer Desorganisation der nationalen Kollektivvertragssysteme bzw. deren Unterordnung unter die Zwänge des „Wettbewerbsstaates" mit sich.

Auch hier lautet die Gegenstrategie, das auf nationaler Ebene verloren gegangene Gestaltungspotential durch den Aufbau politischer Handlungsmacht auf europäischer Ebene wiederzufinden. Allerdings erweist sich die spezifische Kombination von Interessenkonstellationen, institutionellen Faktoren und kontextspezifischen Handlungsrationalitäten als widerspenstig. Die Positionsdifferenzen sind sowohl zwischen als auch innerhalb der Lager von Gewerkschaften und Arbeitgebern erheblich, die Einflußlogik des EG-Systems benachteiligt soziale Belange und die mit dem Binnenmarktprojekt festgeschriebene Vorrangigkeit von marktkonformer Politik strahlt auch in die tarifpolitischen Handlungsbereiche aus. Die Hoffnung, die aus institutionellem Eigeninteresse lancierten Stützungsangebote der Kommission könnten sich zu einem für die Gewerkschaften günstigen System europäischer Kollektivvertragsbeziehungen entwikkeln, steht bislang „empirisch auf einer sehr dünnen Basis" und weist „theoretisch grundlegende Schwächen in der Analyse des politischen Charakters des gegenwärtigen Integrationsprozesses und der ihn stützenden hegemonialen Strukturen" auf (Schulten: 159).

Im Falle der Arbeitsbeziehungen ist es augenfällig, daß europäische Politik nicht nur rationale Problembewältigung, sondern zugleich immer auch interessen- und normorientiertes Handeln und Entscheiden ist. So ist die von Schulten präsentierte Repolitisierungsstrategie ein logisch schlüssiger Ausweg. Nach seiner Einschätzung ist Voraussetzung für eine Eindämmung des Regimewettbewerbs, daß die Gewerkschaften aus ihrer „strukturellen Defensivposition herauskommen und sich sowohl auf nationaler als auch auf europäischer Ebene als autonome soziale Bewegung neu konstituieren." (Schulten 162) Das Plädoyer für eine „inhaltlich-konzeptionelle" und „institutionell-organisatorische" Erneuerung gewerkschaftlicher Politik läßt aber die Frage offen, wie angesichts der konstatierten Entgrenzungsprozesse und dem unterschiedlichen Zuschnitt von politischen und wirtschaftlichen Räumen jene kollektiven Identitäten rekonstruiert werden können, die in den Nationalstaaten in der Nachkriegszeit Kollektivvertragsbeziehungen als „Klassenkompromiß" entstehen ließen.

Im Bereich der Tarifvertragsbeziehungen sind die gesellschaftlichen und politisch-institutionellen Bedingungen einer transnationalen Interessenabstimmung eindeutig abträglich. In Politikbereichen mit einer anderen Akteursklientel können dagegen latente Interessensübereinstimmungen erfolgreich mobilisiert und in inter- oder supranationale Politik umgesetzt werden. Ein Beispiel, wie in solchen Politikbereichen, die sich durch eine geringere Brisanz der Verteilungskonflikte und offeneren Problemdefinitionen auszeichnen, Regieren jenseits des Nationalstaates auch trotz ursprünglich problematischer Interessenskonstellationen in Gang gesetzt werden kann, liefert der Beitrag von Kohler-Koch/Edler. Sie zeigen, daß *Regieren in entgrenzten Räumen* auch heißen kann, daß zunächst mittels sozialer diskursiver Prozesse die entgrenzten Räume konstruiert werden, innerhalb und mittels derer dann politisch gestaltet, d.h. regiert werden kann. Entgegen der Dichotomie von negativer und positiver Integration und trotz hoher Hürden zwischenstaatlicher Konsenserfordernisse ist es möglich, auch gegen anfängliche widerstrebende Mitgliedsregierungen ein europäisches Regime zu etablieren. Dieses Paradox erschließt sich nur durch die Analyse des Generierungsprozesses von Politik. Kohler-Koch/Edler formulieren in ihrem Beitrag die allgemeine These, daß sich bedingt durch die institutionellen Gegebenheiten des EG-Systems ein besonderer Typ des Regierens herausgebildet hat, in dem die Vernetzung potentiell interessierter Akteure und die Konsensbildung über diskursive Verständigung eine inhaltliche Interessensabstimmung begünstigt, die schließlich zu gemeinsamem Handeln und der dauerhaften Festschreibung einer gemeinschaftlichen Politik führen.

Die Einbindung privater Akteure, deren Handlungsorientierung bis dato national „begrenzt" gewesen ist, in transnationale Diskursarenen eröffnet ihnen neue Handlungsoptionen und erwirkt damit gegebenenfalls eine Neueinschätzung ihrer Interessen. Transnationale Ideendiskursen, die durch wissenschaftliche Exzellenz und die Reputation ihrer Teilnehmer ausgewiesen sind, verleihen solchen Handlungsoptionen ein hohes Maß an Glaubwürdigkeit. Die Legitimitätsbegründungen, auf die sich nationale Interessenskoalitionen z.B. zwischen Wirtschaft und Politik stützen, verlieren so durch die transnationale Diffusion konkurrierender Konzepte von sachgemäßer und gewinnbringender Politik an Überzeugungskraft. Über neue Ideenkoalitionen bilden sich schließlich auch neue Interessenkoalitionen. Die Entgrenzung der Handlungsorientierung privater Adressaten von Forschungsförderungsprogrammen hat zur Folge, daß auch die nationalen Programmanbieter aus Politik und Verwaltung, wenn zunächst auch aus naheliegenden Gründen widerwillig, sich ebenfalls auf den transnationalen Diskurs einlassen müssen. Im vorliegenden Fall kann anschaulich gezeigt werden, wie durch die Einbindung von zunächst nur einer Akteursgruppe in einen transnationalen Diskurs eine soziale und kognitive Entgrenzung vorangetrieben wurde, die schließlich zur Vergemeinschaftung von Politikprozessen beitrug, die nach rationalistischer Logik nur schwer zu erklären sind. In diesem Prozeß hat sich jedes Element „effektiven Regierens in entgrenzten Räumen" schrittweise verändert: In einem ersten Schritt die *Bezugsräume*, in einem zweiten die *Politikoptionen*, die als sachdienlich und gewinnbringend akzeptiert werden, und schließlich das *Regieren* selbst.

Im Feld der Forschungs- und Entwicklungspolitik ist es eindeutig die Kombination der Eigenheiten der Gemeinschaftsinstitutionen mit den Besonderheiten des Politikfeldes, die einer diskursiven Problem- und Interessensabstimmung Raum zu geben vermag.

Im untersuchten Fall erfolgte diese in einem transnationalen auf OECD und EG fokussierten Kommunikationsnetz, das zunächst nur einen grenzüberschreitenden Verständigungsraum bildete, im Zuge der Formulierung von Programmen und deren Implementation dann aber auch ein sektorales Politiksystem und ein forschungspolitischer Handlungsraum entstehen ließ. Dabei erfolgt eine doppelte Grenzverschiebung, zum einen in Form einer Überlagerung der nationalen sektoralen Politikräume für Forschung und Entwicklung, zum anderen durch eine Verwischung der Grenzen zwischen öffentlichen und privaten Akteuren, die als gleichermaßen legitime Akteure in Politiknetze eingebunden sind und in einem interaktiven Prozeß an der Festlegung allgemeinverbindlicher Ziele und Maßnahmen mitwirken.
Aus der Binnensicht entfaltet ein so strukturierter Prozeß eine hohe Legitimitätswirkung, denn er eröffnet den unmittelbar Betroffenen die direkte politische Mitwirkung, stärkt das deliberative Moment in der Bestimmung von Zielen und Zwecken und mobilisiert im Sinne von output-Legitimität über Leistungsanreize Wohlfahrtsressourcen. Demokratische Legitimation kann in diesem Prozeß jedoch nicht erwirtschaftet werden, weil er funktional geschlossen ist und sein Erfolg geradezu auf der späten Einbeziehung von Repräsentionsorganen beruht. Damit wird gegen das normative Erfordernis der prinzipiell gleichen Zugangs- und Beteiligungsmöglichkeiten verstoßen, das als unerläßliche Voraussetzung für jede Form demokratischer Herrschaft erachtet wird.

3. *Demokratie im Staatenverbund*

Die öffentliche und akademische Diskussion der Entgrenzungsfolgen von Globalisierung und Europäisierung kreist im deutschen Sprachraum um die Herausforderung für und die Bewahrung von effektivem Regieren. Die Sicherung von „Handlungsfähigkeit" stand auch im Mittelpunkt der zurückliegenden Regierungskonferenzen zur Reform der Europäischen Union. Die politische Selbstverpflichtung der Verhandlungspartner, mehr „Bürgernähe" im Vertrag zu verankern, hatte allerdings wenig mit der Stärkung demokratischer Selbstbestimmung zu tun, und soweit diesbezügliche Maßnahmen ergriffen wurden, verharrten sie auf der Ebene symbolischer Politik. Das angestrebte Gleichgewicht zwischen exekutiver Kompetenzanreicherung und parlamentarischer Mitbestimmung und Kontrolle endete im Amsterdamer Vertrag in einer erneuten Schieflage. Die Demokratisierung der EU ist trotz zunehmender Sensibilisierung immer noch ein Fall „nachholender Entwicklung" und im politischen Diskurs einseitig auf die Reproduktion der aus den nationalen Mitgliedstaaten vertrauten Modelle repräsentativer Demokratie beschränkt. Die akademische Debatte, einig in der Diagnose, daß die Parlamentarisierung der EU nicht mit ihrer Demokratisierung gleichzusetzen ist, konzentriert sich dagegen in jüngster Zeit zunehmend auf die Suche nach „europafähigen Demokratiemodellen".
Gegen die allfällige Versuchung, die Klassifizierung der EU als ein System sui generis zum Vorwand für eine „schleichende Ermäßigung der Gehalte demokratischer Legitimität" (Schmalz-Bruns: 370) zu nehmen, setzt Greven das Diktum, daß der normative Bezugspunkt demokratischer Herrschaft das Individuum in seiner Menschenwürde und seinen unveräußerlichen Rechten ist. Die EU ist Teil des Herrschaftsprozesses der

beteiligten Gesellschaften, in dem es beständig um die ungleiche Verteilung von Lebenschancen und die Verfolgung konkurrierender Lebensentwürfe geht. Sie hat ein Regierungssystem mit eigenen Akteuren, Institutionen und Verfahren etabliert, das einige Wenige befugt, über andere verbindlich zu entscheiden, d.h. Herrschaft auszuüben (Greven: 253). Die Ausübung von Herrschaft aber bedarf nicht nur einer rechtlichen Grundlage, sondern der demokratischen Legitimation und diese, so der Kernsatz der Ausführungen von Greven, kann normativ betrachtet nur vom demos selbst ausgehen. Die Konstituierung eines europäischen demos und einer demokratischen Öffentlichkeit sind somit grundlegend für die Demokratiefähigkeit der EU.

So geht es zum einen um die Selbstzuschreibung der Europäer als Gemeinschaft gleicher Bürger, worin - will man den Standards der in den Mitgliedstaaten gültigen Gleichheitsprinzipien entsprechen - sowohl die fundamentalen Freiheitsrechte und politischen Teilhaberechte als auch die sozialen Rechte enthalten sind. Die Gewährleistung gleicher sozialer Rechte ist bereits auf den ersten Blick problematisch, weil sie sich nicht auf beliebig teilbare und vermehrbare Güter beziehen und so Umverteilungskonflikte heraufbeschwören. Umverteilung ist nur erträglich, wenn ein „belastbares Wir-Gefühl" besteht, das nach aller empirischer Evidenz nur in nationalen Teilgemeinschaften, nicht aber EU übergreifend vorhanden ist. Die mangelnde Bereitschaft, „praktische und kostenträchtige Solidarität zu üben" (Greven: 262), stellt die Integration zwangsläufig vor das Dilemma, „...entweder bei der Entwicklung eines genuin europäischen politischen Bürgerstatus hinter den in den Mitgliedstaaten bereits entwickelten integrierten Standard zurückzufallen und die sozialen Rechte von den anderen Rechten wieder abzukoppeln - oder aber eine auf einer eigenen politischen Bürgerschaft beruhende Demokratisierung der Europäischen Union wie bisher gar nicht entschieden anzustreben und sich mit der gouvernementalistischen und administrativen Politikregulierung jenseits der nationalen Demokratien weiterhin zu begnügen"(ebenda).

Der Demokratisierung der EU steht nach Auffassung Grevens zum anderen entgegen, daß sie keinen für alle gleichermaßen zugänglichen Raum für die Entfaltung der freien Selbstbestimmungsrechte und der gleichberechtigten politischen Teilhabe bietet. Folgt man der These von Greven, daß die rhetorische Konstruktion des politischen Prozesses am Anfang seiner normativen Legitimitätsgeltung steht und jedes politische Gemeinwesen eines politischen Raumes als „Sinnhorizont" der faktisch ablaufenden Kommunikationsprozesse bedarf, dann ist der vielsprachige Staatenverbund, den die heutige EU darstellt, keine taugliche Basis für Demokratie. Nicht lediglich mangelnde Sprachfähigkeit, sondern die unterschiedliche Zuschreibung von Sinn und Bedeutungsgehalten bei zentralen Begriffen und Symbolen sind Trennwände im europäischen Kommunikationsraum. Nicht zuletzt ist die organisierte politische Öffentlichkeit, gemessen an der Präsenz und Informationspolitik der Massenmedien und an der Repräsentationsleistung von Parteien und Verbänden, national begrenzt. Die EU ist als politischer Raum für die Bürger weitgehend unsichtbar und unzugänglich. Die institutionell verankerte prinzipielle Zugänglichkeit und Teilhabemöglichkeit an der politischen Kommunikation ist aber notwendige Voraussetzung für demokratische Systeme, weil nur sie dem normativem Anspruch der Gleichheit demokratischer Selbstbestimmungsansprüche gerecht wird. Für Greven verrät die Vernachlässigung der Sprachprobleme als entscheidendes Hindernis für politische Integration und Demokratisierung die elitäre

Schlagseite der Argumentation, wenn es um die Erschließung der potentiellen Legitimationsquellen der EU geht.

Wenn nicht ein rechtlich-institutionelles, sondern ein gesellschaftlich-strukturelles Defizit die Demokratisierung der EU behindert, dann ist wissenschaftliches Nachdenken über kluge Institutionenpolitik vergeblich, und die Suche nach funktionalen Äquivalenten in organisierten Interessen und „zivilgesellschaftlichen Brückenköpfen" führt zu einer bedenklichen Aufweichung demokratischer Grundprinzipien. Damit läßt Greven „...eine prinzipielle Schranke vor einer dem nationalstaatlichen Bezugsrahmen sich entziehenden Demokratisierung Europas niedergehen" (Schmalz-Bruns:372). Aus der Logik seiner Argumentation ergibt sich, daß die einzig vertretbare Europapolitik eine Strategie der Eindämmung des Legitimationsbedarfs durch eine Begrenzung auf autonomieschonende Politikkoordination ist.

Die Schranke wird von Eder/Hellmann/Trenz und Abromeit/Schmidt in Richtung alternativer Konzepte demokratischer Öffentlichkeit und herrschaftlegitimierender demoi umgangen. Sie geben in ihrem Beitrag die normative Grundsatzposition, nach der die Legitimität europäischen Regierens unerläßlich an das Vorhandensein politischer Öffentlichkeit geknüpft ist, nicht auf. Um aber nicht bei der Diagnose des Defizits verharren zu müssen, begeben Eder/Hellmann/Trenz sich auf die Suche nach einem Konzept von Öffentlichkeit, das die Struktur- und Funktionsbesonderheiten der europäischen Realität aufnimmt und Wirkungsmechanismen erkennen läßt, die der normativen Idee von demokratischer Öffentlichkeit gerecht werden sollen. Abromeit/Schmidt versuchen ihrerseits, die unausweichliche Inkongruenz von sektorspezifisch kontingenter Entgrenzung und territorial verhafteten demoi demokratietheoretisch einzufangen, indem sie ein Modell transnationaler sektoraler demoi entwerfen.

Ein zentrales Kennzeichen des europäischen Regierens ist seine ausgeprägte funktionale Segmentierung, so daß die klassische Verknüpfung von Öffentlichkeit und politischer Entscheidungsfindung in Form der massenmedialen Beobachtung der Repräsentanten des Volkes in der Tat ins Leere greift. Zu beobachten ist statt dessen die Entstehung von politikfeldspezifischen Handlungs- und Kommunikationsräumen und damit einer höchst heterogenen Öffentlichkeit. Die sich so ausbildenden „Teilöffentlichkeiten", in denen „issue-Betroffenheit" zum Ausdruck kommt, werden nun von Eder/Hellmann/Trenz empirisch und theoretisch daraufhin überprüft, ob sie fuglich zum Organisationsprinzip einer demokratietauglichen Öffentlichkeit erhoben werden können.

Am Beispiel der europäischen Migrationspolitik zeigen sie auf, daß der Diskurs in den entstehenden transnationalen Kommunikationsnetzwerken nicht ohne die Thematisierung generalisierter Geltungsansprüche auskommt und diese zunächst politikfeldspezifische Thematisierung sich an der Zustimungsfähigkeit der verfolgten Politiken in einer breiteren Öffentlichkeit orientieren muß: „Selbst relativ geschlossene Verhandlungssysteme, wie sie z.B. im Bereich der 'Dritten Säule' zu beobachten sind, verhandeln niemals nur unter Ausschluß der Öffentlichkeit, sondern müssen ihre Ideen und Ansprüche immer auch in einer Öffentlichkeit kommunizieren und rechtfertigen. Konkurrierende, an die Öffentlichkeit herangetragene Geltungsansprüche bestimmen somit die Dynamik politikfeldspezifischer Kommunikationsprozesse" (Eder/Hellmann/Trenz: 333). Allerdings behindern verfahrensspezifische Restriktionen des europäischen Regierungssystems, die in den intergouvernemental strukturierten Säulen der EU besonders ausgeprägt sind, die Entfaltung der potentiell legitimierenden Kraft von Öffentlichkeit in den deliberativen und partizipativen Arenen. Dagegen wird der Arena symbolischer Politik ein zentraler Stellenwert zugemessen, weil in einem dialektischen Prozeß die Mobilisierung von öffentlicher Anerkennung durch ein über Massenmedien zu erreichendes passives Publikum eine symbolische Gegenmobilisierung provoziert und einen Politisierungsprozeß auslöst, durch den die Legitimationsbedürftigkeit europäischer Politik offengelegt wird. „Es entsteht so eine negative Öffentlichkeit, die nicht mehr Legitimation vermittelt..., sondern Legitimation entzieht, sich dem symbolischen Werben der Institutionen um Zustimmung verweigert" (ebenda: 342). Daran knüpft sich die Hoffnung, daß mit der Aufkündigung des „permissive consensus" eine „responsive Öffentlichkeit" entsteht, die für europäische Politik einen Legitimitätsnachweis anfordert, der den normativen Erwartungen demokratischer politischer Teilhabe entspricht.

Abromeit/Schmidt führen die Überlegungen von Eder/Hellmann/Trenz mit einer gewissen Radikalität weiter, weil sie die innergesellschaftlichen Grenzziehungen zum Ausgangspunkt ihrer Überlegungen für die „Grenzprobleme der Demokratie" nehmen. Entwicklungslinien hin zu einem im gemeinsamen Mythos oder Ethos verankerten europäischen demos, auf den sich ein transnationales europäisches Demokratieprojekt stützen könnte, werden verworfen. Konkurrierend zu dieser „falschen Utopie" wird die Idee multipler, sektoraler demoi eingeführt, welche zu Referenzgruppen einer grenzüberschreitenden Demokratie werden könnten. Konstitutiv für solche demoi sind nicht gemeinsam geteilte (Wert-) Präferenzen bzw. situativ vorgegebene Interessenlagen, sondern die Verortung in Handlungsfeldern und die aus spezifischen Sachpolitiken entstehende Betroffenheit der Bürger. Gemeinsamkeiten werden über Zurechnung und interaktive Argumentation hergestellt. Es sind „reale, vermutlich codevermittelte Vergesellschaftungsprozesse, deren integrative Wirkung das Problem der Mitgliedschaft auf der 'subjektiven' Ebene löst" (Abromeit/Schmidt: Fußnote 7). Offen bleibt allerdings zum einen, welcher „Ergänzungen" es bedarf, um „Selbstregierung" dieser Teil-demoi auch nur ansatzweise zu ermöglichen und zum anderen, ob und wie die zu erwartende Pluralität transnationaler demoi aufgefangen werden soll. Oder muß man sich die Entgrenzung unserer Welt als eine infinite Anhäufung sektoraler demoi vorstellen, deren Komplexität sich einer wie auch immer gearteten Gesamtgestaltung von Politik und deren gesamthaften demokratischen Kontrolle entziehen würde?

Einen ganz anderen Ansatz, der mit dem von Abromeit/Schmidt und Eder/Hellmann/Trenz angebotenen Referenzbezug sektoraler Handlungs- und Funktionsbereiche nicht in Übereinstimmung zu bringen ist, bietet Albert. Der durch die nordamerikanische Freihandelszone ausgelöste Prozeß von Entgrenzung und die Erfahrung von „Grenzsituationen" ist für ihn der analytische Fokus, um Ansatzpunkte für grenzüberschreitende Vergesellschaftungsprozesse und neue Referenzsysteme für faktische und normative Integration aufzufinden. Aus der Perspektive der Entgrenzung kommt ihm vor allem die Widersprüchlichkeit des Grenzbezugs in den Blick, denn sie ist sowohl weiterhin Trennlinie für sich national definierende Gemeinschaften als auch Bindeglied für transnationale Migrationsgemeinschaften. In der Mikro-Analyse ist vor allem zu beobachten, daß sich die Landesgrenze keineswegs in einem neu entstandenen Grenzraum aufgelöst oder zu dessen Außengrenzen hin verlagert hat. Vielmehr ist eine Ausdifferenzierung von Interaktionsräumen von je unterschiedlichem Zuschnitt zu beobachten, so daß der Grenzraum selbst je nach funktionalem Kontext höchst unterschiedliche Dimensionen mit meist verschwommenen Konturen annimmt. Funktionale Differenzierungen und soziale Exklusionsmechanismen übernehmen etliche der vorher der Territorialgrenze zugeordneten Funktionen und verwischen so die territoriale Dimension von Grenzziehung. Die Einbindung des Lokalen als offenes Wirtschafts- und Kommunikationssystem in regionale, nationale und globale Prozesse verstärkt die Überlappung relevanter Bezugsräume. Sie geht einher mit einer Multiplizierung von Ebenen politischer Zuständigkeit, so daß alles andere als eine neue Deckungsgleichheit von Identitäts-, Problem- und politischen Handlungsräumen zu erwarten ist.

Die Hoffnung, daß Entgrenzung zur Entstehung einigermaßen homogener, demokratisch tragfähiger binnengesellschaftlicher Verhältnisse führt, erscheint damit trügerisch. Wenn man den von Eder/Hellmann/Trenz vorgeschlagenen dialektischen Weg zur Herstellung demokratischer Öffentlichkeit ausschlägt und die Vision multipler demoi als zu radikal verwirft, so ist eine forschungspolitische Umkehr angesagt. Richtet sich die Gesellschaftsanalyse auf die Suche nach Keimzellen neuer politischer Gemeinschaften, so begibt sich die Institutionenanalyse auf die Suche nach Ordnungssystemen, die eine Balance zwischen den Selbstbestimmungsansprüchen von weiterhin territorial verankerten Gemeinschaften unter den Bedingungen materieller und moralischer Interdependenz ermöglichen.

So lenkt Brock in seinem Beitrag nachdrücklich die Aufmerksamkeit des Lesers darauf, daß ein normatives Urteil über die Veränderung der Chancen von Demokratie im Auge behalten muß, daß es um den politischen Umgang mit rivalisierenden Selbstbestimmungsansprüchen geht (Brock: 288). Eine auf die einzelnen politischen Gesellschaften eingeschränkte Betrachtung demokratischer Selbstbestimmung verleitet seines Erachtens dazu, die Stärkung nationaler Handlungsfähigkeit als Selbstzweck zu propagieren. Eine Erweiterung der innerstaatlichen Spielräume für demokratische Gestaltung ist jedoch stets in ihrer Wechselwirkung mit den internationalen Strategien zur Absicherung eben dieser Spielräume zu sehen. Der globale Kontext bietet einen höchst ambivalentes Rahmen, weil zwar fortschreitende Demokratisierung ein für die internationale Verständigung förderliches Umfeld bietet, aber die gerade aus der wachsenden Verflechtung resultierenden asymmetrischen Interdependenzen es erlauben, die gesellschaftlichen Kosten eigener Politik auf andere abzuwälzen. Brock verweist darauf, daß es durchgängig zu beobachten ist, daß die gegebenen Machtdisparitäten dazu genutzt werden, mittels einer „plutokratisch" bestimmten internationalen Regulation die mit der Liberalisierung und Deregulierung verbundenen sozialen Kosten und ökonomischen Risiken zu Lasten Dritter umzuverteilen. Gerade wenn die Bewahrung und Ausweitung demokratischer Selbstbestimmung auf innerstaatlicher Ebene normatives Postulat ist, ihre Materialisierung aber an die internationale Absicherung der eigenen Handlungsgrundlagen gebunden ist, sind solche hegemonialen Vorgaben illegitime Fremdbestimmung. Eine demokratieverträgliche internationale Verständigung über Sozial-, Umwelt- und Menschenrechtsstandards, so Brock, kann nur durch Wertedialog im Rahmen ausgeweiteter internationaler Diskurse erzielt werden. Internationale Organisationen und die Verbreitung von Nicht-Regierungsorganisationen tragen seiner Einschätzung nach zu einer diskursiven Anreicherung von Politik bei, die es erleichtert, „sich überhaupt erst über die substanzi-

elle Rationalität von Entscheidungen zu verständigen" (ebenda).
Auch das von Joerges/Neyer vorgestellte Konzept des „deliberativen Supranationalismus" zielt darauf ab, die konzeptionelle Begrenzung von Demokratie auf das Binnenverhältnis einer Gesellschaft aufzugeben und anzuerkennen, daß die politische Realität Westeuropas ein die Nationalstaaten transzendierendes Modell von Demokratie verlangt. Der Vergemeinschaftungsprozeß hat zu einer institutionalisierten Interdependenz von einem derartigen Ausmaß geführt, daß für ein den demokratischen Idealen verpflichtetes Gemeinwesen legitime Politik sich nicht in der Berücksichtigung der Belange der eigenen Bürgerschaft erschöpfen kann. Sie fordern nicht weniger als „...ein neuartiges plurales, nicht-homogenes Gemeinwesen zu entwerfen, in dem die demokratische Legitimität der Mitgliedstaaten anerkannt wird, in dem aber gleichzeitig Verpflichtungen positiviert sind, die sich aus der Interdependenz der Staaten ergeben" (Joerges/Neyer: 227) Das Prinzip der Supranationalität, das in der EG in Form der institutionellen Balance zwischen den auf unterschiedliche Interessen verpflichteten Organen und dem Vorrang des Gemeinschaftsrechts verankert ist, bedeutet nichts anderes, als daß „Mitgliedstaaten jeweils 'ausländische' Belange respektieren und entsprechende Beschränkungen anerkennen müssen" (ebenda). Die Überbrückung des daraus resultierenden Spannungsverhältnisses und die Überführung der am partikularen Eigennutz orientierten zwischenstaatlichen Verhandlungen in eine politische Praxis, die gemeinsamen Belangen Rechnung trägt, sehen sie in der „Komitologie" angelegt.
Aus dem Streben nach einer institutionellen Balance zwischen gemeinschaftlichem Effizienz- und mitgliedstaatlichem Konsensbedarf entstanden, hat die Komitologie einen „unaufhaltsamen Aufstieg" genommen. Sie gilt gemeinhin als Verkörperung des für die EG so typischen intransparenten und bürgerfernen inter-bürokratischen Verhandlungssystems. Ausgerechnet in ihm den Ansatz demokratischer Legitimität zu sehen, muß auf ersten Blick verblüffen. Joerges/Neyer betrachten sie als Keimzelle eines neuartigen Modells von Demokratie, weil ihre Konstruktionsbedingungen ungeachtet der Motive der verhandelnden Parteien einen „deliberativen" Problemlösungsstil gewährleisten. In Gestalt des „deliberativen Supranationalismus", der „prozedurale Rationalitätsgarantien" (wie die Rechtfertigungsbedürftigkeit von Argumenten, die Verpflichtung zur Anhörung von Experten, der Nachweis einschlägiger wissenschaftlicher Erkenntnisse, etc.) und damit die legitimationsstiftende Kraft „guter Gründe" institutionell im gemeinschaftlichen Entscheidungsprozeß verankert hat, ist nach ihrer Auffassung „...die Überwindung des Schismas zwischen Integration und Demokratie (konzeptionell) möglich" (Joerges/Neyer: 230).
Diese Konzeption weist zwei offene Flanken auf. Zum einen ist unklar, wie die Idee des auf Verständigung über (wissenschaftliche) Wahrheiten und anerkennungswürdige Interessen zielenden Diskurses mit den die Demokratie konstituierenden Ideen von Freiheit und Gleichheit zu verbinden ist. Dieses Dilemma hat der Ansatz von Joerges/Neyer im übrigen mit den Überlegungen von Kohler-Koch/Edler gemein, denn auch bei der interaktiven Konstruktion entgrenzter Räume muß der Gewinn an Deliberation mit den Kosten von elitärer Selektivität und eindimensionalen Handlungsrationalitäten bilanziert werden.
Zum anderen verdeckt die Konzentration auf die Komitologie, daß der Kreis der zu respektierenden „ausländischen Belange" auf die Mitgliedstaaten der EU eingegrenzt

ist und gerade diese Ausgrenzung nicht demokratisch legitimiert werden kann. Die Bestimmung der Grenzen, innerhalb derer die legitimen Interessen der von Interdependenz Betroffenen berücksichtigt werden sollen, ist prinzipiell nicht im Wege demokratischer Selbstbestimmung möglich. In der europäischen Integrationsgeschichte wurde dieses Dilemma politisch in der Weise umgangen, daß Mitgliedschaft als ein offenes Angebot definiert wurde, über das Vertragsstaaten und Beitrittswillige entscheiden, wohingegen die damit implizierte Ausgrenzung aller anderen als nicht begründungsbedürftiger Tatbestand eingestuft wird. Daß diese Konstruktion auch politisch prekär ist, zeigt die Diskussion um die Vereinbarkeit von GATT/WTO mit regionalen Wirtschaftszusammenschlüssen wie der EG. Nur solange die Fiktion aufrechterhalten wird, daß die Grenzziehung der Gemeinschaft ein notwendig vordemokratischer konstitutioneller Akt ist und Interdependenzwirkungen nicht oder kaum über den Gemeinschaftsraum hinaus dringen, bleibt der Charme der Idee einer legitimitätsförderlichen Supranationalität erhalten.

Während Joerges/Neyer sich auf einen Ausschnitt aus der vielschichtigen institutionellen Konfiguration europäischer Willensbildung konzentrieren, entwirft Benz ein auf die Gesamtarchitektur des Gemeinschaftssystems angelegtes institutionelles Design. Er geht von der These aus, daß eine Demokratisierung der EU auf ihren eigentümlichen Mehrebenencharakter zugeschnitten sein muß, und daß unter dem Gesichtspunkt der politischen Umsetzungschancen keine Verfassungspolitik des großen Wurfs gefragt ist, sondern die schrittweise Weiterentwicklung der bestehenden Gemeinschaftsinstitutionen. Kernidee ist, „das europäische Mehrebenensystem als eine gewaltenteilige Organisation zu interpretieren, die einerseits *mehrere, sich ergänzende Zugangskanäle für gesellschaftliche Interessen* bietet, die andererseits ein *System wechselseitiger Kontrolle von politischer Machtausübung* darstellt." (Benz: 353, Hervorhebung im Original) Diese Sichtweise legt es nahe, die unterschiedlichen Elemente demokratischer Repräsentation - gouvernementale, parlamentarische und assoziative Repräsentation - in je spezifischer Weise zu verbinden. Dieser Verbindungsprozeß kann allerdings nicht der Eigendynamik und dem institutionellen Machtinteresse der beteiligten Akteure überlassen bleiben, weil die dabei freigesetzte Tendenz zur engen Kopplung der Strukturen Repräsentations- und Effizienzdefizite zur Folge hätte. Die Analyse der wechselseitigen Störungen und Blockadegefahren, die sich aus den Spannungsverhältnissen der unterschiedlichen Repräsentationsformen ergeben, führt Benz zum Entwurf eines Mischverfassungsmodells, in dem die unterschiedlichen Repräsentationsmodi dem gemeinschaftlichen Politikprozeß funktional zugeschrieben werden.

Aufgrund der Unterschiede im Vergemeinschaftungsgrad einzelner Politikbereiche und der damit verbundenen abweichenden Aufteilung der Kompetenzen im europäischen Mehrebenensystem wird die Art der Funktionsdifferenzierung notwendigerweise zwischen den einzelnen Politikbereichen variieren. Es erscheint jedoch plausibel, generelle Aussagen über die Kombination von Funktionsbestimmung und Repräsentationsformen zu machen, die die Vorteile der jeweils typischen Interaktionsmodi - Verhandlung, Wettbewerb, Deliberation - zur Wirkung kommen lassen. Danach wäre Agenda-setting vornehmlich Aufgabe der Parlamente auf allen Ebenen, die Interessenvermittlung Angelegenheit der nationalen (und regionalen) Regierungen sowie der Verbände, Entscheidungen würden weiterhin in den Verhandlungssystemen der na-

tionalen Regierungen getroffen und Evaluierung sowie Kontrolle würde Parlamenten und assoziativen Strukturen überantwortet.
Das Plädoyer für eine stärker empirisch ausgerichtete Demokratieforschung wird dadurch unterstrichen, daß am Beispiel der regionalen Strukturpolitik der EU einsichtig gemacht werden kann, daß Demokratiepotentiale im europäischen Mehrebenensystem vorhanden sind, die durch Institutionenpolitik gezielt genutzt werden können.

4. Arbeitsperspektiven

Die Beiträge dieses Bandes legen Tiefenschichten des „Regierens in entgrenzten Räumen" frei, die von der allgemeinen Diskussion über die Handlungsschwäche des Staates in einer globalisierten Welt nicht erschlossen werden. Die Fixierung auf den Funktionsverlust und Funktionswandel territorialer Grenzen blendet die damit einhergehende Verschiebung von Funktionsgrenzen aus, die teils aus spontanen gesellschaftlichen Prozessen, teils aus ordnungspolitischen Strategieentscheidungen resultieren, wenn beispielsweise durch Deregulierung und Liberalisierung der Abbau von Außengrenzen Hand in Hand mit einer inneren Grenzverschiebung zwischen Markt und Staat und damit zwischen den Verantwortungsbereichen des Öffentlichen und Privaten einhergeht.
Gerade die empirische Analyse von Entgrenzungsprozessen macht deutlich, daß die theoretische Reflexion die gesellschaftliche Praxis noch nicht eingeholt hat und wir vor der Herausforderung stehen, die zu beobachtenden Prozesse transnationaler und nicht-territorialer Vergesellschaftung und die Diffusität überlappender politischer Räume auf den Begriff zu bringen. Gleichzeitig sind wir aufgerufen, die politische Praxis, die sich um die effiziente transnationale Bearbeitung eines komplexen Problemhaushaltes bemüht, kritisch zu begleiten und mit detailgenauen Analysen und phantasiereichen Überlegungen die politischen Gestaltungsmöglichkeiten von Globalisierung und europäischer Integration auszuloten. Letzteres gibt zwingend Anlaß, die Verträglichkeit grenzüberschreitender Politikorganisation mit den Normgehalten von Demokratie zu überprüfen. Da es nicht lediglich um sachgemäße Problembearbeitung, sondern um interessen- und wertgeladene Entscheidungen geht, ist das Postulat der Sicherstellung demokratischer Verantwortlichkeit unumstritten. Seine Einlösung wird jedoch zum offenen Problem, wenn die Konturen des demos verschwimmen. Dies verweist uns darauf, daß eine gleichzeitig sehr grundsätzliche und innovative Diskussion zu führen ist.

I. Entgrenzung und Funktionsveränderung von Grenzen

Reflexion über Grenzen: Neue Konturen der Unternehmungslandschaft

Günther Ortmann / Jörg Sydow

1. *Das Novum: Reflexion auf Organisationsgrenzen*

Bis vor kurzem waren Organisations-, besonders Unternehmungsgrenzen „taken for granted": keineswegs klar zwar in ihrem Verlauf, aber auch kaum Gegenstand von Reflexion und Explikation. Sie waren, anders als beispielsweise Staatsgrenzen, Gegenstand mehr oder weniger stillschweigenden Wissens,[1] galten aber gerade deshalb als selbstverständlich – und blieben gerade wegen dieser Selbstverständlichkeit undeutlich. Die Managementwissenschaft, auch die Organisationstheorie,[2] hat sich mit dem Problem der Grenzen von Organisationen und den Möglichkeiten ihres Managements *explizit* lange Zeit kaum auseinandergesetzt. Das gilt selbst für jene jüngeren Beiträge, die das „Schnittstellen-Management" (Brockhoff/Hauschildt 1993; Specht 1995) bzw. „Schnittstellen-Controlling" (Horvarth 1991) ausdrücklich zum Thema machen.

Nun aber sind die Grenzen von Organisationen in den Sog der Moderne geraten, in den Sog der Kontingenz. Am Anfang war, auch diesmal, die Tat: Organisationsgrenzen wurden *in praxi* zur Disposition gestellt, durch das Handeln von Managern, die sich über die Größe ihrer Organisation ihre Gedanken machten und deren Grenzen enger zu ziehen oder aber zu öffnen wünschten: „small is beautiful", „buy" statt „make", „outsourcing", „Quasi-Externalisierung", „Kooperation statt Konzentration". Am Anfang war die Tat, das meint also nicht etwa eine bewußtlose, unreflektierte Praxis, wohl aber eine, die an einer Reflexion *darauf, was die Grenze einer Organisation eigentlich ausmacht*, zumindest zunächst desinteressiert ist. Die Fragen lauteten vielmehr: Gibt es Rationalisierungsreserven entlang der Wertschöpfungskette von Zulieferern über Hersteller zu den Abnehmern? Ist die traditionelle Großunternehmung nicht eine inflexible, womöglich ineffiziente Organisationsform? Lassen sich durch Kooperationen und strategische Bündnisse mit Wettbewerbern neue Technologien oder neue Märkte erschließen? Zu Anfang, im Rahmen solcher Fragen, galten Organisationsgrenzen mithin immer noch als selbstverständlich gegeben. Erst die skizzierte Praxis nötigte dazu, daß sich Manager und schließlich auch (Organisations-) Wissenschaftler zu fragen begannen: Was war da passiert? Wurden da nicht Grenzen verschoben, verwischt, durchlöchert, gar aufgelöst? Was sind eigentlich Organisationsgrenzen? Und

---

1 Aber auch auf Funktion und Folgen von Staatsgrenzen wird zunächst eher mit Blick auf territorial-staatliche Ansprüche, zunächst nicht auf ökonomische, wissenschaftliche, bildungspolitische Aspekte reflektiert; vgl. dazu Luhmann (1982).

2 „The organizational literature marginalizes organizational boundaries ... a survey of seven major textbooks on organizations revealed no more than a page or two on organizational boundaries", resümieren Zucker et al. noch 1996 (S. 109 f.).

welche Rolle spielt in den sich ausbildenden interorganisationalen Netzwerken noch die Identität von Organisationen?
Zwar hatte Renate Mayntz die Schwierigkeit schon 1963 im Zusammenhang mit der Charakterisierung formaler Organisationen als soziale Systeme benannt: „Jedes offene soziale System, das mit seiner Umwelt in einem Austauschverhältnis steht, ist nur schwer eindeutig zu umgrenzen" (46). In der angelsächsischen Organisationsforschung ist die Art und Weise der Grenzüberschreitung, des „boundary spanning" (Adams 1980), immer wieder einmal Thema gewesen. Auch Niklas Luhmann hat die Frage der Funktion und Konstitution von Grenzstellen, Systemgrenzen und Systemidentitäten früh gesehen – seit der Veröffentlichung von „Funktionen und Folgen formaler Organisation" (1964; s. bes. 220 ff). Insgesamt aber ist die Problematik der Organisationsgrenzen und ihres Managements in der wissenschaftlichen Reflexion bislang ein eher randständiges Thema geblieben.[3] Auch jene Art von Organisationsforschung, die sich mit dem Verhältnis von Organisation und Umwelt beschäftigt, hat „Grenzfragen" kaum als Problem behandelt. Einige jüngst erschienene Publikationen allerdings, vor allem aus dem Umkreis von Arnold Picot und Ralf Reichwald, setzen das Thema auf die Agenda: unter Titeln, die provozieren sollen, wie „Auflösung der Unternehmung?" (Picot/Reichwald 1994) und gar „Die grenzenlose Unternehmung" (zu alledem Picot et al. 1996a, 1996b; s. ferner Friedberg 1995: 73ff.; Reiß 1996; Tacke 1997; Brill/Vries 1998).
Stößt nun die Grenzbestimmung schon bei einzelnen Organisationen auf erhebliche Schwierigkeiten, so gilt dies umso mehr für Unternehmungs*netzwerke*, jene Organisationsform ökonomischer Aktivitäten, die rechtlich selbständige, wirtschaftlich mehr oder weniger abhängige Unternehmungen durch komplex-reziproke, eher kooperative denn kompetitive und relativ stabile (Interorganisations-) Beziehungen miteinander verbindet (vgl. Sydow 1992: 82ff.). Eine gerade für das Grenzmanagement besonders wichtige Eigenart dieser Organisationsform ist, daß *neben* der einzelnen Partnerorganisation das Netzwerk zum mehr oder weniger reflexiven Bezugspunkt des Managementhandelns wird (vgl. auch Bellmann/Hippe 1996; Wildemann 1997).
Die besonderen Schwierigkeiten der Grenzbestimmung von Unternehmungsnetzwerken – oder allgemeiner: von interorganisationalen Netzwerken – resultieren zum einen daraus, daß sich derartige Netzwerke von der „Netzwerkumwelt" erst recht nicht sehr trennscharf abgrenzen lassen.[4] Håkansson und Johanson (1988: 370) meinen gar: „In principle, such industrial networks are unbounded". Zum anderen, und dies ist uns im folgenden wichtiger, verwischen in interorganisationalen Netzwerken die Grenzen

---

3 Entsprechende Überblicke über die diesbezügliche Organisations- und Managementforschung finden sich z.B. bei Staehle (1998) oder Friedberg (1995). Einige wenige Theorieansätze allerdings bewegen sich nahe an einer Problematisierung der Organisationsgrenze, wenn sie von einem von der Organisation „enacted environment" (Weick 1985) oder einem „negotiated environment" (Pfeffer/Salancik 1978) ausgehen oder die besondere Rolle des „boundary spanner", des „marginal-secant" oder des „relais" (Crozier/Friedberg 1979: 52, 94ff.) betonen. Vgl. auch schon Kubicek/Thom (1976) und Starbuck (1976).

4 Vgl. zur Notwendigkeit und zu den Problemen von Unternehmungsnetzwerken, die Netzwerkgrenzen zu reproduzieren und sich nach außen als (Netzwerk-) Einheit darstellen zu müssen, die Fallstudien bei Sydow et al. (1995); zur Frage der Methodik die Diskussion über den nominalistischen und realistischen Ansatz der empirischen Netzwerkforschung, zwei Ansätze, die sich im übrigen auch kombinieren lassen, vgl. z.B. Modrow-Thiel et al. (1992).

zwischen den beteiligten Organisationen. Schon entwirft Charles Sabel (1991), in Zuspitzung der tatsächlichen Entwicklung, das Bild einer „Moebius-strip organization", die diesen Namen erhalten hat, weil sie mit dem Möbiusband die Unmöglichkeit gemeinsam hat, ihr Inneres von ihrem Äußeren zu unterscheiden. Zu solchen grenzüberschreitenden Kooperationen kommt es auf zwei in der Praxis häufig gleichzeitig beschrittenen Wegen: erstens durch „Quasi-Internalisierung" von Funktionen, wenn Organisationen im – entstehenden – Netzwerk stärker zusammenarbeiten als bislang; zweitens durch „Quasi-Externalisierung", wenn nämlich Funktionen ausgelagert und anderen Organisationen übertragen werden, gleichzeitig aber eine engere Zusammenarbeit vereinbart wird (vgl. Sydow 1992: 105ff.).[5]

Vor diesem Hintergrund soll der vorliegende Beitrag Antworten auf drei miteinander zusammenhängende *Untersuchungsfragen* geben:

1. Auf genau welchen Ebenen und in welchen Dimensionen bedarf es der Reflexion durch ein Grenzmanagement in derartigen Netzwerken? (Abschnitt 2)
2. Wie konstituieren sich Organisations- und Netzwerkgrenzen? (Abschnitt 3)
3. Welche Unschärfen entstehen an den Grenzen oder Rändern von Organisationen und Netzwerken? (Abschnitt 4)
4. Wie – mittels welcher institutioneller Regelungen, Grenzstellen, Grenzobjekte, Grenzgänger und Grenzprojekte – lassen sich neue Grenzen, d. h. neue Öffnungen und Schließungen etablieren? (Abschnitt 5)

Vorab scheinen uns zwei Hinweise nötig: *Erstens* behandeln wir hier das „Grenzproblem" am Beispiel von Unternehmungen, also eines Typus von Wirtschaftsorganisationen. Gleichwohl halten wir viele der im folgenden entwickelten Überlegungen auf politische Organisationen und damit auf Fragen politischer Steuerung für übertragbar.[6] *Zweitens* wollen wir mit der Konzentration auf das Grenzmanagement in Unternehmungsnetzwerken nicht etwa jener Mode des Zeitgeistes Vorschub leisten, derzufolge es sich bei dieser Organisationsform ökonomischer Aktivitäten um die unter heutigen Bedingungen extremer Umweltdynamik und -komplexität per se überlegene Form handelt. Daß diese Organisationsform nicht nur Probleme löst, sondern auch neue aufwirft,[7] wird inzwischen durch den Begriff des *Netzwerkversagens* indiziert. Wir

5 Diese netzwerkförmigen Interorganisationsbeziehungen sind im übrigen weder das Ergebnis diskreter, marktlicher Transaktionen noch Resultat ausschließlich hierarchischer Koordination, wobei offen bleiben kann, ob interorganisationale Netzwerke nun eine eigenständige, dritte Organisationsform ökonomischer Aktivitäten neben Markt und Hierarchie (Organisation) darstellen oder eine bloß „hybride" Form, die marktliche und hierarchische Elemente intelligent miteinander verknüpft (vgl. zu dieser Diskussion zusammenfassend Krebs/Rock 1994).

6 Die bedeutsame, von der Betriebswirtschaftslehre lange Zeit aber übersehene Einflußnahme von Unternehmungen auf politische Regulationen, bei der es sich beileibe nicht nur um Lobbyismus handelt, steht dabei hier nicht zur Diskussion (vgl. dazu aber Ortmann/Zimmer 1998).

7 Beispiele von in Unternehmungsnetzwerken neu auftretenden Managementproblemen sind: das Treffen von Entscheidungen bei Fehlen klarer, hierarchisch geregelter Zuständigkeiten; der unkontrollierte Abfluß von Wissen bei zu enger Kooperation; die Aufrechterhaltung vertrauensvoller Interorganisationsbeziehungen; die Balancierung von organisationaler Autonomie und Abhängigkeit; Verunsicherung selbst von Stammbelegschaften bei radikaler Funktionsexternalisierung; Fehlen bewährter Controllinginstrumente für im Zusammenhang mit der Unternehmungsvernetzung zu treffende Entscheidungen (z.B. Absicherung von Quasi-Externalisierung und -internalisierung, Evaluation einzelner Interorganisationsbeziehungen oder gesamter Netzwerke). Jenseits dieser neu auftretenden Managementprobleme ist zu be-

möchten angesichts dieser Sachlage die Perspektive verfolgen, daß Netzwerkversagen zum Teil als Problem des Grenzmanagements behandelt werden kann.[8]

2. *Grenzen in und von interorganisationalen Netzwerken, drei Ebenen des Grenzmanagements und die Frage nach der Identität*

In der Rede von inter*organisationalen* Netzwerken bzw. *Unternehmungs*netzwerken ist die Weiterexistenz von Organisationsgrenzen und damit immer auch einer eigenständigen Identität von Organisationen geradezu impliziert. Richtigerweise wird in den reflektierteren Beiträgen zum Thema nur die Steigerung der Durchlässigkeit von Systemgrenzen zu einem wesentlichen Gestaltungsprinzip moderner Organisation erkoren:

> „Permeability is characterized by greater communication flow and cooperation among people who are usually separated by boundaries of functions, divisions, or ownership" (Kogut/Bowman 1995: 250).

Grenzen können in der Tat *mehr oder weniger* durchlässig sein. Durchlässig zwar sind sie alle, und diese Durchlässigkeit ist konstitutiv für das Funktionieren von Grenzen: Die Haut atmet, an Ländergrenzen gibt es großen oder kleinen Grenzverkehr, und ein Haus ohne Türen und Fenster ist ein Schildbürgerstreich. Diese Beispiele sind auch für Organisationen instruktiv, die ohne Zu- und Abfluß von Ressourcen, von Input und Output, selbstredend nicht existieren könnten. Grenzen, auch Organisationsgrenzen, haben dabei immer die Doppelfunktion der Schließung *und* Öffnung. Sie fungieren, besonders im Falle wertvoller Informationen, als „information envelope" (Zucker et al. 1996), müssen aber auch interorganisationale Kommunikation ermöglichen. Die interessantere Frage, auch und gerade im Zusammenhang mit den Systemgrenzen in und von interorganisationalen Netzwerken, ist folglich weniger die Frage nach ihrer Existenz, sondern die nach dem Grad und der Funktionsweise dieser Öffnung und Schließung, nach dem Verhältnis von Organisations- und Netzwerkidentität und – last but not least – nach den Möglichkeiten und Grenzen des Grenzmanagements. Tatsächlich gewinnt das Management von Organisationsgrenzen erst angesichts der tendenziellen *Ent*grenzung von Organisationen durch Vernetzung seine aktuelle Bedeutung. Daraus folgt schon, daß Grenzmanagement nicht etwa als eine im Verhältnis zum übrigen Netzwerkmanagement distinkte, gesonderte Aufgabe praktisch ausdifferenziert werden könnte. Netzwerkmanagement ist *immer auch* Grenzmanagement im Sinne einer „Kunst des Trennens und Verbindens" (Walzer 1992; Messner 1995: 205ff.),

---

rücksichtigen, daß die Organisationsform des Unternehmungsnetzwerkes nicht allen Kontexten angemessen ist. Schon lange handelt es sich bei ihr nicht unter allen Umständen um die effizienteste Lösung. Auch diese Dimension des Problems kann unter dem Begriff des Netzwerkversagens - analog zum Markt- bzw. Organisationsversagens (vgl. dazu Williamson 1985) - thematisiert werden.

8 Vgl. Ortmann/Sydow (1999). Das ist natürlich eine selektive Problemsicht, weil die Existenz von Netzwerken und die Behebbarkeit und Behandlungsbedürftigkeit von Netzwerkversagen damit schon vorausgesetzt werden. Für eine umfassendere Darstellung vgl. Messner (1995: 214-250).

die allerdings eigene analytische Aufmerksamkeit verdient und sogar erfordert, seit tradierte Organisationsgrenzen und -identitäten im Zuge der Vernetzung an selbstverständlicher Geltungskraft verlieren. Viele der daraus resultierenden Fragen haben wir an anderer Stelle behandelt: lose oder feste Kopplungen; „cooperative competition"; die informationelle Öffnung oder Abschottung gegenüber Netzwerkpartnern; die Balance zwischen Autonomie und Abhängigkeit sowie zwischen Vertrauen[9] und Kontrolle (Sydow et al. 1995: 41ff.) und schließlich die rekursive Stabilisierung von Kooperation (Ortmann 1995: 291ff., bes. 328ff.) – all das wird in den Sog der Kontingenz hineingezogen und zum möglichen Gegenstand *reflexiver* Strukturation.

Die zunehmende Vernetzung und die tendenzielle Entgrenzung von Organisationen bzw. Unternehmungen bewirken also nicht die *Auflösung* von Organisationen bzw. Organisationsgrenzen (so schließlich, trotz provozierender Titel, auch Picot/Reichwald 1994 und Picot et al. 1996a). Sie erscheinen vielmehr angesichts veränderter Umweltbedingungen geradezu als Mittel der Existenzsicherung von Organisationen. Organisationsgrenzen erfüllen auch und gerade in interorganisationalen Netzwerken wichtige Funktionen. „Boundaries keep things focused and distinct. Without them, organizations would be *dis*organized" (Ashkenas et al. 1995: 4). Der Wandel zur Netzwerkorganisation birgt ferner, zumindest unter bestimmten Voraussetzungen, das Potential zur Erhöhung ihrer adaptiven Kapazität und Lernfähigkeit in sich (vgl. dazu Staber/Sydow 1995), dessen Ausschöpfung oft das Überleben von Organisationen, eben in Netzwerken, sichern kann. Ein weiterer Vorteil dieser Organisationsform ist darin zu sehen, daß Organisationsgrenzen bei aller (tendenziellen) Entgrenzung auch im Sinne der durch sie „eingeschlossenen" Kulturen erhalten bleiben – anders als etwa im Fall von Unternehmungsübernahmen, bei denen der (oft) zwangsweise herbeigeführte Akkulturationsprozeß erhebliche Managementprobleme aufwirft (vgl. z.B. Reineke 1989). Die wirklich grenzenlose Organisation (Ashkenas et al. 1995), soweit sie nicht bloß als Metapher für international oder global tätige Unternehmungen dient, wird schon aus diesen Gründen Fiktion bleiben.

Die Frage nach dem Management von Systemgrenzen stellt sich nicht nur auf den bereits skizzierten zwei Ebenen des Netzwerkes einerseits, wo es um dessen Abgrenzung von der Netzwerkumwelt geht, und der einzelnen Netzwerkpartner andererseits, wo es um den Grad der Durchlässigkeit der Grenzen der in das Netzwerk eingebundenen Organisationen und damit auch um die Wahrung der Identität und Autonomie dieser Organisationen im Netzwerk geht. Über die Wahrnehmung, Interpretation, Aushandlung und Gestaltung von Organisations- und Netzwerkgrenzen hinaus bedurfte es schon immer, und bedarf es auch weiterhin, des Managements organisations*interner* Grenzen, etwa zwischen Arbeitsgruppen, Abteilungen oder Sparten. Diese organisationsinternen Grenzen spielen gerade im Zusammenhang mit einer interorganisationalen Vernetzung eine große und zum Teil neue Rolle, sei es, weil intern bereits sehr ausgeprägte Grenzen die Externalisierung bestimmter Funktionen oder gar die

---

9 Dazu jetzt auch Zucker et al. (1996) und die übrigen Beiträge in Kramer/Tyler (1996) und Lane/Bachmann (1998). Erstere betonen stark den Aspekt der *Produktion* von Vertrauen in iterativen Tauschprozessen, auf den es auch uns ankommt, und die wichtige Rolle organisatorischer Regeln und Grenzen für diese Produktion: „Trust production is often based on institutional mechanisms, including in-group preference and formal rules and procedures defined by formal organization boundaries" (Zucker et al. 1996: 92ff.).

Aufspaltung einer Organisation erleichtern, oder sei es, weil Netzwerkbeziehungen in concreto auf den Ebenen eben jener Organisationseinheiten hergestellt werden, die dabei sehr unterschiedliche, bremsende oder auch forcierende Rollen spielen können und deren durchaus differenzierte Beteiligung umgekehrt Konsequenzen für die interne Struktur, für das interne Regelwerk, den internen Ressourcenzugang und daher für die interne Machtstruktur der Partnerorganisation hat.

Alle drei Ebenen des Grenzmanagements sind in dieser Untersuchung von Interesse, auch wenn die Frage der Konstitution und das Management der *Grenzen von Organisationen in interorganisationalen Netzwerken* im Mittelpunkt stehen. Daneben geht es – unauflösbar damit verbunden – um die Wahrung, Stabilisierung, aber auch Veränderung von System*identitäten*. Sabel et al. etwa (1991: 209) haben sich, mit Blick auf das, was sie „kooperative Produktion" nennen, gefragt:

„Abgesehen vom Endprodukt – wie konstituiert sich die Identität, und was bestimmt die innere Struktur eines Automobilherstellers, dem es nicht opportun zu sein scheint, irgendeinen Bestandteil, und sei es auch der wichtigste, selbst zu erzeugen?"

3. *Strukturation: Die rekursive Konstitution von Organisations- und Netzwerkgrenzen*

Der Rekurs auf die Identität, die Organisationen und unter Umständen – und oft genug im Konflikt dazu – auch Netzwerke ausbilden, ist eine notwendige Ergänzung der Exploration von Systemgrenzen, denn Systemidentitäten bestimmen sich über Systemgrenzen, die ihrerseits Möglichkeiten der Identitätsbildung eingrenzen. Es entsteht nicht erst das Lebewesen, das Land, das Haus, die Organisation *und dann* die Grenze, sondern beides zugleich – genauer: beides in einer zirkulären, rekursiven Dynamik, in der, um es am Beispiel der Genese einer Zelle zu erläutern, die zelluläre Dynamik (Stoffwechsel) und den Rand (Membran) der Zelle einander jeweils konstitutive Bedingungen sind (vgl. Maturana/Varela 1980: 47ff.). Das ist, was wir ein rekursives Konstitutionsverhältnis nennen wollen.[10]

Zur Frage der Organisationsgrenzen machen besonders drei theoretische Ansätze Aussagen: die Systemtheorie, die Transaktionskostentheorie und der Resource-Dependence-Ansatz. Für die Systemtheorie ist die Organisationsgrenze in erster Linie eine Sinn-, nämlich Erwartungs- und Identitätsgrenze (Tacke 1997), konstituiert als vom System in Kommunikationen geschaffene Unterscheidung. Die (Selbst-) Zuschreibungen des Systems umfassen dabei auch die normative Dimension: was *soll* systemintern, was –extern gelten? Die Transaktionskostentheorie stellt besonders auf property rights und Kontrakte, also auf rechtliche fixierte Normen ab und fragt nach transaktionskostenminimalen Organisationsgrenzen, die für sie als Grenzen von Verfügungsrechten bestimmt sind. Der Resource Dependence-Ansatz rückt die tatsächliche, also nicht (allein) die rechtlich legitimierte Ressourcenkontrolle in den Mittelpunkt und bestimmt die Organisationsgrenze als Ende der eigenen und Beginn der fremden Ressourcenkontrolle (vgl. dazu ausführlicher Ortmann/Sydow 1999).

Diese Ansätze bieten jeder für sich einen wichtigen, jedoch jeweils nur *ein oder zwei* Dimensionen des Sozialen fokussierenden Zugang zur Analyse von Organisations-

10 Für Näheres s. Ortmann (1995: 81ff.).

grenzen. Zudem entwickeln sowohl die Transaktionskostentheorie als auch der Resource Dependence-Ansatz eine im Kern statische Sicht auf den Konstitutionsprozeß. Die Systemtheorie bietet eine prozessualere, der Rekursivität sozialer Prozesse Rechnung tragende Sicht, und auch der Resource-based View mit seiner Betonung des allmählichen Auf- und Ausbaus interner Ressourcen, einschließlich damit einhergehender Risiken der Pfadabhängigkeit, trägt der Temporalität der (Re-)Produktion von Ressourcen Rechnung.

Sowohl Organisationen als auch interorganisationale Netzwerke, und mit ihnen ihre Grenzen, entstehen in diesem Prozeß als Systeme organisierten, d.h. reflexiv strukturierten, sozialen Handelns. Dies jedenfalls legt eine strukturationstheoretische, auf den Arbeiten von Anthony Giddens (1976, 1979, 1984) aufbauende Perspektive nahe, die die Entstehung sozialer Systeme, ihrer Identität(en) und ihrer Grenze(n), als Ergebnis von Strukturationsprozessen konzeptualisiert (vgl. auch Ortmann et al. 1998). In diesen Prozessen der Strukturation beziehen sich Akteure auf die in der Organisation, im Netzwerk und in der Netzwerkumwelt herrschenden Strukturen und reproduzieren diese durch ihr Handeln.[11] Soweit es dabei um Systemgrenzen geht, spielen grenzüberschreitende, Verbindungen stiftende Akteure besondere Rollen, die wir unten, im 5. Abschnitt, als Grenzgänger bezeichnen werden. Mit Hilfe der Strukturationstheorie versuchen wir uns hier an einer Integration der jeweils unterschiedlichen Dimensionen des Sozialen, die von den eben erwähnten Ansätzen ins Auge gefaßt werden.

Bei jenen Strukturen handelt es sich für Giddens (1984: 16ff.) um Regeln und um Ressourcen: zum einen um Regeln der Bedeutungszuweisung und Sinnkonstitution (deren Relevanz insbesondere von der Systemtheorie betont wird) sowie um Regeln der Legitimation, mit Blick auf Organisationsgrenzen besonders: Regeln der Zugehörigkeit, Zuständigkeit und Zurechnung; zum anderen um allokative und autoritative Ressourcen der Domination (deren Bedeutung vom Resource Dependence-Ansatz, mit Einschränkungen auch von der Transaktionskostentheorie herausgestellt wird). Während allokative Ressourcen für die Machtausübung über Dinge und damit für wirtschaftliches Handeln konstitutiv sind, bilden autoritative Ressourcen die unverzichtbare Grundlage der Machtausübung gegenüber Menschen und damit für politisches Handeln.

Damit aber beschreibt die Strukturationstheorie den *Prozeß* der *Konstitution* von Systemgrenzen, und zwar nicht eindimensional, sondern in den von Giddens herausgestellten drei nur analytisch unterscheidbaren Dimensionen des Sozialen: Signifikation *und* Legitimation *und* Domination. Akteure beziehen sich im Handeln mittels interpretativer Schemata auf Regeln der Bedeutungszuweisung und Sinnkonstitution (Signifikationsstrukturen), via Normen auf Regeln der Legitimation (Legitimationsstrukturen) und mit Hilfe von Machtmitteln auf Ressourcen (ökonomische und politische Dominationsstrukturen). Dabei ermöglichen und restringieren diese Strukturen das Handeln der Akteure (vgl. dazu genauer Ortmann 1995; Sydow et al. 1995; Walgenbach 1995; Ortmann et al. 1998). Das gilt auch für Systemgrenzen. Wenn also Luhmann (1973: 195-196) mit Blick auf Organisationen sagt: „Systemgrenzen müssen ... durch Strukturbildung definiert werden", dann stimmen wir zu – unter dem erwähn-

---

11 Dabei ist der Hinweis wichtig, daß der strukturationstheoretische Begriff der Reproduktion von Strukturen immer die Möglichkeit einer Veränderung mit einschließt.

ten Vorbehalt allerdings, daß Strukturen für uns Handlungsstrukturen, nicht bloße Erwartungsstrukturen sind. Mauern, Stacheldraht, Todesstreifen und Gewehre konstituierten ebenso die Grenzen der DDR wie Schießbefehl und die deutende Erwartung der Beteiligten, daß er befolgt werde, genauer: das eine nicht ohne das andere.

Outsourcing, Quasi-Externalisierung, Bildung strategischer Allianzen, Intensivierung bereits bestehender Kundenbeziehungen im Sinne einer „Customer Integration", die Neufestlegung von räumlichen und Zuständigkeitsgrenzen zwischen Zulieferern und Abnehmern, alle diese Handlungen gehen weder in einem – vermeintlich objektiven – Transaktionskostenkalkül, noch in der Befolgung rechtlich fixierter bzw. kulturell verankerter Normen (Kontrakt, property rights, Organisationskultur), noch in Erwartungsbildungen und Sinnselektionen, noch in einem interessierten Streben nach bloßer Ressourcen-Kontrolle auf.

Besonders sollte man die systemtheoretische Sicht, daß Organisationsgrenzen im Kern Sinngrenzen sind, nicht überziehen. Organisationsgrenzen, wie auch Netzwerkgrenzen und organisationsinterne Systemgrenzen, sind *nicht nur* Sinngrenzen, sondern bedürfen zu ihrer Konstitution und Reproduktion neben entsprechenden Selektions- und Deutungsleistungen, wie erwähnt, ebenso sehr einer autoritativen und allokativen Praxis, die sie durch Akte des tätigen Trennens – und des Herstellens von Verbindungen über die Trennungslinien hinweg – zur Geltung bringen. Diese Praxen, insbesondere die Handlungen der Akteure sind notwendig interessengeleitet. Autoritative und allokative Ressourcen ermöglichen den Akteuren den machtvollen Eingriff in das praktische Geschehen in und zwischen Organisationen. Dabei gilt:

> „Der Sinn der Organisation und die Teilnahme des Akteurs an ihr sind ausschließlich durch das, was dort geschieht, definiert. *Handlungen* kontrollieren die Definition dessen, was organisatorisches Verhalten ist" (Weick 1985: 142; Hervh. die Verf.).

Wenn Organisationen Systeme organisierten – reflexiv strukturierten – Handelns sind, dann bezeichnen Organisationsgrenzen sinnhaft aufgebaute, durch sinnhaftes, interessengeleitetes Handeln praktizierte Trennungslinien – einschließlich ihrer Öffnungen für Verbindungen – zwischen Innen und Außen, d.h. organisationsinternem und externem, dienstlichem und privatem Handeln. Organisationsgrenzen wären uninteressant, wäre nicht diese Trennung – und Verbindung – inner- und außerorganisationalen Handelns und wären nicht die Möglichkeiten und Konsequenzen der Zurechnung dieses Handelns, seiner Mittel und seiner Folgen von so großer praktischer Bedeutung.

Organisationsgrenzen werden also zu Organisationsgrenzen, Netzwerkgrenzen zu Netzwerkgrenzen, und auch Abteilungsgrenzen zu Abteilungsgrenzen, indem sie von den Organisationen so *behandelt* werden. Die Kehrseite dieser Medaille ist, daß sich auch Systemidentitäten in der Praxis, im praktischen Bezug auf Vorgänge, Produktionsprozesse, Deutungsweisen, Standards und Ressourcen und in praktischer Interaktion mit und Abgrenzung von anderen als eigene oder eben fremde konstituieren. Auf ein tatsächliches oder vermeintliches Management der sog. Corporate Identity, das häufig nicht viel mehr als die Wahrung eines bestimmten Scheins bewirken soll, kommt es dabei weniger an (vgl. dazu z.B. kritisch Schreyögg 1992). Gerade weil Systemidentitäten auf durch und durch selbstreferentielle Weise nur von der fraglichen Organisation selbst (*sic!*) ausgebildet werden können, führen derartige Programme zu

Paradoxien: „Corporate Identity kann nicht definiert und administriert werden" (Hutter 1989: 33).

Nehmen wir als Beispiel für die Neubestimmung von Identität und Grenzen in allen Dimensionen des Sozialen die neue Allianz zwischen IBM und der Mercedes-Benz AG aus dem Sommer 1996, von der Braczyk (1997) berichtet:

„Die beiden Unternehmen haben vereinbart, daß das Elektrounternehmen IBM eine Computerplattform für die vielfältigen und zahlenmäßig wachsenden Elektrosysteme und -komponenten im Fahrzeugbau entwickelt. Mit dieser Entscheidung werden wichtige technologische Kompetenzen aus dem Unternehmensbereich des Autoherstellers ausgegliedert und unter der technologischen Führerschaft des Elektroherstellers gebündelt. Hiervon erwarten die Partner einen qualitativen Sprung im Design und in der Steuerung der kompletten Fahrzeugelektronik. IBM strebt mit dieser Allianz Lernkurven an, um künftig an der weltweit wachsenden Fahrzeugelektronik partizipieren zu können. Ob das Potential dieser Vereinbarung weitgehend ausgeschöpft werden wird, bleibt abzuwarten. Denn viel wird davon abhängen, wie die beiden Unternehmen die Arbeitsteilung und damit letztlich auch die Kontrolle über technologische Kompetenzen untereinander gestalten werden. Immerhin könnte die Vereinbarung bzw. die daraus entstehende Praxis einen Paradigmawechsel im Fahrzeugbau einleiten ..." (Braczyk 1997: 17).

Neue Grenzen, neue Identitäten werden in solcher Praxis bestimmt: Orientiert an neuen Deutungsmustern und Normen (Paradigmawechsel des Fahrzeugbaus); als Ausführung und Ausfüllung von Verträgen, hier: einer Vereinbarung, bei der aber zunächst offenbleibt, ob ihr Potential tatsächlich ausgeschöpft wird; mittels Neuschneidung und Neuverteilung der Ressourcenkontrolle (technologische Kompetenz); zum Zwecke gewiß nicht nur der Transaktionskostenminimierung, sondern – unter anderem – auch des organisationalen Lernens.

Wenn wir, auf die Gefahr einer bei solchen Systematisierungen nie ganz vermeidbaren Vereinfachung, die drei Giddens'schen Dimensionen der Signifikation, der Legitimation und der (wirtschaftlichen und politischen) Domination mit den vier Begriffen Sinn, Norm, Ökonomie und Macht markieren, die zum Verständnis sozialen, also auch organisationalen Handelns und sozialer resp. organisationaler Strukturen *sämtlich* in Anschlag gebracht werden müssen, dann lassen sich die zuvor knapp charakterisierten organisationstheoretischen Ansätze in ihrer jeweiligen Selektivität gut erkennen: Die Systemtheorie rekurriert auf Sinn und Norm und bestimmt Organisationsgrenzen als kognitive und normative Sinngrenzen. Die Transaktionskostentheorie stellt auf (rechtliche) Normen und Ökonomie ab und bestimmt Organisationsgrenzen unter Betonung von Effizienz und property rights resp. vertraglicher Regelungen.[12] Der Resource Dependence-Ansatz zielt auf ökonomische und politische Ressourcen, also auf Ökonomie und Macht, und definiert Organisationsgrenzen als Grenzen ökonomisch-politischer Ressourcenkontrolle, (wie auch, in komplementärer, nämlich interner Perspektive, die

12 Sie postuliert daher die „Auflösung der Unternehmung als ein Geflecht interner, externer und symbiotischer Verträge" (Picot et al. 1996a: 275). Insbesondere symbiotische Arrangements wie Joint Ventures, Franchising- und Lizenzabkommen verwischen demzufolge Unternehmensgrenzen. Wir verweisen noch einmal auf Bemühungen um eine Integration von Transaktionskosten- und Kernkompetenzentheorie; vgl. Picot et al. (1996a: 264ff.).

Theorie der Kernkompetenzen und des Resource-based View des strategischen Managements; zu alledem Näheres bei Ortmann/Sydow 1999):

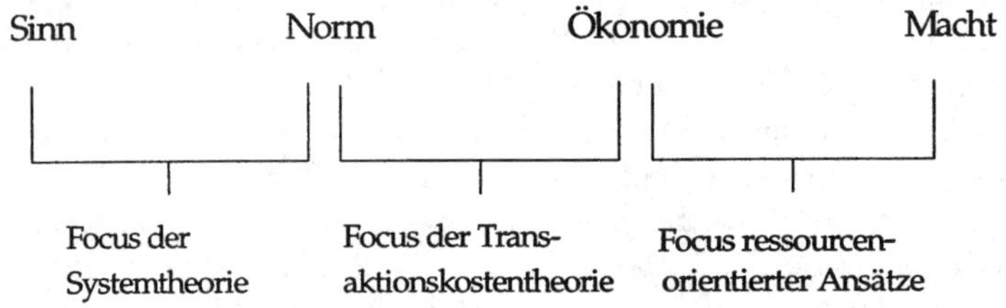

Für die strukturationstheoretisch inspirierte Organisationsforschung sind Organisationsgrenzen Sinngrenzen *und* Rechtsgrenzen *und* kulturelle Grenzen *und* wirtschaftliche *und* politische Grenzen. Darin liegt ihr Integrationspotential, darin kündigen sich aber auch viele ungelöste Fragen nach dem Verhältnis dieser Dimensionen zueinander an. Es sind dies nicht die uninteressantesten Fragen – man denke nur an das Verhältnis von Wirtschaft, Recht und Politik.

Unzweifelhaft findet das Grenzmanagement von Unternehmungsnetzwerken in der „economic sphere" (Giddens 1984) statt, kommt ökonomischen Bewertungen und Kalkülen deshalb eine besondere Bedeutung zu. Gerade diese Bedeutung aber erlangen solche Bewertungen und Kalküle in der Praxis aber mit Hilfe interpretativer Schemata, Normen und Machtmitteln bzw. der Reproduktion entsprechender Strukturen der Signifikation, Legitimation und Domination.

In einer solchen komplexen Sicht steckt natürlich jede Menge Mehrdeutigkeit. Was bedeutet, wie es eben hieß, „von Organisationen so (nämlich als Grenzen) behandelt"? Auch wenn dies genauer bestimmt wird als „von den Akteuren in ihren organisationalen bzw. interorganisationalen Praktiken als solche reproduziert", was ist, wenn die offizielle – die formal etablierte – Grenzlinie von der abweicht, die einzelne Organisationsmitglieder „für sich" definiert haben und praktizieren? Was, wenn Auffassung und Praxis des Grenzverlaufs zwischen Mitgliedern, Abteilungen und Hierarchieebenen oder zwischen zwei Organisationen differiert? Was, wenn nach innen andere Systemidentitäten und -grenzen kommuniziert und praktiziert werden als nach außen? Was, wenn andere kommuniziert als praktiziert werden? Was, wenn rechtliche von ökonomischen und diese wiederum von machtpolitischen Grenzen abweichen? Solche und viele andere Ambiguitäten lassen sich nicht etwa durch Akte rasiermesserscharfen Definierens aus der Welt schaffen. Vielmehr sind sie dem Gegenstand der Organisation bzw. des interorganisationalen Netzwerkes so inhärent wie es eine gewisse Konturenlosigkeit für viele Dinge ist: Wolken, Nebel, Bienenschwärme, Milchstraßen, Verkehrsstaus, Freundeskreise, Fangemeinden, um nur einige zu nennen. Alle diese Begriffe werden deswegen nicht etwa sinnlos. Das ist kein Plädoyer für begriffliche Vagheit, es enthebt uns auch nicht der Notwendigkeit genauer Reflexion (dazu gleich mehr; s. Abschnitt 4). Es entläßt uns aber aus der vermeintlichen Pflicht, Eindeutigkeit herzustellen oder zu suggerieren, wo eines der ganz herausragenden Merkmale des Gegenstandes Ambiguität ist. Oder wie es Karl Weick (1985: 192) formuliert hat:

„Die Grenzen zwischen Organisationen sind niemals so eindeutig und stabil, wie viele Organisationstheoretiker meinen. Diese Grenzen verlagern sich, verschwinden und werden in willkürlicher Weise gezogen."

Kurz zusammengefaßt schärft eine strukturationstheoretische Perspektive auf die Konstitution von Systemgrenzen und -identitäten, d.h. auf ihre Hervorbringung, Reproduktion und Veränderung, den Blick: *erstens* für die Rekursivität von Struktur und Handeln (und von Systemidentität und Systemgrenzen), *zweitens* für die Bedeutung von Regeln *und* Ressourcen, von Sinn und Normen und Ökonomie und Macht für die Hervorbringung von Organisationsgrenzen und *drittens* für die rekursiven Konstitutionsbeziehungen zwischen diesen Dimensionen des Sozialen. Sie erlaubt, wie wir noch genauer zeigen werden, *viertens* die Erfassung der Prozessualität, Temporalität und Pfadabhängigkeit der Konstitution von Systemgrenzen. Und sie ermöglicht *fünftens* einen trennscharfen Umgang, auch dazu gleich mehr, mit der Differenz zwischen formal vorgesehenen und tatsächlich praktizierten Grenzen einer Organisation. Damit leistet diese Perspektive mehr, als nur jene Dimensionen systematisch zusammenzuführen, die die drei anderen Theorieansätze isoliert und jeweils für sich genommenen als wichtige Bestimmungen von Systemgrenzen und -identitäten unterstreichen: als Ergebnis kostengünstiger Transaktionen, als Phänomen der Sinnzuschreibung, und als Frage nach der Kontrolle von Ressourcen.

4. *Ränder, Grenzen, Unschärfen*

„An organization displays some of the properties of a cloud or magnetic field. When one is far enough inside it, he can see its characteristics and effects all about him; and when one is far enough outside it, he can see that it comprises a distinctive section of social space. But as he approaches the boundary, the boundary fades into ambiguity and becomes only a region of gradual transition that extends from the organization's central core far out into the surrounding space. One can sometimes say 'Now I am inside' or 'Now I am outside', but he can never confidently say 'This is the boundary'" (Starbuck 1976).

Als differentia specifica moderner Organisationen gilt weithin Formalität. Für die Steuerung und Koordination des Handelns gibt es formale – formal verfaßte und förmlich etablierte – Regeln, betreffend auch den Zugang zu Ressourcen. Auch die Frage der Organisationsgrenzen – Wo verläuft die Grenze zwischen Internem und Externem? Wo braucht es Trennungen, wo Verbindungen zur Umwelt? – ist in organisierten sozialen Systemen Gegenstand formaler Regelung. Und einer der prominentesten Hinweise für die Unterscheidung von Innen und Außen bezieht sich seit jeher auf die formale Mitgliedschaft.

Infolge der Vernetzung von Organisationen allerdings fällt die Unterscheidung von Internen und Externen immer schwerer – und damit auch die Bestimmung der Systemgrenzen über Mitgliedschaften.[13] Verursacht ist dies durch die organisatorische

13 Die Versuche einer konkreten Grenzbestimmung von Organisationen, etwa durch das Kriterium der formalen Mitgliedschaft, des subjektiven Zugehörigkeitsgefühls, der Häufigkeit und Intensität der Interaktion oder das Maß der Abhängigkeit von der Organisation oder, wie Mayntz (1963) vorschlägt, bestimmter Kombinationen dieser Kriterien, haben nicht recht zu

Qualität der Interorganisationsbeziehungen, die die „building blocks of networks" (Auster 1990) sind. Neubestimmung der Grenzen heißt dann, zum Beispiel: Die Experten für Qualitätssicherung von Rover arbeiten bei den Zulieferern an Konzepten des Qualitätsmanagement; die Zulieferer entsenden Mitarbeiter zwecks Schulung und Praxiserwerb an Rover; Chrysler – ähnlich Ford und Toyota – hat über 300 resident engineers seiner Zulieferer über Jahre zu Gast,[14] die die Konstruktionserfahrung der Zulieferer in den Entwicklungsprozeß bei Chrysler und, umgekehrt, ein verbessertes Verständnis der Gesamtkonstruktion in den Entwicklungsprozeß der Zulieferer einbringen sollen; in großen deutschen Unternehmen sträubt man sich da noch häufig.

Die formale Mitgliedschaft in einer Organisation ist nur *ein*, allerdings sehr wichtiges Moment der Konstitution der Grenze zu nicht-organisationalem Handeln – dem Handeln von Nicht-Mitgliedern. Für Unternehmungen bleibt, bei aller Entgrenzung durch Vernetzung, die Identität und Einheit in Begriffen ihres Kapitals eine besonders relevante Referenz – und bleiben daher Fragen wie Eigen- versus Fremdfinanzierung und die Distinktion zwischen Eigen- und Fremdkapital maßgeblich. Das Rechnungswesen mit seinen organisationsoffiziellen Zurechnungen von Kosten und Leistungen, Ursachen und Wirkungen, Innen- und Außenwirkungen, ordentlichen und außerordentlichen Erträgen, betriebsfremden und Betriebsleistungen stellt dabei ein mächtiges Mittel der Konstitution und Reproduktion der Organisationsgrenzen dar. Ob Kosten externalisiert, Gewinnchancen internalisiert werden können, ob sie also innerhalb oder außerhalb der Organisationsgrenzen anfallen, ist aber natürlich nicht nur eine Frage des Rechnungswesens, sondern auch, zum Beispiel, politischer Macht, mittels derer „social costs" beeinflußt, oder von Marktmacht, mittels derer „profit opportunities" internalisiert werden können.[15] Stellenbeschreibungen und Zuständigkeitsregeln, Zeichnungsberechtigungen, Ressort- und Budgetverantwortlichkeiten, aber auch „starke" Organisationskulturen grenzen organisationale Wirklichkeiten noch einmal anders ein und ab. Der Geltungsbereich organisationaler Ziele, Werte, Standards und Normen also definiert weitere Grenzen – und Irritationen treten eben deshalb dann auf, wenn der Geltungsbereich etwa von Qualitätsnormen von Automobilherstellern auf ihre Zulieferer ausgedehnt wird und für die Geltung – das praktische Zur-Geltung-Bringen – dieser Normen gar mittels Schulung durch den Hersteller, mittels Personaltransfer, mittels Bereitstellung technischer Anlagen etwa zur Produktion oder Datenverarbeitung, mittels Etablierung einheitlicher Verfahren der Qualitätssicherung und

---

überzeugen vermocht. Es handelt sich bei diesen Grenzen um soziale Konstruktionen – je nach praktischem und Erkenntnisinteresse – interner Mitglieder oder externer Stakeholders (einschließlich der Forscher): „'Boundary' is seen to be a problematic concept for social phenomena, in time or space. Boundaries are both matters of perception and of construction and thus subject to speculation and gaming. ... Boundaries are contingent and tangible accomplishments, not exogenous orders of events" (White 1992: 92 und 128).

14 Den Hinweis darauf verdanken wir Hans-Joachim Braczyk; zum System der Gastingenieure innerhalb der japanischen Keiretsu vgl. Jürgens (1992).

15 Industriestandards aller Art etwa haben den Charakter öffentlicher Güter. Sie fallen an als externe Effekte, und je nach Marktmacht mag der Versuch ge- oder mißlingen, die darin liegenden profit opportunities zu internalisieren. Der Übergang von extern zu intern hat, wie man sieht, in solchen Fällen viel mit der Rechtsordnung zu tun, innerhalb derer eine Organisation operiert (und auf die sie rekursiven Einfluß nehmen kann); man denke an Umweltschutz, Bilanz- oder Patentrecht. Zur „Produktion von Recht" in Verfolgung einschlägiger organisationaler Interessen vgl. Hutter (1989).

mittels einer strikten Sanktionierungspraxis Sorge getragen wird. Hier wie überall in Grenzfragen lauern Konflikte. Grenzstreitigkeiten sind programmiert.

Vorschnell wäre es, solcher Konflikte durch Errichtung rasiermesserscharf gezogener Grenzen Herr werden zu wollen. Um das näher zu erläutern, bedienen wir uns des Bildes – der Metapher – eines Mückenschwarms, der, wie seit Poppers (1965) „Of Clouds and Clocks" auch Nicht-Biologen wissen, vielleicht durch eine einzige „Regel" konstituiert wird: „Meide den Rand!"[16] In anderen Versionen sind es ein paar Regeln mehr, aber immer noch wenig genug, die aber einer nicht auf den ersten Blick erkennbaren Paradoxie dieser Regel Rechnung tragen: Wie kann ich einen Rand meiden, der doch zunächst gar nicht existiert, durch die Randvermeidungsregel vielmehr allererst zu konstituieren wäre? Ein kleines Regelwerk, das diesen Einwand berücksichtigt, könnte etwa lauten:

Bleibe in der Nähe deines Nachbarn!

Stoße mit deinem Nachbarn nicht zusammen!

Tatsächlich haben sich Schwärme von Fledermäusen, Sperlingen und Fischen als Computergraphiken darstellen lassen, indem ein derart sparsames Regelwerk in Algorithmen gebracht wurde – und die Unterschiede zwischen diesen verschiedenartigen Schwärmen ließen sich durch einfache Änderung weniger Faktoren erzeugen, betreffend die Definition von „Nähe" und von Verzögerungszeiten.

Natürlich ist es reizvoll, Netzwerke aus Organisationen und besonders Unternehmungen im Lichte dieser Metaphorik zu betrachten. Die erste Lektion ist dann, daß wir es mit algorithmischer Starrheit und Präzision zu tun haben, ohne daß sich als Resultat ein starrer und entlang einer scharfen Trennungslinie verlaufender Mücken- (oder Unternehmungs-) Schwarm ergäbe. Die zweite Lektion ist, daß die Beweglichkeit und Unschärfe des Randes geradezu Existenzbedingung des Schwarms ist. Drittens ließen sich erhellende Fragen anschließen: Was heißt im Falle von Unternehmungen „In der Nähe bleiben" oder „Zusammenstoßen", im Falle von Unternehmungsnetzwerken „Den Rand meiden"? Das läßt sich, wie wir glauben, recht gut in Begriffe wie Region, industrielle Distrikte, oder, in anderer Abstraktionsrichtung, Isomorphie, Homophilie, Zentralität, Vertrauen, Freeriding und Holdup übersetzen und führt dann zu einem reflektierteren Verständnis der Genese von Netzwerken und der Konstitution ihrer Grenzen.

Einen blinden Fleck allerdings läßt die Schwarmmetapher, und den wollen wir abschließend so gut es geht beheben. Organisationen (und Netzwerke aus Organisationen) funktionieren nicht allein über die Einhaltung, sondern nur über die Einhaltung *und Verletzung* der Regeln. Dienst nach Vorschrift garantiert, wie jeder weiß, nicht das Funktionieren, sondern das Lahmlegen von Organisationen. Das gilt auch für jene organisatorischen Regelwerke, die den Grenzverkehr regeln. Damit sind wir vielleicht am Ende der Algorithmisierbarkeit und haben uns eine weitere, beträchtliche Komplikation eingehandelt.

Tatsächlich impliziert die Notwendigkeit (der Möglichkeit) der Regelverletzung in Grenzfragen, daß deren Management keineswegs auf formale Regeln und deren

---

16 Wir formulieren verkürzt. Für eine genauere Darstellung vgl. Esser (1993: 547-549). Natürlich berührt das Folgende zutiefst die Frage „Systemkonstitution von oben" versus „Emergenz von unten", auf die wir hier nicht eingehen. Es wird nicht sehr überraschen, daß wir die Antwort in der zirkulären Figur der Rekursivität erblicken.

Einhaltung allein setzen kann, daß es vielmehr, paradox genug, in gewissen, aber selbst nicht noch formal regelbaren Grenzen auf die Verletzung dieser Regeln angewiesen bleibt. Schon Niklas Luhmann (1964: 230, 232) hat daher für organisationale Grenzstellen eine „elastische Entscheidungsprogrammierung" postuliert und darüberhinaus „einen Rest zweckmäßiger Illegalität" für nötig gehalten, mittels derer grenzüberschreitende Beziehungen hergestellt werden könnten, ja: oft genug hergestellt werden müßten. Als Beispiel dienen ihm persönliche Beziehungen als „notwendiges Korrektiv der kargen, steifen und langsamen formalen Kommunikation im Verkehr zwischen großen Organisationen" (1964: 228). Heute lernen wir aus den Untersuchungen Walter Powells und seiner Forschungsgruppe, wie wichtig informelle Partnerschaften und handshake deals zwischen Ingenieuren und Wissenschaftlern aus unterschiedlichen Unternehmen der Biotech-Industrie für interorganisationales Lernen in small firm networks sind. Wissen wird dabei zum Tauschmittel interorganisationaler und eben informeller „Tauschbörsen", die durch formale Regeln wohl „reguliert", nicht aber verboten werden können und sollten. Wenn aber die Regel lautet: „Meide den Rand, aber manchmal fliege gerade über den Rand hinaus", und wenn dieses „Manchmal" nicht noch seinerseits geregelt werden kann, sondern ins Ermessen der kompetenten Akteure vor Ort gestellt und dort belassen werden muß, dann fragt sich: Wie kommt es, daß diese sinnvolle, tolerierte, akzeptable Regelverletzung, Luhmanns „brauchbare Illegalität" (s.a. Luhmann 1964: 304ff), in aller Regel „im Rahmen bleibt", also nicht zu einer Auflösung der Systemgrenzen und Systeme führt? (Denn das können wir ja nun nicht länger der formalen Regelung als Verdienst zuschreiben, die vielmehr an genau dieser Stelle ihre eigenen Grenzen gezeigt bekommt.)

Darüber wissen wir wenig. Mehr noch, wir sehen nicht, daß diese Frage bisher mit Blick auf Organisationen und Organisationsnetzwerke je gestellt worden wäre. Wir können hier nur andeuten[17], daß die Bewegung der Organisationsmitglieder innerhalb oder außerhalb der Grenzen des formal Zugelassenen, in „Zonen tolerierter Differenz" zum bestehenden Regelwerk, *Trajektorien* folgt, die über eine gewisse, unter Umständen beträchtliche, aber stets prekäre Stabilität verfügen, obwohl sie nur und scheinbar von einem Ziel, einem Plan, einer Intention bestimmt werden, in Wirklichkeit aber in ihrer Richtung durch den Prozeß selbst „gelenkt" werden. Die Möglichkeit der Regelverletzung stiftet einen Kontext eigentlich radikaler Ungewißheit – doppelter Kontingenz im Verhältnis zu den je anderen, von denen ich mein (grenzverletzendes oder grenzrespektierendes) Handeln abhängig mache wie sie das ihre von dem meinen, und kontraintuitiverweise kann das in eine gemeinsame „Flugbahn" begrenzter Regelabweichung führen, ohne daß ein formales Regelwerk Korridore der Abweichung definiert hätte.[18]

Wann man zu dieser Figur der Trajektorie noch Machtdifferentiale der Beteiligten hinzudenkt, derart, daß ein zu starkes „Aus-dem-Ruder-Laufen" ad hoc und jenseits

17 Für Näheres s. Ortmann (1999).

18 Das hat Jean-Pierre Dupuy (1991) unter Rekurs auf Ergebnisse aus der Theorie iterativer Spiele (Kreps u. a. 1982, Kreps/Wilson 1982) gezeigt und an folgendem Beispiel veranschaulicht: „Zwei zerstreute Professoren haben das gleiche Ziel. Jeder folgt dem anderen, in der festen Überzeugung, daß der andere weiß, wie man dorthin gelangt. Das trifft absolut nicht zu. Aber auf diese Weise entsteht eine Art Flugbahn, die über eine gewisse (zugegebenermaßen schwache) Stabilität verfügt ..." (Dupuy 1991: 99)

aller genereller Regelung von denen gestoppt werden kann, die dazu die Macht in Organisationen haben (einschließlich der Macht, ad hoc zu definieren, was „aus dem Rahmen fällt" und was nicht), dann ergibt das zusammengenommen ein einigermaßen schlüssiges Bild der Möglichkeit und Funktionalität von Unschärfe im Falle (inter-) organisationaler Grenzen.

5. Grenzobjekte, Grenzgänger, Grenzprojekte

Wie und in welchen institutionalisierten Formen lassen sich organisationale und interorganisationale Grenzfragen reflexiv bearbeiten?

Daß wir ein „Grenzmanagement" nicht einer dafür ausdifferenzierten organisatorischen Einheit überantworten möchten, haben wir schon gesagt. Tatsächlich haben die jüngeren Entwicklungen zu netzwerkförmigen Unternehmungskooperationen es sogar an sich, daß selbst der technische Kern im Sinne Thompsons (1967) nicht länger von Aufgaben des Grenzmanagements ausgenommen werden kann. Auch Forschung, Entwicklung und Produktion sind zu Orten des Grenzverkehrs geworden. Dem damit gestellten Problem ist also nur durch entsprechende Qualifikation aller Mitarbeiterinnen und Mitarbeiter und durch ein – allerdings nur begrenzt und zum Teil indirekt wirksames (s.o., Abschnitt 4) – Regelwerk beizukommen, das an alle adressiert ist. Hilfreich ist es, wenn solche Regelwerke im Sinne einer Regulation der im Abschnitt 4 beschriebenen informellen Tauschbörsen funktionieren, also Raum für flexibles Agieren vor Ort lassen.

Eine weitere Unterscheidung liefert zusätzliche Gesichtspunkte für einen reflektierteren Umgang mit Organisations- und Netzwerkgrenzen: die nämlich zwischen Objekten, Subjekten und Projekten des Grenzmanagements. (1) Die Identifikation von Grenzobjekten, (2) der Einsatz von Grenzgängern und (3) die Durchführung von Grenzprojekten können dazu genutzt werden, um Systemgrenzen entweder durchlässiger zu gestalten oder die Systeme stärker voneinander abzugrenzen.

1) „Grenzobjekte" sind an Systemgrenzen befindliche Aufgaben, Artefakte oder auch Personen, die die Zusammenarbeit zwischen solchen Akteuren ermöglichen oder zumindest erleichtern, die verschiedenen sozialen Systemen angehören. Um diesen Zweck zu erfüllen, müssen Grenzobjekte auf der einen Seite plastisch genug sein, um mit ihnen unterschiedliche Erwartungen verbinden, Ergebnisse aushandeln oder Contraints erfüllen zu können; auf der anderen Seite müssen sie robust sein, d.h. eine grenzüberschreitende Identität aufweisen und somit eine Chance haben, von verschiedenen Beteiligten identifiziert zu werden. Auf Grenzobjekte und deren soziale Bedeutung haben zuerst Susan Leigh Star und James Griesemer (1989) in einer Studie des Aufbaus des zoologischen Museums der University of California at Berkeley hingewiesen. In diesem Fall erfüllten idealtypische Konzepte wie das der Spezies, konkrete Formulare, Kalifornien als räumlich-politische Einheit und nicht zuletzt das Museum selbst als Raum den Zweck, Spannungen und Widersprüche zwischen den am Aufbau des Museums interessierten Parteien (u.a. Wissenschaft-

lergruppen, Universitätsleitung, Umweltschützer) zu managen und die Organisationsgrenzen fest(er)zulegen.[19]
Für ein Management der Grenzen von Unternehmungen, die in einem Unternehmungsnetzwerk zusammenarbeiten, gilt es, solche Objekte in einem ersten Schritt zu identifizieren. Des weiteren können Grenzobjekte in der Unternehmungsgrenzen überschreitenden Kommunikation genutzt und zum Gegenstand der Verständigung über Sinnzuschreibungen und Normen und der Allokation von Ressourcen werden.

2) Daß personale Akteure nicht nur als Grenzobjekte dienen, sondern auch Subjekte des Grenzmanagements sein können, haben wir bereits gelegentlich gestreift. (Auch korporative Akteure können diese Rolle übernehmen.) Es häufen sich die empirischen Beispiele und die konzeptionellen Vorschläge besonders für jene Vermittler zwischen Organisation und Umwelt, die im Dienste der Öffnung von Grenzen und der Verbindung zwischen Innen und Außen tätig sind: Adams „boundary spanners", Croziers und Friedbergs „Relais" und „marginal-secants" gesellen sich heute „Beziehungspromotoren" für den interorganisationalen Technologietransfer (Gemünden/Walter 1996) und „Grenzgänger" zwischenbetrieblicher Kooperation hinzu, die sich ständig „drinnen" und „draußen" aufhalten, die eine gemeinsame Wissensbasis erzeugen, Absprache- und Abstimmungsmängel kompensieren und schließlich – als Katalysatoren transorganisationaler Entwicklung – zur Verbesserung zwischenbetrieblicher Organisationisstrukturen beitragen sollen (Endres/Wehner 1995: 37ff.). Wie wir bereits von Crozier und Friedberg gelernt haben und wie auch von Endres und Wehner (1995: 39) betont wird, bedeutet die Etablierung von Grenzgängern nicht nur Verbesserung interorganisationaler Verständigung, sondern auch Risiken der Monopolisierung von Wissen und von Beziehungskapital und des Aufbaus darauf gestützter Machtpositionen, die das Grenzmanagement auch in dieser Hinsicht zu einer stets prekären – dieses Mal: mikropolitischen – Balance zwingen. *Eine* Weise des Umgangs mit diesem Risiko kann darin bestehen, diese Rolle externen Beratern und Moderatoren zuzuweisen, die – als bloß temporäre „pivot players" – dauerhafte Machtpositionen so leicht nicht etablieren können. Eine solche Lösung erhöht noch einmal die Kontingenz und die Differenziertheit organisationaler Grenzkonstruktionen.

3) Ein Niveau von Reflexivität, das über die Identifikation von Grenzobjekten und den Einsatz von Grenzgängern hinausgeht, wird erreicht, wenn Manager einzelner oder verschiedener Netzwerkunternehmungen bewußt und für einen befristeten Zeitraum Aufgaben in Angriff nehmen, von denen bekannt ist, daß sie sich an Systemgrenzen befinden und daß deren Bewältigung Wesentliches zur Klärung von Grenzfragen beitragen kann. Die Idee der Durchführung entsprechender „Grenzprojekte" ist von der Einschätzung gespeist, daß Grenzprobleme in den Dimensionen sowohl der Signifikation und Legitimation als auch der Domination nicht nur in konkreten Praktiken aufgedeckt werden, sondern auch in solchen erprobt werden (müssen). Wie Kartographen werden auch Organisations- und Netzwerkgestalter in den

19 Weil Grenzobjekte die Aufmerksamkeit auf zahlreiche und zugleich unterschiedliche Akteure, soziale Welten, Bedeutungszuweisungen und Strukturen lenken, wird das Konzept auch in wissenssoziologischen Diskursen verwendet, wenn es um die Überwindung von Disziplingrenzen geht (Fujimura 1992).

seltensten Fällen in der Lage sein, Grenzfragen „am grünen Tisch" problemangemessen zu regeln, sind die entsprechenden Regeln der Bedeutungszuweisung und Legitimation sowie Ressourcennutzung doch auf das praktische Enactment durch die Akteure vor Ort angewiesen. Tatsächlich kann etwa die Genese des Netzwerks kleinerer und mittlerer Versicherungsmakler, die Sydow et al. (1995: 344ff.) nachzeichnen, als Abfolge von Grenzprojekten interpretiert werden, in deren Verlauf sich die beteiligten Makler über den Charakter dieser Projekte als Probe- und Testfälle für ihre Kooperation und die damit einhergehende Aufweichung der Unternehmungsgrenzen immer klarer wurden. Die (partielle) Auflösung dieser Unternehmungsgrenzen und pari passu die Bestimmung der Grenzen des entstehenden Makler-Netzwerks erweisen sich in dieser Sicht als eine Innovation, die nicht vorab durch fertige Entwürfe (Masterpläne) fixiert, sondern wie jede Innovation nur in einem rekursiven Prozeß vorangebracht werden kann, der vom Denken (Plan, Design, Idee, Konzept) zum (Probe-)Handeln (Ausführung, Realisation) *und zurück* führt und die Neuerung erst im Wege des iterativen Durchlaufens solcher rekursiver Schleifen in die Welt bringt.[20] Endres und Wehner (1995) haben empirisch rekonstruiert, wie diese Rekursivität in einem Hin und Her von Planungs- zu Anfangsphasen und sodann zu Vertrauens-, Krisen- und Konsolidierungsphasen zwischenbetrieblicher Kooperation ihren Niederschlag findet.

Grenzen, Organisations- wie Netzwerkgrenzen, das ist das Fazit unserer *strukturationstheoretischen* Sicht der Dinge, konstituieren und verändern sich in solchen rekursiven Schleifen sozialer Praxis. Sie sind Sinngrenzen, Legitimitätsgrenzen, aber auch Grenzen der Kontrolle ökonomischer und politischer Ressourcen – das eine nicht ohne das andere. Daß sie heute in den Blick geraten, in den Blick der Praktiker und sodann der Theoretiker, bedeutet einen weiteren Schritt des Reflexivwerdens der Moderne. Wohin dieser Schritt führt, läßt sich durchaus noch nicht absehen.

Literaturverzeichnis

Adams, John S., 1980: Interorganizational processes and organizational boundary activities, in: *Cummings, Larry L./Staw, Barry M.* (Hrsg.), Research in organizational behavior 2. Greenwich, Conn., 321-355.

Ashkenas, Ron/Ulrich, David/Jick, Todd D./Kerr, Steven, 1995: The boundaryless organization. San Francisco.

Auster, Ethel R,. 1990: The interorganizational environment: Network theory, tools, and applications, in: *Williams, Frederick/Gibson, David V.* (Hrsg.), Technology transfer: A communication perspective. Newbury Park, 63-89.

Bellmann, Klaus/Hippe, Alan, 1996 (Hrsg.), Management von Unternehmensnetzwerken. Wiesbaden.

Braczyk, Hans-Joachim, 1997: Globalisierung von Forschung und Entwicklung. Tendenzen und Herausforderungen. Vortrag auf der Fachtagung „Die Globalisierung der Märkte" der Akademie für Politische Bildung Tutzing am 16. Januar 1997. Man., Stuttgart.

Brill, A./Vries, Manfred de, 1998 (Hrsg): Virtuelle Wirtschaft. Opladen.

Brockhoff, K./Hauschildt, Jürgen, 1993: Schnittstellen-Management - Koordination ohne Hierarchie, in: Zeitschrift Führung+Organisation 62, 6, 396-403.

Crozier, Michel/Friedberg, Erhard, 1979: Macht und Organisation. Königstein/Ts.

---

20 Vgl. zu dieser Art, Innovation zu denken, und zur geistigen Urheberschaft dieser Idee bei Kleist, Bateson, Hirschman und Weick: Ortmann (1997).

Dupuy, Jean-Pierre, 1991: Zur Selbst-Dekonstruktion von Konventionen, in: *Watzlawick, Paul/Förster, Heinz von* (Hrsg.), Das Auge des Betrachters - Beiträge zum Konstruktivismus. München, 85-100.

Endres, Egon/Wehner, Theo, 1995: Störungen zwischenbetrieblicher Kommunikation, in:*Schreyögg, Georg/Sydow, Jörg* (Hrsg.), Managementforschung 5. Berlin und New York, 1-45.

Esser, Hartmut, 1993: Soziologie. Allgemeine Grundlagen. Frankfurt/M.

Friedberg, Erhard, 1995: Ordnung und Macht. Dynamiken organisierten Handelns. Frankfurt.

Fujimura, Joan H., 1992: Crafting science: Standardized packages, boundary objects, and "translations", in: *Pickering, Andrew* (Hrsg.), Science as practice and culture. Chicago und London, 168-211.

Gemünden, Hans Georg/Walter, Achim, 1996: Förderung des Technologietransfers durch Beziehungspromotoren, in: Zeitschrift Führung + Organisation 65, 4, 237-245.

Giddens, Anthony, 1976: New Rules of Sociological Methode. A Positive Critique of Interpretative Sociologies. London.

Giddens, Anthony, 1979: Central Problems in Social Theory. London.

Giddens, Anthony, 1984: The Constitution of Society.Cambridge.

Håkansson, Håkan/Johanson, Jan, 1988: Formal and informal cooperation strategies in international industrial networks, in: *Contractor, Farok J./Lorange, Peter* (Hrsg.), Cooperation strategies in international business. New York, 369-379.

Horvarth, Peter, 1991 (Hrsg.): Synergien durch Schnittstellen-Controlling. Stuttgart.

Hutter, Michael, 1989: Die Produktion von Recht. Eine selbstreferentielle Theorie der Wirtschaft, angewandt auf den Fall des Arzneimittelpatentrechts. Tübingen.

Jürgens, Kerstin, 1992: Synergiepotentiale der Entwicklungskooperation zwischen Zulieferern und Abnehmern - Japan als Vorbild, in: *Deiß, Manfred/Döhl, Volker* (Hrsg.), Vernetzte Produktion. Automobilzulieferer zwischen Kontrolle und Autonomie. Frankfurt/M, 421-440.

Kogut, BruceM./Bowman, Edward H., 1995: Modularity and permeability as principles of design, in: *Bowman, Edward H./Kogut, Bruce M.* (Hrsg.), Redesigning the firm. New York/Oxford, 243-260.

Kramer, Roderick M./Tyler, Tom R., 1996 (Hrsg.): Trust in Organizations: Frontiers in theory and research. Thousand Oaks.

Kreps, David/Milgrom, Paul/Roberts, John/Wilson, Richard, 1982: Rational Cooperation in the Initially Repeated Prisoner´s Dilemma, in: Journal of Economic Theory 27, 245 - 252.

Kreps, David/Wilson, Richard, 1982: Reputation and Imperfect Information, in: Journal of Economic Theory 27, 253 - 279.

Krebs, Michael/Rock, Reinhard, 1994: Unternehmungsnetzwerke - eine intermediäre oder eigenständige Organisationsform? In: *Sydow, Jörg/Windeler, Arnold* (Hrsg.), Management interorganisationaler Beziehungen. Vertrauen, Kontrolle und Informationstechnik. Opladen, 322-345.

Kubicek, Herbert/Thom, Norbert, 1976: Umsystem, betriebliches, in:*Grochla, Erwin/Wittmann, Waldemar* (Hrsg.), Handwörterbuch der Betriebswirtschaft, 4. Auflage, Stuttgart, Sp. 3977-4017.

Lane, Christel/Bachmann, Rolf, 1998 (Hrsg.): Trust Within an Between Organizations. Oxford.

Luhmann, Niklas, 1964: Funktionen und Folgen formaler Organisation. Berlin.

Luhmann, Niklas, 1973: Zweckbegriff und Systemrationalität. Frankfurt.

Luhmann, Niklas, 1982: Territorial Borders as System Boundaries, in: *Strassoldo, Raimondo/Delli Zotti, Giovanni* (Hrsg.), Cooperation and Conflict in Border Areas. Mailand, 235-244.

Maturana, Humberto R./Varela, Francisco J., 1980: Der Baum der Erkenntnis. Die biologischen Wurzeln des menschlichen Erkennens. Bern und München.

Mayntz, Renate, 1963: Soziologie der Organisation. Reinbek: Rowohlt.

Messner, Dirk, 1995: Die Netzwerkgesellschaft. Wirtschaftliche Entwicklung und internationale Wettbewerbsfähigkeit als Probleme gesellschaftlicher Steuerung. Köln.

Modrow-Thiel, Brita/Rossmann, Giselind/Wächter, Hartmut, 1992: Netzwerkanalyse - ein sozialwissenschaftliches Konzept zur Untersuchung komplexer Entscheidungsstrukturen, in: Zeitschrift für Personalforschung 6, 1, 97-122.

Ortmann, Günther, 1995: Formen der Produktion. Opladen.

Ortmann, Günther, 1997: Das Kleist-Theorem. Über Ökologie, Organisation und Rekursivität, in: *Birke, Martin/Burschel, Carlo/Schwarz, Michael* (Hrsg.), Handbuch Umweltschutz und Organisation. Ökologisierung – Organisationswandel – Mikropolitik. München, 23-91.

Ortmann, Günther, 1999: In a Silent Way. Über Zonen tolerierter Differenz, in: *ders.*, Das Schweigen der Sirenen. Organisation und Dekonstruktion (in Vorbereitung).

Ortmann, Günther/Sydow, Jörg, 1999: Grenzmanagement in Unternehmungsnetzwerken: Theoretische Zugänge. Manuskript. Freie Universität Berlin.

Ortmann, Günther/Zimmer, Maximilian, 1998: Strategisches Management, Recht und Politik, in: Die Betriebswirtschaft 58, 6.

Ortmann, Günther/Sydow, Jörg/Windeler, Arnold, 1998: Organisation als reflexive Strukturation, in: *Ortmann, Günther/Sydow, Jörg/Türk, Klaus* (Hrsg.), Theorien der Organisation. 2. Aufl. Opladen, 315-354.

Pfeffer, Jeffrey/Salancik, Gerald R., 1978: The external control of organizations. New York.

Picot, Arnold/Reichwald, Ralf, 1994: Auflösung der Unternehmung? Vom Einfluß der IuK-Technik auf Organisationsstrukturen und Kooperationsformen, in: Zeitschrift für Betriebswirtschaft 64, 5, 547-570.

Picot, Arnold/Reichwald, Ralf/Wigand, Rolf T., 1996a: Die grenzenlose Unternehmung. Information, Organisation und Management. 2. Aufl. Wiesbaden.

Picot, Arnold/Ripperger, Tanja/Wolff, Birgitta, 1996b: The Fading Boundaries of the Firm: The Role of Information and communication Technology, in: Journal of Institutional and Theoretical Economics 152, 1, 65-79.

Popper, Karl R., 1965: Of Clouds and Clocks. St. Louis.

Reineke, Rolf-Dieter, 1989: Akkulturation von Auslandsakquisitionen. Wiesbaden.

Reiß, Michael 1996: Grenzen der grenzenlosen Unternehmung. Perspektiven der Implementierung von Netzwerkorganisationen, in: Die Unternehmung 50, 3, 195-206.

Sabel, Charles, 1991: Moebius-Strip Organizations and Open Labor Markets, in: *Bourdieu, Pierre/Coleman, James S.* (Hrsg.), Social Theory for a Changing Society. New York, 23-54.

Sabel, Charles/Kern, Horst/Herrigel, Gary, 1991: Kooperative Produktion. Neue Formen der Zusammenarbeit zwischen Endfertigern und Zulieferern in der Automobilindustrie und die Neuordnung der Firma, in: *Mendius, Hans G./Wendeling-Schröder, Ulrike* (Hrsg.), Zulieferer im Netz – zwischen Abhängigkeit und Partnerschaft: Neustrukturierung der Logistik am Beispiel der Automobilzulieferung. Köln, 203-227.

Schreyögg, Georg, 1992: Organisationsidentität, in: *Gaugler, Eduard/Weber, Wolfgang* (Hrsg.), Handwörterbuch des Personalwesens. 2. Aufl. Stuttgart, Sp. 1488-1498.

Specht, Günter, 1995: Schnittstellenmanagement, in: *Tietz, Bruno/Köhler, Richard/Zentes, Joachim* (Hrsg.), Handwörterbuch des Marketing. 2. Aufl. Stuttgart, Sp. 2265-2275.

Staber, Udo/Sydow, Jörg, 1995: Adaptation and adaptive capacity: Managerial issues of organizations and interorganizational networks, in: Proceedings of the British Academy of Management Annual Conference 1995. Sheffield, 117-126.

Staehle, Wolfgang H., 1998: Management. Eine verhaltenswissenschaftliche Perspektive. 8. Aufl. München.

Star, Susan L./Griesemer, James R., 1989: Institutional ecology, "Translations", and boundary object: Amateurs and professionals in Berkeley's Museum of Vertebrate Zoology, 1907-1939, in: Social Studies of Science 19, 387-420.

Starbuck, William H., 1976: Organizations and their environment, in: *Dunnette, Marvin D.* (Hrsg.), Handbook of industrial and organizational psychology. Chicago, Ill., 1069-1124.

Sydow, Jörg, 1992: Strategische Netzwerke. Wiesbaden.

Sydow, Jörg u.a., 1995: Organisation von Netzwerken. Opladen.

Tacke, Veronika, 1997: Systemrationalisierung an ihren Grenzen - Organisationsgrenzen und Funktionen von Grenzstellen in Wirtschaftsorganisationen, in: *Schreyögg, Georg/Sydow, Jörg* (Hrsg.), Managementforschung 7. Berlin, 1-44.

Thompson, James D., 1967: Organizations in Action. New York.

Walgenbach, Peter, 1995: Theorie der Strukturierung, in: Die Betriebswirtschaft 55, 6, 761-782.

Walzer, Michael, 1992: Zivile Gesellschaft und amerikanische Demokratie. Berlin.

Weick, Karl E., 1985: Der Prozeß des Organisierens. Frankfurt.

White, Harrison C., 1992: Identity and control - A structural theory of social action. Princeton.

Wildemann, Horst, 1997: Koordination von Unternehmensnetzwerken, in: Zeitschrift für Betriebswirtschaft 67, 4, 417-439.

Williamson, Oliver E., 1985: The economic institutions of capitalism. New York.

Zucker, Lynne G./Darby, Michael R./Brewer, Marilynn B./Peng, Yun, 1996: Collaboration structure and information dilemmas in biotechnology: Organizational boundaries as trust production, in: *Kramer, Roderick M./Tyler, Tom R.,* 1996 (Hrsg.), Trust in Organizations: Frontiers in theory and research. Thousand Oaks, 90-113.

Entgrenzung und Formierung neuer politischer Räume

Mathias Albert

1. Einleitung[1]

Nach einer lange, intensiv und nicht immer strukturiert geführten Diskussion um Begriff, Inhalt und Konsequenzen der „Globalisierung" hat ein Prozeß der disziplinären Schwerpunktbildung eingesetzt. Für die umfassende Begriffsbestimmung und Bewertung des Gesamtphänomens haben soziologische Gesellschaftstheorie sowie kulturwissenschaftliche Ansätze ihre Zuständigkeit etabliert. Die Wirtschaftswissenschaften sind über eine Aufarbeitung des Themas in den Kategorien des internationalen Standortwettbewerbs kaum hinausgelangt. Die Rechtswissenschaften haben überhaupt erst zögerlich begonnen, die einschlägigen Entwicklungen einer „Globalisierung des Rechts" anzusprechen. Die politikwissenschaftliche Bearbeitung der Globalisierung hat ihre Expertise entlang zweier globaler Entwicklungstrends und deren Wechselwirkungen untereinander etabliert. Auf der einen Seite hat sie die verschiedenen Facetten eines Wandels von Staatlichkeit aufgezeigt. Neben einen relativen Bedeutungszuwachs der „Gesellschaftswelt" gegenüber der „Staatenwelt" (Czempiel 1991) tritt dabei ein Ausbreiten gesellschaftsweltlicher Muster in der Staatenwelt selbst, die von neuen öffentlich-privaten Hybridformen von Politik durchdrungen wird (vgl. z.B. Voigt 1996). Vor dem Hintergrund des weltwirtschaftlichen Strukturwandels konnte zusätzlich die relative „Entstofflichung" als wesentlicher Entwicklungstrend identifiziert werden, d.h. die zunehmende Tertiarisierung der globalen Ökonomie und eine damit verbundene zunehmende Abkopplung der globalen Finanzmärkte von realwirtschaftlichen Entwicklungen und sozialen Rahmenbedingungen (Altvater/Mahnkopf 1996). Der Relevanzverlust und Formwandel des Staates auf der einen sowie die Bestimmung weltwirtschaftlicher Prozesse durch ortsungebundene globale Finanzmärkte auf der anderen Seite wirft eine Reihe von Problemen für die Möglichkeit der politischen Steuerung wirtschaftlicher Prozesse wie auch im Hinblick auf die Verlagerung von Entscheidungskompetenzen in demokratisch nicht legitimierte nichtstaatliche oder aber nur mittelbar demokratisch legitimierte supra- oder zwischenstaatliche Instanzen auf. Dabei verliefen die politikwissenschaftlichen Bemühungen, die aus den Umbruchdiagnosen resultierenden neuen Rahmenbedingungen für politisches Handeln zu benennen, bislang uneinheitlich. Neu ist, daß sich die unterschiedlichen Problemformulierungen und Lösungsvorschläge nicht mehr ohne weiteres den Kategorienmustern hergebrachter theoretischer Großkontroversen fügen. Zu komplex erscheint die Qualität des globalen Umbruchs, als daß er sich ohne weiteres in die Koordinatensy-

1 Wertvolle Überarbeitungshinweise verdanke ich Herrn Josef Esser und Frau Beate Kohler-Koch.

steme der Grundsatzdiskussionen zwischen System- und Handlungstheorie oder zwischen universalistischen und partikularistischen Demokratietheorien einfügen ließe. Diese Grundsatzdiskussionen selbst können heute kaum noch forschungsleitend wirken. Wenn heute flexibel-kooperativ steuernde Elemente und Operationsmodi eines Verhandlungsstaates neben die des hierarchisch entscheidenden Staates treten (Voigt 1995; Marin/Mayntz 1991), wenn netzwerkartige, dynamische (Mehrebenen-)Systeme die Aufgaben gouvernmentaler und intergouvernmentaler Entscheidungsfindung übernehmen (vgl. Jachtenfuchs/Kohler-Koch 1996) und wenn allgemein mit immer weniger und anderen Formen von Regierung regiert wird (Czempiel/Rosenau 1992), dann sind vorrangig Zugänge zur Steuerungsproblematik gefragt, welche die Stärken der verschiedenen Ansätze synergetisch zu verbinden vermögen.

Hinlänglich klar ist dabei mittlerweile, daß aus der Einsicht in die Entstehung neuartiger Steuerungsmechanismen keinesfalls ein Steuerungsoptimismus abzuleiten ist. So führen ungleichzeitige Prozesse der De- und Supranationalisierung zu regelrechten (De-) Regulierungswettläufen unter den Staaten, die im Ergebnis zu globalen Regulierungsblockaden führen können. Zwar etablieren sich in und über netzwerkartige Strukturen neuartige Formen der politischen Steuerung. Die Forschung zu sozialer Komplexität läßt jedoch bezweifeln, daß sich über hochkomplexe Netzwerkstrukturen ein politisch gewollter output über einen gezielten input mit einigermaßen hoher Wahrscheinlichkeit erzielen läßt (vgl. Bühl 1998; Jervis 1997). Auch hinsichtlich der sich wandelnden Bedingungen für die demokratische Kontrolle politischer Prozesse erscheint es so, als ob keine der beiden Antipoden im Paradox moderner Demokratien eine gangbare Vorlage für die zukünftige demokratische Legitimation von Politik liefern kann. Trotz aller intuitiven Plausibilität, die einem partikularen, gleichwohl innerhalb souveräner Territorialstaaten politisch letztzuständigem Demokratiemodell auf der einen und dem universalistischen Gedanken einer weltweit Geltung beanspruchenden demokratischen Verfassung auf der anderen Seite zukommen mag: beide bilden keine langfristig gangbaren Möglichkeiten der effektiven demokratischen Legitimation von Politik mehr ab, insofern sie sich an den Ordnungsmodellen orientieren, deren Weiterbestehen bzw. Entstehen gerade als Folge des Globalisierungsprozesses am unwahrscheinlichsten erscheint: dem „westfälischen" Modell eines Systems souveräner Territorialstaaten auf der einen oder dem universalistischen Modell eines wie auch immer gestalteten Weltstaates auf der anderen Seite (vgl. auch Brock in diesem Band). In dieser Situation sind Analysen gefragt, welche nicht auf unwahrscheinliche Weltzustände zugeschnitten sind, sondern vielmehr die möglichst exakt zu vermessende Qualität des globalen Umbruchs als Grundlage heranziehen. Gerade im Fach Internationale Beziehungen haben sich die einschlägigen Diagnosen bislang weitgehend darauf beschränkt, die Dilemmata und den vermeintlichen Niedergang der alten, „westfälischen" Ordnung des internationalen Systems aufzuzeigen. Um so dringlicher stellt sich daher heute die Aufgabe, sich um eine Vermessung der Konturen neu entstehender Ordnung(en) und der ihr eigenen Möglichkeitsbedingungen für politische Steuerung und demokratische Legitimation von Politik zu bemühen.

2. *Was heißt „Entgrenzung"?*

Im allgemeinen wird mit „Entgrenzung" das Wegfallen von Grenzen, zumindest aber die Schwächung ihrer Kontrollfunktion verstanden. Gleich der Grenzen und der Begrenzung scheint die Entgrenzung wenigstens genauso oft metaphorisch verwendet zu werden wie als Gegenstand oder Hilfsmittel sozialwissenschaftlicher Forschung. Dies beinhaltet für den Begriff die Gefahr eines mehr oder minder „willkürlichen" Gebrauchs. Demgegenüber soll hier die These vertreten werden, daß die „Entgrenzung" ein tragfähiges begriffliches Gerüst für die Untersuchung einer bestimmten Dimension des globalen Wandels bietet (Albert/Brock 1996). Und gerade ein solches Gerüst ist heute nötiger denn je, will man über die Unstrukturiertheit und Beliebigkeit hinausgelangen, die die Globalisierungsdiskussion weitgehend kennzeichnet. Dabei kann und soll nicht geleugnet werden, daß das hier vorgeschlagene Verständnis von „Entgrenzung" selbst an ein bestimmtes Verständnis von Globalisierung anknüpft. Ausgehend von der Diagnose, daß Globalisierung heute eher als unbestimmte Leitidee denn als tragfähiges Analysemuster erscheint, unter die nahezu jedes Phänomen sozialen Wandels subsumierbar ist, wird hier von einem Verständnis von Globalisierung als *Form* dieses Wandels ausgegangen. Globalisierung bezeichnet in diesem Sinne nicht bestimmte Entwicklungstendenzen in Politik, Wirtschaft, Kultur usw., sondern vielmehr den Umstand, daß alle diese Entwicklungstendenzen sich als Ausdifferenzierung von Referenzsystemen vollziehen, insbesondere von solchen, die territorialstaatliche Grenzen überspannen. Insofern entsprächen die weltweit uneinheitlich geführte Diskussion um die Globalisierung und ihr amorpher Bedeutungsgehalt lediglich ihrer eigenen Form.

„Globalisierung" beinhaltet mehr als ein Wegfall von Grenzen unter einem Primat von Weltmarktintegration. Vielmehr meint ein Bedeutungsverlust der „Staatenwelt" zugunsten der „Gesellschaftswelt", daß neue Grenzen zwischen Staat und Nation, zwischen Nationalstaaten und ethnischen Gruppen eingezogen werden oder aufbrechen, meint nicht ein Zurückdrängen der öffentlichen zugunsten der privaten Sphäre, sondern das Entstehen von Institutionen und Organisationen, auf die eine klare Trennung öffentlich/privat nicht mehr anzuwenden ist (siehe Jacobson 1997). Auch die Entstofflichung der Weltwirtschaft vollzieht sich in vielerlei Hinsicht als neue Grenzziehung: zwischen Finanz- und Warenmärkten, zwischen Investiv- und Spekulativkapital, zwischen Wirtschaftswachstum und Beschäftigung.

Globalisierung führt nicht zu einem Wegfall von Grenzen an sich, sondern zu einem Umbau von Begrenzung. Funktionale Differenzierungen und neuartige Exklusionsmechanismen übernehmen in verschiedenen Lebensbereichen die Kontroll- und Regulativfunktionen territorialer Grenzen (vgl. Luhmann 1997: 145-171). Allein auf deren Bedeutungsverlust bzw. -wandel bezieht sich gemeinhin die Rede vom „Wegfall" der Grenzen. Mit Begriffen wie „Entstaatlichung" und „Entstofflichung" ist bereits ein bedeutender Teil derjenigen Entwicklungen eingefangen, die sich als Ausrichtung von Politik und Wirtschaft an funktionalen anstatt an territorialen Differenzierungsmustern beschreiben lassen. Der Begriff der „Entgrenzung" bezeichnet zusätzlich die räumliche Dimension des globalen Umbruchs. Er beschreibt die Inkongruenz politischer, wirtschaftlicher, sozialer und kultureller Räume und wirft die Frage auf, inwiefern das Entstehen bedeutsamer räumlicher Ordnungsmuster jenseits der territorialstaatlichen Aufteilung des internationalen Systems beobachtet werden kann (vgl. Christiansen u.a. 1997). Ein so verstandener Entgrenzungsbegriff blendet die Tendenzen eines inter- und supranationalen Regionalismus wie auch die verschiedenen Regionalismen auf substaatlicher Ebene nicht aus. Er thematisiert diese Formen der territorialen Regionalisierung aber als zwei räumliche Differenzierungsmuster unter vielen und wirft die Frage nach deren Gestalt, gegenseitiger Verknüpfung und Relevanz auf. „Entgrenzung" mein insofern das Wegfallen alter und das Entstehen neuer und neuartiger Grenzen; das „Ent-" bezieht sich dabei vorrangig auf die nachlassende *Dominanz* einer territorialen bzw. territorialstaatlichen Differenzierung verschiedener sozialer Systeme. Mit der Betonung der räumlichen Dimension globalen Wandels vollzieht der Begriff der Entgrenzung den „spatial turn" der Sozial- und Kulturwissenschaften im allgemeinen auch für die Analyse des Umbruchs im internationalen System ausdrücklich nach (Agnew / Corbridge 1995).

Es mangelt nicht an Vorschlägen, wie die räumliche Dimension des globalen Umbruchs zu beschreiben sei, für deren umfassende Charakterisierung hier der Entgrenzungsbegriff vorgeschlagen wird. Dabei haben sich zwei konzeptionelle Angebote herauskristallisiert, mittels derer die Herausbildung räumlicher Ordnungsmuster einer globalisierten Welt zu beschreiben wäre: Glokalisierung und Deterritorialisierung.

(a) Unter „Glokalisierung" ist zunächst ganz allgemein die zunehmende Durchdringung und Beeinflussung örtlicher Verhältnisse, Gebräuche und Gewohnheiten durch Prozesse zu verstehen, die sich in globalen Referenzrahmen vollziehen. Im Gegensatz zur Globalismusideologie zielt der Glokalisierunsgbegriff ausdrücklich darauf ab, das Fortbestehen lokaler Besonderheiten zu betonen. Nicht eine Unmöglichkeit, örtliche Besonderheiten auszubilden und aufrechtzuerhalten wird herausgestellt, sondern die Unmöglichkeit, dies ohne Kenntnisnahme von globalen Prozessen und ohne eine Beeinflussung durch diese zu tun (Robertson 1995; Friedman 1994). Die Glokalisierung bezeichnet dabei mitnichten eine Einbahnstraße vom Globalen zum Lokalen. Für die verschiedenen lokalen Organisationsformen geht es vielmehr darum, ihre eigene Partikularität dazu zu nutzen, um ihre „Sichtbarkeit" im globalen Raum zu erhöhen. Dies geschieht zwar überwiegend unter der Logik des wirtschaftlichen Standortwettbewerbs, jedoch erfaßt diese Logik die verschiedenen Glokalisierungsprozesse keinesfalls vollständig. „Glokalisierung" bezeichnet, abstrakt gefaßt, die vielfältigen Interaktionen zwischen einem „space of places" auf der einen Seite, dem Raum konkret anggebbarer Orte und ihrer Begrenzungen, sowie einem „space of flows" auf der anderen Seite, dem Raum globaler Informations-, Finanz- und Reiseströme, dessen Struktur nicht mehr durch Grenzen, sondern allenfalls noch durch regionale Optima zu beschreiben ist. Die These der „Glokalisierung" geht zwar davon aus, daß beide Räume untrennbar miteinander verbunden bleiben. Der Schwerpunkt ist aber eindeutig vom space of places auf den space of flows übergegangen (Harvey 1989; Gregory 1994; vgl. auch Cox 1997). Die Bedeutung einer bestimmten Lokalität bestimmt sich immer weniger nach den Gesetzen absoluter Lokation und immer mehr nach denjenigen relativer Lokation. Die Standortattraktivität bestimmt sich als ein Mix aus Wettbewerbsfaktoren, der fortlaufend neu zu erbringen und im Vergleich mit konkurrierenden „Lokalitäten" zu verbessern ist. Ortsgebundene Faktoren (absolute Lokation) wie etwa die Ausstattung mit natürlichen Ressourcen spielen dabei eine immer geringere Rolle. Vielmehr ergeben sich heute Anzeichen dafür, daß Faktoren wie der Grad der Vernetzung einer

Region (in sich wie mit anderen Regionen) deren „Sichtbarkeit" in globalen Netzen prägen und insbesondere von großer Bedeutung dafür sind, eine Standortattraktivität auch langfristig zu behaupten. Ein üppiges, „verschwenderisches" Netzwerk mit vielen existierenden, aber gleichwohl kaum ausgelasteten Kanälen und Anknüpfungspunkten stellt nach diesem Argument die notwendigen Opportunitätsstrukturen bereit, die bei plötzlichen Umstellungen in den „global flows" zur regionalen Anpassung aktiviert werden können (Grabher 1994). Neben dem unbestrittenen Motiv des Zugangs zu Fördermitteln ist die Vielfalt interterritorialer Kooperationsnetzwerke auf substaatlicher Ebene heute daher durchaus auch als Ausdruck eines politischen Bewußtseins über den Wert selbst nur symbolischer Vernetzung als Standortfaktor zu werten. Gerade die kaum noch zu überschauende Vielfalt sub-, inner-, inter- und translokaler bzw. -regionaler und -nationaler Vernetzungen verweist in diesem Zusammenhang darauf, daß mit „relativer Lokation" kaum nur noch die Eigenschaften eines bestimmten Gebietes gemeint sein können. Vielmehr wird das „design" von Regionen selbst zum politischen Programm.

Die Glokalisierung wirft die Frage auf, was heute als sinnvolle räumliche Bezugsgröße für politisches Handeln wie für die sozialwissenschaftliche Analyse gelten kann. Die mit dieser Frage verbundenen Schwierigkeiten zeigen sich deutlich anhand der schweren Identitätskrise, in die die „area studies" in Nordamerika infolge der Erkenntnis gerieten, nach dem Ende des Kalten Krieges über keinen operationalisierbaren Begriff von „Region" mehr zu verfügen (Bailey u.a. 1996). Vor dem Hintergrund der in der Forschung bereits hinlänglich aufgezeigten Glokalisierungstrends ist es aber für jede Analyse des globalen Umbruchs unumgänglich, die drei wesentlichen Faktoren der räumlichen Glokalisierung mit zu berücksichtigen: die Durchdringung und Überwölbung lokaler Gegebenheiten durch globale Strukturen und Prozesse; umgekehrt die Gebundenheit dieser globalen Strukturen und Prozesse an lokale Strukturen und Prozesse; die Relativität der letzten dieser beiden Bindungen und daraus folgend die Diffusion der räumlichen Grenzen des „Lokalen". Wenngleich die Existenz dieser Verbindungen hinlänglich aufgewiesen ist, so bleiben doch Bedeutung und Erfolg politischer Bemühungen, sich die Glokalisierung im Sinne des Standortwettbewerbs zunutze zu machen, mithin die Vernetzung kleiner Räume als zukunftsweisende Handlungsstrategie unter den Bedingungen von Globalisierung zu verfolgen, weitgehend im Dunkeln. Der Erfolg solcher Strategien ist und bleibt nicht meßbar, solange die dafür erforderlichen Daten staatenbezogen bleiben. Mit Daten, die sich an Staaten als relevanten politischen und Volkswirtschaften als relevanten ökonomischen Raumgrößen orientieren, läßt sich zwar die relative Bedeutung und Verflechtung der Einheiten ermessen, nicht aber die Bedeutung und Qualität von Netzwerken, Räumen und Organisationen, die zu diesen Einheiten „quer" liegen. Die dabei zutage tretenden Probleme sind jedoch nicht nur quantitativer Natur oder mit einer Umstellung der Bezugsräume für die Rohdatenerhebung zu lösen. Selbst die Empfehlung einer solchen Umstellung an die systematisch und flächendeckend datenerhebenden Stellen macht nur dann Sinn, wenn sie durch qualitativ begründete Hinweise auf das Entstehen neuer und bedeutsamer räumlicher Agglomerationen gestützt wird. Hier aber helfen die im Rahmen der Glokalisierung identifizierten Tendenzen nicht weiter, insofern sie zunächst entweder auf neue Strategien bestehender Regionen oder aber die Diffundierung regionaler Begrenzungen abzielen. Und die „neuen Räume" liegen nicht einfach auf der Hand. So weist etwa im Bereich der interregionalen bzw. grenzüberschreitenden Kooperation allein die scheinbare Allgegenwart neu entstehender „Euroregionen" darauf hin, daß es hier eher um den Zufluß von Zuschüssen aus dem Regionalfonds der EU denn um die Institutionalisierung neuer politischer und wirtschaftlicher Räume eines nachwestfälischen internationalen Systems gehen wird; zumal hier keine Nachweise für eine das Maß des Üblichen übersteigende Vernetzung vorliegen - außer der Vielfalt und Vielzahl symbolischer Verbindungen. Nichtsdestotrotz lohnt sich die Untersuchung solcher Regionen allein deshalb, da sie sich etwa als Experimentierfelder für Möglichkeiten demokratischer Legitimation jenseits des Territorialstaates geradezu anbieten. So wählte etwa die Euregio Gronau ein Modell, in welchem sich ihr oberstes Entscheidungsorgan aus Parlamentariern zusammensetzt, die die an der Euregio beteiligten Gebietskörperschaften in lokalen, regionalen, nationalen Parlamenten sowie dem Europäischen Parlament vertreten. Eine systematische Bestandsaufnahme der Formen demokratischer Legitimation solcher grenzüberschreitenden Kooperationen steht allerdings noch aus. Eine solche Bestandsaufnahme könnte zwar kaum die Konturen der Demokratie im internationalen System des 21. Jahrhunderts identifizieren; sie wäre aber durchaus in der Lage, „praktische Gedankenspiele" dafür liefern, wie eine demokratische Legitimation von Politik in entgrenzten Räumen in Einklang mit dem territorialstaatlichen Demokratiemodell gebracht werden kann.

(b) Ein radikalerer Vorschlag zur Beschreibung der räumlichen Dimension des globalen Umbruchs liegt mit dem Begriff der „Deterritorialisierung" vor. Anders als bei der Glokalisierung geht es dabei nicht nur darum, eine zunehmende Ortsungebundenheit wirtschaftlicher und politischer Prozesse herauszustellen und deren Qualität zu vermessen. Sieht man von einem lediglich plakativen Gebrauch des Begriffes einmal ab, dann gehen Thesen einer Deterritorialisierung von Politik und Wirtschaft nahezu ausnahmslos mit einer erkenntnistheoretischen Kritik einher (Walker 1993). Nicht mehr nur eine abnehmende Relevanz territorialer Differenzierungen in einer Welt der „global flows" steht im Vordergrund der Analyse, sondern der Einfluß der territorialen Weltordnung auf die Grundkategorien sozialwissenschaftlicher Forschung (vgl. Albert 1996). Eine angemessene Aufarbeitung der Diskussion um Deterritorialisierung sprengt den an dieser Stelle verfügbaren Rahmen, da dies eine Vertiefung der einschlägigen epistemologisch-historischen Argumente erforderte. Hier soll lediglich darauf verwiesen werden, daß es sich bei Glokalisierung und Deterritorialisierung nicht unbedingt um sich wechselseitig ausschließende Entwicklungstendenzen handeln muß. „Deterritorialisierung" stellt nicht die fortgesetzte gegenseitige Bedingung eines globalen „space of flows" und eines lokalen „space of places" in Frage, sondern behauptet lediglich, daß sich die Funktionslogik des ersten von der des letzteren gelöst hat. Der Deterritorialisierungsthese zufolge greifen demnach die Instrumente politischer Steuerung und demokratischer Legitimation, die in einer Welt von Territorialstaaten entworfen und dafür optimiert wurden, im System globaler Informations- und Finanzströme genauso wenig wie die im Rahmen einer Territorialstaatenwelt geborenen Begriffe und Ziele der Analyse. Das Bemerkenswerte an dieser Einsicht ist, daß sie im Grunde von ansonsten höchst unterschiedlichen Ansätzen geteilt wird, die sich um die Bewertung des globalen Umbruchs bemühen (vgl. z.B. Ruggie 1993; Walker 1993). Sie liegt vielen Beiträgen des vorliegenden Bandes genauso zugrunde wie einer Vielzahl „postmoderner" Beiträge in den Internationalen Beziehungen. Trotz aller Verständigungsschwierigkeiten mag dies auch neue Horizonte eröffnen. So legt gerade die Bearbeitung des Demokratiebegriffes im Rahmen der Postmoderne-Diskussion die Überlegung nahe, daß es bei der demokratischen Legitimation von Politik unter den Bedingungen von Deterritorialisierung nicht nur darum gehen kann, territorialstaatliche Demokratiemodelle an „entgrenzte Räume" anzupassen. Vielmehr sind die *normativen* Vorgaben dieser Demokratiemodelle selbst auf ihre ursprüngliche Verwobenheit mit dem territorialstaatlichen Ordnungsmodell zu durchleuchten (vgl. etwa Connolly 1991). Erst daran kann sich überhaupt die Frage anschließen, ob die demokratische Legitimation von Politik in „entgrenzten Räumen" durch einen Umbau territorialstaatlicher Demokratiemodelle erfolgen kann, oder ob mit der „Deterritorialisierung" nicht auch demokratietheoretische Referenzgrößen wie die der politischen Gemeinschaft und gesellschaftlichen Solidarität eine völlig neue Bedeutung erlangen, die vorrangig der Klärung in einer politisch-ethischen Grundsatzdiskussion bedürften. „Deterritorialisierung" bezeichnet dabei allerdings keine Einbahnstraße. Sie kann vielmehr nicht ohne „reterritorialisierende" Prozesse gedacht werden.[2] Die Gestalt dieser Reterritorialisierungsprozesse ergibt sich aber nicht folgelogisch aus den beobachteten Deterritorialisierungstendenzen, sondern ist letztendlich nur empirisch beobachtbar.

„Glokalisierung" und „Deterritorialisierung" beleuchten zwei Aspekte der räumlichen Dimension des globalen Umbruchs. Sie schließen einander nicht unbedingt aus. Dennoch betont die „Glokalisierung" die qualitativ neuartigen Muster und Möglichkeiten der räumlichen *Verknüpfung* politischer, wirtschaftlicher, sozialer und kultureller Prozesse, während es bei der „Deterritorialisierung" vorrangig um die Auflösung bestehender, insbesondere auch epistemologischer Verknüpfungen geht.

Der Begriff der „Entgrenzung" sucht die unter beiden Begriffen beleuchteten Entwicklungen ein- und an eine politikwissenschaftliche Theorie des globalen Umbruchs anzubinden. Er lenkt den Blick auf die Frage, ob sich aus dem im Zuge von Glokalisierung und Deterritorialisierung entstandenen „Grenzwirrwarr" neue bedeutsame räumliche Ordnungsmuster herausbilden, ob solche Ordnungsmuster die territorialstaatliche Differenzierung des internationalen Systems langfristig verdrängen, oder ob nicht gerade die Koexistenz beider Ordnungsmuster ein tragendes Strukturmerkmal einer „nachwestfälischen Ordnung" darstellt, auf das sich Fragen nach politischer Steuerung und demokratischer Legitimation einzurichten hätten. Mit dem Begriff der „Entgrenzung" läßt sich nach neuen, bedeutsamen räumlichen Ordnungsmustern im globalen System fragen. Abschied genommen wird mit dem Begriff jedoch von der Hoffnung, ein solches Ordnungsmuster noch einmal auf dem niedrigen Komplexitätsniveau des internationalen Systems souveräner Territorialstaaten identifizieren zu können. Selbst eine Ausbreitung und Konsolidierung territorialer Integrationsprojekte verwiese eher auf eine weitere Ausdifferenzierung des territorialstaatlichen internationalen Systems denn auf eine Einholung glokalisierter Bezüge durch eine inter- bzw. supraterritoriale Ordnung.

Was den empirischen Nachweis solcher weitreichender Umbruchtendenzen im globalen System anlangt, so wurde bereits auf das Problem verwiesen, daß ein Umbruch in den grundlegenden Bezugsgrößen des globalen Systems nicht im Rückgriff auf Daten

---

2 Auf diesen Punkt hat mich nachdrücklich noch einmal Josef Esser hingewiesen; vgl. hierzu Deleuze/Guattari 1992.

nachzuweisen sein wird, die gerade auf diese sich wandelnden Bezugsgrößen abgestellt sind. Ferner steht zu fragen, inwiefern die Untersuchung von vermeintlich kleinräumigen Entwicklungen zur Dokumentation weitreichender struktureller Umbrüche im globalen System herangezogen werden kann. Im Hinblick auf die erstgenannte Frage kann das aufgeführte Problem positiv gewendet werden, insofern sich hieraus die Notwendigkeit ergibt, theoretische und empirische Forschung gleichzeitig und eng miteinander verwoben voranzutreiben. Hierdurch ist es nicht nur möglich, über ein sich in den Sozialwissenschaften hinter der Einforderung empirischer Nachweise für feststehende Hypothesen kaum verbergendes positivistisches Wissenschaftsverständnis hinauszugelangen (vgl. hierzu Smith u.a. 1996). Vielmehr kann unter nochmaligem Verweis auf die Komplexitätsforschung (siehe Jervis 1997; Zolo 1992) davon ausgegangen werden, daß eine den Ansprüchen eines empirischen Nachweises genügende, hypothesenartige Auffächerung und Zuspitzung der untersuchten Umbruchprozesse sich letztendlich entweder als un- oder gar kontraproduktiv erweist, oder an einer mangelnden Komplexität der entsprechenden Datenverarbeitungsmodelle scheitert. Vor diesem Hintergrund erscheint es zur Analyse des globalen Umbruchs sinnvoller, sich auf interpretativ vorgehende Fallstudien zu stützen, als sich um der Stringenz eines empirischen Nachweises willen auf realitätsferne Annahmen (hohe Zahl von Invariablen) verlassen zu müssen. Im Hinblick auf die Frage, inwiefern sich mehr oder weniger kleinräumige Untersuchungsgegenstände zur Dokumentation der Qualität des globalen Wandels eignen, ergibt sich die Legitimation einer solchen Verknüpfung unmittelbar aus dem Charakter von Glokalisierung, d.h. vor allem daraus, daß globale Strukturbildungsprozesse einen lokalen Niederschlag finden. Umgekehrt läßt demzufolge eine Beobachtung lokaler Wandlungsprozesse, insbesondere an und über Staatsgrenzen als den konstitutiven Differenzierungslinien des westfälischen Systems, Rückschlüsse auf die Qualität globaler Strukturbildungen zu. Hierbei besteht ohne Zweifel noch ein erheblicher Bedarf an vergleichender Forschung. Dabei ist, ähnlich wie bei der Diskussion um die neue Rolle von Regionen im globalen System (vgl. Katzenstein 1996), eine Vergleichbarkeit gerade durch den gemeinsamen Bezug auf globale Strukturbildung gegeben. Es bleibt die Frage, wie ein Untersuchungsraum hinlänglich einzugrenzen wäre, wenn doch gerade eine „Entgrenzung" in den Blick genommen werden soll. Der Fokus auf territorialstaatliche Grenzen und entsprechende Grenzräume kann hier zwar einen ersten Anhaltspunkt bieten. Es erschiene jedoch widersinnig, Entgrenzungsprozesse im Hinblick auf *allein* geographisch bestimmte Untersuchungsräume aufweisen zu wollen. Vielmehr gilt es auch, sowohl das Augenmerk auf die Funktionen von Grenzen sowie die räumlichen Auswirkungen entsprechender Funktionsänderungen zu richten, als auch den räumlichen Umfang von Prozessen zu berücksichtigen, die diese Funktionsänderungen mit hervorrufen. Während die Relevanz von Grenzen in ihrer Funktion als Filter für Waren und Personen als offensichtlich erscheint, haben nicht zuletzt anthropologische, geographische und soziologische Forschungen darauf verwiesen, daß ein Verständnis der Formierung kollektiver, ethnischer oder nationaler Identitäten auch auf ein Verständnis von deren Einbettung in bestimmte politische Ordnungen sowie die Qualität entsprechender, direkter oder symbolisch vermittelter Bezüge auf räumliche Grenzen angewiesen ist (vgl. etwa Wilson/Donnan 1998; Gestrich/Kraus 1998). Insofern die Neuformulierung kollektiver Identitäten einen wesentlichen Teil des globalen Umbruchs darstellt, versprechen daher gerade auch „kleinräumige" Untersuchungen von Entgrenzungsprozessen wertvolle Hinweise, mittels derer Möglichkeiten einer relativ konfliktarmen Koexistenz von teilweise überlappenden, teilweise konkurrierenden ethnischen und nationalen Identitätskonstruktionen abgeschätzt werden können. Daher stellen die Wechselwirkungen zwischen Prozessen der Be- und Entgrenzung auf der einen und der Formierung kollektiver Identitäten auf der anderen Seite sowie das Verhältnis zwischen Be- und Entgrenzung sowie den dadurch ermöglichten Ordnungsleistungen wichtige Zugriffspunkte für die Untersuchung „kleinräumiger" Entwicklungen dar, die über diese konzeptionellen Scharniere unmittelbar in die Analyse des globalen Wandels eingestellt werden können (siehe Lapid i.V.).

Vor dem Hintergrund dieser Überlegungen soll nunmehr das Augenmerk auf einen Untersuchungsraum gelenkt werden, anhand dessen - neben der EU - wohl bislang am häufigsten das Entstehen einer neuen, in die territorialstaatliche Ordnung nicht einpaßbaren Qualität politischen Raumes konstatiert wurde. Die Fragen der ökonomischen Glokalisierung stellen sich im U.S.-mexikanischen Grenzraum, gerade aufgrund seiner über NAFTA vermittelten Einbettung in die globale Wirtschaft offensichtlich. Zu fragen ist, wie sich diese Dimension der Entgrenzung mit politischen, sozialen und kulturellen Entwicklungen verbindet und inwiefern sich der Umbruch in den verschiedenen Bereichen gegen die territorialstaatliche Ordnung gerichtet vollzieht bzw. inwiefern er darauf aufbaut.

3. Der U.S.-mexikanische Grenzraum als Labor der Entgrenzung

Der Grenzraum zwischen den USA und Mexiko bildet seit längerem ein „Labor" für Ausmaß und Qualität von Entgrenzungsprozessen. Unüberschaubar ist die Literatur, die in diesem Raum das Entstehen qualitativ neuartiger politischer, wirtschaftlicher, sozialer und ethnischer Strukturmuster beobachtet. Dabei scheint jedoch das „Neue" am Neuen nicht ohne weiteres angebbar. Eine eigene „Identität" des Grenzraumes selbst bleibt auf den ersten Blick diffus. Unbestritten ist, daß die bilateralen auswärtigen Beziehungen zwischen den USA und Mexiko die hier relevanten Strukturmuster allenfalls ausschnittweise abbilden. Unbestritten ist ebenfalls, daß - trotz NAFTA - weder eine grenzübergreifende politische Integration, geschweige denn eine Verschiebung der territorialen Grenze eine gangbare oder auch nur erwünschte Option darstellt, um etwaigen Bedürfnissen nach einer eigenen politischen Identität des Grenzraumes Rechnung zu tragen. So richten sich, zumindest nach dem Abflauen *der chicano*-Bewegung der späten 1960er/frühen 1970er Jahre, die bekannteren Entwürfe zur Identität des U.S.-mexikanischen Grenzraumes auch darauf, diesen selbst lediglich als Kern bzw. Teil eines integrierten *Kulturraumes* zu sehen, ob als kulturanthropologischer „Greater Southwest" (Vélez-Ibáñez 1996), oder als eine der „Nine Nations of North America", „Mexamerica" (Garreau 1981). Dergestalt umrissene Kulturräume übersetzen sich jedoch nicht in entsprechende politische bzw. wirtschaftlichen Räume. Während die politische Grenze an ihrem auf den Landkarten verzeichneten Ort verharrt, besteht über die Lage der wirtschaftsräumlichen Grenze kaum noch Klarheit, so daß heute zutreffend zu fragen ist: „How wide is the border?" (Engel/Rogers 1994).

Insbesondere der Grenzraum als Wirtschaftsraum gibt aber Anlaß, hier den Prozeß der

Glokalisierung am Werk zu sehen. Mit dem Zusammentreffen von „erster" und „dritter" Welt an einer gemeinsamen Landgrenze hat sich der U.S.-mexikanische Grenzraum schon früh als attraktiver Standort mit Bedeutung für den Weltmarkt empfohlen (*maquiladora*-Industrie)[3]. NAFTA kann als Versuch erachtet werden, die internen Differenzen zum Standortvorteil eines weltmarktorientierten gemeinsamen Wirtschaftsraums umzumünzen. Bevor jedoch die Umformung des Wirtschaftsraumes „U.S.-mexikanische Grenze" in Folge von NAFTA näher angesprochen wird, ist zunächst zu überlegen, inwiefern die Entwicklung des U.S.-mexikanischen Grenzraumes als ein Zusammenhang modelliert werden kann. Inwieweit präsentiert sich der Grenzraum als ein funktionsspezifische Bereiche überwölbender gesellschaftlicher Raum? Gerade in Folge der wirtschaftlichen Entwicklung und der damit verbundenen Entstehung eines migrationsinduzierenden, grenzüberschreitenden Arbeitsmarktes sowie der sich daran anschließenden ethnisch-demographischen Trends ist dabei auch zu fragen, inwieweit das Ent- bzw. Bestehen einer kulturellen Identität des Grenzraumes behauptet werden kann. Schließlich ist ein Blick auf die politische Grenze zu werfen. Inwiefern bleibt die territorialstaatliche Grenze in ihrer wichtigen Funktion als Grenze für Personen und als Grenze zwischen zwei politischen Systemen von den in anderen Bereichen diagnostizierten Entwicklungen unberührt?

3.1 „Ein" Grenzraum?

Im bislang einzigen Versuch, eine theoretisch fundierte Analyse des Gesamtphänomens „U.S.-mexikanischer Grenzraum" zu erstellen, geht John House (1982: 264) von einem Laborcharakter der Entwicklungen an der Grenze aus. House (1982: 240) stellt fest, daß sich die Ordnungsfunktion der Grenze und deren Wandel nicht alleine über nationalstaatliche Analysegrößen erschließt, sondern hierzu vor allem die verschiedenen substaatlichen Strukturen und die daran anknüpfbaren grenzüberschreitenden Verbindungen zu thematisieren sind. Dabei geht es im Sinne der Funktion von Grenzen als Bezugspunkt für die Bildung kollektiver Identität nicht nur um die Zuhilfenahme der Grenze als Begrenzung für solche kollektiven Identitätskonstruktionen, sondern gleichfalls um die Identitätsbildung eines eigenen, komplexen Interaktionssystems „Grenze" selbst (vgl. House 1982: 11-12).

In weiteren und insbesondere neueren Versuchen, sich dem U.S.-mexikanischen Grenzraum unter sozialwissenschaftlicher Perspektive als Gesamtphänomen zu nähern, scheinen sich langsam zwei Diagnosemuster herauszukristallisieren. Das erste wurde von Peter Andreas mit „Open Markets, Closed Borders" (1996) auf den Punkt gebracht, das zweite könnte als Umbruch *from border to frontier* umschrieben werden, insofern sich in den Transformationsprozessen an der U.S.-mexikanischen Grenze eine Art Neueröffnung der „frontier" vollzieht.

Zumindest in der westlichen Hemisphäre erscheint die U.S.-mexikanische Grenze als einzigartig. Sie entspricht nicht dem „Normalfall" von Grenzen zwischen lateinameri-

---

3 Das Maquiladora-Programm entstand in den 60er Jahren zwecks Industrialisierung der mexikanischen Grenzregionen im Norden. Es wurden besondere (Zoll-)Vergünstigungen und sonstige Vergünstigungen im kleinen Grenzverkehr geschaffen, die US-amerikanische Firmen anlockten. Daraus sind die heutigen Industriezentren wie Juarez oder Tijuana entstanden.

kanischen Staaten, welche sich gemeinhin durch eine geringe Durchlässigkeit bzw. eine geringe grenzüberschreitende Interaktionsdichte auszeichnen (vgl. Bolin 1992: 169). Auch ähnelt die U.S.-mexikanische Grenze kaum der Grenze zwischen den USA und Kanada mit einem nur geringen Einkommensgefälle und ohne nennenswerte internationale Migrationsströme. Wenn trotzdem des öfteren behauptet wird, daß den sich an dieser Grenze abspielenden Transformationsprozessen ein prototypischer Charakter zukomme (vgl. Herzog 1992: 21), dann ist damit zumeist das „open markets, closed borders"-Phänomen gemeint: die über regionale Freihandelsabkommen erwirkte Öffnung der Grenze für Güter, verbunden mit einer gleichzeitigen Verschärfung von Grenzkontroll- und Einwanderungsregimen. Gerade an der U.S.-mexikanischen Grenze zeigt sich jedoch, daß der sich anbietende Schluß einer zunehmenden Inkongruenz politischer und ökonomischer Räume (vgl. Rodríguez 1997: 226) einiger Qualifikation bedarf. Zumindest ist nachzufragen, inwiefern der verbreitete Eindruck einer Grenze, welche offen für Güter, aber geschlossen für Personen (illegale und legale Einwanderer) ist, nicht vorrangig durch die Symbolträchtigkeit hervorgerufen wird, mit welcher sowohl NAFTA als auch die Sicherung der Grenze („Hold the Line", „Gatekeeper"-Aktionen, „war on drugs" etc.) in den öffentlichen Diskurs insbesondere in den USA eingeführt wurden. Eine gegenläufige Interpretation ergäbe sich mithin unmittelbar aus der Etablierung sowie dem Wachstum der *maquiladora*-Industrie seit den 1960er Jahren sowie der anhaltend hohen Zahl ständiger legaler und illegaler Grenzüberschreitungen von Personen: damit hätte die Grenze für den Güteraustausch schon länger an Relevanz verloren, während sie für Personen seit jeher kaum existierte. Daß beide Sichtweisen Plausibilität für sich beanspruchen können spiegelt sich in Überlegungen wider, die den Charakter der Grenze und ihrer Funktionen als *soziale Konstruktionen* hervorheben. Die Frage, ob sowie für wen oder was die Grenze offen oder geschlossen ist, wird dann unmittelbar zur Frage, als wie offen oder geschlossen sie in bestimmten politischen, ökonomischen oder sozialen Diskursen wahrgenommen und dargestellt wird (Rodríguez 1997; vgl. Gachie-Pineda/Ricard 1995). Hier läßt sich ebenfalls auf individual- und sozialpsychologische Erkenntnisse verweisen, welche die Kontextgebundenheit der Wahrnehmung sozialräumlicher Grenzen im allgemeinen belegen („klassisch": Lynch 1960; vgl. auch Stea 1996). Diese Einsicht mahnt zur Vorsicht, was die Bewertung des Grenzraumes als Gesamtphänomen anlangt. Eine steigende Zahl von Beiträgen reagiert darauf damit, im Interesse einer differenzierten Begutachtung der Transformation der Grenze und des Grenzgebiets geographische Einschränkungen hinzunehmen. Die grenzüberschreitenden Ballungsgebiete - allem voran San Diego/Tijuana und El Paso/Cd. Juarez - sind aufgrund natürlicher und infrastruktureller Barrieren untereinander weitgehend unverbunden und verlangen daher nach einer individuellen wirtschafts- und sozialgeographischen Erfassung. Nur so und im anschließenden Vergleich können die Entwicklungstendenzen in solchen „trans-border regions" auf globale, nationale oder lokale Einflüsse zurückgeführt werden (vgl. etwa Lowenthal/Burgess 1993; Rubin-Kurtzman u.a. 1996). Auch läßt die neuere Forschung Zweifel daran angebracht erscheinen, ob selbst differenzierte Analysen es rechtfertigen, von *einer,* wenn auch noch so diffusen Identität als „Mexican American" auszugehen, oder ob nicht vielmehr vorrangig die regionale Spezifizität grenzüberschreitender Migrationsströme die Untersuchung kollektiver Identitätsbildung anleiten sollte (vgl. Vila, i.V.). Schließlich ist ganz offensichtlich die

politisch, wirtschaftlich und ökologisch brisante Frage der grenzüberschreitenden Ressourcenverteilung (Wasser) nur unter Berücksichtigung regionaler (etwa geologischer) Besonderheiten einzuschätzen. Jorge Bustamante faßt diese Einschränkungen zusammen: „There cannot be one sole spatial definition of the border for all study purposes" (Bustamante 1992: v).
Trotzdem scheint eine zentrale Entwicklungsdynamik den U.S.-mexikanischen Grenzraum insgesamt zu charakterisieren: ein Wandel von „border" zu „frontier" (vgl. Stoddard 1991; allgemein Jones 1959). Damit kann eine in nahezu allen einschlägigen Untersuchungen vorliegende Einschätzung bezeichnet werden, nach der es sich bei der Entwicklung der Grenze und der Grenzregion um qualitativ neuartige Prozesse handelt, welche zwar auf internationale und innerstaatliche Strukturen und Prozesse Einfluß nehmen und von diesen beeinflußt werden, mit den dafür etablierten Analysemustern aber nicht vollständig einzufangen sind. Mit der Bezeichnung „frontier" soll hierbei zum Ausdruck gebracht werden, daß es um die grenzüberschreitende Modernisierung gesellschaftlicher Strukturen geht, eine Modernisierung, die sich in der Geschichte der USA lange Zeit über die territoriale Expansion der „American frontier" vollzog. Der neuartige Charakter der heutigen *U.S.-Mexican frontier* besteht vor allem darin, daß das Mittel territorialer Expansion bis auf weiteres nicht zur Verfügung steht, die an der Grenze ablesbare funktionale Modifikation gesellschaftlicher Strukturen sich nicht nur (aus U.S.-amerikanischer Sicht) diesseits, sondern beiderseits der Grenze vollzieht, sowie schließlich darin, daß diese Entwicklung die klassischen Modernisierungsmuster von „seßhaften" und „frontier"-Gesellschaften (Modernisierung am Ort und durch Migration) zusammenführt (vgl. Elazar 1996: 184).

3.2 NAFTA und der U.S.-mexikanische Grenzraum als Wirtschaftsraum

In der wirtschaftswissenschaftlichen Literatur konkurriert die klassische These einer Benachteiligung von Grenzgebieten aufgrund ihrer volkswirtschaftlichen Randlage (Lösch 1954, Christaller 1968) mit der These eines besonderen Vorteils von Grenzgebieten, insbesondere solchen mit hohen Einkommensgefällen (Hansen 1981). Im Lichte dieser Thesen geht es in Bezug auf die U.S.-mexikanische Grenzregion zum einen darum, ob die Nachteile geographischer Randlagen durch grenzüberschreitende ökonomische Integrationsbemühungen, also etwa durch Freihandelsabkommen zu mildern bzw. zu überwinden und gar als Standortvorteil auszubauen sind. Zum anderen geht es um die Frage, ob an der Grenze selbst das Entstehen eines integrierten, grenzüberschreitenden Wirtschaftsraumes feststellbar ist. Die Bearbeitung beider Fragen ist auf die qualitative Bewertung einschlägiger Beobachtungen angewiesen. Ein Vergleich von Daten zur wirtschaftlichen Entwicklung der grenznahen Gebiete in den USA und Mexiko hilft hier kaum weiter, da der Einfluß der grenzüberschreitenden Verflechtung als eigenständiger Faktor nicht quantifizierbar ist.
Allgemein kann in Bezug auf die Grenzregion von einem dreifachen Nord-Süd-Gefälle gesprochen werden. Im Vergleich zu den nördlichen Teilen der an Mexiko angrenzenden U.S.-Bundesstaaten sind die Städte und Counties an der Grenze relativ einkommensschwach. Die Grenze selbst stellt ein drastisches Gefälle von Einkommen und Lebensstandards dar, nirgendwo sonst treffen „Erste" und „Dritte" Welt so unvermit-

telt aufeinander (das mexikanische Bruttoinlandsprodukt beträgt pro Kopf weniger als ein Viertel dessen der USA). Schließlich hat sich die nördliche Grenzregion Mexikos zum reichsten Gebiet des Landes entwickelt. Einen wichtigen Anteil am relativen Reichtum der „frontera norte" hatte und hat die aus dem Grenzindustrialisierungsprogramm (PRONAF/BIP) der 1960er Jahre hervorgegangene „maquiladora"-Industrie.[4] Gerade ein Blick auf die Verteilung der maquiladoras schärft aber auch den Blick dafür, daß die über 2000 km lange „Grenzregion" kaum etwas anderes meint als eine Handvoll Grenzstädte; lediglich das Imperial Valley in Kalifornien sowie Teile des Lower Rio Grande Valleys stellen in der Wirtschaft der Grenzregion mit ihren großen landwirtschaftlichen Anbauflächen (und entsprechend vielen legalen und illegalen mexikanischen Saisonarbeitern) einen nennenswerten Faktor außerhalb der Städte dar. Beim im November 1993 unterzeichneten NAFTA-Vertrag ging es vorrangig um den weiteren Abbau tarifärer und nichttärifärer Handelshemmnisse. NAFTA operierte dabei von Beginn an auf einer globalen, einer regionalen und einer lokalen Ebene. Auf globaler Ebene erschien NAFTA gerade zu Zeiten der noch nicht abgeschlossenen Uruguay-Runde des GATT als Versuch der USA, ihr Gewicht in einer sich (nach einem möglichen Scheitern der Uruguay-Runde) radikal regionalisierenden Weltwirtschaft zu erhöhen. Im Hinblick auf die USA und Mexiko hatte NAFTA von Beginn an eine betont einwanderungspolitische Komponente. Eine nachhaltige Verringerung des mexikanischen Emigrationsdrucks war (und bleibt) nur durch eine nachhaltige Steigerung der Lebens- und Einkommensverhältnisse in Mexiko selbst zu erwarten. In diesem Sinne zielte NAFTA nicht vorrangig auf eine kurzfristige Verbesserung der Situation, sondern auf ein „locking-in", d.h. eine Irreversibilität der in den 1980ern begonnenen wirtschaftlichen Reformprogramme in Mexiko (Bosworth u.a. 1997: 4). Es gibt Anzeichen dafür, daß diese Rechnung aufgegangen ist. Die unmittelbaren Auswirkungen sind, auch aufgrund einer Reihe langfristiger Übergangsbestimmungen, auf eine Reihe besonders adressierter Wirtschaftszweige konzentriert, insbesondere den Handel mit Autos und Autoteilen, Agrargütern und Textilien (Espinosa/Noyola 1997). Der durchschnittliche Zolltarif für den Import mexikanischer Güter in die USA sank zwischen Anfang 1993 und Ende 1995 von 4,3% auf 1,5%. Darüber hinaus kann jedoch nach dem Vorliegen erster umfangreicher Bewertungsversuche über die Auswirkungen des Freihandelsabkommens konstatiert werden, daß sich weder die dramatischen Prognosen der NAFTA-Befürworter noch die der NAFTA-Gegner bewahrheitet haben. Insbesondere die Auswirkungen auf den U.S.-amerikanischen Arbeitsmarkt erscheinen minimal (vgl. Ojeda u.a. 1996). Dahingegen erscheinen die Auswirkungen auf bzw. die Anforderungen an soziale und politische Strukturen in Mexiko weitaus höher. Das „locking-in" wirtschaftlicher Strukturanpassungen scheint stattzufinden und neben der politischen und juristischen Modernisierung (vgl. Rich/De Los Reyes 1997) auch wachsende Gewichtsverschiebungen zwischen dem Zentralstaat und den einzelnen Provinzen (vgl. Rochlin 1997; Munton/Kirton 1996) zu befördern. Die Kehrseite der

---

4 Die maquiladoras durften, solange sie im Grenzraum angesiedelt waren, in gewissem Umfang zollfrei Teile aus den USA importieren und zollfrei wieder exportieren, nicht aber den mexikanischen Markt beliefern (im Überblick: Sklair 1989); heute dürfen maquiladora-Betriebe mit Ausnahme der drei größten urbanen Zentren überall in Mexiko angesiedelt werden, doch spielt dies in der Praxis aufgrund der längeren Transportwege in die USA und der schlechteren Infrastruktur noch eine relativ geringe Rolle.

Medaille stellt die einseitig neoliberale Ausrichtung der entsprechenden Anpassungsstrategien dar (Pastor/Wise 1997), die eher noch zu einem Zuwachs sozialer Ungleichgewichte in Mexiko führt (siehe Hoffmann/Wannöffel 1995; vgl. auch Sklair 1992).
Alle Einschätzungen zur Auswirkung von NAFTA sind jedoch mit großer Vorsicht zu genießen. Genaue Vergleiche zwischen Zeiträumen vor und nach Inkrafttreten des NAFTA-Abkommens werden infolge der Peso-Krise von 1993/94 sowie der darauffolgenden, ausdrücklich darauf bezogenen Strukturanpassungen in Mexiko (siehe Delal Baer 1995) nahezu unmöglich. Und unter der Bedingung der längsten Wachstumsperiode der U.S.-amerikanischen Wirtschaft in der Nachkriegszeit werden NAFTA-induzierte Veränderungen in den Beschäftigungszahlen kaum herauszufiltern sein. Nichtsdestotrotz erlaubt gerade die Peso-Krise einen Blick auf die Einbettung eines Wirtschaftsraumes in „glokale" Dynamiken. Trotz „gesunder" wirtschaftlicher „Fundamentaldaten" und einer gerade mittels NAFTA erfolgten engeren Anbindung an die größte Volkswirtschaft der Welt sank der Wert der mexikanischen Währung aufgrund eines plötzlichen Abzugs internationalen Portfoliokapitals ab Dezember 1993 massiv ab. Grund für das Disengagement der global players auf den internationalen Finanzmärkten waren nicht die wirtschaftlichen Lokationsfaktoren, sondern ein Vertrauensverlust in die Reformfähigkeit des mexikanischen politischen Systems (Ermordung des Präsidentschaftskandidaten Colosio, Chiapas-Aufstand; siehe Castañeda 1995). Gegen diesen Eindruck einer Relativität von Standortfaktoren in einer entstofflichten Weltwirtschaft hat die sofortige und massive Finanzhilfe der USA an den südlichen NAFTA-Partner in der Peso-Krise aber auch gezeigt, daß mit NAFTA ein starkes politisches Fundament für einen einheitlichen Wirtschaftsraum gelegt wurde.
Wenngleich somit gesicherte Bewertungen der Auswirkungen von NAFTA noch einige Jahre auf sich warten lassen werden, kann gerade aus der Peso-Krise ein Indiz für die Entstehung eines kleinräumigeren, grenzüberschreitenden Wirtschaftsraums an der U.S.-mexikanischen Grenze gewonnen werden. Der Rückgang der Einzelhandelsumsätze in texanischen Grenzstädten um durchschnittlich über 40% nach Beginn der Peso-Krise (Patrick/Renforth 1996) belegt, daß die Städtepaare an der Grenze zumindest für den privaten Konsum bereits seit längerem einen gemeinsamen Markt bilden. Hingegen sind die Auswirkungen von NAFTA auf die Städte an der Grenze schwer einzuschätzen. Anhand der weiterhin steigenden Zahl von maquiladoras kann es als gesichert angesehen werden, daß NAFTA ein günstiges Investitionsklima schafft. Gleichzeitig fluktuiert aber der Wert des über die Landgrenze abgewickelten Güterverkehrs (Online-Daten des Border Trade Institute).
Trotz dieser zunächst scheinbar hohen wirtschaftlichen Integration der Grenzstädte selbst bleibt es schwierig, hieraus auf eine Gesamtqualität der Grenzregion als Wirtschaftsraum zu schließen - dies einmal ganz abgesehen von den jeweiligen Besonderheiten der weit auseinanderliegenden und eher an Nord-Süd denn an Ost-West-Verkehrsachsen angeschlossenen Städtepaare. Einer Beurteilung steht insbesondere die nationale Ausrichtung von Statistiken im Wege. Eine zu- oder abnehmende grenzüberschreitende Verflechtung in der Grenzregion ist auf dieser Grundlage *nicht* feststellbar (vgl. Fuentes 1992: 23). Der einzige Zugang ergibt sich hier durch eine Abschätzung von Intensität und Qualität wirtschaftlicher Strukturen im Grenzraum. Hierbei ist zunächst die starke Asymmetrie zwischen den beteiligten Akteuren zu beobachten. Firmen und Handelskammern in amerikanischen Grenzstädten sind schon

aufgrund der schieren Größe etwa der kalifornischen und texanischen Ökonomie „small players" selbst in ihren jeweiligen Bundesstaaten. Auf der mexikanischen Seite hingegen bestimmt üblicherweise eine kleine Gruppe starker Akteure das wirtschaftliche Geschehen in einer Grenzstadt.[5] Dieser Umstand sowie die Eigenschaft der maquiladoras, auf den gesamtamerikanischen Markt hin ausgerichtet und in die Zulieferer- und Organisationsnetze ihrer zumeist multinationalen Muttergesellschaften eingebettet zu sein, hat zur Folge, daß in der grenzüberschreitenden Wirtschaftsregion die amerikanische Seite in gewissem Sinne die „schwächere" darstellt. Zwar existieren auf offizieller und halboffizieller Ebene vielerlei Bemühungen, dem Grenzgebiet als Wirtschaftsregion eine eigene Identität zu geben und die grenzüberschreitende Verflechtung von örtlichen Firmen zu fördern (Paso del Norte Group; Camino Real Economic Alliance; Texas Centers for Border Economic Development etc.). Ein näheres Hinsehen reduziert diese Initiativen aber meist auf schlecht ausgestattete Unternehmungen, welche sich im wesentlichen auf die Produktion einiger Hochglanzbroschüren und die Organisation von „good will"-Besuchen beschränken.

Dieser Eindruck einer Asymmetrie in der Grenzregion darf aber nicht darüber hinwegtäuschen, daß es sich bei der mexikanischen Grenzwirtschaft, allem voran den maquiladoras, um ein „Anhängsel" der U.S.-Wirtschaft handelt (Browne u.a. 1994: 39). Signifikante Teile des mexikanischen Arbeitsmarktes sind an den Erfordernissen der maquiladoras bzw. des amerikanischen Arbeitsmarktes ausgerichtet. Obwohl die maquiladoras eine starke innermexikanische Migration von Arbeitskräften befördern, sind diese Wanderungsbewegungen nicht allein aus Einkommensunterschieden zu erklären, da die Mehrheit der an die nördliche Grenze ziehenden Arbeiter gerade nicht aus den einkommensschwächsten Regionen des Landes stammt. Vielmehr ist hier im Bereich einer „oberen Unterschicht" von der Herausbildung und Wahrnehmung überregionaler *Opportunitätsstrukturen* auf dem Arbeitsmarkt auszugehen. Durch die Wanderungsbewegungen an und über die Grenze wird die mexikanische Seite in gewissem Sinne ökonomisch „amerikanisiert", während auf der amerikanischen Seite eine eher ethnische und kulturelle „Mexikanisierung" stattzufinden scheint (Weeks/Ham-Chande 1992: 271).

Die Frage, ob es sich bei der U.S.-mexikanischen Grenzregion um eine zumindest in Ansätzen homogene Wirtschaftsregion handelt, wäre somit tendenziell negativ zu beantworten. Dennoch gibt es auch Anlaß zur Vermutung, daß es sich um eine qualitativ neue bzw. andersartige Wirtschaftsregion handelt, in der sich verschiedene Teilbereiche des Wirtschaftssystems in der Region sowie die Rolle der Grenze für jeden dieser Teilbereiche selbst ausdifferenzieren. Der über NAFTA vermittelte Eindruck einer fortschreitenden Öffnung der wirtschaftlichen Grenze trifft nur bedingt zu. So existiert für den Einzelhandel vor Ort praktisch gar keine Grenze. Für den Industriestandort liegt die Grenze ca. 20 km im Landesinneren Mexikos. Und schließlich besteht für das „Humankapital" ein zumindest im Bereich der niedrig qualifizierten Arbeiten zunehmend einheitlicher, die Grenze kaum noch berücksichtigender Arbeitsmarkt. Die Grenze in ihrer Funktion als „Gütergrenze", d.h. das Wirtschaftssystem strukturieren-

---

5 Solche Unternehmen sind dabei zumeist nicht unmittelbar Eigner von maquiladora-Betrieben, sondern Entwickler der Infrastruktur (business parks), welche dann maquila-Investoren angeboten wird.

de Grenze, entspricht im U.S.-mexikanischen Grenzraum keiner der gängigen Vorstellungen. Weder handelt es sich um eine wirkliche Handelsbarriere zwischen nationalen Wirtschaftsräumen, noch um eine verbindende Kraft in einem Wirtschaftsraum. „Die Grenze" ist hier zu mehreren, mit unterschiedlichen Bedeutungen ausgestatteten Grenzen geworden. Als verbindendes Element eines integrierten kleinräumigen Wirtschaftsraumes an der Grenze bleibt die politische Symbolik, die einen solchen zu behaupten sucht. Was ferner bleibt, sind beiderseits der Grenze geteilte Symbole neuer sozialer Differenzierungsmuster und Exklusionsmechanismen (Peña 1996; Staudt 1998). Das Phänomen wildwuchernder, unerschlossener Siedlungen, der sogenannten *colonias,* findet sich, wenngleich in unterschiedlichem Ausmaß, ebenfalls beiderseits der Grenze (vgl. Earle 1997).
Mit der Existenz eines grenzüberschreitenden Arbeitsmarktes für mexikanische Arbeitskräfte ist die Verstetigung saisonaler wie dauerhafter, legaler wie illegaler Einwanderung von Mexikanern in die USA angesprochen. Die damit verbundenen demographischen Trends in der ethnischen Komposition der Population des Grenzraumes verweisen über die Frage eines grenzüberschreitenden Wirtschaftsraumes hinaus und gerade vor dem Hintergrund eines hohen Anteils von Mexican Americans im Südwesten der USA auf die Frage einer (grenzüberschreitenden) kollektiven Identität, die insbesondere von kulturanthropologischen Studien immer wieder angesprochen wird.

3.3 Grenze und Identität

Der in Bezug auf den Wirtschaftsraum herausgestellten klein- und großräumigen Doppelfunktion der Grenze bzw. des Grenzraumes gilt es auch Rechnung zu tragen, wenn nach ihrer Rolle als Bezugspunkt für die Bildung kollektiver Identitäten gefragt wird. Auf der einen Seite steht die Rolle der territorialstaatlichen Grenze für die Konstruktion und Reproduktion kollektiver Identitäten, ob ethnisch oder national. Auf der anderen Seite steht die Grenze als Bezugspunkt für die Herausbildung einer örtlichen bzw. regionalen, direkt „grenzbezogenen" und eben möglicherweise grenzüberschreitenden Identität, gleichsam einer Identität als „Grenzbewohner". Wenngleich es sich hierbei zunächst um ganz unterschiedliche Phänomene zu handeln scheint, so wäre denkbar, daß der Herausbildung von „grenzbezogenen" Identitäten eine exemplarische Funktion zufällt. Insofern eine „Grenzidentität" auf eher schwachen Exklusionsprinzipien gründet, indem sie gerade die Grenze - als Symbol von Exklusion - zum Inklusionscharakteristikum macht, erscheint die Frage nach der Übertragbarkeit eines solchen Modells auf Kollektive größeren Zuschnitts berechtigt.
Die These, daß sich bei einem Teil der im U.S.-mexikanischen Grenzgebiet lebenden Bevölkerung eine Art „Identität" als Grenzbewohner herausgebildet hat, trifft auf jeden Fall auf solche Personen zu, in deren täglichem Leben die Grenze eine herausragende Rolle spielt (etwa als legale oder illegale Pendler; vgl. auch Martinez 1994). Jedoch ist die Identität der Grenzbewohner als „Grenzbewohner" nur selten auf einen von diesen explizierten oder reflektierten Umstand zu reduzieren. Eine wichtigere Rolle dürfte der ausgiebige Gebrauch des Symbols „Grenze" im Grenzgebiet spielen, die Grenze bietet sich als Referenzpunkt an, ob es um die Benennung eines Musikfestivals oder einer Imbißbude geht. Dies verweist mitunter auch darauf, daß sich sowohl

Art als auch Inhalt der Herausbildung einer „Grenzidentität" auf eher diffuse Wahrnehmungen von grenzbezogenen, dabei aber auch verbindenden Lebensumständen stützen. Der identifikatorische Bezug zur Grenze darf jedoch nicht zu der Annahme verleiten, daß sich hier Identitätsstiftungsprozesse unabhängig von bestehenden ethnischen oder nationalen Klassifikationssystemen vollzögen. „Grenzbewohner" ist nicht unbedingt eine grenzüberschreitende Kategorie; weder eine auf Reflexion noch eine durch die Einbettung in symbolisch vermittelte Lebensumstände beruhende Identität als „Grenzbewohner" schließen es aus, daß Vorurteile und Stereotypen ob bestimmter nationaler oder ethnischer Eigenheiten der jeweils „anderen" Seite gepflegt werden. Insofern dürfte die Bindekraft einer solchen Identität als Grenzbewohner alles in allem als gering einzuschätzen sein. Sie wäre eher dem Bereich des Folkloristischen zuzuordnen, oder spiegelte die gemeinsame Reflexion regionaler oder örtlicher Problemkonstellationen wider (vgl. auch Michaelsen/Johnson 1997).

Trotzdem kann in gewissem Sinne von einer durch den expliziten Bezug zur Grenze gebildeten Identität gesprochen werden. Die Rede ist hier von der Figur des Migranten, für welche das Überschreiten der Grenze den Status eines „Passagenritus" innehat. Hier ist die Identität „Grenzbewohner" in einem eher funktionalen denn räumlichen Sinne zu verstehen; der explizite Bezug zum Ereignis der Grenzüberschreitung gibt den „migrant communities" eine eigene Identität, welche nicht auf Volksgruppen- oder Nationalzugehörigkeiten reduziert werden kann, sondern durch einen abstrakten Bezug zur Grenze gekennzeichnet ist.

In den zwischen den USA und Mexiko, aber auch zwischen den USA und anderen mittelamerikanischen bzw. Karibikstaaten bestehenden festen Migrationsnetzwerken siedeln sich oftmals über Jahrzehnte hinweg Migranten aus einer Dorfgemeinschaft an einem bestimmten Ort im Zielland an. Die Gemeinschaft der Migranten am Zielort ist mit der Herkunftsgemeinschaft aufs engste, oftmals gar existentiell verbunden. Die Überweisungen der Arbeiter aus den USA bilden nicht selten die Haupteinnahmequelle der am „Heimatort" Zurückgebliebenen, während die mexikanische Dorfgemeinschaft für die Bereitstellung kulturellen Rückhalts und Heimatgefühls zu sorgen hat (z.B. Ausrichten großer Feste, Entsendung von Musikgruppen). In solchen transnationalen Gemeinschaften ist die Tatsache, geographisch unverbunden an zwei Orten beiderseits der Grenze zu leben und diese zum Zwecke der Arbeitsaufnahme und zu Besuchszwecken oftmals zu überschreiten, fester Teil der jeweiligen Selbstbeschreibung (Basch u.a. 1994; Kearney 1995, Rodriguez 1996). Insofern könnte man sagen, daß es sich hier um „Grenzbewohner" im eigentlichen Sinne handelt, obwohl sie in beträchtlicher Entfernung von der Grenze leben mögen.

Während die Herausbildung transnationaler örtlicher Gemeinschaften als Indiz für eine neue Form von kollektiver Identitätsbildung gesehen werden kann, in welcher die Grenze nicht den Rand, sondern das durch ständige Überschreitung bindende Glied einer Gemeinschaft darstellt, so darf dies nicht dazu verleiten, ein allzu rosiges oder gar romantisierendes Bild dieser Gemeinschaften zu entwerfen. Neben der Tatsache, daß vielen Migranten die durch die transnationale Gemeinschaften geschaffenen Opportunitätsstrukturen schlichtweg nicht zur Verfügung stehen, ist zu berücksichtigen, daß auch transnationale Gemeinschaften nicht frei von Identitätskonflikten sind. Insbesondere auf U.S.-Seite entladen sich diese Konflikte eher in Auseinandersetzungen mit anderen Minderheiten, als daß sie in Aversion oder Kritik an sozialen oder politischen Verhältnissen am aufnehmenden Ort umschlagen würden (vgl. Mahler 1995). Insbesondere schließen solche Gemeinschaften ja per Definition auch solche Migranten aus, welche nicht auf eine bestimmte örtliche Herkunft in Mexiko verweisen können. Dies führt zu scharfen Abgrenzungsbewegungen der mexikanischen Migranten untereinander, wobei zusätzlich legale Einwanderer den illegalen, schon lange Eingewanderte den erst kürzlich Angekommenen gegenüber stehen.

Die Funktion der Grenze als Identitätsgrenze erschöpft sich nicht in solchen Fällen der Konstruktion kollektiver Identität, in welchen die Grenze oder die Grenzüberschreitung selbst in die (implizite) Selbstbeschreibung der jeweiligen Identitätskonstruktion eingebaut ist. Gerade an der U.S.-mexikanischen Grenze wird deutlich, wie die abstrakte Funktion der Grenze als Wahrnehmungs- und Bezugsraum für eine umfassende kollektive, d.h. nationale Identität zwar weiterhin erhalten bleibt, sich die in diesem Sinne für die Bildung kollektiver Identität wichtigen Grenzziehungen aber auffächern. Allem voran beziehen sich selbstverständlich sowohl eine mexikanische als auch eine U.S.-amerikanische nationale Identität in dem Sinne auf die Grenze, daß diese den Bezugsraum der jeweiligen Identität klar zu definieren ermöglicht. Hier haben etwa die Diskussionen über NAFTA sowohl nationalistischen Tönen wie auch der Wahrnehmung Nahrung gegeben, daß ein Freihandelsabkommen und sich auf strikte Ausgrenzungen stützende Identitäten nicht unbedingt zusammenpassen (vgl. auch Passé-Smith 1997). Das Bild verkompliziert sich, wenn Kombinationen nationaler und ethnischer Identitäten berücksichtigt werden. So dient die Grenze in der Bildung einer „Mexican American identity" zwar als Bezugspunkt zur Abgrenzung gegenüber einer mexikanischen Nationalidentität, gleichzeitig aber auch als Bezugspunkt zum Einschluß eben dieser mexikanischen Identität in Absetzung zu einer U.S.-Identität (im Überblick: Meier/Ribera 1993, auch de la Garza u.a. 1996). Selbstverständlich gibt es trotz des diagnostizierten Prozesses der Ausdifferenzierung kollektiver Identität Gemeinsamkeiten, die diesen Differenzierungsprozeß überwölben und integrativ wirken. Hierzu ist vor allem der Gebrauch der spanischen Sprache zu zählen. Freilich ist auch dies vor dem Hintergrund eines zunehmenden Gebrauchs kultureller Symbole und Wörter zu sehen, welche auf der jeweils „anderen" Seite der Identitätsgrenze ihren Ursprung haben (z.B. die *norteñización* in Mexiko und die Ausbreitung des „Salsa-Gürtels" in den USA; vgl. auch Hidalgo 1993; Roca/Lipskli 1992; Daudistel/Howard 1994).

Die „Auffaltung" der Grenze als Identitätsgrenze heißt nicht, daß kollektive Identitäten notwendigerweise „diffuser" würden. Zum Prozeß dieser Ausdifferenzierung gehört das Experimentieren mit neuen Identitätskonstruktionen an und über die Grenze (Grenzbewohner, transnationale lokale Gemeinschaften) ebenso wie Neudefinition hergebrachter Kategorien (etwa Hispanic). Wenn aus der Beobachtung selbst kleinräumiger, an der Grenze stattfindender Entwicklungen ein Schluß zu ziehen ist, dann der, daß eine gemeinschaftliche Integration unter einer kollektiven Identität immer schwieriger und unwahrscheinlicher wird.

Die zentrale Bedeutung von Wanderungsbewegungen, d.h. der Überschreitung der U.S.-mexikanischen Grenze durch Personen, verweist auf zwei zentrale Funktionen der territorialstaatlichen Grenze, nämlich den Anspruch des modernen Staates, solche Grenzüberschreitungen normativ über Einwanderungsgesetzgebungen und faktisch durch Grenzkontrollen zu regulieren. Anhand von Einwanderungsgesetzgebung und

Grenzkontrollregime läßt sich verfolgen, inwiefern das politische System unter den bislang aufgezeigten Bedingungen von Entgrenzung noch regulierend auf die Funktion von Grenzen einwirken kann.

3.4 Einwanderung und Grenzkontrolle

1986 wurde mit dem Immigration Reform and Control Act (1986) der in der neueren Zeit weitreichendste Versuch einer umfangreichen Lösung des Problems illegaler Einwanderung unternommen. Im Sinne eines „carrot and stick"-Ansatzes sah IRCA die Möglichkeit einer Amnestie für illegal Eingewanderte sowie die Erleichterung ihrer Einbürgerung vor. Auf der anderen Seite wurde die Einwanderung weiter erschwert, eine legale Einwanderung aus Mexiko außerhalb von Familienzusammenführungen so gut wie unmöglich gemacht. Freilich entpuppte sich genau die im IRCA ausdrücklich erlaubte Familienzusammenführung mehr oder weniger als ein Faß ohne Boden; und auch von einem Rückgang illegaler Einwanderung kann mehr als ein Jahrzehnt nach IRCA kaum gesprochen werden (vgl. Bean u.a. 1990).

Die Auswirkungen der Reformen von 1997, nach denen illegalen Einwanderern der Zugang zu vielen öffentlichen Leistungen verweigert wird, bleibt abzuwarten, läßt aber als Resultat eher einen verschärften sozialen Notstand der sich im Lande befindlichen illegalen Einwanderer vermuten denn eine abschreckende Wirkung für weitere Arbeitssuchende aus Mexiko. Im Anschluß an die 1996 in einer Volksabstimmung in Kalifornien angenommene, später von einem Bundesgericht gestoppte „Proposition 187", welche nicht nur Kindern illegaler Einwanderer den Zugang zu Schulen untersagen, sondern ebenfalls eine Meldepflicht der Schulen an die Einwanderungsbehörde festschreiben wollte, unterstreicht die Gesetzgebung von 1997 den Eindruck einer zunehmenden Polarisierung der Diskussion um Einwanderung. Auf der einen Seite ist der „new nativism" zu vermerken (Brimelow 1995; Nelson 1994; vgl. Perea 1997), oftmals verbunden mit Bemühungen, das Englische als offizielle Landessprache festzuschreiben. Auf der anderen Seite steht die „traditionalistische" Haltung, welche Einwanderung per se als Bereicherung für die USA erachtet, jedoch nicht selten in der regionalen Konzentration im Hinblick auf die Herkunft der Einwanderer ein (Sicherheits-)Problem sieht (vgl.Teitelbaum/Weiner 1995). Ergänzt werden diese Positionen in den einschlägigen Diskussionen schließlich um die, der die Einwanderung als Hauptindiz dafür gilt, daß der Staat die Macht über seine Grenzen unweigerlich verloren habe (Sassen 1996). Ein näherer Blick auf die Entwicklung der Einwanderungspraxis, -politik und -gesetzgebung läßt dabei keine eindeutige Richtung erkennen. Vielmehr ergeben sich Indizien, daß die Vielzahl der mit der Steuerung von Einwanderung befaßten staatlichen Institutionen auf den verschiedenen Handlungsebenen eher selbstlähmend wirkt, zumindest aber auf eine starke „Sektoralisierung" des Staates hinweist, verbunden mit einer abnehmenden Koordinationsfähigkeit selbst zwischen zentralen Institutionen (vgl. Cornelius u.a. 1994; Calavita 1992). Darüber hinaus macht eine zunehmende Berücksichtigung internationaler Rechtsnormen in der innerstaatlichen Rechtsprechung die Durchsetzung von Einwanderungs- bzw. Ausweisungsbestimmungen immer schwieriger (so Jacobson 1996).

Ein ähnlich uneinheitliches Bild bietet das Grenzkontrollregime. Die mit hohem finanziellen, personellen und symbolischen Aufwand durchgeführten Operationen zur Schließung der Grenze für illegale Einwanderer haben eher zur geographischen Umlenkung der Migrationsströme denn zu deren Verringerung beigetragen. Ihr merkbarer Einfluß besteht eher darin, ein illegales tägliches Pendeln zwischen den Grenzstädten zu unterbinden (mit der Folge, daß die illegalen Pendler länger auf der U.S.-Seite verweilen). Ein auffälliger Punkt am neu entstandenen Grenzkontrollregime an der U.S-mexikanischen Grenze ist die Diffusion der daran beteiligten Organisationen auf U.S.-Seite, sowohl sektoral, aber auch vertikal zwischen verschiedenen staatlichen Ebenen. Insbesondere mit der verstärkten Einbindung des Militärs in die Grenzüberwachung werden ferner verfassungsrechtliche Grenzen auf die Probe gestellt („posse comitatus"; vgl. Dunn 1996). Die Frage, ob das gewandelte, mit erheblich verstärkten Haushaltsmitteln „verschärfte" Grenzkontrollregime effektiver ist als seine Vorgänger, ist aufgrund der Natur der Problemfelder illegale Einwanderung und illegale Drogeneinfuhr nicht sicher zu beantworten. Zumindest wäre es kaum gerechtfertigt, von einer dramatischen Effektivitäts- und Effizienzsteigerung des Grenzkontrollregimes auszugehen. Gerade darin aber liegt ein wichtiger Punkt, insofern zum Zwecke der durchgreifenden Verbesserung einer bestimmten Grenzfunktion ein weitreichender Umbau der institutionellen Struktur des Grenzkontrollregimes vollzogen wurde. Lange bestehende Zuständigkeitsgrenzen, Selbstverständnisse staatlicher Behörden und Prioritäten bei der Mittelausstattung wurden neu formuliert. Als Ergebnis läßt sich jedoch kaum mehr als eine diffuse Gemengelage feststellen, welche von widerstreitenden institutionellen Interessen gekennzeichnet ist und auf absehbare Zeit stetigem Wandel unterworfen bleiben wird.

Drängt sich somit der Eindruck einer „neuen Unübersichtlichkeit" in Bezug auf die Fähigkeit des Staates auf, die Regulativfunktion von Grenzen zu regulieren, so wäre weitergehend zu fragen, ob die immer weniger bzw. unkontrolliert greifenden territorialstaatlichen Regulationsmodi nicht kleinräumig aufgefangen werden können. Diese Frage richtet sich vor allem auf das mögliche Entstehen neuer, grenzüberschreitender Kooperationsformen und Politikräume. Eine Beobachtung entsprechender Bemühungen vor Ort läßt jedoch eher eine große Diskrepanz zwischen symbolischen Gesten auf der einen und praktischer Politikkoordination auf der anderen Seite erkennen. Trotzdem die Grenzstädtepaare mehr oder weniger gemeinsame urbane Räume bilden (Morales/Tamayo-Sanchez 1992), verbleibt die Kooperation auf kommunalpolitischer Ebene zumeist im Bereich des Symbolischen. Von einer nennenswerten grenzüberschreitenden Politikkoordination kann nicht die Rede sein, trotz einer umfangreichen politischen und akademischen Rhetorik (Martinez 1986). Eine markante Ausnahme hiervon bilden jedoch einige issue areas, allen voran die Umweltpolitik, mit bereits merklichem Abstand hierzu die Gesundheitspolitik. Hier ist ein sich intensivierendes Zusammenwirken von Stellen auf der U.S.-amerikanischen und der mexikanischen Seite zu vermerken. Wird diese Kooperation zwar vornehmlich über eine zwischenstaatliche Organisation, die Border Environment Cooperation Commission (BECC) betrieben (Varady u.a. 1996), so geschieht dies doch in zunehmendem Maße auch unter Beteiligung, ja sogar auf Initiative privater Akteure beiderseits der Grenze.

Kann von einer kleinräumigen Politikkoordination somit höchstens in spezifischen issue areas die Rede sein, so könnten sich neue Formen eines grenzüberschreitenden, freilich nicht nur auf das „Grenzgebiet" beschränkten Politikraumes aus Ansätzen in der mexikanischen Politik ergeben. Mit dem 1990 ins Leben gerufenen Program for Mexican Communities Living Abroad (PMCLFC) versucht Mexiko erstmals, über Konsulate gezielt auf die Gemeinschaft der Mexican Americans bzw. der Mexikaner in den USA Einfluß zu nehmen (de la Garza 1997, Gutiérrez 1997). Zusammen mit den Bemühungen der mexikanischen Regierung, im Zusammenhang mit der Verhandlung und Ratifikation des NAFTA-Vertrages über Lobbyisten in Washington sowie über think tanks Einfluß auf den politischen Prozeß in den USA zu nehmen, stellt PMCLFC den Ausdruck des Paradigmenwechsels mexikanischer Politik in den 1980er Jahren dar, in welchem eine den USA gegenüber vorwiegend ablehnende Haltung in die Einsicht umschlug, die hochgradige Interdependenz mit dem nördlichen Nachbarn aktiv gestalten zu müssen. Vorläufiger Höhepunkt dieser Entwicklung ist die seit 1997 gegebene Möglichkeit für mexikanische Einwanderer in den USA, selbst bei Einbürgerung eine „mexikanische Nationalität" zu bewahren. Dies kommt keiner allgemeinen Anerkennung doppelter Staatsbürgerschaft gleich, stellt aber einen wesentlichen, hinsichtlich seiner Konsequenzen noch kaum einzuschätzenden Schritt in die Richtung auf eine Durchmengung der constituencies des mexikanischen und U.S.-amerikanischen politischen Systems dar. Gesichert scheint dabei zum gegenwärtigen Zeitpunkt allein, daß die Rechnung der mexikanischen Bundesregierung, über Mexican Americans und Emigranten größeren Einfluß auf den innenpolitischen Prozeß in den USA zu gewinnen, nur bedingt aufgeht. In ebenso großem Maße wurde diese Möglichkeit von der (traditionell im Norden Mexikos starken) Oppositionspartei PAN sowie den Regierungen der einzelnen mexikanischen Bundesstaaten erkannt, so daß eine erfolgreiche Einflußnahme auf die migrant communities in den USA durchaus Rückkopplungseffekte zeitigen und die Dezentralisierung sowie parteipolitische Differenzierung Mexikos vorantreiben kann. Schließlich könnte gerade ein zunehmendes politisches Selbstbewußtsein von Mexican Americans/Latinos im politischen System der USA (Moran 1997, The Economist 1998) die Rezeptivität für Einflüsse von Außen verringern.

4. Schlußfolgerungen

Die Entwicklung der U.S.-mexikanischen Grenze bzw. des U.S.-mexikanischen Grenzraums ist durch eine Diffusion der Funktionen der Grenze als wirtschafts- und politikräumliche Grenze sowie als Bezugspunkt für die Formierung kollektiver Identität gekennzeichnet. Grenzkontrollregime sowie U.S.-Einwanderungspolitik gehen einher mit einer Diffusion der an und über die Grenze wirksamen sowie in bezug auf die Grenze tätigen Akteure, Strategien und Handlungsebenen. Die Formierung kollektiver Identitäten läßt eine Diffusion der Qualität des Grenzbezugs erkennen, insofern etwa die institutionalisierte Grenzüberschreitung in die Selbstbeschreibung transnationaler Gemeinschaften eingebaut wird. Schließlich lassen alle angesprochenen Entwicklungstendenzen im U.S.-mexikanischen Grenzraum eine räumliche Diffusion erkennen: lokal-, regional-, national- und globalräumlich bezogene Prozesse überlappen an der Grenze auf vielfältige Art und Weise. Die Dynamik der Glokalisierung drückt sich sinnfällig an der Interaktion zwischen örtlichen Versuchen, sich im globalen Wettbewerb als grenzüberschreitenden Standort zu präsentieren und den die wirtschaftliche Entwicklung an und über die Grenze hinweg vorrangig bestimmenden, der Logik der globalen Waren- und Finanzmärkte verpflichteten Handlungen (Verabschiedung von NAFTA; Auslösung von und Reaktion auf Peso-Krise) aus; ebenso am Überlappen lokaler, nationaler und transnationaler Referenz- und Handlungssysteme im Bereich der Wanderungsbewegungen von Mexiko in die USA und der daraus mittelbar resultierenden Verschiebungen in der Bedeutung bestimmter kollektiver Identitäten, aber auch in den Wechselwirkungen zwischen den verschiedenen politischen Systemen. Ein Deterritorialisierungstrend ist in diesen Entwicklungen insofern auszumachen, als die Grenze ihre Rolle als vorrangig territorialstaatliche Grenze verliert und sich in ihren Funktionen und Wirkungen auffächert; gleichzeitig ist keine Entstehung eines territorial eindeutig umrissenen „Grenzraumes" zu erkennen. Alle beschriebenen Entwicklungen drücken sich dabei zwar immer *auch* in geographisch lokalisierbaren Räumen aus, die territoriale Dimension erscheint aber nicht als primär.

Aus der Perspektive eines an klare, vor allem territorialstaatliche Differenzierungen gewöhnten Blicks mögen die angesprochenen Entwicklungen lediglich als ein höheres Maß an Unordnung der grenzüberschreitenden Beziehungen erscheinen. Wahrscheinlicher ist, daß ein solcher Blick diese Entwicklungen nicht angemessen einzufangen in der Lage ist. Die beschriebenen Entgrenzungsprozesse schließen nicht nur an eine Sichtweise des Umbruchs im globalen System an, die genau die Form und Relevanz der Staaten als „constituent units" dieses Systems hinterfragt. Sie verweisen auch auf die Notwendigkeit, diese (etwa auch von sogenannten „konstruktivistischen" Ansätzen vorgetragene) Sichtweise durch eine Art disziplinären Entgrenzungsprozeß zu ergänzen. Moderne Staatlichkeit und das „westfälische Modell" als Grundlage der Einheiten des internationalen Systems wandeln sich insbesondere auch infolge einer neuen Bedeutung gesellschaftlicher Strukturen und Akteure, indem etwa transnationale Gemeinschaften und Migrationssysteme die starren, durch territoriale Staatsgrenzen markierten Inklusions- und Exklusionskriterien in Frage stellen. Dies bedeutet, daß die Diagnose globalen Wandels nicht auf der Seite des Staates stehen bleiben kann. Vielmehr wird gerade im Hinblick auf den Begriff der „Gesellschaft" von verschiedenen Disziplinen her die Frage aufzuwerfen sein, inwiefern auch hier das „westfälische Modell" eine nahezu ungebrochene analytische Wirkmächtigkeit entfaltet. Nicht, indem die in grenzüberschreitenden Kontexten wirkmächtigen nichtstaatlichen Akteure und Strukturen vernachlässigt würden. Vielmehr, indem mit einem Begriff von Gesellschaft operiert wird, der diese weiterhin eng an eine als normativ verstandene Integration um einen politisch-gemeinschaftlichen Kern herum erachtet (vgl. Luhmann 1972, Albert u.a. 1996). Gerade in dieser Hinsicht bietet es sich an, einzelne Entgrenzungsprozesse dahingehend zu durchleuchten, inwiefern sich darin Ansatzpunkte für Territorialgrenzen überschreitende Vergesellschaftungsprozesse ergeben und *wohin* in solchen Prozessen die Funktionen gemeinschaftlicher bzw. normativer Integration relegiert werden. Zu fragen wäre, ob die Integrationsfunktion auf der Ebene der Nationalstaaten verbleibt, auf ethnisch verstandene Gemeinschaften übergeht, oder etwa in Teilbereichen an internationale Institutionen verwiesen wird. Unterschiedliche Ergebnisse von in dieser Hinsicht vorzunehmenden vergleichenden Fallstudien erwiesen dabei möglicherweise, daß einer nachlassenden Wirkmächtigkeit territorialstaatlicher Differenzierungen im globalen System noch kein übersichtliches Ordnungsmuster entsprungen ist. Daher könnte ein in unterschiedlichen Fällen aufzuweisendes Spektrum der Qualität von Entgrenzung sogar positiv formuliert werden: Der Clou an der

mit „Glokalisierung" bezeichneten engen Verwobenheit von „global spaces" und „local places" liegt ja gerade darin, daß Konturen und Entwicklungsdynamiken selbst „kleinräumiger" Entgrenzungsprozesse durchaus nicht nur als örtliche Pekuliaritäten zu vermerken sind, sondern als Variationsmöglichkeiten und Selektionsangebote im globalen System registriert werden können. Insofern liefert die Untersuchung einer Vielzahl kleinräumiger Entgrenzungsprozesse auch ein Antidot gegen Bestrebungen, den komplexen Strukturwandel des globalen Systems allzu schnell auf wenige Entwicklungslinien festzulegen.
Die im Falle des U.S.-mexikanischen Grenzraumes angestellten Beobachtungen erlauben es, die Merkmale einer derartigen „Variationsmöglichkeit" im globalen System auszumachen. Dabei erscheinen die Aussichten für die Möglichkeiten politischer Steuerung unter den Bedingungen von Entgrenzung - oder gar von Entgrenzung selbst - auf den ersten Blick als wenig vielversprechend. Der Versuch, über ein effektives Grenzkontrollregime den Fluß von Migranten zu steuern, schlägt trotz eines massiv erhöhten Mitteleinsatzes fortgesetzt fehl. Gerade angesichts der Peso-Krise erscheint fraglich, ob die „global flows" durch eine eher halbherzig verfolgte Strategie regionaler grenzüberschreitender Verflechtung dirigiert werden können. Auf der anderen Seite ergeben sich wenigstens für eine demokratische Kontrolle von Politik in entgrenzten Räumen wenigstens einige Anhaltspunkte für langfristig wirksame Veränderungen, so etwa aus der Einführung der doppelten Nationalität in Mexiko oder aus dem Zusammenwirken der transnationalen Gemeinschaften mit dem politischen System in den USA auf der einen sowie dem politischen System in Mexiko auf der anderen Seite. Diese Entwicklungen gilt es auf Grundlage der Überlegung zu würdigen, daß ein auf territoriale Begrenzung gründendes Demokratiemodell nicht ohne weiteres auf entgrenzte Räume übertragbar sein wird. Die Anzeichen sprechen aber dafür, daß ein den Bedingungen von Entgrenzung angemessenes Demokratiemodell nicht auf einen „großen Entwurf" gründen, sondern sich zum Beispiel über eine Transformation von Staatsbürgerschaftsgesetzgebung aus den Elementen des territorialen Demokratiemodells entwickeln wird.
„Entgrenzung" bezeichnet eine zentrale, räumliche Entwicklungsdynamik des globalen Umbruchs, nicht aber das Ergebnis dieses Umbruchs. Der Begriff erlaubt, neue Merkmale des globalen Systems als solche anzusprechen und nach den sie verbindenden Strukturen zu fragen, ohne diese lediglich als Unschärfe und Abweichung eines vor 350 Jahren ins Leben gerufenen Idealmodells wahrnehmen zu können.

Literaturverzeichnis

Agnew, John/Corbridge, Stuart, 1995: Mastering Space. Hegemony, Territory and International Political Economy. London/New York.

Albert, Mathias, 1996: Fallen der (Welt-)Ordnung. Internationale Beziehungen und ihre Theorien zwischen Moderne und Postmoderne. Opladen.

Albert, Mathias/Brock, Lothar, 1996: Debordering the world of states. New spaces in international relations, in: New Political Science 35, 69-106.

Albert, Mathias/Brock, Lothar/Schmitt, Hilmar/Take, Ingo/Wolf, Klaus Dieter, 1996: Weltgesellschaft: Identifizierung eines Phantoms, in: Politische Vierteljahresschrift 37, 5-26.

Albert, Mathias/Jacobson, David/Lapid, Yosef (Hrsg.), i.V.: Identities, Borders, Orders: New Directions in IR Theory.

Altvater, Elmar/Mahnkopf, Birgit, 1996: Grenzen der Globalisierung. Ökonomie, Ökologie und Politik in der Weltgesellschaft. Münster.

Andreas, Peter, 1996: U.S.-Mexico: open markets, closed border, in: Foreign Policy 103, 51-69.

Bailey, Antoine S./Coffey, William, J./Gibson, Lay J., 1996: Regional science: back to the future?, in: The Annals of Regional Science 30, 153-163.

Basch, Linda/Glick Schiller, Nina/Szanton-Blanc, Christina, 1994: Nations Unbound: Transnational Projects, Postcolonial Predicament, and Deterritorialized Nation-States. Lanhorne.

Bean, Frank D./Edmonston, Barry/Passel, Jeffrey S. (Hrsg.), 1990: Undocumented Migration to the United States. IRCA and the Experience of the 1980s. Santa Monica/Washington, DC.

Bolin, William H., 1992: The transformation of South America's borderlands, in: *Herzog, Lawrence A.* (Hrsg.): Changing Boundaries in the Americas. San Diego, 169-183.

Bosworth, Barry P./Collins, Susan M/Lustig, Nora Claudia (Hrsg.), 1997: Coming Together? Mexico-U.S. Relations. Washington, DC.

Brimelow, Peter, 1995: Alien Nation: common sense about America's immigration disaster. New York.

Browne, Harry/Sims, Beth/Barry, Tom, 1994: For Richer, for Poorer. Shaping U.S.-Mexican Integration. Albuquerque.

Bühl, Walter L, 1998: Transformation oder strukturelle Evolution? Zum Problem der Steuerbarkeit von sozialen Systemen, in: *Preyer, Gerhard* (Hrsg.), Strukturelle Evolution und das Weltsystem. Frankfurt/M., 363-385.

Bustamante, Jorge, 1992: Preface: A conceptual and operative vision of the population problems on the border, in: *Weeks, John R./Ham-Chande, Claude* (Hrsg.), Demographic Dynamics of the U.S.-Mexico Border. El Paso.

Calavita, Kitty, 1992: Inside the State. The Bracero Program, Immigration, and the I.N.S. New York/London.

Castañeda, Jorge G., 1995: The Mexican Shock. Its Meaning for the U.S. New York.

Christaller, Walter, 1968: Die zentralen Orte in Süddeutschland. Darmstadt [orig. 1933].

Christiansen, Thomas/Joenniemi, Pertti/Lindström, Bjarne, 1997: Nationality or regionality: constituents of political space around the Baltic rim, in: *Joenniemi, Pertti* (Hrsg.), Neo-Nationalism or Regionality. Stockholm, 9-25.

Connolly, William E., 1991: Identity/Difference. Democratic Negotiations of Political Paradox. Ithaca.

Cornelius, Wayne A./Martin, Philip L./Hollifield, James F. (Hrsg.), 1995: Controlling Immigration: A Global Perspective. San Diego.

Cox, Kevin (Hrsg.), 1997: Spaces of Globalization. Reasserting the Power of the Local. London.

Czempiel, Ernst-Otto, 1991: Weltpolitik im Umbruch. München.

Czempiel, Ernst-Otto/Rosenau, James N. (Hrsg.), 1992: Governance without Government. Cambridge.

Daudistel, Howards C./Howard, Cheryl A. (Hrsg.), 1994: Sociological Explorations. Focus on the Southwest. Minneapolis, 2. Aufl.

De la Garza, Rodolfo O., 1997: Foreign policy comes home: the domestic consequences of the program for Mexican communities living in foreign countries, in: *ders./ Velasco, Jesús* (Hrsg.), Bridging the Border. Transforming Mexico-U.S. Relations. Lanham, 69-88.

De la Garza, Robert/Falcon, Angelo/Garcia, F. Chris, 1996: Will The Real Americans Please Stand Up: Anglo and Mexican-American Support of Core American Political Values, in: American Journal of Political Science 40, 335-351.

Delal Baer, M., 1995: Mexico: Politics and the Peso in Transition. Washington, D.C.

Deleuze, Gilles/Guattari, Félix, 1992: Tausend Plateaus. Berlin.

Dunn, Timothy, 1996: The Militarization of the U.S.-Mexico Border, 1978-1992. Low-Intensity Conflict Doctrine Comes Home. Austin.

Earle, Duncan, 1997: The borderless borderlands: Texas colonias on the edge of nations, unv. Ms.

Elazar, Daniel J., 1996: The frontier as chain reaction, in: *Gradis, Yehuda/Lithwick, Harvey* (Hrsg.), Frontiers in Regional Development. Lanham, 173-190.

Engel, Charles/Rogers, John H., 1994: How wide is the border? Cambridge, Mass.

Espinosa, J. Enrique/Noyola, Pedro, 1997: Emerging patterns in Mexico-U.S. trade, in: *Bosworth u.a.* 1997, 25-58.

Friedman, Jonathan, 1994: Cultural Identity and Global Process. London.

Fuentes, Noé Arón, 1992: The impacts of the free trade agreement on commercial flows in the

Northern border, in: *Ganster, Paul/Valenciano, Eugenio O.* (Hrsg.), The Mexican-U.S. Border Region and the Free Trade Agreement. San Diego, 23-34.

Gachie-Pineda, Moryse/Ricard, Serge, 1995: La frontiere Mexique-Etats-Units: rejets, osmoses et mutations. Aix-en-Provence.

Garreau, Joel, 1981: The Nine Nations of North America. New York.

Gestrich, Andreas/Krauss, Marita (Hrsg.), 1998: Migration und Grenze. Stuttgart.

Grabher, Gernot, 1994: Lob der Verschwendung. Berlin.

Gregory, Derek, 1994: Geographical Imaginations. Oxford.

Gutiérrez, Carlos Gonzales, 1997: Decentralized diplomacy: the role of consular offices in Mexico's relations with its diaspora, in: *de la Garza, Rodolfo/Velasco, Jesús* (Hrsg.), Bridging the Border. Transforming Mexico-U.S. Relations. Lanham, 69-88.

Hansen, Niles, 1981: The border economy: regional development in the Southwest. Austin.

Harvey, David, 1989: The Condition of Postmodernity. Oxford.

Herzog, Lawrence A., 1992: Changing Boundaries in the Americas. An Overview, in: *ders.* (Hrsg.): Changing Boundaries in the Americas. San Diego, 3-24.

Hidalgo, Margarita, 1993: Language problems of the Northern Mexican border: fundamental concepts for their study, in: *Polkinhorn, Harry/Reyes, Rogelio/Trujillo Munoz, Gabriel* (Hrsg.): Open Signs: Language and Society on the United-States-Mexico Border. Calexico/Mexicali, 1-24.

Hoffmann, Reiner/Wannöffel, Manfred (Hrsg.), 1995: Soziale und ökologische Sackgassen ökonomischer Globalisierung. Das Beispiel NAFTA. Münster.

House, John W., 1982: Frontier on the Rio Grande. A Political Geography of Development and Social Deprivation. Oxford.

Jachtenfuchs, Markus/Kohler-Koch, Beate (Hrsg.), 1996: Europäische Integration. Opladen.

Jacobson, David, 1996: Rights Across Borders. Immigration and the Decline of Citizenship. Baltimore.

Jacobson, David, 1997: New Frontiers: Territory, Social Spaces, and the State, in: Sociological Forum 12, 121-133.

Jervis, Robert, 1997: System Effects: Complexity in Political and Social Sciences. Princeton.

Jones, Stephen B., 1959: Boundary concepts in the setting of time and place, in: Annals of the Association of American Geographers 49, 241-255.

Katzenstein, Peter J., 1996: Regionalism in comparative perspective, in: Cooperation and Conflict 31, 124-159.

Kearney, Michael, 1995: The Effects of Transnational Culture, Economy, and the Migration in Mixtec Identity in Oaxacalifornia, in: *Smith, Michael Peter/Feagin, Joe R.* (Hrsg.): The Bubbling Caldron: Race, Ethnicity, and the Urban Crisis. Minneapolis, 226-243.

Lapid, Yosef, i.V.: Introduction, in: *Albert, Mathias u.a.* i.V.

Lösch, August, 1954: The Economics of Location. New Haven.

Lowenthal, A.F./Burgess, K. (Hrsg.), 1993: The California-Mexico Connection. Stanford.

Luhmann, Niklas, 1972: Die Weltgesellschaft, in: Archiv für Rechts- und Sozialphilosophie 57, 1-34.

Luhmann, Niklas, 1997: Die Gesellschaft der Gesellschaft (2 Bde.), Frankfurt/M.

Lynch, K., 1960: The Image of the City. Cambridge.

Mahler, Sarah J., 1995: American Dreaming. Immigrant Life on the Margins. Princeton.

Marin, Bernd/Mayntz, Renate, 1991: Policy Networks: Empirical Evidence and Theoretical Considerations. Frankfurt/M.

Martinez, Oscar (Hrsg.), 1986: Across Boundaries: Transborder Interaction in Comparative Perspective. El Paso.

Martinez, Oscar, 1994: Border People. Life and Society in the U.S.-Mexico Borderlands. Tucson.

Meier, Matt S./Ribera, Feliciano, 1993: Mexican Americans/American Mexicans. From Conquistadores to Chicanos. New York.

Michaelsen, Scott/Johnson, David E. (Hrsg.), 1997: Border Theory. The Limits of Cultural Politics. Minneapolis.

Morales, Rebecca/Tamayo-Sanchez, Jesús, 1992: Urbanization and development of the United States-Mexico border, in: *Herzog, Lawrence A.* (Hrsg.): Changing Boundaries in the Americas. San Diego, 49-68.

Moran, Rachel F., 1997: What if Latinos really mattered in the public policy debate?, in: California Law Review 85, 1315-1345.

Munton, Don/Kirton, John, 1996: Beyond and beneath the nation-state. Province-state interactions and NAFTA. Paper presented at the Annual Convention of the International Studies Associa-

tion, San Diego, 16 - 20 April.
Nelson, Brent A., 1994: America Balkanized. Immigration's Challenge to Government. Monterey.
Ojeda, Raúl Honojosa u.a., 1996: North American American Integration Three Years After NAFTA. Los Angeles.
Passé-Smith, John T., 1997: NAFTA and Mexican National Identity: Comparing Frontier and Interior Attitudes Toward the United States. Paper presented at the Association of Borderlands Scholars Annual Meeting, Albuquerque.
Pastor, Manuel/Wise, Carol, 1997: State policy, distribution and neoliberal reform in Mexico, in: Journal of Latin American Studies 29, 419-456.
Patrick, J. Michael/Renforth, William, 1996: The effects of the Peso devaluation on cross-border retailing, in: Journal of Borderlands Studies 11, 25-41.
Peña, Devon G., 1996: The Terror of the Machine. Technology, Work, Gender and Ecology on the U.S.-Mexico Border. Austin.
Perea, Juan F. (Hrsg.), 1997: Immigrants out!: the new nativism and the anti-immigrant impulse in the United States. New York.
Rich, Paul/De Los Reyes, Guillermo (Hrsg.), 1997: NAFTA: Expectations and Realities. A Special Issue of The Annals of the American Academy of Political and Social Science 550.
Robertson, Roland, 1995: Glocalization. Time-space and homogeneity-heterogeneity, in: *Featherstone, Mike/ Lash, Scott/ders.* (Hrsg.), Global Modernities. London, 25-44.
Roca, A./Lipskli, J.M. (Hrsg.), 1992: Spanish in the U.S.: Language Contact and Diversity. Berlin.
Rochlin, James, 1997: Redefining Mexican 'Security'. Society, State and Region under Nafta. Boulder.
Rodriguez, Nestor, 1996: The battle for the border. Notes on autonomous migration, transnational communities and the state, in: Social Justice 23, 21-37.
Rodríguez, Nestor, 1997: The social construction of the U.S.-Mexico border, in: *Perea, Juan F.* (Hrsg.), The New Nativism. New York, 223-243.
Rubin-Kurtzman, Jane R./Ham-Chande, Roberto/Van Arsdol Jr., Maurice (Hrsg.), 1996: Population on trans-border regions: the Southern California-Baja California urban system, in: International Migration Review 30, 1020-1045.
Ruggie, John Gerard, 1993: Territoriality and beyond, in: International Organization 47, 139-174.
Sassen, Saskia, 1996: Beyond sovereignty: immigration policy-making today, in: Social Justice 23, 9-20.
Sklair, Leslie, 1989: Assembling for Development. The Maquila Industry in Mexico and the United States. Boston.
Sklair, Leslie, 1992: The Maquila industry and the creation of a transnational capitalist class in the United States-Mexico border region, in: *Herzog, Lawrence A.* (Hrsg.): Changing Boundaries in the Americas. San Diego, 69-88.
Smith, Steve/Booth, Ken/Zalewski, Marysia (Hrsg.), 1996: International Theory: Positivism and Beyond. Cambridge.
Staudt, Kathleen, 1998: Free Trade? Informal economies at the U.S.-Mexico border. Philadelphia.
Stea, David, 1996: Romancing the line: edges and seams in Western and indigineous mindscapes with special reference to Bedouin, in: *Gradis, Yehuda/Lithwick, Harvey* (Hrsg.): Frontiers in Regional Development, 23-53.
Stoddard, Ellwyn R., 1991: Frontiers, Borders and Border Segmentation: Toward a Conceptual Clarification, in: Journal of Borderland Studies 6, 1-22.
Teitelbaum, Michael S./Weiner, Myron (Hrsg.), 1995: Threatened Peoples, Threatened Borders. New York/London.
The Economist, 25. April 1998: The keenest recruits to the dream, 23-29.
Varady, Robert G./Colnic, David/Merideth, Robert/Sprouse, Terry, 1996: The U.S.-Mexican Border Environment Cooperation Commission: collected perspectives on the first two years, in: Journal of Borderland Studies 11, 89-119.
Vélez-Ibanez, Carlos G., 1996: Border Visions. Mexican Cultures of the Southwest United States. Tucson.
Vila, Pablo, i.V: Crossing Borders. Reinforcing Borders. Interpellations, Metaphors and Narrative Identities on the U.S.-Mexico Border. El Paso.
Voigt, Rüdiger (Hrsg.), 1995: Der kooperative Staat. Krisenbewältigung durch Verhandlung?. Baden-Baden.
Voigt, Rüdiger, 1996: Des Staates neue Kleider. Entwicklungslinien moderner Staatlichkeit. Baden-

Baden.
Walker, Robert, 1993: Inside/Outside. International Relations as Political Theory. Cambridge.
Weeks, John R./Ham-Chande, Claude (Hrsg.), 1992: Demographic Dynamics of the U.S.-Mexico Border.
Wilson, Thomas M./Donnan, Hastings (Hrsg.), 1998: Border Identities. Nation and State at International Frontiers. Cambridge.
Zolo, Danilo, 1992: Democracy and Complexity. A Realist Approach. Cambridge.

Die Grenzen der Entgrenzung (Kommentar)

Klaus Dieter Wolf

Wenn es zutrifft, daß Totgesagte länger leben, dann müßte dem Territorialstaat ein ewiges Leben beschieden sein. Auch die Infragestellung der Zukunftsfähigkeit des auf dem Territorialitätsprinzip aufbauenden internationalen Systems ist verhältnismäßig unoriginell. Den Niedergang von Staat und Staatenwelt aufs Neue auszurufen, bedarf daher guter Gründe, die mindestens über diejenigen hinausgehen sollten, die schon in den fünfziger Jahren etwa von John Herz aufge- (und dann zumindest teilweise doch wieder) verworfen wurden (Herz 1957 und 1968), oder die 1969 in dem ersten Sonderheft der Politischen Vierteljahresschrift unter dem Titel „Die anachronistische Souveränität" abgehandelt wurden (Czempiel 1969). Der folgende Kommentar soll zumindest andeuten, daß die Entgrenzungsdiskussion möglicherweise durchaus Gründe für einen Bedeutungswandel von Staat und Territorialität anführen kann, daß Entgrenzung aber nicht mit dem Ende des Territorialstaates gleichgesetzt werden sollte.

1. *Dimensionen von Entgrenzungsprozessen*

Auch wenn der zeitliche Zusammenhang mit dem 350-jährigen Jubiläum des Westfälischen Friedens eine eher modisch-oberflächliche Neuauflage der Frage nach der Bedeutung staatlicher Grenzen verheißt, enthält die darüber geführte Debatte doch grundsätzliche Herausforderungen für die Annahme, das territoriale Aufteilungsprinzip des Staatensystems werde für die Ewigkeit der zentrale Referenzrahmen für das politisch relevante Weltgeschehen bleiben. Die Beiträge von Albert und Ortmann/Sydow, die diesen Band einleiten und an die sich die folgenden Überlegungen anschließen, unterstreichen diese Einschätzung in sehr unterschiedlicher Weise, weil sie als Ausgangspunkte für die Identifizierung zweier ganz unterschiedlicher Entgrenzungsphänomene dienen können: Entgrenzung als Entterritorialisierung politischer Räume und Entgrenzung als Reorganisation territorialer Räume (vgl. auch Albert/Brock 1995: 4).

1.1 Entgrenzung als Verabschiedung des territorialen Differenzierungsprinzips

Die organisationssoziologische Untersuchung von *Ortmann und Sydow* befaßt sich mit Grenzen in ihren unterschiedlichen Funktionen als Sinngrenzen, als Legitimitätsgrenzen und als Grenzen der Kontrolle politischer und ökonomischer Ressourcen. Dabei geht es den Autoren um die Frage, welche Probleme Grenzverschiebungen bei Wirtschaftsorganisationen und Unternehmensnetzwerken für die Netzwerksteuerung aufwerfen. Der Bezug zu der politikwissenschaftlichen Fragestellung nach den Voraussetzungen und möglichen Formen eines effektiven und legitimen Regierens in entgrenzten Räumen mag sich erst auf den zweiten Blick erschließen, aber er ist deswegen nicht weniger relevant: Ortmann/Sydows Thematisierung der Entgrenzungsproblematik (im Sinne von Grenzverschiebungen) kommt nämlich ohne jeglichen Territorialitätsbezug aus. Grenzprobleme werden jenseits von „territories" innerhalb funktional umrissener „Räume" („spaces") und anhand funktional organisierter sozialer Systeme der ökonomischen Sphäre thematisiert, die als gleichsam selbstgenügsame Polities präsentiert werden,[1] die eine eigene Identität, Struktur und Mobilisationsfähigkeit aufweisen.

Dem Beitrag liegt ein weiter Begriff von sozialer Welt und damit zugleich die - allerdings unausgesprochene, weil für die beiden Autoren selbstverständliche - vor allem für traditionelle Vertreter der Internationalen Beziehungen noch gewöhnungsbedürftige Annahme zugrunde, daß sich Grenzprobleme nicht nur innerhalb des Westfälischen Systems stellen. Als dessen Kennzeichen gelten bekanntlich eine umfassende territoriale Aufteilung der Welt in unabhängige, mit Exklusivrechten versehene Staaten (relativierend dazu allerdings Krasner 1995). Mit ihm sind das Prinzip der Territorialität und das Konzept der territorial organisierten Einheit „Staat" zu den scheinbar unwiderruflichen Dreh- und Angelpunkten für politisches Handeln und zu den zentralen Bezugsgrößen für die politikwissenschaftliche Analyse geworden. Die etwa von Ferguson/Mansbach (1996) oder Ruggie (1998: 178-192) ganz explizit vorgenommene Relativierung territorialer Grenzen als Charakteristikum einer mit dem Ende des Dreißigjährigen Krieges einsetzenden und nun zu Ende gehenden historischen Epoche kann nicht als akademisches Glasperlenspiel abgetan werden. Die Marginalisierung des Staates und seiner Repräsentanten angesichts einer zumindest teilweisen Verselbständigung von immer weniger in territorialen Kategorien zu fassenden Handlungszusammenhängen zwischen den Akteuren der Wirtschaftswelt ist längst auch in das Bewußtsein einer breiteren Öffentlichkeit getreten. So beantwortete Newsweek die im Zusammenhang mit einem G 7-Gipfel aufgeworfene Frage „Does Government Matter?" mit dem Hinweis, die globale Geschäftswelt habe selbst die politischen Führer der mächtigsten Industriestaaten längst zu impotenten Ferntouristen degradiert, die von einem bezeichnend abgelegenen Schauplatz im kanadischen Halifax sich und der Weltöffentlichkeit suggerieren möchten, sie könnten das Weltwirtschaftsgeschehen steuern, während dessen Schicksal faktisch längst in der Hand eines „largely stateless web of cross-border corporate alliances" (Newsweek, 26. Juni 1995: 36) liege.

Die das materielle Wohl der Menschen immer stärker bestimmenden weltwirtschaftlichen Beziehungen werden in der Tat zunehmend von Akteuren getragen, die sich immer weniger mit einem Herkunftsland oder staatlichen Zielen überhaupt identifizieren lassen wollen (dazu auch Evans 1997: 66-67). Aus „Made in Germany" ist „Made by Siemens" geworden. Grenzüberschreitende wirtschaftliche Handlungszusammen-

1 Zu dem hier verwendeten „Polity"-Begriff siehe weiter unten. Als Desiderat bleibt in diesem Zusammenhang allerdings zu bemängeln, daß Ortmann/Sydows Beitrag die Frage nach der Verfassung der diese nicht-territorialen sozialen Einheiten umgebenden Umwelt ausblendet und damit auch nicht thematisiert, in welchem Bezug der von ihnen besetzte funktionale Raum zu anderen Räumen steht. Statt dessen wird der Eindruck erweckt, Organisationen der ökonomischen Sphäre könnten autonom in einem von externen Vorgaben freien Raum operieren.

hänge lösen sich von ihrer früheren Ortsgebundenheit, die sie konstituierenden Akteure werden „vaterlandslos". Ihre Heimat sind funktionale und nicht mehr territorial definierbare Räume.[2] Die Auseinanderentwicklung von gesellschaftlichen Handlungszusammenhängen und deren Wirkungsräumen auf der einen Seite und der territorialstaatlichen Organisation des politischen Systems der Weltgesellschaft auf der anderen Seite hat im Zuge der ökonomischen Globalisierung eine erhebliche Beschleunigung erfahren. Die Mobilität der Wirtschaftswelt nimmt zu, „global sourcing", Entstofflichung und Virtualisierung von wirtschaftlichen Transaktionen und vor allem die Globalisierung der Finanzmärkte (dazu Neyer 1995) lassen die Staaten als Repräsentanten einer inzwischen transzendierten Welt erscheinen. Die territoriale Segmentierung der Organisation des Staatensystems und die daran gekoppelte Verteilung von Zuständigkeiten deckt sich immer weniger mit den entterritorialisierten Bezugs- und Wirkungsräumen, denen gegenüber staatliche Regulierungsansprüche geltend gemacht werden müssen.[3]

Diese Begründungen für einen Bedeutungsverlust von Staat und Staatsgrenzen gehen weit über die bei Herz ursprünglich noch im Vordergrund stehende Durchdringbarkeit territorialer Grenzen durch moderne Waffentechnologien hinaus. Sie betonen vor allem den Zuwachs wirtschafts- und gesellschaftsweltlicher Verflechtungen, der die Kluft zwischen einer an territorialen Grenzen endenden Regelungshoheit und den Ausbreitungsräumen von Regelungsproblemen vertieft, auf deren zivile Natur das klassische Instrumentarium des Staates nicht zugeschnitten ist. Gerade der Umweltbereich macht deutlich, daß Territorialgrenzen auch für nicht-militärische Gefährdungen alles andere als undurchdringbar sind und kein Staat seinen Bürgern Unversehrtheit gegenüber den Folgen grenzüberschreitender Umweltbelastungen gewährleisten kann. Will man daran festhalten, daß es sich auch bei den von Ortmann/Sydow untersuchten sozialen Systemen in der ökonomischen Sphäre um politisch relevante Untersuchungsgegenstände handelt, und unterstellt man weiter, daß Politik, Wirtschaft und Gesellschaft nicht länger als Einheit betrachtet werden können, sondern ihre Ausbreitungs- und Wirkungsräume auseinanderdriften (siehe auch Strange 1997: 5), dann wird die Herausbildung eines post-Westfälischen internationalen Systems[4] zum konzeptuellen Rahmen der Entgrenzungsthematik, in dem das Prinzip der territorialen Differenzierung keine hervorgehobene Bedeutung mehr genießt. In Ruggies (1998: 174-175) Terminologie wird der Blick damit auf „postmodern forms of configuring political space" gelenkt, auf einen von „territory" zu „space" ausgeweiteten Raumbegriff, auf den sich auch Fragen nach politischer Steuerung und demokratischer Legitimation künftig einstellen müssen. Mit dieser Ausweitung des Raumverständnisses werden vor allem die Schnittstellen zwischen territorialen und funktionalen Räumen interessant. Wie ist das Verhältnis zwischen territorialen und funktionalen sozialen Systemen

---

2 Ruggie merkt dazu an: „Transactions take place in national facilities, which may be *housed* in New York, Tokyo, and European financial centers, but they are considered to *take place* in non-territorial space" (Ruggie 1998: 174; Hervorhebungen im Original).

3 „(T)he locus of authority over markets which once were predominantly national, bounded by national territorial frontiers, but now are transnational, even global, is no longer consistent with the political map of the world divided into discrete territorial states" (Strange 1997: 9).

4 In diesem Sinne stellt auch Scholte fest: „From this perspective borders are not so much crossed or opened as *transcended*" (Scholte 1997: 431; Hervorhebung im Original).

beschaffen, gibt es solche Schnittstellen überhaupt oder ist mit der „räumlichen" Auseinanderentwicklung die Herausbildung zunehmend autonomer, sich selbst regulierender funktionaler Teilsysteme verbunden, in die nicht von außen hineinregiert werden kann? Insbesondere die Frage, wie Politik im Sinne des auf Legitimität angewiesenen Regierens an funktionalen Differenzierungsmustern ausgerichtet werden kann, ist einigermaßen prekär, vor allem dann, wenn demokratisches Regieren an die Vorstellung der nur im nationalen Rahmen des Territorialstaates gegebenen politischen Gemeinschaft gebunden wird.

1.2 Entgrenzung als Verschiebung von Grenzen innerhalb der territorialen Welt

Im Vergleich zu der bisher betrachteten Entgrenzungsthematik, die eine Loslösung politischer, gesellschaftlicher und ökonomischer Handlungszusammenhänge vom Prinzip der territorialen Ordnung postuliert, nimmt sich eine als *Reorganisation territorialer Räume* zu bezeichnende zweite Form der Entgrenzung, um die es *Albert* geht, weniger radikal aus. Hier geht es nicht um eine Infragestellung des Territorialitätsprinzips als solchem, sondern um mögliche Bedeutungsverschiebungen zwischen unterschiedlichen territorialen Grenzziehungen. Während das erstgenannte Phänomen seine Bedeutung vor allem aus der sehr grundsätzlichen Frage nach der effektiven und legitimen Regulierbarkeit einer in funktionalen Räumen operierenden Ökonomie durch nach wie vor territorial organisierte politische Einheiten bezieht, steht nun lediglich die Funktionalität und zukünftige Bedeutung einer spezifischen Grenze, nämlich der Staatsgrenze, zur Disposition.[5] Deren bisher hervorgehobene Sonderstellung drückt sich vor allem darin aus, daß sich in ihr traditionell unterschiedliche Grenzfunktionen bündeln. Die Diffusion dieser Grenzfunktionen - verstanden als ein Entgrenzungsprozeß, der sich innerhalb einer nach wie vor primär territorial organisierten Welt vollzieht - wird in Alberts Beitrag in diesem Band am Beispiel des Bedeutungswandels des U.S-mexikanischen Grenzraums sehr aufschlußreich beschrieben.
Zu Ende gedacht, bedeutet Entgrenzung als Reorganisation territorialer Räume, daß sich der Allzuständigkeitsanspruch des souveränen „Westfälischen" Staates künftig in einer Kette unterschiedlicher, aber potentiell gleichwertiger territorialer Organisationseinheiten auf lokaler, regionaler und überregionaler politischer Ebene auflösen wird. Wenn sich vormals gebündelte Funktionsgrenzen entflechten, verschwimmt nicht nur die hervorgehobene Bedeutung des Territorialstaats als zentraler politischer Bezugsgröße, sondern auch der Wert der *analytischen* Kategorie „Staat" wird fragwürdig. Analytisch findet dieser Diffusionsprozeß im Konzept der Mehrebenenpolitik seinen Niederschlag, bei der die nationale Grenze nur noch eine unter vielen nahezu gleichwertigen Grenzziehungen darstellt, augenscheinlich sogar diejenige mit dem relativ größten Bedeutungsverlust. Die sich daraus ergebenden Fragen für die Organisation von Willensbildungs- und Legitimationsprozessen unterhalb wie oberhalb der staatlichen Ebene liegen auf der Hand: Wenn staatliche Allzuständigkeit endet, steht auch die Allzuständigkeit des Staatsbürgers auf dem Spiel. Wo ist dann der Ort von Souveränität, wo vollzieht sich demokratisch legitimierte Kontrolle? Welche Formen kann

5 Als wichtigen Bezugspunkt dieser Debatte siehe insbesondere Ohmae (1993).

und soll die Organisation von Partizipation annehmen?

2. *Grenzen der Entgrenzung*

Die beiden skizzierten, in ihren Implikationen sehr unterschiedlichen Entgrenzungsprozesse müssen nicht zwangsläufig in einem Niedergang des Territorialstaates enden. Vielmehr dürfte das Wesen der gegenüber dem überschaubaren Westfälischen System souveräner Territorialstaaten fraglos gewachsenen Komplexität gerade in der Koexistenz unterschiedlicher Differenzierungsmuster bestehen. Entgrenzung bestreitet allenfalls den Anspruch, die Territorialität werde nach wie vor das alleinige oder doch wenigstens dominante Differenzierungsprinzip bleiben, mit dem Staat als der unverändert zentralen Organisationseinheit. Denn für den Fortbestand von Staat und Staatenwelt lassen sich sowohl aus einer kognitivistischen als auch aus einer funktionalistischen und intentionalistischen Perspektive Argumente anführen.

2.1 Kognitive Gründe: Persitenz traditioneller Weltbilder

So unterkomplex das Bild der Welt als Staatenwelt auch sein mag, so attraktiv ist es vermutlich gerade deshalb immer gewesen. Es hat Generationen von Wissenschaftlern und politisch Handelnden als Bezugsrahmen für ihr Weltverständnis und ihre Problemkonstruktion gedient. Eine abrupte Aufgabe dieser Grundeinstellung ist nur in dem Maße zu erwarten, wie selbst die selektive Wahrnehmung damit übereinstimmender Informationen es nicht mehr erlaubt, damit unvereinbare Informationen auszublenden. Mit Hilfe dieses Mechanismus kann an einem einmal vorhandenen Wahrnehmungssystem relativ lange festgehalten werden. Es tendiert zu seiner eigenen Selbsterhaltung und seine Träger bestärken sich darin durch die gegenseitige Beobachtung. Auf diese Weise wirkt auch das territorialstaatlich geprägte Weltbild beharrlich in den Köpfen fort, selbst wenn ihm die Realentwicklungen mehr und mehr den Boden entzogen haben sollten.
Wie resistent Problemkonstruktionen in „Westfälischen" Kategorien auch gegenüber noch so einschneidenden Umweltveränderungen sind, läßt sich an zwei Beispielen aus der jüngeren Vergangenheit recht gut illustrieren: zum einen an dem Wiederaufleben geopolitischer Überlegungen in Wissenschaft und Politik nach dem Ende des Ost-West-Konflikts, etwa im Zusammenhang mit der Osterweiterung von NATO und EU, und zum anderen und nicht weniger symptomatisch an den in Kategorien zwischenstaatlicher Konflikte und Konkurrenzverhältnisse konstruierten weltwirtschaftlichen Standortdebatten.

2.2 Funktionale Gründe: alte und neue Funktionen von Staatlichkeit vor dem Hintergrund von Entgrenzungsprozessen

Territorialstaatsgrenzen, das hat Alberts Beitrag in diesem Band gezeigt, sind multifunktional. Sein wichtigstes Ergebnis besteht in der Feststellung, daß die von ihm untersuchte Staatsgrenze nicht von einem umfassenden Funktionsverlust betroffen ist, sondern vielmehr eine *Diffusion* von Grenzfunktionen zu beobachten ist. So mögen Staatsgrenzen immer weniger mit den Ausbreitungsräumen ökonomischer Handlungszusammenhänge übereinstimmen und sich einzelne Staaten daher immer weniger dafür eignen, entgrenzte Nationalökonomien zu steuern. Zugleich können sie jedoch durchaus der wichtigste Bezugsrahmen etwa für die Formierung kollektiver Identitäten bleiben.

(a) die abstrakte Funktion der Identitätsstiftung: Je schneller Entgrenzungsprozesse voranschreiten, desto größer wird der Bedarf an identitätsstiftenden Praktiken und Konzepten. Die „Rolle der territorialstaatlichen Grenze für die *Konstruktion und Reproduktion kollektiver Identitäten*, ob ethnisch oder national" (Albert in diesem Band: 64) ist nach wie vor aktuell, auch wenn Albert zugleich neue Formen der kollektiven Identitätsbildung identifiziert, „in welcher die Grenze nicht den Rand, sondern das durch ständige Überschreitung bindende Glied einer Gemeinschaft darstellt" (ebenda: 65). Gegenüber solchen noch eher diffusen und erst im Entstehen begriffenen Konzepten bieten die altbewährten Ideen der Nation und der Geopolitik leichter zugängliche und daher attraktivere Antworten auf die Identitätsfrage an, erscheinen gleichsam als „logische Konsequenz in einer Welt, die aus den Fugen gerät" (Kandziora 1994: 106). Dem Argument, diese Angebote seien anachronistisch, weil sie auf den Staat fixiert und damit auf Dauer mit den Entgrenzungsprozessen vor allem in der Wirtschaftswelt unvereinbar seien, ist entgegenzuhalten, daß sich ihre Bedeutung gerade aus diesen Prozessen speist und um so mehr zunehmen dürfte, je bedrohlicher diese Prozesse erscheinen. Das Festklammern am Staat scheint in einem paradox-symbiotischen Wechselverhältnis zu dessen Unfähigkeit zu stehen, die Herausforderungen der Globalisierung zu meistern. Wenn der Eindruck zutrifft, daß die Schutzsuche beim Staat insbesondere dort besonders ausgeprägt ist, wo die Globalisierung als Bedrohung wahrgenommen wird, könnte der Staat gerade auf dem Nährboden von ihm nicht mehr bewältigter Probleme aufblühen. Die Gleichzeitigkeit von Globalisierung und Fragmentierung würde auf diese Weise zu einem festen Bestandteil von Entgrenzungsprozessen (siehe dazu auch Brock 1994).

(b) die materielle Funktion der Exklusion: In einem engen Zusammenhang damit steht der Bedeutungszuwachs einer weiteren zentralen Grenzfunktion, nämlich der *Exklusion*. Es sind gerade die vermeintlich entstaatlichend wirkenden Globalisierungstendenzen selbst, die der Territorialität hier zu einer neuen Funktionalität verhelfen. Nirgendwo wird dieser Zusammenhang deutlicher als bei der Zufluchtsuche von Globalisierungsopfern in den vermeintlichen Wohlstandsinseln und deren Abwehr durch diejenigen, die befürchten, ihren Wohlstand mit den auf sie einströmenden Armutsflüchtlingen teilen zu müssen. Das Management von Territorialgrenzen mit dem Ziel der Exklusion von Ausländern, Flüchtlingen oder Asylsuchenden wird zu einer zentralen Funktion des Territorialstaats gerade im Zeichen der Globalisierung.

(c) die Funktion der Gewährleistung eines verbindlichen Ordnungsrahmens: Auch wenn dies von Ortmann und Sydow in ihrem Beitrag gerade nicht thematisiert wird, ist doch davon auszugehen, daß auch eine sich entgrenzende Wirtschaftswelt einer Verfassung oder Rahmenordnung bedarf. Territorial und funktional verortete Regulierungsansprüche und Teilzuständigkeiten müssen einander zugeordnet sein. Auch unter normativen Gesichtspunkten kann nicht auf einen Ort verzichtet werden, der die Mög-

lichkeit zu einer gemeinwohlorientierten und Partizipationsrechte wahrenden Zuweisung von Funktionen an die Teilsysteme und zu einer als ausreichend legitim anerkannten verbindlichen Wertezuteilung bietet. Es bedarf einer für den Ausgleich von Fehlleistungen zuständigen Entscheidungseinheit. Auch die Funktionsfähigkeit entgrenzter Märkte bleibt darauf angewiesen, daß bestimmte Kollektivgüter wie ein gesicherter Rechtsrahmen von einer anerkannten Instanz außerhalb des Marktes bereitgestellt werden (Strange 1997: 13).[6] Bei allen Ansätzen und Modellüberlegungen zu Formen der sektoralen „governance", Partizipation und Repräsentation scheinen sich solche im engeren Sinne politischen Funktionen nur unter Beteiligung territorialer Einheiten organisieren zu lassen, wobei territorial definierte Zuständigkeiten nicht zwangsläufig exklusiv auf der Ebene des Nationalstaats angesiedelt sein müssen, sondern im Kontext der Organisation von Mehrebenenpolitik durchaus auch als komplementär gedacht werden können.

2.3 Intentionalistische Gründe: Staatliche Gegenstrategien mit dem Ziel der eigenen Selbstbehauptung

Neben kognitiven und funktionalen Gründen muß auch das zu unterstellende Selbstbehauptungsinteresse der Staaten in Rechnung gestellt werden. Ihnen steht ein ganzes Reservoir von Strategien zur Erhaltung von innerer Autonomie, von äußerer Autonomie und zum Zugewinn von Problemlösungskompetenz zur Verfügung. Die beiden augenfälligsten unter diesen Strategien bestehen in der Einbindung von Akteuren aus der Gesellschafts- und Wirtschaftswelt und in der Zusammenlegung einzelstaatlicher Regierungs- und Steuerungsfunktionen („international governance") in den staatlichen Außenbeziehungen. Weitere Strategieansätze verfolgen eine primär disziplinierende bzw. Gefolgschaft sichernde Zielsetzung nach innen und betonen dabei jeweils eine von zwei traditionellen Staatsfunktionen, nämlich die Bereitstellung von *Sicherheit* bzw. *Identität*.

(a) „International governance" bezeichnet das Phänomen des grenzüberschreitenden Regierens, das sich auf funktional oder territorial bestimmte Räume jenseits der staatlichen Zuständigkeiten richtet und den staatlichen Anspruch untermauern soll, die zentrale Steuerungsebene zu bleiben. Dabei erfüllt intergouvernementale Kooperation mehrere für die Selbstbehauptung der Staaten wichtige Funktionen gleichzeitig: Sie kann sowohl die Quelle einer durch die Zusammenlegung von Ressourcen verbesserten Problemlösungskompetenz sein und den daran beteiligten Staaten auf diese Weise zusätzliche Legitimität verschaffen. Sie kann aber zugleich auch dazu beitragen, den staatlichen Regulierungsanspruch gegenüber der Wirtschaftswelt zu behaupten.[7]

Internationale Regime stellen im Kontext der Entgrenzungsthematik vor allem deshalb besonders interessante Phänomene intergouvernementaler Kooperation dar, weil hier

---

6 So behauptet auch Evans, daß allein die Staaten verläßliche Rahmenbedingungen, etwa für das Funktionieren des internationalen Finanzsystems, garantieren können (Evans 1997: 72).

7 Die Instrumentalisierung zwischenstaatlicher Kooperation zur Selbstbehauptung der Staatenwelt gegenüber den Herausforderungen nichtstaatlicher Akteure wurde an anderer Stelle als Strategie einer *Neuen Staatsräson* bereits ausführlicher diskutiert (Wolf 1998), so daß auf eine Vertiefung dieses Arguments hier verzichtet werden kann.

von territorial organisierten Staaten Regelungen für funktional differenzierte Räume (z.B. den Welthandel, die Währungsbeziehungen etc.) bereitgestellt werden. Diese Merkmale sprechen für die grundsätzliche Vereinbarkeit sektoraler Regulierung mit dem exklusiven Anspruch territorial organisierter Akteure (Staaten) auf Regelungszuständigkeit und hoheitliche Steuerung. Territoriale Organisation von Entscheidungseinheiten und funktionale Grenzen des Regelungsgegenstandes müssen also keine Gegensätze sein. Internationale Regime können auch in einer Welt, in der sich sektoral-funktionale und territoriale Räume zugleich auseinander entwickeln und überlagern, gerade an deren Schnittstellen taugliche Regelungsansätze darstellen. Allerdings müssen Staaten mit der Ausweitung ihres Regelungsanspruches über die eigene territoriale Grenze hinaus ihre im Innern noch exklusive Allzuständigkeit zugunsten einer mit anderen geteilten funktionalen Zuständigkeit aufgeben.

Nach innen bestehen mindestens die folgenden strategischen Optionen für eine Selbstbehauptung des Staates:

(b) Nutzung gesellschaftlicher Ressourcen zur Steigerung der staatlichen Problemlösungskompetenz: Durchaus in Konkurrenz mit dem Ziel, die Vorrangstellung gegenüber gesellschaftlichen und substaatlichen Akteuren zu behaupten, steht der Versuch, staatliche Regelungskompetenz dadurch zurückzugewinnen, daß sich Regierungen im Innern auf neue, weniger hierarchische Politikformen einlassen (Scharpf 1991: 622), indem sie gesellschaftliche Gruppen in die Politikformulierung und -implementation einbinden. Offensichtlich stößt diese, auch im Rahmen internationaler Verhandlungssysteme zunehmend beobachtbare Zusammenlegung von Ressourcen bei den eingebundenen Akteuren aus der Wirtschafts- und der Gesellschaftswelt auf Gegenliebe. Für die Prognose vom bevorstehenden Ende des Staates könnte dies den Schluß nahelegen, daß den Wirtschaftsunternehmen zwar an der Enthierarchisierung der Beziehungen zwischen Staat und Gesellschaft, nicht aber an einer völligen Marginalisierung des Staates gelegen ist, um die Vorzüge „of dealing with robust and capable public interlocutors" (Evans 1997: 85) weiterhin nutzen zu können.

(c) „Versicherheitlichung" von Politik: Die politische und wissenschaftliche Fixierung auf Staat und Staatenwelt stützt sich wesentlich auf die Annahme eines Primats des Sicherheitsbereichs gegenüber allen anderen Politikfeldern. Je weniger Bedeutung Sicherheitsproblemen beigemessen wird, desto weniger sind die zu deren Bearbeitung geschaffenen staatlichen Instrumente gefragt. Gegenüber diesem Bedeutungsverlust läßt sich der staatliche Führungsanspruch allerdings dadurch festigen, daß entweder Sicherheitsbedrohungen an die Wand gemalt werden oder für möglichst viele Politikbereiche reklamiert wird, sie seien sicherheitsrelevant (siehe dazu auch Buzan u.a. 1998, Albert 1998).

(d) Verstärkte Identifikationsangebote: Bereits weiter oben wurde auf die Bedeutung der identitätsstiftenden Funktion des Staates hingewiesen. Staaten können die nationalistischen und chauvinistischen Strömungen, für die vor allem die Verlierer von Modernisierungs- und Globalisierungsprozessen besonders anfällig sind, schüren und so für die eigene Selbstbehauptung instrumentalisieren.

3. *Analytische Folgerungen*

Wie kann man den in diesem Beitrag zunächst unterschiedenen und anschließend auf ihre Unausweichlichkeit befragten Entgrenzungstendenzen analytisch gerecht werden? Zur Überwindung des noch immer vorherrschenden, an Territorialität gebundenen Raumverständnisses zugunsten der Vorstellung einer funktionalen Unterscheidung sich überlappender politischer Räume (siehe auch Albert/Brock 1995: 6-7) liegt es nahe „to rethink the tools of our trade" (Ferguson/Mansbach 1996: 3). Es bedarf vor allem einer präziseren begrifflichen Erfassung der unterschiedlichen Dimensionen von Räumlichkeit und einer Antwort auf die Frage nach der Gestaltung der Beziehungen zwischen den „alten" und „neuen" Räumen.

Einige liebgewonnene Kategorien verstellen dabei offenkundig den Blick. Sowohl Alberts Aufgreifen des Konzeptes der funktionalen Differenzierung als auch die mit der Beschreibung von Grenzproblemen in einem funktionalen Raum vorgenommene Deterritorialisierung der Entgrenzungsproblematik zeigen zum Beispiel die Unzulänglichkeit der gerade in den Internationalen Beziehungen immer noch gängigen Unterscheidung zwischen staatlichen und nichtstaatlichen Akteuren, die auf den Eigenschaften Territorialität und Souveränität aufbaut. Sie steht stellvertretend für ein ganz dem territorialen Raumverständnis verhaftetes Denken zur Beschreibung der Organisation politischer Räume, dem das Vordringen zum Kern gegenwärtiger Transformationsprozesse in mehrfacher Hinsicht versagt bleiben muß, weil es die Gewichtsverschiebungen zwischen Staaten-, Wirtschafts- und Gesellschaftswelt nicht erfassen kann.

Unter dem Primat des territorialen Differenzierungsprinzips sind nichtstaatliche Akteure, weil für den Bestand der im Zentrum des Modells stehenden territorialen Welt nicht konstitutiv, Einheiten zweiter Klasse. Ihre Minderwertigkeit wird noch dadurch verstärkt, daß sie dem privaten (ökonomischen) im Unterschied zum öffentlichen (politischen) Bereich zugeordnet werden und zwischen diesen Bereichen eine klare Hierarchie besteht. Die Voraussetzungen, die in diese Unterscheidung eingehen, können im Zuge der Entgrenzung angefochten werden. Den vielleicht augenfälligsten Beleg für diese Einschätzung bilden Netzwerke, die in funktionalen Räumen operieren und in denen staatliche und „nichtstaatliche" Akteure in horizontaler Zuordnung zueinander gemeinsam Funktionen übernehmen, die traditionell staatliche Aufgaben umfassen. Im Rahmen solcher neuartigen Organisationsformen des Regierens verliert die unter dem Primat der territorial definierten Staatlichkeit noch übergeordnete „Regierung" ihre hervorgehobene Stellung. Nicht von ungefähr haben Konzepte wie „Politik in Mehrebenensystemen", „Netzwerke" oder „horizontale Politikverflechtung" traditionelle Unterscheidungen wie öffentlich-privat oder Innen- und Außenpolitik in den meisten Untersuchungskontexten verdrängt. Allein darin drückt sich bereits ein deutlicher Reflex auf Entgrenzungsprozesse aus.

Einen interessanten Versuch, den Wandel der Beziehungen zwischen staatlichen und „nichtstaatlichen" Akteuren durch die Bildung neuer Akteurskategorien begrifflich-analytisch zu erfassen und damit wieder zum Kern der gegenwärtigen Transformationsprozesse vordringen zu können, machen etwa Ferguson und Mansbach (1996) mit ihrem erweiterten Polity-Begriff. Für diese Autoren ist der nach innen und außen souveräne und als gleichsam überzeitlich konzipierte „Westfälische" Staat lediglich einer unter mehreren denkbaren Polity-Typen. Deren Beschreibung anhand von Merkmalen wie eigener Identität, der Fähigkeit zu Mobilisierung von Menschen und Ressourcen zur Bedürfnisbefriedigung sowie einem bestimmten Grad von Institutionalisierung ist im Kontext dieses Kommentars allein schon interessant, weil diese Merkmale nahtlos an die von Ortmann und Sydow unter Bezug auf Giddens zur Beschreibung ökonomischer Organisationen verwendeten Kategorien angeschlossen werden können. Insbesondere wird in beiden Fällen auf das Raumverständnis von „space" und nicht auf das von „territory" zurückgegriffen. Die territoriale Ausdehnung und Abgrenzung der Staaten stellt lediglich eine bestimmte Ausprägung und Organisation von „space" dar, die für einen bei Ferguson/Mansbach als historische Ausnahmeerscheinung bezeichneten Polity-Typ charakteristisch ist (Ferguson/Mansbach 1996: 418). Neben diesem können aber auch nicht an Territorialität gebundene Formen der Organisation politischer Räume immer noch als Polities beschrieben werden, d.h. Polities können sich überlappen und müssen nicht exklusiv sein.

Die als Beziehungen zwischen Staaten und nichtstaatlichen Akteuren nur unzureichend zu erfassenden, vielfältigen intra- und transnationalen Handlungszusammenhänge in und zwischen den unterschiedlichen Teilwelten, aber auch die Beantwortung der Frage, wie die Staaten oder wie das Staatensystem verfaßt sein sollten, um ein effektives und legitimes Regieren zu gewährleisten, könnten daraus folgend statt in den herkömmlichen Kategorien der Innenpolitik, Außenpolitik oder internationalen Politik präziser als „interpolity affairs" (McNeill 1997: 271) betrachtet werden.

Zur Erfassung wesentlicher Strukturmerkmale und -veränderungen des internationalen politischen Raums bietet Alberts Beitrag in diesem Band einen damit durchaus vereinbaren vielversprechenden Zugang an. Indem er das Konzept der Differenzierung an den Anfang stellt, also die Grundlagen der Segmentierung des internationalen Systems zur Frage erhebt (Haben wir es mit einer territorialen oder einer funktionalen Segmentierung zu tun?), statt diese Frage als bereits ein für allemal beantwortet zu betrachten (Der internationale politische Raum ist gemäß dem Prinzip der territorialstaatlichen Segmentierung organisiert!), kann Albert Elemente des globalen Wandels freilegen, die neue Probleme für politisches Handeln schaffen, etwa wenn in einer Welt von Territorialstaaten entworfene und dafür geschaffene Instrumente politischer Steuerung auf Regelungsanforderungen und -gegenstände stoßen, die immer weniger ortsgebunden sind.

Literaturverzeichnis

Albert, Mathias, in diesem Band: Entgrenzung und Formierung neuer politischer Räume.

Albert, Mathias, 1998: Security as a Boundary Function: Changing Identities and 'Securitization' in World Politics, in: International Journal of Peace Studies 3, 23-46.

Albert, Mathias/Brock, Lothar, 1995: Debordering the World of States: New Spaces in International Relations. Working Paper No. 2 der Forschungsgruppe Weltgesellschaft. Technische Universität Darmstadt/Johann Wolfgang Goethe-Universität Frankfurt, November 1995.

Brock, Lothar, 1994: Brüche im Umbruch der Weltpolitik, in: *Krell, Gert/Müller, Harald* (Hrsg.), Frieden und Konflikt in den internationalen Beziehungen. Frankfurt/New York, 19-37.

Buzan, Barry/Waever, Ole/de Wilde, Jaap, 1998: Security: A New Framework for Analysis. Boulder, Col.

Czempiel, Ernst-Otto (Hrsg.), 1969: Die anachronistische Souveränität. Zum Verhältnis von Innen-

und Außenpolitik. Politische Vierteljahresschrift, Sonderheft 1/1969.
Evans, Peter, 1997: The Eclipse of the State? Reflections on Stateness in an Era of Globalization, in: World Politics 50, 62-87.
Ferguson, Yale H./Mansbach, Richard W., 1996: Polities - Authority, and Change. Columbia.
Herz, John H., 1957: Rise and Demise of the Territorial State, in: World Politics 9, 473-493.
Herz, John H., 1968: The Territorial State Revisited, in: Polity 1, 11-34.
Kandziora, Ewald, 1994: Geopolitik oder: Von der historischen Überholtheit, sich gegen die Entgrenzung der Politik zu stemmen, in: Welttrends 5, 89-105.
Krasner, Stephen D., 1995: Compromising Westphalia, in: International Security 20, 115-151.
McNeill, William H., 1997: Territorial States Buried too Soon, in: Mershon International Studies Review 41, 269-274.
Neyer, Jürgen, 1995: Globaler Markt und territorialer Staat. Konturen eines wachsenden Antagonismus, in: Zeitschrift für Internationale Beziehungen 2, 287-315.
Ohmae, Kenichi, 1993: The Rise of the Region State, in: Foreign Affairs 72, 78-87.
Ortmann, Günther/Sydow, Jörg, in diesem Band: Reflexion über Grenzen – Neue Konturen der Unternehmungslandschaft.
Ruggie, John G., 1998: Constructing the World Polity. London u.a.
Scharpf, Fritz W., 1991: Die Handlungsfähigkeit des Staates am Ende des zwanzigsten Jahrhunderts, in: Politische Vierteljahresschrift 32, 621-634.
Scholte, Jan Aart, 1997: Global Capitalism and the State, in: International Affairs 73, 427-452.
Strange, Susan, 1997: Territory, State, Authority and Economy: a New Realist Ontology of Global Political Economy, in: *Cox, Robert W.* (Hrsg.), The New Realism. Perspectives on Multilateralism and World Order. Basingstoke, 3-19.
Wolf, Klaus Dieter, 1998: Die Neue Staatsräson als Demokratieproblem in der Weltgesellschaft, in: *Greven, Michael Th./Schmalz-Bruns, Rainer* (Hrsg.), Politische Theorie heute. Baden-Baden (i.E.).

II. Effizientes Regieren jenseits staatlicher Grenzen

Gesellschaftliche Denationalisierung und Regieren in der OECD-Welt

Michael Zürn[1]

1. Einleitung

Regieren ist die zielgerichtete Steuerung problematischer gesellschaftlicher Beziehungen und der ihnen zugrundeliegenden Konfliktlagen mittels verläßlicher und dauerhafter Regelungen und Institutionen statt durch unvermittelte Macht- und Gewaltanwendung. Regieren ist wünschenswert, wenn das ungeregelte Verhalten Auswirkungen hat, die entweder die Interessen der Mehrheit der beteiligten Akteure oder die Interessen von Dritten beeinträchtigen. Das Regieren zielt heute in den entwickelten OECD-Ländern im wesentlichen auf die Verwirklichung von vier Aufgaben, die sich in demokratischen Wohlfahrtsstaaten im Laufe der Zeit herausgebildet haben: auf den inneren und äußeren Frieden (Sicherheit), auf eine für alle Seiten akzeptable Balance von wirtschaftlicher Effizienz und Verteilungsgerechtigkeit (soziale Wohlfahrt), auf ein zivil konstituiertes Zusammengehörigkeitsgefühl, das ein politisches Gemeinwesen ermöglicht (Identität) und auf demokratische Entscheidungsverfahren (Legitimation). Wo Regieren ausfällt, da werden diese Ziele, wenn überhaupt, nur unzureichend verwirklicht.

Diese Verwendung des Begriffs Regieren greift die angelsächsische Unterscheidung zwischen *„governance"* und *„government"* auf. Folglich kann die zielgerichtete Regelung gesellschaftlicher Prozesse (*governance*) auch ohne einen von oben agierenden Staat (*government*) gedacht werden (vgl. hierzu Rosenau 1992, Kohler-Koch 1993 und Mayer et al. 1993). Ein solches Verständnis befreit den Begriff des Regierens aus seinem nationalen Käfig und macht Regieren jenseits des Nationalstaates erst denkbar. Gegen die These, daß im Zeitalter der Globalisierung bzw. der gesellschaftlichen Denationalisierung[2] Regieren jenseits des Nationalstaates die Defizite in der Zielerreichung nationalstaatlichen Regierens auffangen kann, lassen sich allerdings eine Reihe von wohlbe-

---

1 Institut für Interkulturelle und Internationale Studien (InIIS), Universität Bremen sowie Zentrum für Europäische Rechtspolitik (ZERP), Hansestadt Bremen. Für hilfreiche Kommentierungen danke ich Mathias Albert, Gerhard Lehmbruch und Bernhard Zangl.

2 Aus einer Reihe von Gründen erscheint mir der Begriff der gesellschaftlichen (im Gegensatz zur politischen) Denationalisierung adäquater als der der Globalisierung. Die neu entstehenden sozialen Räume sind nämlich meist auf den Bereich der OECD-Welt beschränkt, zudem führt die gesellschaftliche Denationalisierung nicht selten auch zu subnationalen Gegenbewegungen. Zur Begründung vgl. Beisheim et al. 1998 und Zürn 1997a. Eine plausible Alternative stellt der Begriff der „Entgrenzung" dar (vgl. Brock/Albert 1995), obgleich die gesellschaftliche Denationalisierung die Grenzen und das Territoriale wohl auch perspektivisch gesehen kaum komplett auflösen kann.

gründeten Einwänden formulieren.
Sowohl neorealistische Theoretiker der internationalen Politik als auch weite Teile der kontinentalen Rechtswissenschaft sehen die Tätigkeit des Regierens einer übergeordneten Zentralinstanz in Form der Rechtsetzung vorbehalten und ziehen eine kategoriale Trennlinie zwischen nationaler und internationaler Sphäre. Ohne eine übergeordnete Zentralinstanz ergebe sich eine anarchische Struktur des internationalen Systems, in dem die Staaten ihr Bestandsinteresse ohne Rücksicht auf Werte und Normen verfolgen müssen (Waltz 1979). Dem stehe eine durch Gesetzgebungsakte geprägte Sphäre gegenüber, die auf Sanktionen beruht und Recht und damit Regieren erst möglich macht (Kelsen 1966). Selbst Jürgen Habermas (1994: 23) betont, daß Rechtsnormen – verstanden als das Medium, mit dem politische gewollte Regelungsziele auf die lebensweltliche Ebene transformiert werden – „gleichzeitig auf der Androhung äußerer Sanktionen wie auf der Unterstellung eines rational motivierten Einverständnisses" beruhen. Regieren in Form von Recht ist dann „der Inbegriff der vom Staat garantierten allgemeinen Normen zur Regelung des menschlichen Zusammenlebens und zur Beilegung zwischenmenschlicher Konflikte durch Entscheidung" (Horn 1996: 3). Regieren jenseits des Nationalstaates ist damit *per se* ausgeschlossen.

Ein anderer Einwand besagt, daß durch internationale Institutionen nur ganz bestimmte Regelungsleistungen erbracht werden können. Zwar gelinge es internationalen Institutionen marktschaffend tätig zu sein und mithin den freien grenzüberschreitenden Austausch zu ermöglichen, marktkorrigierende Eingriffe ließen sich aber nur im Rahmen eines hierarchisch strukturierten Nationalstaates vollziehen. Wolfgang Streeck (1995a: 60) ist ein bekannter und pointierter Vertreter dieser Position. „Marktverändernde und marktkorrigierende politische Intervention", schreibt er, „kann nur innerhalb des Nationalstaates stattfinden. (...) Wirtschaftliche Globalisierung untergräbt die Bedingungen für eine solche Intervention und läßt nur entpolitisierte, privatisierte und marktgesteuerte Formen der Wirtschaftsordnung zu." Demnach leidet Regieren jenseits des Nationalstaates strukturell daran, daß es das Ziel der sozialen Wohlfahrt in Richtung Effizienzsteigerung vereinseitigt und Marktkontrolle sowie Verteilungsgerechtigkeit systematisch vernachlässigt.

Ein dritter Einwand ist noch differenzierter. Er macht darauf aufmerksam, daß die Schaffung von marktkorrigierenden internationalen Institutionen zwar nicht komplett ausgeschlossen, aber doch vergleichsweise voraussetzungsvoll ist. Mit Blick auf die Europäische Union hat Scharpf (1996) eine vielbeachtete Analyse zum Verhältnis von positiven und negativen Regelungen vorgelegt.[3] Danach müssen anspruchsvolle positive, d.h. v.a. produktionsbezogene Regelungen jenseits des Nationalstaates kooperati-

3 Den Unterschied zwischen positiver und negativer Verregelung transnationaler Handlungszusammenhänge arbeitete ursprünglich John Pinder (1968) mit Blick auf die Europäische Gemeinschaft heraus. Zu Ende gedacht, greift diese Unterscheidung jedoch unabhängig von der Europäischen Integration. Alle Politiken, die die Schaffung von neuen, größeren sozialen und wirtschaftlichen Handlungszusammenhängen ermöglichen, indem sie politische Grenzen durchlässiger machen und gewisse protektionistisch motivierte staatliche Eingriffe unterbinden, sind in diesem Sinne „negativ". Alle Politiken, die einen gegebenen sozialen Handlungszusammenhang einer kollektiv bindenden Regelung unterwerfen, um unerwünschte Effekte von ungeregelten Interaktionen zu verhindern, gelten in dieser Terminologie als „positiv". Die Unterscheidung zwischen positiv und negativ zielt also auf den *Gehalt* einer Regelung – unabhängig von deren Ebene und institutionellen Rahmenbedingungen – ab.

onshinderliche Interessenkonstellationen überwinden, während der Schaffung negativer und produktbezogener Regelungen meist eine kooperationsförderliche Interessenkonstellation zugrunde läge (vgl. auch Rehbinder/Stewart 1985). Aus dem Argument läßt sich die Hypothese ableiten: Anspruchsvolle positive Regelungen jenseits des Nationalstaates, die produktionsbezogen und effektiv sind, lassen sich zwischen Staaten mit stark unterschiedlich produktiven Ökonomien deutlich schwerer und damit seltener realisieren als negative Regelungen. Insofern leidet Regieren jenseits des Nationalstaates an einer auseinanderlaufenden Schere zwischen negativen und anspruchsvollen positiven Regelungen.

Ein vierter Einwand bezieht sich insbesondere auf die fehlende demokratische Legitimation des Regierens jenseits des Nationalstaates. Demnach bestehe aufgrund der Abwesenheit eines *demos* jenseits der Nation ein unausweichliches Dilemma zwischen der Effektivität und Legitimation internationaler Regelungen.[4] Ein vollständiges Erreichen der vier genannten Ziele des Regierens sei damit ausgeschlossen.

In diesem Beitrag möchte ich mich insbesondere mit den ersten drei Einwänden auseinandersetzen, wobei ich mich auf die OECD-Welt konzentrieren werde. Die empirische Bestandsaufnahme im nächsten Abschnitt dieses Beitrages zeigt, daß Regieren jenseits des Nationalstaates sich praktisch bereits in einem Maße vollzieht, wie es unser nationalstaatsfixiertes Denken nicht für möglich hält. Insofern erweist sich der erste Einwand als hinfällig. Ob internationale Institutionen aber in der Lage sein können, den genannten Zielen des Regierens einigermaßen gerecht zu werden, ist eine andere Frage. Zwar behauptet die These von der Möglichkeit des Regierens jenseits des Nationalstaates keinesfalls, daß heute bereits eine zufriedenstellende Zielerreichung vorliegt. Vielmehr soll in diesem Beitrag empirisch und theoretisch plausibel gemacht werden können, daß sich keine – wie von den Einwänden behauptet – unüberwindbaren strukturellen Defizite für ein solches Projekt ergeben. Zu diesem Zweck ist zu zeigen, daß (a) sich tatsächlich marktkorrigierende, positive internationale Regelungen identifizieren lassen und (b) die Schere zwischen negativen und positiven internationalen Regelungen nicht systematisch auseinanderläuft, sondern sich eher im Sinne der *ungleichzeitigen* Denationalisierung mit zeitlicher Verzögerung in einzelnen Sachbereichen und Regionen bereits gegenläufige Entwicklungen abzeichnen.

Diese Befunde gewinnen erst vor dem Hintergrund der Theorien internationaler Institutionen ihre volles theoretisches und praxeologisches Gewicht. Folgte man einer rein *funktionalistischen Theorie* müßte die Grundfrage, ob die heutigen internationalen Institutionen den Anforderungen genügen, die im Zuge der gesellschaftlichen Denationalisierung für das Regieren erwachsen, konsequent bejaht werden. In dieser Sichtweise stellen nämlich politische Institutionen – mit einer gewissen Zeitverschiebung – angemessene Antworten auf die Probleme dar, die aus der gesellschaftlichen Denationalisierung für die Zielerreichung des Regierens erwachsen. Demnach entstehen funktionsfähige Institutionen durch die Selektion im Wettbewerb oder die notwendige Ausrichtung an die sich verändernden Gegebenheiten und Anforderungen der Umgebung

4 Die normative und faktische Notwendigkeit der Legitimität des Regierens wird überzeugend von Habermas 1994 herausgearbeitet. Interessante Beiträge zur Legitimität von europäischen und internationalen Regelungen sind gerade in den letzten Jahren sehr zahlreich geworden. Vgl. grundlegend Held 1995 sowie die Beiträge zu diesem Band und die darin enthaltenen Literaturangaben.

(vgl. Olsen 1996: 248-249). So setzte sich der Nationalstaat im 17. und 18. Jahrhundert gegenüber anderen Formen politischer Organisation deshalb durch, weil er die funktionellen Anforderungen am besten erfüllte (North 1981 und Spruyt 1994). In dem Maße, wie nationalstaatliches Regieren diese Güter nicht mehr bereitstellen kann, erwartet die funktionalistische Perspektive die Herausbildung von neuen, problemadäquaten politischen Institutionen. In einer denationalisierten Welt mit grenzüberschreitenden sozialen Räumen müßten demnach internationale Institutionen immer wichtiger werden (vgl. auch Keohane 1984). Neuere Theorien internationaler Institutionen verweisen jedoch auf Voraussetzungen, die sich dem funktionalistischen Automatismus entgegenstellen: Eine kooperationsförderliche Interessenkonstellation (interessenorientierte Ansätze), ein förderliches institutionelles Design (institutionalistische Ansätze) sowie deliberative Lern- und Kommunikationsprozesse (reflexive Ansätze) sind demnach die entscheidenden Bedingungen für ein effektives Regieren jenseits des Nationalstaates. In der Zusammenschau dieser Theorien internationaler Institutionen erscheint Regieren jenseits des Nationalstaates also äußerst voraussetzungsvoll und von sehr spezifischen Rahmenbedingungen abhängig. Insofern läßt sich erwarten, daß der Bedarf an internationalen Institutionen die vorhandenen Möglichkeiten übersteigt. Im Ergebnis zeigt sich jedoch, daß die reale Entwicklung internationaler Institutionenbildung erst vor dem Zusammenspiel von Bedarf (im funktionalistischen Sinn) und realer Bereitstellung verständlich wird. Gleichzeitig zeigt sich, daß die aus den Theorien ableitbaren Restriktionen der Institutionenbildung nicht schlicht addiert werden können. So können institutionelle Merkmale und ideelle Prozesse problematische Interessenkonstellationen überwinden helfen. Die Möglichkeiten und Grenzen des Regieren jenseits des Nationalstaates lassen sich vollständig wohl nur dann ermessen, wenn die interaktiven Effekte von Interessen, Institutionen und Ideen theoretisch erfaßt werden.

2. *Internationale Institutionen und Ziele des Regierens*

Der Maßstab für die Bewertung der Effektivität internationaler Institutionen sind die eingangs genannten Ziele des Regierens, deren Erlangung die meisten Menschen in demokratischen politischen Systemen als wertvoll und wünschenswert betrachten und die gleichzeitig eine Bedingung für das „richtige" Funktionieren der Gesellschaft darstellen.[5] Dabei konzentriere ich mich hier auf die materiellen Ziele des Regierens, d.h.

5 Regieren jenseits des Nationalstaates bezeichnet das Zusammenspiel nationalstaatlicher und substaatlicher Politiken mit inter- und transnationalen Institutionen. Insofern ist die in diesem Beitrag vorgenommene Konzentration auf *internationale*, also zwischenstaatlich vereinbarte Institutionenen in gewisser Weise verkürzend. Fraglos müssen jedoch für denationalisierte Handlungszusammenhänge zentrale Rahmenbedingungen durch internationales Regieren in internationalen Institutionen gelegt werden. Insofern ist diese Form der *governance with governments* bis heute grundlegend für sowohl *governance without governments* im Sinne der gesellschaftlichen Selbststeuerung als auch für *governance with government* im Sinne nationalstaatlicher Politik. Das Zusammenspiel von *governance by, with* und *without governments* kann im Extremfall zu neuen politischen Räumen und damit zu Mehrebenensystemen (vgl. Jachtenfuchs/Kohler-Koch 1996) führen. Diese Begrifflichkeit unterscheidet sich von der ursprünglichen Verwendungsweise: Rosenau (1992) verwendet *governance without government* für alle kollektiv bindenden Entscheidungen, die nicht in formal-hierarschischen Systemen getroffen

auf die Erlangung von innerer und äußerer Sicherheit sowie von sozialer Wohlfahrt durch die Bereitstellung von wachstumsförderlichen Rahmenbedingungen und die Etablierung von Marktkorrekturen, die soziale Ungleichheit begrenzen.

2.1 Soziale Wohlfahrt

Das Ziel, soziale Wohlfahrt durch eine akzeptable Balance von wirtschaftlicher Effizienz und Verteilungsgerechtigkeit zu befördern, kann im Zuge der gesellschaftlichen Denationalisierung kaum mehr durch unkoordinierte nationale Politiken erreicht werden.[6]

a) In einer denationalisierten Wirtschaft ist der Zugang zu Märkten jenseits der nationalen Volkswirtschaft erforderlich, um kostengünstig zu produzieren. Ökonomische Denationalisierung führt aufgrund dieses Effizienzdrucks zur Forderung von transnational agierenden Unternehmen nach Überwindung der Nachteile nationaler Segmentation mit Hilfe gemeinsamer Regeln, die nationale Eingriffe oder Interventionen unterbinden. Zur *Effizienzsteigerung* werden also marktschaffende, *negative Regelungen* verlangt (vgl. Junne 1996). Diesem Druck entsprechen v.a. die zahlreichen *Freihandelsvereinbarungen*.

b) Marktkorrigierende Politiken auf der Ebene des Nationalstaates sind aufgrund von zwei Entwicklungen unter Druck geraten. Zum einen verschärft der intensivierte grenzüberschreitende Austausch von Waren und Kapital den Wettbewerb zwischen Unternehmen und zwischen Standorten. Um eine Deregulierungsspirale als Folge des Standort- bzw. *Politikwettbewerbs* zu vermeiden, ist zumindest teilweise eine *positive Koordination* nationalstaatlicher Politiken zur Regelung der Produktionsprozesse und zur sozialen Integration notwendig. Falls diese Koordination mißlingt, leiden v.a. die nationalstaatlichen *Sozialpolitiken*. Zum anderen sind neue transnationale Räume im wirtschaftlichen Bereich v.a. mit Blick auf die globalen Finanzmärkte und das Internet entstanden. Nationale Maßnahmen greifen prinzipiell zu kurz, um eine derart integrierte Produktion von Gütern zu verregeln. Um die *Effektivität* der Politik weiterhin zu gewährleisten, ist in diesem Sinne eine *gemeinsame Politik* zur politischen Steuerung neuer sozialer Räume notwendig. Hierbei geht es v.a. um die Möglichkeiten *makroökonomischer Steuerung und Kontrolle* im Zeitalter der Denationalisierung.

ad a) Effizientes Wirtschaften: Viele der bestehenden internationalen ökonomischen Institutionen stellen eine direkte Antwort auf den Effizienzdruck dar. Ein Beispiel ist die Entwicklung des GATT-Regimes. Die ursprüngliche GATT-Vereinbarung versuchte die traditionelle und einfachste Form der grenzüberschreitenden Handelsbeschränkung, d.h. Zölle auf Waren, zu begrenzen und abzubauen. Der Erfolg des GATT-Regimes ließ dann mit der Zeit die Bedeutung der neben den Zöllen vorhandenen sog.

---

werden. Was in meiner Begriffsverwendung *by government* ist, wird dort von ihm als *with government* bezeichnet.

6 In diesem Beitrag muß auf eine genauere Spezifikation der gesellschaftlichen Denationalisierungsprozesse (vgl. hierzu ausführlich Beisheim et al. 1998) und den damit verbundenen Herausforderungen für das nationalstaatliche Regieren (vgl. hierzu ausführlich Zürn 1998: Kap. 2-5) verzichtet werden.

nichttarifären Handelsbarrieren steigen und brachte die Forderung nach einem neuen Typ marktzugangsschaffender Regelungen mit sich, die auf innerstaatliche Maßnahmen wie Subventionen und Produktvorschriften zielten. Zunehmend geriet also nicht nur der Grenzübertritt der Waren, sondern die Art und Weise, wie sie in einem Land hergestellt und behandelt werden, in den Blick. Derartige „neue" Handelsbarrieren gingen zuerst in die Tokio-Runde (1973-1979) des GATT ein: Antidumping, Subventionen, Zoll- und Lizenz*verfahren* unterlagen erstmals einer internationalen Regelung. Die Ergebnisse der Uruguay-Runde (1986-1994) brachten einen weiteren, sehr großen Schritt in diese Richtung. Vor allem führte das neue WTO-Abkommen für den Handel mit Fertigerzeugnissen neue Überwachungs- und Schlichtungsverfahren ein, um „innere" Handelsbarrieren effektiver ausräumen zu können. Dem gleichen Zweck dient das Prinzip gegenseitiger Anerkennung der nationalen Standards. Als Ergebnis der Uruguay-Runde entstand zudem ein institutioneller Rahmen für den Handel mit Dienstleistungen, der jenem für den Handel mit Industriegütern ähnelt. Weiterhin regelt das neue Abkommen über „Handelsbezogene Aspekte des Internationalen Eigentumsrechts" (TRIPS) Fragen des transnationalen Eigentumsrechts. Die Vereinbarung über „Handelsbezogene Investitionsmaßnahmen" (TRIM) schließlich enthält hauptsächlich Regelungen zur Erleichterung ausländischer Direktinvestitionen, jedoch kaum Substantielles an Verhaltensvorschriften für die Investoren. Dem entspricht auch die Ausrichtung des multilateralen Abkommens über Direktinvestitionen, das gegenwärtig im Kontext der OECD diskutiert wird. Insgesamt dehnte das internationale Handelsregime mit dem erfolgreichen Abschluß der Uruguay-Runde seine Regelungsreichweite aus (mehr Teilnehmer), erweiterte seinen Regelungsbereich radikal (jetzt auch Dienstleistungen und landwirtschaftliche Güter), profilierte seine Organisation (aus GATT wurde die Welthandelsorganisation) und verbesserte vor allem seine Überwachungs- und Durchsetzungsmechanismen (Schiedsverfahren) (vgl. Kahler 1995: 46). Es wird zudem durch die Institutionalisierung liberaler Direktinvestitionspraktiken ergänzt.

Ähnliche institutionelle Veränderungen lassen sich auch auf regionaler Ebene beobachten: An erster Stelle ist hier die Einheitliche Europäische Akte zu nennen, die die vier Freiheiten in der EU bekräftigte und ursprünglich als ein eindeutig marktschaffendes Programm galt, das auf die Beseitigung der nationalen Hindernisse für den ökonomischen Austausch durch die politische Anerkennung des Prinzips der gegenseitigen Anerkennung aller Produktregelungen und die Mehrheitsentscheidung für einige notwendige Harmonisierungen zielte. In anderen Regionen der OECD-Welt sieht es ähnlich aus, wie Miles Kahler (1995: 103) in seiner Studie feststellt: „Die NAFTA genauso wie die CUSTA [sowie weitere regionale Handelsabkommen im pazifischen Raum, M.Z.] zielen im wesentlichen auf die Beseitigung von Behinderungen des Austausches, nicht auf die Konstruktion eines Rahmens für positive Politikkoordination" (Übersetzung M.Z.). Gerade die erfolgreichen dieser regionalen Vereinbarungen haben gemeinsam, daß sie relativ strikte Überwachungsmechanismen zur Offenlegung der Regeleinhaltung hinsichtlich der betreffenden *behind-the-border issues* (Kahler) beinhalten.

Auch die Industriezweige, die die infrastrukturellen Voraussetzungen für den transnationalen Austausch schaffen, gerieten im Zuge der wirtschaftlichen Denationalisierung unter erhöhten Effizienzdruck. Während der Linienschiffsverkehr, der Luftverkehr, der

Postservice und die Telekommunikation bis in die 70er Jahre in der gesamten OECD-Welt in einem hohen Maße staatlich kontrolliert waren, schälten sich im Verlaufe der letzten Dekade die Beseitigung von Hemmnissen für grenzüberschreitende Transaktionen und die Erhöhung der Wirtschaftlichkeit als zentrale Themen in diesen Problemfeldern heraus. Insbesondere bei Telekommunikation und Luftverkehr entfielen die nationalen Monopole zugunsten des Wettbewerbs und einer Neuregulierung durch unabhängige transnationale Agenturen hauptsächlich im Bereich der Standardisierung (Genschel 1995). Dementsprechend nahmen die Regelungen zum Schnittstellenmanagement der zahlreichen technischen Standards deutlich zu. So stieg beispielsweise der von ihnen benötigte Dokumentationsumfang von 3.400 auf 20.000 Seiten in den letzten 20 Jahren. Im Ergebnis konnten die Kosten für grenzüberschreitende Transaktionen deutlich gesenkt – bei Telekommunikationsleistungen z.B. um acht Prozent pro Jahr seit Ende der 60er Jahre – und damit dem gewachsenen Effizienzdruck Rechnung getragen werden (Zacher mit Sutton 1996: 157).

Auf den denationalisierungsbedingten Effizienzdruck ist auf der Ebene jenseits des Nationalstaates sehr prompt reagiert worden. In all den identifizierten Problemfeldern entstanden als Folge entsprechender wirtschaftlicher Interessenlagen vergleichsweise starke und umfassende internationale Institutionen, die Marktbarrieren abbauen bzw. reduzieren und transnationale Infrastrukturen bereitstellen. Strenge Informations- und Überwachungsmechanismen tragen zur hohen Effektivität dieser Institutionen bei. Eine gewisse Ausnahme mag die Regelung der Eigentumsrechte bei Transaktionen über das Internet sein. Hier scheinen aber die nationalen Regelungen kaum weiter zu sein als die internationalen. Das Fazit lautet also: Im Hinblick auf das Teilziel des Regierens, effizientes Wirtschaften zu ermöglichen, wird die Nachfrage nach internationalen Regelungen relativ problemlos gedeckt.

ad b) Marktkorrigierende Politiken: Soziale Wohlfahrt erfordert neben wirtschaftlicher Effizienz durch negative Regelungen auch *positive Politiken*, um unerwünschte Auswirkungen des Marktes durch Marktinterventionen zu lindern. Insofern führen negative, marktschaffende Regelungen zu einem erhöhten Bedarf an positiven, marktkorrigierenden internationalen Institutionen.

Im Bereich der makroökonomischen Steuerung wird dieser Bedarf nicht ausreichend gedeckt. Obwohl derartige Politiken auf nationalstaatlicher Ebene kaum mehr effektiv sind (vgl. schon Scharpf 1987), erbrachten die Treffen der G-3 und der G-7 Länder wenig bemerkenswerte Ergebnisse hinsichtlich der Koordination der Konjunkturpolitik. Der letzte ernsthafte Versuch makroökonomischer Steuerung auf dieser Ebene liegt schon weit zurück: Er wurde auf dem Bonner Gipfel von 1978 unternommen. Im Kontext der Europäischen Union sieht es kaum besser aus, obwohl sich die Europäische Währungsunion als ein großer Schritt in Richtung auf eine Konjunkturpolitik auf europäischer Ebene erweisen könnte.

Im Bereich der Finanz- und Währungspolitik entwickelte sich insbesondere durch die Entstehung der globalen Finanzmärkte ein großer Regelungsbedarf (O'Brien 1992). Die neuen Märkte müssen verregelt werden, um wenigstens makroökonomische Stabilität zu erreichen (Sachs 1998). Ein Problem besteht dabei in Banken, deren Eigenkapitalausstattung zu gering ist und die ohne Rücksicht auf gesamtwirtschaftliche Risiken Kredite vergeben. Bis heute stellt jedoch die Regelung der Sicherheitseinlagen beim Bankenwesen, die das *Committee on Banking Supervision and Regulatory Practices* im Rahmen der Bank für Internationalen Zahlungsausgleich (BIZ) aushandelte, die einzige größere von den Regierungen getragene Vereinbarung auf diesem Gebiet dar (Genschel/Plümper 1996). Hinzu kommt, daß einige Regelungen der *International Organization for Securities Commission* die internationalen Bankgeschäfte und das Börsenwesen etwas stabilisiert haben (vgl. Lütz 1997). Einige der entsprechenden EU-Richtlinien mögen striktere Vorschriften enthalten, ihre Wirksamkeit ist aber nicht zuletzt wegen der Globalität der Finanzströme eingeschränkt. Ein zweites Problem besteht in der Dynamik von panischen Reaktionen, die infolge der Zunahme rein spekulativer Aktivitäten auf den Finanz- und Aktienmärkten akzentuiert wurde. Die grenzüberschreitenden Finanz- und Währungsbeziehungen scheinen deutlich unterreguliert zu sein (Helleiner 1994). Die Währungsbeziehungen werden zwar bis zu einem gewissen Grade durch die Gipfeltreffen der G-7-Länder kontrolliert, diese Treffen brachten bisher allerdings weniger substantielle Regeln hervor als vielmehr ein intergouvernementales Netzwerk, das in *ad-hoc*-Manier auf Krisen reagiert (Hirst/Thompson 1996: 131). Trotz vorhandener Ansätze bleiben – verglichen mit der Blütezeit des Wohlfahrtsstaates – viele andere Bereiche unbearbeitet, in denen Regulierungsbedarf besteht, wie z.B. die Kontrolle spekulativer Aktivitäten auf den globalen Finanzmärkten in Form einer sog. *Tobin Tax* (vgl. Eichengreen et al. 1995). Erst langsam zeichnen sich internationale Politkformulierungsprozesse ab, die die Regelungsdefizite in diesem Bereich auffangen könnten.

Auch im Bereich der Sozialpolitik verbleiben trotz zunehmender internationaler Regelungsansätze erhebliche Regelungsdefizite. Im globalen Maßstab führten neue Initiativen, wie der Sozialgipfel in Kopenhagen, nicht zu substantiellen Regimen; der Sozialpakt der Vereinten Nationen steht unter dem Vorbehalt, wonach jeder Staat die Sozialrechte nach und nach und nur „to the maximum of its available resources" umsetzen muß und die WTO klammerte sozialpolitische Fragen bisher weitgehend aus. Im Rahmen der ILO wird allerdings schon seit Ende des ersten Weltkrieges versucht, auch die sozialpolitische Dimension auf die internationale Agenda zu bringen. Von 1919 bis Mai 1998 hat sich die Zahl der Mitgliedstaaten der ILO von 45 auf 174 erhöht. Bis 1997 hat die internationale Arbeitskonferenz 181 Übereinkommen zu Themen wie Arbeitszeit, Mindestlohn, Versicherungspflichten, Vertragsfreiheit, Schutz der Kinder, Jugendlicher und Frauen u.v.a. angenommen, die von den OECD-Ländern im Durchschnitt zu ca. 60 Prozent ratifiziert sind. (vgl. Senghaas-Knobloch 1998). Bemerkenswert an der Ratifikationspraxis der OECD-Länder ist, daß sich die Anzahl der pro Land und Jahr ratifizierten Konventionen gegenüber den sechziger Jahren (2,35 pro Land) deutlich erhöht, wobei allerdings bereits in den siebziger Jahren (6,35) ein Höhepunkt erreicht wurde, der seitdem wieder langsam abnimmt (3,6 für die erste Hälfte der 90er Jahre), aber immer noch deutlich über dem Niveau der 60er Jahre liegt (Senti 1998: 23). Die Effektivität dieser Übereinkommen ist umstritten. Von der Koordination positiver nationaler Politiken auf der internationalen Ebene mit dem Ziel, einem sozialpolitischen Deregulierungswettlauf im Zuge der wirtschaftlichen Denationalisierung vorzubauen, kann also bestenfalls in Ansätzen die Rede sein.

Auf der regionalen Ebene ist dieser Prozeß schon etwas weiter vorangeschritten. So hat sich das Nebenabkommen zum Freihandelsvertrag NAFTA zwischen USA, Kanada und Mexiko, das North American Agreement on Labor Cooperation (NAALC), bereits in mehreren Fällen als effektiver Mechanismus zur Durchsetzung sozialer Mindeststandards erwiesen (Dombois 1997). In der Europäischen Union gibt es gleichfalls einige positive Anzeichen. Beim Arbeitsschutz setzte sich ein Ansatz durch, der auf detaillierte technische Spezifikationen verzichtet und statt dessen mit allgemeinen Normenvorgaben arbeitet. Auf der Grundlage der Arbeitsschutzrahmenrichtlinie 89/391/EWG (ABl. L 183/1) wurde im Rahmen des Binnenmarktprogramms ein umfassendes Regelwerk entwickelt, das unionsweite Mindeststandards etabliert und weitergehende nationale Vorschriften zuläßt. Gleichwohl sind bereits die Mindeststandards teilweise so innovativ und anspruchsvoll formuliert, daß ein Kenner der Materie das Regelungsniveau des Arbeitsschutzes folgendermaßen beurteilt: „Dies ist aus deutscher Sicht – und aus der Perspektive von mindestens neun weiteren Mitgliedsländern (mit Ausnahme von Dänemark und der Niederlande, die bereits zuvor eine innovative Regelungsphilosophie eingeführt hatten) – das genaue Gegenteil von sozialem Dumping" (Eichener 1996: 265). Hinzu kommen einige zukunftsweisende Regelungen zur Geschlechtergleichbehandlung (Ostner/Lewis 1998) und Mechanismen der regionalen Umverteilung (siehe Anderson 1998; Rieger 1998). Ob trotz der Sozialcharta von 1991 „der Weg zu einer echten Sozialgemeinschaft noch sehr weit ist" (Sieveking 1997: 207) oder dies bereits Ausdruck einer „Transformation souveräner Wohlfahrtsstaaten in Elemente eines Mehrebenensystems" ist (Leibfried/Pierson 1998: 60), bleibt zu einem nicht unerheblichen Maße Interpretationssache. Festhalten läßt sich somit in jedem Fall, daß der *race-to-the-bottom*-Druck auf die nationalen Umverteilungspolitiken durch Regelungen jenseits des Nationalstaates bisher nur partiell abgefedert wurde.

Insgesamt kann festgehalten werden, daß es zwar marktkorrigierende Politiken im Bereich der sozialen Wohlfahrt gibt, diese den Bedarf jedoch keinesfalls vollständig abdecken und zumindest vorübergehend die Schere zwischen negativen und anspruchsvollen positiven internationalen Regelungen tatsächlich auseinanderlief. Gerade in den letzten Jahren scheinen jedoch marktkorrigierende internationale Regelungen eher zugenommen zu haben, um die Probleme zu bewältigen, die als Folge der marktschaffenden Regelungen aufgetreten sind. Obwohl die Marktöffnungsprojekte mit dem Abschluß der Uruguayrunde und mit der Einheitlichen Europäischen Akte weitgehend vollzogen sind, wird nämlich die Anzahl der jährlich neuen internationalen Regelungen im wirtschaftlichen Bereich nicht kleiner. Die ersten Anzeichen eines Wiederanstiegs der Neuregelungen jenseits des Nationalstaates (im Falle der Sozialpolitik v.a. relativ zu den nationalen Regelungen) können daher als Indiz für eine Re-Regulierung der Märkte gedeutet werden, zumal die Mehrzahl der in den vorhergehenden Abschnitten genannten marktkorrigierenden Regelungen meist neueren Datums sind.

Abbildung 1: Entwicklung der Anzahl neu abgeschlossener bedeutender internationaler Wirtschaftsverträge und -abkommen

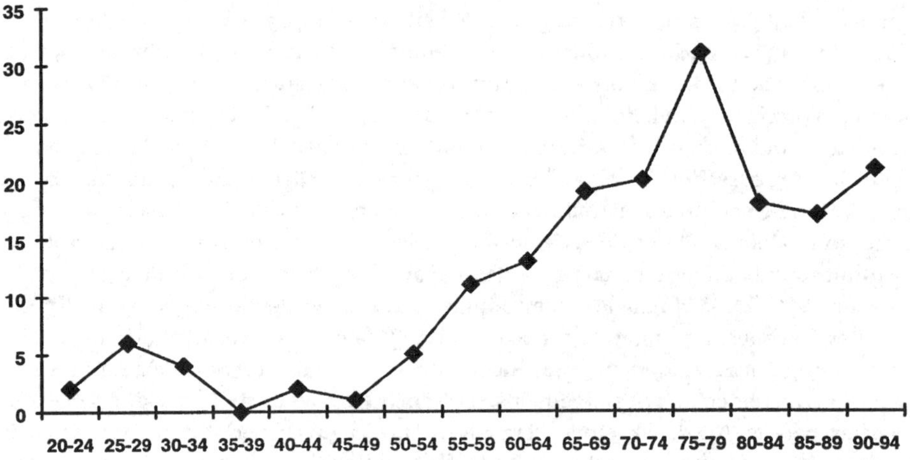

Quelle: Beisheim et al. (1998: 353)

Dennoch: Das Ziel der sozialen Wohlfahrt ist im Zeitalter der gesellschaftlichen Denationalisierung fraglos schwieriger zu erreichen als während der Blütezeit des demokratischen Wohlfahrtsstaates in der ersten Hälfte der 70er Jahre. Mit Blick auf die eingangs zu diesem Abschnitt vorgenommene Unterscheidung von Herausforderungen läßt sich zusammenfassend folgendes sagen: Während auf der Ebene des Regierens jenseits des Nationalstaates die Anforderungen des Effizienzdruckes in gewisser Weise übererfüllt wurden, werden die nationalen Defizite im Bereich der positiven Politiken und v.a. der Politikwettbewerb, der im Zusammenhang mit der makroökonomischen Steuerung und der Sozialpolitik durchschlägt, bisher nicht ausreichend aufgefangen. Insbesondere die *integrierte Produktion* von *goods and bads,*[7] wie z.B. bei den internationalen Finanzmärkten oder beim Internet, weist erhebliche Regelungsdefizite auf.

2.2 Sicherheit

Im allgemeinen wird die Regelung sozialer Beziehungen zum Schutz der physischen Integrität sowohl des nationalen Territoriums als auch der Bevölkerung vor äußeren und inneren Bedrohungen und Risiken als die zentrale Aufgabe der Politik betrachtet. Im Zuge der gesellschaftlichen Denationalisierung verschoben sich jedoch die Herausforderungen für das Regieren im Dienste der Sicherheit. Dabei fällt auf, daß die auftretenden Regelungsprobleme weitgehend der mangelnden Effektivität nationalstaatli-

---

7 Damit sind die Güter und Zustände angesprochen, die entweder sozial erwünscht wie im Falle von Autos (goods) oder sozial unerwünscht sind wie im Falle der Umweltzerstörung (bads). Traditionell wird hierfür der Begriff der materiallen oder immateriellen Güter (goods) verwendet, der allerdings eine lineare Vorstellung der Moderne – je mehr der Mensch herstellen und beeinflussen kann, desto besser – zum Ausdruck bringt.

cher Politiken im Zuge der Entstehung neuer Räume geschuldet sind, während das Effizienzproblem und das Problem des Politikwettbewerbs im Sachbereich Sicherheit kaum durchschlagen. Innerhalb dieses Typs von Denationalisierungsherausforderungen lassen sich gleichwohl unterschiedliche Problemfelder unterscheiden.

a) Durch die Proliferation und Anhäufung von Nuklear- und anderen Massenvernichtungswaffen mit großflächigem Zerstörungspotential ergab sich nach dem Zweiten Weltkrieg eine Intensivierung der Herausforderungen für die traditionelle Sicherheitspolitik, die traditionell durch negative internationale Institutionen mit Unterlassungsgeboten im militärischen Bereich die Gefahr *zwischenstaatlicher Kriege* zu reduzieren versuchen.

b) Mit Beginn der 70er Jahre beschleunigte sich deutlich der grenzüberschreitende Austausch von Waren und Kapital, von Informationen und Kulturgütern, von Reisen und Migration sowie von regionalen Umweltrisiken. Als Folge der wachsenden Interdependenzen und Verflechtungen sowie der gestiegenen Transparenz sank die wahrgenommene Gefahr eines zwischenstaatlichen Krieges und damit die relative Bedeutung der traditionellen Sicherheitsinstitutionen. Gleichzeitig stieg das Bewußtsein für die weltweiten *Menschenrechtsverletzungen* und schaffte eine Nachfrage nach internationalen Menschenrechtsregelungen, die allerdings noch in die Kategorie der negativen Regelungen fallen.

c) Besonders bedeutsame gesellschaftliche Denationalisierungs*schübe* ergeben sich ab der zweiten Hälfte der 80er Jahre in einigen spezifischen Bereichen. Diese Entwicklungen sind für die Sicherheitspolitik insbesondere im Hinblick auf die globalen Umweltrisiken und die Organisierte Kriminalität signifikant. Diesen Problemen ist gemeinsam, daß sie Fälle *integrierter Produktion* von (in diesem Fall eindeutig) *bads* darstellen und somit qualitativ eine andere Art der gesellschaftlichen Denationalisierung als die bloße Intensivierung von Austauschprozessen darstellen. Entscheidend ist jedoch, daß es sich hier um *gesellschaftlich verursachte Risiken* handelt – also Sicherheitseinschränkungen aufgrund von meist nicht-intendierten Nebenwirkungen gesellschaftlicher Aktivitäten (im Gegensatz zu staatlich verursachten Bedrohungen) –, die positive internationale Institutionen zu ihrer Regelung bedürfen (vgl. hierzu Zangl/Zürn 1997). Ähnliches trifft auch für die Bewätligung der stetig zunehmenden Bürgerkriege zu.

ad a) Zwischenstaatliche Kriege: Internationale Sicherheitsinstitutionen sind keine Erfindung unserer Zeit. Mit dem Metternichschen Wiener Kongreßsystem nach 1815 entwickelte sich erstmals im anarchischen internationalen Staatensystem ein Regelwerk, das darauf abzielte, den Krieg der Staaten untereinander als Mittel der Politik zu verhindern. Trotz aller Beschränkungen und ihrer restaurativen Ausrichtung beinhaltete das System *in nuce* bereits die Prinzipien, auf denen internationale Sicherheitsinstitutionen bis heute basieren. Die Gefahr von zwischenstaatlichen Kriegen sollte durch *status quo*-Orientierung und damit implizit einem Agressionsverbot, Konsultations- und Informationsmechanismen sowie (später, seit dem Washingtoner Flottenabkommen von 1922) durch die Rüstungskontrolle reduziert werden. Falls es dennoch zu einer Aggression käme, waren alle (kollektive Sicherheit) oder die jeweils verbündeten Staaten (kollektive Verteidigung) verpflichtet, dem angegriffenen Staat beizustehen. Die konkretisierende Umsetzung dieser Prinzipien in Normen und Regeln erfolgte jedoch in größerem Umfang erst in der Zeit nach dem Zweiten Weltkrieg. Die Vereinten Nationen (1945), die NATO (1949) und der Warschauer Pakt (1955) enthielten Beistandsklauseln. Die internationalen Sicherheitsinstitutionen, die infolge der Proliferation und Ausweitung der neuen Waffen entstanden, wie die KSZE-Schlußakte von Helsinki (1975), der Vertrag über die Nichtweiterverbreitung von Kernwaffen (1968) in Verbindung mit der IAEA (1957), der partielle Teststopp-Vertrag (1963) und die ersten Ost-West-Rüstungskontrollabkommen (ABM-Vertrag und SALT-Verträge), zielten auf die Verminderung der Kriegsgefahr entweder durch verbesserte Informations- und Konsultationsmechanismen oder durch das Verbot bestimmter Waffensysteme.

Seit Mitte der 70er wurden im Zuge der Entspannungspolitik weitere Verträge unterzeichnet, die die Möglichkeit des zwischenstaatlichen Krieges als Quelle der Unsicherheit zu bändigen suchen. Der INF-Vertrag von 1987 über die konventionelle Rüstung in Europa, die START-Verträge zwischen den Supermächten, die Chemiewaffenkonvention (1993), die Fortschreibung des Nichtverbreitungsvertrags (1995) und jetzt das umfassende Verbot von Nukleartests (1996) verblieben aber im wesentlichen im vorhandenen institutionellen Rahmen. Gleiches gilt für eine eventuelle Erweiterung der NATO, die in ihrer Bedeutung ohnehin nicht überschätzt werden sollte.[8] Es kann festgehalten werden, daß sich nach dem Zweiten Weltkrieg die Regelungsleistung internationaler Institutionen zur Senkung der Gefahren zwischenstaatlicher Kriege zwar mit Zeitverzögerung, aber doch einigermaßen parallel zu den Problemlagen entwickelt hat.

ad b) Menschenrechte: Nach dem Zweiten Weltkrieg erhielten internationale Sicherheitsinstitutionen eine weitere Aufgabe zugewiesen: Neben die Verhinderung eines zwischenstaatlichen Krieges trat nun auch das Ziel, Individuen vor staatlichen Übergriffen zu schützen. Die Allgemeine Erklärung der Menschenrechte, die die Generalversammlung der Vereinten Nationen im Dezember 1948 verabschiedete, stellt diesbezüglich einen Markstein der Geschichte dar. Die im November 1950 vom Europarat entwickelte „Europäische Konvention für den Schutz der Menschenrechte und Grundfreiheiten" ging hinsichtlich der Bindewirkung und Überwachungsmechanismen deutlich weiter. In den 70er Jahren traten im Rahmen der Vereinten Nationen die Vereinbarungen über zivile und politische Rechte (Zivilpakt) sowie über ökonomische, soziale und kulturelle Rechte (Sozialpakt) hinzu, beide am 16. Dezember 1966 ohne Gegenstimme von der Generalversammlung der Vereinten Nationen angenommen und seit 1976 als Folge nationaler Ratifikationsprozesse völkerrechtlich verbindlich. In Europa transportierte man in den 70er Jahren mit der Helsinki-Schlußakte der KSZE (1975) einige, allerdings eher allgemein formulierte menschenrechtliche Standards sogar in den Ost-West-Kontext.

Im Zuge der beschleunigten gesellschaftlichen Denationalisierung der letzten zwei Jahrzehnte wurden die vorhandenen institutionellen Mechanismen und Instrumente verfeinert und es kam eine Anzahl an neuen Konventionen und Deklarationen dazu (vgl. Abbildung 2). Zu diesen zählen das Übereinkommen zur Beseitigung jeder Form von Diskriminierung der Frau (ratifiziert 1981), das Übereinkommen gegen Folter (1987) sowie das Übereinkommen über die Rechte des Kindes (1991). Außerdem bildete sich die Möglichkeit von Individualbeschwerden bei dem Zivilpakt, der Rassen-

8 Vgl. Ruggie (1996: 109-124) und Meyer et al. 1996 für hilfreiche Diskussionen der Fragen und Probleme, die mit der NATO-Osterweiterung verbunden sind.

diskriminierungskonvention und der Konvention gegen Folter aus. Mit den ECOSOC-Resolutionen 1235 und 1503 wurden zudem die Kontrollmechanismen verbessert. Schließlich zeigt sich eine rasante Zunahme der Unterzeichnerstaaten von Menschenrechtsvereinbarungen seit Ende der 80er Jahre.

Abbildung 2: Entwicklung der Anzahl der im Rahmen des VN-Systems neu in Kraft getretenen Konventionen und Deklarationen zum Schutz von Menschenrechten

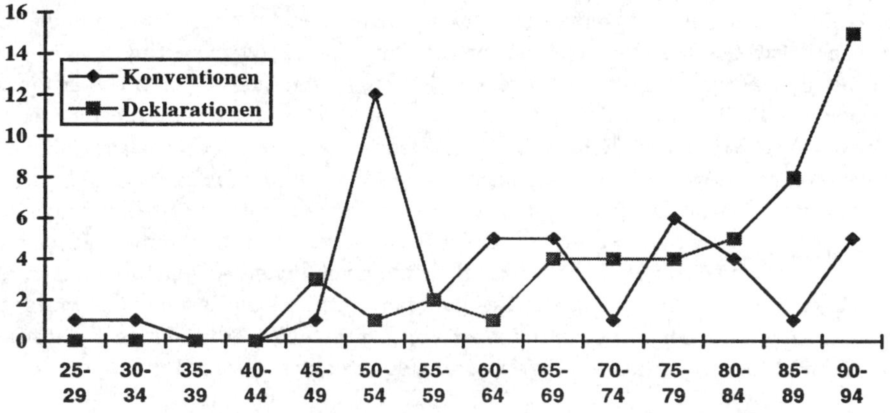

1) Als Konventionen wurden diejenigen „Human Rights Instruments" kodiert, die rechtlich bindende Wirkung entfalten und der Ratifikation bedürfen. Dazu zählen insbesondere „Conventions" und „Protocols".
2) Als Deklarationen wurden alle „Instruments" kodiert, die keine rechtlich bindende Wirkung entfalten. Dazu zählen u.a. „Declarations", „Standard Rules", „Recommendations" oder „Principles".

Quelle: Beisheim et al. (1998: 343).

Die verstärkte internationale Institutionalisierung der menschenrechtlichen Standards kann als Reaktion auf eine im Zuge der intensivierten Austauschbeziehungen angewachsene *moralische Interdependenz* bzw. sich entwickelnde transnationale Anerkennung der Menschenrechte gedeutet werden. Auch im Sicherheitsbereich scheint sich die Entwicklung negativer internationaler Regelungen zu einem nicht unerheblichen Maße parallel zu den Anforderungen entwickelt zu haben.

ad c) Neue Risiken: Die traditionelle Sicherheitspolitik stieß spätestens durch das Wachstum von gesellschaftlich induzierten Risiken und Bedrohungen an ihre Grenzen. Vor allem staatliche Aktivitäten führten zu den traditionellen Sicherheitsproblemen: entweder in Form einer staatlichen Agressionspolitik gegenüber einem anderen Staat (zwischenstaatliche Kriege) oder gegenüber Individuen im eigenen Land (Menschenrechte). Es sind demgegenüber v.a. gesellschaftliche Aktivitäten, die zu grenzüberschreitenden Umweltrisiken, zur Organisierten Kriminalität auf transnationaler Ebene oder zur Infragestellung des staatlichen Herrschaftsanspruchs durch den transnationalen Terrorismus geführt haben. Inwieweit sind internationale Institutionen dieser

Verschiebung der Problemlagen gerecht geworden? Inwieweit hat sich also eine internationale Risikopolitik als Antwort auf eine Weltrisikogesellschaft (Beck 1995) entwikkelt?
Seit den 70er Jahren wandten sich internationale Sicherheitsinstitutionen zunehmend den Problemen bei der Gewährleistung des inneren Schutzes und der Sicherung des staatlichen Gewaltmonopols zu. In diesem Bereich kann von substantiellen Neuerungen gesprochen werden. So erlangte die Aufgabe der Vereinten Nationen, das Gewaltmonopol der Staaten zu erhalten, in den letzten Jahren größere Bedeutung als ihre Aufgabe, die Staaten bei der Verteidigung nach außen zu unterstützen. Die VN waren öfter in Bürgerkriegen engagiert als in zwischenstaatlichen Auseinandersetzungen, was sich beispielsweise bei der näheren Betrachtung des Zuwachses an *peacekeeping*-Operationen während der letzten Jahre deutlich zeigt (weit über die Hälfte aller Einsätze fand nach 1990 statt). Selbst bei Aktivitäten des Sicherheitsrates nach Kapitel VII (Wahrung oder Wiederherstellung des Weltfriedens) griff der Sicherheitsrat teilweise in innerstaatliche Auseindersetzungen ein, wenn Gefahren für die *internationale* Sicherheit ausgemacht wurden. Parallel zur Zunahme der *peacekeeping*-Operationen haben dementsprechend auch die Resolutionen des Sicherheitsrates zugenommen, wieder mit einem eindeutigen Schwerpunkt hinsichtlich innerstaatlicher Auseinandersetzungen. Zweifelsohne ist der Anstieg dieser Resolutionen unmittelbar Resultat des Ende des Kalten Krieges und der damit (zumindest vorübergehend) verbundenen Bereitschaft der Großmächte, gemeinsam eine Weltordnungspolitik zu betreiben.

Abbildung 3: Entwicklung der Anzahl der Resolutionen des VN-Sicherheitsrates 1974-1995

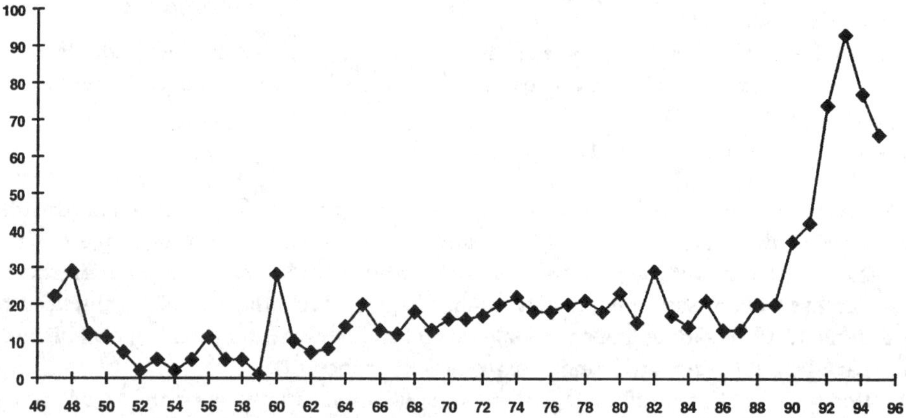

Erstellt nach Angaben in: Hüfner/Naumann 1974: 201-207; VN-Archiv, URL: *gopher://gopher.undp.org:70 /11/ undocs/scd/scouncil*

Ein ähnlicher Trend läßt sich für Europa ausmachen. Die KSZE, die ursprünglich zur Verringerung des Risikos von zwischenstaatlichen Kriegen geschaffen wurde, nennt sich heute OSZE und befaßt sich nun überwiegend mit den Bedrohungen durch Bürgerkriege. Der Teil der OSZE, der sich auf die zwischenstaatlichen Kriege bezieht, beinhaltet kaum substantielle inhaltliche Änderungen gegenüber der KSZE, sondern beschäftigt sich primär mit Verfahrensfragen zur Verbesserung der Aktualität und Qualität von Informationen.[9] Weiterhin gehört es heute auch zu den Funktionen der IAEA – deren anfängliches Ziel es war, die Weitergabe von Nuklearwaffen an andere Staaten kontrolliert zu vollziehen – zu verhindern, daß Nuklearwaffen in die Hände von Terroristengruppen gelangen. Außerdem wurde der Kampf gegen den Terrorismus zu einem zentralen Thema vieler internationaler Organisationen. Während man in den 50er und 60er Jahren kaum bemerkenswerte Bemühungen zur Bekämpfung des Terrorismus in Form der Zusammenarbeit zwischen Staaten finden kann, setzte in den 70er Jahren eine solche Entwicklung ein. Acht von neun multilateralen Konventionen, die die internationale Bekämpfung des Terrorismus zum Ziel haben, sind nach 1970, die Mehrzahl sogar erst in den letzten Jahren unterzeichnet worden (Global Issues 1997). So dehnte beispielsweise Interpol seine Aktivitäten auf diesen Bereich aus. Sogar die VN und die G-7-Treffen beschäftigen sich heute mit diesem Thema. In Europa sind derartige Bemühungen im Rahmen der TREVI-Gruppe (Terrorisme, Radicalisme, Extrêmisme, Violence Internationale) weiterentwickelt worden.

Auf der Ebene des internationalen Systems erfuhren zudem die Organisationen, die die Bemühungen zur Bekämpfung der Organisierten Kriminalität, insbesondere des Drogenhandels, koordinieren, eine beträchtliche Stärkung. In den 50er und 60er Jahren galt Interpol als ein privater „Polizistenklub", dessen Hauptaufgabe der Erfahrungsaustausch war. Es handelte sich nicht um eine internationale Organisation und Interpol hatte somit nur einen beratenden Status im Wirtschafts- und Sozialrat der VN (ECOSOC) inne. In den 70er Jahren entwickelte sich Interpol jedoch systematisch zu einer internationalen Regierungsorganisation, die zunehmend die Aufgabe übernahm, Staaten bei der Festnahme von Kriminellen zu unterstützen. Seit 1985 verfügt sie über ein computergestütztes Netz, das die Polizei weltweit nutzen kann. Eine ganz ähnliche Entwicklung läßt sich in Europa beobachten. Nach dem Zweiten Weltkrieg hatte der Europarat die Aufgabe, sich mit Verbrechensbekämpfung zu beschäftigen. Der Rat diente als eine Arena für Verhandlungen über das Europäische Auslieferungsabkommen (1957) und das Europäische Rechtshilfeabkommen (1959). Beide Vereinbarungen multilateralisierten jedoch nur die bereits vor dem Krieg geschlossenen bilateralen Verträge. In den 70er Jahren begannen die europäischen Staaten, bei der Bekämpfung der Organisierten Kriminalität im Rahmen der EU tatsächlich intensiver zusammenzuarbeiten. Die bereits erwähnte Etablierung der TREVI in den 70er Jahren sowie das Schengener Abkommen, der Vertrag von Maastricht und insbesondere die Amsterdamer Übereinkünfte in den 90er Jahren sind unübersehbare Zeichen eines Trends hin zu einer Intensivierung der europäischen Bemühungen bei der Verbrechensbekämpfung, speziell der Organisierten Kriminalität (vgl. Busch 1995).

Internationale Umweltinstitutionen, die auf die Bearbeitung von grenzüberschreitenden Umweltrisiken abzielen, gewannen gleichfalls seit den 70er Jahren verstärkt an Bedeutung. Seit dieser Zeit befaßten sich internationale Organisationen wie UNEP und die EU, aber auch die OECD, der Europarat, die G-7, die ITO, die WMO und die WTO (früher GATT) mit Regelungen zum Schutz der natürlichen Umwelt. Die meisten der internationalen Umweltvereinbarungen und -instrumente wurden – als direkte Ant-

---

9 Siehe Schlotter et al. 1994 und Gießmann 1996 für detailliertere Darstellungen über die Entwicklung der OSZE.

wort auf die beschleunigte Denationalisierung in diesem Sachbereich – in den 70er und 80er Jahren unterzeichnet.

Abbildung 4: Entwicklung der Anzahl der wichtigen neu entstandenen internationalen Umweltabkommen gemäß zwei verschiedener Quellen

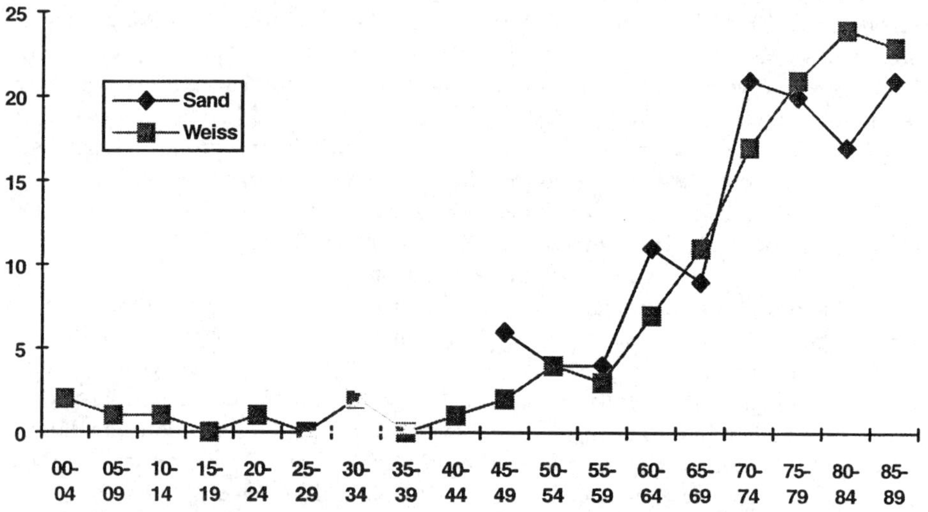

Quellen: Sand (1992), Weiss (1992). Zit. nach Beisheim et al. (1998: 351).

Dieser Trend zeigt sich auch innerhalb der EU. Die Europäische Kommission hat in Kooperation mit jenen europäischen Staaten, die traditionell eine strenge Umweltgesetzgebung besitzen, ein erstaunliches Regelungsniveau zugunsten von Umwelt- und Gesundheitsschutz erarbeitet (Vogel 1995, 1997). Während die EWG in den 60er Jahren im Durchschnitt eine Gesetzesvorlage zur Umweltthematik pro Jahr verabschiedete, stieg diese Zahl in den 70er Jahren auf über fünf und in den 80er Jahren auf mehr als 20 pro Jahr.

Insgesamt läßt sich bei den internationalen Sicherheitsinstitutionen ein veränderter Schwerpunkt ausmachen. Während sich die internationalen Sicherheitsinstitutionen lange Zeit überwiegend mit staatsinduzierten Unsicherheiten beschäftigten, rückten in den letzten 20 Jahren zunehmend Menschenrechtsfragen und insbesondere die Überwindung gesellschaftsinduzierter Bedrohungen und Risiken in den Mittelpunkt. Diese Veränderungen können als Reflex auf das Muster der gesellschaftlichen Denationalisierung gesehen werden. Im Zuge der gesellschaftlichen Denationalisierung gewannen neben Menschenrechtsfragen die grenzüberschreitende Umweltverschmutzung, der transnationale Terrorismus und die Organisierte Kriminalität an Bedeutung. Eine erstaunliche Vielfalt von internationalen Institutionen unterstützt heute die OECD-Staaten nicht nur bei der Erfüllung der Verteidigungsaufgabe, sondern auch bei der Sicherung ihrer Herrschaft und der Gewährleistung des Schutzes der Bürgerinnen und Bürger.

Entscheidend ist nun: Die neuen internationalen Sicherheitsinstitutionen sind im wesentlichen *positive internationale Regelungen.* Traditionelle internationale Sicherheitsinstitutionen untersagten Staaten den Einsatz bestimmter Waffen, die militärische Aggression, die Beschaffung bestimmter Rüstungsgüter, die Verletzung individueller Rechte etc. Demgegenüber verlangen die internationalen Institutionen, die sich auf die neuen transnationalen Risiken beziehen, nicht Unterlassungen sondern Aktivitäten. Insofern zeigt das Wachstum der neuen internationalen Sicherheitsinstitutionen, daß positive Regelungen auch jenseits des Nationalstaates möglich sind, nicht nur im Einzelfall, sondern auch als systematisches Reaktionsmuster auf entsprechende Herausforderungen. Im Sicherheitsbereich kann kaum von einem Auseinanderlaufen einer Schere zwischen negativen und positiven internationalen Regelungen gesprochen werden.

Gleichwohl bestehen auch hinsichtlich des Sicherheitsziels substantielle Defizite. Dem Wachstum der transnationalen Organisierten Kriminalität und des grenzüberschreitend vernetzten Terrorismus konnten internationale Institutionen bisher nicht Einhalt bieten. Noch wichtiger: Gerade die drängendsten globalen Umweltgefahren wie Klimaerwärmung, Zerstörung der Biodiversität, Entwaldung und Verwüstung von Anbaugebieten sind nicht ausreichend bearbeitet und der öffentliche Aufmerksamkeitsgrad scheint umgekehrt proportional zur Bedrohlichkeit zu sein (vgl. Zürn/Take 1997). In diesen Problemfeldern kam es bisher bestenfalls zu Verhandlungsnetzwerken, substantielle Regelungen existieren aber bislang nicht. So brachte die Konferenz der Vertragsstaaten der Rio-Konvention in Berlin (1995) zwar eine Begrenzung des CO_2-Ausstoßes zustande, jedoch ohne jeglichen verbindlichen Zeitplan, was den Nachweis der Nichteinhaltung äußerst schwierig macht. Erst das Treffen in Kyoto brachte eine erste substantielle, wenn auch bei weitem noch nicht ausreichende und zudem erst noch zu ratifizierende Regelung der Klimaproblematik zustande. In den anderen Bereichen werden die Regelungsdefizite wohl noch länger anhalten (vgl. die Beiträge in Gehring/Oberthür 1997 und Young 1997 als Überblick).

3. Zur Theorie internationaler Institutionen

Die Weltpolitik hat sich nach 1945 – das zeigt die empirische Bestandsaufnahme – so sehr institutionalisiert, daß der erste, grundsätzlichste Einwand gegen die Möglichkeit des Regierens jenseits des Nationalstaates obsolet erscheint. Bereits vor zehn Jahren schrieb Oran Young (1986) zurecht: „We live in a world of international regimes". Institutionen des Regierens gibt es auch auf der internationalen Ebene. Viele dieser Institutionen sind positiv, d.h. sie schreiben den Staaten Eingriffe in gesellschaftliche Interaktionen vor. Insofern ist auch der zweite Einwand, demzufolge marktkorrigierende politische Interventionen nur innerhalb des Nationalstaates erfolgen können, empirisch kaum haltbar. Schwieriger gestaltet sich die Einschätzung des dritten Einwandes gegen das Regieren jenseits des Nationalstaates: Während im Bereich der sozialen Wohlfahrt die Schere zwischen negativen und anspruchsvollen positiven Regelungen zumindest vorübergehend entsprechend der Scharpfschen These auseinandergelaufen ist, trifft dies für den Sicherheitsbereich nicht zu. Was besagen diese Befunde nun für die Theorie internationaler Institutionen und was bedeutet dies wiederum für Möglichkeit des Regierens jenseits des Nationalstaates?

3.1 Eine alte Typologie – neu konstruiert

Im Prinzip können die materiellen *Ziele* des Regierens mit Hilfe von *Formen* des Regierens, die jenseits des Nationalstaates angesiedelt sind, erreicht werden. Die Wahrscheinlichkeit, daß dies tatsächlich gelingt, hängt aber offensichtlich *auch* von den einzusetzenden *Instrumenten* bzw. dem *Inhalt der Politiken* ab. Dabei muß der Unterschied zwischen *negativen Regelungen* (Staaten verpflichten sich darauf, bestimmte Handlungen zu unterlassen) und *positiven Regelungen* (Staaten verpflichten sich darauf, bestimmte Maßnahmen und Eingriffe in koordinierter Weise durchzuführen) weiter ausdifferenziert werden. Eine zweite Unterscheidung zielt auf die Ressourcen, die im Zusammenhang mit einer Politik eingesetzt werden. Dabei läßt sich zwischen bloßer Regelsetzung (ohne die Umverteilung materieller Ressourcen) und Regelsetzung in Verbindung mit dem Einzug von und/oder der Verteilung von Mitteln unterscheiden (vgl. Majone 1996). Regieren, das auf die bloße Regelung des Verhaltens zielt und das ohne eine ressourcenumverteilende Instanz funktioniert, ist meist ausreichend, um Marktversagen im engeren ökonomischen Sinne (Markt produziert ökonomische Ineffizienzen) zu beheben. Wenn das unbeschränkte Wirtschaften zu einer Zerstörung der Umwelt führt, so kann durch einfache Verhaltensgebote das Wirtschaften umweltverträglicher gestaltet werden. Demgegenüber setzt das Regieren, das auf den Ausgleich des Marktversagens im weiteren Sinne (Markt produziert sozial unerwünschte Ergebnisse) zielt, meist die Umverteilung von Ressourcen oder zumindest solche regulativen Politiken voraus, die die Gewinnchancen von wirtschaftlichen Akteuren verschieben. Sozialpolitik oder die Bereitstellung von öffentlichen Schulen beispielsweise setzen voraus, daß eine wie auch immer geartete Instanz zunächst Mittel zugewiesen bekommt, um sie dann zweckgebunden einzusetzen.

Abbildung 5: Regelungstypen

	Keine Umverteilung von materiellen Ressourcen	Umverteilung von materiellen Mitteln
Negativ	Konstituierende Regelungen	Distributive Regelungen
Positiv	Regulative Regelungen	Redistributive Regelungen

In der Kombination der beiden Unterscheidungen ergeben sich vier Regelungstypen (vgl. Abbildung 5).[10] *Konstituierende Regelungen* generieren Handlungszusammenhänge (meist Märkte), indem sie Hindernisse der grenzüberschreitenden Interaktionen beseitigen, gegenseitige Anerkennungen vornehmen und prozedurale Grundlagen entwikkeln. *Distributive Regelungen* im eigentlichen Wortsinne kann es heute angesichts der nahezu vollständigen Aufteilung aller Ressourcen (im Sinne der Zuweisung von Eigentumsrechten) dieser Welt kaum mehr geben. Allerdings sollen hier die Regelungen als distributiv gelten, bei denen eine Instanz mit ausreichender Ressourcenverfügung

10 Diese Unterscheidung stimmt im wesentlichen mit der erweiterten Version der fast schon klassischen Policy-Typologie von Lowi (1972) überein, obwohl die ältere Typologie anhand von anderen Unterscheidungskriterien („likelihood of coercion", „applicability of coercion") aufgebaut worden ist. Einen hervorragenden Überblick über Policy-Typologien bietet Windhoff-Héritier 1987. Vgl. auch Streeck 1995b.

infrastrukturelle Leistungen mit vorher eingeworbenen Ressourcen erbringt, die zur Vertiefung von Handlungszusammenhängen beitragen. Dazu zählen Investitionen in Transport- und Kommunikationsnetze und öffentliche Bildungseinrichtungen. *Regulative Regelungen* zielen auf die substantielle Steuerung des Verhaltens von Akteuren in einem gegebenen Problemfeld mittels Ver- und Geboten wie idealtypischerweise im Falle der Umweltpolitik. Manche regulativen Politiken können allerdings auch die Gewinnchancen der betroffenen Akteure merklich verschieben und beinhalten somit redistributive Implikationen. *Redistributive Politiken* schließlich sind besonders anspruchsvoll, da sie sowohl eine positive Koordination als auch die Umverteilung von Mitteln voraussetzen. Sozialpolitische Zielsetzungen beispielsweise erfordern häufig redistributive Maßnahmen.

Diese vier Typen von Regelungen entsprechen in gewisser Weise den Typen von Herausforderungen, die die gesellschaftliche Denationalisierung für nationale Politiken hervorruft. Vereinfachend kann gesagt werden, daß sich konstituierende und distributive Regelungen besonders eignen, um dem Effizienzdruck, der im Zuge der wirtschaftlichen Denationalisierung entsteht, zu begegnen. Regulative Regelungen auf der internationalen Ebene hingegen sind notwendig, um das Externalitätenproblem nationaler Politiken – wenn nationale Regelungen wie etwa bei der integrierten Produktion von globalen Umweltrisiken zu kurz greifen, um das Problem zu lösen – aufzufangen. Um das Problem des Politikwettbewerbs – wenn sich der Standortwettbewerb in ein *race to the bottom* von kostenträchtigen nationalen Regelungen übersetzt – zu bewältigen, müssen regulative Politiken mit starken Verteilungsimplikationen und redistributive Politiken entweder auf der internationalen Ebene vollzogen oder es müssen redistributive Regelungen auf der nationalen Ebene durch regulative Politiken auf der internationalen Ebene abgesichert werden.

Die empirische Bestandsaufnahme zeigte, daß Regieren jenseits des Nationalstaates mit Blick auf konstituierende und distributive Regelungen bereits recht ausgeprägt ist. Der im Zuge der gesellschaftlichen Denationalisierung entstehende Effizienzdruck ließ sich erfolgreich durch internationale Institutionen auffangen. Einfache regulative Regelungen (ohne die Verschiebung von Gewinn- und Marktchancen) sind auf der internationalen Ebene gleichfalls häufig anzutreffen. Obgleich anspruchsvolle regulative Politiken (mit signifikanten Verteilungsimplikationen) auf der internationalen Ebene schon seltener existieren, scheint hier gleichfalls das Angebot an internationalen Institutionen den Bedarf wenigstens im Sicherheitsbereich einigermaßen zu decken. Am schwierigsten gestaltet sich Regieren jenseits des Nationalstaates mit Blick auf redistributive Regelungen. Die ausgemachten Regelungsdefizite benötigen zu ihrer Überwindung meist Regelungen, die positiv sind und ein hohes Maß an umverteilendem Ressourceneinsatz implizieren.

3.2 Theorien I

Diese Beobachtungen decken sich in einem bemerkenswerte Maße mit den Theorien über internationale Institutionen. Zunächst ist nämlich festzuhalten, daß die funktionalistische Erwartung, wonach die Bedeutung internationaler Institutionen parallel zur gesellschaftlichen Denationalisierung zunimmt, so falsch nicht liegt. Für zwei der vier identifizierten Regelungstypen scheint das grob betrachtet zuzutreffen.[11] Insofern kann es auch nicht überraschen, daß bis zum Ende der 70er Jahre, als das moderate Wachstum grenzüberschreitender Austauschprozesse v.a. einen Bedarf nach konstituierenden distributiven (einfachen regulativen) Regelungen auf der internationalen Ebene hervorrief, die Entwicklung internationaler Institutionen gleichsam parallel zum Wachstum der gesellschaftlichen Denationalisierung verlief. Erst als das Externalitätenproblem und das Problem des Politikwettbewerbes im Zuge einer sich beschleunigenden gesellschaftlichen Denationalisierung Ende der 80er Jahre zunahm, wurden anspruchsvolle regulative und redistributive Regelungen notwendig und eine Schere zwischen der gesellschaftlichen und politischen Denationalisierung tat sich auf.

Mit Hilfe der interessenorientierten Theorie internationaler Institutionen läßt sich im zweiten Schritt besser verstehen, *weshalb* anspruchsvolle regulative und insbesondere redistributive Regelungen auf der internationalen Ebene schwer zu erreichen sind (vgl. z.B. Keohane 1984, Oye 1986). Konstituierende und distributive Regelungen beruhen häufig auf einer Interessenkonstellation, die der eines Koordinationsspieles entspricht. Die Institutionalisierung von Kooperation erweist sich in diesen Fällen laut Theorie als kaum problematisch. Bei einfachen regulativen Regelungen kann davon ausgegangen werden, daß die zugrundeliegenden Interessenkonstellationen einem Dilemmaspiel ohne größeren Verteilungskonflikt nahekommen. In diesem Falle gelingt die Institutionenbildung, wenn die beteiligten Parteien ausreichend Gewißheit darüber haben, daß alle Seiten die vereinbarten Regelungen auch einhalten und keine Übervorteilung stattfindet. Im Falle der anspruchsvollen regulativen und redistributiven Regelungen schließlich ist die zugrundeliegende Interessenkonstellation meist besonders hinderlich. Die mit diesen Politiken verbundenen Verteilungsimplikationen überlagern entweder die Dilemmasituation in einer Weise, die die Institutionalisierung der Kooperation extrem schwierig macht, oder sie führen sogar zu einer Konstellation, die einem Überzeugungsspiel entspricht und für sich alleine genommen kaum mehr verregelbar ist (vgl. Stein 1983; Zürn 1992: Kap. 2). Eine rigide Interpretation der interessenorientierten Theorie internationaler Institutionen könnte vor diesem Hintergrund zu dem Diktum führen, daß marktkorrigierende politische Interventionen jenseits des Nationalstaates unmöglich sind. Ein solches Urteil übersieht jedoch, daß es Fälle gibt, in denen anspruchsvolle regulative und redistributive Regelungen erreicht werden konnten. Sie sind prinzipiell möglich.

3.3 Positive internationale Regelungen und die Theorie internationaler Institutionen

Zur Illustration der Möglichkeit auch anspruchsvoller positiver internationaler Regelungen können drei internationale Umweltregime beispielhaft angeführt werden (vgl. ausführlicher Zürn 1997b): das Regime zur Bekämpfung der weiträumigen grenzüberschreitenden Luftverschmutzung („Saurer-Regen-Regime"), das Regime zum Schutz der Ozonschicht („Ozon-Regime"), das Regime zur Reduktion von intendierter Ölver-

11 Dieser Befund soll nicht als Wiederbelebungsversuch einer veralteten Theorie mißverstanden werden. Die Defizite der funktionalistischen Theoriebildung bleiben von diesem Befund unberührt (vgl. aber Wolf 1998). Allerdings weist er darauf hin, daß die Entstehung internationaler Institutionen eben *auch* durch das Ausmaß ihrer Funktionalität bestimmt wird.

schmutzung der Ozeane („Öltanker-Regime“). Alle drei Regime (1) beinhalten positive Regelungen, meist in Form von Reduktionsvorschriften, (2) gelten insofern als effektiv, als ihnen eine kausale Rolle für den aktuellen Zustand der Umwelt im betroffenen Bereich zuerkannt wird, und (3) sind so weiträumig, daß sie eine große Anzahl von Ländern mit stark unterschiedlichen Faktorproduktivitäten einschließen. Unter diesen Bedingungen belegen diese internationalen Umweltregime die Möglichkeit, daß positive, marktkorrigierende Verregelung jenseits des Nationalstaates trotz schwieriger Interessenkonstellationen, die sich insbesondere aufgrund der stark unterschiedlichen Faktorproduktivitäten der beteiligten Länder ergeben, möglich ist. Ihr Entstehungsprozeß und die Entstehungsbedingungen müssen daher etwas genauer analysiert werden.

Bei den drei geschilderten internationalen Regimen besteht zunächst für alle beteiligten Parteien ein Anreiz, sich der Regelung zu widersetzen und *free-riding*-Möglichkeiten auszuschöpfen. In allen drei Fällen sind nämlich die Technologien, die eingesetzt werden müssen, um die vorgeschriebenen Reduktionen erreichen zu können, für die jeweils betroffenen Industrien und/oder Konsumenten kostenintensiv. Gleichzeitig sind die Verschmutzungen derartig weiträumig verursacht, daß das Ausscheren der Verschmutzer eines Landes kaum die Wirksamkeit der Regelung reduziert, falls alle anderen Beteiligten die Vorschriften befolgen. Dieser Tatbestand legt die Vermutung nahe, daß in allen drei Fällen zumindest eine dilemmaartige Interessenkonstellation vorlag. Diese Interessenkonstellation ruft mehr Hindernisse für eine institutionalisierte Kooperation hervor als Koordinationssituationen, die im Falle der produkt- und mobilitätsbezogenen, d.h. im wesentlichen der negativen Regelungen, vorherrschen (vgl. Scharpf 1997: Kap. 4). Die Probleme der kooperativen Bewältigung einer Situation, die der Struktur eines Dilemmaspiels entspricht, werden in allen drei Fällen zusätzlich durch stark asymmetrische Interessensintensitäten verschärft: Sowohl die (subjektive) Betroffenheit durch die Umweltverschmutzung als auch die Fähigkeit der betroffenen Industrien, die zusätzlichen Kosten zu meistern, waren zwischen den potentiellen Regimemitgliedern ungleich verteilt, und die Anbieter der neuen Umwelttechnologien konzentrierten sich in wenigen Ländern (vgl. Prittwitz 1990: 121-127).

Diese Asymmetrien legen die Vermutung nahe, daß die Ausgangssituation bei allen drei Verhandlungen dem Szenario, das Scharpf (1996: 121) zeichnet, durchaus nahekommt. Einige reiche Länder, die durch die Verschmutzungserscheinungen am stärksten betroffen sind und/oder die Industrien beherbergen, die die neuen Umwelttechnologien besitzen, fordern eine Regelung auf hohem Niveau für alle Beteiligten. Die ärmeren Länder und die Länder, die durch die Verschmutzung weniger stark betroffen sind und keine Produzenten von entsprechenden Umwelttechnologien beherbergen, wehren sich gegen strikte Regelungen, da sie für sie deutliche Wettbewerbsnachteile gegenüber dem *status quo* zur Folge haben (vgl. auch Rehbinder/Stewart 1985). Derartige dilemmaartige Situationsstrukturen mit starken Verteilungskonflikten entsprechen annähernd den Rambo- bzw. Überzeugungsspielen, in denen die Entstehung von internationalen Institutionen besonders schwierig ist (Martin 1992; Zürn 1992: Kap. 2).

Der konkrete Verlauf der Verhandlungen bestärkt die Vermutungen über die zugrundeliegende Interessenkonstellation: In allen drei Fällen kam es zu internationalen Verhandlungen, weil eine kleine Gruppe von umweltbewußten und wirtschaftlich hoch leistungsfähigen Ländern aktiv eine internationale Regelung anstrebte. In allen drei Fällen verhielt sich die Mehrzahl der anderen Länder äußerst passiv und blockierte schnelle Verhandlungsergebnisse. Als Ergebnis kam es jedoch, nicht zuletzt aufgrund des innenpolitischen und transnationalen Drucks, der auf den unpopulären Bremsern lastete, zunächst zu allgemeinen Rahmenkonventionen, die prinzipielle Zielvorgaben, aber keine konkreten Reduktionsvorschriften enthielten. Darüber hinaus wurden internationale Sekretariate, wissenschaftliche Beiräte und internationale Verifikations- und Berichtsmechanismen vereinbart, die im Ergebnis transnationale Expertengemeinschaften stärkten, die wiederum dazu beitragen konnten, daß der innenpolitische und inneradministrative Druck in den Mitgliedsländern anstieg. Dies führte in den untersuchten Fällen im Laufe der Zeit zu ergänzenden Protokollen, die zunehmend rigidere Emissionsregelungen beinhalteten. Nach und nach entwickelten die Institutionen eine Eigendynamik, und es entstanden im Ergebnis Protokolle, die für alle Beteiligten klare Obligationen, marktkorrigierend einzugreifen, enthielten. Positive Verregelung ist im Bereich der internationalen Umweltpolitik also offensichtlich möglich. Die mit positiven Regelungen häufig verbundene asymmetrische Interessenstruktur steht der Institutionenentwicklung nicht grundsätzlich im Wege. Vor allem scheinen sich die Interessenlagen aufgrund von Lernprozessen im Laufe der Institutionenentwicklung zu verändern. Freilich können und sollen diese illustrativen Fälle nicht grundsätzlich in Frage stellen, daß sich positive Integration besonders schwierig gestaltet.

Im Gegenteil: Zur Interessenkonstellation kommt eine weitere Schwierigkeit für positive Regelungen hinzu. Wenn man positive Regelungen als die Schaffung gemeinsamer Politiken, die die freie Interaktion partiell beschränken, und negative Regelungen als die Errichtung gemeinsamer Regeln, die bestimmte nationale Politiken oder Eingriffe verbieten, definiert, dann wird deutlich, daß die Implementationsprobleme bei negativen Regelungen vermutlich sehr klein sind. Die Staaten müssen sich im Falle der *negativen Regelungen* häufig nur auf die *Unterlassung* verpflichten: durch eigene Regeln den freien Austausch nicht zu behindern, oder im Falle der gegenseitigen Anerkennung von Regelungen ein gewisses „Schnittstellenmanagement" zu betreiben. Eine Unterlassung stellt jedoch bestimmt keine besonders hohen Anforderungen an die Steuerungskapazitäten des Staates. In dieser Situation besteht das Hauptproblem für die Stabilität der Kooperation schlimmstenfalls darin, daß keine der beteiligten Parteien „schummelt". Für das Funktionieren der Regelung reicht es also meist aus, wenn alle Beteiligten guten Willens sind, der Vereinbarung Folge zu leisten.

Ganz anders stellt sich die Situation bei *positiven Regelungen* dar. Hier verpflichten sich die beteiligten Regierungen dazu, bestimmte Politiken durchzuführen bzw. bestimmte Zielvorgaben zu erreichen. Die typische Vereinbarung besteht hier in einer *Harmonisierung* der nationalen Politiken auf einem Niveau, das oberhalb des kleinsten gemeinsamen Nenners liegt. Als Folge davon sehen sich zumindest einige der beteiligten Regierungen veranlaßt, etwas *zu tun* (statt zu unterlassen), um die Vereinbarung einzuhalten. Darüber hinaus muß die Regierung in den allermeisten Fällen mit diesem Tun gesellschaftliche Akteure dazu bringen, ihr Verhalten zu ändern. Es bedarf also der doppelten Umsetzung. Kurz: Vor allem im Falle der positiven Regelungen gibt es die Möglichkeit der *ungewollten Nichteinhaltung* von Vereinbarungen. Es stellt sich ein formidables Implementationsproblem, weil die Adressaten der Regelung letztlich meist gesellschaftliche oder wirtschaftliche Akteure sind und mangelnde finanzielle, technologische und administrative Kapazitäten dafür sorgen können, daß die notwendigen Maßnahmen zur Zielerreichung nicht im *feasibility set* der beteiligten Regierungen lie-

gen.
Konkret äußern sich die Implementationsprobleme also darin, daß das Ausmaß der Regeleinhaltung verifiziert und transparent gemacht werden muß; die operationalen Regeln an das gegenwärtig Machbare angepaßt werden müssen, ohne die Prinzipien und Normen außer Kraft zu setzen; ein hohes Maß an administrativem und technischem Know-how vorhanden sein muß und daß die letztlichen Regelungsadressaten ein Bewußtsein für das Problem und mithin die Legitimität der Regelung haben müssen.

3.4 Theorien II

Die Betrachtung der Implementationslogik unterschiedlicher Typen von internationalen Institutionen verweist nicht nur auf ein generelles Hindernis für positive Regelungen jenseits des Nationalstaates. Diese Perspektive öffnet auch die Möglichkeit zur Suche nach Vorbedingungen und institutionellen Merkmalen, welche die spezifischen Implementationsprobleme positiver Regelungen lindern können. Insofern bedarf es der Ergänzung der rein interessenorientierten Analyse internationaler Institutionen. Die Theorien internationaler Institutionen weisen nämlich im dritten Schritt auf weitere Faktoren hin, die es ermöglichen, daß auch schwierige Interessenkonstellationen einer Verregelung nicht prinzipiell verschlossen bleiben. Dadurch gelangen die dynamischen Prozesse in den Blick, „die zu einer möglichen Transformation der internationalen Beziehungen und dabei zu einer Ausweitung von Regieren führen könnten." (Kohler-Koch 1993: 127).
Eng verbunden mit der *interessenorientierten Institutionentheorie* ist die *institutionalistische Perspektive*, welche die konkrete Ausgestaltung einer internationalen Institution als den zentralen Bestimmungsfaktor für deren Erfolg identifiziert. Wenn die Interessenprofile der sozialen Akteure nicht *ex-ante* gesetzt, sondern Resultat eines komplexen Wahrnehmungs- und Lernprozesses sind, dann kommt internationalen Institutionen potentiell eine weitere Funktion zu: Sie können auch Quelle des Lernens und der veränderten Wahrnehmung von Interessen sein. Bestimmte institutionelle Merkmale mögen helfen, Hindernisse der Institutionenbildung, die in der Interessenkonstellation begründet liegen, zu überwinden. So können Regime, deren Regeleinhaltung unter normalen Umständen nur schwer zu überprüfen ist, zusätzliche Mechanismen beinhalten, welche die Transparenz der Regelbefolgung erhöhen. Hinzu kommt, daß Normen und Regeln im Laufe der Zeit internalisiert werden, auch wenn sie ursprünglich als Handlungsbeschränkungen galten. Internalisierte Normen und Regeln gerieren zu Werten, also zu Ideen darüber, wie die Welt sein soll, und bestimmen somit die Interessenprofile von sozialen Akteuren mit. Insofern tragen Institutionen zum Interessenwandel von nationalen Regierungen bei und können weitere politische Integration befördern (vgl. Carlsnaes 1992; Müller 1993; March/Olsen 1998 und die Beiträge zur sog. ZIB-Debatte, hier insbesondere Risse-Kappen 1995; Zangl/Zürn 1996).
In dieser institutionalistischen Perspektive[12] sind Institutionen deutlich mehr als nur

12 Diese Perspektive wird in anderen Zusammenhängen als historisch-institutionalistisch bezeichnet. Vgl. March/Olsen 1989 und Hall/Taylor 1996.

Instrumente für die Regelung der Beziehungen zwischen den sozialen Akteuren. Internationale Institutionen bilden danach genauso einen konstitutiven Bestandteil der internationalen Beziehungen wie die Staaten und ihre Regierungen selbst. Regieren jenseits des Nationalstaates entwickelt sich damit zu einem Projekt, das Kräfte und Dynamiken entfalten kann, die es von der unmittelbaren Gnade der Nationalstaaten lösen. Institutionelle Designs und institutionelle Dynamiken stellen einen Mechanismus dar, der scheinbar unüberwindbare strukturelle, in der Interessenkonstellation liegende Hindernisse abbauen kann.

Hier greift auch die *konstruktivistische Perspektive* internationaler Institutionen, die auf Ideen und deliberative Prozesse als wichtige Faktoren abhebt. Wenn die Interessen von Staaten und Regierungen nicht strukturell gegeben sind, so spielen Ideen, verstanden als Überzeugungen von dem, was richtig ist (Werte), und Überzeugungen darüber, wie es ist (Weltbilder), eine gewichtige Rolle bei der Ausbildung von Interessen und auch bei der Wahl von Verhaltensweisen vor dem Hintergrund festgelegter Interessen. Peter Katzenstein (1996: 2) hat das in einem einflußreichen Buch wie folgt auf den Punkt gebracht:

> „Staatsinteressen existieren nicht vorab, um von eigennutzorientierten rationalen Akteuren 'entdeckt' zu werden: Interessen werden durch einen Prozeß sozialer Interaktion konstruiert (...) Es kommt darauf an zu verstehen, wie Identitäten und Normen die Prozesse beeinflussen, mittels derer die Akteure ihre Interessen erst definieren." (Übersetzung M.Z.; vgl. auch Risse-Kappen 1994; Jachtenfuchs 1995; Checkel 1997; Ulbert 1997).

Gleichzeitig eröffnet diese Perspektive die Möglichkeit, internationale Politik nicht nur als Ausdruck von strategisch agierenden Regierungen anzusehen, sondern die Rolle von argumentativen Verhandlungsweisen zu erfassen. Die Konstruktion von Interessen ist ein Prozeß, bei dem neben nationalen durchaus transnationale und internationale Diskurse eine Rolle spielen können (vgl. Gehring 1994; 1995; Müller 1994; Schimmelfennig 1995).

Vor diesem erweiterten theoretischen Hintergrund – der Interessen, Institutionen, Ideen und deliberative Prozesse als relevante Faktoren nahelegt – kann nun gesagt werden: Positive Regelungen müssen angesichts einer stark asymmetrischen Nachfrage nach einer Regelung zum einen einen sach- und vertrauensorientierten Rahmen schaffen, innerhalb dessen die Befürworter einer weitgehenden Regelung die Rückversicherung erhalten, daß ihre Vorleistungen nicht völlig umsonst sind und die Bremser mit Nachsicht und Unterstützung an das neue Regelungsniveau herangeführt werden können. Zum zweiten müssen erfolgreiche positive Regelungen Merkmale aufweisen, die die Asymmetrie der Interessenlagen selbst angehen, indem sie den Nachzüglern materielle Anreize anbieten und Lernprozesse induzieren. In Erweiterung der Arbeit von Peter Haas, Robert O. Keohane und Marc A. Levy (1993) kann argumentiert werden, daß internationale Regime mit den institutionellen Merkmalen eines „4-C-Designs" [13] in der Lage sind, diesen in der Logik positiver Regelungen verankerten Implementationsanforderungen gerecht zu werden. Die vier Merkmale beziehen sich unmittelbar auf die oben identifizierten Implementationsprobleme:

---

13 Der Begriff „4-C-Design" leitet sich aus den in Klammer angeführten englischen Begriffen für die vier institutionellen Merkmale ab.

1. die Schaffung eines kooperationsförderlichen „vertraglichen Umfeldes" (*contractual environment*);
2. ein flexibler Umgang mit (unfreiwilligen) Regelungsabweichungen (*compliance management*);
3. der Ausbau der Fähigkeiten schwächerer Regierungen, die gesteckten Ziele erreichen zu können (*capacity building*);
4. die Schaffung von Verständnis für die Regelung bei den Nachzüglern und die relative Stärkung der Position von Gruppen, die die Regelung unterstützen (*concern building*).

Mittels eines *klugen institutionellen Designs* lassen sich also die Schwierigkeiten, die mit starken Verteilungsimplikationen und den Überwachungsproblemen verbunden sind, überwinden. Die erfolgreichsten internationalen Institutionen, sei es das internationale Handelsregime, das Ozonregime oder die EU-Regelungen, zeichnen sich allesamt durch umfassende Prozeduren im Bereich der Schiedssprechung, der Regelüberwachung und der Regelanpassung aus. Erfolgreiche anspruchsvolle regulative Regelungen sind zudem sehr differentiell gestaltet, so daß sie die Implikationen für die Gewinn- und Marktchancen der jeweiligen nationalen Industrien auffangen können. Zudem darf auch die Rolle von *kognitiven Lern- und Argumentationsprozessen* nicht unterschätzt werden. Obwohl die Verteilungsimplikationen und Verifikationsprobleme eines internationalen Klimaregimes bestimmt nicht geringer wären als die eines internationalen Regimes zur makroökonomischen Koordination, sind die Regimebildungsprozesse im Klimafall ungleich weiter fortgeschritten. Ein wichtiger Grund hierfür bildet das Vorhandensein eines transnationalen Expertennetzwerkes, das mit Nachdruck die Notwendigkeit einer CO_2-Reduktion vertritt und in den internationalen Verhandlungssystemen eine wichtige Rolle einnimmt. Umgekehrt scheinen die internationalen Verhandlungssysteme im Bereich der internationalen Wirtschaftspolitik von neoliberalen Expertennetzwerken dominiert zu sein, die eine makroökonomische Koordination auf der internationalen Ebene bestimmt nicht als dringlich ansehen. Mit anderen Worten: Die Defizite im Bereich der Marktintervention auf der internationalen Ebene könnten behoben werden „with a modest change in attitudes on the part of key elites" (Hirst/Thompson 1996: 7).

Redistributive und anspruchsvolle regulative internationale Institutionen sind also prinzipiell möglich, und sie können auch wesentlich dazu beitragen, daß innere und äußere Sicherheit sowie soziale Wohlfahrt als Ziele des Regierens erreichbar bleiben. Der Verlust der Effektivität nationalstaatlichen Regierens läßt sich zugunsten der materiellen Ziele mittels internationaler Institutionen auffangen. In einigen Bereichen und Regionen scheint sich die Schere sogar eher zu schließen als zu öffnen, was auch den dritten Einwand gegen die These von der Möglichkeit des Regierens jenseits der Nationalstaates in Frage gestellt. Gerade wenn man die interessenorientierte Analyse internationaler Institutionen nicht vereinseitigt, sondern gleichzeitig auch die Rückwirkungen einmal geschaffener institutioneller Arrangements auf die Interessen mit in den Blick nimmt, zeigt sich, daß selbst regulative Politiken mit weitreichenden redistributiven Implikationen jenseits des Nationalstaates systematisch gestaltbar sind. Zwar sind unmittelbar redistributive Politiken jenseits des Nationalstaates bisher die Ausnahme, sie sind für die Zielerreichung des Regierens aber auch im Zeitalter der Denationalisierung nicht zwingend notwendig. In der Praxis ist es nämlich bedeutender, daß zur Stärkung von *nationalstaatlichen* Politiken, die die Ungleichheit eindämmen, auf der *internationalen* Ebene keine redistributiven, sondern „nur" regulative Regime erforderlich sind. Derartige internationale Regime im Bereich der sozialen Wohlfahrt, wie etwa die Vereinbarung von sozialen Mindeststandards, wirken international gesehen regulativ, weil sie weder unmittelbar auf die Umverteilung von Gütern zwischen Regionen noch auf Steuerabgaben an eine supranationale Instanz, die dann bedürftige Individuen bedient, abzielen. Die Festlegung von einheitlichen sozialen Mindeststandards in der gesamten OECD-Welt besäße gleichwohl weitreichende redistributive Implikationen, weil sie die Weltmarktchancen von Volkswirtschaften mit geringeren Faktorproduktivitäten prohibitiv einschränken würde. An dieser Stelle benötigt man wiederum ein kluges institutionelles Design, das differenzierte Regelungen vorsieht, um die Verteilungsimplikationen zwischen Volkswirtschaften zu minimieren bzw. gerecht auszugestalten. Der redistributive Effekt einer solchen Regelung könnte sich dann ausschließlich innerhalb des nationalgesellschaftlichen Rahmens vollziehen. Im Extremfall könnte beispielsweise international eine „Höchstarmutsquote" von zehn Prozent zwischen den OECD-Ländern vereinbart werden. Eine solche Höchstquote machte weder Umverteilungen zwischen Nationalstaaten notwendig noch verschöbe sie die Wettbewerbschancen, da sich die Armutsschwelle üblicherweise relativ zum Durchschnittseinkommen definiert. Insofern scheint sich eine Differenzierung sozialpolitischer Zuständigkeiten anzubieten, derzufolge die Vereinheitlichung der Bedingungen der Produktion (nicht nur der Produkte) inklusive sozialer Mindeststandards und sozialer Zielorientierungen zunehmend auf der Ebene jenseits des Nationalstaates geregelt wird, die Einkommensumverteilung aber der nationalen Ebene überlassen bleibt – eine Entwicklung, die Kaufmann (1997: 133) im Zusammenhang mit der EAU als sich real abzeichnend erkannt hat.

4. Schlußfolgerungen

Von den vier Einwänden gegen die Möglichkeit zielerreichenden Regierens jenseits des Nationalstaates habe ich drei zu entkräften versucht. Regieren ist erstens – so zeigt die Empirie deutlich – auch in Abwesenheit einer übergeordneten Zentralinstanz möglich, *governance* kann nicht nur *by government* erbracht werden. Positive internationale Institutionen, d.h. solche Institutionen, die regulative oder redistributive Regelungen beinhalten, sind zweitens prinzipiell möglich und müssen drittens nicht notwendigerweise langsamer zunehmen als negative internationale Institutionen.

Positive internationale Institutionen bringen allerdings ein anderes Problem mit sich. Negative internationalen Institutionen zielen – wie bereits erwähnt - definitionsgemäß auf staatliche Unterlassungen, es geht um die Normierung und Zivilisierung von Staatenverhalten. Positive internationale Institutionen verlangen von den beteiligten Staaten hingegen nicht Unterlassungen, sondern Aktivitäten, mit denen letzlich die gesellschaftlichen Regelungsadressaten – jene Akteure, von denen eine Verhaltensänderung erwirkt werden soll - beeinflußt werden sollen. Positive internationale Institutionen zielen im Kern also auf Freiheitseinschränkungen, da sie gesellschaftlichen Akteuren bestimmte Vorschriften machen. Im Falle von internationalen Umweltvereinbarungen verpflichten sich die Staaten darauf, das Mögliche zu tun, um gesellschaftlich verursachte Emissionen zu reduzieren. Insofern derartige Umweltmaßnahmen den Schutz der (transnationalen) Gesellschaft vor gesellschaftlichen Risiken beinhalten, beruhen sie wenigstens auf Zielsetzungen, die eine breite Anerkennung genießen. Im Falle von internationalen Vereinbarungen allerdings, die wirtschaftliche Freiheitsrechte zugunsten der sozialen Integration einschränken oder gar wie im Bereich des Terrorismus und der organisierten Kriminalität auf die Stärkung und Vernetzung der Exekutivgewalten gegenüber gesellschaftlichen Akteuren und rechtsstaatlichen Kontrollmechanismen hinwirken, ist auch die breite Anerkennung der Zielsetzung nicht mehr gegeben. Positive internationale Institutionen werden daher heute nicht mehr unisono als Dienst an der Menschheit begrüßt; vielmehr entwickeln sie sich zum Ziel kritischer Anfragen und werfen somit unmittelbar die Frage nach den Möglichkeiten eines demokratisch legitimierten Regierens jenseits des Nationalstaates auf. Mit anderen Worten: Während negative internationale Institutionen sich noch primär durch deren *output* legitimieren konnten, stellt sich bei positiven internationalen Institutionen in besonderer Weise die Frage nach der *input*-Legitimität. Insofern provozieren insbesondere positive internationale Institutionen den vierten Einwand gegen die Möglichkeit des Regierens jenseits des Nationalstaates, der sich auf das demokratische Dilemma im Zeitalter der Denationalisierung beruft. Doch auch in diesem Fall kann manches dafür angeführt werden, daß es sich nicht um ein unüberwindbares Strukturmerkmal der Politik jenseits des Nationalstaates, sondern vielmehr um Prozesse handelt, die durch die Wechselbeziehung von Ideen und Interessen einerseits und institutionellen Rahmenverhältnissen andererseits überwunden werden können. Die *Entwicklung* einer politischen Gemeinschaft und einer demokratischen Willensbildung und Entscheidungsfindung ist in der Moderne notwendig ein sich gegenseitig konstituierender Prozeß. Deshalb sollte die Abwesenheit von transnationalen Gemeinschaften nicht als eine unüberwindbare strukturelle Hürde gedeutet werden, vor deren Überwindung es nie transnationale Demokratie geben kann. Transnationale politische Gemeinschaften sind eben nicht nur Vorbedingung, sondern auch Produkt der Demokratisierung von Regieren jenseits des Nationalstaates.[14]

Literaturverzeichnis

Anderson, Jeffrey J., 1998: Die „soziale Dimension" der Strukturfonds: Sprungbrett oder Stolperstein?, in: *Leibfried, Stephan/Pierson, Paul* (Hrsg.): Standort Europa. Europäische Sozialpolitik. Frankfurt a. M., 155-195.

Beck, Ulrich, 1995: Weltrisikogesellschaft. Zur politischen Dynamik globaler Gefahren, in: Internationale Politik 50, 8, 13-20.

Beisheim, Marianne/Dreher, Sabine/Walter, Gregor/Zangl, Bernhard/Zürn, Michael, 1998: Im Zeitalter der Globalisierung? Thesen und Daten zur gesellschaftlichen und politischen Denationalisierung. Baden-Baden.

Brock, Lothar/Albert, Mathias, 1995: Entgrenzung der Staatenwelt. Zur Analyse weltgesellschaftlicher Entwicklungstendenzen, in: Zeitschrift für Internationale Beziehungen 2, 2, 259-285.

Busch, Heiner, 1995: Grenzenlose Polizei? Neue Grenzen und polizeiliche Zusammenarbeit in Europa. Münster.

---

14 An dieser Stelle sei der Hinweise auf Zürn 1998 erlaubt, wo ich allgemein die Grenzen nationalstaatlichen Regierens und die Möglichkeiten und Schwierigkeiten eines demokratischen und effektiven Regierens jenseits des Nationalstaates aufzuzeigen versuche.

Carlsnaes, Walter, 1992: The Agency-Structure Problem in Foreign Policy Analysis, in: International Studies Quarterly 36, 3, 245-270.

Checkel, Jeffrey T., 1997: Ideas and International Political Change. New Haven, CT.

Dombois, Rainer, 1997: Globalisierung, regionale Integration und internationale Regulierung der Arbeit. Zur Problematik internationaler Sozialstandards am Beispiel der NAFTA, in: *ders./Imbusch, Peter/Lauth, Hans-Joachim/Thiery, Peter* (Hrsg.): Neoliberalismus und Arbeitsbeziehungen in Lateinamerika. Frankfurt a. M., 126-146.

Eichener, Volker, 1996: Die Rückwirkungen der europäischen Integration auf nationale Politikmuster, in: *Jachtenfuchs, Markus/Kohler-Koch, Beate* (Hrsg.): Europäische Integration. Opladen, 249-280.

Eichengreen, Barry/Tobin, James/Wyplosz, Charles, 1995: Two Cases for Sand in the Wheels of International Finance, in: Economic Journal 105, 1, 162-172.

Gehring, Thomas, 1994: Der Beitrag von Institutionen zur Förderung der internationalen Zusammenarbeit. Lehren aus der institutionellen Struktur der Europäischen Gemeinschaft, in: Zeitschrift für Internationale Beziehungen 1, 2, 211-242.

Gehring, Thomas, 1995: Regieren im internationalen System. Verhandlungen, Normen und Internationale Regime, in: Politische Vierteljahresschrift 36, 2, 197-219.

Gehring, Thomas/Oberthür, Sebastian (Hrsg.), 1997: Internationale Umweltregime. Umweltschutz durch Verhandlungen und Verträge. Opladen.

Genschel, Philipp, 1995: Standards in der Informationstechnik. Institutioneller Wandel in der internationalen Standardisierung. Frankfurt a. M.

Genschel, Philipp/Plümper, Thomas, 1996: Wenn Reden Silber und Handeln Gold ist. Kooperation und Kommunikation in der internationalen Bankenregulierung, in: Zeitschrift für Internationale Beziehungen 3, 2, 225-253.

Gießmann, Hans-Joachim, 1996: Europäische Sicherheit am Scheideweg - Chancen und Perspektiven der OSZE, Hamburger Beiträge zur Friedensforschung und Sicherheitspolitik 97, Hamburg.

Global Issues, 1997: Targeting Terrorism, An Electronic Journal of the U.S. Information Agency, 2, 1.

Haas, Peter M./Keohane, Robert O./Levy, Marc A. (Hrsg.), 1993: Institutions for the Earth. Sources of Effective International Environmental Protection, Cambridge, MA.

Habermas, Jürgen, 1994: Faktizität und Geltung. Beiträge zur Diskurstheorie des Rechts und des demokratischen Rechtsstaats. Frankfurt, 4. Auflage.

Hall, Peter A./Taylor, Rosemary C. R., 1996: Political Science and the Three New Institutionalisms, Max-Planck-Institut für Gesellschaftsforschung, Discussion Paper 96/6. Köln.

Held, David, 1995: Democracy and the Global Order. From the Modern State to Cosmopolitical Governance. Cambridge.

Helleiner, Eric, 1994: States and the Reemergence of Global Finance. From Bretton Woods to the 1990s. Ithaca, NY.

Hirst, Paul/Thompson, Grahame, 1996: Globalization in Question. The International Economy and the Possibilities of Governance. Cambridge.

Horn, Norbert, 1996: Einführung in die Rechtswissenschaft und Rechtsphilosophie. Heidelberg.

Hüfner, Klaus/Naumann, Jens, 1974: Das System der Vereinten Nationen. Düsseldorf.

Jachtenfuchs, Markus, 1995: Ideen und internationale Beziehungen, in: Zeitschrift für Internationale Beziehungen 2, 2, 417-442.

Jachtenfuchs, Markus/Kohler-Koch, Beate, 1996: Regieren im dynamischen Mehrebenensystem, in: *Jachtenfuchs, Markus/Kohler-Koch, Beate* (Hrsg.), Europäische Integration. Opladen, 15-44.

Junne, Gerd, 1996: Integration unter den Bedingungen von Globalisierung und Lokalisierung, in: *Jachtenfuchs, Markus/Kohler-Koch, Beate* (Hrsg.), Europäische Integration. Opladen, 513-530.

Kahler, Miles, 1995: International Institutions and the Political Economy of Integration. Washington, D.C.

Katzenstein, Peter, 1996: Cultural Norms and National Security: Police and Military in Postwar Japan. Ithaca, NY.

Kaufmann, Franz-Xaver, 1997: Herausforderungen des Sozialstaates. Frankfurt a. M.

Kelsen, Hans, 1966: Principles of International Law, hrsg. von Robert W. Tucker. New York, 2. Auflage.

Keohane, Robert O., 1984: After Hegemony: Collaboration and Discord in the World Political Economy. Princeton.

Kohler-Koch, Beate, 1993: Die Welt regieren ohne Weltregierung, in: *Böhret, Carl/Wewer, Göttrik*

(Hrsg.), Regieren im 21. Jahrhundert. Zwischen Globalisierung und Regionalisierung. Festgabe für Hans-Hermann Hartwich zum 65. Geburtstag. Opladen, 109-141.

Leibfried, Stephan/Pierson, Paul (Hrsg.), 1998b: Halbsouveräne Wohlfahrtsstaaten: Der Sozialstaat in der europäischen Mehrebenen-Politik, in: *dies.* (Hrsg.): Standort Europa. Europäische Sozialpolitik. Frankfurt a. M., 58-99.

Lowi, Theodore, 1972: Four Systems of Policy, Politics and Choice, in: Public Administration Review 32, 4, 300-310.

Lütz, Susanne, 1997: Die Rückkehr des Nationalstaates? Kapitalmarktregulierung im Zeichen der Internationalisierung von Finanzmärkten, in: Politische Vierteljahresschrift 38, 3, 475-497.

Majone, Giandomenico (Hrsg.), 1996: Regulating Europe. London.

March, James G./Olsen, Johan P., 1989: Rediscovering Institutions. The Organizational Basis of Politics. New York.

March, James G./Olsen, Johan P., 1998: The Institutional Dynamics of International Political Orders, ARENA Working Paper 5/1998. Oslo.

Martin, Lisa, 1992: Interests, Power, and Multilateralism, in: International Organization 46, 4, 765-792.

Mayer, Peter/Rittberger, Volker/Zürn, Michael, 1993: Regime Theory: State of the Art and Perspectives, in: *Rittberger, Volker* (Hrsg.), Regime Theory and International Relations. Oxford, 391-430.

Meyer, Berthold/Müller, Harald/Schmidt, Hans-Joachim, 1996: NATO 96: Bündnis im Widerspruch, Hessische Stiftung für Friedens- und Konfliktforschung, HSFK Report 3/1996. Frankfurt a. M.

Müller, Harald, 1993: The Internalization of Principles, Norms, and Rules by Governments: The Case of Security Regimes, in: *Rittberger, Volker* (Hrsg.), Regime Theory and International Relations. Oxford, 361-389.

Müller, Harald, 1994: Internationale Beziehungen als kommunikatives Handeln. Zur Kritik der utilitaristischen Handlungstheorien, in: Zeitschrift für Internationale Beziehungen 1, 1, 15-44.

North, Douglass C., 1981: Structure and Change in Economic History. New York.

O'Brien, Richard, 1992: Global Financial Integration: The End of Geography. London.

Olsen, Johan P., 1996: Europeanization and Nation-State Dynamics, in: *Gustavsson, Sverker/Lewin, Leif* (Hrsg.), The Future of the Nation-State. Stockholm, 245-285.

Ostner, Ilona/Lewis, Jane, 1998: Geschlechterpolitik zwischen europäischer und nationalstaatlicher Regelung, in: *Leibfried, Stephan/Pierson, Paul* (Hrsg.), Standort Europa. Europäische Sozialpolitik. Frankfurt a. M., 196-239.

Oye, Kenneth A. (Hrsg.), 1986: Cooperation Under Anarchy. Princeton.

Pinder, John, 1968: Positive and Negative Integration. Some Problems of Economic Union in the EEC, in: World Today 24, 3, 88-110.

Prittwitz, Volker von, 1990: Das Katastrophenparadox. Elemente einer Theorie der Umweltpolitik. Opladen.

Rehbinder, Eckhard/Stewart, Richard, 1985: Environmental Protection Policy. Berlin.

Rieger, Elmar, 1998: Schutzschild oder Zwangsjacke: Zur institutionellen Struktur der Gemeinsamen Agrarpolitik, in: *Leibfried, Stephan/Pierson, Paul* (Hrsg.), Standort Europa. Europäische Sozialpolitik. Frankfurt a. M., 240-280.

Risse-Kappen, Thomas, 1994: Ideas Do Not Float Freely: Transnational Coalitions, Domestic Structures, and the End of the Cold War, in: International Organization 48, 2, 185-214.

Risse-Kappen, Thomas, 1995: Reden ist nicht billig. Zur Debatte um Kommunikation und Rationalität, in: Zeitschrift für Internationale Beziehungen 2, 1, 171-184.

Rosenau, James N., 1992: Governance, Order, and Change in World Politics, in: Rosenau, James N./Czempiel, Ernst Otto (Hrsg.), Governance without Government. Order and Change in World Politics. Cambridge, 1-29.

Ruggie, John Gerard, 1996: Winning the Peace. America and World Order in the New Era. New York.

Sachs, Jeffrey, 1998: International Economics: Unlocking the Mysteries of Globalization, in: Foreign Policy 110 (Spring 1998), 97-111.

Sand, Peter H. (Hrsg.), 1992: The Effectiveness of International Environmental Agreements. A Survey of Existing Legal Instruments. Cambridge.

Scharpf, Fritz W., 1987: Sozialdemokratische Krisenpolitik in Europa. Frankfurt a. M.

Scharpf, Fritz W., 1996: Politische Optionen im vollendeten Binnenmarkt, in*: Jachtenfuchs, Markus/Kohler-Koch, Beate* (Hrsg.), Europäische Integration. Opladen, 109-140.

Scharpf, Fritz W., 1997: Games Real Actors Play. Actor-Centered Institutionalism in Policy Research. Boulder, CO.

Schimmelfennig, Frank, 1995: Debatten zwischen Staaten. Eine Argumentationstheorie internationaler Systemkonflikte. Opladen.

Schlotter, Peter/Ropers, Norbert/Meyer, Berthold, 1994: Die neue KSZE. Zukunftsperspektiven einer regionalen Friedensstrategie. Leverkusen.

Senghaas-Knobloch, Eva, 1998: Die Internationale Arbeitsorganisation vor neuen Herausforderungen der Globalisierung, artec-paper 61. Universität Bremen.

Senti, Martin, 1998: Globalisierung oder Regionalisierung der internationalen Sozialpolitik? Die Ratifikation der Internationalen Arbeitsorganisation (ILO) in fortgeschrittenen Industrieländern 1960-1996. Masch. Ms., Universität Bern.

Sieveking, Klaus, 1997: Der Europäische Gerichtshof als Motor der sozialen Integration der Gemeinschaft, in: Zeitschrift für Sozialreform 43, 3, 187-207.

Spruyt, Hendrik, 1994: The Sovereign State and its Competitors. The Analysis of Systems Change. Princeton, NJ.

Stein, Arthur A., 1983: Coordination and Collboration: Regimes in an Anarchic World, in: *Krasner, Stephen D.* (Hrsg.), International Regimes. Ithaca, 115-140.

Streeck, Wolfgang, 1995a: Der deutsche Kapitalismus: Gibt es ihn? Kann er überleben?, in: *Industriegewerkschaft Metall -Vorstand* (Hrsg.), Interessenvertretung, Organisationsentwicklung und Gesellschaftsform. Frankfurt a. M., 33-61.

Streeck, Wolfgang (Hrsg.), 1995b: Staat und Verbände. Opladen.

Ulbert, Cornelia, 1997: Ideen, Institutionen und Kultur, in: Zeitschrift für Internationale Beziehungen 4, 1, 9-40.

Vogel, David, 1995: Trading up. Consumer and Environmental Regulation in a Global Economy. Cambridge, MA.

Vogel, David, 1997: Trading Up and Governing Across. Transnational Governance and Environmental Protection, in: Journal of European Public Policy 4, 4, 556-571.

Waltz, Kenneth N., 1979: Theory of International Politics. New York.

Weiss, Brown (Hrsg.), 1992: Environmental Change and International Law. New Challenges and Dimensions. Tokyo.

Windhoff-Héritier, Adrienne, 1987: Policy-Analyse. Eine Einführung. Frankfurt a. M.

Wolf, Dieter, 1998: Integrationstheorien im Vergleich. Funktionalistische und intergouvernementalistische Erklärung für die Europäische Wirtschafts- und Währungsunion im Vertrag von Maastricht. Baden-Baden.

Young, Oran R., 1986: International Regimes: Toward a New Theory of Institutions, in: World Politics 39, 1, 104-122.

Young, Oran R. (Hrsg.), 1997: Global Governance: Drawing Insights from the Environmental Experience. Cambridge, MA.

Zacher, Mark W. mit Sutton, Brent A., 1996: Governing Global Networks. International Regimes for Transportation and Communication. Cambridge.

Zangl, Bernhard/Zürn, Michael, 1996: Argumentatives Handeln bei internationalen Verhandlungen. Moderate Anmerkungen zur post-realistischen Debatte, in: Zeitschrift für Internationale Beziehungen 3, 2, 341-366.

Zangl, Bernhard/Zürn, Michael, 1997: Die Auswirkungen der Globalisierung auf die Sicherheit in der OECD-Welt, in: *Lippert, Ekkehard/Prüfert, Andreas/Wachtler, Günther* (Hrsg.), Sicherheit in der unsicheren Gesellschaft. Opladen, 157-187.

Zürn, Michael, 1992: Interessen und Institutionen in der internationalen Politik. Grundlegung und Anwendungen des situationsstrukturellen Ansatzes. Opladen.

Zürn, Michael, 1997a: Was ist Denationalisierung und wieviel gibt es davon?, in: Soziale Welt 48, 4, 337-360.

Zürn, Michael, 1997b: "Positives Regieren" jenseits des Nationalstaates. Zur Implementation internationaler Umweltregime, in: Zeitschrift für Internationale Beziehungen 4, 1, 41-63.

Zürn, Michael, 1998: Regieren jenseits des Nationalstaates. Globalisierung und Denationalisierung als Chance. Frankfurt a. M., i.E.

Zürn, Michael/Take, Ingo, 1996: Weltrisikogesellschaft und öffentliche Wahrnehmung globaler Gefährdungen, in: Aus Politik und Zeitgeschichte B 24-25/96, 3-12.

Die Problemlösungsfähigkeit der Mehrebenenpolitik in Europa*

Fritz W. Scharpf

1. Einleitung

In den Diskussionen über die Folgen der „Globalisierung" der Wirtschaft und der Vollendung des Binnenmarkts wird häufig als selbstverständlich vorausgesetzt, daß die Fähigkeit der nationalen Politik zur Regulierung und Besteuerung von Kapital, Unternehmen und Produktionsprozessen wesentlich eingeschränkt wird. Während liberale Ökonomen die Befreiung der Märkte von ineffizienter politischer Kontrolle begrüßen (Mestmäcker 1987; 1994; Streit/Mussler 1995), beklagen Autoren mit interventionistischer Grundhaltung den Verlust jener demokratischen Zivilisierung des Kapitalismus, die sich als Folge der „Großen Transformation" (Polanyi 1957) nach der Weltwirtschaftskrise und dem Zweiten Weltkrieg herausgebildet hatte (Cerny 1994; Streeck 1995; 1995a). Aber ungeachtet des Dissenses beider Seiten über die Wünschbarkeit dieser Folgen scheint doch über das zugrundeliegende Kausalmodell Einigkeit zu bestehen:

In der Europäischen Gemeinschaft können die rechtlichen Normen der „negativen Integration" von der Kommission und vom Europäischen Gerichtshof im Prinzip ohne die politische Mitwirkung des Ministerrats und des Europäischen Parlaments definiert und durchgesetzt werden. Sie beschneiden die Gestaltungsspielräume der nationalen Politik durch das Verbot aller Regelungen, welche den Schutz der einheimischen Wirtschaft vor ausländischen Konkurrenten oder eine Einschränkung des grenzüberschreitenden Freiverkehrs von Waren, Dienstleistungen und Kapital zur Folge hätten. Produzenten im Inland sehen sich also der Konkurrenz von Anbietern ausgesetzt, die unter anderen steuerlichen und rechtlichen Rahmenbedingungen und in anderen Systemen kollektiver Arbeitsbeziehungen produzieren. Weil das so ist, können die Unternehmen im internationalen Vergleich überdurchschnittlich hohe Abgaben, Lohnkosten und Regulierungskosten nicht mehr auf die Preise und damit auf die Verbraucher überwälzen. Gleichzeitig haben Kapitalanleger und Unternehmen jede Möglichkeit, an Standorte mit günstigeren steuerlichen und rechtlichen Rahmenbedingungen abzuwandern, ohne dadurch ihren Zugang zum heimischen Markt in irgendeiner Weise zu gefährden.

Das theoretisch zu erwartende Ergebnis ist ein ökonomisch motivierter „Systemwettbewerb"[1], der die Fähigkeit von Nationalstaaten und Gewerkschaften herabsetzt, mo-

---

* Dieser Beitrag enthält eine überarbeitete Version der für eine Sondernummer des Journal of European Public Policy verfaßten Einführung (Scharpf 1997a).

1 In der Literatur wird der Ausdruck "regulativer Wettbewerb" in zwei verschiedenen Bedeutungen verwendet. Auf der einen Seite beschreibt er eine Reaktion der *nationalen Politik* auf den internationalen Wettbewerb um mobile Produktionsfaktoren und mobile Steuerquellen.

bile Produktionsfaktoren zu regulieren und zu besteuern und die Verteilungsposition des Faktors Arbeit durch Tarifverhandlungen zu verbessern (S. Sinn 1993; H-W. Sinn 1996). Die im Prinzip mögliche Re-Regulierung auf der europäischen Ebene bedarf jedoch der Zustimmung der nationalen Regierungen im Ministerrat und der Mitwirkung des Europäischen Parlaments, und sie ist von einem so hohen Maß an Konsens abhängig, daß sie von allfälligen Interessenkonflikten leicht blockiert oder auf Lösungen auf dem Niveau des kleinsten gemeinsamen Nenners beschränkt werden kann. Zugleich fehlen gegenwärtig alle institutionellen Voraussetzungen für redistributive Tarifverhandlungen auf europäischer Ebene, und es ist auch mehr als unwahrscheinlich, daß sie in nächster Zukunft geschaffen werden (Streeck/Schmitter 1991; Visser/Ebbinghaus 1992; Streeck 1996). Daraus wird gefolgert, daß insgesamt in Europa der Spielraum für eine wirksame politische Einflußnahme auf wirtschaftliche Prozesse im Vergleich zu dem in den Nachkriegsjahrzehnten in den Nationalstaaten erreichten Niveau wesentlich kleiner geworden ist.

Jedoch scheinen die empirischen Befunde weitaus uneinheitlicher zu sein, als es dieses einfache Modell nahelegen würde. Auf nationaler Ebene ist ein regulativer Wettbewerb nicht immer festzustellen; und wo er stattfindet, da kann er offenbar auch zu einer Anhebung des Regulierungsniveaus, anstatt wie vorhergesagt zur wechselseitigen Unterbietung führen. Überdies kommt es in den Politikfeldern, in denen nationale Regelungen durch die negative Integration tatsächlich ausgeschlossen oder durch den regulativen Wettbewerb verdrängt werden, keineswegs immer zur Blockade europäischer Lösungen oder zu ihrer Beschränkung auf den kleinsten gemeinsamen Nenner; vielmehr können europäische Normen durchaus auch ein hohes Schutzniveau erreichen. Derartige Unterschiede werden in den Beiträgen zu einem Sonderheft des *Journal of European Public Policy* in einzelnen Politikfeld-Analysen dargestellt (Scharpf 1997a). Hier soll nun in stärker abstrahierender Weise gezeigt werden, daß die Unterschiede in der Handlungs- und Problemlösungsfähigkeit der Politik sowohl auf der nationalen als auch auf der europäischen Ebene weitgehend durch unterschiedliche Konstellationen der nationalen Interessen in den einzelnen Politikfeldern erklärt werden können.

2. *Beschränkungen der nationalen Problemlösungsfähigkeit*

Die wirtschaftliche Integration konfrontiert die nationale Politik mit der steigenden Mobilität von Kapital, Waren, Dienstleistungen, Unternehmen und hochqualifizierten Arbeitnehmern. Deshalb verlieren die in der Vergangenheit bewährten Steuerungsinstrumente, sofern sie unter den rechtlichen Bedingungen der negativen Integration überhaupt noch zur Verfügung stehen, in dem Maße an Wirkung, wie die jeweiligen Zielgruppen von Exit-Optionen Gebrauch machen können. Dies gilt für die makroökonomische Steuerung ebenso wie für die Regulierung ökonomischer Prozesse und Produkte.

Das ist die hier zugrunde gelegte Bedeutung. Auf der anderen Seite beschreiben Adrienne Héritier und ihre Forschungsgruppe 1996 mit diesem Begriff die Bemühungen der Mitgliedstaaten der Europäischen Union, Einfluß auf Inhalt und Form *europäischer Regelungen* zu gewinnen, um so ihre eigenen Anpassungskosten zu minimieren.

2.1 Keynesianische Vollbeschäftigungspolitik

Fast alle Mitgliedstaaten der Europäischen Union haben derzeit mit hoher Arbeitslosigkeit zu kämpfen, die auch die Finanzierbarkeit der sozialen Sicherungssysteme bedroht. Bis zu den frühen siebziger Jahren konnten diese Probleme durch eine keynesianische Wirtschaftspolitik unter Kontrolle gehalten werden, die unter dem Bretton-Woods-Regime fester Wechselkurse geld- und fiskalpolitische Instrumente zur Stabilisierung der Gesamtnachfrage und zur Steuerung realer Investitionen einsetzen konnte. In der „Stagflation" nach der Ölkrise in den siebziger Jahren allerdings konnte die doppelte Herausforderungen der Nachfragemangel-Arbeitslosigkeit und der Kostendruck-Inflation allein mit den Mitteln der staatlichen Fiskal- und Geldpolitik nicht mehr bewältigt werden. Trotzdem gelang es damals einigen Staaten mit „korporatistischen" Institutionen, denen auch die Lohnpolitik als Instrument makroökonomischer Steuerung zur Verfügung stand, Vollbeschäftigung und Preisstabilität gleichzeitig aufrechtzuerhalten (Scharpf 1987).
Zur selben Zeit war jedoch das Bretton-Woods-Regime der festen Wechselkurse zusammengebrochen, und die internationale Kapitalmobilität hatte nach einem dramatischen Anstieg ein Stadium erreicht, in dem die nationale Geldpolitik nicht mehr in der Lage war, die Realzinssätze unter der von den internationalen Kapitalmärkten vorgegebenen Höhe zu halten. Jeder Versuch, das internationale (um erwartete Wechselkursänderungen korrigierte) Realzinsniveau zu unterschreiten, hatte nun nicht mehr höhere Realinvestitionen in der heimischen Wirtschaft zur Folge, sondern Kapitalflucht, Abwertung, höhere Inflation und im Ergebnis sogar höhere Effektivzinssätze (Södersten/Reed 1994). Diese Lehre haben jedenfalls die europäischen Politiker aus dem Debakel der keynesianischen Expansionspolitik gezogen, welche die erste Mitterrand-Regierung in den frühen achtziger Jahren in Frankreich betrieben hatte. In der Folge haben sich deshalb die Zentralbanken überall von einer Vollbeschäftigungspolitik nach keynesianischem Muster verabschiedet, und sie verfolgen jetzt in erster Linie das Ziel der Erhaltung der Preisstabilität.
Da die Geldpolitik nun nicht mehr als Instrument zur Schaffung von Arbeitsplätzen zur Verfügung steht, können Regierungen, die trotzdem eine Steigerung der Beschäftigung durch Erhöhung der Gesamtnachfrage[2] anstreben, nur noch auf „deficit spending" zurückgreifen. Wenn jedoch eine fiskalische Reflation nicht mehr durch niedrige Zinsen unterstützt wird, wird sie nicht nur in ökonomischer Hinsicht weniger effizient, sondern auch teurer (Garrett 1996). Wird sie mittelfristig fortgeführt, muß sie zu einer starken Zunahme der Staatsverschuldung führen, die früher oder später durch massive Einschnitte im Haushalt korrigiert werden muß, denen mehr Arbeitsplätze zum Opfer fallen können als vorher geschaffen wurden. Das war jedenfalls die Erfahrung mehrerer europäischer Länder, die in den achtziger Jahren ihre Kapitalmärkte geöffnet

2 Innerhalb der makroökonomischen Lehre verneinten der Monetarismus und, auf noch radikalere Weise, die Anfang der siebziger Jahre an Einfluß gewinnende "Rational-Expectations"-Schule jede Wirksamkeit der Nachfragesteuerung. Inzwischen ist die herrschende Auffassung in der Ökonomie aber offenbar wieder zu der Meinung zurückgekehrt, daß Änderungen in der Gesamtnachfrage zumindest kurzfristig reale Auswirkungen auf Wirtschaftswachstum und Beschäftigung haben (Blanchard 1997; Solow 1997; Taylor 1997).

hatten. Im Vergleich zur Zeit vor der Liberalisierung[3] hat der Verlust der Kontrolle über den Kapitalverkehr den Nationalstaaten also im Ergebnis die Möglichkeit genommen, Vollbeschäftigung durch makroökonomische Steuerung der Gesamtnachfrage zu sichern oder wiederherzustellen.

2.2 Regulativer Wettbewerb

Neben ihrer Wirkung auf die makroökonomische Steuerung hat die wirtschaftliche Integration auch wichtige Folgen für die nationale Regulierung und Besteuerung der Wirtschaft. Die offenen Grenzen und niedrigeren Transport- und Kommunikationskosten erleichtern es Investoren und Produzenten, belastende nationale Rechtsvorschriften und Steuern zu vermeiden, und sie erlauben es den Verbrauchern, Produkte zu wählen, die unter weniger belastenden Regulierungs- und Steuersystemen produziert wurden. Weil aber Regierungen darauf angewiesen sind, Kapital, Unternehmen und Produktion im Land zu halten, um Arbeitsplätze, Löhne und Staatseinnahmen zu sichern, werden sie durch die höhere internationale Mobilität zu einem *regulativen Wettbewerb* um mobile Produktionsfaktoren gezwungen. *Ceteris paribus* sollte dies zur Reduzierung von Regulierungs- und Steuerlasten und zu einem „Wettlauf nach unten" (Vogel 1995) oder einem „Delaware-Effekt" führen – benannt nach dem amerikanischen Staat, der mit den niedrigsten körperschaftsrechtlichen Anforderungen besonders viele Firmensitze ins Land zog (Cary 1974). In seiner vergleichenden Studie zur Umweltpolitik wollte David Vogel jedoch auch zeigen, daß regulativer Wettbewerb ebensogut zu einem „Kalifornien-Effekt" führen kann – benannt nach der raschen Verbreitung der kalifornischen Auto-Abgasnormen in den amerikanischen Einzelstaaten. Deshalb lohnt es sich, die theoretischen Annahmen zu untersuchen, welche der Kontroverse über diese beiden Modelle zugrunde liegen.

2.2.1 Politische Nachahmung

Zunächst ist festzustellen, daß einige nationale Politikfelder weder von den rechtlichen Vorgaben der negativen Integration noch von den wirtschaftlichen Zwängen des regulativen Wettbewerbs erfaßt werden. Trotzdem können *politische* Zwänge, die weniger durch „Exit-" als durch „Voice"-Mechanismen entstehen, Länder zur Nachahmung fremder Regulierungs- oder Deregulierungsmodelle veranlassen, wenn sich Informationen über die Leistungsfähigkeit nationaler Systeme durch transnationale Kommunikation verbreiten. Idealerweise könnte man sogar eine Art „politischen Wettbewerb" erwarten, in dem sich die besten Lösungen durchsetzen sollten – das „Schwedische Modell" in den sechziger Jahren, das „Modell Deutschland" in den Siebzigern und das „japanische Modell" in den Achtzigern. In der Mitte der neunziger Jahre hat freilich das Angebot solcher Modelle derart zugenommen, daß nun für jeden politischen Geschmack Vorbilder dabei sind: Die Vereinigten Staaten, Neuseeland und Großbritanni-

---

3 Damit soll nicht behauptet werden, daß dieser Prozeß umkehrbar wäre. Da sich so viele andere Faktoren ebenfalls verändert haben, kann man nicht unterstellen, daß die Staaten durch die Wiederherstellung von Kapitalverkehrskontrollen (falls dies technisch möglich wäre) auch zur Vollbeschäftigung der sechziger Jahre zurückfinden könnten.

en für den neoliberalen Radikalismus, Dänemark für ein rot-grünes Modell links der Mitte und die Niederlande und Österreich für konsensorientierte große Koalitionen. Trotzdem bleibt politische Nachahmung ein schwieriges und unsicheres Unterfangen, dessen Erfolg weniger von der Attraktivität der fremden Modelle als vielmehr von den heimischen Verhältnissen abhängt, die deren Übernahme und Implementation beeinflussen – dies belegt etwa die peinlich langsame Deregulierung der Ladenschlußzeiten in Deutschland. Solche Fälle politischer und nicht ökonomischer Einflüsse auf nationale regulative Systeme sollen hier außer Betracht bleiben.

2.2.2 Qualitäts- oder Preiswettbewerb?

Auch wenn starke wirtschaftliche Zwänge und damit regulativer Wettbewerb wirksam sind, muß sich nicht immer der niedrigste Standard durchsetzen. Ebenso wie Firmen auf dem Markt nicht nur hinsichtlich des Preises, sondern auch hinsichtlich der Qualität ihrer Produkte und Dienstleistungen miteinander konkurrieren, so kann es auch beim Wettbewerb zwischen nationalen regulativen Systemen sowohl um Kostenwettbewerb als auch um Qualitätswettbewerb gehen. Aber wann ist das eine oder das andere zu erwarten? Eine theoretisch fundierte Antwort muß sich auf die Interessenkonstellationen zwischen den nationalen Regulierungsinstanzen beziehen, die durch den Wettbewerb zwischen einheimischen und ausländischen Produzenten und die Mobilität der Produktionsfaktoren bestimmt werden. Diese unterscheiden sich erheblich, je nachdem ob die Regelungen sich auf die Qualität von Produkten oder auf deren Produktionsbedingungen und Produktionskosten auswirken (Stewart 1993).

2.3 Produktbezogene Regelungen

Aus der Sicht der Verbraucher können sich produktbezogene Regelungen sowohl auf den Preis eines Produkts als auch auf seine Verwendungsmöglichkeiten, seine Sicherheit oder seine Attraktivität auswirken. Deshalb bestreiten neoliberale Ökonomen die Notwendigkeit einer europäischen Harmonisierung regulativer Normen[4] und befürworten statt dessen die wechselseitige Anerkennung der geltenden nationalen Regeln. Sie erwarten, daß der regulative Wettbewerb dann automatisch zur Durchsetzung des – im Hinblick auf Preis wie Produktqualität – optimalen Systems nationaler Vorschriften führen müsse (Streit 1996; 1996a). In seiner Konsequenz ist das freilich weniger ein Argument gegen die europäische Harmonisierung als gegen die Notwendigkeit staatlicher Produktnormen überhaupt. Denn wenn die Wahlentscheidung des Verbrauchers genügte, um die optimale Regulierung durchzusetzen, dann müßte sich das optimale

4 In der Literatur zur Standardisierung hat Raymund Werle (1993; 1997) die Unterscheidung zwischen "koordinativen Standards" (die technische Kompatibilität zwischen verschiedenen Produkten herstellen sollen) und "regulativen Standards" (die negative Externalitäten vermeiden sollen) eingeführt. Jene können durch den Markt oder durch Vereinbarungen zwischen Produzenten definiert werden, und sie werden nach ihrer Einführung von den Betroffenen aus eigenem Antrieb respektiert; bei diesen ist die Rolle des Staates unerläßlich, und ihr Erfolg steht und fällt mit der Effektivität von Kontrollen und Saktionen im Stadium der Implementation. Die vorliegenden Ausführungen beschränken sich auf "regulative Standards".

Produkt auch ohne jegliche Regulierung durchsetzen. Das Argument ist jedoch nicht schlüssig.

In einer neoliberalen Welt lassen sich staatliche Regulierungen nur als Korrektiv für Marktversagen rechtfertigen. Eben diese Bedingung wäre aber dann erfüllt, wenn bei bestimmten Arten von Produkten zutreffende Informationen über Qualitätsunterschiede schwer verfügbar sind und die Käufer Grund dazu haben, den Informationen des besser unterrichteten, aber eigennützig handelnden Verkäufers zu mißtrauen. In einem solchen Fall könnten sich überlegene Produkte auf dem Markt nicht durchsetzen, auch wenn ihre bessere Qualität für Verbraucher sehr attraktiv wäre. Diese Art des Marktversagens wurde in einem zurecht berühmten Artikel von George Akerlof (1970) als *„market for lemons"* theoretisch analysiert. Das Problem könnte jedoch durch die Qualitätskontrolle und „Zertifikation" einer vertrauenswürdigen Instanz korrigiert werden – eine Funktion, die von privaten Verbänden[5] (unter der Voraussetzung, daß diesen eine solche Tätigkeit unter neoliberalen Wettbewerbsregeln erlaubt wird) oder durch staatliche Regulierung und Inspektion der Produktqualität wahrgenommen werden könnte.

Unter besonderen Bedingungen kann dieser „Zertifikationseffekt" *nationaler* Regelungen auch im regulativen Wettbewerb auf internationaler Ebene eine Rolle spielen. Das setzt jedoch erstens voraus, daß die Verbraucher über Unterschiede nationaler Rechtsordnungen *informiert* sind, und zweitens, daß diese Unterschiede den *Nutzen* des Produkts für (eigennützig handelnde) Verbraucher beeinflussen könnten – was bei anspruchsvollen Regelungen in puncto Gesundheitsschutz, Produktsicherheit oder finanzieller Risiken zutreffen könnte. Wenn beide Voraussetzungen erfüllt sind, können zwingende nationale Normen zu einem Wettbewerbsvorteil für nationale Unternehmen werden, die auf Märkten für qualitativ hochwertige Produkte konkurrieren. In diesem Fall gibt es also in der Tat keinen Grund für die Annahme, daß der regulative Wettbewerb in einen Wettlauf nach unten ausarten könnte. Vielmehr kann der Zertifikationseffekt andere Regierungen unter Druck setzen, ihre regulativen Standards zum Schutz der heimischen Industrie vor ausländischen Konkurrenten, *deren Produkte gerade wegen der effektiveren Regulierung attraktiv sind,* zu verschärfen.[6] Dieser Mechanismus erklärt beispielsweise die „freiwillige"[7] Anhebung der Mindestreserve-Vorschriften im Bankensektor (Kapstein 1994; Genschel/Plümper 1997)[8] oder die Verschärfung der

---

5 Beispielsweise waren zu Beginn dieses Jahrhunderts in den Vereinigten Staaten viele private Colleges und Universitäten bereit, sich von privaten Zertifizierungsvereinen kontrollieren zu lassen, um so gegenüber Studenten und Eltern die überlegene Qualität ihres (teureren) Bildungsangebots unter Beweis zu stellen (Wiley/Zald 1968).

6 Produzenten könnten den attraktiveren fremden Standard auch freiwillig akzeptieren, aber sie würden dann nicht vom Zertifikationseffekt nationaler Vorschriften und Kontrollen profitieren.

7 Ein anderer wichtiger Faktor für die Verschärfung der aktienrechtlichen Vorschriften war die Tatsache, daß die *Security and Exchange Commission* glaubhaft drohen konnte, ausländische Firmen andernfalls vom großen und attraktiven amerikanischen Kapitalmarkt auszuschließen. Analytisch darf man dies nicht mit dem Zertifikationseffekt verwechseln.

8 Wie Genschel und Plümper gezeigt haben, läßt sich das Zustandekommen des Basler Übereinkommens von 1988 – das die Mindestreserve-Regeln für Banken in den 13 Mitgliedstaaten der "Bank of International Settlements" vereinheitlichte – besser durch Probleme im amerikanischen Bankensystem und durch den politischen Druck der *Federal Reserve* erklären. Sobald jedoch das Basler Abkommen in Kraft war, veranlaßte die Existenz des Standards auch

Insidertrading-Vorschriften in europäischen Börsen (Lütz 1996). Bei beiden Beispielen ist es in der Tat plausibel, daß institutionelle Investoren und im Interbank-Kreditgeschäft tätige Banken über grenzüberschreitende Unterschiede regulativer Regimes gut informiert und ihnen gegenüber auch sehr sensibel sind. Aber sicherlich kann die Erfüllung dieser beiden Bedingungen nicht überall angenommen werden.[9]
Auf keinen Fall aber kann der Zertifikationsmechanismus die Verschärfung der amerikanischen Grenzwerte für die Schadstoffemissionen von Automobilen erklären – also gerade den Fall, für den der Begriff des „Kalifornien-Effekts" geprägt wurde (Vogel 1995). Als Kalifornien zu Anfang der siebziger Jahre seine strengeren Emissionsvorschriften einführte, gab es in diesem Staat keine Automobilindustrie, die daraus einen Wettbewerbsvorteil gegenüber auswärtigen Produzenten hätten ziehen können. Darüber hinaus, und wichtiger noch, erhöhte der kalifornische Standard den Preis von Automobilen, ohne deren Nutzen aus der Sicht eigennütziger Verbraucher zu steigern. Deswegen konnten die Hersteller durch Orientierung am kalifornischen Standard, soweit er nicht gesetzlich vorgeschrieben war, keine Wettbewerbsvorteile erzielen. Die Ausbreitung dieses Standards über die Vereinigten Staaten kann also nicht als ein durch regulativen Wettbewerb verursachter „Wettlauf nach oben" erklärt werden.
Die von David Vogel 1995 gelieferte Erklärung ist dann auch eher institutionell begründet: In den siebziger Jahren erließ der US-Kongreß ein Gesetz, das Kalifornien ermächtigte, Schadstoff-Grenzwerte unterhalb des national einheitlichen Standards festzulegen. Damit wurde das zwischenstaatliche Freihandelsregime suspendiert, und Kalifornien konnte nun Automobile, welche die eigenen Standards nicht erfüllten, *vom innerstaatlichen Markt ausschließen.* Da die Hersteller auf den großen und attraktiven kalifornischen Markt nicht verzichten wollten, hätten sie also nun Automobile nach zwei unterschiedlichen Normen produzieren müssen. Im Vergleich dazu, so Vogel, war es für die Industrie rational, die landesweite Übernahme der anspruchsvolleren Standards zu unterstützten.[10] Ferner scheint nach Vogels Erklärung auch politischer Wettbewerb eine Rolle gespielt zu haben: Das kalifornische Beispiel habe die Umweltschutzlobby in anderen Staaten gestärkt, und es könnte auch deren Gesetzgeber davon überzeugt haben, daß wegen der Anhebung der Emissionsstandards negative Wählerreaktionen nicht zu befürchten seien. Am Ende wurden die Standards jedenfalls erneut durch Bundesrecht harmonisiert – nun allerdings auf kalifornischem Niveau.
Die institutionellen Bedingungen, die das kalifornische Beispiel erklären, sind auch auf internationaler Ebene gegeben, wenn Freihandelsregime die Weitergeltung bestimmter Arten nationaler Vorschriften erlauben, obwohl diese die Wirkung nichttarifärer Handelsbeschränkungen haben. So erlaubt Art. XX des Allgemeinen Zoll- und Handelsabkommens nationale Maßnahmen zum Schutz der öffentlichen Sittlichkeit, der Gesund-

---

Nichtmitgliedstaaten zur Reform ihres eigenen Bankenrechts, um Wettbewerbsnachteile ihrer Banken im Interbank-Kreditverkehr zu vermeiden.

9 Wo die Bedingung der vollständigen Information der Verbraucher nicht erfüllt ist, kann die Harmonisierung nationaler Regeln auf europäischer Ebene nach der selben Logik begründet werden: Wenn die nationale Norm tatsächlich durch Marktversagen gerechtfertigt ist, würden die wechselseitige Anerkennung und der regulative Wettbewerb zwischen den Staaten genau dasselbe Marktversagen wieder herstellen.

10 Wenn die Nachfrage relativ preisunelastisch ist, oder wenn höhere Preise durch Steueranreize kompensiert werden, wird die Autoindustrie sich gerne dazu zwingen lassen, teurere Autos zu verkaufen.

heit und der Sicherheit des Lebens von Menschen, Tieren und Pflanzen sowie ähnlicher im öffentlichen Interesse stehender Werte, obwohl diese anderenfalls unter das Verbot quantitativer Beschränkungen fallen würden. Dasselbe gilt für Art. 36 und 100 a IV des EG-Vertrages, die den Mitgliedstaaten den Ausschluß fremder Produkte erlauben, die nicht den eigenen Regulierungsstandard erfüllen. Wenn andere Länder nun jedoch genauso verfahren würden, blieben die europäischen Märkte weiterhin getrennt, und die Produzenten könnten die Größenkostenvorteile des Gemeinsamen Marktes nicht nutzen. Eben deshalb aber könnte ein Land, das einen großen und attraktiven Markt kontrolliert, seine nationalen Standards verschärfen. Zur Vermeidung von Wettbewerbsnachteilen müßten dann andere Länder, oder jedenfalls deren Unternehmen, diesen Standard schließlich auch übernehmen. So bewirkt etwa die Tatsache, daß die Vereinigten Staaten der wichtigste Markt für pharmazeutische Produkte sind, daß viele fremde Hersteller sich lieber „freiwillig" an amerikanischen Zulassungskriterien orientieren und amerikanische Prüf-Methoden anwenden, als hohe Forschungs- und Entwicklungskosten für Produkte aufzuwenden, die dann zwar auf ihren Heimatmärkten, nicht aber in den Vereinigten Staaten abgesetzt werden könnten.
Als Schlußfolgerung läßt sich damit festhalten: Auf dem Gebiet der Produktvorschriften gibt es zwei Situationen, unter denen ein „Wettlauf nach unten" nicht zu erwarten ist. Einerseits kann fremden Produkten, die nicht dem nationalen Niveau in puncto Gesundheitsschutz, Sicherheit und Umweltschutz entsprechen, nach wie vor der Marktzugang vorenthalten werden. Unter dieser Voraussetzung entsteht kein regulativer Wettbewerb, der einen Abwärtsdruck auf Länder mit hohem Regulierungsstandard ausüben könnte. Andererseits können nationale Regelungen als Zertifikat einer höheren Produktqualität dienen, die vom Markt belohnt wird. Dann können hohe Regulierungsstandards sogar zum Wettbewerbsvorteil für die Unternehmen werden, die sich ihnen unterwerfen; auf diese Weise können sie auf andere Staaten einen Wettbewerbsdruck ausüben, ihre eigenen Regulierungsstandards ebenfalls anzuheben.

2.4 Produktions- und standortbezogene Regelungen

Keiner der vorgenannten Faktoren könnte freilich den Wettbewerbsdruck auf nationale Regelungen mildern, welche die Produktionskosten erhöhen, ohne sich auch auf die Qualität des Produkts positiv auszuwirken. Prinzipiell gilt das für alle produktions- und standortbezogenen Umweltschutzregelungen, für Sozialvorschriften über Arbeitsbedingungen, Kündigungsschutz und kollektive Arbeitsbeziehungen sowie für Steuern und Abgaben auf Kapital, Arbeit und andere Produktionsfaktoren. GATT- und WTO-Vorschriften erlauben den Staaten zwar, sich gegen gewisse Formen ökologischen und sozialen „Dumpings" zu schützen und unter Umständen auch Schutzinstrumente zur Erhaltung bedrohter Industriezweige anzuwenden (Hoekman/Kostecki 1995, Kap. 7 und 8). Im europäischen Binnenmarkt aber sind solche Ausnahmen vom Prinzip des freien Verkehrs nicht zulässig, und kein Mitgliedstaat könnte den Import von Produkten verbieten oder besteuern, die unter Bedingungen hergestellt wurden, die nicht den eigenen Vorschriften über Luftreinhaltung, Arbeitssicherheit, Entgeltfortzahlung im Krankheitsfall oder Arbeitnehmermitbestimmung entsprechen. Da derartige Regeln nicht die Qualität der Produkte selbst beeinflussen, kann man für ihre Durchsetzung auch nicht auf egoistisch-rationale Verbraucher[11] rechnen, die Güter und Dienstleistungen, die unter strengeren Bedingungen hergestellt wurden, bevorzugen könnten. Wenn produktionsbezogene Vorschriften also die Produktkosten erhöhen, wird der regulative Wettbewerb im allgemeinen einen Druck zur Senkung, und nicht zur Erhöhung nationaler Standards bewirken.

Aber der Druck kann auf Widerstand treffen. Dann wird das Ergebnis von der relativen Stärke der auf Absenkung des Regulierungsniveaus drängenden wirtschaftlichen und der das bisherige Anspruchsniveau verteidigenden politischen Kräfte abhängen. Dieses Kräftegleichgewicht dürfte von Fall zu Fall unterschiedlich sein, und es hängt auch in hohem Maße von der Verteilung institutioneller Vetopositionen ab. Trotzdem lassen sich charakteristische Ähnlichkeiten innerhalb bestimmter Politikbereiche feststellen, die einige nützliche Verallgemeinerungen stützen könnten. Beginnen wir mit dem empirisch ambivalenten Politikfeld des produktions- und standortbezogenen Umweltschutzes.

2.4.1 Standortbezogener Umweltschutz

Wie Vogel gezeigt hat (1995; 1997), scheinen die geltenden produktions-, prozeß- und standortbezogenen Regeln des Umweltschutzes gegenüber dem „Abwärtsdruck" des regulativen Wettbewerbs relativ immun zu sein, obwohl sie weder die Nichtzulassung fremder Produkte rechtfertigen können noch merkliche Vorteile für eigennützig handelnde Verbraucher mit sich bringen. Als Erklärung hebt Vogel den Umstand hervor, daß viele dieser Vorschriften die Produktionskosten nur marginal erhöhen, so daß der von wirtschaftlichen Interessen ausgeübte Abwärtsdruck relativ gering sein dürfte. Dasselbe mag auf die geltenden Vorschriften zum Gesundheitsschutz und zur Arbeitssicherheit zutreffen (Eichener 1992; 1997). Überdies gibt es von Branche zu Branche auch große Unterschiede in der Höhe der Regulierungskosten und der Intensität des Wettbewerbsdrucks. Der wirtschaftliche Druck zur Absenkung geltender Schutzstandards ist also am stärksten in Industriezweigen, die einem heftigen internationalen Wettbewerb und hohen Umweltkosten ausgesetzt sind. In anderen Industriezweigen können diese Zwänge dagegen viel geringer sein.

Jedoch können die wirtschaftlichen Faktoren das politische Ergebnis nicht vollständig erklären. Ebenso wichtig, oder sogar noch wichtiger, ist der *politische* Stellenwert der Ziele, denen die jeweiligen Vorschriften dienen, und der *politische* Widerstand gegen ihre mögliche Vereitelung. Deswegen wird der internationale Wirtschaftswettbewerb jene Vorschriften am wenigsten tangieren, die per se als schädlich angesehene Bedingungen oder Aktivitäten verhindern oder beseitigen sollen. In diesem Fall werden wirtschaftliche Verluste als notwendige und einkalkulierte Folge bewertet, und nicht als Unglück, das es zu vermeiden gilt. Dies gilt nicht nur für den Drogenhandel oder die Pornographie, sondern auch für einige Umweltschutzbestimmungen, die auf na-

11 Wenn allerdings Verbraucher nicht eigennützig handeln, können Informationen über Produktionsabläufe auch die Verkaufszahlen beeinflussen. Einschlägige Beispiele sind die *"union labels"* für Bekleidung in den Vereinigten Staaten, der "blaue Engel" für ökologisch höherwertige Produkte in Deutschland, ethische Kriterien für Wertpapierinvestitionen und der "Brent Spar"-Boykott für Benzin der Marke Shell. So ist es in der Tat möglich, daß einige Aspekte produktions- und standortbezogener Regelungen ähnlich wie produktbezogene Regeln wirken.

tionaler Ebene aufrechterhalten werden, obwohl sie unzweifelhaft mit bestimmten ökonomischen Interessen kollidieren und zur Verlagerung bestimmter Produktionszweige ins Ausland führen können. Betrachtet man beide Faktoren zusammen, erscheint es nicht mehr überraschend, daß empirische Untersuchungen bei den produktions- und standortbezogenen Umweltschutzregelungen keinen *allgemeinen* „Wettlauf nach unten" feststellen können.

2.4.2 Besteuerung von mobilen Steuerquellen

Anders verhält es sich im Fall der Besteuerung. Zunächst ist zu bedenken, daß Steuern auf Kapiteleinkünfte, Gewinne, Eigentum und Produktionsfaktoren im allgemeinen der Einnahmenerzielung und vielleicht noch der Umverteilung dienen, nicht aber die Einschränkung bestimmter Tätigkeiten bezwecken. Deshalb wäre eine Steuerpolitik, welche die Steuerquellen vernichten oder außer Landes treiben würde, im Sinne der eigenen Ziele kontraproduktiv. Dies ist die Logik der berühmten Laffer-Kurve, und aus ihr folgt auch, daß der das Steueraufkommen maximierende Steuersatz überall sinken muß, wenn die Steuerquellen international mobil werden und in Länder mit niedrigeren Sätzen abwandern können. Wenn also der Zweck der Besteuerung in der Maximierung von Einnahmen liegt und die erzielten Einnahmen von der Bemessungsgrundlage und dem Steuersatz abhängen, schafft internationaler Wettbewerb somit eine Versuchung für Staaten (und vor allem für relativ kleine Staaten), die Steuersätze herabzusetzen, um auf diese Weise eine Vergrößerung der Bemessungsgrundlage zu erreichen. Wenn andere Staaten darauf in derselben Weise reagieren, um den Abfluß besteuerbarer Ressourcen zu verhindern, werden im Ergebnis alle Staaten die mobilen Faktoren weniger besteuern, als dies andernfalls (d.h. ohne transnationale Mobilität und internationalen Steuerwettbewerb) ihren Präferenzen und faktischen Möglichkeiten entsprochen hätte (Steinmo 1994; Genschel/Plümper 1997).
Wenn freilich die Maximierung des Steueraufkommens das einzige Ziel wäre, müßte der „Wettlauf nach unten" die Talsohle erreichen, noch bevor das Steuerniveau bei Null angelangt wäre. Aber die Staaten sind ja nicht nur an Einnahmen interessiert, sondern auch an der Schaffung und Erhaltung von Arbeitsplätzen. Deshalb können sie unter dem Druck des internationalen Wettbewerbs der Versuchung erliegen, nicht nur auf die Besteuerung von Realinvestitionen völlig zu verzichten, sondern Unternehmen und Investitionskapital sogar zu subventionieren (Gordon/Bovenberg 1996). Hier beschneidet der regulative Wettbewerb also die nationale Gestaltungsfreiheit bei der Besteuerung mobiler Faktoren am stärksten. Während aber die Europäische Kommission die Vereinbarkeit staatlicher Beihilfen mit den Grundsätzen unverfälschten Wettbewerbs streng überwacht, wird der Steuerwettbewerb durch die *generelle* Ermäßigung der Steuern auf Kapitaleinkünfte und Unternehmensgewinne bisher solchen Beschränkungen nicht unterworfen.

2.4.3 Sozialpolitische Vorschriften

Für die Sozialpolitik gelten in mancher Hinsicht die soeben erörterten Bedingungen der Steuerpolitik, in anderer Hinsicht aber auch die der Umweltpolitik. Einige soziale Vorschriften haben den klaren Zweck, bestimmte Arten von Beschäftigung zu unterbinden – z.B. Kinderarbeit oder einige Arten besonders gefährlicher oder moralisch nicht akzeptabler Arbeit. Dann sollte es aus der Sicht der nationalen Politik bestimmte Arten von „schlechten" Jobs einfach nicht geben, und ihre Abschaffung könnte deswegen als sozialpolitischer Erfolg gewertet werden, auch wenn das seinen wirtschaftlichen Preis hat. Am anderen Ende des Spektrums hat die Finanzierung sozialstaatlicher Leistungen durch Arbeitgeber- und Arbeitnehmerbeiträge alle eben erörterten Merkmale einer Steuer. Obwohl sie die Arbeitskosten erhöhen, ist ihr Zweck gewiß nicht die Vernichtung von Arbeitsplätzen. Wenn sie aber diese Wirkung haben sollten, so sind sie unter den Bedingungen des internationalen Wettbewerbs einem besonders hohen Anpassungsdruck ausgesetzt.[12]

Die meisten Arten sozialer Vorschriften sind jedoch zwischen diesen Extremen anzusiedeln. Die Regelung von Arbeits- und Urlaubszeiten und Arbeitsbedingungen, der Kündigungsschutz, der Krankheits- und Mutterschutz, das Tarifrecht und die gesetzliche Mitbestimmung der Arbeitnehmer sollen das Arbeitsverhältnis in seinem Wesen verändern, und nicht nur den Arbeitgeber besteuern. Ihr Ziel läßt sich im neomarxistischen Jargon als „Dekommodifizierung der Arbeit" beschreiben. Trotzdem würde ihr Zweck vereitelt, wenn die „kommodifizierten" Arbeitsplätze nicht verändert würden, sondern einfach verschwänden. Aus diesem Grund fallen sozialpolitische Vorschriften, die auf eine Verringerung der Gewinne hinauszulaufen scheinen, einer vergrößerten Kapitalmobilität ebenfalls leicht zum Opfer. Dasselbe gilt für Mitbestimmungsrechte, die weithin als Belastung der Unternehmen angesehen werden, weil sie Gestaltungsspielräume der Unternehmensleitung bei der Arbeitsorganisation verringern (Streeck 1997). Anders als bei den Steuern wird hier der „Wettlauf nach unten" aber wenigstens durch das sozialpolitische Engagement nationaler Regierungen und den politischen Widerstand der von Deregulierung und Sozialabbau betroffenen Gruppen gebremst (Pierson 1994; 1996).

2.5 Verengung nationaler Problemlösungsspielräume

Insgesamt kann man also erwarten, daß die Wirkungen der wirtschaftlichen Integration und des regulativen Wettbewerbs auf den Handlungsspielraum der nationalen Politik je nach Politikbereich unterschiedlich sein werden. Die Realisierbarkeit keynesianischer Beschäftigungsstrategien wird generell eingeschränkt, während die Spielräume bei der Regulierung und Besteuerung wirtschaftlicher Faktoren und Tätigkeiten in hohem Maße durch je spezifische wirtschaftliche, institutionelle und politische Bedingungen bestimmt werden. Für Produktstandards kann der regulative Wettbewerb unter bestimmten Bedingungen sogar Anreize zur Anhebung anstatt zur Absenkung des nationalen Schutzniveaus bieten. Darüber hinaus erlauben internationale und europäische Freihandelsregime die Beibehaltung produktbezogener nationaler Vorschriften zu Gesundheitsschutz, Sicherheitsstandards und Umweltverträglichkeit, obwohl diese als nicht-tarifäre Handelshemmnisse wirken können. In der Steuerpolitik dagegen vermindert die höhere transnationale Mobilität der Steuerquellen – *ceteris*

---

12 In Wahrheit liegen die Dinge noch komplizierter. Hohe Lohnnebenkosten belasten die internationale Wettbewerbsfähigkeit der einheimischen Produktion; zugleich ist aber der Produktionsfaktor Arbeit international wenig mobil, so daß seine Besteuerung an sich dem Steuerwettbewerb relativ wenig ausgesetzt ist.

paribus – den Handlungsspielraum der nationalen Politik. Ebenso werden produktions- und standortbezogene Regelungen in der Sozialpolitik und in der Umweltpolitik bei zunehmender transnationaler Mobilität der Unternehmen einem „Abwärtsdruck" ausgesetzt. Aber hier sind die Widerstandskräfte gegen die Deregulierung des Umwelt-, Arbeits- und Sozialrechts sowie gegen die Kürzung von Sozialleistungen größer, so daß die Ergebnisse in höherem Maße von den Bedingungen im Einzelfall abhängen, als dies in der Steuerpolitik der Fall ist.

Trotzdem beschränkt der zunehmende internationale Wettbewerb die nationalen Gestaltungsspielräume auch bei produktions- und standortbezogenen Sozial- und Umweltschutzregelungen. Wenn die Ziele der Sozial- und Umweltpolitik, die in den vergangenen Jahrzehnten politische Unterstützung gefunden haben, weiterhin aufrechterhalten werden sollen, wäre es deshalb vorteilhaft, wenn sie durch regulative Maßnahmen auf europäischer oder internationaler Ebene verfolgt werden könnten.[13] Dort verfügt die Politik allerdings nicht über hierarchische oder majoritäre Konfliktlösungspotentiale, sondern sie ist auf das Einvernehmen der beteiligten nationalen Regierungen und supranationalen Akteure angewiesen (und oft zusätzlich noch auf einen Konsens zwischen diesen und nichtstaatlichen Akteuren).

3. *Re-Regulierung auf europäischer oder internationaler Ebene?*

Da Minderheiten in internationalen Verhandlungen nicht einfach überstimmt werden können, und auch bei qualifizierten Mehrheitsentscheidungen innerhalb der Europäischen Union weithin respektiert werden müssen, stößt die Re-Regulierung auf der internationalen Ebene generell auf zwei Probleme – sie muß einerseits eine für die nationalen Regierungen und andere Veto-Akteure akzeptable Regelung erreichen, und sie muß andererseits die zuverlässige Implementation vereinbarter Regeln sicherstellen. Offensichtlich kommt es bei beiden Problemen auf die zugrundeliegende Interessenkonstellation und die ideologischen Präferenzen der Verhandlungspartner an; und deswegen hängt bei Problemen, denen auf nationaler Ebene nicht mehr effektiv beizukommen ist, jede Prognose über den Erfolg europäischer Lösungen entscheidend vom richtigen Verständnis der zugrundeliegenden Interessenkonstellation ab.

Wenn die Konstellation eines reinen („Nullsummen"-) Interessenkonflikts gegeben ist, kann keine Einigung erwartet werden;[14] während bei einem „reinen Koordinationsspiel" sowohl das Zustandekommen einer Vereinbarung als auch deren Implementation unproblematisch wären.[15] Über diese – analytisch – einfachen Fälle hinaus trifft man

---

13 Hier möchte ich nicht auf die Frage eingehen, inwiefern europäische Regelungen unter den Bedingungen weltweiter Kapitalmobilität und wirtschaftlicher Globalisierung überhaupt effektiv sein könnten. Die Antwort variiert je nach Politikbereich, und sie hängt auch sehr stark von der Wahrscheinlichkeit protektionistischer Politiken der Europäischen Union (oder der Währungsunion) ab.

14 Genauer: Jede Vereinbarung würde die Akzeptanz gemeinsamer Normen der Verteilungsgerechtigkeit voraussetzen.

15 Bei der Festlegung dieser Merkmale ist es wichtig zu beachten, daß es auf die Konstellationen *zwischen den an der jeweiligen Interaktion beteiligten Parteien* ankommt, und nicht auf Konstellationen zwischen den zugrundeliegenden sozialen und wirtschaftlichen Interessen – die von

jedoch zumeist auf gemischte Interessenkonstellationen, in denen scheinbar kleine Unterschiede in den Annahmen über die Situationsdefinitionen und Präferenzen der Akteure zu sehr unterschiedlichen Hypothesen oder Prognosen führen können. Insbesondere ist vor der Tendenz zu warnen – die unter Sozialwissenschaftlern, die sich erstmals auf das Terrain der Spieltheorie begeben, recht verbreitet ist –, alle Konstellationen im Sinne eines symmetrischen Gefangenendilemmas zu interpretieren (Scharpf 1997). Solche Konstellationen kommen zwar tatsächlich vor, und sie sind oft sehr wichtig, aber sie treffen keineswegs immer zu. Deswegen ist es auch hier sinnvoll, verschiedene Politikbereiche separat zu betrachten.

3.1 Marktschaffende Vorschriften

Dem symmetrischen Gefangenendilemma entspricht in etwa die Konstellation bei Verhandlungen über Handelsliberalisierung und Marktöffnung zwischen Staaten in einer ähnlichen Ausgangslage – mit anderen Worten bei Verhandlungen über negative Integration und „marktschaffende" Maßnahmen der positiven Integration. Hier kann man annehmen, daß jedes Land vom Zugang zu einem größeren internationalen Markt profitieren würde, aber trotzdem der Versuchung ausgesetzt wäre, seine eigenen protektionistischen Praktiken fortzusetzen. In einer solchen Situation kann eine einvernehmliche Lösung zustande kommen; aber auch wenn dies der Fall ist, besteht im Implementationsstadium die Versuchung, sich als Trittbrettfahrer zu verhalten.
Bekanntlich hat die Europäische Gemeinschaft dieses Problem dadurch gelöst, daß sie die negative Integration in den Gründungsverträgen verankert hat, und daß sie die Anerkennung ihrer expansiven richterlichen Auslegung als Teil des *acquis communautaire* auch von allen neuen Mitgliedstaaten verlangt. Überdies werden die Verpflichtungen zur Beseitigung von Handelshindernissen auch keineswegs nur freiwillig erfüllt: Ihre Durchsetzung ist eine Aufgabe der Kommission, die Konflikte entscheiden und Aufsichtsverfahren vor dem Europäischen Gerichtshof gegen nationale Regierungen einleiten kann; überdies können auch private Parteien die Erfüllung gemeinschaftsrechtlicher Pflichten in normalen Verfahren vor innerstaatlichen Gerichten verlangen. Der Streit um die Volkswagen-Subventionen in Sachsen hat auch gezeigt,[16] daß die Versuchung zur Verletzung der Regeln der negativen Integration selbst nach vierzigjähriger Geltung der EG-Verträge noch wirksam bleibt. Dasselbe trifft in noch höherem Maße auch auf die Liberalisierung des Handels durch GATT- und WTO-Recht zu.

---

den nationalen Regierungen, der Europäischen Kommission und dem Europäischen Parlament vertreten werden oder auch nicht.

16 Das ist jedenfalls die Auffassung der Kommission (und vermutlich auch die der anderen Mitgliedstaaten der EU). Aus deutscher Sicht geht es jedoch nicht (nur) um den Konflikt zwischen Freihandel und Protektionismus, sondern auch um die Erfüllung einer politischen (und sogar in der Verfassung verankerten) Pflicht zur Herstellung einheitlicher Lebensverhältnisse angesichts der durch die deutsche Vereinigung viel größer gewordenen interregionalen Ungleichheiten. Aus diesem Grund konnte der Ministerpräsident von Sachsen, Kurt Biedenkopf, die demokratische Legitimität der Intervention der Kommission in Frage stellen – eine Reaktion, die unverständlich wäre, wenn nur die Zulässigkeit wettbewerbsverzerrender Beihilfen im Streit gestanden hätte.

Allerdings ist die Annahme, daß marktschaffende Politiken ein *symmetrisches* Gefangenendilemma darstellen, nicht immer begründet. Länder und einzelne Industriezweige befinden sich häufig in verschiedenen Ausgangspositionen gegenüber dem gemeinsamen Markt. Kleine, offene Volkswirtschaften können aus einer Liberalisierung größeren Nutzen ziehen als Länder mit größeren internen Märkten; sehr effiziente Industrien können auf Kosten ihrer bisher geschützten Mitbewerber Gewinne erzielen. In einer solchen Situation kann selbst die Liberalisierung des Markts zu einer höchst umstrittenen Frage werden. Diese Schwierigkeiten werden von Adrienne Héritiers Studie 1997 zum Konflikt über eine europäische Politik im Bereich des Güterkraftverkehrs zwischen den Niederlanden und Großbritannien auf der einen und Deutschland, Frankreich und Italien auf der anderen Seite hervorragend illustriert. Ein anderes Beispiel ist die schwierige Liberalisierung der europäischen Energiemärkte (S. Schmidt 1998). In diesen Fällen kann ein gemeinsames Interesse an der Schaffung des größeren Markts nicht unterstellt werden; statt dessen ähneln die Konstellationen eher einem asymmetrischen „Konfliktspiel", in dem einvernehmliche Lösungen allenfalls durch Koppelgeschäfte oder unter der Drohung eines andernfalls zu erwartenden Oktroi des Europäischen Gerichtshofs zustande kommen können.

3.2 Produktstandards

Die Vereinbarung von Produktstandards profitiert oft von ähnlichen Bedingungen wie die marktschaffenden Vorschriften. Die Regeln der negativen Integration erlauben ja im Prinzip den Fortbestand produktbezogener nationaler Regeln, sofern diese anerkannten Zwecken des Gesundheitsschutzes, der Sicherheit oder des Umweltschutzes dienen. Wenn also großes Interesse an der Öffnung der europäischen Märkte besteht, dann muß den Staaten auch an der Harmonisierung ihrer Produktstandards gelegen sein. Da überdies Art. 100 a EGV die Einführung strengerer nationaler Standards sogar nach einer Harmonisierung noch erlaubt, befinden sich Länder mit hohem Regulierungsstandard bei Verhandlungen über das Schutzniveau gemeinsamer Produktregelungen in einer starken Position (Stewart 1993). Allerdings sind einheitliche Standards schwer zu erreichen, wenn die Umstellung sehr hohe Investitionen und teure Änderungen eingespielter Verfahren erfordern würde.[17] In spieltheoretischer Terminologie besitzen solche Konstellationen die Merkmale eines „Battle of the Sexes", in dem zwar die Einigung schwierig ist, die Implementation einer einmal zustande gekommenen Vereinbarung aber unproblematisch sein sollte, da alle Parteien ein Interesse an der Übernahme eines gemeinsamen Standards haben, sobald er von anderen befolgt wird. Eben in dieser Situation haben die konsensfördernden Funktionen des Initiativmonopols der Kommission und der „Komitologie" ihre größte praktische Bedeutung. Dementsprechend zeigen nun zahlreiche empirische Studien, daß etwa auf den Gebieten des Lebensmittelrechts (Joerges/Neyer 1997), des Verbraucherschutzes und der Arbeitssicherheit oder bei produktbezogenen Umweltnormen eine Einigung über ge-

17 Wenn die Änderungskosten sehr hoch wären, kann die Harmonisierung überhaupt scheitern – wie beispielsweise bei dem über viele Jahre verfolgten Versuch, gemeinsame europäische Normen für Elektrostecker und Steckdosen festzulegen.

meinsame europäische Produktstandards mit hohem Schutzniveau tatsächlich erreicht werden konnte (Eichener 1997; Pollack 1997). Dasselbe gilt im Dienstleistungsbereich für die bank- und börsenrechtlichen Schutzvorschriften (Lütz 1996; Genschel/Plümper 1997). Es gibt also in der Tat wichtige Politikbereiche, in denen europäische Problemlösungen ebenso effektiv sind wie die Politik in interventionistischen Mitgliedstaaten.

3.3 Produktions- und standortbezogene Regelungen

Anders liegt die Sache bei den produktions- und standortbezogenen Regelungen. Aber auch hier gibt es wichtige Unterschiede - so etwa zwischen Problemen, die aus technischen oder rechtlichen Gründen nur durch internationale Kooperation oder supranationale Regulierung gelöst werden können, und Problemen lokaler Natur, für die lokale Lösungen rechtlich und technisch möglich wären, aber von den wirtschaftlichen Zwängen des regulativen Wettbewerbs beeinträchtigt werden.

3.3.1 Grenzüberschreitende und globale Umweltverschmutzung

Probleme der grenzüberschreitenden und globalen Umweltverschmutzung oder der Erschöpfung globaler Ressourcen lassen sich nur durch Kooperation oder Regulierung auf einer überstaatlichen Ebene lösen. Die zugrundeliegende zwischenstaatliche Konstellation wird oft als „Tragedy of the Commons" (Hardin 1968), d.h. als symmetrisches, „N-Personen Gefangenendilemma" beschrieben. Dieses Modell kann in der Tat für Fragen wie die globale Erwärmung, das Ozonloch, den Schutz der Artenvielfalt oder den Schutz der Antarktis verwendet werden. Im Prinzip sollte man hier ein gemeinsames Interesse an effektiven Regelungen unterstellen können. Fast immer wird eine Einigung jedoch erschwert durch die ungleiche Verteilung der zu erwartenden Vorteile und Nachteile von Schutz- und Sanierungsmaßnahmen und durch die ungleiche Fähigkeit einzelner Staaten, die Kosten dieser Maßnahmen zu tragen (Mitchell 1994; Oye/Maxwell 1994). Trotz solcher Asymmetrien weist diese Konstellation immer noch wesentliche Charakteristika eines Gefangenendilemmas auf (Keohane/Ostrom 1994). Verhandlungslösungen sind also nicht ausgeschlossen, aber ihr Erfolg kann von Ausgleichszahlungen abhängen, mit denen die Kooperation von Staaten erkauft wird, die anderenfalls höhere Kosten zu tragen hätten oder geringeren Nutzen aus der Kooperation zögen. Für die neuesten globalen Konventionen zum Schutz der Biosphäre scheint dies charakteristisch zu sein (Ward 1993; Zürn 1995). Aber selbst wenn eine Vereinbarung erzielt wird, kann deren Wirkung durch „Trittbrettfahrer-Probleme" im Implementationsstadium beeinträchtigt werden.

Noch schwerer sind Verhandlungslösungen bei grenzüberschreitender Wasser- oder Luftverschmutzung zu erreichen - wenn etwa Emissionen aus England als saurer Regen über Schweden niedergehen oder chemischer Abfall aus der Schweiz im Rhein nach Deutschland und in die Niederlande gelangt. Solche Problemkonstellationen sollten nicht als Gefangenendilemma, sondern als asymmetrische „Konfliktspiele" analysiert werden. Bei isolierter Betrachtung hätte hier ein eigennützig handelndes Emissionsland kein Interesse an Schutzmaßnahmen. Seine Kooperation müßte also durch Ausgleichszahlungen und Koppelgeschäfte – oder durch die Drohungen mit

Vergeltungsmaßnahmen in anderen Politikbereichen – erreicht werden (Scharpf 1992). Selbst wenn schließlich eine Vereinbarung zustandekommt, bleibt deren Implementation und Überwachung problematisch.

3.3.2 Lokale Probleme bei regulativem Wettbewerb

Der zweite Konstellationstyp betrifft Probleme des Umweltschutzes und der Arbeitssicherheit von lediglich lokaler oder regionaler Bedeutung, deren Regelung also unter rein technischen Gesichtspunkten auf internationale Zusammenarbeit nicht angewiesen wäre. Wie von Eichener (1992; 1997), Héritier und ihren Mitarbeitern 1996 sowie von Pollack 1997 gezeigt wurde, gibt es jedoch eine beträchtliche Zahl europäischer Vorschriften zur Arbeitssicherheit oder zum Umweltschutz, die nicht Qualitätsstandards, sondern Produktionsabläufe regeln, und die auch nicht als Maßnahmen gegen grenzüberschreitende Umweltverschmutzung zu rechtfertigen sind. Erklären lassen sich solche Regelungen als Reaktion auf die oben erörterten Konsequenzen der *wirtschaftlichen* Integration: Regierungen, Gewerkschaften und Umweltverbände, die sich auf nationaler Ebene dem wirtschaftlichen Abwärtsdruck regulativen Wettbewerbs ausgesetzt sehen, suchen die Regulierung auf einer übergeordneten Ebene, von der aus der größere europäische Markt einheitlichen Vorschriften unterworfen werden kann. Zugleich muß die Aussicht auf Angleichung der Wettbewerbsbedingungen auch für die Unternehmer in Ländern mit hohem Regulierungsniveau verlockend erscheinen.[18]
Überdies gelten für manche prozeßbezogene Regelungen ähnliche Bedingungen, wie sie für produktbezogene Vorschriften unterstellt wurden. So sind Arbeitssicherheit und Emissionskontrolle am Arbeitsplatz oft in die Produktionsanlagen selbst integriert, so daß ein größerer europäischer Markt für moderne Werkzeugmaschinen tatsächlich von der Schaffung gemeinsamer europäischer Standards abhängen kann. Darüber hinaus macht die elektronische Revolution in der Produktionstechnik existierende nationale Standards schnell obsolet; und die mobilsten Unternehmen, die wohl auch mit den modernsten Produktionsmitteln arbeiten, würden interne Größenkostenvorteile verlieren, wenn sie an Standorten mit niedrigem Regulierungsniveau veraltete Produktionstechniken verwenden würden. Deswegen ist es gut denkbar, daß einflußreiche Industrieverbände und multinationale Unternehmen europaweite Gesundheits-, Sicherheits- und Umweltschutzstandards für Maschinen und Büroeinrichtung nicht bekämpfen, sondern unterstützen, auch wenn diese strenger als die bisher geltenden nationalen Vorschriften sind.

Jedoch trifft dies für den Bereich produktions- und standortbezogener Umweltschutzregelungen nicht generell zu. Unter der Annahme, daß strenge Vorschriften in der Tat

18 Zweifelhafter erscheint dagegen die *rechtliche* Kompetenz der Union, prozeßbezogene Umweltschutzvorschriften zu erlassen. Nach der Subsidiaritätsklausel, die durch den Vertrag von Maastricht in Art. 3 b EGV eingeführt wurde, müßte dargetan werden, daß die Ziele prozeßbezogener Vorschriften "durch die Mitgliedstaaten nicht ausreichend erreicht werden können" – was jedoch nur für Vorschriften über grenzüberschreitende Verschmutzung leicht zu begründen wäre, nicht aber für Vorschriften, die Wettbewerbsverzerrungen verhindern sollen, die aus der nationalen Regelung lokaler Umweltprobleme resultieren. Mit anderen Worten: Der Wunsch nach einem "level playing field" kann europäische Initiativen nicht mehr ohne weiteres rechtfertigen, und die Kommission scheint insofern bereits auf erwartete Einwände Großbritanniens und anderer Mitgliedstaaten reagiert zu haben (Golub 1996).

den Firmen Kostenlasten auferlegen, die diese lieber vermeiden würden, schafft regulativer Wettbewerb für nationale Regierungen die Situation eines Gefangenendilemmas. Dies allein würde natürlich europäische Lösungen nicht ausschließen, da ein symmetrisches Gefangenendilemma leicht aufzulösen sein sollte, sofern durchsetzbare Vereinbarungen möglich sind. Deswegen sollte die Tatsache, daß sich auf europäischer Ebene Beispiele für effektive produktions- und standortbezogene Umweltschutzregelungen finden lassen, in theoretischer Hinsicht keine Überraschung darstellen. Leider jedoch lassen sich diese Beispiele nicht verallgemeinern (Golub 1996b) – und auch das sollte keine theoretische Überraschung sein. Die günstigen Implikationen sind von der Annahme eines *symmetrischen* Gefangenendilemmas abgeleitet, das im Umweltbereich voraussetzen würde, daß alle Regierungen Problemen der Umweltverschmutzung eine ähnlich hohe Priorität einräumen, und daß alle von den Zwängen wirtschaftlichen Wettbewerbs und den wirtschaftlichen Folgen einer vorgeschlagenen Regelung in ähnlicher Weise tangiert würden. Unter den Mitgliedstaaten der Gemeinschaft werden diese Bedingungen oft nicht erfüllt sein.

Sogar Länder, in denen die Umweltverschmutzung ein vergleichbares Ausmaß erreicht hat und in denen ähnliche wirtschaftliche Verhältnisse herrschen, können sich im Hinblick auf das „Umweltbewußtsein" der öffentlichen Meinung oder den politischen Einfluß „grüner" Parteien und Interessenverbände signifikant unterscheiden. Noch wichtiger sind objektive Unterschiede zwischen Mitgliedstaaten, was die Intensität von Umweltproblemen, das Niveau wirtschaftlicher Entwicklung und schließlich die industrielle Produktivität angeht. So können Umweltschutzmaßnahmen, die den Ansprüchen und der Zahlungsfähigkeit von Bürgern und Unternehmen in hochentwickelten Ländern entsprechen, in weniger produktiven Volkswirtschaften als unerschwinglich eingeschätzt werden. Unter dieser Voraussetzung weist die Konstellation wiederum die Merkmale eines asymmetrischen „Konfliktspiels" auf (Scharpf 1996). Aus theoretischer Sicht wäre dann zu erwarten, daß einheitliche Vorschriften auf dem etwa von Dänemark, den Niederlanden und Deutschland geforderten Schutzniveau auf europäischer Ebene leicht scheitern können (Golub 1996a). Wenn sie trotzdem akzeptiert werden, können Ausgleichszahlungen aus den europäischen „Kohäsionsfonds" eine große Rolle gespielt haben; und schließlich gewährleistet die Einigung auf gemeinsame Regeln auch hier keineswegs eine überall einheitliche Implementation.

Die relative Bedeutung dieser Faktoren dürfte jedoch von Fall zu Fall erheblich variieren. Deswegen ist auch zu erwarten, daß sich die empirischen Befunde stark voneinander unterscheiden. Oft dürfte auch damit zu rechnen sein, daß die gegensätzlichen Interessen fast im Gleichgewicht sind, und daß deswegen bestimmte institutionelle Bedingungen und kontingente Strategien der Kommission oder der Regierung eines Mitgliedstaats das Blatt zum Erfolg oder Mißerfolg hin wenden können.

3.4 Sozialstaatliche Regelungen

Die vorstehenden Ausführungen gelten prinzipiell auch für die internationale Harmonisierung von Sozialstandards. Wiederum käme eine Einigung relativ einfach zustande, wenn allen Ländern daran gelegen wäre, den Abwärtsdruck zu vermeiden und wenn in ihren Interessenkonstellationen keine großen Asymmetrien vorhanden wären.

Aber wiederum differieren die ideologischen Präferenzen zwischen Regierungen, die an einem hohen sozialstaatlichen Schutzniveau festhalten wollen, und anderen, welche die Selbstverantwortung von Individuen und Familien steigern wollen. Darüber hinaus bestimmen Unterschiede im wirtschaftlichen Entwicklungsstand auch die Finanzierbarkeit staatlicher Sozialleistungen und die Belastbarkeit der Unternehmen. Aber das ist nicht alles. Auch Länder auf dem gleichen wirtschaftlichen Entwicklungsstand haben höchst unterschiedliche Strukturen in ihren Sozialausgaben - bei den einen liegt der Schwerpunkt bei den Renten, bei anderen im Gesundheitswesen, bei den Leistungen für kinderreiche Familien oder bei den sozialen Dienstleistungen. Noch wichtiger sind die institutionellen Unterschiede in der Art der Finanzierung der europäischen Sozialstaaten, und in der Organisation der Leistungssysteme unter öffentlicher, gemeinnütziger und privater Trägerschaft (Esping-Andersen 1990). Der Übergang zu einem einheitlichen europäischen Sozialsystem würde also revolutionäre Veränderungen in jenen Ländern nötig machen, die sich auf ein anderes institutionelles Regime umstellen müßten – etwa von einem aus Steuermitteln finanzierten staatlichen Gesundheitsdienst zu einem Versicherungssystem, in dem privatärztliche Leistungen erstattet werden, oder von einer steuerfinanzierten Grundrente zu einer einkommensabhängigen Rentenversicherung. Dasselbe gilt auch für den Bereich der kollektiven Arbeitsbeziehungen (Visser/Ebbinghaus 1992; Crouch 1993). In allen diesen Fällen würden institutionelle und strukturelle Unterschiede auch zwischen Ländern mit hohem Sozialstandard die europäische Harmonisierung der Sozialpolitik und der kollektiven Arbeitsbeziehungen enorm behindern (Streeck 1995; 1997).

3.5 Besteuerung

Einige dieser Schwierigkeiten behindern auch die Harmonisierung von Kapital- und Unternehmenssteuern. Zusätzlich steht die Steuerharmonisierung jedoch vor spezifischen Schwierigkeiten, die sich aus der Bedeutung von Größenunterschieden zwischen den Ländern ergeben. Wenn Steuerwettbewerb von der Hoffnung angespornt wird, daß niedrigere Steuersätze durch eine Erweiterung der Steuerbasis überkompensiert werden, so muß diese Hoffnung für kleine Staaten, deren Steuereinnahmen durch einen Kapitalzufluß aus größeren Ländern überproportional ansteigen, besonders groß sein. Deswegen stand die Harmonisierung von Unternehmenssteuern lange Zeit nicht einmal auf der Tagesordnung der Europäischen Gemeinschaft. Mehrere Versuche zur Harmonisierung der Zinssteuern sind aus demselben Grund am Widerstand von Luxemburg und des Vereinigten Königreichs gescheitert - wobei das Großherzogtum seine Vorteile als Steueroase für deutsches Kapital verteidigen wollte und London um die Stellung der City im Wettbewerb mit New York und Tokio besorgt war (Genschel/Plümper 1997). Analytisch scheint die Schlußfolgerung klar: Auf dem Gebiet europäischer Steuerharmonisierung dominieren die fiskalischen und wirtschaftlichen Eigeninteressen der Mitgliedstaaten. Aber auch wenn alle Regierungen nur höhere Steuereinnahmen anstreben, bleibt die Einigung schwierig, weil der Steuerwettbewerb nicht für alle Länder gleich schädlich bzw. eine Steuerharmonisierung nicht für alle gleich nützlich wäre. Dieser Interessengegensatz hat bisher die Versuche zur Harmonisierung der Steuern auf Unternehmensgewinne und Kapitaleinkünfte scheitern lassen, und wegen der Geltung der Einstimmigkeitsregel kann diese Blockade auch fortgesetzt werden. Im Ergebnis vermindert der Steuerwettbewerb den Anteil der Staatseinnahmen, die aus Steuern auf Unternehmensgewinne und Kapitaleinkünfte erzielt werden (OECD 1996), und er hat die Staaten dazu gezwungen, immer größere Anteile der gesamten Staatseinnahmen aus Steuern auf immobile Faktoren, insbesondere der Lohnsteuer und den Verbrauchssteuern, zu beziehen (Economist 1997).

3.6 Makroökonomische Steuerung

Unter Politikern mit keynesianischen Überzeugungen ist immer noch die Hoffnung verbreitet, daß die auf der nationalen Ebene verlorenen Spielräume einer makroökonomischen Vollbeschäftigungspolitik auf der europäischen Ebene zurückgewonnen werden könnten. Das ist sicherlich auch die Hoffnung, die hinter den in Amsterdam auf Betreiben Frankreichs verabschiedeten Artikeln zur Beschäftigungspolitik steht. Die bisherigen Ergebnisse sind allerdings wenig ermutigend.

Die Koordination der Geldpolitik wurde in Europa bisher durch die Stabilisierung der Umtauschkurse nationaler Währungen erreicht. Dies hat den Einfluß der ausschließlich an der Geldwertstabilität orientierten Politik der deutschen Bundesbank auf ganz Europa erstreckt, was vielleicht nicht den Anstieg der Arbeitslosigkeit erklärt, aber sicherlich auch keine zusätzlichen Arbeitsplätze geschaffen hat. Jedenfalls lief in den neunziger Jahren die Konjunktur in jenen europäischen Ländern am besten, deren Währungen von der Spekulation aus dem Europäischen Währungssystem katapultiert worden waren. Da die zukünftige Europäische Zentralbank nach den Vorgaben des Vertrags von Maastricht noch unabhängiger als die Bundesbank und ebenso ausschließlich der Preisstabilität verpflichtet sein soll wie diese, läßt sich kaum erkennen, wie eine europäische Geldpolitik zukünftig für mehr Beschäftigung sorgen könnte.[19]

Wenn aber die Geldpolitik restriktiv gehandhabt wird, dann ließen sich positive Beschäftigungseffekte allenfalls durch massive fiskalische Impulse erreichen – viel größere jedenfalls, als sie das schmale Budget der Europäischen Union erlauben würde. Eine koordinierte Expansion der nationalen Haushalte wäre eine andere Frage; aber hier hat die Koordination, die durch das Defizitkriterium des Maastrichter Vertrages tatsächlich erreicht wurde, alle Länder, die eine Mitgliedschaft in der Europäischen Währungsunion anstreben, zu deflationären anstatt zu expansiven fiskalischen Strategien gezwungen. Darüber hinaus fixiert der in Amsterdam unterzeichnete „Stabilitätspakt" die Verpflichtung, auf unbegrenzte Zeit weiterhin Haushaltsdisziplin zu üben. Insgesamt hat also die europäische Integration die Zwänge nicht gelockert, die eine keynesianische Vollbeschäftigungspolitik auf nationaler Ebene verhindern; und die für die Europäische Währungsunion verabschiedeten Regelungen haben offenbar nicht den Zweck, daran etwas zu ändern.

---

19 Es soll hier nicht behauptet werden, daß sich heute in Europa durch makroökonomische Konzertierung nach keynesianischem Muster Vollbeschäftigung erreichen ließe. Wichtig ist, daß die institutionellen Strukturen, die in Maastricht und Amsterdam beschlossen wurden, schon jeden Versuch eines solchen Vorgehens ausschließen.

4. *Schlußfolgerung*

Theoretisch, so kann man am Ende dieses Durchgangs durch die Politikfelder resümieren, gibt es keinen Grund für die Erwartung, daß sich entweder der Einfluß der wirtschaftlichen Integration auf die Problemlösungsfähigkeit der nationalen Politik oder der Einfluß politischer Faktoren auf die Handlungsfähigkeit der europäischen Politik in *universellen* empirischen Regelmäßigkeiten niederschlagen sollte. Die hier diskutierten Zusammenhänge sind komplex und könnten durch simple Generalisierung weder erklärt noch prognostiziert werden. Deswegen bedeutet der Umstand, daß die vorliegenden empirischen Studien zu höchst unterschiedlichen Einschätzungen der Problemlösungsfähigkeit der europäischen Mehrebenenpolitik gelangen – einige davon sehr optimistisch, andere sehr pessimistisch - keineswegs, daß sich zumindest ein Teil dieser Autoren irren müßte. Vielmehr ist wahrscheinlich, daß die untersuchten Fälle unterschiedliche Konstellationen betreffen, in denen unterschiedliche Ergebnisse zu erwarten waren. Sofern die Forschung nicht nur empirische Unterschiede beschreiben, sondern theoretisch fundierte Erklärungen und Prognosen anstreben soll, wird es folglich nötig sein, die verschiedenen Faktoren und Kausalmechanismen, die das Ergebnis in der einen oder anderen Art beeinflussen, genauer zu spezifizieren.

Die hier vorgetragene Analyse war zweidimensional angelegt und wird in Abbildung 1 zusammengefaßt. Sie unterscheidet einerseits zwischen Faktoren, die nationale Gestaltungsspielräume eröffnen oder einengen und andererseits zwischen Faktoren, die regulative Politik auf europäischer Ebene erleichtern oder beschränken. Auf nationaler Ebene wird die politische Handlungsfähigkeit durch die rechtlichen Regeln der „negativen Integration" eingeschränkt, die handelsbeschränkende oder wettbewerbsverfälschende Maßnahmen untersagen. Aber auch wo nationale Regelungen rechtlich zulässig wären, erzeugt der ökonomische Wettbewerb im vollendeten Binnenmarkt einen Abwärtsdruck auf die nationalen Regulierungssysteme. Seine Intensität variiert jedoch von Bereich zu Bereich; dasselbe gilt für die Verwundbarkeit bestehender nationaler Regelungen. In Abbildung 1 wird der vermutete Gesamteffekt dieser rechtlichen und wirtschaftlichen Beschränkungen des nationalen Handlungsspielraums auf der horizontalen Achse abgetragen.

Die vertikale Achse beschreibt die europäische Handlungsfähigkeit, die wiederum durch das Zusammenwirken zweier Arten von Faktoren näher festgelegt wird. In rechtlicher Hinsicht ist die Union in der Lage, bestimmte ausschließliche Kompetenzen auszuüben, während ihre Zuständigkeit in anderen Bereichen eng begrenzt oder nicht existent ist. In politischer Hinsicht wird die europäische Handlungsfähigkeit durch das Erfordernis einstimmiger oder nahezu einstimmiger Vereinbarungen zwischen den mitgliedstaatlichen Regierungen im Ministerrat begrenzt. Dieses Erfordernis ist in den Bereichen abgeschwächt, in denen die Durchsetzung der negativen Integration (und die Festlegung ihrer Reichweite) der Kommission und dem Europäischen Gerichtshof überantwortet ist. Aber in den Fällen, in denen es eines Ratsbeschlusses bedarf, bildet die Intensität bereichsspezifischer Interessenkonflikte inzwischen die wichtigste Beschränkung des Handlungsspielraums europäischer Politik.[20]

20 In diesem Modell fügt die verstärkte Einbeziehung des Europäischen Parlaments nur einen weiteren Vetoakteur hinzu, dessen Zustimmung für Maßnahmen der Union notwendig ist.

Abbildung 1 gibt die Lage einiger Politikbereiche in diesem zweidimensionalen Modell nationaler und europäischer Problemlösungskapazitäten nach meinem gegenwärtigen Verständnis wieder. Die „optimistischeren" Fallstudien[21] beziehen sich tendenziell auf die im nordöstlichen Quadranten gelegenen Politikbereiche, in dem nationale Gestaltungsspielräume noch rechtlich geschützt sind und eine Einigung über europäische (oder internationale) Standards nicht durch massive Interessenkonflikte ausgeschlossen wird. Der südwestliche Quadrant ist der Schwerpunkt der „pessimistischeren" Studien.[22] Dort ist die Situation der Politikbereiche abgebildet, in denen die Handlungsfähigkeit nationaler Politik durch einen starken Abwärtsdruck des regulativen Wettbewerbs beschränkt wird, während europäische Initiativen entweder durch starke Interessenkonflikte zwischen nationalen Regierungen blockiert werden oder – so im Fall der makroökonomischen Beschäftigungspolitik – von institutionellen Arrangements, die auf eine Begrenzung nationaler wie europäischer politischer Optionen abzielen.

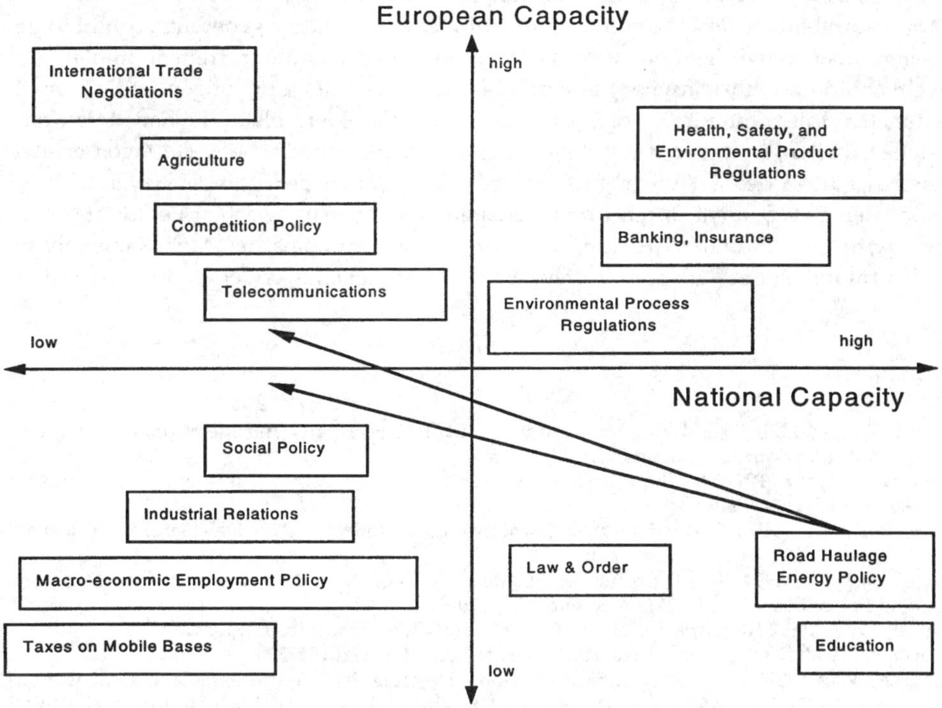

Abbildung 1: Nationale und europäische Problemlösungskapazitäten

Die übrigen beiden Quadranten geben die Situation von Politikbereichen wieder, die entweder mit Erfolg europäisiert wurden oder unter nationaler Kontrolle verblieben

Ihm fehlt dagegen die majoritäre Konfliktregelungskapazität, die nationale Parlamenten im allgemeinen besitzen.

21 Z.B. Eichener 1997; Genschel/Plümper 1997 zur Bankenregulierung; Joerges/Neyer 1997; Lütz 1996; Pollack 1997.

22 Z.B. Genschel/Plümper 1997 zum Steuersystem; Streeck 1997.

sind. Letztere Kategorie umfaßt allerdings auch Politikbereiche, in denen die nationale Kontrolle gegenwärtig im Schwinden begriffen ist. Die Pfeile im Diagramm kennzeichnen die Möglichkeit, daß die Kontrolle entweder auf die europäische Ebene übertragen wird, oder aber zugunsten des freien Spiels der Marktkräfte verloren geht. So hatte etwa im Fall der Telekommunikation der wirtschaftliche Wettbewerb die Effektivität der nationalen Regulierung so geschwächt, daß die Kommission in der Folge die Liberalisierung des Sektors durchsetzen konnte, und auch im Güterkraftverkehr haben die Mitgliedstaaten die Regelungskompetenz weitgehend eingebüßt (Héritier 1997) und im Elektrizitätsmarkt zeichnet sich derzeit eine ähnliche Entwicklung ab (Schmidt 1998). Aber während die Kommission im Bereich der Telekommunikation auch zur Re-Regulierung imstande war, ist gegenwärtig noch unklar, ob das auch im Transport- und Energiesektor der Fall sein wird. Es kann sich dort immer noch herausstellen, daß Kommission und Gerichtshof zwar zur Einschränkung nationaler Gestaltungsspielräume in der Lage waren, daß jedoch starke Interessenkonflikte die Entwicklung adäquater europäischer Regelungskapazitäten verhindern.

Das Gesamtbild ist deswegen komplex und rechtfertigt keine generellen Schlußfolgerungen über Gewinne und Verluste an politischer Handlungsfreiheit infolge der (weltweiten und europäischen) Integration der Wirtschaftsbeziehungen und der institutionellen Integration in Europa. In manchen Politikfeldern bleibt die nationale Kompetenz erhalten; in anderen wird sie durch effektive europäische Regelungen ersetzt. Aber es gibt in der Tat wichtige Politikfelder, in denen der Kompetenzverzicht der nationalen Politik nicht durch Kompetenzgewinne der europäischen Politik ausgeglichen wird, und in denen deshalb der Übergang zur europäischen Mehrebenenpolitik in der Tat mit einem Verlust politischer Problemlösungsfähigkeit erkauft worden ist.

Literaturverzeichnis

Akerlof, George, 1970: The Market for 'Lemons'. Quality Uncertainty and the Market Mechanism, in: Quarterly Journal of Economics 84, 488-500.

Blanchard, Olivier, 1997: Is There a Core of Usable Macroeconomics?, in: American Economic Review 87, 2, 244-246.

Cary, William L., 1974: Federalism and Corporate Law. Reflections on Delaware, in: Yale Law Journal 83, 663-705.

Cerny, Philip G., 1994: The Dynamics of Financial Globalization. Technology, Market Structure, and Policy Response, in: Policy Sciences 27, 319-342.

Crouch, Colin, 1993: Industrial Relations and European State Traditions. Oxford.

Economist, 1997: Disappearing Taxes, in: The Economist, 31. Mai 1997, 17-19.

Eichener, Volker, 1992: Social Dumping or Innovative Regulation? Processes and Outcomes of European Decision-Making in the Sector of Health and Safety at Work Harmonization. EUI Working Paper SPS 92/28. Florenz: European University Institute.

Eichener, Volker, 1997: Effective European Problem-Solving. Lessons from the Regulation of Occupational Safety and of Environmental Protection, in: Journal of European Public Policy 4, 591-608.

Esping-Andersen, Gøsta, 1990: The Three Worlds of Welfare Capitalism. Cambridge.

Garrett, Geoffrey, 1996: Capital Mobility, Trade, and the Domestic Politics of Economic Policy, in: *Keohane, Robert O./Milner, Helen V.* (Hrsg.), Internationalization and Domestic Politics. Cambridge, 79-107.

Genschel, Philipp/Plümper, Thomas, 1997: Regulatory Competition and International Cooperation, in: Journal of European Public Policy 4, 626-642.

Golub, Jonathan, 1996: Sovereignty and Subsidiarity in EU Environmental Policy, in: Political Studies 44, 686-703.

Golub, Jonathan, 1996a: State Power and Institutional Influence in European Integration. Lessons from the Packaging Waste Directive, in: Journal of Common Market Studies 34, 313-339.

Golub, Jonathan, 1996b: Why Did They Sign? Explaining EC Environmental Bargaining. EUI Working Paper RSC 96/52. Florenz: European University Institute.

Gordon, Roger H./Bovenberg, ./ A. Lans, 1996: Why is Capital So Immobile Internationally? Possible Explanations and Implications for Capital Income Taxation, in: American Economic Review 86, 1057-1075.

Hardin, Garrett, 1968: The Tragedy of the Commons, in: Science 162, 1243-1268.

Héritier, Adrienne, 1997: Market-Making Policy in Europe. Its Impact on Member-State Policies. The Case of Road Haulage in Britain, the Netherlands, Germany and Italy, in: Journal of European Public Policy 4, 539-555.

Héritier, Adrienne/Knill, / Christoph/Mingers, Susanne, 1996: Ringing the Changes in Europe. Regulatory Competition and Redefinition of the State. Britain, France, Germany. Berlin.

Hoekman, Bernard M./Kostecki, Michael M., 1995: The Political Economy of the World Trading System. From GATT to WTO. Oxford.

Joerges, Christian/Neyer, Jürgen, 1997: Transforming Strategic Interaction into Deliberative Problem-Solving. European Comitology in the Foodstuffs Sector, in: Journal of European Public Policy 4, 609-625.

Kapstein, Ethan B., 1994: Governing the Global Economy, international Finance and the State. Cambridge, MA.

Keohane, Robert O./Ostrom, Elinor, 1994: Local Commons and Global Interdependence. Heterogeneity and Cooperation in Two Domains, introduction, in: Journal of Theoretical Politics 6, 403-428.

Lütz, Susanne, 1996: The Revival of the Nation State? Stock Exchange Regulation in an Era of Internationalized Financial Markets. MPIfG Discussion Paper 96/9. Köln: Max-Planck-Institut für Gesellschaftsforschung. Erhältlich unter: http://www.mpi-fg-koeln.mpg.de.

Mestmäcker, Ernst-Joachim, 1987: Auf dem Wege zu einer Ordnungspolitik für Europa, in: *Mestmäcker, Ernst-Joachim/Möller, Hans/Schwarz, Hans-Peter* (Hrsg.), Eine Ordnungspolitik für Europa. Festschrift für Hans von der Groeben zu seinem 80. Geburtstag. Baden-Baden, 9-49.

Mestmäcker, Ernst-Joachim, 1994: Zur Wirtschaftsverfassung in der Europäischen Union, in: *Hasse, Rolf H./Molsberger, Josef/Watrin, Christian* (Hrsg.), Ordnung in Freiheit. Festgabe für Hans Willgerodt zum 70. Geburtstag. Stuttgart, 263-292.

Mitchell, Ronald B., 1994: Heterogeneities at Two Levels. States, Non-State Actors and Intentional Oil Pollution, in: Journal of Theoretical Politics 6, 625-653.

OECD, 1996: Social Expenditure Statistics of OECD Member Countries. Provisional Version. Labour Market and Social Policy Occasional Papers No. 17. Paris: OECD.

Oye, Kenneth A./Maxwell, James H., 1994: Self-Interest and Environmental Management, in: Journal of Theoretical Politics 6, 593-624.

Pierson, Paul, 1994: Dismantling the Welfare State? Reagan, Thatcher, and the Politics of Retrenchment. Cambridge.

Pierson, Paul, 1996: The New Politics of the Welfare State, in: World Politics 48, 147-179.

Polanyi, Karl, 1957: The Great Transformation. The Political and Economic Origins of Our Time. Boston.

Pollack, Mark A., 1997: Representing Diffuse Interests in EC Policymaking, in: Journal of European Public Policy 4, 572-590.

Scharpf, Fritz W., 1987: Sozialdemokratische Krisenpolitik in Europa. Das „Modell Deutschland" im Vergleich. Frankfurt/M.

Scharpf, Fritz W., 1992: Koordination durch Verhandlungssysteme: Analytische Konzepte und institutionelle Lösungen, in: *Benz, Arthur/Scharpf, Fritz W./Zintl, Reinhard* (Hrsg.), Horizontale Politikverflechtung. Zur Theorie von Verhandlungssystemen. Frankfurt/M., 51-96.

Scharpf, Fritz W., 1996: Negative and Positive Integration in the Political Economy of European Welfare States, in: *Marks, Gary/Scharpf, Fritz W./Schmitter, Philippe C./Streeck, Wolfgang* (Hrsg.), Governance in the European Union. London, 15-39.

Scharpf, Fritz W., 1997: Economic Integration, Democracy and the Welfare State, in: Journal of European Public Policy 4, 18-36.

Scharpf, Fritz W., 1997a: Introduction. The Problem Solving Capacity of Multi-Level Governance, in: Journal of European Public Policy 4, 520-538.

Schmidt, Susanne K., 1998: Liberalisierung in Europa. Die Rolle der Europäischen Kommission. Frankfurt/M. (im Erscheinen).

Sinn, Hans-Werner, 1996: The Subsidiarity Principle and Market Failure in Systems Competition. CES Working Paper 103. München: Center for Economic Studies.

Sinn, Stefan, 1993: The Taming of Leviathan. Competition Among Governments, in: Constitutional Political Economy 3, 177-221.

Södersten, Bo/Reed, Geoffrey, 1994: International Economics. Third Edition. New York.

Solow, Robert M., 1997: Is There a Core of Usable Macroeconomics We Should All Believe in? In: American Economic Review 87, 2, 230-232.

Steinmo, Sven, 1994: The End of Redistribution? International Pressures and Domestic Policy Choices, in: Challenge 37, 6, 9-17.

Stewart, Richard B., 1993: Environmental Regulation and International Competitiveness, in: Yale Law Journal 102, 2039-2106.

Streeck, Wolfgang, 1995: From Market-Making to State-Building? Reflections on the Political Economy of European Social Policy, in: *Leibfried, Stephan/Pierson, Paul* (Hrsg.), European Social Policy. Between Fragmentation and Integation. Washington, DC, 389-431.

Streeck, Wolfgang, (1995a): Neo-Voluntarism. A New European Social Policy Regime? In: European Law Journal 1, 31-59.

Streeck, Wolfgang, 1996: Gewerkschaften zwischen Nationalstaat und Europäischer Union. MPIfG Working Paper 96/1. Köln: Max-Planck-Institut für Gesellschaftsforschung. Erhältlich unter: http://www.mpi-fg-koeln.mpg.de.

Streeck, Wolfgang, 1997: Industrial Citizenship under Regime Competition. The Case of European Works Councils, in: Journal of European Public Policy 4, 643-664.

Streeck, Wolfgang/Schmitter, Philippe C., 1991: From National Corporatism to Transnational Pluralism. Organized Interests in the Single European Market, in: Politics and Society 19, 133-164.

Streit, Manfred E., 1996: Competition among Systems, Harmonisation and European Integration. Diskussionsbeitrag 01-96. Jena: Max-Planck Institute for Research into Economic Systems.

Streit, Manfred E., 1996a: Systemwettbewerb im europäischen Integrationsprozeß, in: *Immenga, Ulrich/Möschel, Wernhard/Reuter, Dieter* (Hrsg.), Festschrift für Ernst-Joachim Mestmäcker zum 70. Geburtstag. Baden-Baden, 521-535.

Streit, Manfred E./Mussler, Werner, 1995: The Economic Constitution of the European Community. From 'Rome' to 'Maastricht', in: European Law Journal 1, 5-30.

Taylor, John B., 1997: A Core of Practical Macroeconomics, in: American Economic Review 87, 2, 233-235.

Visser, Jelle/Ebbinghaus, Bernhard, 1992: Making the Most of Diversity? European Integration and Transnational Organization of Labor, in: *Greenwood, Justin/Grote, Jürgen R./Ronit, Karsten* (Hrsg.), Organized Interests and the European Community. London, 206-238.

Vogel, David, 1995: Trading Up. Consumer and Environmental Regulation in a Global Economy. Cambridge, MA.

Vogel, David, 1997: Trading Up and Governing Across. Transnational Governance and Environmental Protection, in: Journal of European Public Policy 4, 556-571.

Ward, Hugh, 1993: Game Theory and the Politics of the Global Commons, in: Journal of Conflict Resolution 37, 203-235.

Werle, Raymund, 1993: Politische Techniksteuerung durch europäische Standardisierung? In: Kubicek, Herbert/Seege, Peter (Hrsg.), Perspektive Techniksteuerung, interdisziplinäre Sichtweisen eines Schlüsselproblems entwickelter Industriegesellschaften. Berlin, 129-142.

Werle, Raymund, 1997: Technische Standardisierung im deregulierenden Europa, in: *Schenk, Karl-Ernst/Schmidtchen, Dieter/Streit, Manfred E.* (Hrsg.), Jahrbuch für Neue Politische Ökonomie. Bd. 16: Neue Politische Ökonomie der Integration und Öffnung von Infrastrukturnetzen. Tübingen, 54-80.

Wiley, Mary Glenn/Zald, Mayer N., 1968: The Growth and Transformation of Educational Accrediting Agencies. An Exploratory Study in Social Control of Institutions, in: Sociology of Education 41, 36-56.

Zürn, Michael, 1995: The Challenge of Globalization and Individualization. A View from Europe, in: *Holm, Hans-Henrik/Sörensen, Georg* (Hrsg.), Whose World Order? Uneven Globalization and the End of the Cold War. Boulder, 137-163.

Perspektiven nationaler Kollektivvertragsbeziehungen im integrierten Europa*

Thorsten Schulten

1. Einleitung: Nationale Kollektivvertragsbeziehungen in Westeuropa im Umbruch

Neben der Entwicklung des modernen Wohlfahrtsstaates gilt die Herausbildung hochgradig institutionalisierter Kollektivvertragsbeziehungen allgemein als wichtigster Eckpfeiler des nach dem Zweiten Weltkrieg in den Kernstaaten West- und Nordeuropas entstandenen „europäischen Sozialmodells" (Grahl/Teague 1997). Jenseits aller nationalspezifischen Besonderheiten zeichnen sich die westeuropäischen Kollektivvertragssysteme vor allem durch überbetriebliche Kollektivverträge aus, die zwischen repräsentativen Arbeitgeber- und Gewerkschaftsverbänden im Rahmen (weitgehend) autonomer Kollektivverhandlungen auf sektoraler oder sogar sektorenübergreifender Ebene abgeschlossen werden.[1] Die westeuropäischen Kollektivvertragssysteme haben damit einen spezifischen, durch Flächentarifverträge geprägten Regulierungsmechanismus hervorgebracht, der eine Festlegung von Löhnen und Arbeitsbedingungen unabhängig vom wirtschaftlichen Ergebnis einzelner Unternehmen ermöglicht und auf diese Weise die „Verkaufsbedingungen der Ware Arbeitskraft" (Müller-Jentsch 1997: 195) den unmittelbaren Wirkungsgesetzen des Marktes entzieht.
Implizit übernehmen Flächentarifverträge damit wichtige Regulierungsfunktionen, die in hohem Maße das soziale und ökonomische Profil des westeuropäischen Nachkriegskapitalismus geprägt haben (Traxler 1997a; Flecker/Schulten 1998b). Hierzu zählen aus Arbeitnehmersicht insbesondere die sozialen „Partizipations-, Verteilungs- und Solidaritätsfunktionen". Bis in die Gegenwart hinein läßt sich in den meisten westeuropäischen Ländern eine enge Korrelation zwischen dem Zentralisierungsgrad des Kollektivvertragssystems und dem gesamtgesellschaftlichen Einkommensgefüge nachweisen, wonach mit einer zunehmenden Dezentralisierung der Kollektivvertragsbeziehungen die Niveauunterschiede zwischen den einzelnen Lohngruppen deutlich ansteigen (OECD 1996). Die homogenisierenden Wirkungen von Flächentarifverträgen korrespondieren demnach mit dem traditionellen gewerkschaftlichen Anspruch einer „solidarischen" Lohn- und Arbeitspolitik.

Darüber hinaus sind jedoch auch aus Arbeitgebersicht mit der Struktur überbetrieblicher Kollektivvertragsbeziehungen eine Reihe vorteilhafter Regulierungsfunktionen verbunden: Hierzu zählen in erster Linie die „Ordnungs- und Befriedungsfunktionen", die der Regelung der Arbeitsbeziehungen den Status eines „kollektiven Guts" verlei-

---

* Für nützliche Hinweise und kritische Kommentare danke ich insbesondere Michael Felder.

1 Zu den vielfältigen institutionellen und politischen Unterschieden in den nationalen Kollektivvertragssystemen vgl. u.a. Ebbinghaus/Visser 1997.

hen und dadurch die einzelnen Unternehmen von der Bewältigung der besonders konfliktträchtigen Verteilungsfragen entlasten. Gleichzeitig erfüllen die Flächentarifverträge auf diese Weise eine Art von „Kartellfunktion", die für relativ einheitliche Wettbewerbsbedingungen bei den Arbeitskosten sorgt. Schließlich unterstreicht die Begrenzung des Arbeitskostenwettbewerbs die „Produktivitäts- und Innovationsfunktion" überbetrieblicher Kollektivvertragssysteme, die die Herausbildung eines primär auf Innovations- denn auf Kostenwettbewerb abzielenden Produktionsmodells begünstigt und damit nicht zuletzt eine spezifische Form der Weltmarkteingliederung und Einbettung in die internationale Arbeitsteilung befördert.

In ihrer historischen Genese waren die westeuropäischen Kollektivvertragssysteme der Nachkriegszeit allerdings weniger das Ergebnis einer abstrakten Suche nach einem effizienten und sozial gerechten Regelungssystem, als vielmehr der Ausdruck nationalstaatlich verfaßter „Klassenkompromisse", die sich vor dem Hintergrund der Erfahrungen von Weltwirtschaftskrise, europäischem Faschismus und Krieg sowie der aufkommenden Systemkonkurrenz herausbildeten und dabei einen bestimmten historisch-geronnenen Stand in den Machtbeziehungen zwischen Kapital und Arbeit repräsentierten (Gobin 1997: 77-105). Die Entwicklung der modernen Kollektivvertragssysteme erfolgte dabei als ein Prozeß *nationaler* Institutionalisierung, der sowohl formal als auch substantiell in einen übergreifenden nationalstaatlichen Ordnungsrahmen eingebunden ist.

Der Nationalstaat schafft zunächst die formal-rechtliche Grundlage autonomer Kollektivverhandlungen und sichert zugleich die Rechtsverbindlichkeit nationaler Kollektivverträge.[2] Darüber hinaus passen sich die überbetrieblichen Kollektivvertragsbeziehungen kohärent in die Funktionszusammenhänge des sich in der Nachkriegszeit herausbildenden Staatstyps „keynesianisch-korporatistischer Wohlfahrtsstaaten" ein (Buci-Glucksmann/Therborn 1982). Zum einen werden die korporativen Akteure in vielfältiger Weise institutionell in die Organisation des Wohlfahrtsstaates eingebunden, zum anderen wird ihnen - jenseits staatlich fixierter Mindeststandards – die unmittelbare Verantwortung für die Festlegung von Löhnen und Arbeitsbedingungen übertragen. Das durch einen hohen Grad verbandlicher Selbstregulierung gekennzeichnete moderne Kollektivvertragssystem übernimmt damit für den Staat eine wichtige „Entlastungs- und Legitimationsfunktion" und erlaubt diesem, sich weitgehend aus den besonders konfliktträchtigen Aushandlungsprozessen der primären Einkommensverteilung herauszuhalten (Traxler 1997a). Die nationalen Kollektivvertragsbeziehungen sind somit insgesamt auf dialektische Weise mit dem modernen keynesianisch-korporatistischen Wohlfahrtsstaat verbunden. Während Funktionsfähigkeit und Reichweite nationaler Kollektivvertragssysteme an die politische Steuerungsfähigkeit des Nationalstaates gebunden sind, werden zugleich die institutionalisierten Klassenkompromisse der Kollektivvertragsparteien selbst als ein zentraler Bestandteil in den „Gesellschaftsvertrag" der europäischen Nachkriegsgesellschaften integriert (Deppe 1997).

---

2 Dies gilt im Prinzip selbst bei voluntaristischen Kollektivvertragssystemen wie z.B. in Großbritannien, wo der Staat durch eine besondere „Immunitätsregelung" den Kollektivvertragsparteien indirekt entsprechende Sanktionsmöglichkeiten zur Einhaltung kollektivvertraglicher Regelungen an die Hand gibt.

In der Retrospektive erwiesen sich die Kollektivvertragsbeziehungen in Westeuropa über mehr als zwei Jahrzehnte hinweg als ein äußerst effizientes Regulierungssystem, das insbesondere durch seine verteilungspolitischen Effekte entscheidend zur Funktionsfähigkeit des „fordistischen" Akkumulationszusammenhangs von Massenproduktion und Massenkonsum beigetragen hat. Tatsächliche läßt sich für die 50er und 60er Jahre in allen westeuropäischen Ländern eine weitgehend gleichgerichtete Entwicklung von Einkommens- und Produktivitätszuwächsen nachweisen (Schulten 1998). Die Kollektivvertragssysteme waren folglich eine zentrale institutionelle Stütze der fordistischen Prosperitätskonstellation, die sich durch ein historisch bislang einzigartiges Zusammentreffen von hohem ökonomischen Wachstum, Vollbeschäftigung und relativ hohem sozialem Wohlstand auszeichnete. Dabei bildete die im Rahmen von Flächentarifverträgen abgesicherte Teilhabe breiter Arbeitnehmerschichten an der allgemeinen Wohlstandsentwicklung zugleich die materielle Basis für die beständige Reproduktion und Erneuerung des „fordistischen Klassenkompromisses" (Lipietz 1992: 1-13).
Mit der Krise des fordistischen Wachstums- und Gesellschaftsmodells seit etwa Mitte der 70er Jahre geraten jedoch gerade die sozialen Kerninstitutionen des westeuropäischen Nachkriegskapitalismus unter einen wachsenden Effizienz- und Legitimationsdruck.[3] Zyklisch abnehmende Wachstumsraten, die Wiederkehr der Massenarbeitslosigkeit und die Entkoppelung von Wachstum und Beschäftigung, aber auch die rasanten technologischen Entwicklungen und ihre Konsequenzen für die Organisation von Arbeit und Produktion sowie die sich zunehmend ausdifferenzierenden Arbeits- und Lebenswelten breiter Arbeitnehmerschichten markieren nur einige Stichpunkte, die in ihrer Gesamtheit dazu führen, daß die Funktionsfähigkeit der bestehenden überbetrieblichen Kollektivvertragssysteme zunehmend in Frage gestellt wurde.
Über die bereits angedeuteten Krisenphänomene hinaus kann die seit Mitte der 70er Jahre einsetzende forcierte Globalisierung des Kapitalismus als ein entscheidender Referenzpunkt für die seither beobachtbaren Umbruch in den westeuropäischen Kollektivvertragsbeziehungen angesehen werden. Die Wirkungszusammenhänge der „Globalisierung" müssen dabei in Anlehnung an Beck (1997: 24-32) in ihrer doppelten Bedeutung von zunehmender Entgrenzung ökonomischer und sozialer Verhältnisse einerseits und ihrer politischen Konstruktion durch sich neu formierende Macht- und Herrschaftsverhältnisse andererseits begriffen werden. Die seit Mitte der 70er Jahre beobachtbare deutliche Zunahme internationaler Handelsbeziehungen und Direktinvestitionen sowie die rasante Entwicklung globalisierter Finanz- und Kapitalmärkte können zunächst als ökonomische Anpassungen an die Krise des fordistischen Akkumulationsmodells interpretiert werden, die sich in der Folgezeit jedoch selbst immer mehr zu einer eigenständigen Krisenursache für die Funktionsfähigkeit der nationalstaatlich verfaßten fordistischen Institutionen entwickelten (Altvater/Mahnkopf 1997). Der Prozeß der ökonomischen Globalisierung kann dabei keineswegs auf die spontane

3 An dieser Stelle kann nicht auf die vielfältigen Ursachen dieser grundlegenden „Formationskrise" eingegangen werden. Im allgemeinen folge ich hier jedoch den Grundüberlegungen der französischen Regulationstheorie, wonach die Krise nicht monokausal auf einzelne Phänomene zurückgeführt werden kann, sondern vielmehr als Zusammentreffen vielfältiger ökonomischer, sozialer, politischer und ökologischer Krisenerscheinungen des fordistischen Wachstums- und Gesellschaftsmodells begriffen werden muß. Für einen Überblick über die regulationstheoretische Krisenanalyse vgl. Lipietz 1992.

Reaktion der ökonomischen Akteure reduziert werden, sondern ist im hohen Maße auch politisch induziert, da er auf einer weitgehenden Deregulierung der internationalen Wirtschaftsbeziehungen beruht. Die Nationalstaaten haben sich auf diese Weise selbst in eine Situation hineinmanövriert, in der sie die Grundlagen ihrer politischen Souveränität zu untergraben drohen. Beruhte der traditionelle keynesianische Wohlfahrtsstaat auf einer weitgehend souveränen nationalstaatlichen Steuerungsfähigkeit, die zugleich durch ein international reguliertes Weltwirtschaftssystem abgesichert wurde, so wird im Zuge der Globalisierung eine grundlegende Transformation des Nationalstaates vom „keynesianischen Wohlfahrtsstaat zum schumpeterianischen Leistungs- oder Wettbewerbsstaat" eingeleitet, in dem der Nationalstaat seine „autonomen" marktkorrigierenden Steuerungskapazitäten weitgehend einbüßt und sich immer mehr auf „subordinierende" marktanaloge Regulierungsfunktionen beschränkt.[4]

Entgegen dem in der Regel eher affirmativ verwendeten Begriff des Wettbewerbsstaates, als ein sich alternativlos aus den „Sachzwängen" der Globalisierung ergebender Staats- und Politiktyp, soll im folgenden mit einer kritischen Sicht auf die Wettbewerbsstaatskonzeption der Fokus auf die mit der Konstruktion veränderter Staatlichkeit einhergehende grundlegende Verschiebung von Macht- und Hegemoniekonstellationen gerichtet werden (Röttger 1997). Demnach befördert die Globalisierung eine Entwicklung, in der „die Einheit von Nationalstaat und Nationalgesellschaft zerbricht; es bilden sich neuartige Macht- und Konkurrenzverhältnisse, Konflikte und Überschneidungen zwischen nationalstaatlichen Einheiten und Akteuren einerseits, transnationalen Akteuren, Identitäten, sozialen Räumen, Lagen und Prozessen andererseits" (Beck 1997: 47). Den konstituierenden Kern des nationalen Wettbewerbsstaates bildet dabei die Koalition von „Neoliberalismus und Nationalismus", in der die staatlichen Akteure ihre politische Handlungsfähigkeit dadurch zu erhalten suchen, daß sie zusehends auf redistributive Politikansätze verzichten und gleichzeitig „ihre eigene Abdankung zugunsten des Marktes als die einzige noch erfolgversprechende Wirtschaftspolitik 'im nationalen Interesse' darstellen" (Streeck 1998a: 5).

Der beschriebene Funktionswandel des Nationalstaates geht im Bereich der nationalen Kollektivvertragsbeziehungen mit einer doppelten Machtverschiebung einher: Einerseits läßt sich überall in Westeuropa ein mehr oder weniger ausgeprägter politischer Macht- und Einflußverlust der Gewerkschaften beobachten (Ebbinghaus/Visser 1997: 353-359). Andererseits haben beide kollektiven Akteure, d.h. sowohl Gewerkschaften als auch Arbeitgeberverbände, erhebliche Organisationsprobleme und müssen zunehmend Steuerungskapazitäten an die betrieblichen Akteure abgeben. In Zuge der Globalisierung stoßen die in ihrer nationalstaatlichen Reichweite begrenzten traditionellen Regulierungsfunktionen überbetrieblicher Kollektivverträge zunehmend an Grenzen (Bispinck/Schulten 1998). Zum einen erhöht der zunehmende internationale Wettbewerbsdruck die Neigung der Unternehmen, sich den Auflagen national übergreifender Regelungs- und Solidarverbünde zu entziehen und etwa die Zugehörigkeit zu natio-

4 Vgl. hierzu insbesondere die staatstheoretischen Arbeiten von Jessop (1992; 1997) und Hirsch (1995; 1998). In jüngster Zeit wird der Begriff des „Wettbewerbsstaats" auch von Streeck zur Charakterisierung eines Staatstyps benutzt, „der seine Hauptaufgabe darin sieht, seine frühere 'Volkswirtschaft' dem internationalen Wettbewerb zu öffnen und sie für diesen 'fit' zu machen" (Streeck 1998a: 3).

nalen Flächentarifvertragssystemen aufzukündigen. Zum anderen schafft die Internationalisierung der Unternehmen die organisatorischen Voraussetzungen für einen neuen Mobilitätsschub, der immer mehr Unternehmen in die Lage versetzt, einzelne Funktionen des Wertschöpfungsprozesses auf in unterschiedliche nationale Regelungssysteme eingebettete Standorte zu verteilen und unter Ausnutzung der internationalen „regime competition" (Streeck 1998c) sich nationalen Kollektivvertragssystemen zu entziehen.

Die mit der Globalisierung einhergehende grundlegende Machtverschiebung zugunsten des transnational operierenden Kapitals scheint schließlich insbesondere die klassischen „Ordnungs- und Befriedungsfunktionen" überbetrieblicher Kollektivvertragsbeziehungen zunehmend obsolet werden zu lassen, da die Unternehmen die soziale Integration ihrer Beschäftigten im Rahmen von betrieblichen „Standort- und Wettbewerbspakten" auch ohne die Hilfe überbetrieblicher Regelungen in eigener Regie herstellen können (Streeck 1996). Untermauert durch die politisch-ideologische Hegemonie des Neoliberalismus erscheinen Flächentarifverträge im Gegenteil immer mehr als „Hemmnisse" und „Barrieren" einer effizienten und erfolgreichen Unternehmensorganisation. Im Kern mündet die macht- und herrschaftspolitische Dimension der Globalisierung damit in eine Aufkündigung des „fordistischen Klassenkompromisses".[5]

2. *Zwischen institutioneller Vielfalt und strategischer Konvergenz: Anpassungs- und Verarbeitungsformen nationaler Kollektivvertragsbeziehungen unter den Bedingungen der Globalisierung*

Die seit Mitte der 70er Jahre beobachtbaren Veränderungen in den nationalen Kollektivvertragsbeziehungen haben innerhalb der „Comparative Industrial Relations Forschung" die alte Konvergenz-Divergenz-Debatte wieder aufleben lassen. Bereits in den 50er und 60er Jahren gingen insbesondere modernisierungstheoretisch orientierte Autoren davon aus, daß aufgrund der universellen Logik kapitalistischer Industrialisierung oder der funktionalen Erfordernisse moderner Technologie sich im Sinne einer „Best Practice" langfristig eine universelle Konvergenz von Organisationsstrukturen und Regelungssysteme durchsetzen wird (Kerr u.a. 1960). Dagegen argumentierten insbesondere seit den 70er Jahren eher institutionalistisch orientierte Autoren, daß sich Modernisierungsprozesse stets vor der Folie eines historisch gewachsenen nationalspezifischen Institutionengeflechts vollziehen und dadurch die institutionelle Divergenz beständig reproduziert wird. Entgegen der von der Konvergenztheorie unterbreiteten Vorstellung eines „One Best Ways" geht z.B. die Theorie der „Effet Sociétal" davon aus, daß unterschiedliche institutionelle Arrangements im Sinne „funktionaler Äquivalente" durchaus gleichermaßen effiziente Regulierungsfunktionen wahrnehmen können (Maurice u.a. 1986).

Mit der Globalisierungsdiskussion ist nun seit Anfang der 90er Jahre wieder eine Art Renaissance des Konvergenzgedankens zu beobachten. Mit der zunehmenden Bedeu-

5 In den Worten von Beck (1997: 14) geht es bei der politischen Auseinandersetzung um die Globalisierung nicht zuletzt auch darum, „in einer neuen Runde den alten Widersacher 'Arbeit' elegant auf das historische Abstellgleis zu schieben."

tung Transnationaler Konzerne wird dabei die Erwartung verknüpft, daß sich im Rahmen global vernetzter Wertschöpfungsketten bestimmte universelle Arbeits- und Produktionspraktiken durchsetzen werden.[6] Da jene Praktiken tendenziell im Widerspruch zu gewachsenen nationalen Regelungssystemen stehen, wird erwartet, daß sich letztere im Zuge der Globalisierung allmählich abschleifen und durch konzernspezifische Regelungssysteme ersetzt werden (Marginson/Sisson 1996b). Damit einher ginge eine weitgehende „Japanisierung" oder „Amerikanisierung" der Kollektivvertragsbeziehungen, bei der sich überbetriebliche Flächentarifvertragssysteme zugunsten betriebsbezogener Kollektivvertragsstrukturen auflösen würden (Katz 1993).

Seit den 80er Jahren werden in der Tat nahezu überall in Westeuropa die existierenden Kollektivvertragssysteme mit Forderungen der Unternehmen nach einer zunehmenden Dezentralisierung kollektivvertraglicher Regelungskompetenzen konfrontiert (Deppe/Weiner 1991; Ferner/Hyman 1992). Um so erstaunlicher ist es, daß sich seither mit Großbritannien nur ein einziges westeuropäisches Land finden läßt, das seit den 80er Jahren einen grundlegenden Systemwechsel von einem sektoralen zu einem betriebsbezogenen Kollektivvertragssystem vollzogen hat (Traxler 1997a). Die meisten empirischen Untersuchungen zur vergleichenden Entwicklung nationaler Kollektivvertragsbeziehungen in Westeuropa bestätigen dagegen eine erstaunliche Stabilität nationaler Kollektivvertragsinstitutionen und legen die Schlußfolgerung nahe, daß prinzipiell unterschiedliche Anpassungs- und Verarbeitungsformen von Globalisierungprozessen möglich sind und diese weiterhin pfadabhängig, d.h. auf der Grundlage der historisch gewachsenen nationalen Kollektivvertragssysteme verlaufen (Crouch 1993; Traxler 1996a, 1997a, 1997b).[7] Die Dezentralisierungsthese im Sinne einer Auflösung überbetrieblicher Kollektivvertragsbeziehungen läßt sich demnach für die meisten westeuropäischen Länder bislang nicht verifizieren. Es kommt im Gegenteil in einigen Ländern in den frühen 90er Jahren sogar zu einer Restabilisierung überbetrieblicher Kollektivvertragssysteme (z.B. Italien) und zu einer deutlichen Zunahme neo-korporatistischer Arrangements (Schmitter/Grote 1997, Hassel 1998).

Die empirischen Befunde der vergleichenden Industrial Relations Forschung bestätigen also zunächst einmal die These, daß Globalisierung keineswegs automatisch zu einer Auflösung der traditionellen Kollektivvertragssysteme führt. Allerdings ist mit dem Verweis auf die relative Stabilität formaler Kollektivvertragsinstitutionen noch nichts über ihre tatsächliche Funktionsfähigkeit ausgesagt. Betrachtet man dagegen die inhaltliche Ausrichtung der Kollektivvertragspolitik, so wird von vielen Autoren ein grundlegender inhaltlicher Funktionswandel korporatistischer Arrangements vom keynesianischen „Nachfragekorporatismus" zum weltmarktorientierten „Angebotskorporatismus" (Traxler 1993; 1996) oder „Competitive Corporatism" (Rhodes 1997) konstatiert.

Die Stabilität bzw. Wiederkehr neokorporatistischer Arrangements in Westeuropa deutet zunächst darauf hin, daß sich die durch den Thatcherismus repräsentierte

---

6 Ein berühmtes Beispiel hierfür bildet Anfang der 90er Jahre die berühmte MIT-Studie zur „Zweiten Revolution in der Autoindustrie", die das von ihnen das „Toyota Produktionssystem" („Lean Produktion") zum universellen Produktionsmodell des 21. Jahrhunderts stilisierte (Womack u.a. 1991).

7 Dies gilt im übrigen nicht allein für die nationalen Kollektivvertragsbeziehungen sondern auch für die nationalen Sozial- und Wohlfahrtsstaatsregime (Bieling/Deppe 1997).

„harte" Linie des Neoliberalismus in Westeuropa keineswegs durchsetzen konnte. Statt dessen etablierte sich vielmehr ein Politikmodell, das Rhodes/Apeldoorn (1997) als „embedded neo-liberalism" bezeichnen und das weniger auf eine Auflösung als auf eine inhaltliche Transformation der bestehen nationalen Institutionen im Hinblick auf die neuen Parameter des globalen Wettbewerbs abzielt. Seinen deutlichsten Ausdruck findet dieser neue „Wettbewerbskorporatismus" in Westeuropa vor allem in den zahlreichen nationalen „Sozial- und Wettbewerbspakten" (Fajertag/Pochet 1997). Bereits in den 80er Jahren kommt es insbesondere in den Niederlanden mit dem „Akkord von Wassenaar" von 1982 (Visser/Hemmerijck 1997: 81-116) und in Irland mit dem „Programme for National Recovery" von 1987 (Prondzynski 1998) zur Etablierung tripartistischer Sozialpakte, die im wesentlichen darauf abzielen, die nationale Kollektivvertragspolitik dem Ziel der nationaler Wettbewerbsfähigkeit unterzuordnen. Nach der Verabschiedung des Maastrichter Vertrages 1991 kommt es darüber hinaus in den folgenden Jahren insbesondere in Südeuropa (Italien, Portugal) sowie in den skandinavischen Ländern zu weiteren Sozialpakten und tripartistischen Absprachen, die nunmehr zusätzlich die Kollektivertragspolitik darauf verpflichten, ihren Beitrag zur Erfüllung der Konvergenzkriterien für die Teilnahme an der Europäischen Währungsunion zu leisten (Rhodes 1997: 12-16; Schmitter/Grote 1997: 549).[8]

Im Mittelpunkt der meisten Sozialpakte steht das Ziel, über die Festschreibung einer „moderaten Lohnentwicklung" die Arbeitskosten zu reduzieren und – entsprechend der angebotsökonomischen Lehre – auf dies Weise zu mehr Wettbewerbsfähigkeit und Beschäftigung zu gelangen (Hassel 1998). Damit wird der in den 80er Jahren de facto vollzogene Übergang von einer produktivitätsorientierten Lohnpolitik hin zu einem wettbewerbsorientierten „Concession Bargaining"[9] zum Programm erhoben, bei dem die Lohnabschlüsse deutlich unterhalb des durch die Produktivitätzuwächse vorgegebenen „kostenneutralen" Verteilungsspielraum liegen. Im Ergebnis kommt es demnach fast überall in Westeuropa zu einer bedeutsamen Umverteilung der Einkommensverhältnisse und einem deutlichen Absinken der nationalen Lohnquoten (Bedau 1997; Schulten 1998).

Der lohnpolitische Paradigmenwechsel in Westeuropa markiert einmal mehr die Abkehr von den fordistischen Kollektivvertragsbeziehungen. Die nationalen Kollektivvertragssysteme passen sich vielmehr in die Steuerungsoptionen des neuen Wettbewerbsstaates ein und orientieren ihre Regulierungskapazitäten zunehmend an den Anforderungen globaler Wettbewerbsfähigkeit. Die Aufkündigung des fordistischen Klassenkompromisses vollzieht sich dabei im wesentlichen auf der Grundlage der alten fordistischen Kollektivvertragsinstitutionen, deren inhaltliche Regulierungsfunktionen sich jedoch grundlegend wandeln.

---

8 Lediglich in Belgien und in Deutschland sind Ansätze zur Verabschiedung eines nationalen Sozialpakts bislang gescheitert (Fajertag/Pochet 1997).

9 Zu dem aus der US-amerikanischen Diskussion kommenden Begriff des „Concession Bargaining" vgl. u.a. Rosdücher (1997: 225-250).

3. *Entwicklungstendenzen unterhalb der Ebene nationaler Kollektivvertragsbeziehungen: zur innergesellschaftlichen Differenzierung und Dezentralisierung nationaler Kollektivvertragsbeziehungen*

Eine zentrale Schwäche der institutionalistischen (und insbesondere der neokorporatistischen) Industrial Relations-Forschung liegt in ihrem oftmals makroökonomisch und makrosoziologisch verengten Blickwinkel, bei dem Entwicklungsprozesse unterhalb der nationalen Kollektivvertragsinstitutionen nur unzureichend wahrgenommen werden. Demgegenüber haben insbesondere angelsächsische Industrial Relations-Forscher die Frage aufgeworfen, inwieweit angesichts der zunehmenden innergesellschaftlichen Differenzierung in den Kollektivvertragsbeziehungen überhaupt noch von einheitlichen nationalen Kollektivvertragssystemen gesprochen werden kann und ob diese eine geeignete Kategorie für eine international vergleichende Forschung darstellen können (Locke u.a. 1995; Locke/Kochan 1995; Marginson/Sisson 1996a). So läßt sich beispielsweise bei einer eher formal-institutionalistischen Betrachtung durchaus behaupten, daß sektorale Flächentarifverträge innerhalb Westeuropas immer noch die dominierende Kollektivvertragsform darstellen, gleichzeitig ist der Aussagewert dieser Erkenntnis angesichts sehr unterschiedlicher Regulierungskapazitäten nationaler Flächentarifverträge jedoch eher begrenzt.[10] In der Tat lassen sich bei formaler Kontinuität nationaler Kollektivvertragsinstitutionen zahlreiche Dezentralisierungs- und Differenzierungsprozesse bei kollektivvertraglichen Regelungsbestandteilen feststellen, die insgesamt zu einer deutlichen Heterogenisierung der nationalen Kollektivvertragsbeziehungen führen. Dabei können prinzipiell drei Formen der Dezentralisierung unterschieden werden:

Bei der *ersten Form* der *„geregelten Dezentralisierung"* kommt es entweder zu einer direkten Übertragung kollektivvertraglicher Regelungsfunktionen von der überbetrieblichen auf die betriebliche Ebene oder es werden im Rahmen überbetrieblicher Kollektivverträge Konditionen definiert, unter denen die betrieblichen Akteure von den kollektivvertraglichen Standards abweichen dürfen. Ein prominentes Beispiel für diese Form der „geregelten Dezentralisierung" ist die in den letzten Jahren in Deutschland immer häufiger werdende Einfügung von Öffnungsklauseln und Differenzierungsbestimmungen in sektorale Kollektivverträge (Bispinck 1997; Hassel/Schulten 1998). In anderen Ländern sind dagegen die Regulierungsaufgaben überbetrieblicher Kollektivverträge von vornherein viel enger definiert. In Italien wird beispielsweise in dem 1993 neu etablierten Kollektivvertragssystem von vornherein von einem „Zwei-Ebenen-System" ausgegangen, bei dem auf überbetrieblicher Ebene lediglich (inflationsausgleichende) Mindestlöhne festgelegt werden, die dann durch eine zweite Kollektivvertragsrunde auf betrieblicher Ebene ergänzt werden sollen.

Betriebliche Lohnverhandlungen haben auch unter den Bedingungen fordistischer Kollektivvertragsbeziehungen schon immer eine wichtige Rolle gespielt und in einigen

---

10 „Die formale Präsenz von Branchentarifverhandlungen oder anderer 'flächendeckender' regulatorischer Mechanismen bedeutet ... weder, daß all diesen Systemen eine gemeinsame Funktionsweise zugrunde liegt, noch, daß diese Systeme stabil sind. Der Begriff 'Flächentarifvertrag' umfaßt höchst unterschiedliche Modelle bezüglich der Festlegung so wichtiger Elemente im Arbeitsverhältnis wie die Lohnfindung und die Durchführung von Lohnerhöhungen." (Burgess 1997: 112)

westeuropäischen Ländern insbesondere bei Großunternehmen zu einem erheblichen Lohndrift zwischen überbetrieblich und betrieblich festgelegten Löhnen geführt. In der Regel standen die verschiedenen Kollektivvertragsebenen hierbei in einem komplementären Verhältnis zueinander, wobei der betrieblichen Ebene eine klar nachgeordnete Funktion zukam. Im Zuge der „geregelten Dezentralisierung" scheint sich dieses Verhältnis nun jedoch zunehmend umzukehren. Überbetriebliche Kollektivverträge nehmen immer mehr den Charakter von allgemeinen Rahmenvereinbarungen an, deren inhaltliche Regelungsbestandteile auf wenige übergreifende Mindeststandards reduziert werden, während gleichzeitig das einzelne Unternehmen bzw. der einzelne Betrieb sukzessive zur wichtigsten Regulierungsebene aufgewertet wird. Mit dem allmählichen Verlust der Normsetzungskraft überbetrieblicher Kollektivverträge wandelt sich zudem der Zusammenhang von überbetrieblichen und betrieblichen Regelungen zusehends von einem Komplementär- in ein Substitutionsverhältnis, wobei die klassische Schutzfunktion überbetrieblicher Kollektivvertragsregelungen zunehmend erodiert (Bergmann u.a. 1998).

Bei der *zweiten Form* der *„wilden Dezentralisierung"* (Zachert 1997) vollziehen einzelne Unternehmen einen mehr oder weniger offenen Ausstieg aus überbetrieblichen Kollektivvertragsregelungen. Hierbei lassen sich prinzipiell zwei Wege unterscheiden: Erstens existiert ein quasi „offizieller" Weg, bei dem sich Unternehmen etwa durch Austritt aus den Arbeitgeberverbänden (bzw. bei Unternehmensneugründungen oder Outsourcingstrategien durch Nichteintritt in die Arbeitgeberverbände) dem Geltungsbereich überbetrieblicher Kollektivverträge entziehen. Je nach Reichweite und Normsetzungskraft der nationalen Kollektivvertragssysteme sind einem solchen Weg allerdings aufgrund von Nachwirkungs- und Allgemeinverbindlichkeitsregelungen immer noch enge Grenzen gesteckt.

In den letzten Jahren gewinnt deshalb ein zweiter quasi „inoffizieller Weg" immer mehr an Bedeutung, bei dem die Unternehmen trotz formal-rechtlicher Gültigkeit überbetrieblicher Kollektivverträge auf betrieblicher Ebene abweichende Regelungen treffen, wobei die Grenzen zwischen legaler Ausschöpfung des Interpretationsspielraums überbetrieblicher Kollektivverträge und offen illegalem Kollektivvertragsbruch mitunter fließend sein dürften. In nicht wenigen Fällen wird diese Art der „wilden Dezentralisierung" im Rahmen betrieblicher „Standort- und Wettbewerbspakte" auch von der betrieblichen Arbeitnehmervertretung unterstützt, die zumeist aus Angst vor Arbeitsplatzverlusten im wachsenden Maße bereit ist, abweichenden Arbeitsregelungen zuzustimmen. Die traditionellen kollektivvertraglichen Kooperationsbeziehungen von Gewerkschaften und Arbeitgeberverbänden drohen deshalb immer stärker durch neue Formen einer betrieblichen „Wildcat-Co-operation" unterlaufen zu werden. Die kollektivvertraglichen Ansätze einer „geregelten Dezentralisierung" können demnach nicht zuletzt als ein Versuch der Kollektivvertragsparteien gewertet werden, die etablierten Formen „wilder Dezentralisierung" wieder in den überbetrieblichen Kollektivvertragsrahmen einzufangen.

Schließlich hat sich im Zuge der arbeits- und unternehmensorganisatorischen Modernisierung eine *dritte Form* der *„spontanen Dezentralisierung"* herausgebildet, bei der neue Regelungsanforderungen entstanden sind, die jedoch von vornherein einem kollektivvertraglichen Zugriff verschlossen bleiben. So orientieren sich existierende Kollektivverträge insbesondere in ihren leistungsregulierenden Bestandteilen (z.B.

Verfahren zur Leistungsbewertung, Eingruppierungssysteme usw.) häufig immer noch an den Grundstrukturen einer fordistisch-tayloristischen Arbeitsorganisation. Diese sind jedoch mit den Regelungsanforderungen moderner Arbeitsformen (wie z.B. Gruppenarbeit) kaum mehr kompatibel, so daß vielfach auf betrieblicher Ebene „spontan" neue Regelungssysteme entstanden sind. Letztere sind derzeit jedoch kaum in überbetriebliche Kollektivvertragsregelungen zurückzuholen.

Die beschriebenen Formen der Dezentralisierung und Differenzierung der Kollektivvertragsbeziehungen sind insgesamt Ausdruck gewandelter Machtverhältnisse zu Ungunsten einerseits der Gewerkschaften und andererseits der kollektiven Vertragsparteien insgesamt. Demgegenüber haben die Unternehmen deutlich an Machtpotentialen gewonnen und sind immer mehr in der Lage, sich überbetrieblichen Kollektivvertragsregelungen zu entziehen. Die Globalisierung bildet dabei für die Exit-Optionen insbesondere transnational agierender Konzerne in doppelter Weise einen entscheidenden Referenzpunkt (Dörre u.a. 1997). Einerseits geben konzerninterne Standortvergleiche Transnationalen Konzernen die Möglichkeit, ihre unter verschiedenen nationalen Kollektivvertragssystemen erprobten Regulierungsformen im Sinne einer Übertragung von „Best-Practice-Erfahrungen" zu optimieren (Flecker 1997). Andererseits reicht oft schon die Androhung aus, prinzipiell gegebene Globalisierungs-Optionen wahrzunehmen (z.B. durch Produktions- oder Investitionsverlagerungen), um Betriebsräte und Gewerkschaften zu inhaltlichen und strukturellen Konzessionen in den Kollektivvertragsbeziehungen zu bewegen.

Der mit der Dezentralisierung einhergehende Regelungsverlust nationaler Kollektivvertragsbeziehungen führt in der Konsequenz zu einer deutlichen Heterogenisierung und sozialen Polarisierung von Arbeitsverhältnissen, was bereits heute in den mit primär betriebsbezogenen Kollektivvertragssystemen ausgestatteten angelsächsischen Ländern beobachtbar ist. Der Verlust der in den fordistischen Kollektivvertragsbeziehungen eingeschriebenen Ausgleichs- und Solidaritätsfunktion stellt damit in der Tat das Konzept national homogener Kollektivvertragssysteme grundlegend in Frage. Allerdings vollzieht sich der beschriebene Wandel der Kollektivvertragsbeziehungen in den einzelnen westeuropäischen Ländern durchaus in unterschiedlicher Intensität und ist immer noch von einer relativen Stabilität der traditionellen fordistischen Kollektivvertragsinstitutionen geprägt. Letzteres deutet darauf hin, daß der Transformationsprozeß fordistischer Kollektivvertragsbeziehungen noch keineswegs endgültig abgeschlossen ist und nach wie vor als Terrain sozialer Auseinandersetzungen begriffen werden muß.

4. Transnationale Kollektivvertragsbeziehungen im Werden? Perspektiven einer „Europäisierung" der Kollektivvertragsbeziehungen

Die im Zuge der Globalisierung beobachtbaren Veränderungen in den nationalen Kollektivvertragsbeziehungen haben seit einigen Jahren innerhalb der Industrial Relations Forschung zu einer breiten Debatte geführt, inwieweit die Regelungsdefizite nationaler Kollektivvertragspolitik durch den Aufbau eines supranationalen Kollektivvertragssystems kompensiert werden können.[11] Dabei ist aus mehreren Gründen die Europäische Union als mögliche Regelungsebene in den Mittelpunkt des Interesses gerückt: Zum einen vollzieht sich die ökonomische Globalisierung immer noch vorwiegend innerhalb der Grenzen Westeuropas, werden doch etwa je zwei Drittel des grenzüberschreitenden Warenhandels und der Direktinvestitionen innerhalb des europäischen Binnenmarktes abgewickelt. Zum anderen steht mit der Europäischen Union ein „quasi-staatlicher" Ordnungsrahmen zur Verfügung, durch den der Aufbau eines europäischen Kollektivvertragssystems formell und faktisch abgesichert werden könnte.

Zunächst einmal wird innerhalb der internationalen Industrial Relations Forschung in weitgehender Übereinstimmung die These vertreten, daß im Hinblick auf die Herausbildung eines möglichen europäischen Kollektivvertragssystems von grundsätzlich unterschiedlichen Regelungsinteressen zwischen Kapital und Arbeit ausgegangen werden muß (Streeck 1995; 1998b). Während aus Arbeitgebersicht die europäische Integration als ein primär neoliberales Deregulierungsprojekt gerade einen bedeutsamen Hebel darstellt, um die „institutionellen Rigiditäten" nationaler Kollektivvertragsbeziehungen weiter einzuschränken und die damit einhergehende Machtverschiebung zu stabilisieren, ist aus Arbeitnehmer- und Gewerkschaftssicht die Perspektive eines europäischen Kollektivvertragssystems gerade mit der Hoffnung verbunden, auf nationaler Ebene verlorene Machtressourcen wieder zurückzugewinnen.[12] Analog zur historischen Entwicklung nationaler Kollektivvertragsbeziehungen muß demnach der Aufbau eines europäischen Kollektivvertragssystems zunächst gegen die unmit-telbaren Interessen der Arbeitgeberseite erfolgen und ist somit von der Bildung neuer durchsetzungsfähiger Interessenkoalitionen von Gewerkschaften und (sozial-)staatlichen Akteuren abhängig. Die Chancen für die Herausbildung eines europäischen Kollektivvertragssystems werden innerhalb der Industrial Relations Forschung derzeit jedoch äußerst kontrovers diskutiert, wobei in pointierter Zuspitzung zwischen „Europessimistischen" und „Euro-optimistischen" Positionen unterschieden werden kann.[13]

Die „Euro-Pessimisten" vertreten die These, daß auf absehbare Zeit die Entwicklung eines europäischen Kollektivvertragssystems strukturell blockiert sein wird. Ihr Hauptargument liegt dabei im Verweis auf die nicht vorhandene Existenz eines entwickelten sozialstaatlichen Akteurs auf EU-Ebene, der in der Lage wäre, die rechtlichen und faktischen Voraussetzungen für ein europäisches Kollektivvertragssystem zur Verfügung zu stellen (Ebbinghaus/Visser 1994; Traxler/Schmitter 1995). Integrationstheoretisch werden dabei die jüngsten Entwicklungen der Europäischen Union primär unter dem Blickwinkel einer „negativen" Marktintegration interpretiert, bei dem sich der im Kern unverändert gebliebene intergouvernementalistische Charakter der Europäischen Union funktional in die Konzeption nationaler Wettbewerbsstaaten

---

11 Aus der mittlerweile kaum mehr überschaubaren Fülle der Literatur vgl. u.a. Ebbinghaus/Visser 1994; Traxler/Schmitter 1995; Lecher 1996; Marginson/Sisson 1996a; Lecher/Platzer 1997; Flecker/Schulten 1998a; Streeck 1998a,1998c.

12 „Als Resultat findet die Arbeitnehmerseite, wenn sie ihr internationales Klasseninteresse verfolgt, keinen Gesprächspartner, da die Arbeitgeber in der Verfolgung ihres internationalen Klasseninteresses an Nichtregulierung und Nichtentscheidung sich weigern mitzuspielen." (Streeck 1998b: 402)

13 Zur Unterscheidung von „Euro-Optimisten" und „Euro-Pessimisten" vgl. u.a. Platzer 1997, Dølvik 1997.

einpaßt bzw. dessen Transformation vom nationalen Wohlfahrtsstaat der Nachkriegszeit selbst noch befördert wird (Streeck 1998a, 1998b, 1998c). Die Europäische Union ist demnach entgegen mancher gewerkschaftlicher Hoffnungen gerade kein im Entstehen begriffener Wohlfahrtsstaat, sondern fördert im Gegenteil den Regimewettbewerb nationaler Sozial- und Kollektivvertragsordnungen.

Auf der Grundlage einer primär „intergouvernementalistisch" orientierten Integrationstheorie verweisen die „Euro-Pessimisten" außerdem auf eine Reihe weiterer struktureller Hemmnisse, die gegenwärtig dem Aufbau europäischer Kollektivvertragsbeziehungen im Wege stehen. Hierzu gehören insbesondere die nach wie vor erheblichen Unterschiede in den sozial-ökonomischen Entwicklungsniveaus der einzelnen europäischen Nationalstaaten und die hieraus resultierenden Interessensdivergenzen der nationalen Akteure (einschließlich der Interessenunterschiede zwischen den nationalen Gewerkschaften und Arbeitnehmervertretungen). Darüber hinaus erschweren die immer noch erheblichen institutionellen Unterschiede in den nationalen Systemen der Arbeits- und Kollektivvertragsbeziehungen die Formierung eines europäischen Kollektivvertragssystems. Schließlich verfügen weder die Gewerkschaften noch die Arbeitgeberverbände bislang über die institutionellen und politischen Voraussetzungen zur Durchführung europäischer Kollektivverhandlungen. Die Entwicklung eines europäischen Kollektivvertragssystems steht damit nach „europessimistischer" Lesart vor derzeit unüberwindbaren Hindernissen und scheidet mittelfristig als realistische Perspektive aus.

Eine dem entgegengesetzte Sichtweise findet sich bei den „Euro-Optimisten", die integrationstheoretisch das bestehende EU-System als ein „dynamisches Mehr-Ebenen-System"[14] betrachten (Platzer 1996, 1997; Leibfried/Pierson 1998a), in dem sich zunehmend auch supranationale Integrationsformen herausbilden. Demnach haben die EU-Institutionen auf arbeits- und sozialpolitischem Gebiet mittlerweile eine neue eigenständige Qualität als „policy-maker" entwickelt. Empirisch stützen die „Euro-Optimisten" sich hierbei auf die in den letzen Jahren insbesondere durch das Wirken der EU-Kommission entstandenen neuen institutionellen Arrangements europäischer Arbeitsbeziehungen (sozialer Dialog, Rahmenvereinbarungen der europäischen Dachverbände nach dem Maastrichter Sozialprotokoll, Europäische Betriebsräte usw.), die als Vorläufer oder Keimformen eines zukünftigen europäischen Kollektivvertragssystems angesehen werden. Für die Zukunft wären auf dieser Grundlage prinzipiell drei Ebenen europäischer Kollektivvertragsbeziehungen denkbar:

- die *Makro-Ebene* (*multi-sektoral* zwischen den europäischen Dachverbänden EGB und UNICE);
- die *Meso-Ebene* (*sektoral* zwischen den sektoralen europäischen Verbänden; z.B. EMB und WEM);
- die *Mikro-Ebene* (*unternehmens- und konzernbezogen* zwischen Europäischem Betriebsrat und europäischem Management Transnationaler Konzerne).

Auf der multi-sektoralen Makro-Ebene hat die Entwicklung autonomer Kollektivvertragsbeziehungen nach den eher unverbindlichen Formen des sozialen Dialoges in den 80er Jahren mit der Verabschiedung des Maastrichter Sozialprotokolls (das mittlerweile als fester Bestandteil in den Amsterdamer Vertrag integriert wurde) Anfang der

14 Zur Konzeption des Mehr-Ebenen-System s.a. Jachtenfuchs/Kohler-Koch (1996a).

90er Jahre einen deutlichen Schub bekommen (Lecher 1996). Erstmals in der Geschichte der Europäischen Union kam es in einigen sozialpolitischen Teilbereichen (z.B. Elternurlaub, Regulierung von Teilzeit) zur Verabschiedung europäischer Rahmenabkommen zwischen den europäischen Dachverbänden UNICE und EGB. Allerdings scheint eine kollektivvertragliche Weiterentwicklung dieser (in ihrer materiellen Substanz bislang äußerst bescheidenen) europäischen Rahmenvereinbarungen gegenwärtig in mehrfacher Hinsicht begrenzt. Zum einen basieren solche Vereinbarungen bislang ausnahmslos auf einem „bargaining in the shadow of the law" (Marginson/Sisson 1996a), bei dem sozialpolitische Initiativen der EU-Kommission stets den Ausgangspunkt für die Aufnahme von Verhandlungen zwischen den europäischen Dachverbänden bildeten. Der auf diese Weise etablierte „kompensatorische Sozialdialog" (Lecher 1996) ist damit selbst noch ein Ausdruck prinzipiell unterschiedlicher Regelungsinteressen der Kollektivvertragsparteien. Gleichzeitig unterstreichen diese Erfahrungen die für den Aufbau eines europäischen Kollektivvertragssystems zentrale Rolle staatlicher Akteure.

Darüber hinaus bleiben die europäischen Rahmenabkommen prinzipiell auf konsultativ und konsensuell lösbare Themenkomplexe beschränkt, da elementare Konstitutionsbedingungen eines autonomen Kollektivvertragssystems (wie z.B. das Koalitions- oder das Streikrecht) explizit aus dem Geltungsbereich des EU-Sozialabkommens herausgenommen wurden (Keller 1995). Damit fehlen für die harten verteilungspolitischen Themen mit konfliktorischen Interessenlagen jedoch jegliche Regelungsmechanismen, so daß die Entstehung von „echten" Kollektivvertragsbeziehungen auf europäischer Ebene von vornherein strukturell verbaut ist. Denkbar ist indes, daß die durch das EU-Sozialabkommen eingeleitete Intensivierung der europäischen Kooperationsbeziehungen dahingehend weiterentwickeln wird, daß sich zukünftig vermehrt Formen eines „Virtual Collective Bargaining" (Marginson/Sisson 1996) herausbilden, bei dem über die Nutzung von „Soft-Law", wie z.B. gemeinsamer Stellungnahmen oder Empfehlungen der europäischen Dachverbände, indirekt ein Einfluß auf die nationale Kollektivvertragspolitik ausgeübt wird. Allerdings werden diese stark aus der institutionellen Eigenlogik des europäischen Akteursgeflechts von EU-Kommission, EGB und UNICE entspringenden Formen „weicher" und materiell stark begrenzter Regulierung weder Willens noch in der Lage sein, den Regelungsverlust nationaler Kollektivvertragsbeziehungen zu kompensieren.

Neben der Herausbildung einer sehr eingeschränkten Form europäischer Kollektivvertragsbeziehungen auf multi-sektoraler Ebene bildete auf der Mikro-Ebene die Einführung Europäischer Betriebsräte in den letzten Jahren die wohl wichtigste arbeitspolitische Innovation innerhalb der Europäischen Union. Mit der Verabschiedung der Euro-Betriebsrats-Richtlinie im September 1994 existiert erstmalig eine gesetzliche Grundlage, nach der ab einer bestimmten Unternehmensgröße in allen grenzüberschreitend operierenden Konzernen institutionalisierte Kontakte zwischen dem europäischen Konzernmanagement und betrieblichen Arbeitnehmervertretungen eingerichtet werden müssen. Ursprünglich erfolgte die Einführung Europäischer Betriebsräte gegen den erbitterten politischen Widerstand der europäischen Arbeitgeber, während die europäischen Gewerkschaften hier einen direkten politischen Ansatzpunkt sahen, im Zuge der Globalisierung verlorenes Machtterrain zurückzugewinnen und darüber hinaus durch den Aufbau europaweit agierender gewerkschaftlicher Interessenvertretungen für ein zukünftiges europäisches Kollektivvertragssystem den machtpolitischen Unterbau zu schaffen.

Ob am Ende die Etablierung Europäischer Betriebsräte die Position der europäischen Gewerkschaften stärken wird, scheint indes keineswegs sicher. Die EU-Richtline zur Einführung Europäischer Betriebsräte zeichnet sich dadurch aus, daß sie kein einheitliches Modell eines Europäischen Betriebsrates vorschreibt, sondern lediglich einige wenige Mindestbedingungen festlegt, ansonsten aber die konkrete Ausgestaltung den betrieblichen Akteuren überläßt. Damit ist jedoch die Frage der politischen Wirksamkeit Europäischer Betriebsräte unmittelbar auf die gewerkschaftliche Verankerung im Unternehmen und den jeweiligen Stand betrieblicher Machtbeziehungen zurückgeworfen. Die bisherigen praktischen Erfahrungen beim Aufbau Europäischer Betriebsräte zeigen dabei in aller Deutlichkeit, daß erstens sich in der Tat sehr unterschiedliche Euro-Betriebsratsmodelle durchsetzen und zweitens mitunter erhebliche Probleme bestehen, die existierenden Euro-Betriebsräte an die Gewerkschaften rückzukoppeln (Lecher u.a. 1998). Auf der anderen Seite läßt sich bei vielen Arbeitgebern mittlerweile ein deutlicher Einstellungswandel beobachten, bei dem die anfängliche Ablehnung einer offensiven Integrationsstrategie gewichen ist, den Europäischen Betriebsrat im Sinne eines europäischen Human Ressource Management zu instrumentalisieren.

Die Entwicklung Europäischer Betriebsräte ist nicht zuletzt deshalb besonders interessant, da bei ihnen die aktuellen Tendenzen von Dezentralisierung und Internationalisierung der Arbeitsbeziehungen zusammenlaufen. Mit der voranschreitenden Europäisierung von Unternehmensstrukturen wäre prinzipiell eine Konstellation denkbar, in der einzelne Unternehmen zwar einerseits aus überbetrieblichen Kollektivvertragsbeziehungen auf nationaler Ebene aussteigen wollen, gleichzeitig jedoch ein unternehmenspezifisches Regelungsinteresse auf europäischer Ebene entwickeln könnten (Schulten 1997). In dieser Situation würde sich der Europäische Betriebsrat als Kollektivvertragspartner anbieten. Mit dem Abschluß europaweiter Unternehmenskollektivverträge wäre aus gewerkschaftlicher Sicht freilich wenig gewonnen. Im Gegenteil, eine solche Entwicklung würde die Erosion überbetrieblicher Kollektivvertragsbeziehungen sogar noch beschleunigen. Um so dringlicher scheint aus gewerkschaftlicher Sicht eine Einbettung Europäischer Betriebsräte in überbetriebliche Kollektivvertragsstrukturen geboten.

In Analogie zu den in den meisten europäischen Ländern immer noch dominierenden sektoralen Kollektivvertragsbeziehungen würde sich hierfür auch im europäischen Kontext am ehesten die sektorale Ebene anbieten. Dabei stößt man nun jedoch auf das Paradoxon, daß obwohl in der Mehrzahl der westeuropäischen Staaten die Branche oder der Sektor immer noch die zentrale Kollektivvertragsebene darstellt, die Meso-Ebene innerhalb der europäischen Arbeitsbeziehungen immer noch am wenigsten entwickelt ist. In den meisten Branchen existieren derzeit, von einigen Ausnahmen abgesehen (z.B. im öffentlichen Dienst, im Hotelgewerbe oder im Baugewerbe), keine offiziellen Kooperations- und Gesprächsstrukturen zwischen den europäischen Interessenverbänden, während in einigen Branchen noch nicht einmal europäische Arbeitgeberorganisation bestehen, die den Europäischen Gewerkschaftsausschüssen als potentieller Verhandlungspartner dienen könnten (Keller/Sörries 1998).

Insgesamt lassen sich mindestens zwei Erklärungsansätze für die vergleichsweise schwache Entwicklung europäischer Arbeitsbeziehungen auf sektoraler Ebene finden.

Zum einen sind auch die staatlichen Vorgaben der EU-Institutionen auf der sektoralen Ebene im Gegensatz zur multi-sektorelen (EU-Sozialabkommen) und zur betrieblichen Ebene (Euro-Betriebsratsrichtlinie) relativ schwach entwickelt. Interessanter Weise verfügen vor allem diejenigen Branchen über sektorale Kooperationsstrukturen, in denen zusammen mit der EU-Kommission produktbezogene und industriepolitische Netzwerke bestehen (ebenda). Zum anderen dürfte gerade die Tatsache, daß die wesentlichen verteilungspolitischen Auseinandersetzungen in den meisten westeuropäischen Ländern immer noch auf sektoraler Ebene stattfinden und die nationalen Gewerkschaften dort über ihre größten Machtpotentiale verfügen, dafür sorgen, daß die Arbeitgeberseite sektoralen Kooperationsbeziehungen auf europäischer Ebene äußerst reserviert gegenübersteht. Dementsprechend kann das Paradoxon fortgeschrieben werden: Gerade weil europäische Kollektivvertragsbeziehungen auf sektoraler Ebene prinzipiell am ehesten in der Lage wären, den nationalen Regelungsverlust auszugleichen, ist ihre Durchsetzung derzeit am unwahrscheinlichsten.

5. Zur Rekonstruktion nationaler Kollektivvertragsbeziehungen in einem europäischen Mehr-Ebenen-System.

Die Analyse möglicher Kollektivvertragsbeziehungen auf europäischer Ebene enthält insgesamt nur wenige Ansatzpunkte für eine euro-optimistische Sichtweise. Die Hoffnung, daß sich getragen durch die institutionellen Eigenlogiken des EU-Systems im Zuge einer sich vertiefenden ökonomischen Integration auch neue europäische Kollektivvertragsstrukturen herausbilden, steht bislang nicht nur empirisch auf einer sehr dünnen Basis, sondern weist auch theoretisch grundlegende Schwächen in der Analyse des politischen Charakters des gegenwärtigen Integrationsprozesses und der ihn stützenden hegemonialen Strukturen auf. Dagegen haben die euro-pessimistisch orientierten Arbeiten die strukturellen Blockaden für den Aufbau eines europäischen Kollektivvertragssystems im Kontext einer grundlegenden Transformation des Nationalstaates vom keynesianischen Wohlfahrtsstaat zum neoliberalen Wettbewerbsstaat und der hieraus erwachsenen spezifischen politischen Struktur der europäischen Integration herausgearbeitet. Gleichwohl können die Euro-Pessimisten durch ihren affirmativen Bezug zur neoliberalen Konzeption des Wettbewerbsstaates als strategischen Ausweg lediglich eine (Re-)Stabilisierung des nationalen Wettbewerbskorporatismus anbieten (Streeck 1998a).

Ob der nationale Wettbewerbskorporatismus langfristig eine neue Grundlage für einen stabilen „postfordistischen" Klassenkompromiß bilden kann, erscheint allerdings durchaus fragwürdig. Insgesamt lassen sich mindestens fünf gewichtige Einwände formulieren, die auf die innere Widersprüchlichkeit dieser Konzeption hindeuten:

Der nationale Wettbewerbskorporatismus erscheint *erstens* zunehmend exklusiv, in dem er sich von den universell ausgerichteten Ausgleichs- und Solidaritätsfunktionen des fordistischen Korporatismus weitgehend verabschiedet und sich hauptsächlich auf eine Koalitionen von Globalisierungsgewinner stützt, während immer größer werdende Teile der Bevölkerung aus den korporatistischen Arrangements herausfallen. Esser und Fach haben hierfür bereits in den 80er Jahren den Begriff des „selektiven Korporatismus" geprägt (Esser/Fach 1981).

Zweitens mutieren die Kollektivvertragsbeziehungen im Rahmen des Wettbewerbskorporatismus immer mehr zum „Concession Bargaining“, bei dem die Gewerkschaften aus einer strukturellen Defensivposition heraus lohn- und arbeitspolitische Zugeständnisse machen, um auf diese Weise zumindest die Position der schmaler werdenden Kernbelegschaften (und damit ihrer wichtigsten verbliebenen Mitgliederklientel) zu sichern. Verteilungspolitisch hat diese Form der wettbewerbsorientierten Kollektivvertragspolitik bereits seit den 80er Jahren nahezu überall in Westeuropa zu einer Entkoppelung von Lohn- und Produktivitätsentwicklung und damit zu einer andauernden Umverteilung vom Arbeitnehmer- zum Gewinneinkommen geführt (Schulten 1998).

Drittens führt der nationale Wettbewerbskorporatismus zu einer Verfestigung der zugunsten des Kapitals gewandelten Machtverhältnisse und reduziert die Position der Gewerkschaften auf die Rolle eines subalternen „Juniorpartners“. Damit verlieren die Gewerkschaften jedoch nicht allein ihre autonome Handlungs- und Politikfähigkeit. Es wird darüber hinaus zunehmend fraglich, inwieweit die Gewerkschaften ihre in der Phase des fordistischen Kapitalismus erworbene Rolle als „intermediäre Organisationen“ (Müller-Jentsch 1997), deren Funktion darin besteht, zwischen Sozial- und Systeminteressen zu vermitteln, unter den Bedingungen eines andauernden auf „Concession Bargaining“ basierenden kollektivvertraglich sanktionierten Umverteilungsprozesses überhaupt noch wahrnehmen können. Die Integrationsfähigkeit von Gewerkschaften ist mittel- und langfristig stets an die Durchsetzung verteilungspolitischer „Erfolge“ gebunden, die durch den Autonomieverlust im Rahmen wettbewerbskorporatistischer Arrangements jedoch immer schwerer und zudem nur äußerst selektiv zu erzielen sein dürften.

Überdies erscheint es *viertens* äußerst zweifelhaft, ob der nationale Wettbewerbskorporatismus mittelfristig in der Lage ist, überbetriebliche Kollektivvertragsbeziehungen auf nationaler oder sektoraler Ebene zu stabilisieren und damit den Verbetrieblichungs- und Dezentralisierungstendenzen entgegenzutreten. Es wurde bereits darauf verwiesen, daß seit den 80er Jahren trotz formaler Persistenz der nationalen Kollektivvertragsinstitutionen die Dezentralisierung der Kollektivvertragspolitik immer mehr voranschreitet. Nationaler Wettbewerbskorporatismus und primär betrieblich geprägte Kollektivvertragsbeziehungen bilden demnach keinen grundlegenden Widerspruch (Hassel 1998). Es scheint sich vielmehr eine neue funktionale Arbeitsteilung zu entwikkeln, in der korporatistische Arrangements auf nationaler Ebene die Rahmenrichtlinien einer wettbewerbsorientierten Kollektivvertragspolitik formulieren, die dann je nach ökonomischer Performanz durch Kollektivverträge auf der Betriebsebene nochmals nach oben oder nach unten korrigiert werden können. Eine Paradebeispiel für dieses Verbindung von nationalem Wettbewerbskorporatismus und betrieblicher Kollektivvertragspolitik bildet etwa das irische Kollektivvertragssystem (Prodzynski 1998).

Schließlich erweist sich *fünftens* der nationale Wettbewerbskorporatismus selbst noch als eine wesentliche Blockade bei Herausbildung eines europäischen Kollektivvertragssystems. Dabei werden die euro-pessimistischen Prognosen der Neo-Korporatisten zu einer „Self-fulfilling-prophecy“. In der Tat läßt sich ein auf Kategorien nationaler Standortpolitik fixierter Wettbewerbskorporatismus, dem in weiten Teilen eine tarifpolitische Beggar-my-Neighbour-Logik zugrunde liegt, nur schwer mit neuen europäischen Formen sozial- und arbeitspolitischer Regulierung verbinden.[15] Die gilt insbesondere für die Gewerkschaften, deren Einbindung in nationale Wettbewerbskoalitionen - aller internationalistischen Rhetorik zum Trotz - der Entwicklung einer autonomen europäischen Gewerkschafts*bewegung* systematisch entgegensteht.[16] Eine Rekonstruktion europäischer Kollektivvertragsbeziehungen läßt sich demnach nur als *Kritik* des vorherrschenden europäischen Integrationstyps und der ihn tragenden hegemonialen Macht- und Herrschaftsstrukturen formulieren. Den analytischen Ausgangspunkt müssen dabei die sozialen Brüche und Widersprüche bilden, die der neoliberalen Konzeption des nationalen Wettbewerbsstaates eingeschrieben sind. Nachdem die universellen „Ausgleichs- und Solidaritätsfunktionen" fordistischer Kollektivvertragsbeziehungen sukzessive zugunsten selektiver Integrationsformen wettbewerbskorporatistischer Arrangements aufgegeben werden, wird auch die relativ „erfolgreiche Symbiose von Kapitalismus und Demokratie" (Scharpf 1995) der europäischen Nachkriegsgesellschaften zunehmend brüchig. Sowohl die einzelnen europäischen Nationalstaaten als auch das europäische Integrationsprojekt insgesamt sind dabei in wachsendem Maße mit dem Verlust von „sozialer Kohäsion" einerseits und „politischer Legitimation" anderseits konfrontiert.

Eine in den Diskussionen über die Zukunft des „europäischen Sozialmodells" reflektierte Kernfrage lautet demnach, wie ein an universellen Ausgleichs- und Solidaritätsnormen orientiertes Kollektivvertragssystem auf europäischer Ebene rekonstruiert werden kann. Dabei gilt es, sowohl den „funktionalistischen Bias" der Euro-Optimisten als auch die tendenziell deterministisch verengt wirkenden Positionen der Euro-Pessimisten zu überwinden und in einer eher akteursbezogenen hegemonietheoretischen Betrachtungsweise[17] nach politischen Bündnis- und Interessenkonstellationen zu fragen, die im Rahmen eines neuen „gegen-hegemonialen Blocks" politische Träger eines kollektivvertraglichen Restrukturierungsprozesses sein könnten.

Die historische Erfahrung lehrt dabei, daß die Entstehung nationaler Kollektivvertragsbeziehungen sich gegen den Widerstand der Kapitalseite in einem dialektischen Prozeß von nationalem „Union-building and State-building" (Dølvik 1997) vollzogen hat. Demnach sind nationale Kollektivvertragsbeziehungen zwar an die Herausbildung nationalstaatlicher Strukturen gebunden, sie sind jedoch keineswegs aus diesen

---

15 Streeck (1998b: 399) weist selbst darauf hin, daß „in der Verfolgung ihrer Interessen ... Kapital und Arbeit im Prinzip die Wahl (haben), nationenübergreifende Bündnisse innerhalb von Klassen oder nationale Bündnisse zwischen Klassen zu suchen." Da Streeck, wie er an anderer Stelle ausführt (1998a: 12), die Verteidigung sozialstaatlicher Steuerungskapazitäten im Rahmen der Nationalstaaten immer noch für aussichtsreicher hält als „das Streben nach einem supranationalem Sozialstaat", plädiert er politisch konsequenterweise für das Primat nationaler klassenübergreifender Bündnisse etwa in Form von neokorporatischen Modernisierungs- und Wettbewerbspakten. Dabei ist Streeck bewußt, daß der internationale Wettbewerb dafür sorgen wird, daß „innerhalb klassenüberschreitender Koalitionen ... die Arbeitgeber die Vorherrschaft haben." (Streeck 1998b: 402).

16 Ferner/Hyman (1998: xix) haben hier zurecht den „strukturalistischen Bias" des Streeck'schen Euro-Pessimismus kritisiert: „The meaning of 'social dimension', like that of 'Europe' itself, is a terrain of struggle rather than a predetermined outcome." Das Primat des nationalen Wettbewerbskorporatismus ist demnach „a political choice rather than economic necessity, strategy more than structure" (ebenda).

17 Etwa in Anlehnung an neogramscianisch inspirierte Theorien einer Globalen Politischen Ökonomie (Bieling/Deppe 1996a, 1996b; Gill 1997).

einfach ableitbar, sondern haben die Konstituierung autonomer nationaler Gewerkschaftsbewegungen zur Voraussetzung, die - im Zusammenspiel mit ihnen nahestehenden politischen Parteien - über soziale Kämpfe und Auseinandersetzungen in der Lage waren, die Entstehung und Festigung nationaler Kollektivvertragsinstitutionen politisch durchzusetzen und damit selbst zur Weiterentwicklung sozialstaatlicher Strukturen beizutragen. Nun kann insbesondere aus neo-korporatistischer Sicht mit Leichtigkeit nachgewiesen werden, daß für eine Übertragung nationaler Kollektivvertragsinstitutionen, so wie sich in ihrer historisch am weitesten entwickelten Form nach dem Zweiten Weltkrieg herausgebildet haben, auf die europäische Ebene weder auf staatlicher Seite noch auf Seiten der Kollektivvertragsparteien elementare Voraussetzungen gegeben sind. Interessant wird die historische Analogie jedoch erst dann, wenn sie nicht vom historischen Ergebnis ausgeht, sondern ihr Augenmerk auf den *politischen Prozeß* bei der Herausbildung bestimmter hegemonialer Strukturen legt, die zur Etablierung nationaler Kollektivvertragsbeziehungen geführt haben.
Mit einem solchen hegemonietheoretischen Ansatz läßt sich die Fixierung auf die Existenz supranational-europäischer Kollektivvertragsinstitutionen überwinden und rückt statt dessen die Frage in den Vordergrund, welche inhaltlichen Voraussetzungen und institutionellen Ansatzpunkte bei den hier relevanten Akteursgruppen Gewerkschaften und Staat gegeben sein müssen, damit diese sich aktiv in den Prozeß sozialer Auseinandersetzungen um die Rekonstruktion der Kollektivvertragsbeziehungen einschalten können. Der politische Bezugsrahmen kann angesichts des erreichten Standes ökonomischer und politischer Integration in Westeuropa dabei in der Tat nicht mehr allein der Nationalstaat sein, vielmehr müssen sich die Akteure entsprechend der politischen Struktur der Europäischen Union im Rahmen eines europäischen Mehr-Ebenen-Systems verorten (*Schaubild 1*).
Unter Berücksichtigung historischer Erfahrungen ist aus hegemonietheoretischer Sicht die Rekonstruktion europäischer Kollektivvertragsbeziehungen zu einem gewichtigen Anteil mit der Frage verbunden, ob es den europäischen Gewerkschaften gelingt, aus ihrer strukturellen Defensivposition herauszukommen und sich sowohl auf nationaler als auch auf europäischer Ebene als autonome soziale Bewegung neu zu konstituieren (Gobin 1997). Die Wiedererlangung eines *autonomen* Akteursstatus hat dabei sowohl inhaltlich-konzeptionell als auch institutionell-organisatorisch eine grundlegende Erneuerung gewerkschaftlicher Politik in Europa zur Voraussetzung.[18]

18 Die folgenden abschließenden Überlegungen wurden als ein erstes Zwischenergebnis aus einem laufenden WSI-Forschungsprojekt über die „Kollektivvertragspolitik unter den Bedingungen der Europäischen Währungsunion“ entnommen, in dem die Bemühungen des Europäischen Metallgewerkschaftsbundes (EMB) für eine europäische Koordinierung nationaler Kollektivvertragspolitik untersucht werden. Vgl. hierzu auch Schulten 1998.

Schaubild1: Arbeits- und Kollektivvertragsbeziehungen in einem europäischen Mehr-Ebenen-System:

	Multisektoral	**Sektoral**	**Betrieblich**
Europäische Ebene	Europäische Rahmenvereinbarungen/ Sozialer Dialog	Europäische Rahmenvereinbarungen/ Sozialer Dialog	Europäische Rahmenvereinbarungen/ Europäische Betriebsräte
Nationale Ebene	Nationale Rahmentarifverträge und „Sozialpakte"	**Sektorale Flächentarifverträge**	Nationale Unternehmenstarifverträge
Betriebliche Ebene			Unternehmenstarifverträge/ Betriebsvereinbarungen
	↑	↑	↑
Akteure	Dachverbände von Gewerkschaften und Arbeitgebern (Staat)	Sektorale Verbände von Gewerkschaften und Arbeitgebern (Staat)	Betriebsräte und Management

Quelle: Eigene Zusammenstellung

In *inhaltlich-konzeptioneller* Hinsicht geht es dabei vor allem darum, die subalterne Einbindung gewerkschaftlicher Kollektivvertragspolitik im Rahmen nationaler Wettbewerbspakte zu überwinden. Erst die politische Kritik des nationalen Wettbewerbskorporatismus ermöglicht den Gewerkschaften, neue Ansätze für eine an universellen Ausgleichs- und Solidaritätsnormen orientierte Kollektivvertragspolitik zu entwickeln und damit für eine Rekonstruktion korporatistischer Arrangements einzutreten, die über die rein nationalstaatliche Standortfixierung hinaus den Charakter umfassender gesellschaftlicher Reformbündnisse annehmen, in denen nationale und europäische Handlungsebenen miteinander verknüpft werden (Schmitthenner 1998). Konkret bedeutet dies zunächst, daß sich die europäischen Gewerkschaften auf gemeinsame kollektivvertragliche Normen und Zielsetzungen verständigen, die die implizite „Beggar-my-Neighbour" Ausrichtung wettbewerbsorientierter Kollektivvertragspolitik auf nationaler Ebene überwinden und durch politisch gesetzte Standards einem kompetitiven Deregulierungs- und Kostensenkungswettlauf entgegentreten.[19]

Damit eine Begrenzung des Regimewettbewerbs nationaler Kollektivvertragspolitiken durch gemeinsam politisch gesetzte Kollektivvertragsziele auf europäischer Ebene politisch handlungswirksam werden kann, bedarf es auf gewerkschaftlicher Seite einiger *institutionell-organisatorischer* Veränderungen, die eine praktische Koordinierung nationaler Kollektivvertragspolitik sicherstellen können. Den Ausgangspunkt eines solchen *„Koordinierungsansatzes"* bilden dabei die bestehenden nationalen Kollektivvertragssysteme, die zugleich nach wie vor die wichtigste gewerkschaftliche Macht- und Legitimationsbasis begründen. Demnach geht es bei diesem Ansatz auch nicht um eine bloße Übertragung tarifpolitischer Kompetenzen auf die europäische Ebene, als vielmehr um eine durch eine europäische Dimension erweiterte Rekonstruktion nationaler Kollektivvertragsbeziehungen. Um die in den meisten westeuropäischen Ländern vorhandenen sektoralen Kollektivvertragsbeziehungen gegenüber den vielfältigen Dezentralisierungstendenzen zu stabilisieren, muß demnach gerade die im europäischen Rahmen bislang noch am schwächsten entwickelte Ebene sektoraler Kollektivvertragspolitik ausgebaut und gestärkt werden. Für eine europaweite Koordinierung nationaler Kollektivvertragspolitiken kommt demnach den sektoralen Europäischen Gewerkschaftsausschüssen eine Schlüsselrolle zu. Letztere müssen ihre institutionellen Strukturen dahingehend ausbauen, daß eine effektive Europäisierung nationaler Kollektivvertragspolitik möglich wird. Hierzu gehören u.a.

der Aufbau eines umfassenden Informationssystems über die kollektivvertraglichen Entwicklungen in den einzelnen europäischen Ländern.

- regelmäßige Treffen nationaler KollektivvertragsexpertInnen und politische Konsultationen im Vorfeld von Kollektivverhandlungen;
- die regelmäßige Beteiligung ausländischer GewerkschafterInnen an nationalen Kollektivverhandlungen;
- die zeitliche Synchronisierung nationaler Kollektivvertragsverhandlungen;
- die Entwicklung themenbezogener europaweiter Kampagnen;
- die Entwicklung grenzüberschreitender Aktions- und Protestformen.

Neben dieser Form der *vertikalen* Koordinierung nationaler Kollektivvertragsbeziehungen auf sektoraler Ebene müßten im europäischen Kontext Formen einer *horizontalen* Koordinierung zwischen der multi-sektoralen, der sektoralen und der betrieblichen

19 Die Dachverbände der niederländischen, belgischen, luxemburgischen und deutschen Gewerkschaften haben sich in diesem Sinne im September 1998 zu einer lohnpolitischen Kooperation verpflichtet, die darauf ausgerichtet sein soll, den durch Preis- und Produktivitätsentwicklung definierten Verteilungsspielraum auszuschöpfen und dadurch, die „von den Arbeitgebern gewollte Unterbietungskonkurrenz bei den tarifvertraglichen Einkommen zwischen den betroffenen Ländern zu verhindern." Vgl. DGB-Pressemitteilung (PM 167) vom 9. September 1998.

Ebene treten. Hierbei erscheint insbesondere die gewerkschaftliche Einbindung Europäischer Betriebsräte eine europaweit Koordination sektoraler Kollektivvertragspolitik von besonderer Bedeutung, zum einen um ein betriebssyndikalistisches Ausscheren einzelner Unternehmen aus überbetrieblichen Kollektivvertragssysteme zu verhindern und zum anderen um eine Politisierung Europäischer Betriebsräte als mögliche Akteure grenzüberschreitender Aktions- und Protestformen einzuleiten.

Die politische und institutionelle Reorganisation der Gewerkschaften als autonome politische Akteure im Rahmen eines europäischen Mehr-Ebenen-Systems stellt insgesamt eine wesentliche Voraussetzung dar, um den anhaltenden Funktionsverlust nationaler Kollektivvertragsbeziehungen umzukehren und durch eine europaweit koordinierte Kollektivvertragspolitik abzusichern. Erst die Wiedererlangung autonomer politischer Handlungsfähigkeit wird den Gewerkschaften darüber hinaus ermöglichen, sowohl auf nationaler als auch auf europäischer Ebene politischen Druck auf die staatlichen Institutionen zu entfalten und mit der Bildung neuer „gegen-hegemonialer Bündnisse" für eine arbeits- und sozialpolitische Ausgestaltung des europäischen Integrationsprozesses einzutreten. Schließlich kann erst im Rahmen eines breiten, auf die Überwindung neoliberaler Hegemonie ausgerichteten, politischen Projekts auch die Frage einer Redistribution sozialer Machtverhältnisse wieder thematisiert werden, und schafft damit die Voraussetzung, daß auf europäischer Ebene die Reformulierung eines neuen tragfähigen Klassenkompromisses zwischen Kapital und Arbeit wieder denkbar wird.

Literaturverzeichnis

Altvater, Elmar/Mahnkopf, Birgit, 1996: Grenzen der Globalisierung. Ökonomie, Ökologie und Politik in der Weltgesellschaft. Münster.

Beck, Ulrich, 1997: Was ist Globalisierung? Frankfurt a.M.

Bedau, Klaus-Dierich, 1997: Anteil des Arbeitseinkommens in fast allen Mitgliedsländern der Europäischen Union rückläufig, in: DIW-Wochenbericht 48.

Bergmann, Joachim/Bürckmann, Erwin/Dabrowski, Hartmut, 1998: Reform des Flächentarifvertrags? Betriebliche Realitäten - Verhandlungssysteme - gewerkschaftliche Politik, Supplement der Zeitschrift Sozialismus 1/98.

Bieling, Hans-Jürgen/Deppe, Frank, 1996a: Internationalisierung, Integration und politische Regulierung, in: *Jachtenfuchs, Markus/Kohler-Koch, Beate* (Hrsg.), Europäische Integration. Opladen, 481-512.

Bieling, Hans-Jürgen/Deppe, Frank, 1996b: Gramscianismus in der Internationalen Politischen Ökonomie, in: Das Argument 5/6, 729-740.

Bieling, Hans-Jürgen/Deppe, Frank (Hrsg.), 1997: Arbeitslosigkeit und Wohlfahrtsstaat in Westeuropa. Neun Länder im Vergleich. Opladen.

Bispinck, Reinhard, 1997: „Deregulierung, Differenzierung und Dezentralisierung des Flächentarifvertrages. Eine Bestandsaufnahme neuer Entwicklungstendenzen in der Tarifpolitik, in: WSI-Mitteilungen 8, 551-560.

Bispinck, Reinhard/Schulten, Thorsten, 1998: Globalisierung und das deutsche Kollektivvertragssystem, in: WSI-Mitteilungen 4, 241-248.

Buci-Glucksmann, Christine/Therborn, Göran, 1982: Der sozialdemokratische Staat. Die „Keynesianierung" der Gesellschaft. Hamburg.

Burgess, Pete, 1997: Branchentarifverhandlungen in Europa: Flächentarif à la carte? in: WSI-Mitteilungen 2, 112-118.

Crouch, Colin, 1993: Industrial Relations and European State Traditions, Oxford: Calrendon Press.

Deppe, Frank, 1997: Fin de Siècle. Am Übergang ins 21. Jahrhundert. Köln

Deppe, Frank/Weiner, Klaus-Peter (Hrsg.), 1991: Binnenmarkt '92. Zur Entwicklung der Arbeitsbeziehungen in Europa. Hamburg.
Dølvik, Jon Erik, 1997: Redrawing Boundaries of Solidarity? ETUC, social dialogue and the Europeanisation of trade unions in the 1990s, ARENA Report No. 5, Fafo Report No. 238, Oslo.
Dörre, Klaus, 1996: Globalstrategien von Unternehmen - ein Desintegrationsphänomen? Zu den Auswirkungen grenzüberschreitender Unternehmensaktivitäten auf die industriellen Beziehungen, in: SOFI-Mitteilungen 24, 15-27.
Dörre, Klaus/Elk-Anders, Rainer/Speidel, Frederic, 1997: Globalisierung als Option. Internationalisierungspfade von Unternehmen, Standortpolitik und industrielle Beziehungen, in: SOFI-Mitteilungen 25, 43-70.
Ebbinghaus, Bernhard/Visser, Jelle, 1994: Barrieren und Wege „grenzenloser" Solidarität: Gewerkschaften und Europäische Integration, in: *Streeck, Wolfgang* (Hrsg.), Staat und Verbände, PVS Sonderheft 25. Köln, 223-255.
Ebbinghaus, Bernhard/Visser, Jelle, 1997: Der Wandel der Arbeitsbeziehungen im westeuropäischen Vergleich, in: *Hradil, Stefan/Immerfall, Stefan* (Hrsg.), Die westeuropäischen Gesellschaften im Vergleich. Opladen, 333-376.
Esser, Josef/Fach, Wolfgang, 1981: Korporatistische Krisenregulierung im Modell Deutschland, in: *Alemann, Ulrich von* (Hrsg.), Neokorporatismus. Frankfurt/New York, 158-179.
Fajertag, Guiseppe/Pochet, Philippe, 1997: Social Pacts in Europe, European Trade Union Institute. Brüssel.
Ferner, Anthony/Hyman, Richard (Hrsg.), 1992: Industrial Relations in the New Europe. Oxford.
Ferner, Anthony/Hyman, Richard (Hrsg.), 1998: Changing Industrial Relations in Europe. Oxford.
Ferner, Anthony/Hyman, Richard, 1998a: Towards European Industrial Relations? in: *Ferner, Anthony/Hyman, Richard* (Hrsg.), Changing Industrial Relations in Europe. Oxford, XI-XXVI.
Flecker, Jörg, 1997: Zwischen Anpassung und Abkoppelung. Arbeitsgestaltung und gesellschaftliche Institutionen im internationalen Standortwettbewerb, in: ders. (Hrsg.), Jenseits der Sachzwanglogik. Arbeitspolitik zwischen Anpassungsdruck und Gestaltungschancen. Berlin, 13-42.
Flecker, Jörg, 1998: Stabilität und Erosion – aktuelle Entwicklungen im österreichischen Kollektivvertragssystem, in: WSI-Mitteilungen 7, 466-473.
Flecker, Jörg/Schulten, Thorsten, 1998a: Arbeitsbeziehungen in Europa und die Zukunft des „europäischen Sozialmodells", in: *Berger, Roland/Steger, Ulrich* (Hrsg.), Auf dem Weg zur europäischen Unternehmensführung - Ein Lesebuch für Manager und Europäer. München, 103-136.
Flecker, Jörg/Schulten, Thorsten, 1998b: Kollektivverträge im europäischen Gesellschaftsmodell der Zukunft – überholt oder unverzichtbar?, Ms. Wien/Düsseldorf März 1998.
Gill, Stephen, 1997: An Emu or an Ostricht? EMU and Neo-Liberal Economic Integration: Limits and Alternatives, in: *Mikkinen, Petri/Patomäki, Heikki* (Hrsg.), The Politics of Economic and Monetary Union. Helsinki, 205-229.
Gobin, Corinne, 1997: L'Europe Syndicale. Entre Désir et Réalité. Essai sur le Syndicalisme et la Construction Européenne à l'Aube du XXIe Siècle. Bruxelles.
Grahl, John/Teague, Paul, 1997: Is the European Social Model Fragmenting? in: New Political Economy 3, 405-425.
Hassel, Anke, 1998: Soziale Pakte in Europa, in: Gewerkschaftliche Monatshefte 10/98 (im Erscheinen).
Hassel, Anke/Schulten, Thorsten, 1998: Globalisation and the Future of Central Collective Bargaining: the Example of the German Metal Industry, in Economy and Society 4, 541-577.
Hirsch, Joachim, 1995: Der nationale Wettbewerbsstaat. Staat, Demokratie und Politik im globalen Kapitalismus. Berlin/Amsterdam.
Hirsch, Joachim, 1998: Vom Sicherheitsstaat zum nationalen Wettbewerbsstaat. Berlin.
Huiskamp, Rien, 1995: Collective Bargaining in Transition, in: *Ruysseveldt, Joris van/Huiskamp, Rien/Hoof, Jacques van* (Hrsg.), Comparative Industrial & Employment Relations. London, 135-154.
Jachtenfuchs, Markus/Kohler-Koch, Beate (Hrsg.), 1996: Europäische Integration. Opladen.
Jachtenfuchs, Markus/Kohler-Koch, Beate, 1996a: Regieren im dynamischen Mehrebenensystem, in: *Jachtenfuchs, Markus/Kohler-Koch, Beate* (Hrsg.), Europäische Integration. Opladen, 15-46.
Jessop, Bob, 1992: Regulation und Politik, Integrale Ökonomie und integraler Staat, in: *Demirovic, Alex/Krebs, Hans-Peter* (Hrsg.), Hegemonie und Staat. Kapitalistische Regulation als Projekt und Prozeß. Münster, 232-262.

Jessop, Bob, 1997: Die Zukunft des Nationalstaats – Erosion oder Reorganisation? Grundsätzliche Überlegungen zu Westeuropa, in: *Becker, Steffen/Sablowski, Thomas,/Schumm, Wilhelm* (Hrsg.), Jenseits der Nationalökonomie? Weltwirtschaft und Nationalstaat zwischen Globalisierung und Regionalisierung. Hamburg, 50-95.

Katz, Harry C., 1993: The Decentralization of Collective Bargaining: A Literature Review and Comparative Analysis, in: Industrial and Labour Relations Review 1, 3-22.

Keller, Berndt, 1995: Perspektiven europäischer Kollektivverhandlungen - vor und nach Maastricht, in: Zeitschrift für Soziologie 4, 243-262.

Keller, Berndt/Sörries, Bernd, 1998: The Sectoral Social Dialogue and European Social Policy - more Fantasy, less Facts, in: European Journal of Industrial Relations 4, forthcoming

Kerr, Clark/Dunlop, John T./Harbison, Frederick/Myers, Charles, 1960: Industrialism and Industrial Man. Cambridge.

Lecher, Wolfgang, 1996: Supranationale Tarifpolitik: Ihre Möglichkeiten und Grenzen in der Europäischen Union, in: Internationale Politik und Gesellschaft 1, 36-46.

Lecher, Wolfgang/Platzer, Hans-Wolfgang (Hrsg.), 1997: European Union - European Industrial Relations? Global Challenges, National Developments and Transnational Dynamic, London.

Lecher, Wolfgang/Nagel, Bernhard/Platzer, Hans-Wolfgang, 1998: Die Konstituierung Europäischer Betriebsräte – Vom Informationsforum zum Akteur? Baden-Baden.

Leibfried, Stephan/Pierson, Paul (Hrsg.), 1998: Standort Europa. Sozialpolitik zwischen Nationalstaat und Europäischer Integration, Frankfurt a.M.

Leibfried, Stephan/Pierson, Paul, 1998a: Zur Dynamik sozialpolitischer Integration: Der Wohlfahrtsstaat in der europäischen Mehr-Ebenen-Politik, in: *Leibfried, Stephan/Pierson, Paul* (Hrsg.), 1998: Standort Europa. Sozialpolitik zwischen Nationalstaat und Europäischer Integration, Frankfurt a.M., 422-463.

Lipietz, Alain, 1992: Towards a New Economic Order. Postfordism, Ecology and Democracy. Cambridge.

Locke, Richard/Kochan, Thomas, 1995: The Transformation of Industrial Relations? A Cross-National Review of Evidence, in: *Locke, Richard/Kochan, Thomas/Piore, Michael* (Hrsg.), Employment Relations in a Changing World Economy. Cambridge, Mass., 359-284.

Locke, Richard/Kochan, Thomas/Piore, Michael, 1995: Reconceptualizing Comparative Industrial Relations: Lessons from International Research, in: International Labour Review 2, 139-161.

Marginson, Paul/Sisson, Keith, 1996a: European Collective Bargaining: A Virtual Perspective? ETUI Discussion & Working Papers No. 96.09.1. Brüssel.

Marginson, Paul/Sisson, Keith, 1996b: Multinational Companies and the Future of Collective Bargaining: A Review of the Research Issues, in: European Journal of Industrial Relations 2, 173-198.

Maurice, Marc/Sellier, Francois/Silvestre, Jean-Jacques, 1986: The Social Foundations of Industrial Power, Cambridge.

Müller-Jentsch, Walther, 1997: Soziologie der Industriellen Beziehungen (2. Aufl.). Frankfurt a.M.

OECD, 1996: Employment Outlook 1996. Paris.

Platzer, Hans- Wolfgang, 1996: Erosionsvehikel, Rettungsanker oder Gestaltungsfaktor? Die Auswirkungen der Europäischen Union auf den Sozialstaat, in: Internationale Politik und Gesellschaft 1, 23-35.

Platzer, Hans- Wolfgang, 1997: Industrial Relations and European Integration: Patterns, Dynamics and Limits of Transnationalisation, in: *Lecher, Wolfgang/Platzer, Hans-Wolfgang (Hrsg.),* European Union - European Industrial Relations? Global Challenges, National Developments and Transnational Dynamic. London, 81-120.

Prondzynski, Ferdinand von, 1998: Ireland: Corporatism Revived, in: *Ferner, Anthony/Hyman, Richard* (Hrsg.), Changing Industrial Relations in Europe. Oxford, 55-73.

Rhodes, Martin, 1997: Globalisation, Labour Markets and Welfare States: A Future of 'Competitive Corporatism'?, European University Institute, EUI Working Papers RSC No.97/36.

Rhodes, Martin/van Apeldoorn, Bastiaan, 1997: The Transformation of West European Capitalism?, European University Institute, EUI Working Papers RSC No.97/60.

Rosdücher, Jörg, 1997: Arbeitsplatzsicherheit durch Tarifvertrag. Strategien Konzepte Vereinbarungen. München und Mering.

Röttger, Bernd, 1997: Neoliberale Globalisierung und eurokapitalistische Regulation. Die politische Konstitution des Marktes. Münster.

Scharpf, Fritz W., 1995: Europa nach Maastricht: Markt ohne Demokratie?, in Wirtschaftsdienst des HWWA II/95, 85-93.

Schmitter, Philippe C./Grote, Jürgen R., 1997: Der korporatistische Sisyphus: Vergangenheit, Gegenwart und Zukunft, in: Politische Vierteljahresschrift 3, 530-554.

Schmitthenner, Horst, 1998: Bündnis für Arbeit – schon wieder?, in: Blätter für deutsche und internationale Politik 7, 841-849.

Schulten, Thorsten, 1997: Europäische Modernisierungskoalitionen? Der Beitrag Europäischer Betriebsräte zur Neuordnung der Arbeitsbeziehungen in Europa, in: *Flecker, Jörg* (Hrsg.), Jenseits der Sachzwanglogik. Arbeitspolitik zwischen Anpassungsdruck und Gestaltungschancen. Berlin, 71-104.

Schulten, Thorsten, 1998: Tarifpolitik unter den Bedingungen der Europäischen Währungsunion. Überlegungen zum Aufbau eines tarifpolitischen Mehr-Ebenen-Systems am Beispiel der westeuropäischen Metallindustrie, in: WSI-Mitteilungen 7, 482-493.

Streeck, Wolfgang, 1995: Politikverflechtung und Entscheidungslücke. Zum Verhältnis von zwischenstaatlichen Beziehungen und sozialen Interessen im europäischen Binnenmarkt, in: *Bentele, Karlheinz/Reissert, Bernd/Schettkat, Ronald* (Hrsg.), Die Reformfähigkeit von Industriegesellschaften. Fritz W. Scharpf, Festschrift zu seinem 60. Geburtstag. Frankfurt/New York, 101-130.

Streeck, Wolfgang, 1996: Industrielle Beziehungen in einer internationalisierten Wirtschaft, in: *Friedrich-Ebert-Stiftung* (Hrsg.), Globalisierung der Wirtschaft, Standortwettbewerb und Mitbestimmung, Gesprächskreis Arbeit und Soziales Nr. 70. Bonn, 37-70.

Streeck, Wolfgang, 1998a: Gewerkschaften zwischen Nationalstaat und Europäischer Union, in: WSI-Mitteilungen 1, 1-14.

Streeck, Wolfgang, 1998b: Vom Binnenmarkt zum Bundesstaat? Überlegungen zur politischen Ökonomie der europäischen Sozialpolitik, in: *Leibfried, Stephan/Pierson, Paul* (Hrsg.), Standort Europa. Sozialpolitik zwischen Nationalstaat und Europäischer Integration, Frankfurt a.M., 369-422.

Streeck, Wolfgang, 1998c: The Internationalisation of Industrial Relations in Europe: Prospects and Problems, Max-Planck-Institut für Gesellschaftsforschung Köln, MPIfG Discussion Paper 98/2, February 1998.

Traxler, Franz, 1993: Vom Nachfrage- zum Angebotskorporatismus?, in: *Tálos, Emmerich* (Hrsg.), Sozialpartnerschaft. Kontinuität und Wandel eines Modells. Wien, 103-116.

Traxler, Franz, 1996: Sozialpartnerschaft am Scheideweg: Zwischen korporatistischer Kontinuität und neoliberalem Umbruch, in: Wirtschaft und Gesellschaft 1, 13-34.

Traxler, Franz, 1997a: Der Flächentarifvertrag in der OECD. Entwicklung, Bestandsbedingungen und Effekte, in: Industrielle Beziehungen 2, 101-124.

Traxler, Franz, 1997b: Globalisierung als Herausforderung organisierter Arbeitsbeziehungen, in: Wirtschaft und Gesellschaft 4, 449-464.

Traxler, Franz/Schmitter, Philippe C., 1995: Arbeitsbeziehungen und europäische Integration, in: *Mesch, Michael* (Hrsg.), Sozialpartnerschaft und Arbeitsbeziehungen in Europa. Wien, 231-256.

Visser, Jelle/Hemmerijck, Anton, 1997: A Dutch Miracle. Job Growth, Welfare Reform and Corporatism in the Netherlands. Amsterdam.

Womack, James/Jones, Daniel/Roos, Daniel, 1991: Die zweite Revolution in der Autoindustrie. Konsequenzen aus der weltweiten Studie aus dem Massachusetts Institute for Technology, Frankfurt a.M./New York.

Zachert, Ulrich, 1997: Modernisierung oder Liquidation der Tarifautonomie? in: Kritische Justiz Vol. 30, Nr. 4, 411-428.

Ideendiskurs und Vergemeinschaftung: Erschließung transnationaler Räume durch europäisches Regieren*

Beate Kohler-Koch / Jakob Edler

1. *Eine konstruktivistische Perspektive europäischer Vergemeinschaftung*

1.1 Kernthese des Beitrags

Kernthese des Beitrages ist, daß die politische Integration Europas ein Entgrenzungsprozeß eigener Art ist, der neue politische Räume entstehen läßt und spezifische Formen des Regierens begünstigt.

Entgrenzung ist nicht gleichbedeutend mit Grenzenlosigkeit, sondern beendet die Abtrennung von Räumen und schafft neue Räume. Sie kann partiell sein und den Übergang in neue Räume erleichtern, sie kann funktional spezifisch sein und lediglich Teilräume erschließen. Werden die Trennlinien zwischen Innen und Außen völlig aufgehoben, verliert ein Raum seine Bedeutung als Bezugsgröße. Politik bedarf stets der Bezugsgröße, und in diesem Sinne soll hier von politischem Raum gesprochen werden. Er ist der Ausdehnungsbereich für die Organisation des Politischen, sowohl im materiellen wie im ideellen Sinne. Allgemeinverbindlichkeit ist immer an die Vorstellung eines Geltungsraumes geknüpft, und sie wird immer in Bezug auf einen solchen faktisch hergestellt. Dieser muß nicht territorial, sondern kann funktional bzw. nach der Eigenschaft von Akteuren[1] bestimmt sein. Die Entgrenzungsprozesse der europäischen Integration haben immer nur partiell und funktional spezifisch Grenzen aufgehoben und Räume restrukturiert. Eine Einheitlichkeit des politischen Raumes ist somit weder für die Mitgliedstaaten noch für das EU-System gegeben. Vielmehr gibt es sektorspezifische Übergänge, ein Nebeneinander, aber auch eine Expansion bzw. Kontraktion politischer Räume. Der Abbau des allumfassenden und klar begrenzten politischen Raumes, der in dem Modell des souveränen Staates eingefangen wird, führt zwangsläufig auch zu einer Veränderung der Beherrschung des Raumes, d.h. der Formen des Regierens.

Diese These von der Interdependenz von Entgrenzung, der Entstehung neuer politischer Räume und der Veränderung des Regierens stützt sich auf vier Annahmen:

1) Das politische System der Europäischen Union befindet sich in einem labilen Zu-

---

* Für pointierte Kommentare danken wir Rainer Lepsius und Jürgen Neyer, die uns stimuliert haben, unsere Argumentation zu schärfen.

1 Es sei nur daran erinnert, daß in "vor-westfälischen" Zeiten z.B. Juden Untertanen eigenen Rechts waren.

stand zwischen Staatenverbund und Gemeinschaftssystem. Es schafft institutionelle Verknüpfungen zwischen den Mitgliedstaaten, die weiterhin als eigenständige politische Räume fortbestehen, und es bildet gleichzeitig einen übergreifenden politischen Raum von regionaler Reichweite.

2) Jeder ordnungspolitische Eingriff zur Optimierung von Strukturen und Prozessen ist immer auch eine Weichenstellung für den Prozeß der Systembildung, sei es in Richtung der Begrenzung oder Ausweitung des europäischen politischen Raumes. Zwischen den Mitgliedstaaten vertraglich vereinbarte Verfassungskorrekturen sind allerdings nur ein Weg zur Reform der Institutionen. Gleichermaßen bedeutsam sind die faktischen Veränderungen von Strukturen und Prozessen durch die vielfältige Praxis des politischen Handelns. Diese geraten in den Blick, wenn man die Gestaltung der sektoralen Politiken der EU untersucht.
3) Die strukturellen Eigenheiten des Staatenverbundes fördern einen besonderen Typ des Regierens. Es ist eine Konkordanzpolitik eigener Art, die über Strategien der Einbindung und der Verständigung gemeinschaftliche Politikregime produziert. Die Formen der Konsensbildung beeinflussen nicht nur die Inhalte der Politik, sondern geben gleichzeitig auch dem europäischen politischen Raum Gestalt und treiben den Prozeß von Entgrenzung und Grenzverschiebung weiter voran.
4) Gleichzeitig sind aber weder Verfassungspolitik noch die Entwicklung sektoraler Politikregime lediglich ein Reflex auf strukturelle Gegebenheiten oder ergeben sich aus der Kombination materieller Akteurspräferenzen. Vielmehr sind gezielte Handlungsstrategien wie auch routinisierte politische Praktiken stets von ordnungspolitischen Leitideen und politikspezifischen Rationalitätskriterien beeinflußt. Gemeinschaftspolitik ist nur zu verstehen, wenn man die kognitive Dimension politischen Handelns berücksichtigt.

Aus diesen Annahmen folgt, daß die empirische Forschung sich nicht auf die Analyse „hoher Verfassungspolitik" beschränken, sondern den vielgestaltigen Prozeß der Vergemeinschaftung einzelner Politikfelder als Ergebnis einer Institutionenbildung von „unten" in den Blick nehmen sollte. Die Untersuchungsperspektive ist ihrerseits theoretisch bestimmt. Die Konstruktion der Wechselwirkung von Struktur und Prozeß, der Handlungsorientierung von Akteuren und der Herstellung von Allgemeinverbindlichkeit folgt einem reflexiven institutionentheroretischem Ansatz. Ihm liegt ein weites Institutionenverständnis zugrunde, das für unsere Untersuchung mit einem konstruktivistischen Politikverständnis gepaart wird.

Die folgenden Abschnitte dienen der theoretischen, die anschließenden der empirischen Untermauerung unserer Thesen. Als Untersuchungsfeld wurde ein Fallbeispiel aus der europäischen Forschungs- und Technologiepolitik (FuT-Politik) gewählt. Das Auswahlkriterium war ein doppeltes. Zum einen mußte sich die Frage der Konstruktion eines, wenn auch funktional begrenzten, transnationalen politischen Handlungsraumes empirisch überprüfen lassen, wobei ein Handlungsraum dann als transnational verstanden werden kann, wenn er ohne die Bezugnahme auf nationale Grenzen zur Bezugsgröße politischen Handelns wird. Zum anderen sollten die fallspezifischen Bedingungen nicht so geartet sein, daß der Vergemeinschaftungsprozeß mit den einfachen Modellannahmen des realistischen Paradigmas - Parallelität der Interessen, Pareto-optimale Verteilungssituation, Überwindung des Kooperationsdilemmas durch hegemoniale Führung oder institutionelle Funktionsleistung - erschöpfend zu erklären wäre. Vielmehr sollten die Ausgangsbedingungen so strukturiert sein, daß die Formulierung einer europäischen „gemeinschaftlichen" Politik und die Verankerung einer EG-Zuständigkeit der eher unwahrscheinliche Fall war. In der FuT-Politik konkurrieren eine Vielzahl von Politiktraditionen und von akteursspezifischen Rationalitätskriterien, die traditionell auf die Förderung nationaler Innovationssysteme und die Absicherung individueller Vorteile ausgerichtet waren und folglich zu einer nationalen wie unternehmenseigenen Abschottung von Aktivitäten der Forschung und Entwicklung (FuE) führten. Genuin europäische Politik mußte, wollte sie erfolgreich sein, diese grundlegenden Handlungsorientierungen der Akteure sowohl aus Industrie als auch Wissenschaft und Politik modifizieren. An der Vergemeinschaftung dieses Politikbereichs läßt sich exemplarisch aufzeigen, wie europäische sektorale Politikregime über konzeptionelle Konsensbildung und Akteursvernetzung entstehen. Gleichzeitig kann gezeigt werden, wie die Verallgemeinerung der Interpretation und Konstruktion von Handlungskonzepten und die Verdichtung transnationaler Interaktionen einen Politikraum von europäischem Zuschnitt entstehen läßt.

Die empirische Untersuchung läßt allerdings zwei wichtige Fragen unbeantwortet. Unter methodologischen Gesichtspunkten muß die Generalisierungsfähigkeit dieser Fallstudie überdacht werden und unter normativen Gesichtspunkten ist die Funktionalität und Demokratiefähigkeit dieses Typs von Regieren zu bedenken. Beide Fragen können im Rahmen dieses Beitrags nur angerissen werden.

1.2 Die EU als Fall von Grenzverschiebung

Die Einstufung der (west)europäischen Integration[2] als Entgrenzungsprozeß widerspricht der alltäglichen Wahrnehmung, sind doch die Grenzen der Europäischen Gemeinschaft eindeutig auszumachen. Im Außenverhältnis fallen sie mit den Außengrenzen der Mitgliedstaaten zusammen, im Binnenverhältnis sind sie durch die sektorspezifischen Kompetenzübertragungen festgelegt. Hier wird eine andere Perspektive eingenommen, um die prozeßhaften Veränderungen in den Blick zu bekommen, die aus Westeuropa eine politische Region mit einem ihm spezifischen Typ von Regieren formen.[3] Eine politische Region setzt voraus, daß ein die Mitgliedstaaten übergreifender Handlungsraum entsteht, in dem "europaweit" Interessen verhandelt und Sachbereiche reguliert werden. Sie entwickelt sich in dem Maße zu einem zentralen politischen Raum, in dem sie zum bevorzugten Bezugspunkt interner Politikgestaltung gewählt wird und ihr in Konkurrenz zu internationalen Vereinbarungen der Vorzug gegeben wird.

Ein politischer Raum kann in sehr unterschiedlicher Weise ausgebaut werden, nämlich

---

2 Die folgenden Überlegungen beziehen sich ausschließlich auf den Prozeß der westeuropäischen Gemeinschaftsbildung im Rahmen der Europäischen Gemeinschaften. Die gegenwärtig existierende EU wird auch nur in Bezug auf ihre supra-nationale Teilorganisation EG behandelt, weil die 2. und 3. Säule eine intergouvernementale Verfassungsstruktur haben und somit die Übertragbarkeit der hier angestellten Überlegungen sowohl theoretisch als auch empirisch gesondert geprüft werden müßte.

3 Dieser Begriff der Region und Prozesse der Regionenbildung sind an anderer Stelle ausführlicher dargestellt (Kohler-Koch 1998a).

durch die Formierung einer politischen Gesellschaft und durch die Gestaltung eines Ordnungssystems. Im ersteren Fall geht es um die Selbsterklärung von Bürgern, die sich als eine politische Gesellschaft definieren, d.h. es geht um eine Entwicklung (bzw. Überlagerung) von einzelnen nationalen Gesellschaften zur europäischen Gesellschaft. Im zweiten Fall geht es um die Einbindung bis hin zur Aufgabe einzelstaatlicher Systeme in ein übergreifendes System im Wege der Festlegung von Ordnungsstrukturen. Die westeuropäische Gemeinschaftsbildung war und ist eindeutig ein Prozeß, der über die Konstruktion eines Ordnungssystems lief. Vereinbart wurden eine Marktordnung und ein politisches System mit gemeinschaftlichen Organen, Regeln und Verfahren der europaweiten Gesetzgebung und Gesetzesanwendung. Neben diesen Organisationsvorgaben ist die Rolle von Ordnungsprinzipien wichtig. Die Festlegung von Handlungsprinzipien institutionalisierte einen einmal gefundenen Grundkonsens zur Erleichterung gemeinschaftlicher Entscheidungen und zur Unterstützung ihrer Umsetzung.

Der funktionale und normative Zusammenhang von politischer Gesellschaft und politischem System war und ist umstritten. Je nach integrationstheoretischem Blickwinkel wurden unterschiedliche Akzente gesetzt. Aus kommunikationstheoretischer Perspektive interessierte sich Deutsch (Deutsch u.a. 1966) für jene Prozesse gesellschaftlicher Vernetzung, die zu „Sicherheitsgemeinschaften" führen, denen aber nicht notwendigerweise ein politisches System übergestülpt sein muß. Einige föderalistische Autoren (Denis de Rougement, Henri Brugmans, Altiero Spinelli[4]) betrachteten die europäische Verfassungsgebung nicht nur als einen Rechtsakt zur Schaffung eines gemeinschaftlichen politischen Systems, sondern als politischen Willensakt, mit dem Bürger den Grundstein zu einer Föderation Europas legen. An ihrem Anfang müsse demnach eine verfassunggebende Versammlung stehen, die diesen Doppelakt der Konstitution zum Ausdruck bringe: die Erhebung der europäischen Völker zur politischen Gesellschaft und ihre politische Selbstorganisation durch ein föderales Verfassungssystem. Neofunktionalisten dagegen begnügten sich mit einer aus Interessenerwägungen genährten Einigung auf ein politisches System. Ging es Föderalisten um Europa als „Nation im Werden"[5], so interessierten sich Neo-Funktionalisten paradigmatisch für „Europe's Would-Be Polity"[6]. Die Überlebensfähigkeit oder gar das Wachstum dieses politischen Systems werde durch seine Leistung garantiert. Es bedürfe nicht zwingend eines „matching cultural or social systems" (Lindberg 1970: 653), sondern es sei ausreichend, wenn sich die funktionalen Eliten auf den neuen politischen Raum hin orientieren.[7]

---

4 Sie stimmten mit jenen Gruppen der europäischen föderalistischen Bewegung überein, die davon überzeugt waren, daß eine normativ vertretbare und politisch tragfähige Einigung Europas nur über die demokratisch organisierte Zusammenkunft einer europäischen verfassunggebenden Versammlung zustande kommen könne.

5 So der Titel der Arbeit von Carl J. Friedrich 1972.

6 Dies ist ein Titel von zwei prominenten Vertretern des Neo-Funktionalismus, Lindberg/Scheingold 1970.

7 Bezogen auf die Analyse der europäischen Verfassungswirklichkeit scheint ein Brückenschlag zwischen den beiden letzteren Positionen möglich, weil auch nach neo-funktionalistischer Einschätzung ein Mindestmaß an gesellschaftlicher Akzeptanz, nämlich ein "permissive consensus" erforderlich ist, um dem Gemeinschaftsprozeß Stabilität zu verleihen. Neo-Föderalisten ihrerseits haben darauf verwiesen, daß die Entstehung von Föderationen ein von Eliten getragener Prozeß ist, dessen gesellschaftliche Basis sich im Verlauf der Zeit dank positiver Erfahrung ausweite. Bei einem solchen Versuch des Brückenschlags wird jedoch außer

Politisch sehr viel folgenträchtiger als diese Überlegungen der Politikwissenschaft sind Rechtstheorien. So ist über den rechtswissenschaftlichen Diskurs hinaus gerade die dem deutschen Staatsrechtsdenken eigene Gegenüberstellung von Staat und Gesellschaft politisch handlungsrelevant geworden[8]. Letztere wird als Staatsvolk definiert und damit als eine historisch gewachsene politische Gemeinschaft verstanden, die der Konstruktion eines politischen Systems vorausgehen muß, will dieses dem Anspruch eines demokratisch verfaßten Systems gerecht werden. Logisch konsequent wird die Staatswerdung Europas abgelehnt[9], wohingegen die supra-nationale Gemeinschaft toleriert wird, soweit sie dem einzelstaatlichen Gesetzgeber „hinreichende Aufgaben und Befugnisse von substantiellem Gewicht"[10] beläßt. Hier werden zwei Trennungsstriche gezogen, die beide eine „gedankliche Selbstblockade"[11] produzieren. Zum einen läßt die Trennung von Staat und Gesellschaft es als undenkbar erscheinen, daß gesellschaftliche Selbstdefinition und Interaktion einen politischen Raum auch im Sinne der Herausbildung eines politischen Systems entstehen läßt. Zum anderen suggeriert die Grenzziehung zwischen supra-nationaler Gemeinschaft und souveränem Staat, daß politische Systeme lediglich über den Akt der Verfassungsgebung und nicht auch mit der schleichenden Verschiebung von Aufgaben und Befugnisse geschaffen werden können. Veränderungen der faktischen Verfassungswirklichkeit, die zu einem Ausbau des gemeinschaftlichen Politikraums führen, bleiben so außerhalb der Betrachtung.

Die Häufung von Regierungskonferenzen in den zurückliegenden Jahren fördert den Eindruck, daß institutionelle Reformen in erster Linie eine Aufgabe der Vertragsgestaltung zwischen Regierungen sind. Dieser Eindruck täuscht in doppelter Weise. Bezogen auf die lange Zeit der Integrationsgeschichte, sind Revisionskonferenzen eher die Ausnahme als die Regel[12], und in ihnen wurden - dies gilt insbesondere für die beiden ersten Vertragsfortschreibungen - im wesentlichen bereits praktizierte Verfahrensmodalitäten und Kompetenzansprüche kodifiziert. Dabei zeigt sich im historischen Ablauf, daß die Einbeziehung neuer Politikfelder stets ein Vorgehen in kleinen Schritten war, bei dem über die Stufen der unverbindlichen Koordinierung und der Aufwertung eines Politikbereichs zu einer „Angelegenheit von gemeinsamem Interesse"[13] zunächst gemeinsame Programme und schließlich eine gemeinschaftliche Politik eingeführt wurde. Die in unserer Untersuchung ausgewählte FuT-Politik ist ein eindrückliches Beispiel dafür, wie durch einen schleichenden Prozeß eine Politik verge-

---

Acht gelassen, daß die jeweiligen Theorieansätze von unterschiedlichen paradigmatischen Grundannahmen bezüglich des Verhältnisses von Staat und Gesellschaft und damit der jeweils kontingenten Modelle von Demokratie getragen werden (vgl. hierzu Habermas 1996: 277ff).

8 Und zwar durch das Urteil des deutschen Bundesverfassungsgericht zum Vertragswerk von Maastricht. Vgl. Urteilstext und Begründung sowie weitere einschlägige Dokumente Winkelmann (1994).

9 So die Formulierung des deutschen Bundesverfassungsgerichts in seinem Maastricht-Urteil (Winkelmann 1994: 589)

10 ebd.

11 Habermas (1996) erhebt diesen Vorwurf in Bezug auf den Rekurs auf den im Verständnis von Heller gewählten Volksbegriff.

12 Seit Abschluß der Römischen Verträge (1957) sind die Einheitliche Europäische Akte (1987), der Vertrag zur Europäischen Union (1993) und der Vertrag von Amsterdam (1997) zu nennen.

13 So die einschlägige Formulierungen im EWG Vertrag für die niedrigste Integrationsstufe.

meinschaftet worden war, lange bevor die rechtliche Grundlage gelegt wurde. Folglich sollte eine Theorieperspektive gewählt werden, die das statisch-dezisionistische Denken über europäische Verfassungsentwicklung überwindet.

1.3 Übergangswege vom Staatenverbund zum Gemeinschaftssystem

Mit dem institutionellen Ansatz, wie er von March/Olsen (1989 und 1995) entwickelt wurde, steht eine Theorieperspektive zur Verfügung, mit deren Hilfe die politische Integration als dynamischer Prozeß der Institutionenbildung konzeptionalisiert werden kann.[14] Politische Institutionen werden danach nicht auf die (verfassungsmäßig) vorgegebene Organisation des politischen Prozesses sowie die Verteilung von Zuständigkeiten und Befugnissen auf ausgewählte Handlungsorgane eingeschränkt. Vielmehr werden auch Gefüge sozialer Normen und Regeln, die mit intersubjektiv vermittelten Überzeugungen von geltungswürdigen Handlungsprinzipien verknüpft sind, als politische Institutionen gewertet. Sie werden vor allem in der alltäglichen Interaktion der Handelnden und in den Argumentationen, mit denen Forderungen begründet und politische Praktiken gerechtfertigt werden, stetig reproduziert bzw. verändert. Die Entwicklung von Institutionen ist demnach von den jeweils vorherrschenden Sichtweisen dessen, was eine „vorbildliche" und „verbindliche" politische Ordnung ausmacht (Weber 1980:16), geprägt. Sie ist gleichermaßen von ordnungspolitischen Leitideen abhängig, die in den einzelnen Politikfeldern die Kriterien für sachgemäße Problembearbeitung und akzeptable Interessenvermittlung liefern. Handlungsorientierende Leitideen und formale Organisationsvorgaben sind in der alltäglichen politischen Praxis eingeschieben. Die politischen Routinen, d.h. die eingeübten Verfahren der Entscheidungsfindung sowie erprobte Strategien der Politikbearbeitung, führen ihrerseits zur Verstetigung oder auch Veränderung von Institutionen.

Ein solch soziologisch Verständnisses läßt es sinnvoll erscheinen, Institutionenbildung als einen sozialer Prozeß vorzustellen. Bei aller abstrakten Plausibilität stellt sich allerdings das Problem der konkreten Analyse. Bei der Beobachtung intergouvernementaler Verfassungsgebung kann man auf erklärte Positionen und Verhandlungsergebnisse zurückgreifen. Will man untersuchen, wie aus sozialen Prozessen Institutionen entstehen bzw. verändert und neue politische Räume geschaffen werden, so bedarf es zum einen genauerer Vorstellungen des Transformationsprozesses. Zum anderen läßt sich die Bedeutung der Prozesse und ihre Richtung systematisch erst dann erfassen, wenn die beiden polaren systemischen Idealtypen modellhaft beschrieben werden, zwischen denen sich die Transformationsprozesse abspielen. Dementsprechend sollen zunächst das System des Staatenverbundes und das des vernetzten Gemeinschaftssystems als analytische Gegenmodelle skizziert werden.

Die Europäische Gemeinschaft als „Staatenverbund"[15] ist verfassungsrechtlich als

---

14 Das hier vorgetragene Konzept wurde ursprünglich als Analyseraster für die Untersuchung des Rollenwandels von Regionen in der europäischen Politik entwickelt (vgl. Kohler-Koch 1998b:19-25).

15 Wir greifen auf diese häufig kritisierte Begriffswahl des Bundesverfassungsgerichts, mit der der gegenwärtige Entwicklungsstand der supra-nationalen Gemeinschaft bezeichnet wurde,

Mehrebenensystem konstruiert. Die Mitgliedstaaten behalten ihren Charakter als politische Einheiten, denn im zentralen Entscheidungsorgan, dem Rat, vertreten Regierungen „nationale" Interessen. Die jeweils vertretenen Positionen mögen nicht immer „national" im Sinne einer ausgewogenen Repräsentation der unterschiedlichen Interessen sein. Aber dies ändert nichts an der Tatsache, daß Interessen im politischen Raum der einzelnen Mitgliedstaaten gebündelt werden und Regierungen stellvertretend einen Ausgleich der Interessen untereinander verhandeln. Sie sind die zentralen Vermittlungsinstanzen zwischen der nationalen und der supra-nationalen Ebene. Das Zwei-Ebenen Spiel ist eindeutig ihr Spiel. Die Kompetenzerweiterung des Europäischen Parlamentes durch die Vertragsrevisionen von Maastricht sowie die Ausweitung des Mehrheitsprinzips für Abstimmungen im Rat haben dieses Verbundsystem unterhöhlt. Das Europäische Parlament ist ein Gemeinschaftsorgan, das nationenübergreifend Interessen nach weltanschaulichen Ausrichtungen zu bündeln versucht. Seine Aufwertung ist damit eine Form des Ausbaus eines europäischen politischen Raumes. Gleiches gilt für die Einschränkung des nationalen Vetos im Rat. Wenn die eigene Regierung kein Garant mehr für die Vertretung nationaler Interessen ist, so ist für gesellschaftliche Akteure die unmittelbare Präsenz auf der europäischen Bühne unerläßlich.[16]

Das Gegenmodell wäre ein Gemeinschaftssystem, in dem die Interessen nicht nach dem Territorialitätsprinzip national gebündelt, sondern grenzüberschreitend zu konkurrierenden Positionen zusammengeführt werden. Akteure gleich welcher Herkunft betrachten das europäische Gesamtsystem als ihren primären Aktionsraum und mischen sich mit der gleichen Selbstverständlichkeit in die Politik der Gemeinschaftsorgane und gar anderer Mitgliedstaaten ein wie zuvor in die ihres heimischen politischen Systems. Das Mehrebenensystem verwandelt sich damit in ein vernetzes Gesamtsystem. Es gibt seit Mitte der 80er Jahre zahlreiche Erscheinungsformen einer intensiven transnationalen Vernetzung. Diese Tatsache allein reicht für die Diagnose einer Systemtransformation nicht aus. Erst wenn die Grenzen zwischen den politischen Räumen der einzelnen Mitgliedstaaten unerheblich werden und ein umfassender europäischer politischer Raum entsteht, ist der Staatenverbund obsolet geworden.

Unsere Untersuchung postuliert keineswegs, daß ein Übergang zu einem europäischen Gesamtsystem bereits stattgefunden hat oder unumgänglich ist. Vielmehr möchte sie eine Prozeßbetrachtung leisten, d.h. an einem konkretren Beispiel aufzeigen, wie sich die EU/EG zwischen diesen skizzierten idealtypischen Polen bewegt. Zusätzlich soll gezeigt werden, mit welchem theoretisch-methodischen Zugang die Dynamik und Richtung der Entwicklung erfaßt werden kann. Eine unmittelbare Schlußfolgerung ist, daß die Untersuchungsperspektive geändert werden muß. Der analytische Blickwinkel wechselt von einer „top-down" zu einer „bottom-up" Betrachtung. Der eigentliche Transformationseffekt kann dabei sowohl als Ergebnis intentionaler Handlungen als auch als unbeabsichtigter Nebeneffekt politischer Interaktionen zustande kommen. Die Elemente und Mechanismen, die die Orientierung der handelnden Akteure in Richtung auf die neue Bezugseinheit beeinflussen, können in Verbindung mit der oben

---

zurück, weil sie bildhaft die herrschende verfassungsrechtliche Vorstellung von der EG zum Ausdruck bringt.

16 Mit der Vertragsrevision von Amsterdam wurde diese institutionelle Umformung, wenn auch nur wieder in kleinen Schritten, weiter vorangetrieben.

entwickelten soziologisch-institutionellen Sichtweise von Institutionenbildung identifiziert werden.

Mit anderen Worten: Die Herausbildung eines europäischen politischen Systems wird nicht einzig als Produkt konstitutioneller Vereinbarung der dazu autorisierten Akteure betrachtet. Bezogen auf die EU heißt dies, daß man die Analyse nicht ausschließlich auf die institutionellen Reformen konzentrieren kann, die im Rahmen von Regierungskonferenzen oder als Interorganabkommen vereinbart werden. Vielmehr richtet sich die Untersuchung auf das kontinuierliche und durch dezentrales Handeln einer Vielzahl von Akteuren initiierte Geschehen. Wenn nicht mehr Verfassunggebung als zentrales Momentum politischer Systemveränderung angenommen werden kann, dann muß nach den konkreten Wegen und Mechanismen der Transformation gefragt werden. Die These ist, daß über soziale Einbindung und konzeptionelle Orientierung jene Koordinierung einer Vielzahl von Akteuren erfolgen kann, die erforderlich ist, um dezentrales Handeln institutionell relevant werden zu lassen.

Institutionelle Veränderungen können demnach auf den Weg gebracht werden durch

1) *Verordnung*: institutionelle Reformen werden, meist durch Akte der Verfassunggebung, verbindlich auferlegte;
2) *Einbindung*: die Teilhabe an politischen Interaktionen kann über die Einpassung in Routinen und politischen Praktiken zu einem schleichenden Institutionenwandel führen;
3) *Angebot*: die Konstruktion und Interpretation handlungsrelevanter Leitideen beeinflußt die Definition akzeptabler Entscheidungsverfahren und sachgemäßer Problembearbeitung.

Um erfassen zu können, wie das System des Staatenverbundes sich langsam zu einem europäischen Gesamtsystem entwickelt, reicht es also nicht aus, nur die formale Organisation der europäischen Politik in den Blick zu nehmen. Unsere These ist, daß Angebot und Einbindung den Prozeß der Systemtransformation ausrichten und bestimmen. Sie ist auf der Grundlage eines weiten Institutionenverständnisses plausibel, wonach handlungsorientierende Leitideen wesentliches Element politischer Institutionen sind. Ebenso plausibel ist, daß die Veränderungen sich im alltäglichen Regieren vollziehen. Somit ist die Art und Weise, wie die Europäische Gemeinschaft regiert wird, von höchstem Interesse.

1.4 Wechselwirkung von Verfassungsstruktur und Art des Regierens

Untersuchungen des Entscheidungssystems der EG zeichnen gemeinhin ein weitgehend einheitliches Bild der Interaktionsprozesse und der Rolle der Gemeinschaftsorgane. Auch wenn die inzwischen zahlreich vorliegenden Einzelfallstudien aus der Policy-Forschung erhebliche Variationen zwischen einzelnen Politikfeldern offenlegen, so läßt sich doch eine EG-spezifische Handlungslogik ausmachen[17]. Ihr entsprechend treten die Kommission und der Europäische Gerichtshof, mit nachgeordneter Be-

---

17 Sehr gute Zusammenfassungen bieten Wallace/Wallace 1996 und auch Kerremans 1996. Eine vergleichende Analyse unterschiedlicher Politikfelder, in der die Bedingung spezifischer Modi des Regierens aufgearbeitet wurden, bietet Kohler-Koch/Eising 1999.

deutung auch das Europäische Parlament, als Promotoren einer Transnationalisierung und Vereinheitlichung des europäischen politischen Raumes auf. Erklärt wird dieses Rollenverhalten in der Regel mit den Strukturgegebenheiten des europäischen Institutionensystems. Um es am Beispiel der Europäischen Kommission deutlich zu machen: Das vertraglich abgesicherte Vorschlagsrecht sichert der Kommission ihre Schlüsselrolle als Initiator europäischer Politik. In Ermangelung von Ressourcen und Entscheidungskompetenzen ist sie dann allerdings darauf angewiesen, ihre Politik im Wege der Überzeugung durchzusetzen. Information und Kommunikation sind somit zentrale Instrumente erfolgreicher Kommissionspolitik. Ausdruck ihrer Ressourcenknappheit ist aber auch, daß sie selbst darüber nicht autonom verfügen kann, sondern diese erst aus ihrem Umfeld einwerben muß. Ihrer Abhängigkeit von externer Expertise und von Prozessen der intermediären Filterung und Aggregation heterogener Interessen versucht sie mit einer gezielten Förderung funktionaler Interessenvertretung und deren transnationaler Vernetzung zu begegnen. Es ist in ihrem unmittelbaren Interesse, daß sich auf intermediärer Ebene Kräfte von transnational-europäischem Zuschnitt organisieren. Damit verwischen sich die Trennungslinien des Mehrebenensystems und es entsteht ein übergreifender politischer Raum.

So einheitlich die Darstellungen und so plausibel die funktionalen Begründungen für die Entwicklung eines spezifisch gemeinschaftlichen Modus des Regierens sind, so liefern sie doch nicht die Auflösung eines Rätsels. Die Frage ist, warum die Mitgliedstaaten ihre Rolle als "Herren der Verträge" nicht dahingehend wahrnehmen, daß sie der schleichenden Unterhöhlung des Staatenverbundes Einhalt gebieten. Das argumentative Defizit vieler Ansätze ergibt sich aus einer einseitigen Fixierung auf die Produktion politischer Sachentscheidungen. Die übergeordnete Frage nach der Legitimität europäischer Politik wird vernachlässigt, und so gerät die Bedeutung normativer Orientierungen aus dem Blick.

Für die wissenschaftliche Bearbeitung des Themas heißt dies, daß zwei Untersuchungsperspektiven, die gegenwärtig getrennt bearbeitet werden, zusammengeführt werden müssen. Dies ist zum einen die Perspektive der Policy-Forschung, die auf die Interdependenz von politischer Problembearbeitung, funktionalen Handlungsrationalitäten und Organisationsstrukturen des politischen Systems fokussiert ist. Zum anderen ist es die Perspektive der vergleichenden Systemlehre, die die demokratische Qualität dieses Verfassungssystems in den Blick nimmt. Erörterungen des „Demokratiedefizits" der Europäischen Union blenden in der Regel die Vielfältigkeit der konkreten Erscheinungsformen europäischen Regierens aus. Fallstudien zu einzelnen Fachpolitiken bieten ihrerseits tiefe Einblicke in die Funktionsweise der europäischer Verfassungswirklichkeit, nehmen aber keinen Bezug auf die grundsätzlichen Fragen nach ihrem Legitimitätsgehalt. Erst die Berücksichtigung beider Dimensionen bietet Anhaltspunkte dafür, daß sich bestimmte Muster der politischen Problembearbeitung im Rahmen der Europäischen Gemeinschaften herausbilden und eine Dynamik der schrittweisen Systemveränderung in Gang setzen.

Die supranationale Gemeinschaft der EG ist nicht nur de facto, sondern auch normativ betrachtet ein Konkordanzsystem. Die Diskussion um das demokratische Defizit und

die Stärkung gemeinschaftlicher Handlungsfähigkeit[18] gipfelt zwar immer wieder in Forderungen nach einem Ausbau parlamentarischer Verantwortlichkeit und Mehrheitsabstimmungen im Rat, doch ein Majorzsystem soll damit nicht etabliert werden. Es besteht Konsens, daß die Gemeinschaft nicht mit knappen Mehrheiten regiert werden kann. Dagegen spricht nicht nur die Schwäche der parlamentarischen Repräsentation, sondern vor allem auch die strukturelle Heterogenität der beteiligten Gesellschaften und die immer noch dominant nationale Orientierung der Bevölkerung. Unter derartigen Strukturgegebenheiten ist Konsensfindung in Verhandlungen auch in nationalen Verfassungssystemen eine erprobte und anerkannte Option. Sie darf aber nicht als quasi automatische Funktionsanpassung an strukturelle Handlungserfordernisse mißverstanden werden. Vielmehr schlagen sich darin spezifische ordnungspolitische Leitideen über den angemessenen Umgang mit komplexen politischen Beziehungen nieder. Wenn Entscheidungen einer Mehrheit von der überstimmten Minderheit als illegitime Fremdherrschaft aufgefaßt werden, dann wird nur ein Konkordanzsystem als legitim erachtet. Die Einbeziehung einer größtmöglichen Zahl von Beteiligten in den gemeinschaftlichen Konsens ist aber nicht nur eine Antwort auf strukturelle Heterogenität. Sie erscheint vor allem dann angemessen, wenn Politik vornehmlich als Ausgleich pluralistischer Interessen und nicht als Verkörperung weltanschaulicher Gestaltungsansprüche begriffen wird. Kurz gesagt, welchem politischen Ordnungsmodell der Vorzug gegeben wird, hängt von der Interpretation der gegebenen Situation und konkurrierenden Vorstellungen über angemessene politische Organisationsprinzipien und die wesentliche Zwecksetzung von Politik ab.[19]
Nach weitgehender Übereinstimmung geht es in der Europäischen Union nicht um die politische Verkörperung einer Gemeinschaft, sondern um eine möglichst gelungene Koordinierung divergierender Interessen zwecks Maximierung des gemeinsamen Nutzens. Die Heterogenität der Präferenzen ist eine anerkannte Tatsache und gleichzeitig eine normative Schranke. Die Autonomie der Mitglieder wird als ein achtenswertes Gut eingestuft, so daß in wichtigen Fragen um einen alle umfassenden Konsens gerungen wird. Wenn nun Interesse als eigentlicher Kern und Movens der Politik und Konkordanz als angemessener Modus zur Herstellung von Allgemeinverbindlichkeit betrachtet wird, dann wird verständlich, warum der Ausbau transnationaler Kooperationsstrukturen auf keinen weiteren Widerstand stößt. Sie vereinigen all jene Merkmale, die ordnungspolitisch nach herrschender Auffassung positiv gewertet werden[20]: eine unmittelbare Einbeziehung der betroffenen Akteure, die breit gefächerte Repräsentanz aus allen Mitgliedstaaten, der Interessensausgleich über Verhandlungen, die Suche nach sachgemäßen Lösungen durch die Hereinnahme von Fachverstand und die Bemühungen um einen Konsens, der von einer Verständigung über Problemsichten und Handlungsoptionen getragen ist. Kurz gesagt, funktionale Interessenvertretung,

18 Hiermit wird an die in der politischen Diskussion übliche Terminologie angeknüpft, die das Kriterium des demokratischen Defizits lediglich mit der input-Dimension, d.h. die Rückbindung von Regieren an den Willen des Bürgers, verknüpft und die output-Dimension, d.h. die Bedingungen einer effizienten Selbstbestimmung des Bürgers mit dem Topos der "politischen Handlungsfähigkeit" der Regierenden gleichsetzt.

19 Idealtypisch betrachtet kann diese entweder in der Klärung und dem Ausgleich konkurrierender politischer Interessen oder in der Repräsentation und Reproduktion politischer Identität gesehen werden. Für eine ausführlichere Behandlung vgl. Kohler-Koch 1999.

20 Dies ist das Ergebnis einer eigenen Eliteumfrage, vgl. Kohler-Koch 1998c.

technokratische Orientierung und deliberative Politik verbinden sich zu einem Politikkonzept, dem ein hoher Legitimationsvorschuß gegeben wird. Es wird nicht lediglich als Kompensation des konstatierten Demokratie-Defizits der Gemeinschaft gewertet, sondern als eine alternative, dem Gemeinschaftssystem besonders angemessene Form der Politik.

Die These ist nun, daß in der Gemeinschaft politische Konsensbildung über Interaktion und die Herausarbeitung handlungsleitender Konzepte verläuft. Auf diese Weise wird über die inhaltliche Politikgestaltung dem Ausbau der EG zu einem einheitlichen Politikraum kontinuierlich Vorschub geleistet. Bereits in der Phase des Agenda-setting, d.h. wenn definiert wird, was als gemeinschaftlich relevante Angelegenheit zu betrachten ist und auf die Tagesordnung transnationaler Verhandlungen gesetzt werden soll, etablieren sich politische Praktiken, die grenzüberschreitende Interaktionsbeziehungen bewirken. Je heterogener die Interessenlagen und je diffuser die ins Auge gefaßten politischen Ziele, desto größeres Gewicht erhalten in diesen Interaktionen konzeptionelle Leitideen. Sie werden zum Nukleus der wechselseitigen Verständigung, um den sich Befürworter und Gegner scharen. Die konsensstiftende Konstruktion und Interpretation von Kernbegriffen, mit denen Probleme auf den Nenner gebracht und Eckpunkte von Politikstrategien benannt werden, dienen als Bezugspunkte in nachfolgenden Verhandlungen. Sie etablieren so eine gewisse Pfadabhängigkeit für die Bearbeitung eines Politikfeldes.

1.5 Die doppelte Funktionalität von Interaktion und Ideendiffusion

Der Behauptung, Ideen und Interaktion seien entscheidende Momente der Politikentwicklung, liegt ein konstruktivistisches Politikverständnis zugrunde: Interpretation und Konstruktion sind wesentlich für die Herbeiführung von Allgemeinverbindlichkeit. Diese ist Produkt von Interpretationsleistungen, die sich auf die Definition von Problemen und sachgemäßer Bearbeitungsstrategien beziehen (Hofmann 1993, Nullmeier 1994, z.T. March/Olsen 1989). Der konstruktive Charakter von Politik wird vor allem dann deutlich, wenn man Interpretationsleistungen (Berger/Luckmann 1967) und die Verortung der sozialen Interaktion in Institutionen (Lau 1978) in Betracht zieht. Erst in diesem Politikverständnis rückt die Gestaltung von Interaktionskontexten ins rechte Bild. Sie beeinflussen in hohem Maße, welche Ideenträger über Einbindung oder Ausschluß an der Konstruktion beteiligt sind. Gleichzeitig heißt die Verortung in einem bestimmten Interaktionskontext auch Subsumtion unter eine institutionelle Leitidee (Lepsius 1995; Rehberg 1994), die Interpretationen filtert, dem Handeln der Akteure Orientierung (Göhler 1990) verleiht und somit Konstruktionen bestimmter Art fördert.

Am Beispiel der europäischen FuT-Politik wird deutlich, daß Ideen in diesem Verständnis eine doppelte Leistung erbringen: sie bieten kognitive Orientierungen durch Theorien (bzw. Paradigmen) als Aussagen über die Ursache-Wirkung-Zusammenhänge und durch Leitideen, welche politisches Handeln normativ ausrichten. Dementsprechend ist auch ihre Funktionalität zweidimensional. Sie stabilisieren Erwartungen über problemgemäße Handlungsstrategien, und sie bieten überzeugende Begründungen für die Wünschbarkeit und Sinnhaftigkeit der eingeschlagenen Strategien. Forschungs- und Technologieförderung ist ein Politikfeld, das aufgrund seiner Eigenschaften für Konstruktionen besonders offen ist: unklare Ursache-Wirkung-Zusammenhänge, permanent sich wandelnde technologische Determinismen, eine Vielfalt möglicher Handlungsalternativen und eine Vielzahl von Akteuren, mit auch rollenbedingt unterschiedlichen Interessen, verleihen ihm einen hohen Grad an Komplexität. Die Dynamik und der Systemcharakter technologischer Entwicklungen stärken die Funktionalität von Ideen über „richtige" Strategien. Wollen sie von Dauer sein, müssen sie Handlungsprinzipien beinhalten, die für sehr unterschiedlich kognitiv geprägte Akteure (aus Industrie, Politik, Wissenschaft) anschlußfähig sind. Zusätzlich wird über politisch relevante Ideen der Zusammenhang zwischen technologischen Aktivitäten und gesellschaftlichen Zielen hergestellt. Eine plausible und akzeptable Verknüpfung kann nicht nur über wissenschaftliche Deliberation hinsichtlich technologisch-wirtschaftlicher Wirkungszusammenhänge geleistet werden, sondern muß auch die Verbindung zu geltenden normativen Ankern sicherstellen.

Treffen diese Besonderheiten der FuT-Politik auf die Besonderheiten des EG-Systems, dann wird die Funktionalität diskursiver Politik, die sich um die konsensuale Entwicklung von paradigmatischen Übereinstimmungen und Leitideen bemüht, einsichtig. Im Vergleich zu nationalen Innovationssystemen ist die EG durch eine Vielzahl von Akteuren mit sehr unterschiedlichen technologischen und wirtschaftspolitischen Orientierungen gekennzeichnet. In ihr treffen sehr verschiedene nationale Entwicklungsstände und Strategietraditionen aufeinander. Da Technologieentwicklung nicht politisch verordnet, sondern nur über eine Mischung aus materiellen Anreizen und Ideenimpulsen aktiviert werden kann, ist diese Heterogenität besonders für europäische Politik eine hohe Hürde. Eine Strategie der Koordinierung nationaler Politiken, die mit dem Modell des Staatenverbundes konform ginge, führte unter den gegebenen Umständen lediglich zu einer Perpetuierung eingefahrender Verhaltensmuster und ließe keine genuin europäische Politik entstehen. Den Bemühungen, eine gemeinschaftliche Politik zu entwickeln, standen zunächst aber die Rechtslage – FuT-Maßnahmen waren im EWG-Vertrag nicht im Tätigkeitskatalog (Art. 3) und nur im Rahmen der Agrarpolitik explizit vorgesehen - , die Interessen der Mitgliedsregierungen, denen die Instrumente und Mittel für wirkungsvolle Anreize abgetrotzt werden mußten, die Heterogenität der Interessenlagen und die Binnenorientierung der Akteure im Wege.

Unsere These ist, daß am Beispiel der FuT-Politik eine dynamische Wechselwirkung zwischen der Entwicklung eines überzeugenden Konzeptes und der Ausrichtung der Akteure auf einen neuen Handlungsraum zu beobachten ist. Die inhaltliche Entwicklung des Politikangebots ist nicht zu trennen von der „Vergemeinschaftung" des Politikfeldes, denn die Grundthese, daß grenzüberschreitende Kooperation produktive Ressourcen erschließt, verweist logisch konsistent auf die EG als Handlungsraum. Die Strategie der konzeptionellen Abstimmung in breit gefächerten Diskussionsrunden ist der Konsensbildung ebenso förderlich wie der Weitung des kognitiven Bezugsraumes. In unserem Beispiel bestätigte sich eindrücklich das bekannte Phänomen, daß die Wertschätzung eines politischen Konzeptes umso nachhaltiger ist, je mehr die Akteure davon überzeugt sind, daß sie selbst aktiv an seiner Verarbeitung und Umsetzung mitgewirkt haben. Unter den institutionellen Gegebenheiten der EG ist die interaktive Entwicklung von Politikkonzepten nicht nur eine vielversprechende Strategie, sondern geradezu zwingend, weil ein zentraler Akteur die Bündelung und Filterung konkurrierender Konzepte schlechterdings nicht allein bewerkstelligen kann und auch überfordert ist, die sachbedingte Komplexität kognitiv zu fassen oder gar zu einem stimmigen Konzept zu verarbeiten. Aus den problemstrukturellen Gegebenheiten des Politikfeldes selbst ergibt sich, daß ein (tatsächlich oder scheinbar) tragfähiger wissenschaftlicher Konsens nur erzielt werden kann, wenn frühzeitig ein Anschluß an laufende wissenschaftliche Diskurse und die Einbindung einer geneigten „epistemic community" (Haas) gelingt. Zusätzlich ist es aussichtsreich, allfällige Widerstände aus den Reihen der Regierungen als Repräsentanten des Staatenverbundes zu überwinden, indem man die Adressaten der Politik einbezieht, um sie an den Logiken der neuen Politik teilhaben zu lassen und eine Nachfrage nach den anvisierten Politikangeboten zu wekken. In der Fallstudie wird gezeigt werden, daß die Reihenfolge, in der unterschiedliche Akteursgruppen einbezogen werden und das Gewicht, das ihnen jeweils beigemessen wird, wichtige strategische Elemente darstellen. Erst wenn ausreichende Anhaltspunkte dafür vorliegen, daß die Endadressaten der Politik, nämlich Unternehmen und öffentliche Forschungseinrichtungen, auch der neuen Politik folgen, kann diese mit Aussicht auf Erfolg mit den nationalen Regierungen ausgehandelt werden. Allerdings darf die Rede von optimalen Strategien nicht den Eindruck der beliebigen Gestaltbarkeit europäischer Politik oder gar der einseitigen Steuerung erwecken. Die Kommission ist dank ihrer vertraglich abgesicherten Initiatorenrolle zwar in einer hervorragenden Position, um Interaktion und Ideendiffusion zu moderieren, doch sie kann Akteure nicht freihändig in den Prozeß der Politikformulierung einbeziehen und ist stets auf deren Kooperationsfähigkeit und -bereitschaft angewiesen. Noch weniger können konzeptionelle Konstruktionen instrumentell gehandhabt werden. Die Kommission kann sich nicht einfach passende Ideen nach dem Modell des Supermarktes aussuchen und verbreiten. Hierfür ist die kognitive Heterogenität zu groß und sind eingefahrene Ideen viel zu widerständig. Einbindung ist in der Tat ein *inter*aktiver Prozeß, in dem die Gestalt und Besetzung der Netzwerke in hohem Maße vom Verhalten dezentraler Akteure abhängt, und gleichermaßen ist die Konstruktion von Konzepten ein Produkt von Austauschprozessen, in denen Kausalitäten gelernt, Machbarkeitsvorstellungen ausgetauscht und Erwartungen abgeprüft und verarbeitet werden.

Im folgenden empirischen Teil werden wir versuchen, exemplarisch aufzuzeigen, wie der Entwicklung einer Gemeinschaftspolitik, die zunächst nur faktisch erfolgte und erst anschließend vertraglich abgesichert wurde, eine erfolgreiche Phase der Konzeptkonstruktion und deren Verankerung als Geltung heischende Ordnungsidee vorausgeht. Für diesen Fall kann mit Fug und Recht argumentiert werden, daß die gelungene Verallgemeinerung von politischen Handlungskonzepten zu einem doppelten Wandel beiträgt. Zum einen treibt sie den Prozeß der Vergemeinschaftung voran; d.h. für die Politikformulierung im Feld FuT wurde der Staatenverbund ein weiteres Stück hin zum Gemeinschaftssystem verschoben. Zum anderen hat die neue Philosophie auch den Orientierungs- und Handlungsraum der nichtstaatlichen Akteure erweitert. Sie hat dazu beigetragen, daß die europäische Dimension als eine sinnvolle und tatsächlich auch praktisch zu erschließende Handlungsebene erfahren wurde. Es sind diese Zusammenhänge, die die europäische Politik so interessant werden lassen: Die inhaltliche Abstimmung politischer Konzeptionen in einem interaktiven Prozeß läßt staatliche und nicht-staatliche Akteure in den transnationalen Kontext treten. Über die Logik transnationaler Politikkonstruktion werden Binnengrenzen schließlich hinfällig. Letzten Endes führt die Dynamik der Policy-Vergemeinschaftung dazu, daß staatliche wie nichtstaatliche Akteure im Politikfeld sich nun in einem von Binnengrenzen befreiten europäischen Raum bewegen.

2. *Vergemeinschaftung durch Interaktion und Ideendiskurs am Beispiel der EG-Forschungsförderung*

An der europäischen FuT-Politik wird im folgenden gezeigt, wie sich aus einer Gemengelage vielfältiger Einschätzungen in einem Interaktionsprozeß ein konzeptionelles Angebot (politikrelevantes Konzept) herauskristallisiert und wie auf dieser Basis eine forschungspolitische Leitidee für private (Unternehmen, Forschungsinstitute) und öffentliche Akteure (Europäische Kommission) in der EG handlungsanleitend wird. Es soll exemplarisch verdeutlicht werden, wie durch kleinschrittige soziale und kognitive Prozesse nationale Beschränkungen von Akteursorientierungen überwunden und in eine europäische Dimension überführt werden können. Es sind die neuen fachpolitischen Orientierungen und Erwartungen, die die europäische Ebene zur neuen Bezugseinheit - zum neuen politischen Raum - machen und so zur Entfaltung des EG-Systems als übergreifenden Ganzen beitragen.

Die Leitidee der europäischen FuT-Politik besteht seit Mitte der achtziger Jahre darin, daß durch das Konzept der Vernetzung der europäischen Forschungskapazitäten mittels grenzüberschreitender Kooperation in Forschung und Entwicklung die Wettbewerbsfähigkeit der europäischen Industrie verbessert und damit dem Ziel der Wohlfahrtssteigerung in der EG gedient werden soll. Der *theoretische* Kern dieser Leitidee ist die Kausalitätsbehauptung, daß grenzüberschreitende Kooperation in Forschung und Entwicklung in der Lage ist, die industrielle Wettbewerbsfähigkeit in Europa zu verbessern. Diese theoretische Annahme wurde im Zuge der *normativen* Ausrichtung, wonach FuT-Politik unmittelbar dem vertraglich kodifizierten Ziel der Wohlfahrtssteigerung in Europa dienen soll, für die Leitidee europäischer FuT-Politik nutzbar gemacht. Am Beispiel des thematischen Programmes BRITE (Basic Research for Industrial Technologies in Europe) wird die interaktive Konstruktion des europäischen forschungspolitischen Konzeptes rekonstruiert und die Bedingungen ihres Erfolges untersucht.[21]

---

21 Diese Vernetzung wird supranational moderiert, indem Industrieunternehmen sowohl mit anderen Industrieunternehmen als auch mit nicht-industriellen Forschungseinrichtungen aus mindestens zwei Mitgliedsländern projektbezogen kooperieren. Implementiert wird diese Idee von der Kommission selbst durch spezifische Programme (Mehrheitsentscheid im Ministerrat) auf der Basis vierjähriger Rahmenprogramme (Einstimmigkeit). Letztere legen die Finanzsumme, die Verteilung auf die thematischen Programme sowie die grundlegenden Selektionskriterien für die Projektauswahl fest. Der finanzielle Anreiz der Programme liegt in einer projektbezogenen Förderquote von in der Regel 50% der Projektkosten. Dem ersten Rahmenprogamm 1984 (3,7 Mrd. ECU), das noch nicht unter der Norm der eigenständigen Technologiepolitik der EEA verabschiedet wurde, folgten mittlerweile drei weitere, die Gesamtsumme hat sich auf 13.215 Mrd. ECU im derzeit laufenden 4. Rahmenprogramm erhöht (KOM 1997: 500 ff). Das erste BRITE-Programm wurde 1983 zum ersten Mal im Rat behandelt und nach Querelen um die Höhe des 2. Rahmenprogramms 1985 endgültig mit einer Höhe von 125 Mio ECU verabschiedet. Das laufende Programm BRITE-EURAM III (07/1994-12/1998) verfügt

Das Programm BRITE wurde 1985 zum ersten Mal vom Rat verabschiedet, 1987 mit dem Materialforschungsprogramm EURAM zu BRITE-EURAM verschmolzen und erlebt mittlerweile seine vierte Auflage (BRITE-EURAM III). Es wendet sich an die sogenannten „traditionellen Industrien"[22] in Europa und hat zum Zweck, auch jenseits der Schlüsseltechnologien Informations- und Biotechnologie die Kapazitäten der reifen europäischen Industriezweige zur Forschung und Entwicklung in den Produkt- und Prozeßtechnologien zu bündeln. Waren grenzüberschreitende FuE-Kooperationen in diesen Industrien Anfang der 80er Jahre in Europa noch die große Ausnahme[23], so sind sie heute für viele FuE-Akteure eine selbstverständliche Option. Zu dieser Entwicklung haben Programme wie BRITE und seine Folgeprogramme nach allgemeiner Einschätzung entscheidend beigetragen (Reger u.a. 1994; Starbatty/Vetterlein 1990a: 98; 1990b: 141; Grande 1994). Wie die Genese dieses Programmes und der Tatbestand zu erklären ist, daß BRITE zum Katalysator für eine grenzüberschreitende Orientierung und eine Europäisierung von Forschungsaktivitäten bei Akteuren der industrieorientierten Forschung geworden ist, soll im folgenden analysiert werden.[24]
Die empirische Darstellung muß sich dabei auf folgende Elemente konzentrieren:

- die diskursive Interaktion, die durch wechselseitige *Einbindung* sukzessive ausgestaltet wurde,
- die internationale und interkontextuelle Ausbreitung und die Verschmelzung von neuen fachpolitischen und steuerungstheoretischen Ideen zu einem konzeptionellen *Angebot* sowie
- die institutionellen Bedingungen und Entwicklungen, die diese Prozesse begünstigten.

Der unmittelbare Fokus liegt zwar auf Prozessen und Bedingungen des Designs und der Diffusion von Konzepten und der auf sie gründenden Leitidee. Die konstruktivistisch angelegte Analyse soll jedoch darüberhinaus die Prozesse der Vergemeinschaftung einzelner Politikbereiche erhellen und damit die Grundlage für eine empirisch begründete Beurteilung der Bedeutung fachpolitisch spezifischer, sozialer Vergemeinschaftungsprozesse für die Fortentwicklung des gesamten EG-Systems schaffen.

über 1.722 Mio ECU (einschließlich 15% für Maßnahmen zur Unterstützung von KMU; http://europa.eu.int/comm/dg12/brite-eu/br-eur3.html.) und ist nach dem Programm für Informationstechnologie das zweitgrößte spezifische Programm im Vierten Rahmenprogramm.

22 Der Begriff "traditionelle Industrien" wurde im Jargon der EG-Programme für all jene Industrien gewählt, die nicht dem High-Tech-Sektor (Informations- und Kommunikationstechnologie, Biotechnologie, Luft- und Raumfahrt) oder dem Energiesektor zugerechnet wurden.

23 Der statistische Nachweis ist schwer zu führen, weil sich die Daten zu grenzüberschreitenden Kooperationen im wesentlichen auf die Schlüsseltechnologien Informations- und Biotechnologie und z.T. Materialwissenschaften beschränken. In den traditionellen Industriezweigen wurden in einer empirischen Zählung für den gesamten OECD-Raum für das Jahr 1980/81 lediglich 30 (!) grenzüberschreitende privatwirtschaftliche FuE-Kooperationen gezählt (Hawkins 1982: 18).

24 Eine lückenlose Darstellung der konzeptionellen Genese des Programms ist hier nicht möglich. Sie wurde im Rahmen eines fortgeschrittenen Dissertationsprojektes von Jakob Edler (1999) zur Genese und Implementation des spezifischen Programms BRITE bzw. BRITE-EURAM aufgearbeitet.

2.1 Ideen und Interaktion I: Konzeptionelle Grundlegung im organisierten Meta-Diskurs

Politisch relevante Ideen bilden sich in institutionellen Konfigurationen aus und werden durch diese vermittelt. Im internationalen Zusammenhang, in dem Informationsaustausch mit spezifischen Transaktionskosten und Verständigungshürden verbunden ist, wird die Bedeutung institutioneller Kontexte für die Konzipierung erfolgreicher Politikansätze besonders deutlich. In internationalen fachpolitischen Diskursen bringen Akteure aus unterschiedlichen Bereichen und verschiedenen Nationen Erfahrungen und Erwartungen ein und gleichen sie mit den Erfahrungen und Erwartungen anderer Akteure und mit neuem Expertenwissen ab. Solche Interaktionen finden nicht völlig ungeregelt statt, sondern sind organisiert. Diese Organisation wiederum ist an einen institutionellen Rahmen gebunden. Akteurserwartungen hinsichtlich der strategischen Motivationen anderer Diskursteilnehmer, der Qualität des eingebrachten Wissens sowie der Stoßrichtung und Verbindlichkeit von Ergebnissen hängen stark von der institutionellen Philosophie der diskursgestaltenden Organisation ab. Es ist naheliegend, daß die der Organisation zugeschriebenen Zweckbestimmungen und über die Zeit entwickelten Handlungslogiken im bereitgestellten institutionellen Kontext wesentlich Inhalt und Effektivität der Diskursergebnisse beeinflussen.

Eine bevorzugte Organisation für solche internationalen fachpolitischen Diskurse ist die OECD. Ab Ende der 70er Jahre organisierte sie einen breiten und in vielen Nationen auch parallel geführten Diskurs über Technologie- und Industriepolitik[25]. Auch die EG-Kommission war eingebunden und konnte damit mit Akteuren aus unterschiedlichen industriellen und wissenschaftlichen Kontexten in einen konzeptionellen Diskurs treten. Sie fand sich in der OECD in einem Umfeld natürlicher Transnationalität, operativer Unverbindlichkeit und ausgewiesener akademischer Exzellenz. Der Abgleich von Erwartungen, Erfahrungen und neuem Wissen unter Diskursführerschaft der OECD setzte einen gemeinsamen Lernprozeß in Gang. Aus der Dokumentenanalyse erschließt sich, daß damit ein Grundstein für das europäische Konzept der FuT-Politik gelegt wurde, das eine ausreichende Anzahl von Akteuren für realistisch und wünschenswert hielt.

Die Bedeutung des OECD-Diskurses liegt im „reframing" von FuT-Politik, d.h. der Veränderung der Kontextbezüge und der theoretischen Nutzendefinition von Wirkungszusammenhängen. Diese theoretische Re-Orientierung war zum Ausgang der 70er Jahre eng mit der Perzeption der neuartigen Stagflationskrise verbunden und bildete das paradigmatische Fundament für die Logik der europäischen Technologieprogramme. Dieses Fundament stand auf zwei Säulen:

1) Im Zuge der Kritik an zentralen Annahmen des Keynesianismus bildete sich eine innovationsinduzierte Wachstumstheorie heraus, womit Forschung und Entwicklung auf die Dimension industrieller Produktivität reduziert wurden.
2) Aufgrund neuer innovationstheoretischer Erkenntnisse wurde die Verschmelzung von FuE-Kontexten, durch Zusammenarbeit von grundlagenorientierter und angewandter Forschung sowie durch breite Kooperation über industrielle Sektorengren-

25 Für eine Auflistung siehe Literaturverzeichnis, OECD, diverse Jahrgänge.

zen und nationale Märkte hinweg, zum neuen forschungspolitischen Postulat.[26] Auf diesem theoretischen Fundament entwickelte sich ein neues technologiepolitisches Paradigma. Für die internationale Diskussion hat eine Gruppe hochkarätiger OECD-Expertengruppe die Kernaussagen dieses Paradigmas in einem Bericht gebündelt (OECD 1980), der sich als wegweisend für die weitere Diskussion herausgestellt hat:

1) oberstes Ziel aller FuE-Maßnahmen sind industrielle Wettbewerbsfähigkeit und gesamtwirtschaftliches Wachstum; klassische Wissenschafts- und Technologiepolitik wird industriepolitischen Zwecken zugeordnet;
2) die gezielte technologische Förderung soll nicht nur „high-tech"-, sondern auch den traditionellen Industrien zugute kommen;
3) staatlich geförderte Grundlagenforschung muß sich an ihrem sozio-ökonomischen Nutzen messen lassen, anwendungsorientierter Forschung soll forciert werden.

Insbesondere die kurzfristige Instrumentalisierung von staatlichen Forschungsmaßnahmen für industriepolitische Zwecke stellte einen Bruch mit herkömmlichen technologiepolitischen Ansätzen dar. Die Neudefinition von Aufgaben verlangte außerdem einen neuen staatlichen Steuerungsstil und neue Offenheit industrieller FuE-Akteure. Der Staat sollte eine möglichst intensive Interaktion zwischen allen Beteiligten (Verwaltung, Industrie, Grundlagenforschung und anwendungsorientierte Wissenschaft) sicherstellen und durch deren Einbindung in den technologiepolitischen Entscheidungsprozeß frühzeitig für die Übereinstimmung von sozio-ökonomischen Zielen und technologischen Pfaden sorgen. Zum leitenden Handlungskriterium für staatliche Akteure wurde die Verbesserung der Innovationsfähigkeit durch die Förderung von Kooperationsbedingungen und durch Anreize zur Beschleunigung von FuE-Aktivitäten. Die OECD-Experten griffen in ihren Empfehlungen gar über die staatliche Ebene hinaus und entwarfen das Bild des idealtypischen industriellen Innovators, den die Fähigkeit zum technologischen Transfer und zur Kommunikation mit der Gemeinschaft der Wissenschaftler auszeichnete (OECD 1980: 93-107; 1982).

Rückblickend betrachtet ist dieser Bericht als Weichenstellung für die Entwicklung der europäischen Technologiepolitik zu werten[27]. Indem er die Brücke zwischen Technologieentwicklung, Innovation und Wirtschaftswachstum schlug, enthielt er sämtliche konzeptionellen Bausteine des EG-Ansatzes. Wenn auch einzelne Bestandteile dieses Konzeptes schon in nationale Ansätze eingeflossen waren (Rothwell/Zegveld 1981), so erfuhr öffentliche FuT-Politik hiermit doch eine neue Grundausrichtung (Freeman 1982). Besonders bedeutsam ist, daß der bis dahin gültige nationale Bezugsrahmen aufgeweicht wurde, er war nicht mehr ausschlaggebend für die Interpretation von

---

26 Folgendes waren die drei entscheidenden und vieldiskuierten Entwicklungen in der industriellen Forschung und Entwicklung: 1) Das "Kopplungsmodell" (Keck 1986) ersetzte das Linearmodell technologischer Entwicklung, damit werden Rückkopplungen und mögliche produktive Impulse in allen Phasen des Innovationsprozesses wichtiger. 2) Evolutionstheorie: Betonung der sozio-institutionellen Umwelt für eine schnelle und zielgerichtete FuE-Fortentwicklung, inter-organisatorischer Austausch gilt als Quelle gesteigerter Innovationsdynamik. 3) Bedeutung generischer Technologien: Mikroelektronik als Schlüsseltechnologie für die Entwicklung auch in traditionellen Industrien ("Systemtechnologien"). Der Verschmelzung von FuE-Kapazitäten, Fachdisziplinen und Industriesektoren zur Erzielung von Synergieeffekten kommt damit also gesteigerte Bedeutung zu.

27 Er wird noch heute, 17 Jahre nach seiner Erstellung, als das Schlüsseldokument für die Neuausrichtung europäischer FuT-Politik bezeichnet, so z.B. vom für die BRITE-Konzeption hauptverantwortlichen Beamten in der GD XII.

Problemlagen und die Konstruktion von Lösungsvorschlägen.
Die interkontextuelle und internationale Diffusion fachspezifischen Wissens, die hier als eine Voraussetzung für eine erfolgreiche transnationale Politik angesehen wird, ist ein komplexer Prozeß, und die Verbreitung des angeführten OECD-Berichts (OECD 1980) ist dafür illustrativ. Die Wirkung seiner Publikation ist schwer verläßlich abzuschätzen, aber zentral erscheint die intensive direkte Interaktion zwischen den Autoren und deren Verankerung in der internationalen Wissenschaftsgemeinschaft[28]. Der Bericht wurde von 1977 bis 1979 von einer OECD-Expertengruppe zusammengestellt, die, nimmt man die einschlägige innovationstheoretische Literatur zum Maßstab, ausschließlich aus führenden Wissenschaftlern aus Universitäten der USA und Europas sowie aus zwei führenden europäischen Industrieforschern bestand. Letztere waren Mitglieder des CERD, einem beratenden Ausschuß der Kommission[29], und hatten nicht nur über die Arbeit im CERD, sondern auch durch die Mitwirkung in zahlreichen ad-hoc-Ausschüssen der Kommission, Arbeitsgruppen[30] und Folgekonferenzen die Funktion als Wissensmittler[31]. Die Expertengruppe genoß hohes wissenschaftliches Ansehen und agierte weitgehend entpolitisiert. Sie organisierte in den USA und in Europa zahlreiche Workshops mit Vertretern aus der EG-Kommission und nationalen Ministerien. In einer auffälligen Häufung waren Innovation, innovationsinduziertes Wachstum und Möglichkeiten seiner Steuerung Thema von Veröffentlichungen und Konferenzen der OECD. Auch auf allen weiteren Konferenzen Ende der 70er/Anfang der 80er Jahre nahmen Vertreter dieser OECD-Gruppe aktiv teil.[32] Bedeutung erlangte der Bericht der OECD-Gruppe vor allem dadurch, daß er zur wichtigsten Grundlage für die wegweisende EG-Konferenz in Straßburg (Colombo/Zegveld/Tuininga 1980; KOM 1980), zur Basis weiterer OECD-Stellungnahmen (OECD 1981) und einer OECD-Ministerratsresolution (ebd.) wurde. In diesen Konferenzdokumenten, OECD-Berichten und Mini-

28 Mit diesem Begriff soll die Gemeinschaft der transnational aktiven Wissenschaftler bezeichnet werden, die hauptsächlich als Volkswirtschaftler oder Innovationstheoretiker konzeptionell über die Weiterentwicklung von innovationspolitischen Strategien arbeiteten und sich aktiv in die transnationale Politikdiskussion einbrachten.

29 CERD (Comité Européen pour la Recherche et Développement) war ein 1973 auf Initiative des damaligen für Industrie und wissenschaftliche Angelegenheiten zuständigen Kommissars Spinelli gegründeter Ausschuß (Guzzetti 1995: 43). Er bestand aus 21 von der Kommission berufenen, hochrangigen Vertretern aus Wirtschaft und Wissenschaft und sollte ein unabhängiges, bündelndes Expertengremium sein. Die Rückkopplung dieses Gremiums zur Gesellschaft und zum breiteren Diskurs erfolgte nicht zuletzt durch die Organisation von internationalen Konferenzen und die Durchführung von EG-weiten Befragungen über Einstellung zu Fragen der Wissenschaft und Technologie durch den Unterausschuß ESIST (European Science and its Interaction with Contemporary Society; Guzzetti 1995: 57). Der CERD wurde 1982 von CODEST (Committee for the European Development of Science and Technology) und dieser 1994 wiederum von der ESTA (European Science and Technology Assembly) abgelöst.

30 Z.B. im Industrieausschuß CORDI, Vorgänger des heutigen Ausschusses IRDAC, siehe Kap. 2.2.

31 Dies wurde darüber hinaus auch von mehreren Beamten der GD XII bestätigt.

32 Von 1976 bis 1984 ist eine große Anzahl von Konferenzen dokumentiert, die unter Federführung der OECD oder unter Mitwirkung solcher internationaler OECD-Experten stattfanden, welche von 1977 bis 1979 den zentralen Bericht zur Technologiepolitik verfaßt hatten. Auch die EG hat frühzeitig solche mit führenden Innovationstheoretikern besetzte Konferenzen abgehalten und parallel dazu Industriekonferenzen organisiert (siehe Schuster 1980; KOM 1980). Nationale Administrationen haben ähnliche Zirkel versammelt (für Deutschland siehe z.B. Stroetmann 1977; Giersch u.a. 1982).

sterratsbeschlüssen kann man die enge Verbindung des transnationalen akademischen Diskurses mit Überlegungen und Verhandlungen von Vertretern der OECD und der EG, nationalen Ministerien und der Wirtschaft nachvollziehen.
Die vielfältigen Wege, über die der OECD-Bericht Eingang in das EG-Denken fand, sind nicht in voller Breite zu rekonstruieren. Deshalb soll hier am Fall der für BRITE zentralen Konferenz im Sommer 1980 in Paris (Fusfeld/Haklisch 1982a) exemplarisch aufgezeigt werden, wie die konzeptionellen Bausteine des OECD-Berichts Eingang in die Diskussion fanden, die in anderen institutionellen Kontexten geführt wurde, und damit zur kollektiven Konstruktion paralleler Interessen beitrugen. Auf dieser Konferenz traf der Kern der transnationalen innovationstheoretischen Wissenschaftsgemeinschaft auf zahlreiche hochrangige Vertreter der amerikanischen und europäischen Wirtschaft, der Wissenschaft und nationaler Ministerien[33]. Diese Konferenz setzte einen neuen Meilenstein, weil sie erstmalig gezielt die organisierte, internationale Verbindung zwischen Privatwirtschaft und Politik herstellte und das neue technologiepolitische Paradigma explizit mit der Verbesserung internationaler FuE-Abkommen verband:

„To the best of our knowledge, this was the first time that the attention of experienced senior representatives from *both industry* and *government* was *directed collectively* on the relationship between the private sector and cooperative technical agreements among governments" (Fusfeld/Haklisch 1982b: ix; unsere Hervorhebungen).

Die Konferenz ist ein Beispiel dafür, wie Akteure in einer solchen Diskussion unterschiedliche Sichtweisen und Rationalitätskriterien, die aus anderen Kontexten entstammen, aufnehmen und versuchen, diese mit ihren Orientierungen abzugleichen. Die detaillierte Analyse zeigt (Edler 1999), daß die Teilnehmer sich über die Wahrnehmung der höchst unterschiedlichen individuellen Zielvorgaben und Strategien hinaus einig waren, daß die Frage der Wirtschaftlichkeit an oberster Stelle zu stehen habe[34], dies aber gleichzeitig zum Konflikt mit breiteren wirtschafts- oder gesellschaftspolitischen Zielen staatlicher Abkommen stehen könne (Fusfeld/Haklisch 1982c: 3). Die Konferenzteilnehmer versuchten bewußt, diesen Zielpluralismus gemeinsam in versöhnliche Gesamtstrategien zu fassen und entwickelten in erstaunlicher Übereinstimmung dementsprechende prozedurale Vorstellungen. Gefordert wurde, die Industrie schon in die Verhandlung und Konzeptionierung zwischenstaatlicher Abkommen einzubeziehen und aus deren Perspektive Richtlinien für solche Abkommen zu entwickeln. Die Industrie selbst forderte, „...industry's role will therefore be

33 Unter den 92 Teilnehmern waren 56 Unternehmensvertreter, 14 Wissenschaftler (darunter 2 OECD-Berichterstatter), 14 nationale Regierungsvertreter (inklusive BMFT) und neben einer Anzahl von weiteren Vertretern der OECD noch Vertreter der UNESCO und EIRMA (European Industrial Research Management Association). Die deutsche Industrie war vertreten durch Dynamit Nobel, Krupp GmbH, Bayer, BASF, Dornier; die deutsche Wissenschaft durch zwei Vertreter des ISI in Karlsruhe, die auch schon in die OECD-Expertise eingebunden waren. Vorsitzender der Konferenz war der Chef der OECD-Berichtsgruppe und frühere Vorsitzende im CERD, Delapalme.

34 In den Worten eines französischen Industriellen "...the main idea guiding my analysis is, the aim of industrial enterprises should be to make profit.... It follows, that a company will or will not enter into cooperation depending on the profits it expects to draw from the cooperation" (Desazars de Montgailhard 1982: 13).

dependent upon the opportunity to participate in defining the nature and scope of a project and the determination of how government policies might affect such collaboration".[35] Die Konferenz ist ein Beispiel für einen ersten Versuch organisierter Interaktion, um über die offene Ansprache der unterschiedlichen Rationalitätskriterien staatlicher und privater Akteure ein verbindendes Konzept zu finden, für das sich die durch die OECD propagierten innovationspolitischen Paradigmen als geeignete Grundlage anboten.

Die Tatsache, daß die EG-Kommission ihr Konzept später paßgenau auf die erarbeiteten ideellen Grundlagen des spezifischen OECD-Diskurses gestellt hat und daß genau dies in Interviews von den Beteiligten als wesentliche Bedingung für die erfolgreiche Programmentwicklung bezeichnet wird, ist ein aussagekräftiger empirischer Hinweis, daß über die Organisation von Diskursen in spezifischen institutionellen Kontexten konsensfähige Konzepte konstruiert werden, die durch den Entstehungsprozeß als legitim und effektiv eingestuft werden. Eine Reihe weiterer, theoretisch abgeleiteter Überlegungen erhöhen die Plausibilität dieser Annahme.

Die Bedeutung, die der Bericht erlangen konnte, liegt in den institutionellen Charakteristika der OECD begründet: OECD-Empfehlungen sind operativ unverbindlich und stehen nicht im Schatten supranationaler Ambitionen. Damit gibt es in OECD-Gremien keine politischen oder interessenspezifischen Barrieren, neue, durch paradigmatische Wendungen begründete Politikkonzepte zu Ende zu denken. Mangelnde Rechtskompetenz heißt aber auch, daß OECD-Gremien umso mehr gehalten sind, ihre Ergebnisse durch besondere Exzellenz ausweisen, denn nur dank der Legitimation ihres Fachverstandes können sie Wirkung erlangen[36]. Dieser Exzellenzausweis war im vorliegenden Fall für die OECD eindeutig gegeben und damit auch gleichzeitig die Attraktivität der von ihr moderierten Interaktion. Diese Attraktivität verband sich mit der institutionellen Leitidee der OECD der transnationalen wirtschaftlichen Kooperation. Dieser Rahmen begünstigte die Umdeutung von parallelen zu gemeinschaftlichen Problemlagen und deren Übersetzung in Politikempfehlungen mit unmittelbar internationaler Ausrichtung. Die Erfahrung mit dem OECD-Diskurs war auch für die Kommission selbst „lehrreich" hinsichtlich der Funktionalität der frühzeitigen Einbindung heterogener Adressaten und der Betonung der Parallelität industrieller und administrativer Interessen, mit anderen Worten hinsichtlich der prozeduralen und inhaltlichen Diskursgestaltung im EG-Kontext.

Kann man aus den beobachteten Prozessen allgemein geltende Bedingungen für die effektive Herausbildung und Ausbreitung neuartiger Politikkonzepte ableiten? Aus den untersuchten Konferenzdokumenten sind wichtige Einflußgrößen herauszulesen: eine angemessene Breite der Zusammensetzung der Teilnehmer, deren unbestrittene fachliche Qualität sowie ihre Verbindung zu den verschiedenen, im vorliegenden Fall sowohl internationalen als auch akteursgruppenspezifischen Diskurs- und Handlungskontexten. Vielfalt ist dabei eine wichtige Voraussetzung, kann aber auch blokkieren. Heterogenität kann zu einer Überforderung führen und den Diskurs ebenso unproduktiv werden lassen wie eine einseitige Ausrichtung der Teilnehmer, welche

35 So der Bayer-Forschungsvorstand Büchel, der wenige Jahre später im Industrieausschuß IRDAC genau mit diesen hier aufgeworfenen Fragen betraut war.

36 In den Worten eines langjährigen Direktors in der OECD: "OECD has to survive on the basis of the quality of discussion, for which it provides a forum" (Dow 1989: 258).

interkontextuelle Ideensprünge unmöglich macht. Desweiteren ist eine „richtige" zeitliche und sachliche Plazierung inmitten eines laufenden transnationalen Diskurses ausschlaggebend. Hierzu gehört eine gewisse Paßfähigkeit der kognitiven und normativen Grundrichtung, die durch bewußt gesetzte Leitmotive angegeben wird, mit der herrschenden Philosophie in einem Politikfeld. Diese Bedingungen waren im Fall der Pariser Konferenz von 1980 gegeben. Sie spann das Leitmotiv der Verbindung von internationaler Kooperation mit industrieller Produktivität nahtlos weiter, sicherte durch personelle Überlappungen die Verbindung zu vorausgegangenen Diskursen und fügte ihm eine funktionale Kontextverbindung, nämlich zwischen Industrie und international orientierter Ministerialbürokratie, hinzu. Nach Einschätzung zentraler Akteure war dies der Schlüssel für den späteren Erfolg der EG-Politik. Es war der „Impuls für BRITE, ohne den man das Programm nicht verstehen kann"[37].

2.2 Ideen und Interaktion II: Programmkonstruktion durch schrittweise Einbindung

Im folgenden soll nun aufgezeigt werden, welche Bedeutung der Strategie der sukzessiven Einbindung für die Konstruktion von BRITE zukam und welche Wechselwirkungen zwischen institutionellen Kontexten und der Entwicklung von Politik-Vorstellungen auszumachen sind.[38]

Der paradigmatische Wandel im Politikfeld wurde von der GD XII (Wissenschaft, Forschung und Entwicklung) aufgenommen und organisatorisch umgesetzt. Eine gestaffelte Einbindung von wirtschaftlichen Adressaten, wissenschaftlichen Experten und schließlich nationalen Ministerien schuf allmählich das notwendige, konsensuale Verständnis für neue Politikanforderungen und -möglichkeiten auf europäischer Ebene. Die programmspezifischen Konzepte der EG wurden interaktiv konstruiert. Die Kommission, genauer die GD XII, hat nach funktionalen Überlegungen schrittweise verschiedene Interaktionskontexte ausgebildet und bearbeitet. Auf diese Weise konnte die Leitidee europäischer Politik dergestalt konkretisiert werden, daß ein ausreichender Rückhalt bei sehr verschiedenen Adressaten und Experten aufgebaut wurde, der anfängliche Widerstände überwinden half und Folgebereitschaft aufbaute. Damit entstand am nationalen Rahmen vorbei ein neuer, europäischer Bezugsraum für industrielle und wissenschaftliche Akteure.

---

37 So der für die Konzeptionierung von BRITE hauptverantwortliche Beamte der GD XII.

38 Im Rahmen der empririschen Recherche wurden bisher mehr als 40 Interviews geführt, viele davon während einer Praktikantentätigkeit von J. Edler in der GD XII. Dazu kamen Interviews im Rat, mit ehemaligen und aktuellen Vertretern des BMBF, BMWi, und Auswärtigen Amtes; mit Vertretern zahreicher europäischer Industrieverbände und Forschungsvereinigungen, deutscher Industrieverbände und Forschungsvereinigungen, Unternehmensvertretern und Wissenschaftlern. Akten- bzw. Archiveinsicht wurde in der GD XII, bei der UNICE, beim EITIRT (European Round Table for Industrial Research), beim BDI (Bundesverband der deutschen Industrie), in der MPG (Max-Planck-Gesellschaft) beim BMWi und beim BMBF genommen.

Konzeptkonstruktion und institutionelle Reflexivität: Einbindung der Industrie

Die Einbindung der Industrie in Politik-Überlegungen der GD XII ist bestimmt durch einen reflexiven Prozeß zwischen Konzeptentwicklung und institutioneller Identitätsausbildung. Fachpolitische Leitideen und die Konzepte, die ihnen zugrundeliegen, werden von einem „Advokaten" (Kingdon 1984) im politischen Raum verfochten. Je mehr eine Leitidee bzw. die Logik ihres Konzeptes zur institutionellen Logik dieses zentralen Akteurs paßfähig ist, desto glaubwürdiger wird dieses Konzept. Es zeigt sich im vorliegenden Fall, daß der Prozeß der effektiven Konstruktion des technologiepolitischen Konzeptes mit der Anpassung der institutionellen Logik der GD XII an diejenigen Handlungsrationalitäten einherging, die sich aus dem mehrfachen Paradigmenwechsel ableiteten.

Auch die GD XII hatte ab 1976 angefangen, ihre technologiepolitischen Überlegungen im Zuge der Diskussion um das neue technologiepolitische Paradigma stärker auf Industrierelevanz auszurichten. Damit versuchte sie, auf die Wirkungslosigkeit der ersten technologiepolitischen Anläufe auf EG-Ebene zu reagieren, die nach der intensiven Diskussion Ende der 60er/Anfang der 70er Jahre sämtlich in vagen Absichtserklärungen versandet waren und zu keinen faktisch wirksamen Schritten in Richtung einer Vergemeinschaftung geführt hatten (Kalka 1984, Williamson 1973, Mennicken 1974). Die Reorientierung stieß aber auf institutionelle Schranken. Sie widersprach der Gründungslogik der GD XII, deren Aufgabe in der Betreuung wissenschaftlicher FuE-Tätigkeiten bestand hatte, was sich in der institutionellen Abtrennung von den Zuständigkeiten für industriepolitische und industrierelevante technologische Aktivitäten ausdrückte (GD III: Industrie und technologische Angelegenheiten; Guzzetti 1995: 50)[39]. Die Kontaktaufnahme mit Industrievertretern, mit der die eigentliche Einbindungsstrategie für BRITE begann, war damit eine Weichenstellung mit doppelter Wirkung: sie ermöglichte konsensstiftende Politik-Konstruktion und trug gleichzeitig zur Veränderung der Institution GD XII bei, die sich zu einem industriepolitischen Akteur entwickelte.

Die dauerhaft organisierte Industrieeinbindung begann mit dem beratenden Ausschuß für industrielle FuE, CORDI (Comité Consultatif pour la Recherche et le Développement Industrielle), der 1978 auf gemeinsame Initiative des europäischen Industriedachverbandes UNICE und der GD XII geschaffenen wurde. CORDI wurde zum großen Teil mit Vertretern aus Verbänden und Unternehmen beschickt und arbeitete mit UNICE inhaltlich und organisatorisch eng zusammen. Der Vorsitzende des FuE-Ausschusses der UNICE, in dem sich die Experten für FuT-Politik der einzelnen nationalen Industriedachverbände austauschen, übernahm gleichzeitig den CORDI-Vorsitz. Auf diese Weise war der Austausch über nationale Multiplikatoren in den Industrieverbänden institutionalisiert. UNICE bearbeitete intensiv sämtliche für die europäische Industrie relevante Fragen über die Arbeit im CORDI. Die Einrichtung des Ausschusses ist im Zusammenhang mit den ersten Konferenzen (Mailand 1976; Compiègne 1978) zu sehen, die die GD XII zusammen mit Industrievertretern durchgeführt hatte.

39 In dieser zweigeteilten Zuständigkeit zwischen GD III und GD XII als Bündelung von FuE-Aktivitäten sieht Guzzetti das strukturelle Problem der Kommission in Bezug auf die technologiepolitschen Aktivitäten der 70er Jahre (Guzzetti 1995: 50).

Mit diesen Konferenzen hatte man erstmalig systematisch eine europäische FuT-Politik in einen breiteren sozio-ökonomischen Kontext gestellt. Technologie als Mittel zum Zweck wirtschaftlichen Wachstums war im Zuge der paradigmatischen Wendung im internationalen Diskurs in der zweiten Hälfte der 70er Jahre auch zum neuen Leitbild in der GD XII geworden. CORDI war der institutionelle Ausdruck dieses neuen Leitbildes. Die GD XII selbst war die treibende Kraft des CORDI und auf unterschiedlichen Ebenen (meist mit dem Generaldirektor) präsent[40]. Gleichzeitig sorgte die anfängliche Vorrangstellung des europäischen Dachverbandes UNICE auf Seiten der Industrie für eine institutionelle Empfänglichkeit für transnationale, realiter also europäische Ansätze.

Über die Kerngruppe hinaus wurde schon im CORDI nach und nach die Einbindung erweitert. Es kam regelmäßig zum Austausch mit externen, wissenschaftlichen Experten der Kommission (CERD) sowie mit der GD III und GD XIII (Telekommunikation, Informationsindustrie und Innovation). Zunächst in enger Zusammenarbeit mit der UNICE gegründet, wurden mehr und mehr Unternehmensverteter in Arbeitsausschüsse einbezogen. Vom CORDI wurden zudem vergleichende Studien über nationale FuE-Maßnahmen in Auftrag gegeben und der Bedarf an und die Machbarkeit von abgestimmten, der Industrie direkt nützlichen FuE-Maßnahmen ermittelt. CORDI war von Beginn an ein Arbeitsausschuß, der aus einer kleinen festen Kerngruppe und einer großen Anzahl disponibler, spezifischer Ausschüsse („working parties") bestand, die von der Kommission oder von den industriellen Vertretern initiiert werden konnten. In einem dieser Ausschüsse wurde unter Federführung der GD XII über Jahre hinweg an einem industriellen FuT-Programm gearbeitet. 1984 wurde CORDI in den IRDAC[41] umgewandelt, um parallel zu den Verhandlungen über die forschungspolitischen Programme im Ministerrat direkt hochrangige Unternehmensvertreter ad personam und nun öffentlichkeitswirksam einzubinden[42]. Die Breitenwirkung von CORDI/ IRDAC ist schwer zu verifizieren, doch hat er seit seiner Gründung in seinen zahlreichen Arbeitsgruppen wesentlich mehr wirtschaftliche Akteure eingebunden, als es die Mitgliederzahl, die um die Zahl 20 schwankt, vermuten läßt[43].

Eine systematische Auswertung der Ausschußunterlagen ergibt, daß die Arbeit im CORDI die inhaltlichen Vorstellungen bezüglich der Funktion von europäischen FuE-Aktivitäten bei den eingebundenen Akteuren veränderte. Die Europäische Gemeinschaft als bevorzugter Raum für die Kooperation in der FuE-Arbeit zu betrachten, entsprach nicht der ursprünglichen Zielvorstellung der Industrievertreter, was nicht zuletzt darauf zurückzuführen war, daß internationale FuE-Kooperation ohnehin nur gering ausgeprägt war.[44] Zu Anfang war man seitens der Industrie eher an Konzepten

---

40 Auch der von 1977 bis 1981 für Binnenmarkt und Industrieangelegenheiten und von 1981 bis 1985 für Industrie und Wissenschaft/Technologie zuständige Kommissar Davignon besuchte und nutzte den CORDI. Diese Neuverteilung der Zuständigkeiten Davignons 1981 ist im übrigen ebenfalls Ausdruck der institutionellen Umorientierung.

41 Industrial Research and Development Advisory Council.

42 Interview mit dem ersten Direktor von BRITE und heutigen stellvertr. Generaldirektor der GD XII, Hendrik Tent. BRITE wurde 1985 endgültig im Rat verabschiedet.

43 Eine interne Zählung im Jahre 1990 kam für den IRDAC auf ungefähr 1000 Industrievertreter, die in Arbeitsgruppen oder Konferenzen mit der Arbeit des IRDAC in Kontakt gekommen sind (Interview in der GD XII).

44 Siehe Fußnote 23.

für Risikokapital oder für eine internationale Abstimmung indirekter FuE-Maßnahmen (Steuerleichterungen etc.) interessiert. Erst durch die Zusammenführung von Verbandsvertretern der europäischen Ebene (UNICE) mit nationalen Unternehmensvertetern öffneten sich diese für Überlegungen, eine eigenständige europäische Politik industrieller FuE-Förderung zu entwickeln. Durch regen Konferenzaustausch[45] und Interaktion mit Mitgliedern der Wissenschaftsgemeinschaft machten sich Mitglieder des CORDI und seiner Unterausschüsse mit den paradigmatischen Veränderungen im Politikfeld FuT-Politik und deren potentiellen Vorteilen für die Industrie vertraut. Nicht zuletzt die Diskussion um die forschungspolitischen Praktiken in den als besonders dynamisch wahrgenommenen Konkurrenzregionen USA und Japan scheint hier Industrievertreter überzeugt zu haben. Als die auf den neuen theoretischen Entwicklungen fußenden Konzepte, insbesondere BRITE mit seiner Zielrichtung auf „traditionelle Industrien", auf die politische Agenda kamen, bestand im Ausschuß schon ein grundsätzliches Verständnis bezüglich des Logik transnationaler Kooperation und der Moderatorenrolle der Kommission. Teile der Industrie waren erstens offen dafür, die Rationalitätskriterien des marktlichen Wettbewerbs mit dem Nutzen von industrieller FuE-Kooperation zu verknüpfen und zweitens erkannten sie nun auch für den FuE-Bereich die erweiterten Möglichkeiten des Binnenmarktes. Die Kommission wiederum konnte nur durch dieses Konzept auf eine von nationalen Regierungen emanzipierte, eigenständige Gestaltung von Politik hoffen. Die Verknüpfung mit dem normativen Anker der Integration gipfelte schließlich in der von der Kommission verfochtenen, normativ geladenen Forderung nach einer „Technologiegemeinschaft" (KOM 1985). Der Kern der europäischen FuT-Politik war die Zusammenführung von parallelen Nutzenerwartungen, die in grenzüberschreitende FuE-Kooperationen gesetzt wurden. Diese Erwartungen wurden auf der Grundlage der theoretischen Ideen als plausibel erachtet, die im oben skizzierten transnationalen Wissenskontext transportiert und nun zum politikrelevanten Allgemeingut worden waren.

Am CORDI/IRDAC werden noch weitere wichtige Wirkungsmechanismen von interaktiver Politikkonstruktion jenseits nationaler Grenzen deutlich. Zunächst war der Ausschuß ein Beispiel für die Schaffung partieller, problembezogener Übereinstimmung in der Komplexität des transnationalen Raums. Industrievertreter mit weitgehend parallelen Interessen, aber größtenteils national geprägten Strategien, wurden durch ihre Einbindung z.T. über Jahre mit Fragen von europäischer Dimension konfrontiert. Die Antworten, die sie finden mußten, schöpften sie zwar zunächst aus ihrem nationalen Kontext, stellten sie aber zunehmend in einen europäischen Zusammenhang. Sowohl im CORDI/IRDAC als auch im damit eng kooperierenden FuE-Ausschuß der UNICE war die Verbindung zwischen nationalen Kontexten und europäischen Intitiativen institutionalisiert. Die in diesen Gremien eingebundene Kerngruppe von Industriellen hat ihre national geprägten Vorstellungen im Politikfeld FuT-Politik durch Interaktion miteinander und mit den Kommissionsvertretern um eine europäische Komponente erweitert und gemeinsam an der Ausbildung des europäischen politischen Raumes in der FuT-Politik mitgewirkt.

45 Als wegweisende EG-Konferenz, die die Verbindung zwischen dem akademischen Diskurs zu neuen innovationspolitischen Konzepten und der Welt unternehmerischer Optimierungskalküle, wird weithin die Straßburger Konferenz im Oktober 1980 angesehen (KOM 1980), in die der CORDI intensiv eingebunden war.

CORDI/IRDAC zeigt auch, daß institutionalisierte Interaktion keineswegs nur einen Lernprozeß in eine Richtung in Gang setzt. Die Kommission bestimmte zwar über ihre prozeduralen Kompetenzen weitgehend die inhaltliche Ausrichtung. Interne Berichte zeigen aber, daß die Konzeptarbeit sehr interaktiv gestaltet wurde, daß Kommission und Industrievertretern also Ideen im „Gegenstromverfahren" kollektiv verarbeiteten. Dies ergab sich schon allein aus dem Sinn, d.h. der leitenden kognitiven und normativen Idee dieses Ausschusses: Was kann auf europäischer Ebene kooperativ getan werden, um über FuE-Maßnahmen der europäischen Industrie als Ganzes zu helfen? Hinzu kam der spezifische Austausch mit der Wissenschaftsgemeinschaft auch im Kontext der Ausschußarbeit. Da die Kommission selbst noch Lernbedarf hatte, war diese Form der Interaktion in diesem Stadium der Konzeptionierung zunächst doppelt funktional: Es ging um Lernen und Beeinflussen, und dies war den Beamten der GD XII durchaus bewußt.

Schließlich illustriert CORDI/IRDAC die Wechselwirkung zwischen kollektiver Konzeptkonstruktion durch Interaktion und Entwicklung von institutioneller Identität. Zum einen beschleunigte sich die Entwicklung der Selbstdefinition der GD XII zum industriepolitischen Akteur. Zum anderen erwarb sie sich auch unter den eingebundenen Industrievertreter ein genuin industriepolitisches Aufgabenprofil. Nicht zuletzt verstärkte die Arbeit im CORDI/IRDAC die Entwicklung, daß sich die GD XII, die traditionell eher der industriefernen Wissenschaft und der Grundlagenforschung verpflichtet war, im Binnenverhältnis der Generaldirektionen auch als legitimer und ernstzunehmender Partner der Industrie in Fragen von Forschung und Entwicklung etabliert hat.

Obwohl CORDI/IRDAC schon immer ohne operative Verbindlichkeit arbeitete, hat er „BRITE geschaffen"[46]. In der Ausschußarbeit verbanden sich die theoretisch inspirierten Diskussionen um industrierelevante transnationale FuT-Politik mit unternehmenspraktischen Machbarkeitsvorstellungen. In diesem Prozeß wurde erst die Parallelität von Interessen von Industrie und Kommission kollektiv europäisch konstruiert. Zeitlich vor und parallel zu dem vieldiskutierten Round Table des ESPRIT-Programms[47] prägten Vertreter der europäischen Industrie, als Multiplikatoren nationaler und europäischer Verbände, die Konzeptformulierung mit.

Erst nach der Herstellung eines Konsenses in einem überschaubaren Kreis internationaler Industrievertreter in europäischen Gremien ging man in einem weiteren Schritt, bei der konkreten Vorstellung des neuen BRITE-Ansatzes ab 1982, zu einer konsequenten Verbreitung des Konzeptes über. Über „mailing lists", Veröffentlichungen von „calls for interest" und unzähligen bi- und multilateralen Verhandlungen mit Wirtschaftsvertretern in allen EG-Ländern wurden das Programm und das ihm zugrundeliegende Konzept erklärt, verfeinert und verkauft und ein europäischer Bedarf für die Industrie definiert. Im Zeitverlauf entwickelte sich dabei eine interessante Dynamik, denn in der Folge der Einbindungs- und Kommunikationsstrategie zeigte die Industrie

---

46 Interview mit dem langjährigen Kommissionssekretär von IRDAC (GD XII.4).

47 Der Round Table war eine 1981 geschaffene, permanente Arbeitsgruppe der damals 12 großen Elektrotechnischen Unternehmen Europas und gilt als die Keimzelle des ESPRIT-Programms (Sandholtz 1992, Grande 1994). Die Akteneinsicht der Round Table-Protokolle zeigt gar, daß die Erfahrung der CORDI-Arbeit, transportiert über Personen, die anfängliche Arbeit des Round Table sehr stark beeinflußte.

schon sehr früh ein für die Technologieprogramme typisches „Parallelverhalten". Indem mehr und mehr Industrievertreter aus eigener Initiative bei der GD XII nach Information, Einflußnahme und Mitnahmeeffekten strebten, wurden sie mit einer ihnen zum Teil fremden Logik konfrontiert und in einen spezifischen normativen Kontext eingebunden. In diesem aber galten die Rationalitätskriterien der Leitidee europäischer FuT-Politik. Nur wer diesen folgte - und sei es anfangs nur deklaratorisch - hatte Aussicht auf Erfolg im Programm und damit auf Fördergelder. Die Idee der grenzüberschreitenden FuE-Kooperation der europäischen Industrie und Forschung verbreiterte ihre Wirkung also schnell über den Kreis der ursprünglich eingebundenen oder informierten Industrievertreter hinaus. Der Interaktionsraum erweiterte sich kaskadenförmig und gewann folglich auch als Handlungsraum für Politik an Attraktivität.

Inhaltliche Ausfüllung, Legitimierung und Verbreitung von Konzepten: Einbindung der Wissenschaftler

Das Programm BRITE sollte zwar explizit „industry-driven" sein, doch auch die nichtindustriellen Forscher waren wichtige konzeptionelle Bindeglieder und damit potentielle Adressaten, galt es doch gemäß neuen innovationstheoretischen Erkenntnissen die Trennung zwischen Grundlagenforschung und Anwendungsorientierung aufzubrechen. Die Einbindung der Wissenschaftler in die Konzeptionierung europäischer FuT-Politik war auf zwei unterschiedlichen Ebenen von Bedeutung. Das Politikfeld der FuT-Politik war (und ist) abhängig von wissenschaftlicher Beratung hinsichtlich der Instrumente, Inhalte und Stoßrichtung der Förderung von Forschung und Entwicklung. In diesem Sinne definierten Wissenschaftler entscheidend den Bedarf für ein europäisches Programm. Gleichzeitig waren und sind diese Wissenschaftler auch potentielle Adressaten der Programme. Sie einzubinden bedeutete also, das Konzept in der relevanten fachlichen Wissenschaftsgemeinschaft zu verbreiten. Hieraus erwuchs die besondere Bedeutung der Einbindung von häufig sehr grundlagenorientierten Wissenschaftlern in ein industrieorientiertes Programm. Die nichtindustriellen Forscher zu überzeugen und in das BRITE-Programm einzubinden, wurde dabei nicht als grundsätzlich problematisch angesehen. Dies erstens, weil die professionelle Handlungslogik von Wissenschaftlern der GD XII vertrauter war und zweitens, weil im Gegensatz zur Wirtschaft die Teilnahme der Wissenschaftler für diese nicht mit der Überwindung des prinzipiellen Kriteriums des Wettbewerbs am Markt einherging. Trotzdem galt es auch für diesen Adressatenkreis, altes Denken zu überwinden und insbesondere die Verschmelzung von getrennter oder zumindest hierarchisch angeordneter Grundlagen- und anwendungsorientierter Forschung plausibel zu machen und die europäische Dimension attraktiv erscheinen zu lassen.
In einer ersten Phase diente die Einbindung der Wissenschaft über beratende Ausschüsse (CERD)[48] und Unterausschüsse dazu, eine generelle Stoßrichtung europäischer Offensiven im Politikfeld zu finden und den oben beschriebenen, mehrdimensionalen Paradigmenwechsel europaweit zu vermitteln. Seit Mitte der 70er Jahre hatte es über

48 Siehe Fußnote 29.

CERD, in dem zahlreiche europäische Wissenschaftler mitwirkten, eine Vielzahl von Studien zur Notwendigkeit europäischer Technologieprogramme gegeben. Dieser Ausschuß unterstützte die explizit industrielle Ausrichtung europäischer FuE-Anstrengungen und half, ihre besondere prozedurale Gestaltung auszubilden. Dies geschah nicht zuletzt durch Verbindungen zur OECD-Gemeinschaft (für viele Colombo/Zegveld/Tuininga 1980) und zum Industrieausschuß CORDI. Gleichsam als Reflex auf die Aktivitäten in der OECD wurden die neuen Paradigmen im Politikfeld mit einer europäischen Note versehen.

Als die Überlegungen zu BRITE in der Kommission 1981 langsam Gestalt angenommen hatten, vergab diese zahlreiche Studien, um sich des wissenschaftlichen Sachverstandes bei der Auswahl der zu fördernden FuE-Bereiche zu bedienen. Die Kommission wählte die Institute, an die sie Aufträge erteilte, augenscheinlich nach Kriterien der wissenschaftlichen Reputation (Glaubwürdigkeit) und der Zentralität in den nationalen Innovationssystemen (Konzeptverbreitung) aus. In Deutschland z.B. bekam die zentrale Bundesanstalt für Materialforschung (BAM)[49], die über ihre staatliche Prüfungstätigkeit neuer Materialien eine Art nationalen Knotenpunkt in der Materialforschung darstellt, den Auftrag, über eigene Studien für alle EG-Länder die Inhalte für ein industrieorientiertes Förderungsprogramm in Produkt- und Prozeßtechnologien zu bestimmen. Als Vorgabe wurde auf die der EG-Konferenz zur Innovationspolitik in Straßburg (KOM 1980) verwiesen, das heißt Zielsetzung und prozedurale Vorstellungen waren vorgegeben. Die BAM führte eine umfangreiche schriftliche Befragung in der europäischen Wissenschaft, Industrie und Verwaltung durch und reiste für zahlreiche Gespräche mit Forschern aus Industrie und Wissenschaft in die EG-Länder. Diese Erhebung führte zum einen zur Verbreitung des europäischen Konzepts bei den relevanten Materialwissenschaftlern. Zum zweiten führte sie dazu, daß schon im Vorfeld zwischenstaatlicher Verhandlungen eine Palette von Inhalten, die bei einer Vielzahl von Wissenschaftlern als relevant erachtet wurde, eingebunden worden wurden. Der Nachweis eines legitimen europäischen Bedarfes war erbracht und wurde von einer ansehnlichen Zahl hochrangiger Forscher so auch vertreten. Die Ergebnisse und Empfehlungen der Studie (BAM 1982)[50] flossen fast vollständig in den später von der Kommission dem Ministerrat vorgelegten ersten Programmvorschlag ein (COM 1983) und blieben auch im später verabschiedeten Programm (Rat 1985) erhalten.

In diesem Beispiel zeigt sich erneut deutlich, daß Akteure, in diesem Fall aus dem Bereich der industriellen und universitären Wissenschaft, über die Grenzen hinweg als Gruppe und ohne die Vermittlung nationaler Instanzen direkt und indirekt in eine transnationale Kommunikationsgemeinschaft eingebunden wurden. Eine Kerngruppe von Forschern orientierte sich im Prozeß der Inhaltsbestimmung auf eine zusätzliche Ebene mit der Aussicht auf erweiterte Kooperationsmöglichkeiten. Da es sich um ein industrieorientiertes Pogramm handelte und Inhalte nach Kriterien der Industrierelevanz bestimmt wurden, verstärkte sich schon durch die Einbindung der Wissenschaftler im Vorfeld der Austausch zwischen industrieller und außerindustrieller Forschung, und zwar in europäischer Dimension. Der interaktive Charakter der inhaltlichen Ausfüllung der europäischen Initiative, über eine durch wissenschaftlich ausge-

49 Bundesanstalt für Materialforschung, Berlin.

50 Die im übrigen von der GD XII als mit Abstand wichtigste für BRITE eingestuft worden ist.

wiesene Spitzenleute des Faches durchgeführte Studie, sorgte also gleichzeitig für eine akteursgruppenspezifische Interaktionsverdichtung im entstehenden europäischen politschen Raum für industrieorientierte FuE.

Überzeugung und Kosmetik: „Einbindung" nationaler Ministerialbeamter

Die letzte Akteursgruppe, mit der die GD XII in Interaktion eintrat, waren die nationalen Ministerialbürokratien. Hier handelte es sich eher um eine kommunikative Absicherung und „PR-Aktion" im Vorfeld der Ratsverhandlungen als um die Beteiligung bei der konzeptionellen Konstruktion von BRITE. Außer im Sonderfall Deutschlands gab es in der Kommunikation mit nationalen Ministerien keine wesentlichen Probleme und ihre Beteiligung führte zu keinen bedeutenden konzeptionellen Änderungen.[51] Die Gespräche liefen bilateral, um die Gefahr möglicher Interpretationsunterschiede zu minimieren und um den Diskurs von Anfang an weitgehend zu entpolitisieren. Diese Gespräche hatten nach Aussagen aus der GD XII offenkundig einen strategischen Charakter. Erstens in dem Sinne, daß auf der Arbeitsebene ein Verständnis für den neuen Ansatz geschaffen und gleichzeitig, in den Worten eines ehemaligen Kommissionsbeamten, „ein Gefühl der Mitsprache" vermittelt werden sollte. Zweitens versuchte die Kommission, die nationalen Ministerien dadurch von der grundsätzlichen Bereitschaft ihrer nationalen Industrie und Wissenschaft zur Teilnahme am Programm zu überzeugen, welche durch die Einbindungsstrategie aufgebaut worden war.
Zunächst war BRITE für viele Vertreter nationaler Ministerien im Vergleich zu traditionellen Programmen aus der GD XII ein fremdes europäisches Konzept in der FuT-Politik: grenzüberschreitend, intersektoral, industriefokussiert und auf den ausdrücklichen Zweck der Kooperation orientiert. Die herkömmlichen thematischen Programme der GD XII, die bis zur Einheitlichen Europäischen Akte unter Art. 235 EWG-Vertrag verabschiedet worden waren, förderten nahezu ausnahmslos nationale Projekte, meist Einzelprojekte.[52] Erst nachdem ein gewisses Verständnis dieses Ansatzes bei einer ausreichenden Zahl wichtiger europäischer Programmadressaten aus Industrie und Wissenschaft aufgebaut war, wurden systematisch auf der Ebene des Programms in allen EG-Ländern mehrere Informationsreisen zu Vertretern der verschiedenen nationalen Forschungsverwaltungen unternommen.
Die forschungspolitischen Zuständigkeiten sind auf der deutschen Bundesebene aufgeteilt zwischen BMFT/BMBF und BMWi. Damit konkurrieren in einem Politikfeld zwei unterschiedliche Ressorts mit unterschiedlichen Prinzipien der Wirtschafts- und Forschungspolitik. In den europäischen Verwaltungsausschüssen zur FuT-Politik sitzt folglich neben dem BMBF, das die Federführung hat, auch ein Vertreter des BMWi und die unterschiedlichen institutionellen Ausrichtungen stellten ein grundlegendes Problem für die Formulierung einer deutschen Position dar.[53] Die ordnungspolitische

51 Der Widerstand der Briten bezüglich der FuT-Politik war kein konzeptioneller, sondern ein finanzieller, geprägt durch die "money-back"-Strategie von Thatcher, die die Verabschiedung der ersten spezifischen Programme hinauszögerte.

52 Ausnahme waren Projekte zur europaweiten Normung.

53 Der für das BMWi im BRITE-Ausschuß sitzende Referent sah seine Aufgabe im Komitologieausschuß darin, "auf einen Kompromiß mit dem Forschungsministerium hinzuwirken".

Philosophie des BMWi, nach der jede Form von Industriepolitik den Keim von wirtschaftspolitischem Dirigismus in sich trägt, war in der gesamten Genese des Programms das größte Hindernis. Daraus gewann die Kommission und deren Umfeld den generellen Eindruck, daß die Deutschen „...were the hardest to convince"[54]. Trotz einer weitgehenden, europapolitisch motivierten Zustimmung im Auswärtigen Amt und im Bundeskanzleramt kam der einzige offizielle und relevante Einwand zum Konzept aus Deutschland, nämlich von der Verwaltungsebene des BMWi.

Europäische FuT-Politik, wie sie von der Kommission vorgetragen wurde, war für das BMWi kein legitimer Bestandteil des Binnenmarktprogramms und damit auch nicht unter den normativen Schirm der Marktintegration zu fassen.[55] Aus ordnungspolitischen Grundüberzeugungen sah man dort an dieser Politik drei grundsätzliche, konzeptionelle Probleme: erstens die Gefahr sektorspezifischer Programme. Diese Hürde wurde durch Korrekturen in der Formulierung gemeinsam mit der GD XII abgebaut[56]. Zweitens lehnte man grundsätzlich jegliche marktverzerrende Subventionierung von Branchen ab. Dies wurde durch die Versicherung der GD XII, daß mehrere (mindestens zwei) Industrieunternehmen, vorzugsweise aus unterschiedlichen Sektoren, kooperieren würden und dadurch über die Zeit eine gewisse Streuung von Geldern entstehen würde, mühsam überdeckt. Drittens bestand ein Konflikt darin, daß das BMWi in Koalition mit dem BDI die grundsätzliche Gefahr sah, daß die Technologieprogramme der EG einem dauerhaften Zielkonflikt zwischen Wettbewerbsorientierung einerseits und der gezielten Förderung industrieschwacher Regionen andererseites (Kohäsion) ausgesetzt sein würden und damit Forschungsgelder nicht nach Kriterien der wissenschaftlichen Exzellenz, sondern der Bedürftigkeit vergeben werden würden[57]. Letztlich verband man neben der vermuteten Ineffizienz der Vergabepraxis ganz konkret die Befürchtung, daß europäische Gelder für die Stärkung von Konkurrenten mißbraucht würden. Dieses letzte Bedenken war angesichts der im Vergleich zur deutschen FuT-Politik bescheidenen Gesamtsumme von BRITE in der ersten Runde nachrangig. Gewicht hatte die ordnungspolitische Bedenklichkeit des europäischen Ansatzes.[58] Erst nachdem diese drei Probleme durch angepaßte Terminologien bzw. weitere Versicherungen der GD XII mehr kaschiert als ausgeräumt waren, gab das BMWi grünes Licht. Der Fall des BMWi ist eindeutig kein Beispiel für interaktiven Ideenabgleich, sondern eher für kosmetische Relativierung eines Konzeptes, weil es nicht möglich war, die ordnungspolitische Philosophie des BMWi mit den Leitgedanken des Programms zu versöhnen.

Den Vertretern des Forschungsministeriums war in der Regel die Idee des Ansatzes

54 So ein Beamter der GD XII.

55 Ein Referent des BMWi zur Verankerung der Technologiepolitik in der EEA und im Maastrichter Vertrag: "Europa ist zentrales Anliegen der Bundesregierung, wir haben das immer geschluckt".

56 Das BMWi drängte auf die programmatische Eingliederung des vorgesehenen Textilprogramms als ein Schwerpunkt innerhalb von BRITE und auf die terminologische Veränderung des Teils "Textilien" zu "flexible Materialien", um das Programm auch der Leder- und Schuhindustrie zu öffnen.

57 Für eine Diskussion des Zielkonflikts zwischen Spitzentechnologie und Kohäsionsorientierung siehe Starbatty/Vetterlein 1989 und Tomann 1992.

58 Für die deutschen Industrieverbände ist, im Gegensatz zu den Vertretern teilnehmender Industrieunternehmen, das Kohäsionsargument nach wie vor der prinzipielle Stein des Anstoßes.

intersektoraler FuE-Kooperationen in traditionellen Industrien relativ schnell „zu erklären". Erstens weil auch Beamte und Experten aus dem BMFT am transnationalen Ideendiskurs teilgenommen hatten und das BMFT dabei war, auch in eigene Programme Verbundforschung zum Zwecke der Produktivitätssteigerung in der Industrie festzuschreiben (BMFT 1985, 1988; Lütz 1993). Damit entsprach der kognitive Gehalt und die normative Ausrichtung eigener nationaler Programme zunehmend derer der GD XII, was grundsätzlichen konzeptionellen Widerstand gar nicht erst aufkommen ließ. Zweitens war das BMFT einer Handlungslogik verpflichtet, nämlich der Verbesserung von Rahmenbedingungen für die Forschung zum Zweck der Optimierung wissenschaftlicher Aktivitäten und Möglichkeiten, die zur behaupteten Sinnhaftigkeit eines größeren Kooperationsraumes paßte. BRITE traf aber trotz der konzeptionellen Nähe auch im BMFT nicht auf ungeteilte Zustimmung[59], denn die Beamten dort erachteten eigene Programme und Eigeninitiativen der Industrie als ausreichend für FuE-Kooperationen, wo nötig auch international. Insofern sahen sie keinen Bedarf für das BRITE-Programm und rechneten mit nur geringem Interesse in der deutschen Wirtschaft. BRITE wurde als eine Art Kompensation für das ESPRIT-Programm angesehen, das den entwickelten Industrieländern besonders zugute kam. Die erwartete Bevorzugung der Kohäsionsländer erweckte keinen Widerstand. Das BMFT teilte die politische Grundorientierung in Richtung einer „Technologiegemeinschaft", und deshalb wurden die Unterschiede in den materiellen Interessen vom normativen Schirm der Leitidee gefaßt.

Trotz generellem politischen Widerstand im BMWi und Skepsis im BMFT gegenüber dem Ansatz von BRITE und seiner Sinnhaftigkeit für die deutsche Industrie, war über die stufenweise, direkte Einbindung von Programmadressaten eine mehr als ausreichende Folgebereitschaft in Deutschland aufgebaut worden, welche in der Folge auch in den Ministerien für Umorientierungen sorgte. Als die deutsche Industrie in der ersten Runde des Programms - auch im Vergleich zu anderen Ländern - sich schon im ersten Aufruf nicht nur in ESPRIT, sondern auch in BRITE sehr stark engagierte, war man in den deutschen Verwaltungen nachhaltig überrascht. Die Strategie der Verbreitung des Konzepts direkt in die Wirtschaft und relevante Wissenschaft durch Einbindung war im Ministerium überhaupt nicht bzw. nicht in ihrer Bedeutung wahrgenommen worden. Erst nach den ersten Runden des Programms wurde auch in Deutschland institutionell reagiert und über Koordinierungsstellen für spezifische Programme und aktive Kommunikationspolitik versucht, die Teilnahme zu optimieren.

In der weiteren Entwicklung hat sich die Logik der Leitidee und ihres Vernetzungskonzeptes in den Teilen der nationalen Verwaltungsstrukturen, die in die Interaktions- und Kommunikationsstrukturen eingebunden sind, verselbständigt. Es hat sich gezeigt, daß je diffuser und „unkonzeptioneller" diese Einbindung ist, sei es wie beim BMWi durch die Beschränkung auf Ressortbesprechungen und die Komitologie, oder wie bei den Ländern auf periodische Wortmeldungen zu den Rahmenprogrammen, desto resistenter sind verwaltungsspezifische Logiken gegenüber der europäischen

59 Insbesondere der damalige Forschungsminister Riesenhuber selbst war wegen der mangelnden Konzentrierung von Geldern und der nicht immer klar erkennbaren Orientierung an Kritierien der Exzellenz bei der Auswahl von Projekten nachhaltig skeptisch.

Vergemeinschaftungsidee in der FuT-Politik. Die Beamten des BMBF dagegen sind durch viele personelle Verflechtungen und Arbeitsausschüsse (z.B. im Rat) dauerhaft mit den Rationalitätskriterein der Verwalter und damit der Programmlogik vertraut. Konzeptioneller Widerstand dort ist, so scheint es, eher ein Reflex auf Erwägungen des „juste retour", die aus gänzlich anderen Handlungskontexten im Zuge der periodischen Debatten um den Nettobeitrag der Bundesrepublik zum Haushalt der EG in die FuT-Politik getragen werden. Mit einer Logik der proportionalen Rückverteilung von Geldern allerdings ist auch die institutionelle Handlungslogik des BMBF nicht zu verbinden. Insoweit teilt sie eher die Frustration mit der GD XII als mit den anderen Ressorts des Bundes und der Länder.

3. *Thesen zur Interdependenz von Regieren und Systementwicklung*

3.1 Empirische Evidenz

1) Die Eigenheiten von Institutionen und die Besonderheiten des jeweiligen Politikfeldes begünstigen Strategien der Politikformulierung, die ihrerseits wiederum auf die Inhalte der politischen Regelung und die Entwicklung der Institutionen zurückwirken. Im Politikfeld FuT-Politik war für den konzeptionellen Diskurs und die effektive Verständigung auf einen paradigmatischen Wechsel der institutionelle Rahmen der OECD konstitutiv. Die Art und Weise, wie dieser sich anbahnende Konsens in eine für die europäische Ebene relevante forschungs- und technologiepolitische Leitidee und schließlich in ein politisches Programm umgesetzt wurde, war deutlich von den institutionellen Spezifika der EG und insbesondere der Kommission als zentralem Akteur geprägt. Die Offenheit für einen diskursiven Prozeß und die Bereitschaft, sich in einen transnationalen Interaktionsprozeß einzubringen, hängt zudem von den Spezifika des Gegenstandes und des Politikfeldes ab. Die Logik von Einbindungsstrategien ist bei der Gestaltung technologiepolitischer Programme leicht einsichtig. Nach weit verbreiteter Ansicht kann nur die Wissenschaft und forschende Industrie die Funktionalität von Programmen sachgerecht beurteilen. In diesem Umfeld gelang es der Kommission, sich als erfolgreicher Prozeßmanager zu etablieren und bei der funktionalen Selektion und zeitlichen Abstufung ihrer Einbindungsaktivitäten die Interessenskonstellation der Akteure zu berücksichtigen.
2) Die Generierung von Leitideen, Konzepten und Programmen hat ganz spezifische Prozeßeigenschaften. Die Leitidee, im vorliegenden Fall die Steigerung von Wettbewerbsfähigkeit durch grenzüberschreitende FuE-Kooperation als vielversprechendes Mittel der Wohlfahrtssicherung, ist ihrem Wesen nach eine programmatische Zieldefinition. Sie steht nicht am Anfang des Prozesses, sondern entwickelt sich aus der Verknüpfung eines politischen Auftrags (Wohlfahrt durch die Errichtung eines Gemeinsamen Marktes) mit neuen paradigmatischen Sichtweisen über den Zusammenhang von Forschung, technologischer Innovation und Wirtschaftswachstum. Die Herausbildung von Leitideen ist ein vielschichtiger Lernprozeß und demnach nicht planbar. Er zeigt Merkmale, die denen im "garbage can"-Modell beschriebenen ähnlich sind (Cohen/March/Olsen 1972; March/Olsen 1984; Richardson 1996), wird aber gleichwohl durch die Kommission organisiert, weil sie

als Prozeßmanager das Zusammentreffen von Akteuren und die Aufnahme und Weiterleitung von Ideen beeinflußt.

3) Der Erfolg einer Politik der Einbindung und Verständigung hängt von zwei Bedingungen ab. Zum einen wird die Verbreitung von Konzepten und ihre Akzeptanz davon beeinflußt, wie weit die transnationale Einbindung ausgreift, wie eng die eingebundenen Akteure ihrerseits vernetzt sind und in welchem Maße sie dank ihrer Reputation bzw. Funktionsstellung in heimische Kontexte ausstrahlen können. Je größer die Wichtigkeit und Zentralität der transnational vernetzten Akteure im nationalen institutionellen Kontext und je attraktiver der Eintritt in das transnationale Netzwerk ist - um Einfluß oder Ressourcen zu gewinnen -, desto bessere Voraussetzungen bestehen für eine effektive Verbreitung der Konzeptideen.
Zum anderen ist die Verständigung auf ein gemeinsames Politikkonzept umso leichter, je mehr es Problemdefinitionen und Lösungsstrategien aufgreift, die außerhalb des engen Politikfeldes vertraut sind. Anschlußfähigkeit ist eine Schlüsselgröße für die Diffusion neuer Ideen. Überdies hat der Zusammenhang zur allgemeinen wirtschaftspolitischen Umorientierung im Zuge der Stagflationskrise gezeigt, daß die Postulierung eines dringenden Handlungsbedarfs umso glaubwürdiger wird, je größer die Übereinstimmung der politikfeldspezifischen Problemanalysen mit einer generellen Problemperzeption ist und je näher die daraus abgeleiteten Handlungsstrategien herrschenden Handlungsrationalitäten sind.

4) Die konzeptionelle Verständigung in transnationalen Zirkeln führt notwendigerweise erst über mehrere Stufen zur Konstruktion einer europäischen Politik. Sie entsteht aus einer zunächst vagen Konzeptidee als Antwort auf einen intersubjektiv definierten Handlungsbedarf. Der erste notwendige Schritt ist die Überführung des konstruierten Handlungsbedarfs in eine Gemeinschaftsaufgabe. Im Prozeß der Konkretisierung des Politikkonzeptes muß die Überzeugung wachsen, daß nur supranationales Handeln diesen Bedarf befriedigen kann. Im Fall der Forschungsförderung bildete sich eine Sichtweise heraus, die eine zwingend logische Verbindung nahelegte: Die supranationale Vernetzung war das erfolgversprechende Instrument der Wettbewerbsförderung, seine optimale Gestaltung konnte demnach nur europäisch organisiert werden und im Prozeß der Implementation wurde Europa zwangsläufig zum Raum des politischen Handelns. Im Gegensatz zu der ersten Hälfte der 70er Jahre wurde in der Logik dieser neuen Sichtweise die Koordinierung nationaler Politiken nicht mehr als adäquate Alternative ins Spiel gebracht, weil die Großräumigkeit wirtschaftlichen Handelns inzwischen als conditio sine qua non für unternehmerische Innovationsfähigkeit betrachtet wurde und die Zielvorstellungen sich nicht mehr am Maßstab nationaler, sondern europäischer Wettbewerbsfähigkeit ausrichteten. Damit war auch die Praxis der Kommission aus Sicht der Beteiligten logisch konsistent, welche darauf abzielte, die nationalen Grenzen der Diskurs- und Politiknetzwerke aufzuheben und in transnationalen Interaktionszusammenhängen supranationalen Handlungsbedarf zu definieren. Das Verfahren der Koordination nationaler Politiken hätte dagegen immer wieder die konzeptionelle Enge einzelstaatlicher Sichtweisen reproduziert und wäre dem Denken in Kategorien des nationalen Interesses verhaftet geblieben, so daß der europäische Handlungsbedarf zu einer Residualkategorie geschrumpft wäre.

5) Die Gemeinschaft konnte sich faktisch als ein neuer politischer Raum etablieren,

weil dieser inhaltlich durch glaubwürdige Konzepte und verfahrensmäßig durch logisch konsistente Strategien der Interessenvermittlung abgesichert war. Die neue Gemeinschaftspolitik gewann Glaubwürdigkeit, weil sie dem bereits im OECD-Diskurs vollzogenen Paradigmenwechsel programmatischen Ausdruck gab. In diesem war das Prinzip der Transnationalität bereits angelegt. Konzeptionell bildete die Forderung nach einer großräumigen, transsektoralen und interdisziplinären Vernetzung der Forschung in Europa und der transnationale Ansatz bei der Formulierung des entsprechenden politischen Programms eine logische Einheit. Was an den staatlichen Akteuren vorbei vereinbart worden war, wurde in zwischenstaatlichen Verhandlungen schließlich vertraglich kodifiziert (EEA). Die inhaltliche Festlegung war infolge der transnationalen Abstimmung nicht mehr durch den Filter des nationalen Bezugsrahmens geprägt. Nicht nur der Interaktions-, sondern auch der Interpretationsraum hatte damit eine genuin europäische Dimension gewonnen.

3.2 Erfolge, Steuerungspathologien und demokratietheoretische Bedenklichkeit der diskursiven Steuerung

1) Die Funktionalität des Regierens durch Einbindung und Verständigung ist evident. Die beschriebenen Praktiken stiften Konsens, überwinden anfängliche Widerstände und erleichtern die Vergemeinschaftung von Politik. Sie schaffen notwendige Folgebereitschaft bei heterogenen Akteuren und führen durch den Aufbau von Kommunikationsnetzen zu einer Art Kaskadeneffekt. Die effektive Implementation einer derart vorbereiteten Politik ist eindrücklich. Im vorliegenden Fall wurde eine beachtliche Forschungsvernetzung der europäischen „traditionellen" Industrie und Wissenschaft erreicht. Diese wurde durch das BRITE-Programm gleichsam aus dem Nichts angestoßen und hat sich als dauerhaft erwiesen. Die These vom Nutzen grenzüberschreitender Kooperationen ist mittlerweile Allgemeingut.
2) Gleichwohl sind über die Zeit spezifische Steuerungspathologien zu erkennen, die auf die Politikentwicklung über Einbindung und Verständigung zurückgehen. Die europäische Forschungsförderungspolitik hat eine Pfadabhängigkeit ausgebildet, die sie resistent gegen die Ausweitung des Zielkatalogs und der prozeduralen Gestaltung macht. Die innere Logik des Konzeptes wird fortwährend in der Interaktion der Akteure in den verschiedenen Programmphasen beschworen und damit zementiert. Die Verstetigung der kognitiven Orientierung hat dabei aus dem Pfad einen Tunnel werden lassen, der keinen Ausbruch erlaubt. Programme, die nicht als Ergebnis von Verhandlungskompromissen zwischen widerstreitenden Interessen betrachtet werden, sondern das Gütesiegel sachlicher Richtigkeit und normativer Zielkonformität tragen, sind nur durch eine kollektive Rekonstruktion zu verändern. Dies birgt die Gefahr, daß Dysfunktionalitäten perpetuiert, notwendige Anpassungen verpaßt oder neue, aus anderen Bereichen legitimierte Ansprüche regelmäßig abgeblockt werden.[60] Eine Politik, die sich auf kollektive Interpretationen

---

60 Der politische Meta-Diskurs fordert in den letzten Jahren z.B., daß Programme wie BRITE/EURAM nun auch dem Ziel der Beschäftigungsförderung untergeordnet werden soll-

stützt, kann nur schwer neue Richtungen einschlagen. Der empirische Fall zeigt deutlich, daß die Resistenz weniger aus dem Kampf um knappe Gelder resultiert, als aus der mangelnden Bereitschaft, einen herrschenden Konsens über die Legitimation von geltenden Praktiken und Routinen zu verwässern bzw. mit konzeptionellen Brüchen zu leben.

3) Strategien der Einbindung neigen immer zur Selektivität. Damit ist die Gefahr verbunden, daß Programminhalte die Vorstellungswelt und Interessensstrukturen der eingebunden Akteure widerspiegeln. Die FuT-Förderung hat regelmäßig damit zu kämpfen, daß die Zusammensetzung der transnationalen Netze und das unterschiedliche Gewicht der darin versammelten Akteure sich in einer programmfremden Sektoralisierung von Inhalten niederschlägt bzw. die Tendenz zur vorrangigen Förderung marktnaher Entwicklungen überhand nimmt. Diese Effekte, die aus der Struktur industrieller Interessenvertretung und dem Übergewicht industrieller Akteure resultieren, gelten in (bestimmten) nationalen Ministerien und in der GD IV (Wettbewerb) ordnungspolitisch als nicht akzeptabel. Hier wird deutlich, daß ordnungspolitische Vorstellungen selbstverständlich nicht interessenneutral sind. Zusätzlich ist eine gewisse Persistenz der inter-institutionellen Konflikte über angemessene Leitideen sowohl innerhalb der Kommission als auch zwischen dieser und nationalen Ministerien bzw. innerhalb der nationalen Administrationen zu beobachten, welche auf der Heterogenität der grundlegenden ordnungspolitischen Auffassungen beruhen.

4) Wenn eine erfolgreiche Programmimplementation an die frühzeitige und umfassende Verständigung mit den Programmaddressaten gebunden ist, dann ist deren Einbindung unerläßlich. Einseitige Bemühungen reichen hier nicht aus, wie die über Jahre vergeblichen Versuche, die Teilnahme von kleinen und mittleren Unternehmen (KMU) an den Programmen zu erhöhen, gezeigt hat. Selbst die Schaffung einer eigenen Abteilung in der GD XII hat keine Änderung gebracht. Neben hohen Transaktionskosten ist dies ein Grund dafür, daß nicht auf funktionsfähige Netzwerke zurückgegriffen werden kann. Konzeptionelle Politik hat somit einen inhärenten Abschließungseffekt und erhöht die ohnehin vorhandenen materiellen Barrieren (personelle und finanzielle Überforderung der KMU), die einer Programmbeteiligung entgegen stehen.

5) Unter dem Gesichtspunkt der Demokratieverträglichkeit sind prinzipielle Bedenken anzumelden. Eine Politik der Einbindung und der Herstellung von Allgemeinverbindlichkeit über Verständigung ist notwendigerweise selektiv und widerspricht damit dem demokratischen Prinzip der grundsätzlichen Gleichberechtigung bei der Teilhabe an Politik. Auch gemessen am Maßstab der Legitimität durch Leistung und Verteilungsgerechtigkeit ist sie nicht unproblematisch. Einbindung ist immer auch Ausgrenzung anderer. So hat sich mit der Zeit um die GD XII ein Zirkel von interessierten Akteuren gebildet, die privilegierte Gesprächspartner sind. Ihre Einflußnahme ist weitgehend intransparent, nicht für alle zugänglich und unterliegt nicht der Kontrolle demokratisch-repräsentativer Gremien. Auch wenn es grund-

---

ten. Diese Zielvorgabe gilt nicht zuletzt auf der Arbeitsebene der GD XII als konzeptionell nicht paßfähig und wird abgelehnt, weil sie den Begründungsmustern, die in der GD XII über 15 Jahre zum institutionellen Kern gehört haben, widerspricht.

sätzlich als legitim erachtet wird, daß Politikinhalte in enger Abstimmung mit Betroffenen formuliert werden, so gibt es hier strukturelle Probleme. Eine gleichgewichtige Einbeziehung von Akteuren in die Phase der Konzeptionierung ist eben nicht möglich, weil die Rationalität der konsensualen Abstimmung von Konzepten über einen ideengeleiteten Diskurs zwangsläufig Begrenzung und Selektivität beinhaltet. Damit gibt es eine immanente Bevorzugung von Akteuren, die schon mit Programmlogik, den Verfahren der Einbindung und mit den dazu paßfähigen Handlungskriterien vertraut sind.

3.3 Leistungsgrenzen des theoretischen Ansatzes

1) Da die Prozeßmechanismen von Einbindung und Verständigung nicht nur institutionell begünstigt sind, sondern auch von den Besonderheiten des Politikfeldes abhängen, drängt sich die Frage nach der Verallgemeinerbarkeit der Ergebnisse der vorliegenden Fallstudie auf. Bei der Übertragung auf andere Politikbereiche ist zum einen die Relevanz theoretischer Konstrukte und damit die relative Bedeutung von „epistemic communities" zu prüfen. Zum anderen sind die jeweiligen Akteurskonstellationen zu bedenken. Wenn Akteure in unterschiedlichen Handlungskontexten mit deutlich divergierenden Handlungsrationalitäten eingebunden sind, kann über Kommunikation alleine kaum ein Konsens erzielt werden. Ein kognitivistischer Ansatz kann in diesem Fall dann lediglich die Gründe für das Scheitern diskursiver Politik aufzeigen.
2) Methodisch betrachtet ist es wie bei allen Fallanalysen problematisch, von den aus der Einzelstudie gewonnenen Erkenntnissen auf die Gesamtheit der systemischen Prozesse zurückzuschließen. Die Schwierigkeit der Verbindung von Mikro- und Makroebene kann nicht einfach durch eine Addition von noch weiteren Fallstudien überwunden werden. Es bedarf vielmehr der theoretischen Reflexion darüber, in welchem Verhältnis die Veränderungen in den einzelnen Segmenten der sektoralen Politik - von FuT über Umwelt, Soziales, Innere Sicherheit, Außenbeziehungen etc. - zu einer Transformation des Gesamtsystems stehen. Der skizzierte Versuch, politische Räume modellhaft zu konzeptionalisieren, könnte helfen, die Überlappungen entlang einzelner Funktionsbereiche und die Dynamik räumlicher Veränderungen in den Blick zu bekommen.
3) Trotz dieser Einschränkungen halten wir die gewählte "bottom-up" Perspektive für einen Gewinn, weil sie erkennen läßt, in welchem Ausmaß politische Systemveränderungen Produkt eines sozialen Prozesses sind. Sie zeigt die Interdependenz von politischen Ordnungsstrukturen und Formen des Regierens. Verknüpft mit einem kognitivistischen Ansatz, der die Bedeutung von konzeptioneller Verständigung und Politikentwicklung deutlich werden läßt, kann unseres Erachtens überzeugend die These gestützt werden, daß der Prozeß der europäischen Vergemeinschaftung nicht zuletzt von der spezifischen Form von Regieren im EG-System vorangetrieben wird.

Literaturverzeichnis

BAM (Bundesanstalt für Materialprüfung), 1982: Technische Materialforschung und -prüfung. Entwicklungstendenzen und Rahmenvorschläge für ein EG-Programm "Basic Technological Research", durchgeführt von Horst Czichos. Berlin.

Berger, Peter L./Luckmann, Thomas, 1967: The Social Construction of Reality. A Treatise in the Sociology of Knowledge, New York.

BMFT (Bundesministerium für Forschung und Technologie), 1985: Grundlinien für die Förderung von Verbundvorhaben für Forschung und Entwicklung im Materialforschungsprogramm des BMFT; Referat 523, unveröffentlichtes Manuskript.

BMFT (Bundesministerium für Forschung und Technologie), 1988: Bundesbericht Forschung. Bonn.

Cohen, Michael D./March, James G./Olsen, Johan P., 1972: A garbage can model of organizational choice, in: Administrative Science Quarterly 17, 1-25.

Colombo; Umberto; Zegveld, Walter; Tuininga E., 1980: Die Europäische Gemeinschaft und Innovation. Möglichkeiten, Zwänge, Empfehlungen. Bericht an die Kommission der EG, Straßbourg-Konferenz Oktober 1980. Brüssel.

COM (Commission of the EC), 1983: Proposal for a Council Decicions adopting a multiannual research and development programme of the European Economic Community in the field of basic technological research (COM(83)) final.

Desazars de Montgailhard, Jacques, 1982: Opportunities for improvements in industrial productivity, in: Fusfeld, Herbert I.; Haklisch, Carmela S. (Hrsg.), Industrial Productivity and International Technical Cooperation. New York u.a., 11-16.

Deutsch, Karl W. et al., 1966: Political Community and the North Atlantic Area. International Organization in the Light of Historical Experience. Ann Arbor.

Dow, J.C.R., 1989: The Organization of Economic Cooperation and Development, in: *Pechman, Joseph A.* (Hrsg.), The Role of the Economist in Government. An International Perspective. New York u.a., 255-278.

Edler, Jakob, 1999: Die Bedeutung von Leitideen bei der Genese und Implementierung europäischer Forschungspolitik am Beispiel BRITE/EURAM (i.E.).

Freeman, Christopher, 1982: The Economics of Industrial Innovation, 2. Auflage. London.

Friedrich, Carl J., 1972: Europa – Nation im Werden? Bonn.

Fusfeld, Herbert I./Haklisch, Carmela S. (Hrsg.), 1982a: Industrial Productivity and International Technical Cooperation. New York u.a.

Fusfeld, Herbert I./Haklisch, Carmela S., 1982b: Preface, in: Fusfeld, Herbert/Haklisch, Carmela (Hrsg.), Industrial Productivity and International Technical Cooperation. New York u.a., IX-X.

Fusfeld, Herbert I./Haklisch, Carmela S., 1982c: Changing Trends in International Technological Cooperation, in: *Fusfeld, Herbert/Haklisch, Carmela* (Hrsg.), Industrial Productivity and International Technical Cooperation. New York u.a., IX-X

Giersch, Herbert (Hrsg.), 1982: Emerging Technologies: Consequences for Economic Growth, Structural Change and Employment. Symposium 1981, Institut für Weltwirtschaft Kiel. Tübingen.

Göhler, Gerhard, 1990: Einleitung, in: *Göhler, Gerhard/Lenk, Kurt/Schmalz-Bruns, Rainer* (Hrsg.), Die Rationalität politischer Institutionen. Interdisziplinäre Perspektiven. Baden-Baden, 9-14.

Grande, Edgar, 1994: Die Technologiepolitik der EU: Fragestellungen und Forschungsperspektiven für die Politikwissenschaft. Beitrag für den Arbeitskreis „Politik und Technik“ des 19. DVPW-Kongresses. Potsdam, 25.-28.8.1994.

Guzzetti, Luca, 1995: A brief history of Europan Union Research Policy. Brüssel.

Habermas, Jürgen, 1996: Die Einbeziehung des Anderen. Frankfurt am Main.

Hawkins, Robert G., 1982: Technical cooperation and industrial growth, in: *Fusfeld, Herbert I./Haklisch, Carmela S.* (Hrsg.), Industrial Productivity and International Technical Cooperation. New York u.a., 17-26.

Hofmann, Jeannette, 1993: Implizite Theorien in der Politik. Interpretationsprobleme regionaler Technologiepolitik; Studien zur Sozialwissenschaft, Bd. 132. Opladen.

Jepperson, Ronald J., 1991: Institutions, Institutional Effects and Institutionalism, in: *Powell, Walter W./DiMaggio, Paul J.* (Hrsg.), The New Institutionalism in Organizational Analysis. Chicago, 143-163.

Kalka, Pjotr, 1984: Die Genese einer gemeinsamen Forschungs- und Entwicklungspolitik in den Europäischen Gemeinschaften, in: Polnische Weststudien 3, 2, 315-351.

Keck, Otto, 1986: Gesellschaftliche Steuerung – ein institutionalistischer Ansatz, in: *Bechmann, Gotthard/Meyer-Krahmer, Frieder* (Hrsg.), Technologiepolitik und Sozialwissenschaft. Frankfurt/Main, 17-41.

Kerremans, Bart, 1996: Do Institutions Make a Difference? Non- Institutionalism, Neo- Institutionalism, and the Logic of Common Decision- Making in the European Union, in Governance 9, 2, 273-299.

Kingdon, John W., 1984: Agendas, Alternatives, and Public Policies, University of Michigan.

Kohler-Koch, Beate, 1998a: Beyond Amsterdam: Regional Integration as Social Process, in: *Neunreither, Karlheinz/Wiener, Antje* (Hrsg.), Amsterdam and Beyond, forthcoming.

Kohler-Koch, Beate, 1998b: Europäisierung der Regionen: Institutioneller Wandel als sozialer Prozess, in: *Kohler-Koch, Beate u.a.* (Hrsg.), Interaktive Politik in Europa. Regionen im Netzwerk der Integration. Opladen, 12-31.

Kohler-Koch, Beate, 1998c: Leitbilder und Realität der Europäisierung der Regionen, in: *Kohler-Koch, Beate u.a.* (Hrsg.), Interaktive Politik in Europa. Regionen im Netzwerk der Integration. Opladen, 231-253.

Kohler-Koch, Beate, 1999: The Evolution and Tranformation of European Governance, in: *Kohler-Koch, Beate/Eising, Rainer* (Hrsg.), The Transformation of Governance in the European Union. London.

Kohler- Koch, Beate/Eising, Rainer (Hrsg.); 1999: The Transformation of Governance in the European Union. London.

KOM (EG-Kommission) (Hrsg), 1980: 1980-1990: A new development on the European scientific policy. Proceedings on a conference held in Strasbourg (20.22. October) EUR 1721.

KOM (EG-Kommission), 1985: Memorandum für eine Technologiegemeinschaft. Kom (85) 350 endg.; 25.06.1985.

KOM (EG-Kommission), 1994: Industrielle und Werkstofftechnologien (BRITE-EURAM III). Allgemeine Informationen. Brüssel.

KOM (EG-Kommission), 1997: Second European Report on S&T Indicators (EUR 17639). Brüssel.

Lau, Ephrem Else. 1978: Interaktion und Institution. Zur Theorie der Institution und Institutionalisierung aus der Perspektive einer verstehend-interaktionistischen Soziologie. Berlin

Lepsius, Rainer M., 1991: Die Europäische Gemeinschaft: Rationalitätskriterien der Regimebildung, in: *Zapf, Wolfgang* (Hrsg.), Die Modernisierung moderner Gesellschaften. Verhandlungen des 25. Soziologentages in Frankfurt/Main 1990. Frankfurt/Main, 309-317.

Lepsius, Rainer M., 1995: Institutionenanalyse und Institutionenpolitik, in: *Nedelmann, Brigitta* (Hrsg.), Politische Institutionen im Wandel. Opladen, 392-403.

Lindberg, Leon N., 1970: Political Integration as a Multidimensional Phenomenon Requiring Multivariate Measurement, in: *Lindberg, Leon N./Scheingold, Stuart A.,* 1970: Europe's Would-be Polity, International Organization (24), special issue. Englewood Cliffs, 649-731.

Lindberg, Leon N./Scheingold, Stuart A., 1970: Europe's Would-be Polity, International Organization (24), special issue. Englewood Cliffs.

Lütz, Susanne, 1993: Die Steuerung industrieller Forschungskooperationen. Funktionsweise und Erfolgsbedingungen des staatlichen Förderinstrumentes Verbundforschung: Frankfurt am Main/New York.

March, James G./Olsen, Johan P., 1984: The New Institutionalism. Organizational Factors in Political Life, in: American Political Science Review 78, 734-749.

March, James G./Olsen, Johan P., 1989: Rediscovering Institutions. New York.

March, James G./Olsen Johan P., 1995: Democratic Governance. New York.

Mennicken, Jan-Beldem, 1974: Das Aktionsprogramm der Europäischen Gemeinschaften für die Wisssenschafts- und Technologiepolitik, in: Europa-Archiv, Folge 10, 335-344.

Nullmeier, Frank, 1994: Interpretative Ansätze der Politikwissenschaft. Tagungsbeitrag im 3. Workshop „Analyse interorganisatorischer Beziehungen und interpretative Ansätze" der Sektion Staatslehre und politische Verwaltung der DVPW. Konstanz, Juli 1994; 1. Fassung.

OECD, 1971: Science, Growth and Society. Paris.

OECD, 1978a: Policies for the Stimulation of industrial Innovation. Paris.

OECD, 1978b: Selected Industrial Policy Instruments: Objectives and Scope. Paris.

OECD, 1979a: The Case for Positive Adjustment Policies. Paris.

OECD, 1979b: Interfutures. Facing the Future. Managing the probable and managing the unpredictable. Paris.

OECD, 1980: Technical Change and Economic Policy. Paris.

OECD, 1981a Science and Technology Policy for the 1980s. Paris.
OECD, 1981b: The Future of University Research. Paris.
OECD, 1982a: Innovation Policy. Trends and Perspectives. Paris.
OECD, 1982b: Innovation in Small and Medium Firms. Paris.
OECD, 1983: Positive Adjustment Policies. Managing Structural Change. Paris.
OECD, 1984: Industry and University. New Forms of Cooperation. Paris.
Powell, Walter W./Di Maggio, Paul J., 1991: Introduction, in: *Powell, Walter W./Di Maggio, Paul J.*, (Hrsg.), The New Institutionalism in Organizational Analysis. Chicago, 1-40.
Rat (Rat der Europäischen Gemeinschaften), 1974: Entschließung des Rates vom 14. Januar 1974 über die Koordinierung der einzelstaatlichen Politiken und die Definition der Aktionen von gemeinschaftlichem Interesse im Bereich der Wissenschaft und Technologie; Abl. C7, S.2-8, 29.01.1974.
Rat (Rat der Europäischen Gemeinschaften), 1985: Beschluß des Rates vom 12. März 1985 über ein Mehrjahres-Forschungs- und Entwicklungsprogramm der Europäischen Wirtschaftsgemeinschaft auf dem Gebiet der technologischen Grundlagenforschung und die Anwendung neuer Technologien (BRITE) (1985-1988), in: Amtsblatt der Europäischen Gemeinschaften, Nr. L 83 vom 25.03.1985, 8-12.
Reger, Guido u.a., 1994: Europäische Technologiepolitik in Deutschland. Die Bedeutung für die Deutsche Forschungslandschaft. Karlsruhe.
Rehberg, Karl-Siegbert, 1994: Institutionen als symbolische Orientierungen. Leitfragen und Grundkategorien zur Theorie und Analyse institutioneller Mechanismen, in: *Göhler, Gerhard* (Hrsg.), Die Eigenart der Institutionen. Zum Profil politischer Institutionentheorie. Baden-Baden, 47-84.
Rothwell, Roy/Zegveld, Walter, 1981: Industrial Innovation and Public Policy. Preparing for the 1980s and the 1990s. London.
Richardson, Jeremy, 1996: Policy-Making in the EU: Ideas, Interests and Garbage Cans of Primeval Soup, in: *Richardson, Jeremy* (Hrsg.), European Union. Power and Policy-Making. London, 3-23.
Sandholtz, Wayne, 1992: High-tech Europe: the politics of international cooperation. Berkeley.
Schuster, Günther, 1980: Research and development in the European Economic Community: towards a new phase in the common policy, in: *KOM (EG-Kommission)* (Hrsg), 1980-1990: A new development on the European scientific policy. Proceedings on a confeence held in Strasbourg (20.22. October) EUR 1721, 1-22.
Servan-Schreiber, J.J., 1968: The American Challenge. New York.
Starbatty, Joachim/Vetterlein, Uwe, 1989: Spitzentechnologie oder innere Kohäsion. Ein technologiepolitischer Zielkonflikt in der Europäischen Gemeinschaft, in: Europa-Archiv, Folge 5, 145-155.
Starbatty, Joachim/Vetterlein, Uwe, 1990a: Technologiepolitische Aufgabenteilung in der Europäischen Gemeinschaft, in: Wirtschaftsdienst II, 96-102.
Starbatty, Joachim/Vetterlein, Uwe, 1990b: Die Technologiepolitik der Europäischen Gemeinschaft. Entstehung, Praxis, ordnungspolitische Konformität. Baden-Baden.
Stroetmann, Karl A., 1977: Innovation, Economic Change and Technology Policies. Proceedings of a Seminar on Technological Innovation in Bonn. Basel/Stuttgart.
Tomann, Horst, 1992: Chancen und Risiken neuer Technologien für die regionale Entwicklung in Europa, in: Reihe Europakolleg 18, 1-15.
Wallace, Helen/Wallace William (Hrsg.), 1996: Policy- Making in the European Union. Oxford.
Weber, Max, 1980: Wirtschaft und Gesellschaft. Grundriß der verstehenden Soziologie, 5.Aufl. Tübingen.
Wendt, Alexander, 1992: Anarchy is What States Make of It: the Social Construction of Power Politics, in: International Organization 46, 2, 391-427.
Williamson, Roger, 1973: European Technology. The Politics of Collaboration. London.
Winkelmann, Ingo (Hrsg.), 1994: Das Maastricht-Urteil des Bundesverfassungsgerichts: vom 12. Oktober 1993; Dokumentation des Verfahrens mit Einführung. Berlin.

Von intergouvernementalem Verhandeln zur deliberativen Politik: Gründe und Chancen für eine Konstitutionalisierung der europäischen Komitologie

Christian Joerges / Jürgen Neyer[*]

1. Einleitung

Die rechts- und politikwissenschaftliche Forschung auf dem Gebiet der gemeinschaftlichen Ausschüsse im allgemeinen und der Komitologie im besonderen hat in jüngster Zeit – dem augenscheinlich unaufhaltsamen Aufstieg ihres Gegenstandes entsprechende – Zuwachsraten zu verzeichnen.[1] Zu einer rechtlichen Beurteilung, die Juristen als „herrschende Meinung", zu analytischen und praxeologischen Ansätzen, die Politologen als wegweisend apostrophieren und vorstellen könnten, erst recht: zu einem die beiden Disziplinen übergreifenden Konsens haben all diese Bemühungen nicht geführt. Das ist angesichts der Komplexität des Gegenstandes auch nicht zu erwarten. Auch unser Beitrag kann derart weitreichende Erwartungen nicht erfüllen. Er versucht vielmehr, das Dickicht komplexer Fragestellungen mit Hilfe einer Art Doppelstrategie zu lichten: Wir haben den Untersuchungsbereich – die Regulierung von Gesundheitsrisiken im Lebensmittelsektor – relativ eng umrissen, um ihn gehaltvoll beschreiben zu können; wir werden andererseits den auf den ersten Blick eher unscheinbaren Gegenstand theoretisch anspruchsvoll von verschiedenen Perspektiven aus beleuchten. Der gewählte Bereich bietet sich aus zwei Gründen an: Zum einen befindet sich der Lebensmittelsektor derzeit an einem Scheidepunkt, weil Marktentwicklungs-Interessen intensiver als je zuvor mit regulativen Anforderungen und dem Aufbau einer dementsprechenden europäisierten Regulierungsmaschinerie konfrontiert werden.[2] Zum anderen rangierte die „Vollendung" des gemeinschaftlichen Lebensmittelmarktes schon lange so hoch auf der gemeinschaftlichen Tagesordnung, daß wir es hier tatsächlich mit einem legislativ weitgehend vollendetem Regelungsgefüge zu tun haben. „Vollen-

---

* Christian Joerges, Zentrum für Europäische Rechtspolitik, Bremen/Europäisches Hochschulinstitut, Florenz, und Jürgen Neyer, Zentrum für Europäische Rechtspolitik, Bremen. Die hier vorgelegte Studie entstand im Rahmen eines von der Volkswagen-Stiftung geförderten Forschungsvorhabens zur Regulierung von Produktrisiken im Europäischen Ausschußwesen (vgl. zum Projektdesign Joerges 1995). Wir sind deshalb unseren Bremer Kooperationspartnern Andreas Bücker, Josef Falke und Sabine Schlacke, ebenso aber auch Rainer Schmalz-Bruns, Michelle Everson, Peter Hall, Fritz W. Scharpf, und Ellen Vos für ihre konstruktive Kritik an früheren Fassungen unserer Überlegungen zu Dank verpflichtet.

1 Literaturhinweise in Joerges 1995, 78-89 und in Pedler/Schaefer 1996, 195-198; aus der seither erschienen Literatur sei verwiesen auf: Pappi/Schnorpfeil 1996; Wessels 1998; Dogan 1997; Eichener 1997; Schlacke 1998; Everson 1998; Vos 1998 und Neyer 1998c.

2 Aufschlußreich das aktuelle Grünbuch der Kommission (1997).

det" i.S. von komplett: Der gesetzliche Rahmen ist derart vollständig, daß die regulative Politik sich jetzt auf seine „Durchführung" konzentrieren kann.
Unsere Darstellung des Ausschußwesens im folgenden Abschnitt ist zwar weitgehend bloß deskriptiv, gleichzeitig aber auch als Vorbereitung auf die in den folgenden Abschnitten 3 und 4 entfalteten theoretischen und interdisziplinären Fragestellungen angelegt: Es geht uns um einen Aufweis von Entscheidungspraktiken in der Ausschußarbeit, die sich nicht in die analytischen Wahrnehmungs- und normativen Interpretationsmuster der tradierten Integrationsforschung fügen. Die Vorprägungen durch diese Muster verdeutlichen wir durch eine parallele und unabhängige Rekonstruktion rechts- und politikwissenschaftlicher Diskussionen und Analysen des Ausschußwesens. Es geht uns aber auch darum, neben paradigmatischen Verwandtschaften tiefgreifende Schismen zwischen beiden Disziplinen kenntlich zu machen: Während Juristen sich auf doktrinell-normative Argumente zu beschränken pflegen und von der Politikwissenschaft bestenfalls verläßliche Aussagen über „die Wirklichkeit" erwarten, neigen Politikwissenschaftler dazu, ihre Professionalität durch die Konzentration auf Erklärungen und bloß analytisch gemeinte Aussagen zu dokumentieren. Diese disziplinären Demarkationslinien sind indessen oft kontraproduktiv – diese These möchten wir zunächst „immanent" durch Hinweise auf Unzulänglichkeiten in beiden Disziplinen belegen. Im Abschnitt 4 wollen wir dann darlegen, wie die Schismen zwischen den mono-disziplinären Auseinandersetzungen der europäischen Polity im allgemeinen und der Komitologie im besonderen durch eine „konstitutionelle" (Um-)Interpretation von „Supranationalismus" überwunden werden können und sollen. Hervorgehoben sei schon jetzt, daß es sich bei dem hier vorgestellten Konzept des deliberativen Supranationalismus nicht bloß um ein abstraktes normatives Ideal handelt. Es geht uns um ein Konzept, das die Zusammenhanglosigkeit der Aussagen zur Komitologie selbst innerhalb der Jurisprudenz überwinden soll und den Status einer rechtswissenschaftlichen Theorie des Integrationsprozesses beansprucht (vgl. Joerges 1996); es versucht aber gleichzeitig, zu normativen Orientierungen und analytisch-empirischen Aussagen in der Politikwissenschaft (vor allem in ihren „konstruktivistischen" Ansätzen) im Rekurs auf „konstitutionalistische" Rechtstheorien eine Brücke zu schlagen.

2. *Bestandsaufnahme*

Die Geschichte des Ausschußwesens im allgemeinen und der Komitologie im besonderen kann hier kurz gehalten werden (ausführlich und präzise Vos 1998; Falke 1996). Dank der höchst intensiven „Europäisierung" der Agrarpolitik schon in den 60er Jahren, wurde dieser Sektor zum Wegbereiter des Ausschußwesens: Hier entstanden die „Management"-Ausschüsse (Bertram 1967/68), die im Laufe der Zeit durch eine Vielfalt von anderen Ausschußtypen ergänzt wurden. Die Ausweitung des Ausschußsystems und seine ständige Weiterentwicklung wurden durch die Verabschiedung des Binnenmarktprogramms von 1985 und der Einheitlichen Europäischen Akte (im folgenden EEA) von 1987 beschleunigt. Mit dem „Neuen Ansatz", der in diesen Initiativen angekündigt und festgeschrieben wurde, sollte durch relativ wenige europäische Gesetzgebungsmaßnahmen eine breite Harmonisierungswirkung erreicht werden.

Sowohl die Kommission als auch die nationalen Mit-Konstrukteure der EEA waren sich darüber im Klaren, daß die neue Strategie den Bedarf für regulative Politik nicht etwa verringern, sondern vielmehr verstärken würde, weil die sehr umfassend gesteckten Ziele und Prinzipien der neuen Gesetzgebungsakte unausweichlich Konkretisierungs- und Anpassungszwänge auslösen mußten. Deshalb sah die Ergänzung des Art. 145 der EEA im dritten Spiegelstrich vor, daß der Rat „der Kommission in den von ihm angenommenen Rechtsakten die Befugnisse zur Durchführung der Vorschriften" überträgt. Es sollte sich freilich sogleich herausstellen, daß der Rat keineswegs geneigt war, der Kommission tatsächlich all jene Befugnisse zur „Durchführung" der neuen legislativen Rahmenprogramme zu überlassen, die für deren Implementation unerläßlich blieben, die aber allzu oft wirtschaftlich bedeutsame und politisch empfindliche Belange berührten. In seinem Komitologie-Beschluß vom 13. Juli 1987[3] ließ der Rat es dabei bewenden, alternative Modalitäten der „Durchführung" des Gemeinschaftsrechts zu definieren. Die politische Botschaft des Rats-Beschlusses war glasklar: Die Mitgliedstaaten sind keineswegs bereit, die Bearbeitung des ohnehin verlorenen (europäisierten) legislativen Terrains einer sich als supranational verstehenden Institutionen (der Kommission) zu überlassen und die eigenen intergouvernementalen Einflußmöglichkeiten im Implementationsprozeß zu suspendieren. Konstruktiver gewendet: Der Komitologie-Beschluß erteilte dem Gedanken einer supranationalen zentralen Durchsetzungsmaschinerie unter Leitung der Kommission eine Absage; eben dadurch aber erzeugte er neue Zwänge zur intergouvernementalen und interadministrativen Zusammenarbeit.

2.1 Das Komitologie-System im Lebensmittelsektor[4]

Die Vervollständigung des legislativen Rahmens und der Ausbau des Ausschußwesens haben sich wechselseitig bedingt und gestützt. Diese Entwicklung gehorcht einer sehr allgemein wirksamen Logik: Eingeleitet wurde die Intensivierung der europäischen regulativen Aktivitäten bekanntlich durch das legendäre *Cassis de Dijon*-Urteil und den dieses Urteil i.J. 1985 ganz allgemein und dann auch für den Lebensmittelsektor aufgreifenden „Neuen Ansatz" mit seiner Ablösung „vertikaler" Rezepturvorschriften für einzelne Produktkategorien durch eine „horizontale", produktübergreifende Herangehensweise (Kommission der EG 1985; Einzelheiten bei Schlacke 1998, 43 ff.). Legendär ist jenes Urteil eben auch in dem Sinne, daß es als Ankündigung einer Deregulierungsoffensive galt, obwohl es doch in dem hier interessierenden Bereich die Entfaltung einer modernen und erfolgreichen europäischen Gesetzgebung auslöste,

---

3 Beschluß des Rates v. 13.07.1987 zur Festlegung der Modalitäten für die Ausübung der der Kommission übertragenen Durchführungsbefugnisse (87/373/EWG), ABl. L 197/1987, 33. Nach einer Art Marathon hat die Kommission am 16.07.98 den „Vorschlag für einen Beschluß des Rates zur Festlegung der Modalitäten für die Ausübung der der Kommission übertragenen Durchführungsbefugnisse" vorgelegt (ABl. C 279/1998, 5). Der Text enthält einige, allerdings flexibel gehaltene Aussagen zur Zuordung der verschiedenen Verfahrensvarianten, bestätigt aber im wesentlichen die bisherige Rechtslage.

4 Ausführlich Schlacke 1998, 207-226.

die inzwischen einen 720 Seiten starken Band füllt (vgl. Kommission der EG 1994; Hankin 1997).

Gerade im Lebensmittelsektor stellen sich ausgesprochen anspruchsvolle regulatorische Probleme. Angesichts der Sensibilitäten der Lebensmittelmärkte galt es, „funktionsfähige" Regulierungen zu stabilisieren und hierbei die Erfahrungen der Mitgliedstaaten zu nutzen. Andererseits mußte der Gemeinschaftsgesetzgeber sich auch von bloß tradierten Zugriffsformen lösen, neue Problemdefinitionen finden und für sie allgemeinverbindliche Regelungskonzepte durchsetzen. Daß es einen großen Regelungsbedarf gab und gibt, stand und steht grundsätzlich außer Frage.[5] Die Funktionsweise der Lebensmittelmärkte wird durch vielfältige Informationsprobleme gefährdet; bei der Auswahl der regulierenden Akteure stellen sich komplexe Agency- und Capture-Probleme; die Risikobewertung hat sich mit häufig genug kontroversen Expertisen auseinanderzusetzen; die Regulierung der Produkte muß auf Ernährungsgewohnheiten Rücksicht nehmen; zunehmend wird sie mit Forderungen nach einer artgerechten Tierhaltung und mit Umweltschutzproblemen konfrontiert. Es ist einsichtig, daß derart komplexe Probleme nicht einheitlich und endgültig durch gesetzgeberische Vorgaben auf europäischer Ebene behandelt werden können. Die Regulierung muß als Daueraktivität institutionalisiert werden, um zu gewährleisten, daß Kosten und Nutzen von Maßnahmen erkannt und abgewogen werden, daß die Akteure der regulativen Politik den Anschluß an die ständig wachsende Wissensproduktion behalten und imstande sind, auf neue öffentlichen Belange zu reagieren.

Nicht *ob* es einen Regulierungsbedarf im Lebensmittelsektor gebe, sondern die pragmatische Frage, *wie* dieser Bedarf zu bewältigen sei, stand mithin zu Debatte, als die Gemeinschaft die „Vollendung" des Binnenmarktes ankündigte. Und es lag pragmatisch nahe, institutionell auf einen Ausbau des Ausschußwesens zu setzen, weil diese Regulierungsform zwischen Scylla und Charybdis hindurchzufinden schien: zwischen einer zentralisierten Regulierung durch eine neu aufzubauende Super-Agentur einerseits und einer Destruktion der regulativen Politik durch einen regulatorischen Wettbewerb oder gegenseitige Anerkennung andererseits (Dehousse 1992; Dehousse u.a. 1992; Joerges 1991b). Das Ausschußwesen war nicht zufällig gerade im Lebensmittelsektor weit entwickelt; es basierte wesentlich auf dem Zusammenwirken dreier funktional differenzierter Ausschüsse:

- An erster Stelle ist der Ständige Lebensmittelausschuß (StLA) zu nennen. Dieser Ausschuß wurde 1969[6] als Regelungsausschuß (Variante IIIb des Komitologie-Beschlusses)[7] eingesetzt. Derzeit gibt es ca. 35 Richtlinien und Verordnungen, die sich auf diesen Ausschuß beziehen. Josef Falke (1996: 127) identifiziert 117 verschiedene Aufgabengruppen, die unter die Zuständigkeit des StLA fallen. Funktionell gesehen ist der StLA das gemeinsame politische Organ der Mitgliedstaaten zur Unterstützung und Kontrolle der Kommission.
- Der Wissenschaftliche Lebensmittelausschuß (WLA) wurde 1974[8] als beratendes Gremium der Kommission eingerichtet und 1995 neu organisiert.[9] Dieser Ausschuß

5 Vg. Fn. 2.
6 Vgl. Ratsbeschluß 69/414/EWG v. 13.11.1969, ABl. L 291/1969, 9.
7 Fn. 3.
8 Kommissionsbeschluß 74/234/EWG, ABl. L 136/1974, 1.
9 Kommissionsbeschluß 95/273/EWG, ABl. L 167/1995, 22.

siedelt in der – definitionsgemäß transnationalen und objektiven – Welt der Wissenschaft. Dementsprechend sollen die Ausschußmitglieder nicht etwa nationale Interessen, sondern vielmehr den Wissensstand ihrer jeweiligen Disziplinen vertreten. Daß Umfang und Komplexität der bei der Lebensmittelregulierung benötigten Expertise einen wie immer hochkarätigen Ausschuß zu überfordern drohen, ist absehbar. Deshalb hat der Ausschuß die Möglichkeit, Arbeitsgruppen zu bilden und weitere Experten einzuladen. Mindestens ebenso wichtig und aufschlußreich: Durch die Richtlinie 93/5 „über die Unterstützung der Kommission und die Mitwirkung der Mitgliedstaaten bei der wissenschaftlichen Prüfung von Lebensmitteln"[10] wurden Gemeinschaftsebene und nationale Einrichtungen so verflochten, daß im Prinzip das gesamte in Europa verfügbare Risikowissen koordiniert genutzt werden kann.

- Der Beratende Lebensmittelausschuß (BLA) wurde 1975[11] etabliert. Dieser Ausschuß soll wirtschaftliche und soziale Interessen auf europäischer Ebene repräsentieren. Die Kommission nimmt seine Hilfe nur bei der Vorbereitung neuer Gesetzgebung in Anspruch. An der „Durchführung" des Gemeinschaftsrechts wird er nicht beteiligt.

2.2 Die Arbeitsweise des Ausschußwesens

Beurteilungen der Arbeit des Ausschußwesens können sich auf eine breite Palette von im Prinzip allgemein zugänglichen Informationen stützen: auf die bereits erwähnten Rechtsakte und offiziellen Dokumente, aber auch auf weniger leicht zugängliche Daten zur Verfahrensweise der Ausschüsse,[12] der Häufigkeit ihrer Sitzungen, der Einberufung von Expertengruppen, zur Rolle der Kommission, den Status von Experten aus den Mitgliedstaaten, zur Zahl der Teilnehmer an Ausschußsitzungen und den für einen Gesetzesakt veranschlagten Kosten in ECU (Falke 1996: 133-138). Die nachfolgenden Ausführungen stützen sich aber vor allem außerdem auf eigene Erhebungen zu den Problemwahrnehmungen, Verhaltensweisen und Rationalitätskriterien von Ausschußmitgliedern (Joerges/Neyer 1997a; Joerges/Neyer 1997b; Neyer 1998a; vgl. auch schon Roethe 1994). Wir hoffen, auf diese Weise zu neuen Aussagen über die Formen der Präferenzformierung und der Entscheidungsfindung im Ausschußwesen zu kommen.

2.2.1 Zum „Wesen" der Risikoregulierung

Urteile über die Verantwortbarkeit von Risiken, die mit dem Konsum von Lebensmitteln verbunden sind, setzen die Berücksichtigung eines vielfältigen Wissenkomplexes voraus und erfordern Nutzen/Kosten-Abwägungen, die nur mit der Hilfe von Experten zu bewerkstelligen sind, die aber auch normative, politische und manchmal ethische Überlegungen einbeziehen müssen, Eben deshalb ist eine Delegation von Risikobewertungen an „non-majoritarian institutions", wie sie Majone (1994; 1996) befür-

10 ABl. L 52/1993, 18.
11 Durch Kommissionsbeschluß 75/420/EWG, ABl. L 182/1975, 35.
12 Die „Verfahrensregeln" des Ständigen Lebensmittelausschusses vom 11.05.1993, III/3939/93 sind von der GD III veröffentlicht worden.

wortet, problematisch. Hier mag der Hinweis genügen, daß bis dato kein Verfassungsstaat die Risikobewertung ausschließlich an Expertengremien übertragen hat (vgl. z.B. Bechmann 1994; Shrader-Frechette 1991; Köck 1996; Pildes/Sunstein 1995). Die normativen, ethischen, kulturellen und politischen Dimensionen der Risikobewertung sind auch auf Gemeinschaftsebene präsent: Sie stehen normativ, aber auch de facto, einer Delegation an Fachbürokratien oder andere Expertenstäbe entgegen; sie sprechen wiederum normativ und de facto dagegen, ein europäisches Zentralorgan mit Befugnissen für einheitliche, im gesamten Binnenmarkt verbindliche Entscheidungen zu betrauen. Die institutionellen Folgen dieser Überlegungen sind weitreichend: Wenn und weil die Risikobewertung auch normativ-politische Überlegungen zu berücksichtigen hat, muß das Ausschußwesen zwischen „universalen" (europaweit abgestimmten) Kriterien und „partikularen" (mitgliedstaatlichen) Belangen vermitteln. Es kann und darf deshalb nicht durch eine Zentralbehörde ersetzt werden, die für ihre Risikobewertung politisch nicht verantwortlich zu machen wäre.

2.2.2 Verteilungsfragen und Industriepolitik

Risikoregulierung ist niemals kostenfrei. Schutzstandards verursachen nicht nur administrative Kosten, sondern auch und vor allem Produktionskosten bei den Anbietern und sie führen last but not least bei Verbrauchern zu entsprechenden Produktkosten. Diese wirtschaftlichen Folgen der Risikopolitik sind innerhalb des Binnenmarktes keineswegs einheitlich: Eine Verschärfung von Standards und die Entwicklung anspruchsvoller Regulierungsschemata zur Gewährleistung der Sicherheit von Lebensmitteln wirkt sich zwangsläufig zugunsten der technisch hochentwickelten Mitgliedstaaten aus, die jetzt einfacher in „ausländische" Märkte eindringen können. Diese Unterschiede in den wirtschaftlichen Auswirkungen der regulativen Politik sind signifikant: Nachteile einer Risikobewertung für bestimmte Industrien produzieren regelmäßig „nationale Besorgnisse" hinsichtlich einer etwaigen Verschlechterung der Wettbewerbsfähigkeit. Verwaltungskosten und vor allem die Kosten für Hersteller, Händler und Verbraucher, die durch höhere Sicherheitsstandards verursacht werden können, haben insofern „distributive" Konsequenzen als sie die wirtschaftlichen Interessen dieser Akteure in unterschiedlicher Weise berühren. Im Gegensatz zu den verteilungspolitischen Zielen „traditioneller" wohlfahrtsstaatlicher Politiken sind allerdings die distributiven Konsequenzen stringenter Produktsicherheitsbestimmungen höchst diffus.

2.2.3 Interessenbildung und Entscheidungsprozesse in der europäischen Polity

Die beiden genannten Problemkreise bereiten im europäischen Entscheidungsprozeß wegen der dualen supranationalen und intergouvernementalen Struktur der EG erhebliche Schwierigkeiten (allgemein Joerges 1991a: 249 ff.). Der Zwang zur Vermittlung dieser Spannungen ist gleichsam der Lebensnerv des Ausschußwesens: Es muß durch eine „innovative" Kombination supranationaler und intergouvernementaler Komponenten die Diskrepanzen zwischen den im Vertrag selbst konzipierten institutionellen Strukturen und den realen und unabweisbaren Aufgaben der Gemeinschaft überbrücken. Das gilt insbesondere für die grundsätzliche Trennung von europäischer Gesetzgebung und nationalstaatlicher Verwaltung. Die Komitologie bietet gleichzeitig

ein offenbar unverzichtbares Medium für die Artikulation und Vermittlung von mitgliedstaatlichen Interessenlagen und gemeinschaftlichen Regulierungsanliegen.
Wenn diese Überlegungen stichhaltig sind, ist der Versuch aussichtslos, die Komitologie in die analytischen Modelle des Funktionalismus und Intergouvernmentalismus einzufügen oder sie entsprechenden normativ-juristischen Konzepten zu unterwerfen. Die Komitologie-Forschung muß sich deshalb auf ein „unter-theoretisiertes", konzeptionell noch unzulänglich erfaßtes Phänomenen einstellen. Sie muß sich auf die Ausbildung von Entscheidungsprozessen und -strukturen jenseits der formell vorgegebenen institutionellen Strukturen einstellen – auf all dies wird noch zurückzukommen sein.

2.2.4 Einige Ergebnisse

Im Rahmens des oben genannten Projektes[13] wurden 45 Experteninterviews durchgeführt, ca. 100 Fragebogen versandt und hunderte von Unterlagen geprüft. Die Ergebnisse lassen sich knapp wie folgt zusammenfassen:

- Die faktischen *Grenzen* des Ausschußwesens dürfen nicht mit seinen formalen Strukturen gleichgesetzt werden; sowohl die Vertreter der Mitgliedstaaten als auch die Kommission selbst stützen sich auf eine Vielzahl von Informationsquellen und sind offen für Ratschläge von „außen".
- Die *Agenda* des Ausschußwesens wird zwar nicht vollständig, aber doch weitgehend von der Kommission bestimmt. Ihr Entscheidungsspielraum wird durch den Schatten der Mehrheitsabstimmung, den der Rat durch die Privilegierung des Regelungausschußverfahrens regelmäßig über die Ausschüsse legt, nicht wirklich eingeschränkt. Allerdings verfolgt die Kommission ihre Ziel geduldig und langfristig. Fragen, die in absehbarer Zukunft aktuell und kontrovers werden können, lassen sich so noch offen diskutieren und präjudizieren. Werden wichtige Einwände gegen Vorschläge vorgebracht, so wird die Entscheidung vertagt. Sogar die Delegationen der Mitgliedstaaten nutzen den StLA vielfach als Forum für den Meinungsaustausch über neue und potentiell strittige Fragestellungen.
- Die führende Rolle der Kommission scheint durch den WLA nicht in Frage gestellt zu werden. Die Kommission fühlt sich berechtigt, eigenständig zu entscheiden, in welchen Fragen sie wissenschaftlichen Rat einholt.[14] Aber sowohl die Kommission als auch der WLA respektieren die Bedingungen, die zum Ruf des WLA als erfahrenes Expertengremium beitragen. Offensichtlich ist die Berufung auf die Autorität und Unparteilichkeit wissenschaftlich fundierter Ergebnisse für die Kommission von Nutzen, wenn Interessenkonflikte innerhalb der relevanten Parteien einen Konsens behindern, aber gleichzeitig wird hierdurch die Position des WLA gestärkt. Es sollte bereits hier angemerkt werden, daß institutionelle Interessen dieser Art dazu beitragen können, die Beachtung „vernünftiger" Entscheidungen abzusichern.

---

13 Vgl. Fn.*.

14 Diese Einstellung, die vom Rechtsdienst der Kommission geteilt wird, ist u.E. durch das EuGH-Urteil in der Rechtssache 12/91, Slg. 1993 I-171 - *Angelopharm* überholt; vgl. unten Text zu Fn. 25 f.

2.2.5 „Qualität" der Entscheidungsfindung

Erfassen Politik- und Rechtswissenschaft diese Leistungen des Ausschußsystems? Juristen pflegen den Output eines Entscheidungssystems schlicht als legal oder illegal zu qualifizieren. Über prozedurale Kriterien, die zwischen Legalität und inhaltlicher Qualität vermitteln würden, verfügt das europäische Recht bloß in ersten Ansätzen. Im Gegensatz hierzu können Politikwissenschaftler zur Beschreibung von Präferenzbildungs- und Entscheidungsverfahren auf ein breites Arsenal von operationalisierungsfähigen Theoremen zurückgreifen: Arguing v. Bargaining (Gehring 1998); strategische oder instrumentelle v. kommunikative Rationalität (Müller 1994; Risse-Kappen 1996); argumentatives Verhandeln (Zangl/Zürn 1996) und andere Konzepte wurden und werden hier ausprobiert. Offensichtlich ist allerdings in beiden Disziplinen eine vielleicht überraschende Gemeinsamkeit: die Konzeptualisierung des Ausschußwesens als einer nicht-hierarchischen Form des „Regierens". Juristen zeigen sich geneigt, nicht vorgesehene Strukturen der Entscheidungsfindung zu akzeptieren, wenn diese europäische Ziele zu fördern scheinen. In ähnlicher Weise tendieren Politikwissenschaftler dazu, den Modus des Arguing als Erfolgsbedingung der Komitologie anzuerkennen.

2.3 Zu Sinn und Notwendigkeit einer disziplinübergreifenden Theoriebildung

Die Konvergenzen in der Behandlung des Ausschußwesen in beiden Disziplinen bleiben allerdings begrenzt: Politikwissenschaftler interessieren sich vor allem für eine Operationalisierung ihrer Kategorien und die Auswirkungen unterschiedlicher Argumentationsmodi. Juristen pflegen zu betonen, daß der Modus der Argumentation für die Legalität einer Entscheidung nicht ausschlaggebend sein dürfe. Unser Vermittlungsversuch lautet: Es kommt darauf an, Rechtsnormen zu entdecken und zu validieren, die einen „deliberativen" Problemlösungsstil favorisieren. Wenn derartige Entscheidungsbedingungen wirksam institutionalisiert sind, können die Motive der entscheidenden Akteure außer Betracht bleiben. Auf diese Perspektive einer Legitimation des Ausschußwesens durch eine rechtliche Gewährleistung deliberativer Prozesse wird zurückzukommen sein

3. *Zur Wahrnehmung der Komitologie in Rechts- und Politikwissenschaft*

Rechts- und Politikwissenschaft, so haben wir bereits angedeutet, verfolgen eigensinnig ihre fachspezifischen Fragestellungen. Dennoch gibt es konzeptionelle Verwandtschaften, die sich nun allerdings, was die Erfassung des Ausschußwesens angeht, als analoge Schwierigkeiten beschreiben lassen: So wie es der Jurisprudenz schwerfällt, mit Innovationen zurechtzukommen, die sich „zwischen" nationalstaatlichen und supranationalen Institutionen ansiedeln, so hat auch die Politikwissenschaft ihre Mühe, das Ausschußwesen als ein Forum der Politikgestaltung wahrzunehmen, das sich sowohl der Beschreibung im Rahmen eines funktionalistischen als auch eines intergouvernmentalen Kategoriensystems entzieht.

3.1 Komitologie und Rechtssystem

Bei der Beurteilung neuartiger Phänomene geht es im Rechtssystem darum, sie als legal oder illegal zu qualifizieren. Die Meßlatte hierfür bilden die rechtlichen Strukturen, die in den Verträgen niedergelegt oder in der Rechtsprechung des EuGH entwickelt wurden. Man kann deshalb vom Rechtssystem nicht erwarten, daß es eine institutionelle Innovation wie die Komitologie in positiver Form konzeptualisiert; statt dessen wird es auf konkrete Konflikte reagieren, sobald sie in Rechts-Arenen hineingetragen werden. Die Transformation der rechtlichen Detail"erkenntnisse" in eine neue rechtliche Konzeption ist selbst ein komplexer Prozeß. Wir gehen im folgenden auf zwei wichtige Arenen ein: Auseinandersetzungen zwischen institutionellen Akteuren und die Rechtskontrolle des Ausschußhandelns.

3.1.1 Kommission und Parlament ./. Rat und die Meroni-Doktrin – „On the Road to Nowhere"[15]

Die bekanntesten rechtlichen Auseinandersetzungen über das Ausschußwesen sind durch institutionelle Akteure entfacht worden. In diesen institutionellen Konflikten sind drei Phasen zu unterscheiden (Bradley 1997; Vos 1998). Die erste Phase begann Jahrzehnte vor der Verabschiedung der EEA: Das Ausschußwesen war vor allem in der gemeinschaftlichen Agrarpolitik zu einem charakteristischen institutionellen Merkmal geworden. Bereits in diesem Zeitraum verfolgte das EP die Entwicklung intensiv und kritisch, ohne allerdings über Klagebefugnisse zu verfügen, die ihm eine Anrufung des EuGH ermöglicht hätten. So erklärt sich, daß die frühen Entscheidungen des EuGH, die im Prinzip die Legalität der von den entsprechenden Ausschüssen praktizierten Verwaltungsverfahren bestätigten, von den institutionellen Interessen des EP kaum Notiz nahmen.[16] Eine zweite Phase begann mit der Verabschiedung der EEA, die den Einfluß der Kommission auf den Prozeß der Formulierung von Durchführungsbestimmungen stärken sollte, aber effektiv durch den Komitologie-Beschluß des Rates vom 13. Juli 1987[17] unterlaufen wurde. Das Parlament konnte den EuGH nicht dazu bewegen, ihm das Recht auf eine richterliche Überprüfung dieses Beschlusses zu gewähren.[18]

Erfolgreicher agierte das EP in interinstitutionellen Verhandlungen. Im Jahre 1988 beschlossen Kommission und Parlament, daß die Kommission dem Parlament alle wichtigen Informationen über Ausschußsitzungen zur Verfügung stellen würde. Nach Inkrafttreten des Maastricht-Vertrages bot das neue Mitentscheidungsverfahren gemäß Art. 189b einen zusätzlichen Ansatzpunkt zur Fundierung der Ansprüche des Parlaments (Falke 1996: 125-127). Aufgrund einer Kommissions-Initiative unterzeichneten Kommission, Parlament und Rat den Entwurf eines interinstitutionellen Abkommens.[19] Gemäß diesem *Modus vivendi*[20] war jeder von der Kommission eingereichte

15 Vgl. Titel und Gehalt von Bradley 1997.

16 Die Leitentscheidung ist Rs. 25/70 Slg. 1970, 1161 - *Einfuhr- und Vorratsstelle für Getreide und Futtermittel/ Koester, Berodt & Co.*; vgl. auch Rs. 5/77, Slg. 1977, 1555 - *Tedeschi/ Denkavit.*

17 Oben Fn. 3.

18 Rs. 302/87, Slg. 1988, 5615, 5644 - *Europäisches Parlament/ Rat.*

19 SEC(94) 645 endg.

20 ABl. C 43/1995, 40.

Entwurf einer allgemeinen Durchführungsbestimmung auch an die entsprechenden Parlamentsausschüsse zu übermitteln.

Der institutionelle Konflikt ist vielschichtig, aber es ist eher unwahrscheinlich, daß er eine differenzierte Antwort auf die vielen mit der Europäisierung der Risikoregulierungs-Politik verbundenen Fragen hervorbringt. Indirekt treibt das EP durch seine Initiative die Zentralisierung der Verwaltungsbefugnisse voran, ohne jedoch den Nachweis antreten zu können, daß es in der Lage ist, die Kommission effektiv kontrollieren und politisch zur Verantwortung ziehen zu können.[21] Die kontraproduktiven Folgen der institutionellen Strategie des EP werden deutlicher, wenn sie im Zusammenhang mit der berühmten *Meroni*-Doktrin gesehen werden.

Die *Meroni*-Doktrin verbietet alle solche Formen der Delegation, die eine Übertragung der Verantwortung für Politikinhalte dadurch implizieren, daß der Delegierende sich diskretionärer Entscheidungsbefugnisse begibt.[22] Diese Doktrin ist ausgesprochen fest etabliert. Sie wurde herangezogen, um die Rechtmäßigkeit des Neuen Ansatzes zur Harmonisierungs- und Normung zu überprüfen (Lauwaars 1988); sie hat die Gemeinschaftsgesetzgebung dazu gezwungen, nicht nur die tatsächlichen Funktionen der Normung, sondern z.B. auch die der neuen Agentur für die Zulassung von Arzneimitteln[23] ständig zu verschleiern. Die Meroni-Doktrin ist ein klassischer Fall juristischer Realitätsverleugnung: Sie fingiert ausschließliche Beurteilungskompetenzen, die weder die Kommission noch irgendeine Verwaltung der Welt haben kann, und blokkiert eben dadurch die Entwicklung konstruktiver Alternativen einer rechtlichen Supervision.

Die *Meroni*-Doktrin muß im Zusammenhang mit der Forderung nach Respektierung des „institutionellen Gleichgewichts" zwischen den Gemeinschafts-Organen gesehen werden (Vos 1997). Dieser Grundsatz ist bei der Suche nach einem angemessenen rechtlichen Rahmen für die Risikoregulierung allerdings insofern nicht sehr hilfreich, als er die spezifischen Probleme dieser Art von Regulierungsarbeit nicht berücksichtigt. Glücklicherweise hat der EuGH darauf verzichtet, den Grundsatz des institutionellen Gleichgewichts zu einer rigiden Doktrin zu konkretisieren, sondern schlug statt dessen vor, daß der Rat bei der Festlegung der Bedingungen, unter denen die Kommission die ihr übertragenen „Exekutiv-Vollmachten" ausüben kann, freie Hand hat.[24] Konstruktiv kann seine Funktion so interpretiert werden, daß er den Pluralismus im europäischen Implementationsprozeß garantiert – obwohl der EuGH nie ausdrücklich anerkannt hat, daß die Beteiligung und Kooperation der Mitgliedstaaten bei diesem Grundsatz rechtlich geboten sei.

---

21 Dies soll nicht heißen, daß eine konstruktive Rolle des EP undenkbar wäre. Die Rolle des EP in dem BSE-Konflikt bestätigt, daß eine sehr effiziente nachträgliche politische Kontrolle mit erheblichen Rückwirkungen möglich ist; diese Effekte hat das EP erzielen können, weil es sich durch die Konzentration auf einen Problemkomplex wirklich sachkundig machen konnte.

22 Rs. 9, 10/56, Slg. 1958, 9, 51 (bes. 43 f.) - *Meroni &Co./ Hohe Behörde.*

23 ABl. L 214/1993, 1.

24 Vgl. Rs. 25/70, Slg. 1970, 1191 - *Einfuhrstelle für Getreide und Futtermittel/ Koester.*

3.1.2 Elemente eines europäischen „Verwaltungsrechts"

Der zweite Ansatz zur „Verrechtlichung" der Komitologie kann als Reaktion auf ihr faktisches Handeln als Autor „exekutiver Rechtsetzung" (Falke/Winter 1996) verstanden werden. Unter normativen Gesichtspunkten erscheint es jedenfalls überaus plausibel, zwischen der Delegation "wesentlicher" und Routine-Fragen an den Komitologie-Komplex zu unterscheiden; eine größere Transparenz des Entscheidungsfindungsprozesses zu verlangen; institutionelle Garantien für die Unabhängigkeit und Pluralität wissenschaftlicher Ausschüsse zu fordern. Genauso plausibel ist es, den von Komitologie-Entscheidungen unmittelbar Betroffenen Rechtsschutzmöglichkeiten einzuräumen und die Position von potentiell betroffenen gesellschaftlichen Interessengruppen im Rechtsetzungsprozeß zu stärken.
Indessen: Die Komitologie ist weder mit Verwaltungen deutschen Zuschnitts noch amerikanischen Agenturen auf eine rechtliche Stufe zu stellen. Es handelt sich um ein „politisches", mit intergouvernmentalen Elementen durchsetztes Handeln (ausführlich Joerges 1998). Die Protagonisten eines europäischen Verwaltungsrechts scheinen vorauszusetzen, daß die Komitologie sich zu einer einheitlichen Verwaltungshierarchie entwickelt oder entwickeln soll, unterschätzen dabei aber die Abhängigkeit verwaltungsrechtlicher Modelle von nationalstaatlichen Organisationsstrukturen und deren sozialen Bedingungen (Harlow 1996; Everson 1998). Anders gewendet: Wir meinen, daß die Risikoregulierung auf europäischer Ebene komplexer ist als in den integrierteren Systemen der Nationalstaaten, und zwar aus zwei Gründen: Erstens können ihre normativen, ethischen und kulturellen Dimensionen in Europa so unterschiedlich sein, daß sie nicht an eine einzige zur Festsetzung einheitlicher Richtlinien ermächtigte Institution delegiert werden können. Zweitens werden wirtschaftliche Kosten und Nutzen solcher Entscheidungen innerhalb des Binnenmarktes ungleichmäßig spürbar. Wiederum wäre es weder praktikabel noch normativ begründbar, eine einzige Institution mit der Aufgabe zu betrauen, Kosten und Nutzen sozialer Regulierung in Europa abzuwägen. Mit anderen Worten: der Widerstand der Mitgliedstaaten (und des Rates) gegen eine Delegation von Durchführungskompetenzen an die Kommission und in der Verteidigung des Rechts zu nationalen Alleingängen ist im Kern verständlich und berechtigt.

3.1.3 Zur Vermittlung zwischen intergouvernementalen Entscheidungsprozessen und der Supranationalität des Rechts in der EU

Nach allem liegt es nahe, den EuGH für seine ausgesprochen behutsame Vorgehensweise zu loben. Mehr noch: Es lassen sich in den Urteilen sogar Ansätze zu einer rechtlichen Strukturierung des europäischen Mehrebenensystems ausmachen, die zwischen den auf die Errichtung eines funktionierenden Binnenmarktes gerichteten Interessen und der Sorge nationaler und europäischer Öffentlichkeiten um die soziale Verantwortung des Binnenmarktprojektes vermitteln. Es muß hier ausreichen (ausführlicher Joerges 1997), auf eine Reihe von Indikatoren hinzuweisen, die diese Interpretation stützen.
Eine der rechtlichen Grundlagen, die dem EuGH zur Verfügung stehen, um die Europäisierung der Risikoregulierung zu strukturieren, stammt aus der Auslegung des Spannungsverhältnisses zwischen Art. 30 und Art. 36. Der EuGH hat durchgängig die

Ansicht vertreten, daß eine Verteidigung nationaler Schutzvorschriften rechtfertigungsbedürftig ist. Die Mitgliedstaaten dürfen sich, wenn sie Risiken für die öffentliche Gesundheit geltend machen, nicht einfach mit „allgemeine Überlegungen" begnügen, sondern müssen „relevante wissenschaftliche Untersuchungen" ins Feld führen.[25] Nachdem „geklärt" war, daß die Gesetzgebung der Mitgliedstaaten auf einschlägige *wissenschaftliche* Erkenntnisse berücksichtigen muß, wurde es unvermeidlich, Kriterien für deren Validität zu benennen. Mit diesem Problem hat sich der EuGH schwer getan. Die Mitgliedstaaten wurden aufgefordert, „die Ergebnisse der internationalen wissenschaftlichen Forschung zu respektieren, und hier insbesondere die Arbeit des Wissenschaftlichen Lebensmittelausschusses der Gemeinschaft, des Codex-Alimentarius-Ausschusses der Ernährungs- und Landwirtschafts-Organisation der UN (FAO) und der Welt-Gesundheitsorganisation (WHO)".[26] Oft gelangen jedoch die Expertengremien, auf die sich der EuGH bezieht, nicht zu einer einheitlichen, „global" anwendbaren Schlußfolgerung. In solchen Fällen, so der EuGH, sei davon auszugehen, daß hierdurch der Ermessensspielraum der zuständigen Entscheidungsinstanzen (insbesondere also der nationalstaatlichen Legislative) erweitert werde.[27]

Eine zweite umfangreiche Rechtsprechungskette betrifft die konkrete Entscheidungspraxis der europäischen Ausschüsse. Hervorzuheben ist ein neueres Urteil zur Rolle des „Wissenschaftlichen Ausschusses für Kosmetologie", in dem der EuGH festellt: Weil „die Ausarbeitung und die Anpassung der Gemeinschaftsvorschriften auf dem Gebiet der kosmetischen Mittel auf wisssenschaftlichen und technischen Beurteilungen [beruhen], die sich auf die neuesten Ergebnisse der internationalen Forschung stützen müssen", ist „der nur aus Vertretern der Mitgliedstaaten und der Kommission zusammengesetzte Ausschuß" zu einer angemessenen Urteilsbildung nicht imstande.[28] Diese auf den ersten Blick recht unscheinbare Aussage läuft auf eine (Teil-)Entmächtigung von zwei Institutionen hinaus: Weder die Kommission noch der aus Regierungsvertretern zusammengesetzte Ausschuß für Kosmetologie dürfen dem EuGH zufolge Bewertungen autonom vornehmen; der Ausschuß der Regierungsvertreter muß sich „rein tatsächlich und unabhängig davon, ob dies in einer besonderen Vorschrift vorgesehen ist, durch von den Mitgliedstaaten entsandte Sachverständige" unterstützen lassen".[29] Und umgekehrt: Experten dürfen nicht selbst entscheiden; aber sie müssen vor einer Entscheidung angehört werden.

Ansätze für eine mögliche Fortentwicklung solcher prozeduraler Rationalitätsgarantien bieten die in Art. 190 enthaltenen Begründungspflichten (Shapiro 1996: 44-45). Der EuGH verhält sich insoweit wiederum sehr vorsichtig. Er behandelt den Rat in der Regel als ein normales *Legislativorgan*, das über einen breiten Ermessensspielraum verfügen müsse.[30] Die Ermessensfreiheit der Kommission wird dagegen strengeren Kontrolle unterworfen. Wegweisende Bedeutung könnte (und sollte) hier das Urteil

25 Vgl. z.B. Rs. 17/93, Slg. 1994 I-3537, 3560 Rz. 17) - *Van der Veldt*.
26 Vgl. z.B. Rs. 178/84, Slg. 1987, 1227, 1274 - *Reinheitsgebot*.
27 Vgl. z.B. Rs. 272/80, Slg. 1981, 3277, 3292 - *Biologische Producten*, und Rs. 2047/84, Slg. 1985, 3887, 3904 - *Léon Motte*.
28 Rs. 12/91, Slg. 1994 I-171, 21 f. (Rz. 31 und 33) - *Angelopharm*.
29 A.a.O., 211 (Rz. 33); vgl. 212 (Rz. 38).
30 Vgl. Rs. C-331/88, Slg. 1990 I-4023, 4063 - *Fedesa und andere*.

Hauptzollamt München-Mitte./.Technische Universität München entfalten.[31] Dem EuGH zufolge besteht „in einem Verwaltungsverfahren, das komplexe technische Beurteilungen zum Gegenstand hat, ...die Verpflichtung des zuständigen Organs, sorgfältig und unparteiisch alle relevanten Gesichtspunkte des Einzelfalles zu untersuchen, das Recht des Betroffenen, seinen Standpunkt zu Gehör zu bringen, und das Recht auf eine ausreichende Begründung der Entscheidung".[32]

3.2 Komitologie und Politikwissenschaft

Unser Interesse am analytischen und präskriptiven Potential der Politikwissenschaften wird durch unsere eigenen Forschungsziele geleitet. Es geht uns also nicht um die Entwicklung eines bloß analytischen Modells und die Erklärung der Funktion des Ausschußwesens; vielmehr möchten wir zeigen, warum schon die Beschreibung, erst recht aber jede Bewertung der Komitologie sich mit den oben aufgeführten Fragen auseinandersetzen muß – und dies auch dann, wenn es um eine fachspezifische Analyse gehen soll. Wir verwenden unseren Fragenkatalog also gleichzeitig als eine Art Meßlatte für das Potential konkurrierender Ansätze, nicht nur der analytischen, sondern auch der normativen Qualität institutionellen Handelns Rechnung zu tragen. Zu fragen ist entsprechend, ob und wie diese Ansätze der Interaktion von supranationalen und nationalen, gouvernementalen und nicht-gouvernementalen Akteuren Rechnung tragen; ob und wie sie für die wirtschaftlichen, politischen und ethischen Facetten der Risikobewertung und deren sozialer Akzeptanz sensibel sind; sowie ob und wie sie die Wirkung von Institutionen auf die rechtlich-normativen Orientierungen und Bindungen der beteiligten Akteure berücksichtigen (ausführlicher zum folgenden Neyer 1998b).

3.2.1 Rationalistischer Institutionalismus

Vom rationalistischen Institutionalismus inspirierte Analysen des Ausschußwesens richten ihr Augenmerk vor allem auf die Interessengegensätze zwischen den institutionellen Akteuren (vgl. Pollack 1997; Egan/Wolf 1998a, 1998b):[33] Die Kommission sei zwar nach Art. 100a Abs. 3 dazu verpflichtet, bei ihren Durchführungsmaßnahmen von einem hohen Schutzniveau auszugehen, habe gleichwohl aber einen gewissen Spielraum für die Formulierung eigener Präferenzen. Während ihr Selbstverständnis sie im Zweifelsfall immer eher dazu tendieren lasse, diesen Spielraum zugunsten der Binnenmarktvertiefung und somit des in Art. 2 formulierten allgemeinen Interesses zu verfolgen, werden mitgliedstaatliche Interessen als partikulare ökonomische und soziale Schutzanliegen verstanden. Hieraus resultiere ein struktureller Interessenkonflikt

---

31 Rs. C-269/90, Slg. 1991 I-5469,

32 A.a.O., 5499 (Rz. 13 f.).

33 Eine wie hier vorgenommene Darstellung des Ausschußwesens aus der Sichtweise unterschiedlicher theoretischer Perspektiven sieht sich dem unglücklichen Umstand gegenüber, daß die rationalistische Politikwissenschaft dem Phänomen der Komitologie bisher noch außerordentlich wenig Aufmerksamkeit geschenkt hat und sich bei der Analyse europäischer Entscheidungsverfahren zumeist auf die primärrechtlich vorgesehenen Institutionen beschränkt (vgl. für viele Scharpf 1996 und 1997: 209-215).

zwischen Kommission und Mitgliedstaaten, dessen Überwindung als der eigentliche Gegenstand des Komitologiebeschlusses verstanden werden könne: Die Weigerung des Rates, Durchführungsbefugnisse vorbehaltlos an die Kommission zu delegieren, bringe entsprechend seinen Willen zum Ausdruck, die Kommission als ihren Agenten zu behandeln und entsprechend zu kontrollieren. Nicht von ungefähr sei der Komitologie-Beschluß der erste Rechtsakt des Rates nach Inkrafttreten der EEA gewesen. Weil den Mitgliedstaaten andererseits bewußt gewesen sein müsse, daß ein Übermaß von Kontrollmechanismen eine zügige Implementation der Binnenmarktprogrammatik in Frage stellen würde, sei der Beschluß flexibel ausgefallen.
Rationalistische Ansätze weisen ebenfalls auf den hohen Stellenwert asymmetrischer Machtverhältnisse in intergouvernementalen Verhandlungsprozessen hin. Der Verhandlungsprozeß über die Konkretisierung von Rechtsakten des Rates finde zwar in multilateralen Gremien statt, die allen Mitgliedstaaten gleichermaßen offenstehen, doch seien die faktischen Partizipationsmöglichkeiten hochgradig von der einzelstaatlichen Verfügung über administrative Ressourcen und wissenschaftlich-technische Expertise abhängig. Entsprechend sei davon auszugehen, daß der Einfluß einzelner Mitgliedstaaten auf die Entscheidungsfindung der Kommission mit ihren jeweiligen administrativen und technisch-wissenschaftlichen Kapazitäten korreliere. Es sind nicht zuletzt deswegen zumeist die französische, die deutsche oder die britische Delegation, die den Entscheidungsfindungsprozeß dominieren, während kleine Staaten wie Griechenland, Spanien oder Portugal oftmals keine Position haben oder sich über ihre nationalen Interessen bezüglich einer Durchführungsbestimmung nicht recht im Klaren sind (IEP 1989: 103). Zu vermuten sei entsprechend ebenfalls, daß das in der Literatur hervorgehobene grundsätzlich hohe Schutzniveau der Konkretisierungen von Komitologieausschüssen sich nicht lediglich aus dem diskursiven und problemorientierten Stil der Verhandlungen begründe, sondern ebenso sehr aus dem Umstand, daß die zur Formulierung von durchsetzungsstarken Positionen notwendigen administrativen Ressourcen vor allem bei denjenigen Staaten konzentriert sind, die gleichzeitig ein binnengesellschaftlich hohes regulatives Schutzniveau aufweisen und über die in den Unternehmen gesammelte Expertise in der Herstellung von entsprechenden Produkten verfügen. Vor diesem Hintergrund reflektiere ein hohes Schutzniveau mindestens ebenso sehr das Phänomen eines intergouvernementalen regulativen Wettbewerbs mit asymmetrischer Ressourcenausstattung (Héritier u.a. 1994).

3.2.2 Bürokratischer Supranationalismus?

In den bürokratietheoretisch orientierten Beiträgen von Wessels und Bach erscheint die EU vor allem – wenn auch in unterschiedlichen Akzentuierungen – als technokratisch-administrativer Komplex und die Kommission als dessen wichtigster Agent (Bach 1997; Wessels 1997, 1998). Wenn und weil die Kommission als Sekretariat der Ausschüsse fungiere, deren Agenda festlege und ihre Sitzungen leite, verfüge sie über eine hohe Strukturierungsmacht bezüglich des Ablaufes und des Inhaltes der Verhandlungen und Beratungen. Im Gegensatz zu den mitgliedstaatlichen Delegierten verfolge die Kommission in den meisten Fällen dabei nur zu einem relativ geringen Grad direkte Sachziele im Sinne der Festlegung eines bestimmten Standards oder Grenzwertes oder des Inhaltes einer bestimmten Verfahrensvorschrift. Es gehe ihr statt dessen vor allem um das Formalziel einer zügigen Umsetzung von Richtlinien. Unsere Erhebungen bestätigen in der Tat, daß die Kommission dazu neigt, ganze Pakete von Vereinbarungen zu schnüren (damit oftmals übermäßig hohe Anforderungen an den technischen Sachverstand der mitgliedstaatlichen Delegationen zu stellen) und für innerstaatliche Konsultationen nur wenige Wochen oder gar Tage[34] zur Verfügung zu stellen.[35] In allen Fällen, in denen kein Konsens erzielt werden kann und Abstimmung die einzige erfolgreiche Option angesichts des engen Zeitrahmens ist, zögert die Kommission des weiteren nicht, über Vorschläge abstimmen zu lassen. Es kann daher nur wenig überraschen, daß bei manchen Delegationen die Ansicht vorherrscht, daß der gesamte Prozeß der Formulierung von Durchführungsbestimmungen von der Kommission nicht nur sehr stark beeinflußt, sondern praktisch dominiert wird (vgl. Joerges/Neyer 1997a: 280).[36]

Auch der Umstand, daß die Wissenschaftlichen Ausschüsse als Kommissionsausschüsse agieren, und kein Selbstbefassungsrecht haben, sondern - trotz Angelopharm[37] - lediglich auf Veranlassung der Kommission tätig werden können, läßt sich als Indiz für die zentrale Rolle der Kommission interpretieren: Hier kann zumindest nicht von vornherein ausgeschlossen werden, daß bei der Frage der Befassung eines wissenschaftlichen Ausschusses mehrere Kalküle zusammenspielen, von denen Fragen der Risikobewertung nicht immer dominant sein müssen. Vielmehr nährt dieses die Befürchtung, daß wissenschaftliche Ausschüsse unter bestimmten Umständen von der Kommission zur zusätzlichen Legitimierung politisch opportuner Argumente benutzt und in anderen Fällen eventuell auch mal nicht gefragt werden. Ein bekannt gewordenes Beispiel hierfür ist die Stellungnahme des Wissenschaftlichen Veterinärausschusses vom 8.3.1996, in dem dieser der Kommission gegenüber das Risiko beschwor, daß BSE-infiziertes Gewebe womöglich auch den Menschen infizieren könne. Die EU-Kommission, so ein beteiligter Wissenschaftler zu *Le Monde*, hatte die Stellungnahme zunächst nicht publik machen wollen mit dem Argument, dies „führe dazu, daß sich die Bevölkerung unnötig beunruhigt".[38] Diese politische Präferierung der Stabilität des

---

34 Die Verfahrensregeln des StLA schreiben vor, daß alle Dokumente, die im Zusammenhang mit den Ausschußsitzungen stehen (z.B. die Ankündigung und Einladung, die Tagesordnung, die Entwürfe der Maßnahmen, zu denen der Ausschuß Stellung nehmen soll) mindestens 21 Tage vor der Sitzung im Büro der Ständigen Vertretung der Mitgliedstaaten eintreffen müssen (Art. 3). In dringenden Fällen kann der Ausschußvorsitzende diese Zeitspanne jedoch auf 10 volle Arbeitstage reduzieren oder sogar während eines Treffens einen weiteren Punkt in die Tagesordnung aufnehmen (in Fällen von 'außerordentlicher Dringlichkeit').

35 Dieses Problem ist für die deutschen Länder noch gravierender, da diese einander konsultieren müssen, bevor man sich auf eine gemeinsame Position einigt. Hier werden die Schwierigkeiten deutlich, die Deutschland aufgrund seiner föderalen Struktur mit dem „decision making" unter extremem Zeitdruck hat (Vgl. Interviews mit Beamten des Landesuntersuchungsamts für die amtliche Lebensmittelüberwachung, Bremen, 15.01.96, der Behörde für Arbeit, Gesundheit und Soziales der Freien Hansestadt Hamburg, 29.04.96, des Niedersächsischen Ministeriums für Landwirtschaft und Forsten, Hannover, 3.05.96, einem Vertreter des Bundesrates, Wiesbaden, 15.08.96, und dem Ministerium für Umwelt, Raumordnung und Landwirtschaft des Landes Nordrhein-Westfalen, 4.06.96).

36 Mit Ausnahme von einer Rückmeldung drückten alle Delegierten ihre Besorgnis darüber aus, daß die Kommission zu aggressiv sei in ihrem Bestreben, Resultate zu erzielen, bzw. daß sie ihre Kompetenzen teilweise überschreite.

37 Vgl. Fn. 28.

38 Die ZEIT vom 21.6.1996, S. 34, „Die unerhörten Experten".

europäischen Rindfleischmarktes gegenüber wissenschaftlichen Bedenken stellt keinesfalls einen Einzelfall dar. Sie läßt sich im Fall BSE mindestens bis ins Jahr 1990 zurückverfolgen (European Parliament 1997).

Gleichwohl: Alle diese Beobachtungen dürfen in ihrer Aussagekraft auch nicht überschätzt werden, sondern bleiben insofern in wesentlichen Belangen unvollständig, als sie der Notwendigkeit der kooperativen Problembearbeitung und des politisch vertretbaren Risikomanagement keinen analytischen Status einräumen. Gerade weil aber beides unabdingbare Voraussetzung für die Funktionsfähigkeit eines Marktes ist, dessen Produkte sensible und in der öffentlichen Aufmerksamkeit hoch angesiedelte Themen sind (man denke nur an die Zulassung gentechnisch veränderter Nahrungsmittel), setzt seine Regulierung Autorität und Reputation voraus und muß sie zugleich begründen. Eben deshalb muß es der Kommission darauf ankommen, für ihre Entscheidungsvorschläge eine „solide" Basis vorzuweisen und die Reputation eines „fairen" (auch politischen!) Vermittlers zwischen konfligierenden Interessen und Belangen zu erwerben. Hiermit aber ist weder die Vorstellung einer sich selbst überlassenen Megabürokratie noch die Idee bloßer intergouvernementaler Verhandlungen vereinbar.

3.2.3 Sozialkonstruktivismus

Sozialkonstruktivistische Ansätze konzeptualisieren soziale Normen als eine wichtige unabhängige Variable zur Erklärung des Verhaltens (nationaler) Akteure (Wendt 1993; Risse-Kappen 1996). Die Prämissen sind bekannt: Soziales, objekt- wie akteursbezogenes Handeln definiert sich immer auch über Bedeutungszuschreibungen; diese Zuschreibungen aber geschehen interaktiv. Die Identität der Handelnden gilt danach als „inherently social definition of the actor grounded in the theories which actors collectively hold about themselves and one another and which constitute the structure of the social world" (Wendt 1993: 398). Folglich wird die Institutionalisierung von Problemlösungsverfahren nicht nur als ein Instrument zur Überwindung von Interdependenz- und Kooperationsproblemen aufgefaßt, sondern auch als ein Prozeß der Internalisierung neuer Präferenzen oder sogar Identitäten. Ein gegebenes institutionelles Arrangement ist daher nicht lediglich als eine zwischen akteuralen Präferenzen und Politikergebnissen intervenierende Größe zu betrachten, sondern muß auch als unabhängige Variable eines kognitiven Prozesses der Sozialisierung verstanden werden, der eine Neudefinierung des Selbst und des Anderen einschließt.

Hingewiesen wird entsprechend darauf, daß sich die mitgliedstaatlichen Vertreter in den Ausschüssen oftmals über einen langen Zeitraum gegenübersitzen und eine bestimmte Form von kollektiver Identität entwickeln (vgl. Lewis 1998). Es sind oftmals dieselben Personen, die einen Rechtsakt durch den ganzen Prozeß der Vorbereitung, Entscheidung und Durchführung hindurch begleiten. Mitgliedstaatliche Delegierte in der Komitologie können von daher in der Tat nur zu einem begrenzten Grad als Vertreter nationaler Interessen betrachtet werden; sie sind ebenfalls als Mitglieder einer europäischen Problemlösungsgemeinschaft zu verstehen, die ein kollektives Interesse an der Erarbeitung einer Durchführungsbestimmung teilen. Die in vielen Fällen langjährige Arbeit an einer bestimmten Richtlinie und den mit ihrer Implementation einhergehenden Problemen führt oftmals nicht nur zu einer Identifikation der Delegierten

mit einer erfolgreichen Problemlösung, sondern stärkt umgekehrt auch ihre sachliche Kompetenz und somit ihre Verhandlungsposition gegenüber dem jeweiligen übergeordneten mitgliedstaatlichen Ministerium.
Es kann von daher kaum überraschen, daß sich in der Komitologie ein ganz bestimmter Arbeitsstil entwickelt hat, der zwar einerseits nicht gänzlich den nationalen Interessen enthoben ist, der andererseits aber eben auch die Bereitschaft zur Suche nach einer für alle Beteiligten akzeptablen Lösung zum Tragen bringt. In der Komitologie läßt sich daher das beobachten, was Ernst Haas als das Wesen der Supranationalität beschrieben hat: ein bestimmter Stil der Entscheidungsfindung, „a cumulative pattern of accomodation in which the participants refrain from unconditionally vetoing proposals and instead seek to attain agreement by means of compromises upgrading common interests" (Haas 1964: 64, 66). Indikatoren für diese interadministrative Konsenssuche sind die zahlreichen Vorkonsultationen zwischen der Kommission und den Mitgliedstaaten, die Seltenheit von strategischen Koalitionsbildungen zwischen Delegierten aus verschiedenen Mitgliedstaaten, die niedrige Rate der Ablehnung und die häufige Veränderung von Kommissionsvorschlägen während der Sitzungen sowie die hohe Anzahl von einvernehmlichen Entscheidungen.[39] Nicht von ungefähr werden Arbeitsgremien der Gemeinschaft wie der intergouvernementale Ausschuß der Ständigen Vertreter in der deutschen Verwaltung gerne als „Ausschuß der Ständigen Verräter" betitelt.[40] Und genau aus diesem Grunde haben Beobachter internationaler Verhandlungen immer wieder auf die Zweischneidigkeit der Interessenwahrnehmung der Delegierten hingewiesen: Einerseits wird von ihnen strategisches Bargaining erwartet, dessen Ziel die Maximierung des Partikularnutzens durch Externalisierung von Kosten und Internalisierung von Gewinnen ist, andererseits aber auch deliberative Problemlösung mit einem eher problemorientierten Ansatz und dem Ziel, Lösungen zu finden, die den allgemeinen Nutzen maximieren.

3.2.4 Die Grenzen analytischer Ansätze

Politikwissenschaftler pflegen sich etwas darauf zugute zu halten, daß sie die normative Welt rechtlicher Auseinandersetzung zu entmystifizieren wissen, die „hinter" den vorgetragenen Gründen verborgenen „wahren" Motive und Interessen aufzudecken. Allerdings muß eben auch die Frage gestattet sein, bis zu welchen Grenzen dieses Bemühen um Realismus selbst realistisch ist. Die Ausformung der Beziehungen zwischen Mitgliedstaaten und Kommission mit Hilfe des Prinzipal-Agent-Paradigmas scheint dem Gedanken größere Plausibilität zu verleihen, daß die Qualität der Argumente, die Autorität von Experten und die Verbindlichkeit rechtlicher Regeln und Grundsätze eine Bedeutung haben, die vom rationalen Utilitarismus nicht konzeptualisiert werden kann. Wenn und weil die Interessen der zahlreichen Prinzipale der Kommission zwar nicht einheitlich sind, sie sich aber nichtsdestotrotz für die Errichtung des Gemeinsamen Marktes engagieren, erscheint es eben durchaus wahrscheinlich, daß jene interessengeleiteten Prinzipale zur Reflexion ihrer Präferenzen und zur Akzeptanz „vernünftiger" Verhandlungsergebnisse veranlaßt werden können. Auch die Vorteile, die wirtschaftlich starke Mitgliedstaaten bei der Artikulation ihrer Stand-

39 Interview mit Beamten des Bundesministerium für Gesundheit, Bonn, 28.02.96.
40 Interview mit Beamten der Ständigen Vertretung Deutschlands in Brüssel, 26.04.96.

punkte genießen, sprechen nicht grundsätzlich gegen die „Qualität" der Interaktion innerhalb der Ausschüsse; Mitgliedstaaten, die zu bestimmten Fragen noch keine feste Position haben, können durchaus gut beraten sein, wenn sie sich an den Problemlösungsvorschlägen ihrer Nachbarn orientieren.
Anhand aller drei dargestellten Ansätze lassen sich Spezifika des Komitologiewesens benennen – die Abstraktion von wirtschaftlicher/distributiver Fragen eingeschlossen: Der Intergouvernmentalismus kann sich auf die Verhandlungsmacht der starken Mitgliedstaaten berufen; der Funktionalismus auf die Rolle der Kommission, der Konstruktivismus auf die Emergenz gemeineuropäischer Orientierungen. Uns erscheint es unabweisbar, das Faktum der insgesamt erfolgreichen Entscheidungsfindung in der Ausschußarbeit mit der Bedeutung von Argumenten und diskursiven Prozessen „in Verbindung zu bringen". Diese Verbindung, dies ist hinzuzufügen und einzuräumen, ist nicht präzise aufklärbar. Es ist unmöglich, das „wirkliche Gewicht" eines Arguments gegen die Interessen, denen es dient, abzuwägen und somit herauszufinden, ob die für eine Entscheidung genannten Gründe der wirklichen Motivation der Akteure entsprechen. Diese Unmöglichkeit anzuerkennen heißt nicht, die Qualität von Entscheidungsfindungsprozessen herabzuwürdigen, die auf gültigen und prinzipiell von allen Beteiligten akzeptierten Argumenten basieren. Im Gegenteil: Eine gewisse Skepsis gegenüber der Kraft oder den praktischen Auswirkungen der Vernunft in „wirklichen" Prozessen ist ein guter Grund für den Aufbau von Institutionen, die den Respekt für gute Argumente fördern und Aushandlungs- und Entscheidungsprozessen entsprechende Restriktionen auferlegen; und eben dies spricht für eine *rechtliche* Einbindung jener Prozesse. Dies leitet über zum letzten Schritt unserer Argumentation: Wir behaupten, daß die Praxisarbeit der Ausschußarbeit „konstitutionell" eingebundenen ist und diese Bindungen ausgebaut werden sollen und können – dergestalt, daß ein „deliberativer" Stil das Handeln der beteiligten Akteure prägt. Dies ist ein kompliziertes Anliegen. Zu seiner Explikation müssen wir unsere normativen Perspektiven zur Governance in der europäischen Polity im allgemeinen und zur Risikoregulierung im besonderen konkretisieren.

4. Deliberativer Supranationalismus

In einem wichtigen Punkt konvergieren die skizzierten rechts- und politikwissenschaftlichen Ansätze: Sie behandeln die EU zumindest implizit als eine Polity *sui generis*. In der rechtlichen Beurteilung der Komitologie zeigt sich dies darin, daß sie sich weder in eine Konzeptualisierung des „Komitologie-Rechts" als supranationale Rechtsordnung noch in eine Interpretation des EG-Systems als bloßer Staaten-Assoziation einfügt. Statt dessen muß sie als positiver Beleg dafür interpretiert werden, daß die transnationalen Märkte der EU von Institutionen einer Polity regiert werden, die „mehr ist als ein Regime, aber weniger als eine Föderation". Dieser Befund entspricht den politikwissenschaftlichen Diagnosen einer Emergenz von Governance-Strukturen, die sich weder den Nationalstaaten, noch einem supranationalen staatsgleichen Gebilde zuordnen lassen.
Allerdings: Unsere Präsentation der Komitologie als Kronzeugin für die reale Existenz und rechtliche Validierung genuin transnationaler Governance-Strukturen ist nicht be-

reits als das gesuchte Endergebnis unsere Analysen, sondern vielmehr als Problemdefinition gemeint. Wenn und weil Juristen sich nicht damit zufrieden geben können, das Faktische mit dem Normativen gleichzusetzen; wenn und weil Politologen sich für die „Qualität" des entstehenden europäischen Gemeinwesens interessieren (sollten), müssen wir uns mit der normativen Ambivalenz unserer Ergebnisse auseinandersetzen.

Dies soll folgendermaßen geschehen: Zunächst werden wir eine allgemeine normative Perspektive benennen, die unsere empirischen Befunde, aber auch der Problematik ihrer Legitimität Rechnung trägt — dieses Leitbild bezeichnen wir mit dem Terminus „deliberativer Supranationalismus". Sodann werden wir diese Vision für den von uns behandelten Bereich, nämlich die Regulierung von Produktrisiken durch das Ausschußwesen, konkretisieren Schließlich möchten wir zeigen, warum das Konzept eines deliberativen Supranationalismus auf „Recht" angewiesen ist und wie auf die Förderung deliberativer Politik abzielende „Verrechtlichungen" angelegt werden können. Jeder Schritt des Arguments ist insofern normativ, als er versucht, Kriterien zu identifizieren, die es uns ermöglichen, die „Qualität" nicht-hierarchischer transnationaler Governance aufzugreifen, zu gewährleisten und zu verbessern.

4.1 Konstitutionalismus jenseits des nationalen Verfassungsstaats

In einer Zusammenfassung des aktuellen Diskussionsstandes und ihrer eigenen Vorstellung von demokratischer Legitimation benennt Benhabib drei zentrale Aufgaben moderner demokratischer Gesellschaften: die Gewährleistung von Legitimität, von wirtschaftlichem Wohlergehen und eines „viable sense of collective identity" (Benhabib 1996, 67). Eine Lösung dieser Aufgaben sei abhängig von der Institutionalisierung einer öffentlichen Sphäre der Meinungsbildung und eines Systems grundlegender Rechte – auf gut deutsch: von den Basisinstitutionen des demokratischen Verfassungsstaats. Eben dies ist das Credo jener Rechts- und Verfassungstheoretiker, die sich am „deliberativen" Demokratiemodell orientieren und die Legitimität des Rechts auf den deliberativ-demokratischen Modus seiner Genese stützen (zur Rechtstheorie Gerstenberg 1997a; zur politischen Theorie Schmalz-Bruns 1995).

Es ist das zentrale Anliegen unserer Argumentation, die anti-universalistischen nationalstaatlichen Erblasten der deliberativen Rechts- und Demokratietheorie abzustreifen (dazu auch Cohen/Sabel 1997; Gerstenberg 1997b). Um den Kern des Arguments zusammenzufassen: Die Legitimität einzelstaatlichen Regierens bleibt auch in der Demokratie notwendigerweise „einseitigen" Interessendefinitionen verhaftet. Die Zähmung des Nationalstaats durch demokratische Institutionen ist im wörtlichen und doppelten Sinne begrenzt. Wenn und weil Demokratien eine kollektive Identität voraussetzen und repräsentieren sollen, enthalten sie nur wenige Vorkehrungen für eine Rücksichtnahme auf „fremde" Identitäten und Interessen in den jeweils nationalstaatlich organisierten Diskussions- und Entscheidungsprozessen. Die Legitimität supranationaler Institutionen kann als Antwort auf diese Unzulänglichkeiten konzipiert werden; um die Diskussion um Markt-, Politik- und Rechtsversagen zu paraphrasieren: als Korrektur eines Versagens nationalstaatlich organisierter Demokratien. Es ist ohne weiteres und zwanglos möglich, im positiv geltenden Europarecht Prinzipien und Regeln auszumachen, die in ihren supranationalen Geltungsansprüchen eben diesen normativen Vorstellungen Rechnung tragen. Dies gilt für das Diskriminierungsverbot des Art. 6, das dem Partikularismus nationaler Grundrechte entgegenwirkt; dies gilt auch für das Verbot einer protektionistischen Wirtschaftspolitik nach Art. 30, das, positiv gewendet, die Mitgliedstaaten dazu anhält, eigene wirtschaftliche und soziale Probleme nicht auf Kosten ihrer Nachbarn zu lösen (Weiler 1994). Die Konstitutionalisierung solcher Prinzipien ist mit dem demokratischen Verfassungsgrundsatz einer „offenen Staatlichkeit" ohne weiteres verträglich – der rechtliche Supranationalismus im eben definierten Sinne kann insofern geradezu als Positivierung einer gemeineuropäischen Verfassungstradition verstanden werden.

Wir meinen darüber hinaus, daß die Idee des deliberativen Supranationalismus normativ überzeugende Antworten auf immer wieder vorgebrachte Einwände gegen die Legitimität des europäischen Projekts enthalten und zu einer supranationalen Version des deliberativen Verständnisses des Pluralismus moderner Gesellschaften hinführt: Wenn und weil „wir, die Völker" Europas keinen föderalen Superstaat etablieren wollen, der mit der gesamten Bandbreite von Aufgaben betraut wird, die den konstitutionellen Nationalstaaten zugewiesen worden sind; wenn und weil dennoch die Öffnung der Grenzen unserer ehemals nationalen „Volkswirtschaften" nicht umkehrbar ist, können wir einfach nicht umhin, ein neuartiges plurales, nicht-homogenes Gemeinwesen zu entwerfen, in dem die demokratische Legitimität der Mitgliedstaaten anerkennt wird, in dem aber gleichzeitig Verpflichtungen positiviert sind, die sich aus der Interdependenz dieser Staaten ergeben. Die Legitimität derart begründeter supranationaler Beschränkungen der Souveränität von Verfassungsstaaten ist leicht nachvollziehbar. Exterritoriale Auswirkungen von nationaler Politik mögen kalkuliert, intendiert oder gar nicht bedacht worden sein: sie sind in einer wirtschaftlich und sozial interdependenten Staatenwelt einfach unvermeidbar. Deshalb stellt sich in demokratischen Idealen verpflichteten Gemeinwesen die Frage, wie Belastungen betroffener, aber nicht in den Entscheidungsprozessen repräsentierter Dritter zu rechtfertigen sind. „No Taxation without Representation" — dieser Grundsatz kann durchaus „extraterritoriale" Gültigkeit beanspruchen. Das Ideal eines demokratischen Konstitutionalismus fordert geradezu, daß Verfassungsstaaten jenes Prinzip gegen sich selbst gelten lassen. Dies bedeutet gerade nicht, daß die „constitutional charter" der EU ein neues Staatswesen etablieren müßte; es bedeutet auch nicht notwendigerweise, daß die Verfassungsstaaten der EU Nichtstaatsangehörigen das Wahlrecht einzuräumen hätten. Er geht um nicht mehr, aber auch nicht weniger als um Garantien für eine Berücksichtigung der Interessen und Anliegen von Nichtstaatsangehörigen innerhalb der nationalen Staatswesen. In diesem Sinne impliziert die Idee des deliberativen Supranationalismus eine Anerkennung *politischer*, nicht bloß wirtschaftlicher Rechte für die Gemeinschaftsbürger. Der Status des Unionsbürgers geht positiv über die Anerkennung der wirtschaftlichen Freiheiten eines Marktbürgers hinaus. Ein „Vorrang" des europäischen Rechts bedeutet demzufolge, daß die Mitgliedstaaten jeweils „ausländische" Belange respektieren und entsprechende Beschränkungen anerkennen müssen. Das so verstandene Suprematieprinzip erfordert die Entdeckung und Positivierung von Regeln und Prinzipien, die einerseits die Existenz unterschiedlicher „demoi" anerkennen, die andererseits ihre Koexistenzvoraussetzungen stabilisieren und die praktische Konkordanz ihrer politischen Praxis mit gemeinsamen Belangen gewährleisten. Es geht im Gemeinschaftsrecht um die Entwicklung einer Rahmenordnung („Verfassung"), die Auseinandersetzungen über eben diese Fragen in deliberative politische Prozesse transformiert. Und es ist eine genuine Aufgabe des EuGH als „Verfassungsgericht", diese Rahmenordnung zu verteidigen und Kontroversen über ihren Inhalt zu schlichten.

4.2 Die Abschirmung der europäischen Produktregulierung gegen distributive Politiken und ihre Offenheit für nationale Belange

Als Elemente einer „Verfassung" der europäischen Sozialregulierung durch das Ausschußwesen kommen zunächst jene Elemente des *acquis communautaire* in Betracht, die als inzwischen fraglose Rahmenordnung (auch) für den Implementationsprozeß gelten. Zwei wesentliche Elemente dieses *acquis* verdienen besondere Beachtung: die Abschirmung des Risikomanagement gegen partikulare (volks-) wirtschaftliche („industriepolitische") Belange und die Notwendigkeit, europäische und nationale Kompetenzen in der Risikoregulierung voneinander abzugrenzen. Damit eng zusammen hängt die Frage, wie allgemeine Prinzipien und Regeln mit „konstitutionellem Status" in konkreten Entscheidungspraktiken zum Tragen kommen können.

In den Feldern der Produktregulierung kann die EG eine eindrucksvolle Aktivitäts- und Erfolgsbilanz vorlegen. Majone zufolge verdanken sich diese Erfolge wesentlich der Ausklammerung „distributiver" Fragen; aber nicht nur de facto, auch normativ soll die Institutionalisierung einer so beschränkten Sozialregulierung vernünftig sein (z.B. Majone 1994; dazu die Analyse von Everson 1995). U.E. wird Majones Analyse und Konzeption der Praxis der regulativen Politik der Gemeinschaft in den Feldern der *Produkt*regulierung durchaus gerecht. Die berühmte Abkehr von der traditionellen Harmonisierungsstrategie im Jahre 1985 und der sie ablösende Neue Ansatz waren explizite Antworten auf die permanente Obstruktion der Verwirklichung des EG-Binnenmarktes mit Hilfe des Einstimmigkeitserfordernisses, das eine Verabschiedung weit ausgreifender legislativer Programme immer wieder verhinderte und die kurzsichtige Orientierung des Abstimmungsverhaltens im Rat an echten oder vermeintlichen nationalen Interessen ermöglichte.

Trotzdem plädieren wir für eine differenziertere Analyse. Zunächst einmal möchten wir unterscheiden zwischen „industriepolitischen" Zielen und den sozial unterschiedlichen, aber nicht so klar abgrenzbaren und bewertbaren Nutzen und Kosten regulativer Entscheidungen. Die politischen und normativen Gründe, die für eine Abstraktion von dieser Art „distributiver" Folgen sprechen, haben mit dem Verbot industriepolitischer Rücksichtnahmen wenig gemein. Außerdem meinen wir, daß im Hinblick auf die politisch-normativen und ethischen Dimensionen der Risikoregulierung in den von uns behandelten Bereichen, institutionelle Kompromisse zwischen einem Ausbau nicht-majoritärer Institutionen und der Bewahrung kooperativer Regulierungspraktiken angebracht sind, die flexible Rücksichtnahme auf nationale Anliegen ermöglichen. Der Begriff „doppelter Pluralismus" dürfte unsere normativen Motive und ihre Grundlagen in der Idee eines „deliberativen Supranationalismus" angemessen bezeichnen.

4.3 Das Rechtsgebot einer Abstraktion von industriepolitischen („volkswirtschaftlichen") Folgen

Die Kosten der europäischen Regulierungspolitik tragen in letzter Instanz Industrie und Verbraucher. Dabei sind die Lasten innerhalb der Gemeinschaft aber keineswegs gleichmäßig verteilt. Die Ökonomien hochregulierter Länder profitieren von strengen regulativen Standards. Daß die mit der Annahme spezifischer Regulierungsstrategien verbundenen industriepolitischen Konsequenzen einen hohen Stellenwert für nationale politische Akteure und in den Verhandlungsprozessen auf europäischer Ebene haben, ist nicht ernsthaft bestreitbar (Héritier u.a. 1994). Ist es praktisch vorstellbar oder zumindest normativ vernünftig, einer systematischen Mißachtung dieser Auswirkungen das Wort zu reden? Zur Erläuterung unserer Stellungnahme zu dieser Frage ist die Unterscheidung zwischen „Industriepolitik" und „Risikoverteilung" noch einmal[41] aufgreifen.

Zunächst einmal ist festzuhalten, daß der EuGH die regulatorische Autonomie der Mitgliedstaaten nie grundsätzlich in Frage gestellt und auch nie einen umfassenden Abbau nationaler Regulierungen verlangt hat. Er hat vielmehr Mitgliedstaaten, deren regulative Politik die Verwirklichung des Gemeinsamen Marktes behinderte, Pflichten zur Rechtfertigung solcher Politiken auferlegt. Das Gericht hat *beide* im Vertrag verankerten Grundsätze ernst genommen: das Freihandels- und Anti-Protektionismus-Gebot des Art. 30 *und* die in Art. 36 zum Ausdruck kommende Achtung der regulatorischen Autonomie von Verfassungsstaaten. Was Politologen berechtigterweise als Abstraktion der Sozialregulierung von „Verteilungs"-Fragen bezeichnen, muß gleichzeitig aus dem Bemühen verstanden werden, Rechtsregeln zu finden, die zwischen zwei konfligierenden Zielen vermitteln und hierbei einem in den Traditionen Europas verankertem regulatorischen Pluralismus gerecht werden. Unsere Deutung der EuGH-Rechtsprechung als Unterstützung der Marktintegration bei gleichzeitiger Respektierung verfassungsstaatlich legitimierter regulatorischer Belange, setzt sich gegen Interpretationen des EuGH als Agent einer Strategie der „negativen" Integration ab. Unsere Deutung betrifft aber auch die Implikationen dieser Rechtsprechung für die „Risikodistribution" im Gemeinsamen Markt. Die Freiheit, ein niedriges nationales Schutzniveau gegen ein strikteres europäisches zu verteidigen, haben die Mehrheitsregel und der EuGH abgeschafft: Kein Staat darf seine eigenen Bürger höheren als den auf europäischer Ebene akzeptierten Risiken aussetzen — auch dies ist eine europäische Intervention.

Jede Interpretation der EuGH-Rechtsprechung sollte allerdings auch die Grenzen seiner Kontrollmöglichkeiten bedenken. Es ist — relativ — einfach, die Kompatibilität des Binnenmarktprojektes mit nationalen Ordnungsbelangen sicherstellen. Sehr viel schwieriger ist es offenbar, die europäischen Gesellschaften zu wechselseitiger wirtschaftlicher Solidarität zu bewegen. Daß sich in der Rechtsprechung des EuGH derartige Rechtspflichten nicht finden, besagt aber nicht etwa, daß der EuGH einschreiten würde, wenn sich die Gemeinschaft z.B. dazu durchringt, britische Bauern für ihre mit der BSE-Krise verbundenen Verluste zu entschädigen. Aus den Schwierigkeiten, Solidaritätsgebote rechtlich zu positivieren, lassen sich bloß pragmatische, aber keine

41 Vgl. bereits Abschnitt 2.2.

grundsätzlichen normativen Einwände ableiten. Dementsprechend ambivalent bleibt unsere Stellungnahme zur Abstraktion der Risikoregulierung von ihren distributiven Implikationen: Diese Abstraktion läßt sich im Namen der Gleichheit europäischer Bürger begründen, soweit sie den Mitgliedstaaten gemeinsame (Mindest-) Schutzpflichten auferlegt (und insofern ihre politische Autonomie beschneidet). Die Nichtbeachtung „industriepolitischer" Auswirkungen läßt sich jedoch lediglich pragmatisch durch die Überlegung rechtfertigen, daß solche Implikationen nicht im Kontext der „Durchführung" des Gemeinschaftsrechts aufgefangen werden können.

4.4 Experten, Laien und öffentliche Belange

Unausweichlich trifft die Risikoregulierung auf sensible politisch-normative Fragen, die sich nur reduktionistisch in ökonomische Kalküle transformieren lassen und die nicht restlos an politisch nicht verantwortliche Expertengremien delegiert werden dürfen. Es lohnt kaum, diese vieldiskutierte Problematik hier insgesamt aufzubereiten; wohl aber gibt es einen intensiven Diskussionsbedarf hinsichtlich ihrer spezifisch europäischen Dimensionen.

Die normativen Elemente der Risikobewertung drängen sich immer wieder in die politische Agenda; sie besetzen dort gerade in Deutschland häufig genug Spitzenpositionen. Aber dieser Stellenwert schwankt und ist in der EU nicht gleichförmig. Dieser Umstand belegt zum einen die faktische Bedeutung der Risikoproblematik in den öffentlichen politischen Diskursen; er bringt aber auch zum Bewußtsein, daß es darauf ankommt, durch geeignete institutionelle Rahmenbedingungen auf eine Rationalisierung solcher Debatten hinzuwirken. Die Pluralität der öffentlichen Meinungen in der EU und die damit zusammenhängenden Differenzen bei der sozialen Akzeptanz von Risiken sprechen zunächst einmal grundsätzlich gegen einen Aufbau zentralisierter Entscheidungsbefugnisse. Auf der anderen Seite spricht aber schon die Interdependenz der europäischen Gesellschaften gegen eine Überhöhung nationalstaatlicher Positionen (die ohnehin immer nur instabile Koalitionen repräsentieren) zu nicht weiter hinterfragbaren Interessen. Die oben[42] postulierte Pflicht zur Rücksichtnahme auf „ausländische" Interessen und Anliegen besagt, daß es keine unumschränkte Entscheidungsautonomie nationaler Gesellschaften geben darf und supranationale „Interventionen" auch in politisch-normative Fragen der Risikobewertung möglich sein müssen. Die Anerkennung und Ausgestaltung solcher Einflußnahmen hat überdies die innerstaatlichen institutionellen Entwicklungen von Risikobeurteilungsverfahren zu beachten. Um nur einen streitfreien Aspekt in Erinnerung zu rufen: Die Ausarbeitung technischer Standards wird nirgendwo als parlamentarisch-legislative Aufgabe behandelt. Die politischen Arenen der Risikoregulierung mögen sich allzu sehr fragmentiert haben – eine Rückführung dieser Prozesse in „normale" institutionelle Bahnen kommt nicht in Betracht. Ist aber die Notwendigkeit und der Sinn institutioneller Innovationen für Regulierungsfragen einmal anerkannt, so können Europäisierungsprozesse statt als Bedrohung als Chance begriffen werden (vgl. auch Eichener 1996, 1997): Diese Prozesse erweitern und pluralisieren das den Bürgern der EU verfügbare

42 Abschnitt 4.1.

Wissen. Sie nötigen zu komplexeren Auseinandersetzungen. Wenn es gelingt, diese Auseinandersetzungen in deliberative Formen zu bringen, verstärkt dies die Legitimität der Entscheidungen in einem wichtigen Politikbereich.

5. *Ausblick: Die Komitologie als supranationales Forum deliberativer Politik*

Der Aufbau nicht-hierarchischer deliberativer Strukturen des Regierens erweist sich als unabdingbare Voraussetzung für das Funktionieren des Gemeinsamen Marktes. Diese Art des Regierens kann nicht mit Anweisungen und Kontrollen operieren, sondern muß argumentativ vorgehen, auf Überzeugungfähigkeit und Einsichtsbereitschaft setzen. Die Erosion nationaler Autonomie durch (supranationale) rechtliche Bindungen hat allerdings weitreichende Konsequenzen: Eine supranationale Strukturierung von Entscheidungsprozessen ist ihrerseits legitimationsbedürftig. Aus eben den Gründen, die innerhalb von Verfassungsstaaten zur Anerkennung von Grundrechten und zur Ausbildung demokratischer Verfahren geführt haben, dürfen supranationale Koordinationen nicht als bloß strategische Interaktionen institutionalisiert werden. Damit stellt unser Ansatz sich in eine in der Rechtswissenschaft starke Tradition der „Integration Through Law", der Konzeptualisierung der EG als „Rechtsgemeinschaft". Wir beanspruchen nun allerdings, diese Tradition durch die Bindung des Rechts an deliberative Demokratietheorien so fortzusetzen, daß die Überwindung des Schismas zwischen Integration und Demokratie (konzeptionell) möglich wird. „Recht" leistet in unserem Ansatz diese Vermittlung in zweierlei Weise: (1) dadurch, daß es die Legitimität der (nationalen) Verfassungsstaaten respektiert, ihnen aber auch Bindungen auferlegt; (2) dadurch, daß es politische Prozesse in der EU domestiziert und transnationales Regieren als deliberatives politisches Handeln strukturiert. Dies Perspektiven mögen über die enge Welt der Komitologie allzu weit hinausgreifende. Was diese betrifft, so scheinen uns aber der normative Sinn und die praktischen Chancen einer konstitutionell konzipierten „Verrechtlichung" auf der Hand zu liegen. Für das Ausschußwesen kommt es darauf an, die Verpflichtung vor allem der Kommission zur Förderung gemeinsamer Problemlösungen zu substantiieren; Foren zu stabilisieren und zu strukturieren, auf denen die Argumente der unmittelbar und potentiell Betroffenen ausgetauscht werden können; Prinzipien und Regeln für eine deliberative Strukturierung der Entscheidungsfindung fortzuentwickeln; das Ausschußsystem auf Spannungen zwischen Output-Rationalität, prozeduraler Transparenz und Fairness gegenüber Betroffenen einzustellen; für die regulative Politik der EG neue Formen einer politisch-parlamentarischen Kontrolle systematisch zu etablieren, wie sie sich im Zuge der BSE-Krise bereits abgezeichnet haben.

Literaturverzeichnis

Bach, Maurizio, 1997: Transnationale Institutionenpolitik: Kooperatives Regieren im politisch-administrativen System der Europäischen Union, in: König, Thomas/Rieger, Elmar/Schmitt, Herrmann (Hrsg.), Europäische Institutionenpolitik. Frankfurt/New York, 178-199.

Bechmann, Gotthard, 1994: Risiko und gesellschaftlicher Umgang mit Unsicherheit, Österreichische Zeitschrift für Soziologie 19, 8-33.

Benhabib, Seyla, 1996: Toward a Deliberative Model of Democratic Legitimacy, in: Benhabib, Seyla (Hrsg.), Democracy and Difference. Contesting the Boundaries of the Political. Princeton, 67-94.

Bertram, Christoph, 1967: Decision-Making in the E.E.C.: The Managment Committee Procedure, in: Common Market Law Review 5, 246-264.

Bradley, Kieran St. C., 1997: The European Parliament and Comitology: On the Road to Nowhere?, in: European Law Journal 3, 230-254.

Cohen, Joshua/Sabel, Charles, 1997: Directly-Deliberative Polyarchy, in: European Law Journal 3, 313-342.

Dehousse, Renaud, 1992: Integration v. Regulation? On the Dynamics of Regulation in the European Community, in: Journal of Common Market Studies 30, 381-401.

Dehousse, Renaud/Everson, Michelle/Joerges, Christian/Majone, Giandomenico/Snyder, Francis, 1992: Europe After 1992: New Regulatory Strategies, EUI Working Paper Law 92/31. San Domenico di Fiesole/FI.

Dogan, Rhys, 1997: Comitology: Little Procedures With Big Implications, in: West European Politics 20, 31-60.

Egan, Michelle/Wolf, Dieter, 1998a: Regulation and Comitology: the EC Committee System in Regulatory Perspective, in: Columbia Journal of European Law 4, 499-523.

Egan, Michelle/Wolf, Dieter, 1998b, Regulatory Oversight in Europe. The Case of Comitology, in: *Joerges, Christian/Vos, Ellen* (Hrsg.), EU Committees: Social Regulation, Law and Politics. Oxford (im Erscheinen).

Eichener, Volker, 1996: Die Rückwirkungen der europäischen Integration auf nationale Politikmuster, in: Jachtenfuchs, Markus/Kohler-Koch, Beate (Hrsg.), Europäische Integration. Opladen, 249-280.

Eichener, Volker, 1997: Entscheidungsprozesse in der regulativen Politik der Europäischen Union (Habilitationschrift Bochum).

European Parliament, 1997: Report by the Temporary Committee of Inquiry Into BSE on Alleged Contraventions or Maladministration in the Implementation of Community Law in Relation to BSE, Without Prejudice to the Jurisdiction of the Community and National Courts, PE 220.544/fin.

Everson, Michelle, 1995: Independent Agencies: Hierarchy Beaters?, in: European Law Journal 1, 180-204.

Everson, Michelle, 1998: Administering Europe?, in: Journal of Common Market Studies 36, 195-216.

Falke, Josef, 1996: Comitology and other Committees: A Preliminary Empirical Assessment, in: Pedler, Robin H./ Schäfer, Günther F. (Hrsg.), Shaping European Law and Policy: The Role of Committees and Comitology in the Political Process, Maastricht: European Institute of Public Administration, 117-165.

Falke, Josef/Winter, Gerd, 1996: Management and Regulatory Committees in Executive Rule-Making, in: *Winter, Gerd* (Hrsg.), Sources and Categories of European Union Law. A Comparative and Reform Perspective. Baden-Baden, 541-582.

Gehring, Thomas, 1998: Bargaining, Arguing and Functional Differentiation of Decison-Making: the Role of Committees in European Enviornmental Process Regulation, in: *Joerges, Christian/Vos, Ellen* (Hrsg.), EU Committees: Social Regulation, Law and Politics. Oxford (im Erscheinen).

Gerstenberg, Oliver, 1997a: Bürgerrechte und deliberative Demokratie. Elemente einer pluralistischen Verfassungstheorie, Frankfurt a.M.

Gerstenberg, Oliver, 1997: Law's Polyarchy: A Comment on Cohen and Sabel, in: European Law Journal 3, 343-358.

Haas, Ernst B., 1964: Technocracy, Pluralism and the New Europe, in: *Graubard, Stephen R.* (Hrsg.), A New Europe? Boston: Houghton Mifflin, 62-88.

Hankin, Robert, 1997: The Role of Scientific Advice in the Community´s Foodstuffs Legislation, in: *Joerges, Christian/Ladeur, Karl-Heinz/Vos, Ellen* (Hrsg.), Integrating Scientific Expertise into Regulatory Decision-Making. Baden-Baden, 141-167.

Harlow, Carol, 1996: Codification of EC Administrative Procedures? Fitting the Foot to the Shoe or the Shoe to the Foot, in: European Law Journal 2, 3-25.

Héritier, Adrienne/Mingers, Susanne/Knill, Christoph/Becker, Martina, 1994: Die Veränderung von Staatlichkeit in Europa. Ein regulativer Wettbewerb: Deutschland, Großbritannien, Frankreich. Opladen.

IEP, 1989, Institut für Europäische Politik, Study on Comitology. Characteristics, Performance and Options, Preliminary Final Report. Bonn.

Joerges, Christian, 1991a: Markt ohne Staat? Die Wirtschaftsverfassung der Gemeinschaft und die regulative Politik, in: *Wildenmann, Rudolf* (Hrsg.), Staatswerdung Europas? Optionen einer Europäischen Union. Baden-Baden, 225-268.

Joerges, Christian, 1991b: Die Europäisierung des Rechts und die rechtliche Kontrolle von Risiken, Kritische Vierteljahresschrift, 416-434.

Joerges, Christian, 1995, Die Beurteilung der Sicherheit technischer Konsumgüter und der Gesundheitsrisiken von Lebensmitteln in der Praxis des europäischen Ausschußwesens („Komitologie"). Bremen: ZERP-Diskussionspapier 1/95.

Joerges, Christian 1996: Das Recht im Prozeß der europäischen Integration, in: *Jachtenfuchs, Markus/Kohler-Koch, Beate* (Hrsg.), Europäische Integration. Opladen, 73-108.

Joerges, Christian, 1997: Scientific Expertise in Social Regulation and the European Court of Justice: Legal Frameworks for Denationalised Governance Structures, in *Joerges, Christian/Ladeur, Karl-Heinz/Vos, Ellen* (Hrsg.), Integrating Scientific Expertise into Regulatory Decision-Making. Baden-Baden, 295-324.

Joerges, Christian, 1998: Bureaucratic Nightmare, Technocratic Regime and the Dream of Good Transnational Governance, in: *Joerges, Christian/Vos, Ellen* (Hrsg), EU Committees: Social Regulation, Law and Politics. Oxford (im Erscheinen).

Joerges, Christian/Neyer, Jürgen, 1997a: From Intergovernmental Bargaining to Deliberative Political Processes: The Constitutionalisation of Comitology, in: European Law Journal 3, 273-299.

Joerges, Christian/Neyer, Jürgen, 1997b: Transforming Strategic Interaction Into Deliberative Problem-Solving: European Comitology in the Foodstuffs Sector, in: Journal of European Public Policy 4, 609-625.

Köck, Wolfgang, 1996 Risikovorsorge als Staatsaufgabe, in Archiv für öffentliches Recht 121, 1-24.

Kommission der EG, 1985: Mitteilungen der Kommission an den Rat und das Europäische Parlament über die Vollendung des Binnenmarkts: das gemeinschaftliche Lebensmittelrecht, KOM (85) 603 endg. v. 8.11.1985.

Kommission der EG, 1994: Foodstuffs. Co-ordinated Instruments. Luxemburg.

Kommission der EG, 1997: Allgemeine Grundsätze des Lebensmittelrechts in der Europäischen Union, KOM(97) 176 endg. v. 30.04.97.

Lauwaars, Richard H., 1988: The „Model Directive" on Technical Harmonization, in *Bieber, Roland/Dehousse, Renaud/Pinder, John/Weiler, Joseph.H.H.* (Hrsg.), 1992: One European Market? Baden-Baden, 151-173.

Lewis, Jeffrey, 1998: Constructing Interests: The Committee of Permanent Representatives and Decision-Making in the European Union. Department of Political Science, University of Wisconsin-Madison, unveröff. Diss.

Majone, Giandomenico, 1994: The European Community: An „Independent Fourth Branch of Government"?, in *Brüggemeier, Gert* (Hrsg.), Verfassungen für ein ziviles Europa. Baden-Baden, 23-43.

Majone, Giandomenico, 1996: Regulating Europe. London.

Müller, Harald, 1994: Internationale Beziehungen als kommunikatives Handeln. Zur Kritik der utilitaristischen Handlungstheorien, in: Zeitschrift für Internationale Beziehungen 1, 15-44.

Neyer, Jürgen, 1998a: Arguing and Bargaining in Comitology: The Standing Committee for Foodstuffs, in: *Schendelen, Rinus v./Pedler, Robin* (Hrsg.), EU Committees as Influential Policymakers: Case Studies and Issues. Aldershot (im Erscheinen).

Neyer, Jürgen, 1998b: The Comitology Challenge to Analytical Integration Theory, in: *Joerges, Christian/Vos, Ellen* (Hrsg.), EU Committees: Social Regulation, Law and Politics. Oxford (im Erscheinen).

Neyer, Jürgen, 1998c: Justifiying Comitology: The Promise of Deliberation, in: *Neunreither, Karlheinz/Wiener, Antje* (Hrsg.), Amsterdam and Beyond, Preparing the European Union for the 21st Century. Oxford.

Pappi, Franz U./Schnorpfeil, Willi, 1996: Das Ausschußwesen der Europäischen Kommission: Grundstrukturen und Kommunikationsmöglichkeiten für Verbände, in: *König, Thomas/Rieger,*

Elmar/Schmitt, Hermann (Hrsg.), Das europäische Mehrebenensystem (Mannheimer Jahrbuch für europäische Sozialforschung 1). Frankfurt/M., 135-159.

Pedler, Robin H./Schaefer, Günther F. (Hrsg.), 1996: Shaping European Law and Policy. The Role of Committees and Comitology in the Political Process. Maastricht: European Institute of Public Administration.

Pildes, Robert H./Sunstein, Cass R., 1995: Reinventing the Regulatory State, in: Chicago Law Review 62, 1-129.

Pollack, Mark A., 1997: Delegation, Agency and Agenda Setting in the European Community, in: International Organization 51, 99-134.

Risse-Kappen, Thomas, 1996: Exploring the Nature of the Beast: International Relations Theory and Comparative Policy Analysis Meet the European Union, in: Journal of Common Market Studies 34, 53-80.

Roethe, Thomas, 1994: EG-Ausschußwesen und Risikoregulierung. Ein Problem von Handlungsstruktur und Rationalität, EUI Working Paper LAW 7/94. San Domenico di Fiesole/FI.

Scharpf,Fritz W., 1996: Politische Optionen im vollendeten Binnenmarkt, in: Jachtenfuchs, Markus/Kohler-Koch, Beate (Hrsg.) 1996, Europäische Integration. Opladen, 109-140.

Scharpf, Fritz W., 1997: Games Real Actors Play. Actor-Centered Institutionalism in Policy Research. Boulder, CO/Oxford.

Schlacke, Sabine, 1998: Risikoentscheidungen im europäischen Lebensmittelrecht. Eine Untersuchung am Beispiel des europäischen Zusatzstoffrechts unter besonderer Berücksichtigung des europäischen Ausschußwesens (Komitologie). Baden-Baden.

Schmalz-Bruns, Rainer, 1995: Reflexive Demokratie. Die demokratische Transformation moderner Politik. Baden-Baden.

Shapiro, Martin, 1996: Codification of Administrative Law: The U.S. and the Union, in: European Law Journal 2: 26-45.

Shrader-Frechette, Kirstin S., 1991: Risk and Rationality. Philosophical Foundation for Populist Reforms. Berkeley.

Vos, Ellen, 1997: The Rise of Committees, in: European Law Journal 3, 210-229.

Vos, Ellen, 1998: Institutional Frameworks of Community Health and Safety Regulation: Committees, Agencies and Private Bodies. Oxford (im Erscheinen).

Weiler, Joseph H.H., 1994: Fin-de-Siècle Europe, in: Dehousse, Renaud (Hrsg.), Europe After Maastricht. An Ever Closer Union? München, 203-216.

Wendt, Alexander, 1993: Anarchy is What States Make of it: the Social Construction of Power Politics, in: International Organization 46, 391-425,

Wessels, Wolfgang, 1997: An Ever Closer Fusion? A Dynamic Macropolitical View on Integration Processes, in: Journal of Common Market Studies 35, 267-299.

Wessels, Wolfgang, 1998: Comitology: Fusion in Action. Politico-Administrative Trends in the EU System, in: Journal of European Public Policy 5, 209-234.

Zangl, Bernhard/Zürn, Michael, 1996: Argumentatives Handeln bei internationalen Verhandlungen. Moderate Anmerkungen zur post-realistischen Debatte, in: Zeitschrift für internationale Beziehungen 3, 341-366.

Entgrenzung und politische Steuerung (Kommentar)

Markus Jachtenfuchs

Die resignierende Feststellung, daß die Literatur zur Globalisierung unübersehbar geworden sei, ist mittlerweile schon zum Gemeinplatz geworden. Ich will mich deshalb in meinem Kommentar von vornherein auf fünf Punkte beschränken, anhand derer sich die Besonderheiten der politikwissenschaftlichen Sichtweise auf Entgrenzung und ihre Folgen deutlich machen lassen und die exemplarisch für wichtige analytische, normative und politisch-praktische Kontroversen zu diesem Thema innerhalb der Politikwissenschaft stehen. Dabei geht es um die *Bilanz der Steuerungsfähigkeit*, um die Frage, ob man *von der EU lernen* kann, um *Begriffe und Kategorien*, um *Möglichkeiten der Institutionenpolitik* und schließlich um *interdisziplinäre Perspektiven*.

1. Bilanz der Steuerungsfähigkeit

In der öffentlichen Diskussion wird meist davon ausgegangen, daß Entgrenzung eine deutliche Schwächung der Möglichkeit politischer Einflußnahme auf gesellschaftliche Prozesse bedeutet. Es geht nicht nur darum, daß sich bestimmte Akteure oder Prozesse *faktisch* politischer Kontrolle entziehen, sondern darum, daß ein politischer Einfluß auf sie *prinzipiell* nicht mehr möglich zu sein scheint oder nur zu prohibitiv hohen Kosten. Denjenigen, die sich damit nicht abfinden wollen, fehlen allerdings die umfassenden Konzepte. Das war in den siebziger Jahren noch anders, als eine „Neue Weltwirtschaftsordnung" zumindest prinzipiell als eine Möglichkeit erschien, auch verteilungspolitische Ziele und Gerechtigkeitskriterien gegenüber der sich herausbildenden transnationalen Ökonomie durchzusetzen. Heute werden nur noch vereinzelte Maßnahmen (z.B. die „Tobin-Tax") diskutiert.
Heißt das also, daß sich tatsächlich nicht nur eine punktuelle, sondern eine fundamentale Veränderung von Staatlichkeit herausbildet, vom souveränen Nationalstaat, der innerhalb seiner Grenzen politische Programme jedweder Art weitestgehend durchsetzen kann, zum „nationalen Wettbewerbsstaat" (Hirsch 1994; Jessop 1994), dessen innere Stabilität nur dann prekär gesichert ist, wenn er sich den Zwängen der entgrenzten Ökonomie nicht widersetzt und damit auf die Verfolgung bestimmter politischer Ziele von vornherein verzichtet?
Die Beiträge in diesem Abschnitt ziehen alle insgesamt eine gemäßigt positive Bilanz der Möglichkeit politischer Steuerung. Der Begriff der „Steuerung" wird allerdings vermieden; man spricht eher von „Regieren" oder von „Problemlösungsfähigkeit". Dies ist kein modisches Zugeständnis an neuere Begrifflichkeiten. Stattdessen drückt diese Begriffsverwendung wohl zum einen eine vorsichtigere Beurteilung der Möglichkeiten gezielter politischer Intervention aus, die nicht erst mit der jüngeren Globalisierungsdebatte aufkam (Luhmann 1988: Kap. 10; Scharpf 1989). Zum anderen zeigt sie

eine Zurückhaltung gegenüber großen theoretischen Entwürfen, die nicht durch eine solide empirische Basis abgedeckt sind und fügt sich in diesem Sinne in eine langfristige Tendenz in den Sozialwissenschaften ein.
Dies zeigt sich auch darin, daß alle Beiträge versuchen, differenzierte empirische Befunde erst herauszuarbeiten, den Gültigkeitsbereich ihrer Aussagen klar abzugrenzen und über die Bedingungen der Verallgemeinerungsfähigkeit ihrer Aussagen explizit nachzudenken. Ein universeller Befund, wonach (wirtschaftliche) Entgrenzung aufgrund eines einheitlichen Mechanismus zum Verlust staatlicher Steuerungsfähigkeit führen würde, existiert jedenfalls nicht, und ein Absenkungswettlauf sozialer oder umweltpolitischer Standards ist zumindest pauschal nicht auszumachen. Weitergehende charakteristische Muster sind aber selbst bei genauerem Hinsehen kaum zu erkennen oder bleiben umstritten.
Dies gilt vor allem für den vielleicht am intensivsten diskutierten Bereich der wohlfahrtsstaatlichen Regelungen. Bei Scharpf finden sich Sozialpolitik und Arbeitsbeziehungen in dem Bereich des Diagramms, in dem sowohl nationale als auch europäische Problemlösungsfähigkeit niedrig sind. Damit läge also ein Verlust politischer Steuerungsfähigkeit vor. Zürn bestätigt diesen Befund alles in allem, sieht auf der Basis seiner Längsschnittdaten aber einen Trend zur Verstärkung marktkorrigierender Regelungen in den letzten Jahren. Schulten konstatiert die Unterentwicklung europäischer und die Transformation und Aushöhlung nationaler Kollektivvertragsbeziehungen, entwickelt aber ein mehrdimensionales Modell, wie diese in einem Mehrebenensystem auch aus gewerkschaftlicher Sicht positiv gestaltet sein könnten. Andere schließlich sehen die Wohlfahrtsstaaten in der EU auf dem Weg zu „positiver Souveränitätsverflechtung" (Leibfried 1996).
Dies muß nicht unbedingt – darauf hat Scharpf in seinem Beitrag hingewiesen – bedeuten, daß einige der genannten Autoren irren. Es zeigt zunächst, daß die Analyseraster nicht ohne weiteres miteinander kompatibel sind und deshalb auch die Befunde nicht unmittelbar miteinander verglichen werden können. Die Untersuchungen zur Auswirkung der Europäisierung auf die Umweltpolitik (Héritier et al. 1994) legen zudem nahe, daß sogar in einem Teilbereich derselben (Luftreinhaltepolitik) noch weiter differenziert werden muß und sich selbst dann Befunde ergeben, die nur schwer in eine lineare Skale von niedriger zu hoher Problemlösungsfähigkeit einzuordnen sind. Hier wiederholt sich auf der transnationalen Ebene das Phänomen, daß Politikfeldanalysen aufgrund der enormen Komplexität der Rahmenbedingungen nur sehr bedingt zu theoretischen Generalisierungen taugen. Zum einen mag es Tendenzen auf der Aggregatebene (etwa im Sachbereich „Wohlfahrt") geben, die man im Sinne einer Zu- oder Abnahme politischer Steuerungsfähigkeit interpretieren kann. Zum andern existieren sicher charakteristische Muster von Interessenkonstellationen und institutionellen Konfigurationen, aber diese gelten nur für die Mikroebene. Das heißt, daß Entgrenzung selbst unter Betrachtung nur des einen Kriteriums „Problemlösungsfähigkeit" zu einer Vielfalt von Phänomenen führt, die sich nur schwer auf den Begriff bringen lassen. Diese Auflösung überschaubarer politischer Entwicklungslinien und Optionen in eine Vielfalt von Einzelaspekten mag man beklagen. Aber es gibt analytisch wohl zu ihr keine Alternative, wenn man nicht alte Gewißheiten um den Preis des Empirieverzichts hochhalten will.

2. *Von der EU lernen?*

In der Diskussion um Entgrenzung und ihre politischen Folgen kann man zwei Positionen unterscheiden. Für die einen ist Entgrenzung ein umfassender sozialer Prozeß, der sich je nach Sachbereich unterschiedlich weit erstreckt. Die EU ist darin nur ein Faktor, der häufig nicht gesondert erwähnt wird. Für die zweite Position ist die Europäische Union der Fall, in dem Entgrenzung durch politische Programme (Binnenmarkt) aktiv vorangetrieben worden ist, in dem sich die Folgeprobleme am schärfsten stellen und in dem gleichzeitig die weitestgehenden Möglichkeiten einer politischen Kontrolle dieses Prozesses bestehen. Auf den Punkt gebracht steht hinter dieser Sichtweise die These, daß nur in der EU ein neuer politischer Raum entstanden ist, in dem die Entgrenzung nationalstaatlicher Politik in einen neuen Ordnungsrahmen eingebunden wird, der sich nicht nur als Reaktion auf Entgrenzungsprozesse in einzelnen Sachbereichen unkoordiniert entwickelt, sondern der auch das Resultat gezielter Politik ist. Der Unterschied zwischen beiden Positionen ist nicht nur eine Frage des analytischen Abstraktionsniveau Allgemein gesprochen ist es natürlich richtig, daß auf einer hohen Abstraktionsstufe die Entgrenzungsprozesse in der EU mit anderen vergleichbar sind, während die Individualität jedes Falles um so mehr hervortritt, je konkreter die Analyse wird. Entscheidend ist aber ein mittleres Abstraktionsniveau, denn nur auf diesem lassen sich *bedeutungsvolle* analytische oder praxisrelevante Aussagen machen.
Das läßt sich gut an der These von Scharpf aufzeigen, wonach es in der EU eine fundamentale Asymmetrie zwischen „negativer" und „positiver Integration" gebe, die weitreichende Folgen für die Problemlösungsfähigkeit der EU bzw. der Nationalstaaten habe (Scharpf 1996, in diesem Band). Seine Erklärung für diese Asymmetrie ist primär eine institutionelle: Negative Integration wurde und wird in der EU durch den Europäischen Gerichtshof unter Rückgriff auf unmittelbar geltendes Recht und durch die autonomen Entscheidungsbefugnisse der Kommission durchgesetzt, also durch faktisch unpolitische Verfahren mit geringem Konsensbedarf. Positive Integration ist dagegen auf aktive Zustimmung im Ministerrat angewiesen, ist also leichter politisierbar und muß hohen Konsenserfordernissen genügen. Da marktschaffende Maßnahmen vor allem in den Bereich der negativen Integration fallen, sind sie auf EU-Ebene leichter durchzusetzen als marktkorrigierende, die faktisch oder funktional zur positiven Integration gehören. Unter den Bedingungen eines funktionierenden Binnenmarktes werden aber die Möglichkeiten, marktkorrigierende Regelungen statt auf europäischer Ebene auf nationaler Ebene durchzusetzen, deutlich geringer.
Die Erklärungskraft von Scharpfs Modell trägt sehr weit, aber sie ist auf die EU beschränkt, denn nur dort gibt es ein supranationales Rechtssystem, mit Hilfe dessen Kommission und Rat negative Integration problemlos betreiben können. Zürn (1997, in diesem Band) reformuliert die Scharpf'schen Thesen für das Regieren jenseits des Nationalstaates in allgemeinerer Form, muß dabei aber dessen institutionelle Erklärung durch eine interessenorientierte ersetzen. „Positive" und „negative" Regelungen jenseits des Nationalstaates werden bei ihm durch charakteristische Interessenkonstellationen erschwert bzw. erleichtert. Die kooperationshinderlichen Interessenkonflikte bei der Verabschiedung und der Implementation „positiver" Regelungen lassen sich durch ein bestimmtes institutionelles Design zumindest abmildern. Das ist ein wichtiger Beitrag zur Theorie des Regierens im internationalen System und zu einer

theorieorientierten Designperspektive internationaler Institutionen.
Aber handelt es sich noch um die gleiche Problematik wie bei Scharpf? Und ist damit wirklich eine für die EU *und* für das internationale System gültige Aussage getroffen? Wenn man die Faktoren betrachtet, die Zürn für ein erfolgreiches institutionelles Design für positive Regelungen anführt, so fällt auf, daß diese in der EU – jedenfalls im Vergleich zum internationalen System – ausnahmslos gegeben sind. Woher kommen dann aber die von Scharpf konstatierten Probleme positiver Regelungen in der EU? Auch das muß nicht heißen, daß einer der beiden Unrecht hat. Die Lösung liegt vielmehr darin, daß Zürn einen allgemeinen Zusammenhang formuliert hat, der im internationalen System von großer praktischer Bedeutung, für die EU aber zu unspezifisch ist. Hier werden die von Zürn identifizierten Interessenkonflikte von einer spezifischen institutionellen Konfiguration überlagert, die von Scharpf herausgearbeitet wird, aber nur in der EU existiert. Mit anderen Worten: Die Übertragung eines im EU-Kontext entwickelten Konzepts auf das internationale System erfordert eine Verallgemeinerung, die dessen ursprüngliche Bedeutung und die darauf aufbauenden politischen Implikationen verläßt. Die Rückübertragung auf die EU ist zwar möglich, erbringt aber keine bedeutungsvolle Aussage mehr, da sie zu unspezifisch ist. Von der EU zu lernen ist damit nur indirekt möglich.
Damit soll keiner scharfen Trennung zwischen der EU und dem Rest der Welt das Wort geredet werden. Es ging mir aber darum zu zeigen, daß es notwendig ist, im Zusammenhang mit der Analyse von Entgrenzung und Vorschlägen für institutionelles Design explizit über den Anwendungsbereich der jeweiligen Theorien und Vorschläge zu reflektieren. Einer Verbindung EU-spezifischer und internationaler Ansätze steht nichts entgegen; es gilt aber zu vermeiden, entweder über die EU einfach hinwegzuanalysieren oder dort gewonnene Erkenntnisse umstandslos auf andere Bereiche zu übertragen.

3. *Begriffe und Kategorien*

Anhand des Begriffspaares „negative" und „positive Integration" läßt sich auch klarmachen, wie wichtig bei der Analyse von Entgrenzungsprozessen die Reflexion über die gesellschaftliche Eingebundenheit wissenschaftlicher Begriffe und ihre häufig impliziten normativen Konnotationen ist. Bei Tinbergen, der das Begriffspaar in die Integrationsforschung eingeführt hat, handelt es sich noch um eine einfache Heuristik. „Negative Integration" bezeichnet die Abschaffung von Regeln, die das Funktionieren eines integrierten Raumes behindern, „positive Integration" bezieht sich auf die Schaffung von neuen oder die Veränderung existierender Institutionen (Tinbergen 1965: 76-80). Bei dem erklärten Euro-Föderalisten Pinder (1968) neigt sich die Waagschale: er beklagt, daß die EU lediglich bei der Abschaffung von Handelshemmnissen (negative Integration) recht erfolgreich gewesen sei, dem aber bisher kaum positive gestaltende Maßnahmen zur Seite gestellt habe. Bei Scharpf wird daraus eine strukturell bedingte politische Schlagseite der EU. Zürn schließlich formuliert den Gegensatz als eine universell gültige Hypothese.
Das Begriffspaar zielt aber auf die Kernfrage, ob jenseits des Nationalstaates eine politische Kontrolle der Entgrenzung überhaupt möglich ist. Scharpf ist eher skeptisch,

Zürn eher optimistisch. Aber trägt die Kategorie der „positiven Integration", die faktisch synonym mit politischer Kontrolle von Entgrenzung ist, tatsächlich so weit? Ist es sinnvoll, angesichts der Auflösung von im Rahmen des Territorialstaates als selbstverständlich erachteten Zusammenhängen im Zuge der Entgrenzung sehr allgemeine und weitreichende Aussagen auf der Basis eines so breit definierten Begriffes zu machen? Ist die Verwendung eines Kategorienbündels, das allzuleicht mit „gut" und „schlecht" assoziiert wird, nicht allzusehr in der Gefahr, schon durch die Wahl der Grundbegrifflichkeiten einer Sichtweise Vorschub zu leisten, wonach nur im Territorialstaat positive, aktiv gestaltende Politik möglich sei? Kann man die Unterscheidung auch auf den nicht-ökonomischen Bereich übertragen? Ist sie überhaupt trennscharf genug und befriedigend operationalisierbar? Kann man wirklich die Tätigkeit von Kommission und die Urteile des EuGH pauschal der „negativen Integration" zurechnen, während nur die Mitgliedstaaten zu „positiver Integration" in der Lage sind? Handelt es sich tatsächlich um eine *strukturelle* Asymmetrie oder geht es doch nur um unterschiedliche Präferenzen?

„Problemlösungsfähigkeit" ist der zweite Begriff, der für die politikwissenschaftliche Diskussion um die Folgen der Entgrenzung wichtig ist. Er wird zum einen analytisch verwendet, um überhaupt die Folgen der Entgrenzung für ein wichtiges Bewertungskriterium politischen Handelns empirisch zu erfassen. Von Problemlösungsfähigkeit zu sprechen, heißt jedoch immer auch, einen Maßstab vorzugeben, der zeigt, was ein Problem ist und wann es als gelöst angesehen werden kann. Das ist ein hochgradig normatives Vorgehen, denn die Probleme, um die es geht, sind meist komplexe soziale Tatbestände, die nicht auf einfache kognitive Meßgrößen reduziert werden können. Sie erhalten auch Aussagen darüber, was eine *angemessene Reaktion* auf ein Problem ist. Solche Probleme sind aber gesellschaftlich konstruiert – und diese Konstruktionen sind meist staatsspezifisch und nicht ohne weiteres auf Interessenlagen reduzierbar. Damit entfällt aber ein objektives Maß für Problemlösungsfähigkeit. Durch die Entgrenzung treffen stattdessen unterschiedliche gleichberechtigte Problemkonstruktionen aufeinander. Zudem zeigt sich, daß sich diese im Laufe der Zeit dramatisch ändern können und mit ihnen auch die möglichen Lösungsstrategien. Joseph Gusfield hat dies am Beispiel der Karriere des Problems „Alkohol am Steuer" in den USA anschaulich und theoretisch reflektiert aufgezeigt (Gusfield 1981).

Schließlich ist die Frage, ob die Ebenen-Betrachtung (nationale im Vergleich zu europäischer oder internationaler Problemlösungsfähigkeit) alleine nicht in die Irre führt, weil sie suggeriert, die gleichen Probleme ließen sich wahlweise auf regionaler, nationaler, europäischer oder internationaler Ebene behandeln und man müsse nur trennscharfe Abgrenzungskriterien für die optimale Kompetenzaufteilung finden. Durch Entgrenzung werden aber Probleme nicht einfach von einer Ebene auf eine höhere gehoben. Vielmehr entstehen eine Reihe von Problemen überhaupt erst neu, andere sind schon im nationalen Rahmen komplexe Gemengelagen und werden durch eine vielleicht nur teilweise Bearbeitung auf einer höheren Ebene noch komplexer. In anderen Fällen werden Problemdefinitionen und die dazugehörigen Lösungsstrategien erst auf der europäischen Ebene in einem längeren diskursiven Auseinandersetzungsprozeß konstruiert (vgl. die Beiträge von Joerges/Neyer und Kohler-Koch/Edler).

Unter umweltpolitisch Engagierten gab es vor einigen Jahren eine lange Diskussion darum, ob durch die EU-Umweltpolitik die hohen deutschen Schutzstandards untergraben würden oder nicht. Die empirische Forschung zeigte allerdings, daß der in der politischen wie in der wissenschaftlichen Diskussion wichtige Begriff des „hohen Standards" von Regulierung angesichts der Komplexität vieler Maßnahmen und der häufigen Überschneidung mit schon existierenden nationalen Regelungen äußerst problematisch ist. Wenn europäische Regelungen zu den in den Mitgliedstaaten existierenden komplexen Regelungssystemen hinzutreten, diese teilweise ersetzen, teilweise ergänzen oder durch völlig neue Regelungstechniken und -ziele verändern, oder wenn eine Regulierung in bisher überhaupt nicht geregelten Bereichen eingeführt wird, ist es ein zumindest sehr schwieriges, wenn nicht gar fragwürdiges Unterfangen, die neuen EU-Regelungen mit den alten nationalen Vorschriften unter dem Kriterium der Höhe der verabschiedeten Standards zu vergleichen. Nach einiger Zeit ist denn auch die entsprechende Debatte in sich zusammengefallen. Die entsprechende konzeptuelle Vorsicht sollte man auch bei der ähnlich gelagerten Debatte um die Problemlösungsfähigkeit unterschiedlicher Governance-Systeme unter den Bedingungen von Entgrenzung walten lassen.

4. Möglichkeiten der Institutionenpolitik

Bei der Diskussion von Entgrenzung begnügt sich die Politikwissenschaft nicht damit, Entwicklungstrends lediglich zu inventarisieren. Sie hat bei allem Steuerungspessimismus der letzten Jahre immer auch den Impuls gehabt, gesellschaftliche Entwicklungen aktiv zu gestalten und dabei die Institutionen als ihre eigentliche Domäne angesehen. Die Natur der Entgrenzung macht es aber schwer, auf bewährte Vorbilder zurückzugreifen: Bei der Transformation Osteuropas wurde viel aktive Institutionenpolitik in einer Situation betrieben, die man als Umbau des Schiffs auf offener See charakterisiert hat (Elster 1993). Dabei konnte man sich aber immer noch an einem kräftig modernisierten Idealbild des Territorialstaates orientieren und auf die Erfahrungen einer etablierten Forschungstradition zurückgreifen (Sartori 1994).

Genau dieser Haltepunkt, der Bootsrumpf, um in Elsters Bild zu bleiben, steht aber im Zuge der Entgrenzung ebenfalls zur Disposition. Die Rede von der Herausbildung neuer politischer Räume meint ja auch, daß diese nicht mehr säuberlich nebeneinanderliegen, sondern vielfach überlappen. Zudem stellt sich die Frage, ob diese Rede von neuen politischen Räumen nicht überhaupt in die Irre führt, denn „Raum" verbindet man mit „Territorialität", die sich doch gerade zumindest in Teilbereichen aufzulösen scheint, oder gar mit der Trias von Staatsgebiet, Staatsvolk und Staatsgewalt. Von Raumbildung kann man am ehesten wohl noch in der Europäischen Union sprechen – aber auch hier lassen die Tendenzen zur „flexiblen Integration" eine Ablösung von allzu klaren räumlichen Grenzziehungen erkennen. Welche Probleme für die Organisation demokratischer Verantwortlichkeit das mit sich bringt, wird im nächsten Abschnitt dieses Bandes ausführlich diskutiert.

Die Theorie der Internationalen Beziehungen hat mit dem Konzept der „internationalen Regime" (Hasenclever et al. 1997; Kohler-Koch 1989) einen prinzipiell sehr offenen Zugang zu Institutionen jenseits der Staatlichkeit entwickelt. Dieser erlaubt es, politische Institutionen auch beschränkt auf funktionale Sektoren zu entwerfen, ohne dabei ein umfassendes politisches System konstruieren zu müssen. Regime stellen auch nur geringe Anforderungen an die Kooperationsbereitschaft der beteiligten Akteure, denn die beteiligten Staaten und privaten Akteure werden meist als rationale Egoisten konzipiert, die nicht im Schatten einer übergeordneten Hierarchie agieren. Empirisch fanden sich sogar Ost-West-Regime während des Kalten Krieges (Rittberger 1990). Im Bereich der Umweltpolitik, wo sich das Bewußtsein einzelstaatlicher Machtlosigkeit angesichts grenzüberschreitender Problemlagen vielleicht früher verbreitet hat als in anderen Politikfeldern, gibt es mittlerweile eine differenzierte theoretische und empirische Literatur über die Erfolgsbedingungen internationaler Regime und die Erfordernisse für das Design effektiver Institutionen (Haas et al. 1993; Young 1994; vgl. auch Zürn, in diesem Band), die mitnichten so pessimistisch ist, wie manche Klage über den Verlust nationaler Steuerungsfähigkeit in anderen Bereichen.

Internationale Regime sind zwar nicht so voraussetzungsvoll wie Verfassungen, aber es handelt sich immer noch um Institutionenpolitik von oben. Institutionelles Design hat jedoch noch eine zweite Seite, nämlich die Veränderung staatlicher Strukturen auf zentraler und dezentraler Ebene. Damit ist nicht der Umbau des Nationalstaates in den neoliberalen Wettbewerbsstaat gemeint, sondern die Suche nach funktionalen Äquivalenten zu bestehenden innerstaatlichen Institutionen, die globalisierungsverträglicher sind – etwa die Finanzierung des Wohlfahrtsstaates über indirekte Steuern statt über Arbeitseinkommen. Hier ist die vergleichende Policy-Forschung gefragt. Die Entgrenzung bietet damit das Potential, über eine gemeinsame Problemstellung Ansätze aus dem Bereich der internationalen Politik und der Innenpolitik näher zueinander zu bringen, da sie quer zu der unfruchtbaren Gegenüberstellung von anarchischem internationalem System und hierarchischem Staat liegt. Möglicherweise zeigt die Globalisierung auch die Grenze umfassender verfassungspolitischer Entwürfe. Eine Institutionenpolitik von unten müßte auf verfassungspolitische Steuerungsillusionen verzichten und stattdessen Handlungsoptionen bereitstellen, die es dezentralen Akteuren erlaubten, sich in den Prozeß der Politikgestaltung einzubringen. Dies könnte auch helfen, die alte Dichotomie zu überwinden, wonach Märkte mit Nicht-Steuerung und Nicht-Institutionalisierung gleichgesetzt werden, in die die Politik „korrigierend" eingreifen müsse. Eine solche Perspektive wird im Beitrag von Kohler-Koch und Edler zumindest angedeutet.

Institutionen haben immer zwei Seiten: Effizienz und Normativität. Es genügt also nicht, „nur" effiziente Institutionen zu schaffen, sondern diese müssen auch mit Standards über gutes und angemessenes Verhalten übereinstimmen (Offe 1996: 199-207). Letztere aber werden durch die politische Semantik bereitgestellt, die sich durch Entgrenzung möglicherweise tiefgreifend verändert – oder gerade nicht und dadurch die Schaffung von effektiven internationalen Institutionen zusätzlich erschwert. Hier sind konstruktivistische Ansätze gefragt, die nach der Rolle von Bedeutungsstrukturen und politischen Identitäten für die Bildung von Akteursinteressen und die Stabilität von Institutionen fragen.

Die Suche nach institutionellen Lösungen für den Umgang mit Globalisierung ist eine große Chance für die Politikwissenschaft. Das betrifft die konzeptuelle Seite ebenso wie die praktische. Man kann zwar die Globalisierung nicht abschaffen, aber es macht einen Unterschied, ob man in Schweden oder in Großbritannien lebt – und dieser ist ein institutioneller und damit gezielter Intervention zugänglich. Eine solche theoretisch inspirierte Institutionenpolitik wird keine großen Gesamtentwürfe liefern, sondern sich immer auf Teilbereichdesigns beschränken, die aber auf allgemeine Theorieversatzstücke zurückgreifen. So läßt sich auch die Balance schaffen zwischen der unverzichtbaren Berücksichtigung des jeweiligen Kontextes sowohl für Erklärung wie auch Design und dem Streben nach Verallgemeinerung (Scharpf 1997: Kap. 1).

5. Interdisziplinäre Perspektiven

Die Suche nach institutionellen Teilbereichsordnungen, die den Territorialstaat nicht ersetzen, aber sehr wohl ergänzen und die Möglichkeit demokratischer und effektiver politischer Gestaltung bilden, ist wohl auch das Charakteristische an der politikwissenschaftlichen Diskussion von Entgrenzung. Ihre konzeptuellen Werkzeuge erlauben es ihr zumindest im Prinzip, pragmatisch institutionelle Regelungen zu denken, die zwischen Staat und Weltgesellschaft angesiedelt sind, ohne die weiterhin zentrale Rolle des Staates zu vernachlässigen. Das zeigt sich nicht nur im Vergleich zu der Hayek'schen Konzeption einer grundsätzlich grenzenlosen Ökonomie (Hayek 1960) (die unter anderen politischen Vorzeichen auch vom Marxismus geteilt wird), sondern vor allem bei einem Blick in die Soziologie.

Ihr hat man häufig vorgeworfen, daß sie staatlich verfaßte Gesellschaften meine, wenn sie den scheinbar allgemeinen Begriff der „Gesellschaft" benutze. Ausnehmen muß man davon Niklas Luhmann, der schon früh Gesellschaft als „Weltgesellschaft" gefaßt hat, ohne dabei naiven Weltstaatsillusionen zu unterliegen. Kriterium der Weltgesellschaft ist nicht, daß möglichst viele Interaktionen globale Dimensionen annehmen, sondern die prinzipielle Füreinander-Erreichbarkeit gesellschaftlicher Kommunikation (Luhmann 1971, 1997: 145-171). Aber es gibt keine Zwischenstufe zwischen Weltgesellschaft und staatlicher Gesellschaft, weder zeitlich noch räumlich. Es wird eindrucksvoll aufgezeigt, wie sich die Staatssemantik im Epochenübergang zur Moderne herausbildet, aber es gibt keine klaren Hinweise auf mögliche Weiterentwicklungen (Luhmann 1995: 118).

Die deutsche Politikwissenschaft konzentriert sich sehr weitgehend auf die Frage nach der Möglichkeit demokratischer und effektiver Politik unter den Bedingungen von ökonomischer Entgrenzung. In ihren Bewertungen und praxisorientierten Vorschlägen verfährt sie eher zurückhaltend, weil für die Linke wie für die Rechte der Staat bei allen früher vehement kritisierten Defiziten doch der Ort zu sein scheint, wo sich Selbstbestimmung und Handlungsfähigkeit entsprechend den jeweiligen politischen Präferenzen noch am ehesten maximieren lassen. Entgrenzung dagegen wird tendenziell als Bedrohung wichtiger und prekärer Errungenschaften begriffen.

Teile der Soziologie sind da optimistischer. Vor allem für Anthony Giddens und Ulrich Beck ist Entgrenzung und Globalisierung sehr viel umfassender und nicht auf den ökonomischen Bereich zu beschränken (Beck 1997; Giddens 1990; vgl. auch Featherstone 1990; Robertson 1992). Globalisierung löst zwar alte Bindungen und Strukturen auf, aber damit fallen auch alte Fesseln. Zusammen mit dem parallelen Prozeß der Individualisierung entstehen neue Freiheiten, wenn auch riskante. Sie ermöglichen die (Neu-)„Erfindung des Politischen" (Beck 1993), die Rekombination neuer politischer Positionen und damit neue Handlungs- und Gestaltungsmöglichkeiten. Das gilt vor allem für die Linke, die für viele nach dem Ende des Kalten Krieges und dem Siegeszug des Kapitalismus schon ohne politisches Projekt und Funktion zu sein schien. Sie muß sich nicht auf die Verteidigung alter Gewerkschaftspositionen beschränken, sondern hat eine neue Perspektive radikaler Politik (Giddens 1994). Hier verbinden sich empirisch informierte Gesellschaftstheorie und politischer Einfluß in einem Ausmaß, auf das man neidisch werden könnte.

Aber es gibt auch in der Politikwissenschaft zunehmend Stimmen, die „Globalisierung und Denationalisierung als Chance" (Zürn 1998) begreifen und nicht nur als ein unvermeidliches Schicksal, mit dem man sich bestenfalls wird arrangieren können. Das gilt ebenso für die Rechtswissenschaft, die große Schwierigkeiten hat, Regieren und Rechtsetzung jenseits des Nationalstaates ohne Rückbindung an eine staatliche Verfassung zu denken. Am deutlichsten wird die Unterscheidung zwischen einer defensiven und einer optimistischen Sicht auf Entgrenzung am Beispiel der Europäischen Union. Hier gibt es nicht nur die Verteidiger der staatlichen Verfassung als Ausdruck einer vorpolitischen Gemeinschaft, für die „Mitbestimmung von Nichtstaatsangehörigen demokratiewidrige Fremdbestimmung" ist (Isensee et al. 1985: 140). Ebenso wird auf die prinzipiellen Schwierigkeiten der Schaffung oder Entstehung der gesellschaftlichen Grundlagen einer demokratischen Verfassung verwiesen, die jenseits des Nationalstaates eben nicht ohne weiteres gegeben sind oder erzeugt werden können (Grimm 1995). So gerät man leicht in das Dilemma zwischen Demokratie und Effektivität (Dahl 1994): Entgrenzung erfordert auch politische Steuerung jenseits des Nationalstaate Je tiefgreifender diese wirkt, desto eher ist sie auf demokratische Legitimation angewiesen. Da letztere jedoch jenseits des Nationalstaates nur begrenzt zur Verfügung steht, reduziert dies die Möglichkeiten effektiver politischer Steuerung. Das wird dann problematisch, wenn wie im europäischen Binnenmarkt die Option einer effektiven nationalstaatlichen Politik rechtlich und faktisch verstellt ist. Dann besteht die Gefahr eines Nettoverlustes an politischer Steuerungsfähigkeit und gleichzeitig einer Untergrabung nationalstaatlicher Demokratie, wenn an sie Ansprüche gestellt werden, die sie nicht erfüllen kann.

In den letzten Jahren haben sich aber in der Rechtswissenschaft Stimmen eines neuen Pragmatismus zu Wort gemeldet, die sich nicht durch allzu grundlegende Bedenken auf der Basis der dominierenden Staatssemantik den Blick auf mögliche Entwicklungstendenzen der EU verstellen lassen wollen. Wenn auch nicht so unbeschwert wie bei den Soziologen, bilden sich langsam Elemente eines polyzentrischen Konstitutionalismus heraus (von Bogdandy 1993; Joerges 1994; Joerges/Neyer, in diesem Band; Pernice 1993; Weiler 1996, 1997). Solche Konzepte sind natürlich nicht so ausgearbeitet wie die Theorie des demokratischen Verfassungsstaate Aber sie bieten doch Ansatzpunkte, wie demokratische und effektive Politik zumindest in der Europäischen Union gestaltet werden könnte. Die Politikwissenschaft könnte hier mit der Theorie und Empirie der Institutionenbildung einen wesentlichen Beitrag leisten. Diese Chance sollte sie nicht nur der Soziologie überlassen.

Literaturverzeichnis

Beck, Ulrich, 1993: Die Erfindung des Politischen. Zu einer Theorie reflexiver Modernisierung. Frankfurt a.M.

Beck, Ulrich, 1997: Was ist Globalisierung? Frankfurt a.M.

von Bogdandy, Armin, 1993: Supranationale Union als neuer Herrschaftstypus. Entstaatlichung und Vergemeinschaftung in staatstheoretischer Perspektive, in: Integration 16, 210-224.

Dahl, Robert A., 1994: A Democratic Dilemma. System Effectiveness versus Citizen Partizipation; in: Political Science Quarterly 109, 23-34.

Elster, Jon, 1993: Constitution-Making in Eastern Europe: Rebuilding the Boat in the Open Sea, in: Public Administration 71, 169-217.

Featherstone, Mike, 1990: Global Culture. Nationalism, Globalization and Modernity. London.

Giddens, Anthony, 1990: The Consequences of Modernity. Cambridge.

Giddens, Anthony, 1994: Beyond Left and Right. The Future of Radical Politics. Cambridge.

Grimm, Dieter, 1995: Braucht Europa eine Verfassung? München: Carl Friedrich von Siemens Stiftung.

Gusfield, Joseph R., 1981: The Culture of Public Problems. Drinking-Driving and the Symbolic Order. Chicago/London.

Haas, Ernst B., 1975: The Obsolescence of Regional Integration Theory. Berkeley, Institute of International Studies, University of California, Research Series No. 25.

Haas, Peter M./Keohane, Robert O./Levy, Marc A. (Hrsg.), 1993: Institutions for the Earth. Sources of Effective International Environmental Protection. Cambridge.

Hasenclever, Andreas/Mayer, Peter/Rittberger, Volker, 1997: Theories of International Regimes. Cambridge.

Hayek, Friedrich, 1960: The Constitution of Liberty. London.

Héritier, Adrienne/Mingers, Susanne/Knill, Christoph/Becka, Martina, 1994: Die Veränderung von Staatlichkeit in Europa. Ein regulativer Wettbewerb: Deutschland, Großbritannien, Frankreich. Opladen.

Hirsch, Joachim, 1994: Der nationale Wettbewerbsstaat. Staat, Demokratie und Politik im globalen Kapitalismus. Berlin.

Isensee, Josef/Mikat, Paul/Honecker, Martin/Suttner, Ernst Chr., 1985: „Staat", in: Görres-Gesellschaft (Hrsg.), Staatslexikon, 7. Aufl. Freiburg etc., 133-170.

Jessop, Bob, 1994: The Transition to Post-Fordism and the Schumpeterian Workfare State, in: Burrows, Roger/Loader, Brian (Hrsg.), Towards a Post-Fordist Welfare State? London, 13-37.

Joerges, Christian, 1994: Legitimationsprobleme des europäischen Wirtschaftsrechts und der Vertrag von Maastricht, in: Brüggemeier, Gert (Hrsg.), Verfassungen für ein ziviles Europa. Baden-Baden, 91-130.

Joerges, Christian/Neyer, Jürgen, in diesem Band: Vom intergouvernmentalen Bargaining zur deliberativen Politik: Gründe und Chancen für eine Konstitutionalisierung der europäischen Komitologie.

Kohler-Koch, Beate (Hrsg.), 1989: Regime in den internationalen Beziehungen. Baden-Baden.

Kohler-Koch, Beate/Edler, Jakob, in diesem Band: Ideendiskurs und Vergemeinschaftung: Erschließung transnationaler Räume durch europäisches Regieren.

Leibfried, Stephan, 1996: Wohlfahrtsstaatliche Perspektiven der Europäischen Union. Auf dem Weg zu positiver Souveränitätsverflechtung?, in: *Jachtenfuchs, Markus/Kohler-Koch, Beate* (Hrsg.), Europäische Integration. Opladen, 453-476.

Luhmann, Niklas, 1971: Die Weltgesellschaft, in: *ders.*, 1991, Soziologische Aufklärung. 2. Aufsätze zur Theorie der Gesellschaft, 4. Aufl. Opladen, 51-71.

Luhmann, Niklas, 1988: Die Wirtschaft der Gesellschaft. Frankfurt a.M.

Luhmann, Niklas, 1991: Soziologie des Risikos. Berlin.

Luhmann, Niklas, 1995: Metamorphosen des Staates, in: *ders.*, Gesellschaftsstruktur und Semantik. Studien zur Wissenssoziologie der modernen Gesellschaft, Bd. 4. Frankfurt a.M., 101-137.

Offe, Claus, 1996: Designing Institutions in East European Transitions, in: *Goodin, Robert E.* (Hrsg.), The Theory of Institutional Design. Cambridge, 199-226.

Pernice, Ingolf, 1993: Maastricht, Staat und Demokratie, in: Die Verwaltung 26, 449-488.

Pinder, John, 1968: Positive and Negative Integration. Some Problems of Economic Union in the EEC, in: The World Today 24, 88-110.

Rittberger, Volker (Hrsg.), 1990: International Regimes in East-West Politics. London.

Robertson, Roland, 1992: Globalization. Social Theory and Global Culture. London.

Sartori, Giovanni, 1994: Comparative Constitutional Engeneering. An Inquiry into Structures, Incentives and Outcomes. New York.

Scharpf, Fritz W., 1989: Politische Steuerung und politische Institutionen, in: *Hartwich, Hans-Hermann* (Hrsg.), Macht und Ohmacht politischer Institutionen. 17. Wissenschaftlicher Kongreß der DVPW, 12. bis 16. September 1988 in der Technischen Hochschule Darmstadt. Opladen, 17-29.

Scharpf, Fritz W., 1996: Politische Optionen im vollendeten Binnenmarkt, in: *Jachtenfuchs, Markus/Kohler-Koch, Beate* (Hrsg.), Europäische Integration. Opladen, 109-140.

Scharpf, Fritz W., 1997: Games Real Actors Play. Actor-Centered Institutionalism in Policy Research. Boulder.

Scharpf, Fritz W., in diesem Band: Die Problemlösungsfähigkeit der Mehrebenenpolitik in Europa.

Schulten, Thorsten, in diesem Band: Perspektiven nationaler Kollektivvertragsbeziehungen im integrierten Europa.

Tinbergen, Jan, 1965: International Economic Integration, 2. Aufl. Amsterdam/London/New York.

Weiler, Joseph H.H., 1996: European Neo-constitutionalism. In Search of Foundations for the European Constitutional Order, in: Political Studies 44, 517-533.

Weiler, Joseph H.H., 1997: The Reformation of European Constitutionalism, in: Journal of Common Market Studies 35, 97-131.

Young, Oran R., 1994: International Governance. Protecting the Environment in a Stateless Society. Ithaca.

Zürn, Michael, 1997: „Positives Regieren" jenseits des Nationalstaates. Zur Implementation internationaler Umweltregime, in: Zeitschrift für Internationale Beziehungen 4, 41-68.

Zürn, Michael, 1998: Regieren jenseits des Nationalstaates. Globalisierung und Denationalisierung als Chance. Frankfurt a.M.

Zürn, Michael, in diesem Band: Gesellschaftliche Denationalisierung und Regieren in der OECD-Welt.

III. Demokratie über die Grenzen des Staates hinaus?

Mitgliedschaft, Grenzen und politischer Raum: Problemdimensionen der Demokratisierung der Europäischen Union

Michael Th. Greven

1. Politischer Raum und Grenzen

Damit politische Systeme entstehen und sich von anderen unterscheiden und abgrenzen können, müssen sie unter anderem zwei Probleme lösen: einen eigenen politischen Raum konstituieren und die Frage ihrer Mitgliedschaft klären. Die Inhalte dieser beiden Konzepte verstehen sich nicht von selbst, sondern sind stets komplexe historische Konstrukte, die zu verschiedenen Zeiten verschiedenen Prinzipien gehorchen. Was für politische Systeme gleich welcher Art und Beschaffenheit allgemein gilt, verbindet sich für demokratische Systeme zusätzlich mit besonderen Anforderungen, die sich aus dem jeweiligen Stand der historisch entwickelten normativen Ansprüche der Bürger und Bürgerinnen an ein demokratisches Regime ergeben. Die Klärung von Mitgliedschaft und politischem Raum sind nicht die einzigen Konstitutionsprobleme, die politische Regime zu bewältigen haben, aber sie sind im Hinblick auf das historisch entwickelte normative Anspruchsniveau heutiger demokratischer Regime sowie die Bewältigung neuer Problemlagen besonders voraussetzungsreich.

Solche neuartigen Problemlagen, gemessen an der relativen Normalität des territorial geschlossenen Hoheitsgebietes der europäischen Nationalstaaten, die zusammen seit dem 19. Jahrhundert ein internationales System bildeten, sind mit dem seit der Mitte des 20. Jahrhunderts rapide gestiegenen Ausmaß der Verflechtung, Mobilität und Interdependenz gegeben. Sie stellen sich insbesondere im Zuge der Gründung eines trans- oder supranationalstaatlichen Regierungssystems wie der Europäischen Union. Die Folgen werden heute allenthalben als „Entgrenzung", „Entterritorialisierung" oder mit dem vage bleibenden Konzept der „Globalisierung" der Politik beschrieben.

Räume sind aber gerade durch ihre Grenzen als Räume bestimmt. Die Rede vom „grenzenlosen Raum" - noch dazu „in sich gekrümmt" (S. Hawking) - mag in der Physik und vielleicht in der Metaphysik relevant sein, sie hat aber tatsächlich und metaphorisch in den Sozialwissenschaften vermutlich wenig Sinn. Räume und Grenzen konstituieren sich hier wechselseitig, sodaß es ohne Grenzen keine Räume, aber auch keine grenzenlosen Räume gibt. Wenn das richtig ist, dann verbirgt sich hinter der ubiquitären politikwissenschaftlichen Rede von der „Entgrenzung" in Wirklichkeit etwas anderes als die Metaphorik suggeriert. Grenzen und Räume verändern sich und zwischen beiden bestehen Zusammenhänge. Das kann wiederum vieles bedeuten: Grenzen ändern möglicherweise ihre Bedeutung, ihren Verlauf, ihre Funktion, ihre Dimensionalität[1] und folglich und in

1 Die Dimensionalität einer Grenze zeigt sich zum Beispiel in der unterschiedlichen Durchlässigkeit für Kapital, Waren, Kommunikationen und Menschen; ein drastisches Beispiel stellt heute die

Verbindung damit ändern Räume ihre Gestalt, ihren Ort, ihre Ausdehnung, ihre Funktion und ebenfalls ihre Dimensionalität. Diese Liste von Problemen, die hier zunächst aufgerissen wird, ist analytisch und nicht abschließend gemeint.
Eine besondere Schwierigkeit ergibt sich daraus, daß beide Begriffe in den Sozialwissenschaften zum Teil konkret, das heißt mit territorialem und im physikalischen Sinne dreidimensionalem Bezug, zum Teil aber metaphorisch gebraucht werden - und daß es dabei zu unreflektierten und problematischen Vermischungen kommt[2].
Die Sozialwissenschaften, keineswegs die Politikwissenschaft allein, sondern auch und besonders die Soziologie, haben sich zur Bestimmung und Abgrenzung ihres „Gegenstandes" seit dem 19. Jahrhundert fast ausnahmslos auf die nationalstaatlichen Grenzen bezogen und damit einen naturalistischen Fehlschluß an den Anfang ihrer Theorien gestellt. Die lange im deutschsprachigen Raum so bezeichnete „Nationalökonomie" hat eine solche implizite Gleichsetzung sogar in ihren Namen aufgenommen. Dabei war es doch außer im staatsrechtlichen Sinne beispielsweise angesichts der deutschen Geschichte keinesfalls einfach, den jeweiligen wissenschaftlichen Gegenstand, die „Gesellschaft" oder den „Staat" mit eigenen analytischen oder theoretischen soziologischen oder politikwissenschaftlichen Kategorien abzugrenzen: so handeln denn Bücher über die „Sozialstruktur Deutschlands" zu verschiedenen Zeiten ebenso von ganz verschieden abgegrenzten „wissenschaftlichen Gegenständen", wie solche über die politische Kultur- oder Kunstgeschichte. Da wurden dann früher Kafka und Musil und später Dürrenmatt und Frisch als Teil der „Deutschen Literaturgeschichte" eingemeindet, während die staatsrechtliche Betrachtung sehr wohl die Tschechoslowakische und Österreichische Republik sowie die Schweizer Neutralität zu respektieren wußte. Während aber das politische System Deutschlands an der Schweizer Grenze noch heute endet, ist es mit der Grenze zu Österreich nach dessen Beitritt zur Europäischen Union schon etwas komplizierter geworden: je nach Problemlage und Perspektive ist sie für die drei politischen Systeme, die hier in Frage kommen, mal Außen-, mal Binnengrenze. Begriff und Wirklichkeit von Grenzen bekommen je nach ihrem funktionalen und manchmal auch symbolischen Bezug eine verschiedene Bedeutung. Aber könnte man auch die Sozialstruktur oder politische Kultur entlang der deutsch-schweizer oder deutsch-österreichischen Grenze überall fein säuberlich abgrenzen? Offenkundig übernimmt hier die Wissenschaft nur aus pragmatischen Gründen die staatsrechtliche Grenze als analytische Krücke ihrer Gegenstandsbestimmung, weil sie in ihrer konventionellen epistemologischen Form über einen eigenen theoretischen Begriff der Grenze nicht ohne weiteres verfügt. Zwar kann man, in systemtheoretischer Tradition, eine Gesellschaft als System (von Subsystemen) begreifen und dabei von analytisch und theoretisch exakten und abstrakten Begriffen wie „System", „Umwelt"[3] und „Grenze" ausgehen, sowie man aber die analytischen Begriffe auf die Analyse realer Gesellschaften anzuwenden sucht, kommt man mit der Abstraktion in Schwierigkeiten. Am ehesten läßt sich noch das durch legislative Akte intentional produzierte Rechtssystem einer Gesellschaft aus sich selbst heraus als abgegrenzt bestimmen. Hier fällt auch die Funktionsgrenze des Subsystems mit der Grenze des nationalen

innerhalb der NAFTA gelegene Grenze zwischen den USA und Mexico dar.

2 Das ist mir zum Teil selbst in einem früheren Beitrag (Greven 1997) passiert, auf den ich hier aufbaue und den ich in dieser Hinsicht zu korrigieren versuche.

3 Dabei liegt auch in dieser abstrakten und vermeintlich rein analytischen Theorie die metaphorische Qualität mit ihren räumlichen Assoziationen zumindest des Begriffs „Umwelt" auf der Hand.

Systems wegen der in diesem konstituierten nationalen Gesetzgebungs- und Rechtssetzungskompetenz weitgehend zusammen. Allerdings wird auch dieses ehemals weitgehend geschlossene System durch übergreifendes Recht - nicht nur innerhalb der Europäischen Union - zunehmend penetriert. Aber dasselbe kann aus einsichtigen Gründen bei den Subsystemen der Ökonomie, der Kultur oder der Wissenschaft von vorne herein nicht gelingen, denn hier es ist aus denselben Gründen jedesmal wieder nur der rechtlich bestimmte Rahmen, nicht aber die Grenze des Handlungs-, Kommunikations- oder Funktionssystems selbst, die mit der staatsrechtlichen Grenze zusammenfällt. Der die nationalen Grenzen überschreitende ökonomische, kulturelle oder wissenschaftliche Austausch und die damit verbundene Kommunikation mag im empirischen Einzelfall aus der Perspektive des „nationalen" Systems größer oder kleiner, relevanter oder nicht relevanter sein, das kann aber das analytische Problem der Bestimmung der Grenze eigentlich nicht lösen. Karl W. Deutsch, im Unterschied zu vielen anderen Systemtheoretikern historisch und empirisch interessiert, hatte deshalb pragmatisch vorgeschlagen, die Kommunikationsströme und Interaktionen quantitativ zu erfassen und die Grenzen der jeweiligen sozialen Systeme entlang der Zonen der ausgedünntesten Beziehungen festzulegen.[4] Dieses forschungspragmatische Vorgehen mag dazu beitragen, empirische Erkenntnisse über Kohärenz und Integration von Handlungs- und Kommunikationssystemen zu gewinnen, die theoretischen und analytischen Probleme werden durch diesen stochastischen Ansatz aber unbefriedigend in der Schwebe gelassen.

In Europa[5] spielen heute die Fragen der Abgrenzung von Räumen in theoretischer und praktischer Hinsicht vielfach eine Rolle. Um die darauf bezogenen Diskussionen besser zu verstehen, mag der Versuch einer Klärung und Unterscheidung der dafür notwendigen Begriffe, ihrer unterschiedlichen Bedeutungs- und Sinngehalte sowie ihres angemessenen Gebrauchs bei der Analyse des sich herausbildenden eigenständigen politischen Systems der Europäischen Union im Kontext der europäischen Nationalstaaten hilfreich sein. Politisch relevant wird dabei eine spezifische Perspektive, die nach den Zukunftschancen der Demokratie in diesem politischen System *sui generis* (Jachtenfuchs/ Kohler-Koch 1996: 23) fragt.

2. *Die Qualität des demokratischen Defizits der EU*

Die Frage nach dem „demokratischen Defizit" der Europäischen Union hat bereits eine solche Tradition, daß sich die Spezialisten der Europaforschung oft gelangweilt abwenden. Die Dimensionen dieses „Defizits" sind ihnen hinlänglich bekannt und der Streit über ein „Mehr oder Weniger" (z. B. an Transparenz), „Noch-Nicht oder Schon-Etwas" (z.B. transnationales Parteiensystem), schließlich gar „Möglich oder Unmöglich" (z.B. transnationale Demokratie) erscheint vielen aus dieser Expertengruppe müßig. Die Phänomene sind ausführlich beschrieben, die Argumente erschöpft, vor allem aber die

4 Nach Karl W. Deutsch könnten solche quantitativen Daten über Kommunikations- und Austauschprozesse „als allgemeine Indikatoren für den Zustand und für die Trends der internationalen Verflechtung von Gruppen und Nationen dienen" (1972: 136).

5 Die Probleme sind nur zum Teil auf die Europäische Union beschränkt, deren Diskussion hier allerdings im Mittelpunkt steht. Zu den historischen und begrifflichen Abgrenzungsproblemen siehe Brandt 1997 und Richter 1997.

reale Entwicklung scheint sich um diese normativen Fragen wenig zu kümmern. Hinter dieser „realen Entwicklung" stehen Akteure, allen voran die nationalen Regierungen und politisch-administrativen wie wirtschaftlichen Eliten der Mitgliedsländer, die sich für die Art und Weise der vorangetriebenen Europäisierung der Politik auf ihr jeweiliges nationales demokratisches Mandat oder umstandslos auf wirtschaftliche Notwendigkeiten berufen. Hinzu tritt die interessenbedingte und institutionelle Eigendynamik des europäischen Apparates, vor allem der Kommission mit ihrem „natürliche(n) Bestreben...ihren Einfluß zu erhöhen" (Majone 1996: 231), des Parlaments und des Europäischen Gerichtshofes, die immer mehr politisches Gewicht entfalten. In politischen Gesellschaften, in denen heute die Artikulation und Organisation von massenwirksamem Protest wenn nicht zum Alltag, so doch zur allgemein anerkannten politischen Kultur gehört, kann schließlich im politischen Alltag das Aus- oder Marginalbleiben einer antieuropäischen Protestbewegung von den Eliten als legitimierendes Einverständnis, zumindest im Weberschen Sinne als legitimierende „Duldung" durch die Mehrheit interpretiert werden. Wenn auch der legitimitätsspendende Wert solcher Instrumentarien aus demokratischer Sicht zweifelhaft ist, so wirken doch zusätzlich die generell beachtlichen Akzeptanzquoten des Eurobarometers - sie sind freilich bei den Eliten selbst stets viel höher als bei den Bürgern und Bürgerinnen - für das demokratische Gewissen der Eliten beruhigend. Auch wo deren Aktionen, wie im Falle des negativen Plebiszits in Dänemark, einmal vorübergehend gestört werden, kann die Einmischung des noch immer national konzipierten demokratischen Souveräns nicht ohne weitere Umstände als Kritik mangelnder Demokratie auf der europäischen Ebene interpretiert werden. Umgekehrt wird schon allein die Tatsache einer regelmäßigen Beteiligung an den Europawahlen wiederum als wichtige Legitimitätsspende interpretiert - obwohl mit guten Gründen bisher darauf verzichtet wird, die Aggregation der nach verschiedenen Regeln zu verschiedenem Zeitpunkt und kommunikativ isoliert voneinander abgehalten Wahlen zum Europäischen Parlament als die Emanation eines genuin europäischen Souveräns oder *demos* zu reklamieren.
Wer sich angesichts dieser allgemeinen politischen Akzeptanz weiterhin um die Frage der Demokratie oder gar Demokratiefähigkeit der Europäischen Union sorgt, wird nicht selten unter den Verdacht gestellt, mit einem normativ „unrealistischen", allzu „idealistischen" Maßstab seine wahren Motive bloß zu kaschieren, nämlich in Wahrheit ein Gegner der europäischen Einigung zu sein.
Solchermaßen sich von der bloßen Frage entlastend, studieren viele Spezialisten mit Faszination den tatsächlich geschwind voranschreitenden Aufbau eines transnationalen europäischen Netzwerkes von Akteuren und Institutionen, den Zugewinn an Kompetenzen und realem Einfluß, die Entstehung einer gegenüber den nationalen Mitgliedsstaaten eigenen Rechtssphäre, kurz und gut, die Entstehung eines neuartigen Typs eines politischen Systems *sui generis*.[6] Über dessen angemessene begriffliche Erfassung besteht zwar weniger Einigkeit als über die Phänomene und ihre Bedeutung für die Entwicklung selbst, aber einig sind sich heute doch die meisten darin, daß es sich im Falle der Europäischen Union um ein eigenständiges politisches System, genauerhin um ein Regierungssystem

6 Ich unterstelle hier die Richtigkeit dieser Diagnose gestützt auf vielfältige Literatur (z.B. Jachtenfuch/Kohler-Koch 1996, Marks et al. 1996, Wallace/Wallace 1996), die sich allerdings über die Natur des neuen Phänomens nicht einig ist; im englischen Sprachraum wird das Gebilde zunehmend neutral als *polity* (z.B. Hooghe 1996) bezeichnet, in Deutschland auch als *Euro-Polity* (Schmalz-Bruns 1997).

mit eigenen Akteuren, Institutionen, Rechtsregeln und Kompetenzen handelt. Regierungssysteme, und seien sie mit ihren Kompetenzen in ein Geflecht anderer Regierungssysteme funktionell und arbeitsteilig eingebunden und nur für bestimmte Politikfelder zuständig, sind aber immer auch Teile des Herrschaftsprozesses der beteiligten Gesellschaften. Wo durch einige Wenige für andere verbindlich entschieden wird, „wo die tatsächlichen Kosten der meisten regulativen Programme direkt von Individuen, Firmen oder Regierungen getragen" werden müssen (Majone 1996: 230), da wird auch Herrschaft ausgeübt. Und wie überall ist solche Herrschaftsausübung nicht nur rationale Problembewältigung, sondern auch interessen- und normorientiertes Handeln und Entscheiden, ungleiche Verteilung von Chancen und Ressourcen, kurzum: Machtkampf. Auch die Demokratie schafft Herrschaft nicht ab, sie legitimiert und konstituiert sie nur auf besondere Weise. Je mehr die Diagnose eines neuartigen und zusätzlichen Regierungssystems innerhalb der Europäischen Union zutrifft, und sie wird hier jenseits aller bestreitbaren Einzelaspekte als generell zutreffend unterstellt, umso mehr gewinnt die Frage nach der demokratischen Qualität dieses neuartigen Regime- und Regierungstyps an wissenschaftlicher wie politischer Relevanz. Schließlich gehört es zur Praxis aller Regierungen, in irgend einer Weise verbindliche Entscheidungen zu treffen und solchermaßen in das Leben und Handeln betroffener Bürger und Bürgerinnen einzugreifen. Es dürfte unter den europäischen Partnern unbestritten sein, daß alle Regierungen für ihr Handeln heute nicht nur der rechtlichen Grundlagen, sondern irgendwie auch der demokratischen Legitimität bedürfen.[7] Angesichts der aktuellen Diskussionsverläufe muß man daran erinnern, daß diese beiden Dimensionen der Rechtfertigung[8] nicht identisch sind und daß sich sogar zwischen ihnen Spannungen ergeben können. Nicht alles politische Handeln, das durch die bestehende Rechtslage juristisch nicht behindert ist, findet jeweils auch die demokratische Legitimation in den dafür eingerichteten Verfahren und Institutionen der Willensbildung. Das Rechts- und Verfassungssystem stellt für das politische Handeln und Regieren bloß einen Rahmen zurecht, der durch politische Willensentscheidungen ausgefüllt werden muß. Diese Willensentscheidungen bedürfen der regelmäßigen demokratischen Legitimation, die im Repräsentativsystem etwa in Wahlen - oder Abwahlen - der zum Handeln und Entscheiden rechtlich befugten Regierungen erfolgt. Wie die gerade mit Bezug auf Europa durchgeführten Plebiszite in einigen Mitgliedsstaaten beweisen, kann diese demokratische Legitimation auch auf direkter inhaltlicher Abstimmung basieren. Jedenfalls, daran sollte diese Bemerkung nur erinnern, kommen alle Varianten der Demokratie normativ nicht ohne wie im Einzelnen auch immer geartete Verfahren der demokratischen Legitimierung durch den *demos* selbst aus.

Und da soll die Frage nach der demokratischen Qualität der neuartig entstehenden Regierung in der Europäischen Union nur deswegen nachrangig sein, weil sie bisher von den Bürgern und Bürgerinnen der Mitgliedsstaaten nur unzureichend politisiert wurde? Erstens bedarf die wissenschaftliche Analyse zur Legitimierung ihrer Fragestellungen oder Wahl ihrer Wertprämissen nicht unbedingt der Übereinstimmung mit den Einstel-

---

7 Allein mit größerer „Responsivität", wie Klaus von Beyme schlußfolgert (1994: 40), kann es doch normativ in der Demokratie nicht ausreichen.

8 Das in Art. 173 des Gründungsvertrags der Europäischen Union eingeräumte Klagerecht jedes Individuums bei Europäischen Gerichtshof ist zurecht nicht in Art. 8 über die Unionsbürgerschaft als (politisches) Bürgerrecht aufgeführt - Rechtsstaatlichkeit kann Demokratie nicht ersetzen, muß sie aber begleiten.

lungen der Bevölkerungsmehrheit. Zweitens aber kann man immanent argumentieren und feststellen, daß eine Organisation, die die demokratische Qualität ihrer Mitglieder zur Voraussetzung macht, sich doch wohl selbst an diesem Maßstab wird messen lassen müssen (Offe 1996: 145). Freilich setzen mit der Konkretisierung dieses Maßstabes sogleich die Probleme ein und führen zu den bereits genannten Argumentationsstrategien.

Gegen den insinuierten Verdacht, insgeheim ein Feind der europäischen Vereinigung zu sein, kann man sich als Kritiker ihres Demokratiedefizits kaum anders wehren als mit dem Hinweis, daß nicht die europäische Einigung selbst, sondern nur die Art und Weise der europäischen Einigung die Kritik motiviert. Schließlich werden auch die Verteidiger des jetzigen Weges schwerlich behaupten können, es gäbe zu ihm keinerlei Alternativen.

3. *Offenlegung des demokratischen Standards*

Gegen den häufig erhobenen Vorwurf, mit unrealistisch überzogenem Demokratieanspruch das „Defizit" überhaupt erst gedanklich und jenseits aller Praktikabilität zu produzieren, hilft nur, in die Diskussion das jeweilige Demokratiekonzept mit offenem Visier einzuführen und damit auch innerhalb des wissenschaftlichen Diskurses zumindest ein Teilspektrum politischer und gesellschaftlicher Kontroversen abzubilden. Dabei sollte die Offenlegung des jeweiligen demokratischen Standards zum Gebot aller beteiligten Positionen gemacht werden.

Die Konzentration auf die Probleme von Mitgliedschaft und politischen Raum ist einem erstrangig an der politischen Willensbildung und Partizipation von Bürgern und Bürgerinnen orientierten Demokratiekonzept verpflichtet, im heutigen Politologenjargon also normativ *inputzentriert*. Ausgehend von den hier philosophisch und theoretisch nicht weiter zu erörternden normativen Traditionen eines an der individuellen und gemeinsamen politischen Selbstbestimmung orientierten Demokratiekonzeptes (Habermas 1961), liegt dessen Schwergewicht normativer Rechtfertigung bei dem Aufweis, daß, auch in dem funktional notwendigen Repräsentativsystem, die Kommunikations- und Delegationsketten für die reale Beteiligung jederzeit möglichst offen und transparent gehalten werden und daß eine Verselbständigung und Ablösung der Prozesse des Regierens und der Regierenden vom permanent im öffentlichen politischen Raum weiterlaufenden Prozeß politischer Willensbildung so weit wie möglich vermieden wird.

Mit dieser Sicht konkurriert heute generell aber gerade auch im Hinblick auf die Beurteilung des sich schnell herausbildenden und reale Macht gewinnenden europäischen Regierungssystems eine auch von ihren Protagonisten so genannte *outputzentrierte* Demokratiekonzeption[9]. In ihr verschiebt sich der Fokus der normativen Beurteilung von der eigenständigen Bewertung der politischen Beteiligung auf die Dominanz des Legitimitätsaspekts, genauer gesagt, auf die Frage des Legitimitätsglaubens im Sinne Webers. Für die normative Beurteilung ausschlaggebend wird dabei die Frage, ob die Menschen mit den für sie wahrnehmbaren Politikergebnissen zufrieden sind und sie akzeptieren. Tendenziell verschiebt sich in dieser Perspektive das normative Bild des politischen Bürgers hin zu dem des Klienten und bloß an den Politikergebnissen orientierten Konsu-

9 Kritisch dazu bereits Greven 1998.

menten. Neben den Wahlen, bei denen allein schon die Beteiligung als Indikator für ein ausreichendes Maß an Zufriedenheit genommen wird, gewinnen auf europäischer Ebene zumindest im wissenschaftlichen Diskurs vor allem die diffusen Zustimmungswerte des Eurobarometers eine legitimationsspendende Ersatzfunktion. Zusätzlich ist dieser alternative Demokratieansatz von technokratischem Denken nicht ganz frei, weil er dazu tendiert, der „rationalen Problemlösung" selbst eine legitimierende Kraft zuzusprechen. Politik wird damit allein als rationales Kalkül stilisiert - was den häufig verwandten spieltheoretischen Modellen oder Rational-Choice-Theorien entgegenkommt - und auf eine gouvernementalistische Perspektive getrimmt, bei der es um die Frage geht, ob sie über ausreichende „Instrumentarien" und „Ressourcen" verfügt, um ihr Ziel, die Zufriedenheit oder Akzeptanz der Bevölkerung, zu erreichen.

Die wissenschaftliche Beurteilung, die so vorgeht, reflektiert in bestimmten Maßen selbst den Wandel der politischen Kultur in den demokratischen politischen Gesellschaften unserer Tage. Sie bezieht ihre Legitimation aus der empirisch erkennbaren Tatsache, daß immer größere Bevölkerungsteile selbst outputzentriert das demokratische Regime nur nach seiner Leistung in bestimmten als zentral eingestuften Politikfeldern beurteilen. Ein solches Vorgehen übersieht, daß die Demokratie auch und gerade mit dem stillschweigenden Einverständnis der Bevölkerung relativiert und abgebaut werden kann und daß es Akzeptanz und Zufriedenheit auch in nichtdemokratischen politischen Systemen gibt. Die inputzentrierte normative Position kann in der Tat dann auf verlorenem Posten stehen, wenn ihr in der Realität der politischen Kultur keine ausreichend partizipationswillige und aktive Bevölkerung mehr entspricht. Eine am Modell des politischen Bürgers normativ orientierte demokratische Republik hat eben diesen aber als die wichtigste reale Voraussetzung. Auch die Demokratisierung des neuen europäischen Regierungssystems muß von bürgergetragenen Demokratiebewegungen eingeklagt werden - oder sie wird nicht kommen.

Nach meinem Urteil kann im gegenwärtigen Streit über die demokratische Qualität des Regierens in der Europäischen Union die outputzentrierte Demokratiekonzeption ihren den gegenwärtigen Zustand bloß schlecht rationalisierenden Charakter kaum verbergen. Ein ansonsten so sorgfältig und unbestechlich argumentierender Autor wie Fritz Scharpf versucht offenkundig durch die Verschiebung des normativen Akzentes von der Beteiligungs- auf die Akzeptanzebene seinem eigenen kritischen Urteil über die Demokratiefähigkeit der Europäischen Union teilweise zu entkommen. Hieß es noch vor kurzem bei ihm: „Für autonome demokratische Willensbildung auf der europäischen Ebene fehlen auf absehbare Zeit die soziopsychischen und kommunikativen Voraussetzungen" (Scharpf 1996: 232), so schreibt er wenig später über die heutige Europäische Union: „Ihre Legitimation gewinnt sie daraus, daß sie unter Beachtung ihrer normativen Beschränkungen und unter den gegebenen Umständen das im Interesse der Bürger Nötige und Mögliche tut. Nicht populistische Willfährigkeit ist hier also gefordert, sondern Problemlösungskompetenz und Ergebnisverantwortung" (Scharpf 1998: 99). Die Legitimation wird also von der demokratischen Partizipation entkoppelt, die zumindest früher von Scharpf einigermaßen gehaltene Balance der beiden normativen Perspektiven (1970) gerät aus dem Gleichgewicht - und schon fragt die nächste Generation, ob das überhaupt ein Problem der Demokratie, oder nicht vielmehr nur ein „Problem der Demokratietheorie" sei (Heinelt 1998: 80), die man offenkundig beliebig an die Entwicklung der schlechten Wirklichkeit anpassen kann. Die Argumentation von Scharpf ist in der entsprechenden

Passage von ungewohnter Polemik nicht frei, indem die „input-orientierten Legitimationskonzepte" nicht nur der im Zitat bereits insinuierten populistischen Willfährigkeit, sondern ohne Beleg auch ihrer vermeintlichen „Omnipotenzvorstellungen" (Scharpf 1998: 99) geziehen werden. Darf man da wenigstens zurückfragen, wie das oben offenkundig im Namen der Bürger und Bürgerinnen gesprochene politisch starke Urteil über die „Problemlösungskompetenz" konkret legitimiert werden kann? Gilt es zum Beispiel auch für die nach der Verausgabung von Mitteln wie für die Entstehung und Entwicklung des Europäischen Union gewiß zentrale Frage des europäischen Agrarsektors? Woher nimmt der Wissenschaftler in politischen Fragen seine Rationalitätskriterien, auf die sich Scharpf hier so vollmundig beruft?

Ob input- oder outputorientiert, es schien doch bisher zum normativ unkontroversen Bestand westlicher Demokratievorstellungen zu gehören, daß solche politischen Urteile legitimitätsstiftend nur durch die Bürger und Bürgerinnen selbst im politischen Prozeß abgegeben werden könnten. Die Ersatzvornahme dieses politischen Urteils durch eine an Rationalitätsmaßstäben der „Problemlösung" orientierte Wissenschaft oder gar eine besserwisserische politisch-administrative Elite kann wohl kaum demokratische Legitimität beanspruchen. Diese Argumentation Scharpfs, beispielsetzend für viele andere Autoren und deswegen hier besonders herausgegriffen, setzt sich, an den Maßstäben früherer Debatten gemessen, dem Technokratieverdacht (Koch/Senghaas 1970) aus.

Ich gehe also davon aus, daß sich auch das neue Regierungssystem und Machtzentrum der Europäischen Union an einem Maßstab demokratischer Legitimität messen lassen muß, der dem des Niveaus der Mitgliedsstaaten entspricht[10], der also einen starken normativen Akzent auf der Beteiligungs- und Mitwirkungsmöglichkeit der Bürger und Bürgerinnen in der politischen Willensbildung besitzen muß. Bei allen Unterschieden im Detail wird man diese Beteiligungs- und Mitwirkungsmöglichkeiten in den durchweg, ungeachtet einiger direkter Einsprengsel, repräsentativen Demokratien der Mitgliedsstaaten durch die folgenden zwei Dimensionen charakterisieren können:

Der normative Bezugspunkt aller Institutionen, Rechtsregeln und politischen Maßnahmen bleibt erstens das Individuum mit seiner Menschenwürde und seinen unveräußerlichen Rechten. Im Unterschied zur antiken *polis*-Demokratie ist die moderne Demokratie deshalb normativ nicht gemeinschafts- sondern, etwa im Sinne von Kants Republikanismus (Gerhardt 1995), individuumsbezogen. Sie ist der Zusammenschluß und die institutionelle Schöpfung ihrer Bürger und Bürgerinnen, kann von ihnen Respekt, Unterstützung und Gehorsam verlangen, aber - und dies im starken Kontrast zu einigen politisch keineswegs ausgestorbenen Staatsvorstellungen, die dem „Staat" einen politischen Eigenwert beimessen - nicht in Umkehrung des konstitutionellen Verhältnisses Unterordnung und „Opfer", die dem Zweck des demokratischen Zusammenschlusses im Kern zuwiderlaufen würden.

Die Regierungen gehen aus einem von Bürgern und Bürgerinnen in allgemeinen, freien, gleichen und geheimen Wahlen gewählten Parlament hervor und sind diesem verant-

10 Nochmals: ich reklamiere für meine Kritik kein über den *status quo* der Mitgliedsstaaten hinausgehendes normatives Niveau und vertrete schon gar keine „Omnipotenzvorstellungen"; ich bin allerdings der Meinung, daß die Minderung oder Verletzung dieses Standards durch die Europäische Union ein zentrales politisches Problem darstellt und setze mich relativ gelassen dem (politischen?) Vorwurf aus, „zu sehr dem institutionellen Rigorismus des liberalen Modells der repräsentativen Demokratie verhaftet" zu bleiben (Schmalz-Bruns 1997: 81).

wortlich. Auch das Bundesverfassungsgericht hat wiederholt darauf hingewiesen, daß die „ununterbrochene Kette der Repräsentation" von der Bürgerschaft bis hin zu den die Herrschaftsgewalt ausübenden Amtsträgern über die demokratische Qualität des Regimes entscheidet. Die Mitwirkungsmöglichkeiten beruhen institutionell auf den politischen Rechten der Bürger und Bürgerinnen, insbesondere dem aktiven und passiven Wahlrecht, dem Recht der freien Vereinigung in politischen Gruppen und Parteien sowie den rechtlich gesicherten, aber nicht institutionellen Formen der politischen Beteiligung, vor allem dem Demonstrationsrecht und dem Recht auf freie Meinungsäußerung.

Die vorstehenden Sätze sind nicht in erster Linie als empirische Beobachtungssätze gemeint, sondern sie beschreiben das grundlegende und legitimierende normative Selbstverständnis dieser Gesellschaften, wie es vor allem im Kontrast zu undemokratischen Regimen propagiert wird und wie es zum Teil in Verfassungen niedergelegt ist. Die Frage, wer denn diese konzeptionell und normativ vorausgesetzten Bürger und Bürgerinnen in der Realität einer politischen Gesellschaft seien, verstand sich niemals von selbst und wurde *de facto* oft recht kontingent entschieden. Politische Inklusion ging historisch und konkret immer mit Exklusion einher und in der Analyse und dem Vergleich verschiedener Regime erweist sich die Konstruktion der Mitgliedschaft moderner demokratischer Regime wegen ihrer inneren Mehrdimensionalität als ein schwieriges und in sich widersprüchliches Problem. Die praktischen Probleme, die sich daraus für die Diskussion eines europäischen Bürgerstatus und für die Demokratiefähigkeit der Europäischen Union ergeben, sind deshalb kein Zufall.

Alle Varianten der Demokratietheorie sind sich zweitens darüber einig, daß zu den eher rechtlich fixierten und institutionell gesicherten Bedingungen der modernen Demokratie funktionale Voraussetzungen hinzutreten und erfüllt sein müssen, ohne die sich die Ziele dieses Regimes auch nicht ansatzweise erfüllen ließen. Allerdings öffnet sich mit der Benennung dieser extrakonstitutionellen funktionalen Voraussetzungen zugleich ein weites Feld der innerwissenschaftlichen Kontroversen. Die vor allem in der deutschen Sprache gebräuchliche Metaphorik einer „politischen Willensbildung" der Bürger und Bürgerinnen ist nur als kommunikativer Prozeß des Austausches und Abgleichs von Meinungen, Präferenzen und Interessen zu verstehen, der in den politischen Massengesellschaften der modernen repräsentativen Demokratie sich virtuell in einem gemeinsamen politischen Raum abspielt, der in sich als komplex strukturierte und institutionalisierte sowie medial vermittelte Öffentlichkeit funktioniert. Eigentlich wäre hier der Plural angemessen, denn die Vorstellung einer gemeinsamen, von allen Bürgern und Bürgerinnen geteilten und ihnen aktiv wie passiv zugänglichen Öffentlichkeit ist weder normativ für die Demokratie erforderlich, noch angesichts der tatsächlichen Verhältnisse realistisch. In Wirklichkeit gibt es in politischen Gesellschaften natürlich viele Öffentlichkeiten und man könnte versucht sein, eine ganze Analytik und Typologie dafür zu entwickeln. Eines der Merkmale, das dabei vermutlich unumstrittener Weise demokratischen Öffentlichkeiten aus normativen Gründen zugebilligt werden müßte, wäre die prinzipielle Zugänglichkeit und Teilhabemöglichkeit für Bürger und Bürgerinnen. Denn im normativen Sinne kommt es ja gar nicht darauf an, ob sie sich tatsächlich immer und überall an der entsprechenden Kommunikation beteiligen, sondern - ähnlich wie beim Wahlrecht - ob sie es könnten, wenn sie es wollten und daher die entsprechenden Kosten zu tragen bereit wären, die mit einer solchen Beteiligung jeweils verbunden wären.

Diese prinzipielle Zugänglichkeit ist aber nicht nur eine Frage der individuellen Rechte

und Ressourcen, sondern auch eine der Zugehörigkeit zu einem spezifischen politischen Raum, in dem sich das komplex strukturierte und funktional spezifizierte System politischer Teilöffentlichkeiten entfaltet. Zugehörigkeit meint hier, anders als oben bei der Mitgliedschaft, kein organisatorisches oder gar rechtliches Merkmal, sondern verweist auf die kulturell vermittelte objektive Teilhabe an einem historisch spezifischen und sich von anderen politischen Räumen unterscheidenden Sinnzusammenhang, auf den eine reale Kommunikation als Voraussetzung immer schon angewiesen ist und den sie nicht unvermittelt aus sich selbst heraus erzeugen kann.
Die in geschichtlich und gesellschaftlich immer bereits vorab bestehenden politischen Regimen entstandenen nationalstaatlichen Demokratien haben einen solchen gemeinsamen politischen Raum in einem gewissen Maße immer bereits vorgefunden; sie sind nicht auf einer *tabula rasa* und nicht utopisch entstanden, wenn auch gerade der Prozeß der Durchsetzung und Etablierung der Demokratie den vorgefundenen politischen Raum selbst in einem Sinne veränderte, der gleich noch erläutert werden soll. Die Demokratisierung der Europäischen Union steht heute vor einem ähnlichen Problem der Umbildung des politischen Raumes, das allerdings auch ganz neuartige Dimensionen umfaßt.

4. Probleme der Mitgliedschaft, des politischen Raumes und der Grenzen

Einige abstrakte Überlegungen zu Problemen der Mitgliedschaft, des politischen Raumes und der dabei, wie schon kurz angesprochen, unvermeidlich auftauchenden Problematik von Grenzen der Mitgliedschaft wie des Raumes sollen nachfolgend in einem Doppelschritt zunächst für politische Regime ganz allgemein und dann für Demokratien im Besonderen angestellt werden, die sich als politische Regime mit spezifischen normativen Selbstbindungen begreifen lassen. Erst nach diesen allgemeinen politiktheoretischen Überlegungen komme ich - hoffentlich ausgerüstet mit einem plausiblen begrifflichen und normativen Instrumentarium - auf die Demokratisierungsfähigkeit der Europäischen Union sowie ihren gegenwärtigen Zustand zurück.
Die Gründung oder Umgründung politischer Herrschaft ist, jedenfalls seit den Reformen des Kleisthenes und den philosophischen Überlegungen und öffentlichen Kommentaren, die sie und spätere Reformen und Veränderungen des Politischen hervorriefen, immer ein reflexiver und - innerhalb gewisser Grenzen und Voraussetzungen - kontingenter Vorgang. Zumindest die an der Politik aktiv Beteiligten und die an ihr beobachtend Interessierten verfügen über ein bestimmtes Wissen und Bewußtsein der momentan zugrundeliegenden Situation, sie kennen Alternativen, sie verfolgen Strategien und Pläne, sie entscheiden. Die Demokratie im antiken wie modernen Sinne ist mehr noch als andere politische Regime auf dieses Kontingenzbewußtsein gegründet und sie erscheint ihren Anhängern - zuweilen in anderer Perspektive und Bewertung erst recht ihren Verächtern - als so gewollte und künstlich geschaffene Ordnung des Zusammenlebens. Politik ist gerade das Mittel und der Prozeß dazu. Mögen andere Regime ihre Natürlichkeit oder Naturangemessenheit herausstreichen, die Demokratie betont, wie man sagen könnte, normativ diesen humanistischen Aspekt.
Jedes politische Regime muß zu seiner Gründung und im Zuge seiner weiteren Existenz seine Mitgliedschaft bestimmen, über die die in ihm etablierte Herrschaft effektiv und im Weberschen Sinne des Wortes legitim ausgeübt werden soll. Zur praktischen wie symboli-

schen Kennzeichnung dieser Mitgliedschaft müssen signifikante Merkmale oder Kennzeichen entwickelt werden, um eindeutig entscheiden zu können, wer dazu gehört und wer nicht. Auch und gerade wenn diese Mitgliedschaft nach Rollen differenziert ist, und sei es nur nach dem einfachen Schema „Herr - Untertan", bedarf es weiterer allgemein verständlicher Unterscheidungskriterien, damit es nicht zu Verwechslungen kommt[11]; reale politische Regime arbeiten aber mit wesentlich subtileren Differenzierungen der Mitgliedschaft und verfügen entsprechend über ein sprachlich, zeichenhaft und symbolisch reichhaltiges Repertoire von entsprechend signifikanten Kennzeichen.
Historisch war für die Errichtung von Herrschaftssystemen der territoriale Bezug zumeist ausschlaggebend, die territoriale Grenze gab insofern den ausschlaggebenden Hinweis auf die Mitgliedschaft, und wer innerhalb bestimmter Grenzen lebte gehörte dazu. Allerdings waren territoriale Grenzen und mitgliedschaftliche Grenzen niemals identisch und immer gab es Ausnahmen von diesem Prinzip. Deshalb müssen sie analytisch unterschieden und ihrer Verwechslung vorgebeugt werden. Außerhalb der Grenzen eines politischen Regimes dauerhaft oder zeitweilig lebende Mitglieder wie innerhalb dauerhaft oder zeitweilig lebende Nichtmitglieder - beide Konstellationen und die damit verbundenen Statusprobleme hat es zu allen Zeiten in allen Gesellschaften gegeben. Die Beispiele aus Geschichte und Gegenwart liegen auf der Hand und gerade in der deutschen Geschichte genügt der Hinweis auf die Situation der Juden in Deutschland vor 1918 und nach 1933 als Erinnerung. Heute sind die „im Inland dauerhaft lebenden Ausländer", wie es im schönsten Juristen- und Verwaltungsdeutsch heißt, zahlenmäßig und von der politischen Brisanz her das wichtigste Beispiel.
Territoriale Grenzen ergeben sich aus der effektiven Fähigkeit eines politischen Regimes, in dem durch sie umschlossenen Gebiet seine Autorität auszuüben und notfalls auch gewaltsam durchzusetzen. Das politische Gemeinwesen wird durch seine Mitgliedschaft konstituiert und findet in ihr seine Grenze, die nicht unbedingt an das Territorium gebunden ist. Immer wieder gab und gibt es politische Phänomene, für die diese analytische Unterscheidung bedeutsam ist, etwa anerkannte Exilregierungen ohne Territorium, wie die polnische im Zweiten Weltkrieg, oder politische Gemeinschaften mit relativ eindeutigem Mitgliedsstatus und daraus resultierenden Rechten und Pflichten, jedenfalls einem starken politischen Gemeinschafts- und „Wir-Gefühl" (Heberle 1967: 9 und passim), wie es sich offenkundig innerhalb der kurdischen Exilbevölkerung Westeuropas auch ohne externe Anerkennung zur Zeit herausbildet und institutionalisiert oder lange Zeit für die Palästinenser bestand.
Die heutige Welt, auch die der westlichen und westeuropäischen Demokratie, ist durch große Migrantengemeinschaften charakterisiert, die entweder in ihrem sogenannten „Gastland" nicht über den vollen Mitgliedsstatus verfügen, die aber selbst wenn sie das tun, häufig durch eine dauerhaft aufrechterhaltene mehr oder weniger enge politische Bindung, verbunden häufig mit staatsbürgerlichen Mitgliedschaftsrechten, an ihre Herkunftsgesellschaft und deren politisches Regime gebunden bleiben. Besonders im Falle islamischer Gemeinschaften vermischen sich dabei politische und religiöse Aspekte.
All diese Phänomene, angesichts der Staats- und Institutionenzentriertheit der Politikwissenschaft viel zu wenig beachtet, lassen sich mehr oder weniger als Phänomene der

11 „Von welchem Stand bist du... Ob Herr du bist, ob Diener, will ich wissen", Merkur/Sosias in der berühmten Verwechslungskomödie von Kleist, „Amphitryon", 1. Akt, 2. Szene.

politischen Entkopplung von territorialen und Mitgliedschaftsgrenzen interpretieren. Beschränkt man den Blick auf Mitgliedschaft nicht nur auf die rechtlich definierten Aspekte, sondern geht davon aus, daß auch formal nicht der politischen Gemeinschaft angehörige Mitbewohner sozial und kommunikativ in der politischen Willensbildung direkt oder indirekt durch ihre bloße Anwesenheit oder ihre Mitwirkung an der gesellschaftlichen Kommunikation Wirkungen[12] erzielen, so wird man schnell dahin kommen, über das staatsrechtlich definierte Phänomen der doppelten oder mehrfachen Staatsangehörigkeit hinaus die sich überlappenden und in ihrer Bedeutung vielfach abgestuften informellen Mitgliedschaften heutiger politischer Gesellschaften für bedeutsam zu halten. Für das Verständnis des Europäischen Regierungssystems und die Frage nach seiner Demokratiefähigkeit gewinnen diese abstrakten Überlegungen allerdings erst eine Bedeutung, wenn man sich vergegenwärtigt, welche prinzipielle und normative Bedeutung die Mitgliedschaftsfrage in der Demokratie historisch angenommen hat.

Wie schon bemerkt, konstituiert sich eine Demokratie nach eigenem Selbstverständnis als die Gemeinschaft ihrer Bürger und Bürgerinnen, die sich politisch ungeachtet aller weiterbestehenden sozialen, ökonomischen und auch kulturellen Differenzen als Gleiche respektieren und behandeln. In der Demokratie ist daher die Mitgliedschaft mit dem historisch jeweils konkretisierten politischen Bürgerstatus identisch. Ohne diesen politischen Bürgerstatus mag man rechts- und wohlfahrtsstaatliche Rechte und Ansprüche besitzen und im Lande leben, aber Anteil an der politischen Gemeinschaft der jeweiligen Demokratie und die „bürgerlichen Ehrenrechte", wie es in versteckten Winkeln deutscher Gesetzbücher heißt, hat man deshalb noch nicht.

Der zum Bürgerstatus entwickelte Mitgliedsstatus demokratischer Regime hat heute in den westlichen Demokratien, zwar mehr oder weniger realisiert, aber doch dem prinzipiellen Anspruch nach eine komplexe innere Struktur und Dimensionalität gewonnen, die zuerst in der berühmten Vorlesung von T.H. Marshall Ende der vierziger Jahre analysiert wurde (1992).

Danach amalgamieren sich in ihm drei historisch zu verschiedenen Zeiten anerkannte Rechte zu einem heute normativ überwiegend als unauflöslich anerkannten Status: zuerst, und zum Teil noch in vordemokratisch-konstitutionellen Zeiten errungen oder zugestanden, kommen die fundamentalen Freiheitsrechte wie das Recht auf Leben, Freizügigkeit und die freie Meinungsäußerung; dann, im Zuge der Erkämpfung demokratischer Herrschaft, verknüpfen sich diese „liberties" unauflöslich mit den politischen Teilhaberechten zum Status des politischen Bürgers als Mitglied einer demokratischen Republik; schließlich, zuerst als Antwort auf die politisch zugespitzte „soziale Frage" des 19. Jahrhunderts und in einem zweiten Schub als Folge des Versuchs, die Kriegsfolgen des Ersten und Zweiten Weltkrieges politisch zu bewältigen, kommt es vor allem in Westeuropa zum Ausbau von Wohlfahrtsregimen, die bei aller Vielfalt des institutionellen Aufbaus und ihres anerkannten Versorgungsumfanges doch das Ergebnis haben, daß der Bürgerstatus in westlichen Demokratien eine dem Wohlfahrtsregime jeweils korrespondierende Anerkennung „sozialer Rechte" umfaßt. Durch diese wird Mitbürgern garantiert, daß ihnen durch die politische Gemeinschaft auf jeden Fall, insbesondere aber bei den individuell unverschuldeten „Risiken" moderner Arbeitsgesellschaften, mit konkreter

12 Das beste Beispiel ist natürlich die Wichtigkeit der sogenannten „Ausländerfrage" in den westeuropäischen Demokratien.

Hilfe beigestanden werden wird. In dieser sozialen Komponente des Bürgerstatus schlägt sich das „Wir-Gefühl" der politischen Gemeinschaft in einer mehr oder weniger belastungsfähigen Solidarität nieder. Gerade an diesem Aspekt des „Wir-Gefühls" kann man aber auch sehr gut die Grenzen der politischen Gemeinschaft nach außen wie die Grenze der konkreten Solidarität im Innern erkennen. Diese liegen allerdings keineswegs, wie sich gleich zeigen wird, nur in den Umständen der jeweiligen politischen Kultur oder Grenzen der Solidarität begründet, sondern bereits die abstrakte Analyse des komplexen Mitgliedsstatus heutiger Demokratien offenbart einen immanenten unlösbaren Widerspruch historischer Demokratien, der sich auch in ihren gegenwärtigen praktischen Problemen, vor allem aber angesichts des Versuchs einer Demokratisierung der Europäischen Union als schwieriges Hindernis offenbart.

Diese Analyse soll hier nur kurz angedeutet werden. Zunächst muß man sich vergegenwärtigen, daß es nach dem normativen Anspruch der demokratischen Idee keine Differenzierung zwischen Mitglieds- und Bürgerstatus geben kann.[13] Spätestens seit der Verbindung der antiken republikanischen und demokratischen Ideen mit denen des Christentums und christlich geprägten Naturrechts, wie sie sich in den Menschenrechtsdeklarationen seit dem 18. Jahrhundert niedergeschlagen hat, besteht zwischen der antiken Idee des notwendigen und gewünschten Patriotismus, wie sie mit exklusiven Konsequenzen der griechischen Polis-Demokratie ebenso wie der Römischen Republik selbstverständlich und eigen war, und den neueren christlich geprägten universalistischen Ideen ein Spannungsverhältnis. Gerade an den mehr oder weniger geglückten und überzeugenden Versuchen, den Patriotismus zu „prozeduralisieren" und von seinen exklusiven Aspekten abzulösen (Habermas 1996: 128 - 153), kann man ablesen, wie sehr sich die universalistische Lesart der Demokratie heute durchgesetzt hat und anerkannt wird. Aber genau das führt zu den angedeuteten Problemen.

Sie ergeben sich verkürzt gesagt daraus, daß es sich nur bei den ersten beiden Dimensionen des modernen Bürgerstatus um beliebig teilbare und vermehrbare Rechte handelt, nicht aber bei der dritten Dimension, wo wir es mit begrenzten Ressourcen und Verteilungsproblemen zu tun haben. Anders ausgedrückt: individuelle Freiheiten wie politische Teilhaberechte sind universalisierbar, soziale Rechte und die Ressourcen zu ihrer Befriedigung aber nicht. Betrachtet man die drei Dimensionen des modernen Bürgerstatus aber als unbedingt unauflöslich, dann muß nicht nur der Versuch seiner Universalisierung, sondern schon die begrenztere Zulassung Anderer zu Problemen, genauer gesagt zu Verteilungsproblemen führen.

Diese abstrakte Analyse wird durch die politische Erfahrung bestärkt. Es scheint politischen Gemeinschaften leichter zu fallen, anderen politische Grundfreiheiten zuzugestehen, als sie an der politischen Willensbildung durch die Gewährung politischer Teilhaberechte teilnehmen zu lassen. Die Gewährung sozialer Rechte und die Ausdehnung der

13 Es sei daran erinnert, daß es sich hier um eine Analyse abstrakter Prinzipien, nicht aber ihrer unvollkommenen Realisierung handelt; die amerikanische Demokratie hat ungeachtet allen Universalismus' mehr als ein Jahrhundert gebraucht, um sich nicht-weiße Bürger vorstellen zu können, in Europa warteten die Frauen zum Teil bis Mitte des Jahrhunderts auf die praktische Umsetzung der universalistischen Doktrinen. Auch weiterhin bleibt, wie im Text abstrakt analysiert, die Entscheidung über Mitgliedsrechte und also Bürgerstatus kontingent. Beim dafür festgesetzten Alter kann es zum Beispiel heute dazu kommen, daß Waffendienst im Krieg oder Steuerzahlung im Frieden gefordert, aber die Bürgerrechte (noch) verweigert werden. „No taxation without representation?" - von wegen!

Solidarität für Gruppen oder Individuen schließlich, die nicht durch das „Wir-Gefühl" der politischen Gemeinschaft umschlossen werden, wirft im gesellschaftlichen Bewußtsein westlicher Demokratien nicht nur bei Minderheiten Probleme auf. Das kann man nicht zuletzt angesichts des wachsenden Mißmutes in der westdeutschen Bevölkerung wegen der Transferzahlungen für Ostdeutschland beobachten. Es erscheint plausibel, zwischen der Intensität des kulturell verankerten und sich nur langsam verändernden „Wir-Gefühls" und der Bereitschaft, praktische und kostenträchtige Solidarität zu üben, einen Zusammenhang zu vermuten. Zwar sind auch innerhalb von Gemeinschaften die Unterstützungsbereitschaft und die dafür notwendigen Ressourcen nur begrenzt vorhanden, erstere dürfte aber gegenüber „Fremden" rapide abnehmen, insbesondere wenn es sich nicht darum handelt, etwa aus momentaner Betroffenheit heraus bei einer Katastrophe einmalig und spontan zu spenden, sondern dauerhafte Transfers zu akzeptieren.
Diese innere Widersprüchlichkeit des modernen demokratischen Bürgerstatuskonzeptes dürfte sich angesichts der faktisch gegebenen sozialen und kulturellen Differenzierung der Mitgliedsgesellschaften der Europäischen Gemeinschaft als ein für eine absehbare Zeit unüberwindliches Hindernis für die Einführung eines echten europäischen Bürgerstatus erweisen. Schließlich unterscheiden sich die materiellen Versorgungs- und Anspruchsniveaus in den Mitgliedsgesellschaften beträchtlich. Von der Dimension, die dieses Problem durch die vorgesehene Erweiterung der Europäischen Union annehmen würde, ganz zu schweigen. Damit steht der weitere Integrationsprozeß zwangsläufig vor dem Dilemma, entweder bei der Entwicklung eines genuin europäischen politischen Bürgerstatus hinter den in den Mitgliedsstaaten bereits entwickelten integrierten Standard zurückzufallen und die sozialen Rechte von den anderen Rechten wieder abzukoppeln - oder aber eine auf einer eigenen politischen Bürgergesellschaft beruhende Demokratisierung der Europäischen Union wie bisher gar nicht entschieden anzustreben und sich mit der gouvernementalistischen und administrativen Politikregulierung jenseits der nationalen Demokratien weiterhin zu begnügen.

Jedes politische Gemeinwesen bedarf eines eigenen politischen Raumes als Sinnhorizont der faktisch ablaufenden Kommunikationsprozesse (Arendt 1993). Dieser politische Raum ist weder mit dem Territorium noch mit den institutionalisierten Öffentlichkeiten der politischen Gemeinschaft identisch, sondern deren Voraussetzung. Er ist Teil des allgemeineren kulturellen Sinnhorizontes der jeweiligen Gesellschaft und von diesem nicht immer ganz klar zu unterscheiden. Jedenfalls funktioniert die Bedeutungszuschreibung und -verständigung der real ablaufenden Kommunikationen im politischen Prozeß nur innerhalb dieses virtuellen Raumes. Erst die in ausreichendem Maße geteilte Bedeutung zentraler Begriffe ermöglicht wiederum politische Kommunikation und den politischen Prozeß insgesamt. Dort wo die politische Kommunikation grenzüberschreitend verschiedene Räume zu verbinden oder gar zu integrieren versucht, entstehen Übersetzungsprobleme, weil die wörtliche Übersetzung nicht unbedingt die Sinn- und Bedeutungszuschreibung angemessen wiedergibt. In der Politikwissenschaft sind solche Probleme hinlänglich bekannt und die wissenschaftliche Kommunikation verfügt über Methoden und Wege, diese Übersetzungsleistungen einigermaßen sinnadäquat aus einem politischen Raum in den anderen zu vollziehen.[14] Für die Veralltäglichung politischer Kommu-

14 Ein prominentes Beispiel ist etwa die französische Unterscheidung von *bourgeois* und *citoyen*, denen der anglo-amerikanische *citizen* und der deutsche *Bürger* nur zum Teil und mit anderen Akzenten

nikation ganzer Gemeinschaften im politischen Prozeß bestehen aber ganz andere Probleme als in einer Fachkommunikation unter Experten. Zentrale politische Begriffe, Institutionen und Ämter haben im jeweiligen politischen Raum eine gewisse Bedeutung und Valenz bekommen, die zwar nicht unwandelbar, aber doch zunächst einmal spezifisch ist. Dabei spielt die Geschichte politischer Gemeinschaften, die gemeinsame und übermittelte Erlebnisverarbeitung eine große Rolle, denn die Bedeutung und der Sinn, der sich an bestimmte Begriffe heftet oder Institutionen und Ämtern attribuiert wird, funktioniert gewissermaßen wie ein Teil des gesellschaftlichen Gedächtnisses - zum Beispiel im deutschen politischen Raum beim anderswo unverfänglichen Begriff des politischen „Führers".

Schließlich darf man sich die Kommunikation, durch die der politische Raum sich konstituiert, nicht nur als den der konkreten und sprachlichen Rede zwischen Individuen vorstellen. Abgesehen davon, daß die sprachliche Kommunikation auch in Texten und Dokumenten gelagert und zu einem gegebenen Zeitpunkt wieder im gleichen oder auch in einem ganz anderen Zusammenhang aktualisiert werden kann[15], findet die den politischen Raum konstituierende Kommunikation auch virtuell, zum Beispiel über die Identifikation mit bedeutungsvollen Symbolen statt.[16]

Allerdings ist es für das Verständnis der Probleme, die einer Demokratisierung der Europäischen Union im Wege stehen, notwendig, an die scheinbare Trivialität zu erinnern, daß allen politischen Prozessen der Willensbildung und Regierung tatsächliche sprachliche Kommunikation zugrundeliegt, die ein gewisses Maß an wechselseitigem Sinnverstehen voraussetzt.

Diese vermeintliche Trivialität nimmt im Falle der Demokratie wegen des normativen Stellenwertes, den Kommunikation, freie Willensäußerung und Meinungsaustausch besitzen, eine ganz besondere Bedeutung an. Das demokratische Regime beruht nicht nur funktional wie alle anderen Regime auf Kommunikation, sondern ist darüber hinaus spezifisch und ausschließlich kommunikativ gerechtfertigt. Die rhetorische Konstruktion des politischen Prozesses steht am Anfang seiner normativen Legitimitätsgeltung. Danach kann allein der freie und ungehinderte Austausch der Meinungen und Argumente der Bürger und Bürgerinnen oder ihrer gemeinsam gewählten parlamentarischen Repräsentanten im politischen Willensbildungsprozeß die Entstehung und Geltung von Gesetzen und die Ausübung staatlicher Gewalt, kurz die Legitimität der Herrschaft begründen. Selbstverständlich ist auch in Demokratien mit anderen Methoden, mit Geld, Erpressung, Manipulation und schließlich sogar Gewalt zu rechnen. Diese Mittel mögen im Einzelnen Erfolg haben oder sogar überhand nehmen und das demokratische Regime dadurch unterminieren. Mit ihnen läßt sich also vielleicht sogar die Macht, aber niemals demokratische Legitimität erringen.

---

entsprechen; in anderer Richtung wirft vor allem der deutsche Begriff der *Herrschaft*, etwa in der Fassung *demokratische Herrschaft* Verständnisschwierigkeiten auf.

15 Das berühmteste Beispiel liefert natürlich die *Demokratie* selbst.

16 Man denke etwa an die Bedeutung, die „Micha 4" und das damit verbundene Emblem innerhalb der DDR für die Friedensbewegung und die Stasi annahmen - eine Bedeutung, die außerhalb dieses eigenständigen politischen Raumes zunächst nicht verständlich war.

5. Mitgliedschaft, politischer Raum und Demokratiefähigkeit der EU

Wenn es zutrifft, daß jedes politische Regime seine Mitgliedschaft bestimmen und einen eigenen politischen Raum konstituieren muß, dann stellt sich angesichts der eingangs festgestellten unkontroversen Prämisse die Frage, worin sich Mitgliedschaft und politischer Raum der Europäischen Union heute begründen und wie es um sie unter dem Gesichtspunkt der Demokratiefähigkeit des Regimes bestellt ist. „Demokratiefähigkeit" nimmt bewußt Bezug auf ein über die bestehenden Zustände hinaus abzuschätzendes Potential, denn es darf natürlich nicht übersehen werden, daß das eigenständige politische Regime der Europäischen Union sich noch in rapider Entwicklung befindet. Deren spezifischer institutioneller, rechtlicher und politischer Gehalt hat allerdings inzwischen eine Situation geschaffen, in der über die Zukunft nicht nur spekuliert zu werden braucht, sondern die im Rahmen des politikwissenschaftlich Üblichen eine pfadabhängige Entwicklung als plausibler anzunehmen erlaubt als unverhoffte revolutionäre Umgründungen oder Entwicklungssprünge. Das sollte sich auch eine zum Teil recht phantasievoll konstruierend und programmatisch vorgehende „demokratietheoretische" Literatur mehr zu Herzen nehmen, die nicht zuletzt einen politischen und normativen Grundsatz der Demokratie sträflich vernachlässigt: demokratische Regime müssen von den Bürgern und Bürgerinnen verstanden und internalisiert werden können (Sartori 1992: 3) - denn ohne dieses Verständnis können sie in der Realität nicht existieren.

Die schlichte Feststellung, daß es sich bei der Europäischen Union um ein eigenständiges politisches Regime jenseits der beteiligten Mitgliedsstaaten handelt, ist einfacher zu treffen als die Frage nach seiner Mitgliedschaft und deren Grenzen konkret zu beantworten. Angesichts der Entstehungsweise aufgrund eines intergouvernementalen Vertragssystems wäre es naheliegend, die Mitgliedsstaaten auch als die Mitglieder und die in ihrem Namen handelnden Bevollmächtigten als die eigentlichen Akteure zu betrachten. Hinzu tritt seit dem Artikel 8 des Vertrages über die Gründung der Europäischen Union die Schaffung einer sogenannten „Unionsbürgerschaft" - die natürlich für ein demokratisches Regime eine unerläßliche, wenn auch für sich genommen nicht hinreichende Voraussetzung bildete.

Aber diese allein juristische Sichtweise ist politikwissenschaftlich unzureichend. Dies vor allem dann, wenn man sie mit der Frage nach dem eigenständigen politischen Raum verbindet, über den die Europäische Union prämissengemäß als reales politisches Regime verfügen muß. Die Frage kann nur aufgrund einer politiksoziologischen Realanalyse beantwortet werden, die neben den deklarierten Rechten auch die faktischen Mitwirkungs- und Beteiligungsmöglichkeiten ins Auge nimmt. Die Fakten, die dafür benötigt werden, sind durch die Europaforschung allgemein bekannt, wenn auch in ihrer Bedeutung, wie eingangs bereits festgestellt, umstritten.

Die Einführung der Unionsbürgerschaft schlägt sich in gewissen Rechten nieder: Freizügigkeit, Aufenthaltsrecht sowie die aktive und passive Beteiligung bei Kommunalwahlen und zum Europäischen Parlament im Land des dauernden Aufenthaltes sind jedem Mitglied eines Mitgliedsstaates seit 1992 ebenso gewährt wie das Petitionsrecht zum 1Europäischen Parlament. Dies sind gewiß wichtige Freiheits- und sogar politische Mitwirkungsrechte. Damit man aber von politischen Bürgerrechten, wie sie eine Demokratie auf europäischer Ebene begründeten, sprechen könnte, müßte es sich bei den Kommunalwahlen nicht nur um die Beteiligung an einem lokalen Verwaltungsprozeß und beim sogenannten Europäischen Parlament um die legislative Versammlung eines parlamentarischen Systems handeln. Letzteres ist aber nicht der Fall: nach ziemlich unumstrittener Auffassung „tastet auch das Mitentscheidungsverfahren die Beschlußhoheit des Rates als des eigentlichen Trägers der Gesetzgebungshoheit der Gemeinschaft im Prinzip nicht an" (Weidenfeld/Jung 1994: 36). Das Regime der Europäischen Union verfügt zwar über ein Parlament mit gewissen Rechten, ist aber kein parlamentarisches System. Die legislative Gewalt liegt bei einem Gremium, in dem zwar jedes einzelne Mitglied durch seine eigenen Bürger in einer Kette ununterbrochener Repräsentation legitimiert ist, in dem aber alle gemeinsam ein neuartiges politisches Gremium bilden, um Gesetze und Regeln mit verbindlicher Durchschlagskraft für die Unionsbürger zu beschließen und zu verabschieden. Zwischen diesem emergenten legislativen Gremium und der Unionsbürgerschaft insgesamt besteht in der Europäischen Union erstens keine eindeutige und direkte Repräsentationsbeziehung und zweitens gehören sie nicht einem gemeinsamen politischen Raum an, wie sich gleich noch zeigen wird.

Der Status der Rechte eines Unionsbürgers ist bei allen Vorzügen, die sich mit ihm in der Wirklichkeit der Europäischen Union verbinden, dem eines Bürgers einer demokratischen Republik keineswegs ebenbürtig. Die Unionsbürger sind im politischen Sinne auch nicht die eigentlichen Mitglieder der Europäischen Union, ihr Unionsbürgertum ist nur das Derivat ihres nationalen Bürgerstatus. Die Einzelstaaten entscheiden weiterhin nach je eigenen Kriterien über seine Vergabe.

Das politische Regime selbst ist in seiner realen Mitgliedschaft und als Kommunikationsgemeinschaft außerordentlich elitär und für die bürgerliche Beteiligung aus verschiedenen Gründen kaum zugänglich. Die Unterschiede zu den ja auch nicht basisdemokratischen, sondern durchweg ebenfalls elitären Verhältnissen der politischen Regime nationaler Demokratien sind aber nicht quantitativer, sondern kategorialer Art. *De facto* nehmen an den politischen Prozessen des europäischen Regierungssystems nur die Funktionseliten der nationalen politischen Gesellschaften sowie die Eurokraten selbst teil. Die Gründe dafür liegen nicht nur im Fehlen eines weitgehend akzeptierten und funktionierenden von unten aufgebauten und zugänglichen Repräsentationssystems, wie in den nationalen Demokratien, sondern auch darin, daß der in der Europäischen Union vorhandene und faktisch genutzte politische Raum für die Bürger und Bürgerinnen weitgehend unsichtbar und prinzipiell unzugänglich bleibt. Es gibt keine europäische Öffentlichkeit über die begrenzte Elitenkommunikation hinaus, keine europäischen Publikumszeitschriften, kein europäisches Fernsehen, sondern weiterhin nur nationale politische Öffentlichkeiten. Der Blick der Bürger und Bürgerinnen auf die Europäische Union wird durch sie bestimmt und die nationale Agenda entscheidet über Präsenz und Stellenwert europäischer Themen, zum Beispiel in den sogenannten Europawahlen, die zurecht als „Second Order National-Elections „ (Reif / Schmitt 1980) abqualifiziert wurden - woran sich bis heute nichts geändert hat. Die Sprachbarriere ist für die Masse der Bürger und Bürgerinnen eine reale Hürde, die ihnen eine auch nur passive Beteiligung am europäischen politischen Raum oder an einer möglicherweise sich herausbildenden englischsprachigen Teilöffentlichkeit schwer oder unmöglich macht. Daß aber in der repräsentativen Demokratie die Auseinandersetzungen der Politiker, Fachleute und Interessenvertreter, wie losgelöst von der aktiven politischen Beteiligung auch immer, vermittelt über eine mediale pluralistische Öffentlicheit wenigstens passiv von den Bürgern und Bürgerinnen verfolgt werden können müßte, daß sich somit eine öffentlich wahrnehmbare und prinzipiell von ihnen verstehbare politische Agenda bildet, ist die legitimatorische Mindestvoraussetzung auch der „realistischen" Theorie demokratischer Elitenherrschaft. Die Vernachlässigung der Sprachprobleme als einem entscheidenden Hindernis für die weitere politische Integration und Demokratisierung in der Debatte über das Demokratiedefizit der Europäischen Union verrät indirekt deren elitären *bias*. Für die jeweiligen Funktionseliten - die Wissenschaft eingeschlossen - gibt es heute für die inter- und transnationale Kommunikation in der Tat eine *lingua franca*. Aber es ist kein Zufall, daß sich europaweite englischsprachige Massenkommunikationsmittel eben nicht herausbilden, daß die europäische Kommunikationsgemeinschaft auf bildzentrierte Sportereignisse und Übertragungen wie das Begräbnis von „Lady Di" beschränkt bleibt. Aber zum Beispiel eine transnational ausgerichtete Berichterstattung über den Europawahlkampf oder die Politik der Kommission oder die Beratungen des Europäischen Parlamentes fände bis auf Weiteres gar keine dafür geeigneten, das heißt über die beteiligten Eliten hinausgreifenden Massenmedien vor. Der Kommunikationsmarkt identifiziert offenkundig zuverlässiger als die in diesem Punkt unrealistische Politik die Relevanz sprachlicher Barrieren. „Der von Massenmedien getragene öffentliche politische Diskurs, der Politik überhaupt erst zu einer Angelegenheit der Allgemeinheit und damit die Demokratie erst zur Demokratie macht, bleibt seiner Natur nach an Sprachräume gebunden" (Kielmansegg 1996: 57).[17] Die Herausbildung eines solchen nicht auf Eliten beschränkten gemeinsamen Sprachraumes und die politische Entscheidung zugunsten einer offiziellen Sprache der Europäischen Union ist zwar, wie etwa die Beispiele Indiens und Nigerias zeigen, nicht prinzipiell unmöglich, aber doch angesichts der Resistenz der europäischen Teilkulturen bis auf Weiteres extrem unwahrscheinlich.[18] Wer dieses Sprachproblem vernachlässigt, setzt sich dem Verdacht aus, daß für ihn die bürgerliche Beteiligung selbst keinen politischen Wert in der Demokratie besitzt.

Wie manche angesichts des kommunikativ und sozial abgeschotteten Expertencharakters des politischen Raumes und der zu beobachtenden „Inflation des europäischen Lobbying" (Eising/Kohler-Koch 1994: 176) auf der Europäischen Ebene sogar von der Entstehung einer „europäischen Zivilgesellschaft" im durchaus normativen Sinne des Wortes sprechen können, ist mir angesichts dieser Verhältnisse, ehrlich gesagt, schleierhaft. Natürlich hat sich um die Organe der Europäischen Union herum ein riesiges und wohletabliertes System von Lobbies und Interessenrepräsentanzen gebildet und die Kommission versteht sich aus wohlverstandenen institutionellen Eigeninteressen zum Teil weit über die Komitologie hinaus geradezu als dessen Hebamme. Auch Verbraucher-, Umwelt- oder andere bürgernahe Interessen sind dabei gut vertreten. Aber eine demokratietheoretisch normativ relevante Zivilgesellschaft[19] kann sich daraus nicht ergeben, denn

17 Der regelmäßig zur Entkräftung dieses Arguments vorgebrachte Hinweis auf die Schweiz übersieht, daß die dort weitgehend vorhandene „passive Mehrsprachigkeit" für einen historisch bereits lange integrierten politischen Raum beschränkter Größe und mit lediglich drei relevanten Sprachen kein auf die Europäische Union übertragbares Modell darstellt - schon gar nicht im Falle ihrer Erweiterung.

18 Indirektes Indiz der Art. 126 des Vertrages, der „Erlernen und Verbreitung der (aller!) Sprachen der Mitgliedsstaaten" fördern will; zur absurden Sprach- und Übersetzungspolitik der Union siehe die schöne Analyse von Carol Clark (1997) über die langwierige Entscheidung zur offiziellen Europa-Hymne und die dort angeführten Begründungen einerseits für die Unübersetzbarkeit und andererseits für die Inakzeptabilität des deutschen Textes der Worte Friedrich Schillers.

19 Zu den historischen und normativen Implikationen des heute eher auf faktischen Interessenplura-

alles Engagement und alle Beteiligungsmöglichkeit hängt auf dieser Ebene von nur noch professionell und advokatorisch zu erbringenden Qualifikationen und Ressourcen ab, über die durchschnittliche Bürger nicht verfügen und die sie selbst weder mobilisieren noch recht eigentlich kontrollieren können. Das ursprünglich von Adalbert Evers für andere Zusammenhänge entwickelte Konzept von „Brückeninstanzen" zwischen Zivilgesellschaft und politisch-administrativem System (1991), durch die zwar nicht eine Demokratisierung des Letzteren, aber immerhin eine Einflußschiene für Bewegungsakteure auf relevante Entscheidungen gebahnt wird, hat nun Hubert Heinelt für die „zivilgesellschaftlichen Perspektiven einer demokratischen Transformation der EU" (1998) ziemlich einseitig strapaziert. Erstens wird dabei übersehen, daß die Zivilgesellschaft, bei Evers oder auch Eder (1995) in ihrer Existenz immer bereits vorausgesetzt und nicht mit den „Brückeninstanzen" identisch, ja auf europäischer Ebene eben gerade nicht existiert. Zweitens fällt doch auf, wie im wissenschaftlichen Versuch, die Europäische Union demokratisch zu rationalisieren, es zu einer überraschenden Umwertung von üblicherweise und zurecht in Demokratien bisher eher skeptisch bewerteten Erscheinungen wie dem Lobby(un)wesen kommt. Darüber hinaus wirft das von Heinelt vorgeschlagene, die aktuelle Debatte kenntnisreich synthetisierende „Sektorenmodell" der politischen Willensbildung (1998: 85), mit seiner impliziten normativen Gleichsetzung der demokratischen politischen Willensbildung mit allen anderen gesellschaftlichen Formen der Interessenvermittlung sehr viel grundsätzlichere Fragen über die Zukunft der Demokratie auf. Solche Vermischungen hat vor allem Philippe Schmitter angeregt: „Citizenship, (democracies, M.G.) most distinctive property, is not confirmed to voting periodically in elections. It also can be exercised by ... joining associations or movements, petitioning authorities, engaging in ‚unconventional' protest, and so forth" (1993: 4). Bisher war aber die institutionalisierte politische Willensbildung[20] in verfaßten Demokratien, weil allein sie auf der Gleichheit des Bürgerstatus basiert, mit sehr guten normativen Gründen gegenüber der zwar durchaus legitimen, aber eben nicht die politische selbst ersetzende und legitimierende Interessenvertretung innerhalb der pluralistischen Gesellschaft konstitutionell und normativ herausgehoben. Bisher steht es auch so in demokratischen Verfassungen und es bleibt abzuwarten, ob die fortlaufende „Selbstformatierung" des politischen Systems (Schmalz-Bruns 1995: 159) mit ihren tatsächlich beobachtbaren Veränderungen der Demokratie diese letztlich in einem noch erkennbaren Sinne bewahren kann. Jedenfalls kann es nicht die Aufgabe kritischer Wissenschaft sein, jede dieser Veränderungen durch eine Verschiebung der normativen Voraussetzungen von vorne herein als demokratisch zu salvieren.

Es ist also richtig, daß der politische Raum der Europäischen Union heute durch eine komplexe Vielfalt von organisierten und zum Teil transnationalen „europäischen" Akteuren und ihre verdichtete Kommunikation mit den offiziellen Akteuren der Europäischen Union gebildet wird, aber den Titel einer demokratischen Zivilgesellschaft verdient dieses nur sehr begrenzt öffentliche, zugängliche und responsive Konglomerat nicht. „Europe is a civilisation, not a civil society" (Minogue 1997: 59). Eher gilt, daß die Eurokratie (Bach 1994) nicht auf die offiziellen Organe der Europäischen Union beschränkt bleibt, sondern daß sich, wenn man so will wie früher „bei Hofe", eine eigene

---

lismus und Lobbying heruntergekommenen Konzeptes siehe Cohen/Arato 1992.

20 Einschließlich direkt-demokratischer Formen.

politische Klasse von Politikern, Bürokraten und ziemlich abgekoppelten Repräsentanten herausgebildet hat, die auf den politischen Prozeß der Regulierung und nicht zuletzt auf die Verteilung der nicht unerheblichen Pfründe Einfluß zu nehmen hofft.
Fazit: es gibt also ein politisches Regierungssystem der Europäischen Union, das im rechtlichen und faktischen Sinne eine sehr begrenzte Mitgliedschaft aufweist, wenn man diesen Begriff auf praktisch wahrnehmbare politische Teilhabe bezieht. Es gibt auch einen eigenständigen transnationalen politischen Raum mit eigener, allerdings sehr begrenzt zugänglicher Öffentlichkeit, an dem teilzunehmen mehr verlangt, als mit der demokratisch üblichen Bürgerrolle normalerweise gegeben ist.

6. Der Weg zu einer demokratischen Europäischen Union

Gibt es gar keine Hoffnung für eine Demokratisierung der Europäischen Union?
Der Weg zu mehr Demokratie, am Ende gar zu einer demokratischen Europäischen Union, kann nur bei dem politischen Engagement einer bürgerlichen Demokratiebewegung seinen Ausgangspunkt nehmen. Die kann aber nicht durch eine noch so gutwillige Intellektuellenbewegung (Erne u.a. 1995) oder eine programmatische „Demokratietheorie" herbeigeredet und herbeigeschrieben werden. Mehr demokratische Beteiligungsrechte und eine entsprechende Verfassung haben sich Bürger und Bürgerinnen auch in ihren nationalen Gesellschaften stets selbst erkämpfen müssen. Sie ist ihnen von den jeweils herrschenden Eliten, die sich auch im Kontext demokratischer Regime schon immer gerne auf eine outputzentrierte Legitimation berufen haben, selten freiwillig zugestanden worden. Von der vorgeschlagenen „Europäischen Verfassungs-Initiative als erstem direkt-demokratischen Schritt" (Schiller 1995: 197) ist aber weit und breit nichts zu sehen. Die Dynamik der weiteren Integration ist heute in Europa nicht durch Demokratiebewegungen, sondern durch gouvernementale und ökonomische Eliten und durch eine pfadabhängige institutionelle Entwicklungsdynamik bestimmt. Mit der Einführung einer gemeinsamen Währung und mit der zunehmend auch für die Individuen positiv wie negativ erfahrbaren Wirklichkeit der Macht des neuartigen Regierungssystems kann man allerdings erwarten, daß sich die bisherige Lebensferne des Regierens in der Europäischen Union verringert und die Betroffenheit wächst. Dann werden allerdings die aufgezeigten Bedingungen für die Entstehung von transnationalen Mitgliedschaftsrollen und eines gemeinsamen politischen Raumes sich auch als Restriktionen für die Bildung transnationaler europäischer Demokratiebewegungen erweisen. Damit tut sich ein Teufelskreis auf, weil die Politisierung der Betroffenheit durch europäisches Regieren viel eher innerhalb der einzelnen politischen Räume sich jeweils als nationalistisch formierende antieuropäische Reaktion gelingen kann. Kommt aber nicht andererseits mit der Relativierung der Rolle des wenigstens verfassungsmäßig und rechtlich abgeschlossen Raumes der Territorialstaaten unweigerlich auch die Relativierung der bürgerzentrierten Demokratie auf uns zu und darf die Wissenschaft diese Entwicklung den Bürgern und Bürgerinnen ungeachtet aller Vorteile der europäischen Integration verschweigen - nur weil sie die weitere europäische Einigung mit guten Gründen für wünschbar oder unaufhaltsam hält ?

Literaturverzeichnis

Arendt, Hannah, 1993: Was ist Politik? München und Zürich.

Bach, Maurizio, 1994: Transnationale Integration und institutionelle Differenzierung, in: *Eichener, Volker/Voelzkow, Helmut* (Hrsg.), Europäische Integration und verbandliche Interessenvermittlung. Marburg,109-130.

Beyme, Klaus von, 1994: Die Renaissance der Integrationstheorie. Zentripetale Kräfte und funktionale Sachzwänge in der Maastricht-Runde der Europäischen Einigung, in: *Eichener, Volker/Voelzkow, Helmut* (Hrsg.), Europäische Integration und verbandliche Interessenvermittlung. Marburg, 27–43.

Brandt, Reinhard, 1997: Europa in der Reflexion der Aufklärung, in: *Ballestrem, Karl Graf u.a.* (Hrsg.), Politisches Denken. Jahrbuch 1997. Stuttgart und Weimar, 1–23.

Clark, Carol, 1997: Forging Identity: Beethoven's „Ode" as European Anthem, in: Critical Inquiry, 23, Summer, 789–807.

Cohen, Jean L./Arato, Andrew, 1992: Civil Society and Political Theory; Cambridge.

Deutsch, Karl W., 1972: Nationenbildung - Nationalstaat – Integration. Düsseldorf.

Eder, Klaus, 1995: Die Dynamik demokratischer Institutionenbildung. Strukturelle Voraussetzungen deliberativer Demokratie in fortgeschrittenen Industriegesellschaften, in: *Nedelmann, Brigitta* (Hrsg.), Politische Institutionen im Wandel (= KZfSS-SH 35). Opladen, 327 – 352.

Eising, Rainer/Kohler-Koch-Beate 1994: Inflation und Zerfaserung. Trends der Interessenvermittlung in der Europäischen Gemeinschaft, in: *Streeck, Wolfgang* (Hrsg.), Staat und Verbände (=PVS-SH 25). Opladen, 175-206.

Erne, Roland u.a., 1995: Transnationale Demokratie. Impulse für ein demokratisch verfaßtes Europa. Zürich.

Evers, Adalbert, 1991: Pluralismus, Fragmentierung und Vermittlungsfähigkeit, in: *Heinelt, Hubert/Wollmann, Helmut* (Hrsg.), Brennpunkt Stadt. Basel, 221-240.

Gerhard, Volker, 1995: Immanual Kants Entwurf „Zum Ewigen Frieden" (eine Theorie der Politik). Darmstadt.

Greven, Michael Th., 1997: Der politische Raum als Maß des Politischen - Europa als Beispiel, in: *König, Thomas u.a.* (Hrsg.), Europäische Institutionenpolitik. Frankfurt/New York.

Greven, Michael Th., 1998: Output-Legitimation. „Der Zweck heiligt die Mittel" in der Demokratie nicht, in: *Buckmiller, Michael/Perels, Joachim* (Hrsg.), Opposition als Triebkraft der Demokratie. Hannover, 477-491.

Habermas, Jürgen, 1961: Über den Begriff der politischen Beteiligung, in: *Habermas, Jürgen u.a.* (Hrsg.), Student und Politik. Berlin und Neuwied, 13-55.

Habermas, Jürgen, 1996: Der europäische Nationalstaat - Zu Vergangenheit und Zukunft von Souveränität und Staasbürgerschaft, in: *ders.,* Die Einbeziehung des Anderen. Frankfurt am Main, 128-153.

Heberle, Rudolf, 1997: Hauptprobleme der Politischen Soziologie. Stuttgart.

Heinelt, Hubert, 1998: Zivilgesellschaftliche Perspektiven einer demokratischen Transformation der EU, in: Zeitschrift für Internationale Beziehungen, 5, 1, 79-107.

Hooghe, Liesbeth (Hrsg.), 1996: Cohesion Policy and European Integration: Building Multi-Level Governance. Oxford.

Jachtenfuchs, Markus/Kohler-Koch, Beate, 1996: Regieren im dynamischen Mehrebenensystem, in: *Jachtenfuchs, Markus/Kohler-Koch, Beate* (Hrsg.), Europäische Integration. Opladen, 15-44.

Kielmansegg, Peter Graf, 1996: Integration und Demokratie, in: *Jachtenfuchs, Markus/Kohler-Koch, Beate* (Hrsg.), Europäische Integration. Opladen, 47-71.

Koch, Claus/Senghaas, Dieter (Hrsg.), 1970: Texte zur Technokratiediskussion. Frankfurt am Main.

Majone, Giandomenico, 1996: Redistributive und sozialregulative Politik, in: *Jachtenfuchs, Markus/Kohler-Koch, Beate* (Hrsg.), Europäische Integration. Opladen, 225-247.

Marks, Gary et.al. (Hrsg.) 1996: Governance in the Emerging Euro-Polity. London.

Marshall, Thomas M., 1992: Bürgerrechte und soziale Klassen. Frankfurt/New York.

Minogue, Kenneth, 1997: Popular Sovereignty and the European Community, in: *Ballestrem, Karl Graf u.a.* (Hrsg.), Politisches Denken. Jahrbuch 1997. Stuttgart und Weimar, 49-59.

Offe, Claus, 1996: Bewährungsproben - über einige Beweislasten bei der Verteidigung der liberalen Demokratie, in: *Werner Weidenfeld* (Hrsg.), Demokratie am Wendepunkt. Berlin, 144-157.

Reif, Karlheinz/ Schmitt, Hermann, 1980: Nine Second-Order National Elections, in: European Journal of Political Research, 8, 1, 145-162.

Richter, Melvin, 1997: Europe and *The Other* in Eighteenth-Century Thought, in: *Ballestrem, Karl Graf u.a.* (Hrsg.), Politisches Denken. Jahrbuch 1997. Stuttgart und Weimar, 25-47.

Sartori, Giovanni, 1992: Demokratietheorie. Darmstadt.
Scharpf, Fritz W., 1970: Demokratie zwischen Utopie und Anpassung. Konstanz.
Scharpf, Fritz W., 1996: Föderalismus und Demokratie in der transnationalen Ökonomie, in: *Beyme, Klaus von/ Offe, Claus* (Hrsg.), Politische Theorien in der Ära der Transformation (PVS-SH 26). Opladen, 211-235.
Scharpf, Fritz W., 1998: Demokratische Politik in der internationalisierten Demokratie, in: *Greven, Michael Th.* (Hrsg.), Demokratie - eine Kultur des Westens? Opladen, 81-103.
Schiller, Theo, 1995: Europäische Verfassungs-Initiative - ein demokratischer Verfassungsprozess für Europa, in: *Roland Erne u.a.* (Hrsg.), Transnationale Demokratie. Zürich, 196-211.
Schmalz-Bruns, Rainer, 1995: Reflexive Demokratie. Baden-Baden.
Schmalz-Bruns, Rainer, 1997: Bürgergesellschaftliche Politik - ein Modell der Demokratisierung der Europäischen Union?, in: *Wolf, Klaus D.* (Hrsg.), Projekt Europa im Übergang? Baden-Baden, 63-89.
Schmitter, Philippe, 1993: Some Propositions about Civil Society and the Consolidation of Democracy. Wien.
Wallace, Helen/Wallace, William (Hrsg.), 1996: Policy-Making in the European Union. Oxford.
Weidenfeld, Werner/Jung, Christian, 1994: Das Entscheidungsgefüge der Europäischen Union: Institutionen, Prozesse und Verfahren, in: *Weidenfeld, Werner* (Hrsg.), Maastricht in der Analyse. Gütersloh.

Die Grenzen der Demokratie: Selbstbestimmung im Kontext des globalen Strukturwandels und des sich wandelnden Verhältnisses von Staat und Markt

Lothar Brock

1. *Einleitung: Die Grenzen der Demokratie in der Demokratie*

Der kürzlich verstorbene Gregor von Rezzori beginnt seine Maghrebinischen Geschichten mit folgendem Hinweis auf die Schwierigkeiten, das Objekt seiner Auslassungen räumlich zu verorten: „Sie werden es (Maghrebinien, L.B.) vergeblich auf der Karte suchen. Es ist in keinen Atlas eingezeichnet und auf keinem Globus zu finden. Manche behaupten, es liege im Südosten - oder gar: es sei schlechthin der Südosten damit gemeint. Aber was ist der Südosten, ich bitte Sie? Um in der verdorbenen Sprache des Westens zu reden: Ein höchst relativer Begriff im kopernikanischen Weltsystem. Pedanten freilich könnten allenfalls versuchen, die Grenzen des Landes Maghrebinien in ungefähren Umrissen geographisch abzustecken. Aber gerade Pedanten würden dabei irren. Denn die wahren, die eigentlichen Grenzen Maghrebiniens liegen im Herzen und in der Seele seiner Menschen" (Rezzori 1953: 2).

Wo liegen die Grenzen der Demokratie? Eine gängige Antwort lautet, daß die Grenzen der Demokratie mit den Grenzen der National- qua Territorialstaaten zusammenfallen. Dies scheint eine naheliegende Sicht der Dinge; denn die moderne Demokratie hat sich im Nationalstaat entwickelt und der Nationalstaat hat in der Demokratie (s)eine moderne politische Gestalt gefunden. Unter der Annahme, daß diese historische Wechselwirkung auf einen systematischen Zusammenhang verweist, bedeutet jede Infragestellung historisch gewachsener Grenzen im Sinne einer Entgrenzung der Staatenwelt (Brock/Albert 1995) grundsätzlich eine Gefährdung der Demokratie. Anders ausgedrückt: Die aus der historischen Erfahrung und/oder systematischen Überlegungen abzuleitende Annahme, daß die individuelle Zurechenbarkeit politischen Handelns eine klare Abgrenzung von innen und außen voraussetzt, spricht zunächst gegen die Möglichkeit einer „postnationalen", „postterritorialen" oder „postmodernen" Demokratie.[1]

Aber ist dies nicht, mit Rezzori gesprochen, eine Sichtweise von Pedanten? Müssen und dürfen wir von vornherein ausschließen, daß es für unterschiedliche Modi der räumlichen Differenzierung von Politik jeweils angemessene Formen von Demokratie geben kann? Ist nicht gerade die historische Symbiose von Nationalstaat und Demo-

1 Kielmansegg 1996, Scharpf 1993, 1995, 1998, zu einem Plädoyer für „postnationale Demokratie" siehe Oberndörfer 1998. Weitere Überlegungen hierzu in Brock 1998 a und b.

kratie Ausdruck der Anpassungsfähigkeit der Demokratie an sich verändernde Verhältnisse?

Der Streit um das europäische Demokratiedefizit zeigt, daß es auf diese Fragen auch bei weitgehendem Verzicht auf Pedanterie keine einfachen Antworten gibt. Inzwischen lassen sich in diesem Streit mehrere Positionen unterscheiden, die sich gegenüber einer rein konstitutionalistischen Lösung, also dem in *Amsterdam* weiterverfolgten Weg, abgrenzen (Schmalz-Bruns 1997). Die im wesentlichen durch die Arbeiten von Fritz Scharpf bestimmte Position zeichnet sich dadurch aus, daß sie für eine Eindämmung des Legitimationsbedarfs staatenübergreifender Politik durch autonomieschonende Politikkoordination eintritt (Scharpf 1985; 1993a und b, 1995, 1998; vgl. auch Streeck 1995, 1996, 1998a und b). Eine Gegenposition plädiert für eine Stärkung der Legitimationsmöglichkeiten staatenübergreifender Politik. Hier wiederum kann zwischen einem „pessimistischen" und einem „optimistischen" Argumentationsmuster unterschieden werden, wobei diese Begrifflichkeit nur als Kürzel gelten und keineswegs unterstellen soll, daß es im Streit um das Demokratiedefizit nur um die Differenz von Lebenseinstellungen geht. Die „pessimistische" Variante, für die in der deutschen Diskussion vor allem Peter Graf Kielmansegg steht (1996), arbeitet heraus, daß die erwähnte historische Symbiose von Nationalstaat und Demokratie auf die Begünstigung der für die Demokratie funktionsnotwendigen Herausbildung kollektiver Identitäten durch die nationalstaatliche Entwicklung zurückzuführen sei. Von daher erscheint eine staatenübergreifende Demokratie nicht ausgeschlossen, aber auf absehbare Zeit unwahrscheinlich. Die „optimistische" Variante baut in der Version von Grande (1996,1997) und Zürn (1996) darauf, daß die der Legitimationsproblematik zugrunde liegende Identitätsproblematik durch die gleichzeitige Stärkung repräsentativer Elemente (Zweikammer-System, Direktwahl des Ministerrats) und plebiszitärer Elemente (europaweite Referenden) aufgrund positiver Rückkoppelungen zwischen konstitutioneller Demokratisierung und Identitätsbildung kleingearbeitet werden könne. Heidrun Abromeit (1997) tritt demgegenüber für die Institutionalisierung eines direktdemokratischen Widerspruchsverfahrens ein, das sektorale und regionale Partizipationsmöglichkeiten erweitert. Schmalz-Bruns lanciert im Rückgriff auf Schuppert (1997), Schmitter (1995) et al. die Idee einer assoziativen Demokratie als post-liberale Version staatsbürgerlicher Teilhabe auch in staatenübergreifenden politischen Räumen. Klaus Dieter Wolf hält es aus legitimationstheoretischer Sicht für vielversprechend, das Modell der deliberativen Demokratie auf seine Tauglichkeit für die Kleinarbeitung der Legitimationsdefizite zwischenstaatlicher Verhandlungssysteme zu prüfen (Wolf 1998). Richard Münch schließlich entwickelt die Idee, unterschiedliche Demokratiemodelle auf unterschiedliche politische Räume zu beziehen: Er ordnet die republikanische Version der lokalen Ebene, die liberale Repräsentativ-Demokratie der staatlichen Ebene und die deliberative Demokratie der staatenübergreifenden Ebene zu.[2]

Den gemeinsamen Nenner dieser Beiträge zur Demokratieproblematik bildet die Frage, inwieweit sich Demokratie an die Ausdifferenzierung politischer Räume anzupassen vermag. Dabei geht es gegenwärtig vor allem um die Bedeutung *externer* Herausforderungen der Demokratie, die heute allenthalben unter dem Stichwort der Globalisierung diskutiert werden. Demokratie, so ließe sich zur Kennzeichnung der skepti-

2 Münch 1998: 408f. Zur internationalen Debatte: Held 1995, 1998, MacGrew 1998, Dahl 1994.

schen Position formulieren, stößt in dem Maße an ihre Grenzen, in dem die Grenzen, innerhalb derer sie sich entfaltet, (durch Globalisierung) in Frage gestellt werden. Das Gegenargument geht dahin, daß Demokratie sich für neue politische Räume öffnen muß und kann, sofern sie in den alten (den Staaten) an Grenzen stößt (vgl. insbes. Held 1995; McGrew 1998). Der vorliegende Text soll dazu beitragen, diese Kontroverse zu vertiefen, indem er die Demokratieproblematik im Spannungsfeld zwischen der schwindenden Kongruenz von politischen Handlungs- und Wirkungsräumen auf der einen Seite und der prinzipiellen Variabilität des Verhältnisses von Staat und Markt auf der anderen zu lokalisieren versucht (Genschel 1998).

Die *Demokratieproblematik* wird hier als Frage nach den Möglichkeiten und Grenzen *demokratischer Selbstbestimmung* im Zeichen der Globalisierung betrachtet. Demokratische Selbstbestimmung steht dabei für das Prinzip der Regierung durch die Regierten. Die Operationalisierung dieses Prinzips setzt zumindest dreierlei voraus: einen substantiellen Gestaltungsspielraum, die Chance des einzelnen, direkt oder indirekt an der Gestaltung des Öffentlichen teilzuhaben und die Möglichkeit, delegierte politische Macht effektiv zu kontrollieren. Es geht im vorliegenden Aufsatz insofern nicht um *Rechte* (auf demokratische Teilhabe) und deren mögliche Einschränkung durch Globalisierung, sondern um Handlungsspielräume, den Modus ihrer Ausfüllung und die Wahrnehmung politischer Verantwortung. In diesem Sinne ließe sich folgende *These* aufstellen: *Je mehr die Lebensumstände eines jeden durch internationale wirtschaftliche Verflechtung und globale technologische Entwicklungen bestimmt werden, desto enger sind die Grenzen demokratischer Selbstbestimmung (auf der Ebene des Staates) gezogen.*

Nun vollzieht sich aber die internationale Verflechtung und technologische Entwicklung nicht gänzlich hinter dem Rücken der Politik, sie ist vielmehr auch das Ergebnis von Politik, und soweit es sich um die Politik demokratischer Staaten handelt, wäre die politisch forcierte Internationalisierung und Globalisierung als Ausdruck demokratischer Selbstbestimmung zu verstehen. Dies ist nicht einfach als törichte Selbsteinengung der Demokratie zu werten. Vielmehr gilt es festzuhalten, daß die Internationalisierung der Wirtschaft tendenziell mit gesamtgesellschaftlichen Wohlfahrtsgewinnen einhergeht, durch die die materielle Basis einer *positiven* Wirtschafts- und Sozialpolitik erweitert wird. Dies demonstriert in eindrucksvoller Weise die westliche Nachkriegsökonomie (goldenes Zeitalter). Hier wäre folglich eine *Gegenthese* zu formulieren, die der liberalen Sicht der Außenhandelsbeziehungen entspricht: *Je weiter die wirtschaftliche Verflechtung voranschreitet, desto größer ist die materielle Verfügungsmasse demokratischer Selbstbestimmung.*

Die damit angesprochene Grundsatzproblematik hat in der zeitgeschichtlichen Entwicklung folgende Spezifizierung erfahren: Die Liberalisierung der Außenwirtschaftsbeziehungen in Industrie- wie Entwicklungsländern ist (in je spezifischen institutionellen Kontexten) mit einer Deregulierung, d.h. mit einer Neurorientierung des Verhältnisses von Staat und Markt zugunsten des Marktes, einher gegangen. Die Kombination von Liberalisierung nach außen und Deregulierung nach innen kann als Anwort auf die Selbsterschöpfung des Wachstums- und Entwicklungsmodells der Nachkriegszeit und auf die Veränderungen der wirtschaftlichen Kräfteverhältnisse in der Triade USA-Westeuropa-Japan interpretiert werden. Sie sind jedoch durch diese Entwicklungen nicht determiniert, sondern das Ergebnis gezielter ordnungspolitischer Weichenstellungen (von der Nachfrage- zur Angebotsorientierung). Diese Weichenstellung kann einerseits als Chance zur verstärkten Selbstregulierung der Wirtschaftssubjekte verstanden werden, sie stellt zugleich aber insofern eine Verschiebung der inneren Grenzen der Demokratie dar, als der Spielraum für eine demokratisch legitimierte Umverteilungspolitik von Seiten des Staates zugunsten der freien Entfaltung der Marktkräfte eingeengt wird (Scharpf 1997). Es geht in diesem Zusammenhang also nicht nur um die Gestaltung der öffentlichen Ordnung, sondern auch um die Abgrenzung dessen, was öffentlicher Ordnungspolitik zugänglich sein soll. Hieraus ließe sich eine *Synthese* formulieren, die im folgenden Text als Arbeitshypothese gelten soll: *Die Internationalisierung der Wirtschaft stellt eine Wachstums- und Wohlstandsressource dar, die zur Legitimation demokratischer Politik genutzt werden kann. Sie setzt demokratischer Selbstbestimmung (im hier verwendeten Sinne) aber grundsätzlich Grenzen. Das sich daraus ergebende Spannungsverhältnis zwischen internationaler Wohlfahrtssteigerung und nationaler demokratischer Selbtbestimmung wird durch Deregulierung verschärft, da diese den innerstaatlichen Spielraum für eine* positive *Wirtschafts- und Sozialpolitik einengt. Dieser Sachverhalt verweist auf die ordnungspolitische Dimension der hier angesprochenen Demokratieproblematik: Es geht bei der demokratischen Bewältigung weltwirtschaftlicher Anpassungszwänge nicht nur um den Abbau territorialstaatlicher Schranken der Demokratie, sondern auch um ein demokratieverträgliches Verhältnis von Staat und Markt.*

Diese Sichtweise der Demokratieproblematik erlaubt es, zwei Stränge der gegenwärtigen Globalisierungsdebatte, die ideologiekritische (Bourdieu 1996; Negt 1998) und die emphatisch affirmative (Beck 1997, Giddens 1997) aufeinander zu beziehen. Die emphatisch affirmative Rede von der Globalisierung wird gegenüber der Ideologiekritik geöffnet, sie wird aber zugleich gegen Ideologiekritik insoweit gehärtet als sie dazu beiträgt, den „großen Nebel" der gegenwärtig sich vollziehenden Umbrüche zu durchdringen (Cox 1994: 46). Die Rede von der Globalisierung spiegelt allerdings auch dort, wo sie Konturen neuer globaler Zusammenhänge ausmacht, nicht einfach das politische und wirtschaftliche Geschehen; sie liefert vielmehr selbst einen Beitrag zur Konstruktion globaler Zusammenhänge, auf die sich Politik und Wirtschaft als (extern vorgegebene) *Daten* berufen. Theoriebildung ist insoweit Praxis. Dieser Praxisbezug wirkt stillschweigend (wenn nicht opportunistisch) auf die Theoriebildung zurück. Das Nachdenken über die Demokratieproblematik ist insoweit selbst stets problematisch. Dieses Manko kann aber nicht überwunden, sondern nur in Rechnung gestellt werden.

Der folgende Text ist in drei Schritte gegliedert. Im ersten Schritt wird die Frage erörtert, inwieweit von einer Einschränkung demokratischer Selbstbestimmungsmöglichkeiten durch den sich gegenwärtig vollziehenden weltwirtschaftlichen Strukturwandel (im Sinne einer sich auflösenden Kongruenz von politischen Entscheidungs- und Verantwortungsräumen) gesprochen werden kann. Im zweiten Schritt geht es darum, das sich im Kontext des globalen Strukturwandels verändernde Verhältnis von Politik und Ökonomie als Wandel der inneren Grenzen der Demokratie zu erfassen. Im dritten Schritt sollen die beobachteten Veränderungen unter dem Gesichtspunkt einer Rekonstruktion demokratischer Selbstbestimmung bewertet werden.

2. *Globaler Strukturwandel als räumliche Differenzierung von Wirtschaft, Gesellschaft, Natur und Staat*

Der moderne Staat ist als Territorialstaat durch seine Grenzen definiert. Inwieweit kann man heute von einem Wandel dieses Modus der staatlichen Selbstdefinition im Sinne einer abnehmenden Fähigkeit des Staates, die Grenzen aufrechtzuerhalten und zu kontrollieren und damit historische Spielräume demokratischer Selbstbestimmung zu wahren, sprechen? Es liegt auf der Hand, daß sich diese Frage angesichts der ungleichmäßigen Entwicklung der Staatengesellschaft nicht für alle Staaten in gleicher Weise stellt. Im Folgenden handelt es sich insofern um Verallgemeinerungen, die je nach Einzelstaat differenzierungsbedürftig sind.

Die kapitalistische Wirtschaft ist von Anfang an Weltwirtschaft gewesen. Bezogen auf die Globalität der Wirtschaft als solcher gilt also die Feststellung, daß es nichts Neues unter der Sonne gibt (Negt 1998). Außerdem hat sich die wirtschaftliche Verflechtung[3] bei den im historischen Modernisierungsprozeß führenden Staaten bekanntlich schon zwischen 1873 und 1914 auf einem Niveau bewegt, das erst lange nach dem Zweiten Weltkrieg wieder erreicht worden ist (Hirst/Thompson 1996). Auch in dieser Hinsicht sollte also der gegenwärtige Wandel nicht überschätzt oder dramatisiert werden.

Das heißt aber nicht, daß in der Weltwirtschaft seit hundert Jahren oder womöglich sogar seit dem Beginn des modernen Weltsystems im langen 16. Jahrhundert alles beim Alten geblieben wäre. Wenn es im Kontext unserer Fragestellung auch nicht darum gehen kann, sich mit der *Herausbildung* einer globalen Wirtschaft zu befassen, so besteht doch aller Anlaß, sich ihren *Wandel* zu vergegenwärtigen. Mehr als 200 Jahre nach dem von Immanuel Wallerstein (1974) konstatierten Beginn des modernen Weltsystems spielte sich der Hauptteil des Wirtschaftslebens in Europa in Wirtschaftsräumen mit durchschnittlich zwanzig Meilen Durchmesser ab. In Frankreich wurden 1835 noch 87% der Güter innerhalb dieses 20-Meilen-Radius um die Produktionsstätte herum verbraucht. Es gab m.a.W. schon ein Weltsystem, aber noch keine nationalen Ökonomien (Schwartz 1994: 12f). Diese haben sich erst im Laufe des 19. Jahrhunderts herausgebildet, und mit ihnen hat auch das wirtschaftliche Weltsystem eine neue Gestalt erhalten: Der Welthandel wurde ergänzt durch die über Direktinvestitionen sich vollziehende Internationalisierung der Produktion. Nach dem Zusammenbruch des alten Weltwirtschaftssystems Ende der zwanziger Jahre sind die nationalen Wirtschaftsräume seit dem Ende des Zweiten Weltkrieges erneut zusammengewachsen. Das bedeutete jedoch keine bloße Rückkehr zu den Verhältnissen von vor 1914. Vielmehr vollzieht sich ein Strukturwandel der Weltwirtschaft, der der globalen Interdependenz in ihrer Bedeutung für die einzelgesellschaftliche Entwicklung eine neue Dynamik und Reichweite verleiht. Dieser Wandel ist keineswegs abgeschlossen (Giddens 1997). Drei Aspekte der Entwicklung seien in diesem Zusammenhang hervorgehoben: *erstens*, der Übergang von einem überwiegend komplementären zu einem substitutiven Welthandel; *zweitens*, die über die internationale Verflechtung vermittelte Standardisierung von Lebensstilen, Konsumerwartungen und Verkehrsformen und *drittens*, die Verlagerung des Schwerpunkts der Weltwirtschaftsaktivitäten vom Industrie- in den Dienstleistungssektor (Daten hierzu bei Albert/Brock/Hessler/Menzel/Neyer 1995).

---

3 Bezogen auf den Anteil der Außenwirtschaft an der Gesamtwirtschaft.

Der Übergang von komplementären zu substitutiven Wirtschaftsbeziehungen verschärft die allgemeine Weltmarktkonkurrenz und schränkt insofern die Optionen der Einzelstaaten hinsichtlich des Ausmaßes der gewünschten weltwirtschaftlichen Integration prinzipiell ein. Wer sich pauschal abkoppelt, verliert den Anschluß an die dynamischen Sektoren. Eine gezielte Protektionsstrategie, die darauf ausgerichtet ist, „Weltmarktkompetenz" zu erlangen, wird angesichts des über die monetäre Verflechtung vermittelten Integrationsdrucks immer schwieriger, wie das Beispiel der ostasiatischen Krisenländer zu zeigen scheint.[4]

Die Standardisierung von Konsumerwartungen, Lebensstilen und Verkehrsformen treibt die politischen Kosten des Versuchs, auf einzelstaatlicher Ebene alternative Entwicklungsvorstellungen zu entwerfen und umzusetzen, in die Höhe. Die große Debatte über solche eigenständigen Entwicklungswege, die in den 70er Jahren geführt wurde, ist deshalb rasch erlahmt. Sie wird im Zeichen der Asienkrise wieder aufleben und möglicherweise zu neuen politischen Experimenten führen. Eine Abkoppelung von der Weltwirtschaft dürfte heute aber politisch noch kostspieliger sein als sie es schon in den 70er Jahren war. Radikale kulturelle Abgrenzungsstrategien wie die einiger islamistischer Staaten sind nur um den Preis einer repressiven Kontrolle der Bevölkerung zu haben. Insofern kann man davon ausgehen, daß die globale technologische Entwicklung zu einem eigenständigen Bestimmungsfaktor der wirtschaftlichen, sozialen und kulturellen Entwicklung eines jeden Landes geworden ist.

Was die Verlagerung des Schwergewichts der Weltwirtschaft in den Dienstleistungssektor betrifft[5], so signalisiert diese die allgemeine Aufwertung wissensbasierter Wirtschaftsaktivitäten, die Ausweitung nicht-stofflicher Transaktionen und den Bedeutungszuwachs der global operierenden Banken im Kontext der neuen Weltfinanzmärkte. Wissensbasierte Aktivitäten erhalten eine zentrale Bedeutung für die gesamtwirtschaftliche und gesamtgesellschaftliche Entwicklung. Sie sind Träger der technologischen Revolution auf dem Gebiet der Kommunikation und Datenverarbeitung und werden durch diese wiederum weiter aufgewertet, während physische Arbeit abgewertet wird und die Konfliktfähigkeit der Industriearbeiterschaft zurückgeht (Streeck 1998a und b).

Mit der Aufwertung virtueller Transaktionen werden die klassischen Formen der staatlichen Kontrolle über die Außenwirtschaftsaktivitäten (Zollhaus-Ansatz) tendenziell unwirksam (Neyer 1995; Brock/Albert 1995). Die Gesamtgröße der gegenwärtig getätigten Finanztransaktionen entzieht sich nach Art und schierem Ausmaß allerdings offenbar der genauen statistischen Erfassung. Über ihre Größenordnung liegen nur Schätzungen vor, die auf Umfragen der Bank für Internationalen Zahlungsausgleich (BIZ) beruhen. Die Finanztransaktionen haben eine enorme Ausweitung des

---

4 Einen anderen Ausweg bietet möglicherweise die Unterbewertung der Währung. Die Crux ist, daß sie sich nicht durch Abwertung herstellen läßt, weil Abwertung eher einen internationalen Vertrauensschwund bezogen auf die betroffene Wirtschaft bewirkt und damit die Voraussetzungen für eine nationale nachholende Entwicklung verschlechtert. Vgl. Riese 1997.

5 Indikator für letztere ist der Sachverhalt, daß der Tertiarisierungsgrad der Weltwirtschaft heute bei ungefähr 60% der weltweiten Wertschöpfung liegt (1980 rund 50%) (Weltbank 1997: 237). In den USA gehen 70% der gesamtwirtschaftlichen Leistungen auf den Dienstleistungssektor zurück. Damit ändert sich auch die Zusammensetzung der internationalen Transaktionen. In zunehmendem Maße werden Dienstleistungen handelbar. Die internationale Datenverarbeitung liefert hierfür ein Beispiel.

verfügbaren Kapitals bewirkt, die Finanzbasis der Staaten aber nicht erweitert, da sie an der „Steuerhoheit" der Staaten vorbeigehen oder sie unterlaufen.

Die neuen Finanzmärkte entstanden bekanntlich nach dem Übergang vom System fester Wechselkurse zum „floating" Anfang der 70er Jahre. Sie wurden anfänglich in nicht unerheblichem Umfang durch „Petro"-Dollars gespeist. Letztere bildeten den Grundstock für die rapide Ausweitung des internationalen Bankkreditgeschäfts.[6] Gleichzeitig bot die Freigabe der Wechselkurse einen starken Anreiz zur Absicherung von Risiken, die sich aus Devisengeschäften ergaben. Das entsprechende „hedging" wiederum war Anlaß für die explosionsartige Ausweitung von Geschäften mit neuartigen Produkten (Derivaten) in Gestalt endlos verschachtelter Optionen auf Warengeschäfte, die selbst nur noch einen geringen Teil der auf sie bezogenen Gesamttransaktionen ausmachen.[7] Zwar taugt die Höhe der globalen Finanztransaktionen nicht als Indikator für die Globalisierung der Wirtschaft. Sie zeigt aber ein wachsendes Systemrisiko im Gefolge des Risiko-Managements der Einzelbanken, wobei es den Banken nicht darum geht, Risiken abzubauen, sondern mit ihnen als Gewinnquelle zu arbeiten. Hierin unterscheidet sich ihr Interesse von dem des Staates, der an Gefahrenabwehr interessiert ist. Ein fehlgeschlagenes Risikomanagement der Banken ruft den Staat zum Zweck der Gefahrenabwehr auf den Plan. Beispiele hierfür bieten die indirekte Hilfe der US-Regierung und des IWF für US-amerikanische Pensionsfonds in der sogenannten Pesokrise von 1995 und die direkten multilateralen Stützungsmaßnahmen beteiligter Banken für den Hedge-Fonds LTCM unter der Leitung der US-Notenbank im September 1998 (Tagespresse vom 25.9.1998).

Mit Blick auf die eben skizzierte Entwicklung kann insofern von einer Tendenz zur *Entgrenzung* von Wirtschaftsräumen gesprochen werden, als die Internationalisierung der Produktion und die Standardisierung von Entwicklungserwartungen sich in zeitlichem und inhaltlichem Zusammenhang mit der Tertiarisierung der Wirtschaft und insbesondere der Herausbildung der neuen Weltfinanzmärkte vollziehen. Die Tertiarisierung stellt bestehende territoriale Wirtschaftsgrenzen dadurch in Frage, daß sie selbst die technologischen Voraussetzungen und finanziellen Möglichkeiten für eine a-territoriale Wirtschaft im Wege der Verschmelzung lokaler und globaler Räume hervorbringt.[8] Die Liberalisierung der Weltfinanzmärkte bedeutet einen wesentlichen Schritt zur Denationalisierung des für die gesamtwirtschaftliche Entwicklung wichtigsten Wirtschaftssektors. All dies heißt nicht, daß der Staat als zentrale Regelungsinstanz der Wirtschaft abdankt, wohl aber daß er seine Arbeits- und Funktionsweise neu an die sich verändernden Verhältnisse anpassen muß. Dabei greift der Staat aber „auf bestimmte Konstellationen sozialer Institutionen zurück, über deren Aufbau nicht

6 Zwischen 1970 und 1995 haben sich die Auslandsforderungen der Banken westlicher Industriestaaten (einschl. der Offshore-Banken) von 120 Mrd. US-Dollar auf knapp 8 Billionen US-Dollar erhöht (Brock/Hessler 1998, 7). Vgl. Die Angaben bei Walter/Dreher/Beisheim 1997.

7 Nach Schätzungen würden knapp 2% der durchschnittlich weltweit gehandelten Werte genügen, um das zugrundeliegende Warengeschäft zu finanzieren (Krüger 1997: 14f).

8 Zur Illustration: Die aus City Corporation and Travellers Company hervorgegangene City Crew ist weiterhin eine New Yorker Firma. Wenn man sich aber vergegenwärtigt, daß City Crew anstrebt, zu Beginn des neuen Jahrtausends eine Milliarde Menschen als Kunden zu bedienen, so zeigt sich, daß die lokale Verwurzelung der globalen Spieler mit einer Globalisierung ihrer Standorte einhergeht. Vgl. Sassen 1996, Heeg 1998, Altvater/Mahnkopf 1996: 120 ff.

einfach entschieden werden kann" (Hirst/Thompson 1998, 106, vgl. Kohler-Koch 1998: 268). Das bedeutet für entwickelte Staaten, daß sie in institutionellen Traditionen befangen sind, die ihren Handlungsspielraum einschränken. Es bedeutet für Nachzüglerstaaten, daß sie nicht beliebig jene institutionellen Bedingungen schaffen können, die für ihren Umgang mit den weltwirtschaftlichen Strukturveränderungen erforderlich wären. In beiden Fällen bleibt die Steuerungsleistung damit hinter dem Steuerungsbedarf, der von neuen Entwicklungen ausgeht, zurück, wobei diese Lücke bei den Entwicklungsländern sehr viel größer ausfällt als bei den Industrieländern. Die Schwierigkeiten der Steuerung neuer weltwirtschaftlicher Entwicklungen sind ein Grund für das „disembedding" des Liberalismus (Ruggie 1982; Altvater/Mahnkopf 1996, Teil II). Mit der Freigabe der Wechselkurse und der Ausdehnung der unter dem Bretton Woods-System angestrebten Liberalisierung auf die Kapitalverkehrskontrollen wurde eine Dynamik freigesetzt, die sich immer weiter dem kontrollierenden Zugriff der einzelnen Regierungen entzieht.

Auch in sozialer und kultureller Hinsicht erfolgt (wie bereits mit Blick auf die globale Standardisierung von Entwicklungserwartungen angesprochen) ein Wandel, der auf das Schwinden der Möglichkeit verweist, den modernen Staat in herkömmlicher Weise, nämlich über die angenommene territoriale Kongruenz von politischen Handlungs- und Verantwortungsräumen zu definieren. Eine bedeutsame Triebkraft dieser Entwicklung ist die Globalisierung des Nachrichtenwesens und der Unterhaltungskultur des Westens durch weltweit arbeitende Medienkonzerne und die globale Vemarktung ihrer Produkte. Eine andere Triebkraft ist die Entschlossenheit einer wachsenden Zahl von Menschen, die eigenen Lebensumstände und die ihrer Familien durch Migration über die Staatsgrenzen hinweg zu verbessern. Die Migration läuft in gewisser Hinsicht auf ein „global sourcing" von Arbeitssuchenden hinaus, das in den kommenden Jahren zweifellos an Bedeutung gewinnen und in zunehmendem Maße auch von gut ausgebildeten Arbeitskräften (und von diesen wahrscheinlich mit dem größeren Erfolg als von weniger qualifizierten) praktiziert werden wird. Neu ist diese Art der Migration insoweit, als sie unter Ausnutzung der modernen Kommunikations- und Verkehrsmöglichkeiten die Verbindungen zwischen Arbeits- und Ursprungsort aufrechterhält. Diese Vernetzungen können auch als transnationale Gemeinschaftsbildung verstanden werden, die die Grenzen der Gesellschaften, zwischen denen sie bestehen, durchschneiden. Die Gesellschaften fast aller westlichen Industrieländer sind durch diese neue Form der Migration in den vergangenen Jahren heterogener bzw. „multikulturell" geworden (Daten in Globale Trends 1994, 1996, 1998).

Die bisher vorherrschende Vorstellung einer essentiellen Identität von Gesellschaft und Nation im modernen Nationalstaat wird damit brüchig. Die multikulturelle Gesellschaft ist zwar immer noch eine Gesellschaft, aber eine Gesellschaft, die sich aus sehr unterschiedlichen Gemeinschaften zusammensetzt. Deren Überwölbung durch ein Gemeinschaftsgefühl der Gemeinschaften (also durch ein Gefühl „kollektiver Identität" als Nation) wird durch die Ent-Traditionalisierungseffekte (Giddens 1997) des globalen Strukturwandels bei beiden, der einheimischen und der Migrationsbevölkerung, erschwert. Bisher vorherrschende Orientierungsmuster gehen verloren oder werden in der Abgrenzung gegenüber dem jeweils Fremden verteidigt bzw. rekonstruiert.

Gleichzeitig wird die Einheit des Staates als hierarchisch strukturiertes politisches System auf einem geschlossenen Territorium gelockert. Kommunen und andere substaatliche Einheiten (Regionen, Länder) entwickeln zunehmend internationale Aktivitäten, die darauf gerichtet sind, die eigene Attraktivität als Wirtschaftsstandort zu erhöhen.[9] Die Betonung eigenständiger Interessen substaatlicher Einheiten (vgl. Stoiber 1998) auf internationaler Ebene geht - wie der neueste Streit hierüber in der Bundesrepublik Deutschland zeigt - mit der Infragestellung bestehender Arrangements für einen innergesellschaftlichen Ausgleich von Entwicklungsdisparitäten einher. Mit solchem Streit und militanteren Formen des substaatlichen Regionalismus wird jene Entsolidarisierung in der Gesellschaft verdoppelt, die mit der modernisierungsbedingten Individualisierung verknüpft ist.

Die aus dem globalen Strukturwandel resultierende Herausforderung der bislang politikmächtigen Vorstellung, daß Wirtschaft, Gesellschaft und Nation im Staat territorial konvergieren, wird durch das unterschiedliche Tempo und die unterschiedliche Reichweite des Wandels in den einzelnen Bereichen unterstrichen. Die von Zürn (1992) diagnostizierte „ungleichmäßige Denationalisierung" schreitet weiter voran und mit ihr, so scheint es, „der chronische Beschleunigungsrückstand demokratischer Verständigung gegenüber dem Tempo des Geldverkehrs" (Brunkhorst 1998).

3. *Verschiebung der Binnengrenzen der Demokratie*

Die Veränderung des Außenverhältnisses der westlichen Demokratien ist ganz wesentlich durch politische Entscheidungen vorangetrieben worden: und zwar nicht nur durch die Preisgabe des Systems der festen Wechselkurse und den Abbau von Kapitalverkehrskontrollen, sondern auch durch die Forcierung einer weltmarktorientierten Strukturanpassung nach den Vorgaben einer monetaristischen Angebotspolitik. Das Ergebnis war ein politisch gewollter Übergang vom Industrie- zum monetären Kapitalismus. Diese Entwicklung soll hier als Verschiebung der inneren Grenzen der Demokratie beschrieben werden. Dem liegen folgende Überlegungen zugrunde.

Ein zentrales Charakteristikum der (westlichen) Moderne ist die Ausdifferenzierung von Politik und Ökonomie, Staat und Markt, dem Öffentlichen und dem Privaten, als spezifische Sphären gesellschaftlicher Reproduktion und Entwicklung. Historisch betrachtet ist diese Ausdifferenzierung ein Ergebnis sich wechselseitig verstärkender politischer und ökonomischer Wandlungsprozesse im Übergang vom Mittelalter zur Neuzeit. Der frühe Kapitalismus der Städte wurde im Kampf der Fürsten um Emanzipation (gegenüber Rom) und Machterweiterung (untereinander) instrumentalisiert und hat diesem Kampf zugleich seine Richtung gegeben: Das Scheitern der Ambitionen Karls V., ein neues Weltreich zu gründen, und die Ratifizierung einer territorialstaatlichen Ordnung im Westfälischen Frieden sind Ausdruck des *Zusammenspiels* derjenigen Kräfte, von denen die politische und wirtschaftliche Dynamik des langen 16. Jahhunderts ausging (hierzu Wallerstein 1974). Diese Entwicklung kann als Struk-

9 1994 arbeiteten in Brüssel 76 Regionalbüros aus den Mitgliedsstaaten (Hueglin 1997: 93). Alle US-amerikanischen Staaten haben seit Beginn der 60er Jahre eigene Auslandsvertretungen eingerichtet.

turierung eines gesellschaftlichen Gesamtzusammenhanges gedacht werden. Die Grenzen zwischen dem Öffentlichen und Privaten, zwischen Staat und Markt trennen also nicht zwei Welten, sondern zwei Sphären eines Ganzen. Die Ausdifferenzierung von Politik und Ökonomie folgte nicht in erster Linie der exogenen Logik einer Optimierung gesellschaftlicher Arbeitsteilung zum Zweck der allgemeinen Bedürfnisbefriedigung, sondern war von den jeweils vorherrschenden, gesellschaftlich vermittelten Ideen, Interessen und Kräfteverhältnissen geprägt (Schwartz 1994; Ertman 1997). Das bedeutet, daß die Ausdifferenzierung der verschiedenen Sphären Hand in Hand ging mit dem Streit über das „rechte Maß" der Abgrenzung zwischen ihnen. Dieser Streit durchzieht die ganze Geschichte der Moderne. Er ist prinzipiell nicht entscheidbar und folglich auch heute offen.

Im Streit um das Verhältnis von Staat und Markt spiegelt sich, institutionenökonomisch betrachtet, der Sachverhalt, daß der Markt, in liberaler Schreibweise das Private, nur in Symbiose mit dem Staat, dem Öffentlichen, existenzfähig ist. Der Markt als Privatwirtschaft braucht „öffentliche" Institutionen, die er aus sich heraus nicht schaffen kann. Es geht dabei nicht nur um die Verhinderung von Marktversagen, es geht um die Ermöglichung des Marktgeschehens. Institutionen, die bestimmte Verhaltensweisen verbieten, gebieten oder erlauben (Mummert 1998, 36), sind für den Markt konstitutiv. Dabei steigt der Bedarf an institutioneller Einbettung mit der Komplexität und den Koordinationsanforderungen des Marktgeschehens (North 1990).

Der moderne Staat ist zwar nicht zu dem Zweck entstanden, solche Institutionen zur Verfügung zu stellen. Aber er dient unter anderem diesem Zweck. Der Staat dient zugleich seinen eigenen Zwecken, die sich mit den Zwecken unterschiedlicher gesellschaftlicher Gruppen verbinden (Hirsch 1995). Die sich daraus ergebenden Konflikte werden dadurch verschärft, daß jede Form der Regulierung notwendigerweise eine Einschränkung der wirtschaftlichen Entwicklungsdynamik bedeutet. Regulierung ist in dieser Hinsicht stets suboptimal und zwar nicht nur für die Wirtschaft, sondern auch für Staat und Gesellschaft. Letztere profitieren von der wirtschaftlichen Dynamik, sind aber von den Spannungen, die sie erzeugt, stets auch bedroht (vgl. Polanyi 1997). So ist es denn auch in der modernen Geschichte zu ganz unterschiedlichen Ausformungen des Verhältnisses von Staat und Markt gekommen. Grob stilisiert: Die erste Lösung war der Merkantilismus, die zweite der englische Liberalismus auf der einen Seite, der rheinische Entwicklungsstaat (Albert, Michael 1998) auf der anderen. Die dritte Formation boten Realsozialismus und Wohlfahrtsstaat. Die gegenwärtige Lösung ist der Neoliberalismus in seinen verschiedenen nationalen Spielarten, dem zur Zeit kein Alternativmodell gegenübersteht.

Betrachtet man diese historischen Formationen des Verhältnisses von Staat und Markt als Idealtypologie, so steht der Merkantilismus für die Stärkung der Wirtschaft unter dem Primat der Politik, der Liberalismus für den Rückzug des Staates unter einem Primat der Ökonomie, der rheinische Entwicklungsstaat für die korporatistische Verbindung zwischen Staat und Markt unter einem Übergewicht der Politik, der Realsozialismus für die *Einheit* der beiden Sphären unter dem Primat der Politik, der Wohlfahrtsstaat für die effektive sozialpolitische Einbettung der Marktkräfte unter Umgehung der Primatfrage und schließlich der Neoliberalismus für die Auffaltung der Grenzen (Albert, Mathias 1996) zwischen Politik und Ökonomie durch neuartige öffentlich-private Partnerschaften, die über traditionelle korporatistische Verbindungen zwischen Staat und Markt hinausgehen und darauf ausgerichtetet sind, den Staat von der Wahrnehmung bisher als öffentlich verstandener Aufgaben zu entbinden, letztere also zu „kommodifizieren". Damit wird jene Entwicklung ein entscheidendes Stück weiter vorangetrieben, die Polanyi als die „große Transformation" der Sozialbeziehungen in Marktbeziehungen beschrieben hat (Polanyi 1997; vgl. Messner 1998).

4. Demokratie im Spannungsfeld von Staat und Markt, Staatensystem und Weltmarkt

Worin liegt die Bedeutung des wechselvollen Verhältnisses zwischen den unterschiedlichen Sphären des gesellschaftlichen Ganzen für die Demokratie? Demokratie kommt dort zur vollen Entfaltung, wo gesellschaftliche Anliegen auch in der Privatsphäre verwirklicht sind, die Privatsphäre wiederum als integraler Bestandteil des Gesellschaftlichen geachtet wird, wo der Markt als öffentliche Institution dem Allgemeinwohl dient, das Allgemeinwohl aber dem individuellen Autonomiestreben Raum gibt, wo m.a.W. eine ideelle Kongruenz zwischem dem allgemeinen und dem partikularen Interesse besteht, also das partikulare Interesse im Rahmen des allgemeinen Wohls befriedigt werden kann.

Im Realsozialismus ist der Versuch unternommen worden, mit Hilfe der Ineinssetzung von Staat und Markt Wohlfahrtsmaximierung als kollektive Selbstbestimmung zu inszenieren. Das Ergebnis waren sich selbst so verstehende Volksdemokratien, in denen der Primat der Politik letztlich zur Lähmung der produktiven Kräfte führte. In den westlichen Wohlfahrtsstaaten hingegen wurde ein Gleichgewicht zwischen Politik und Ökonomie angestrebt, das im „rheinischen Kapitalismus" anders aussah als im angelsächsischen, aber darauf hinauslief, die Marktkräfte (nach den jeweils national vorherrschenden Traditionen) sozialpolitisch einzubinden. Das bedeutete, daß demokratische Kontroll-, Partizipations- und Legitimationsinteressen auf einen großen Bereich des politisch Gestaltbaren bezogen werden konnten.

Durch die Grenzverschiebung zugunsten der Marktkräfte im Neo-Liberalismus (verstanden als Fortsetzung von Polanyis (1997) „großer Transformation") ist der Bereich des politisch Gestaltbaren, wenn auch in von Land zu Land höchst unterschiedlicher Form, über das Maß hinaus eingeschränkt worden, das zuvor schon für den liberalen angelsächsischen Kapitalismus galt. Legitimiert wurde die Grenzverschiebung damit, daß auf diesem Wege bisher politisch gebundene Wachstums- und Innovationsressourcen der Wirtschaft freigesetzt werden sollten. Diese Politik verband sich mit der Erwartung, daß die „Privatisierung" von Staatsaufgaben und die damit einhergehende Einschränkung politischer Gestaltungsspielräume durch die Ausweitung individueller Handlungsspielräume in der Ökonomie kompensiert werden würde: Die im Wohlfahrtsstaat verbliebenen Elemente republikanischer Demokratie (Gemeinwohlorientierung) (Münch 1998, 12. Kap.) wurden auf diesem Wege durch liberale Vorstellungen verdrängt. Diese Entwicklung wird durch die erwähnte „Auffaltung" der Grenze zwischen Staat und Markt, dem Öffentlichen und dem Privaten, auf die Spitze getrieben. Gemeinwohlvorstellungen geraten zunehmend unter den Druck der Individualisierung, Kommunalisierung und Regionalisierung wirtschaftlicher Wohlfahrtsmaximierung. Output-Legitimation (in Gestalt von Anpassungsleistungen) wird tendenziell gegenüber der Input-Legitimation (demokratische Partizipation) aufgewertet, faktische

Teilhabe (durch staatliche Umverteilung) wird durch das Angebot potentieller Teilhabe (durch staatlich vermittelte Chancengleichheit) verdrängt, die Möglichkeiten der demokratischen Gestaltung vormals politischer Prozesse, die die eigene Lebenspraxis betreffen, werden durch Entpolitisierung eingeschränkt.

Das wechselvolle Verhältnis von öffentlicher und privater Sphäre, von Staat und Markt (als, wie noch einmal betont sei, einander bedingende Teile eines Ganzen) hat sich von Anfang an in Verbindung mit der Konstitution der Ökonomie als Weltökonomie und der Konstitution von Politik als Staatenpolitik entwickelt. Staat-Markt-Beziehungen entfalten sich also ihrerseits im Spannungsverhältnis von Staatensystem und Weltmarkt. Sie sind stets vom internationalen Umfeld mitgeprägt. Wenn sich heute dieser Einfluß verstärkt, so heißt das nicht, daß damit politische Handlungsspielräume in allen Staaten in *gleichmäßiger* Form verlorengingen. Vielmehr sind die Staaten bei aller Sensitivität gegenüber den weltwirtschaftlichen Strukturveränderungen doch in sehr unterschiedlichem Maße durch Nichtanpassung verwundbar. Diese Unterschiede können ihrerseits als Machtressource der Politik in dem Versuch genutzt werden, die sozialen Kosten und ökonomischen Risiken von Liberalisierung und Deregulierung auf andere Staaten abzuwälzen.

Diese Zusammenhänge seien anhand eines Beispiels illustriert.

Die Zahlungsunfähigkeit Mexikos im Jahre 1982 löste bekanntlich die Verschuldungskrise der 80er Jahre aus. Die Konzentration der Verschuldungsproblematik auf bestimmte Länder und Banken drohte im Wege einer Kettenreaktion zu einem Zusammenbruch des Weltkapitalmarktes zu führen (Vgl. das Krisenszenario bei Clark 1985). Der Grund hierfür waren die geringen Mindestreserven der US-Banken, die die Großgläubiger der lateinamerikanischen Großschuldner waren. In dieser Situation griff die Reagan-Administration zu einem altbewährten Mittel: der Sozialisierung privater Verluste. Dies stand insofern nicht im Widerspruch zu den Grundsätzen der *Reagonomics,* als die über den IWF gezahlten Kredite mit Hilfe einer entsprechenden Konditionierung den Übergang von der auf Umverteilung ausgerichteten Debatte über eine Neuordnung der Weltwirtschaft zur weltmarktorientierten Strukturanpassung in Lateinamerika forcieren sollten.[10]

Hiergegen erhob sich in den USA Widerspruch. Eine Reihe einflußreicher US-Senatoren meldete Bedenken an. Sie argumentierten, daß sie die IWF-Lösung ihren Wählern nur dann „verkaufen" könnten, wenn den Banken eine Gegenleistung abverlangt würde. Diese Gegenleistung wurde in einer Erhöhung der Mindestreserven und damit in einer Einschränkung des Handlungsspielraumes der Banken gesehen. Die Banken waren bereit, dies zu akzeptieren, verlangten jedoch, daß Wettbewerbsnachteile, die ihnen aus dieser Einschränkung des Spielraumes für die Kreditvergabe gegenüber japanischen und europäischen Banken erwüchsen, durch eine internationale Regelung der Mindestreservepflichten aufgefangen werden müßten (Oatley/Nabors 1998).

Die US-Regierung machte sich dieses Anliegen zu eigen, konnte sich aber zunächst gegenüber den Partnerländern nicht durchsetzen. So ging sie den Weg, über bilaterale Geheimverhandlungen mit England, in die anschließend Japan einbezogen wurde, ein

10 Noch 1981 hatte Präsident Reagan auf dem Nord-Süd-Gipfel von Cancun, Mexico, die Aufnahme von Verhandlungen über die Forderungen der Entwicklungsländer zugesagt.

fait accompli zu schaffen, das den kontinentaleuropäischen Staaten keine andere Wahl ließ, als sich der trilateralen Regelung anzuschließen. Das Ergebnis war der Baseler Akkord von 1988. Genschel und Plümper (1998) bewerten diesen Fall als Beweis dafür, daß es unter Weltmarktkonkurrenz über die Produktstandardisierung hinaus auch im Finanzbereich zu einem „Regulierungswettlauf nach oben" kommen kann. Oatley und Nabors (1998) interpretieren ihn als Beispiel für die Bedeutung demokratischer Innenpolitik für das Zustandekommen einer internationalen Regulierung, die als Mittel zur Externalisierung von Kosten dient: „The U.S. proposal sought to transfer income from Japanese commercial banks to compensate American commercial banks for the costs of regulation demanded by voters" (Oatley/Nabors 1998: 36).
Inzwischen melden sich nun aber gerade jene Groß-Banken mit deutlicher Kritik am Baseler Abkommen von 1988 zu Wort, die dieses ursprünglich als Preis für ihr Nachgeben gegenüber dem innenpolitischen Widerstand gegen eine kompensationslose Sozialisierung der Verluste akzeptiert hatten. Die Großbanken wollen die bankinterne Risikosteurung gegenüber den behördlichen Vorgaben von Mindestreserven aufwerten. Damit soll, wie die Banken beteuern, zwar keine Rückkehr zu Bankgeschäften mit allzu dünnen Eigenkapitaldecken wie vor 1982 inszeniert werden (Hellmann 1998). Die Anrechnung interner Risiko-Aktiva auf die amtlich geforderten Mindestreserven soll aber flexibilisiert werden. Gleichzeitig soll (wie in der Bundesrepublik nach der 6. Novelle des Kreditwirtschaftsgesetzes vom Dezember 1997 bereits eingeleitet) die staatliche Bankenaufsicht darauf beschränkt werden, die Brauchbarkeit bankeninterner Instrumentarien für die interne Risikoabschätzung (ohne Prüfung der Risikoabschätzung selbst) zu prüfen. Dafür können die Banken gute Gründe aufführen. Im Endeffekt werden jedoch durch die Flexibilisierung diejenigen Banken begünstigt, die über die erforderlichen Flexibilisierungsfähigkeiten verfügen. Die Gruppe der 20 größten Banken (G-20), die ihren Club inzwischen erweitert, damit jedoch das Prinzip der Exklusivität nicht aufgegeben hat, dürfte auf diesem Wege noch mehr Einfluß auf die Gestaltung der weltwirtschaftlichen Entwicklung erlangen.
Das Beispiel illustriert *erstens*, daß *internationale* Machtdisparitäten auch unter den Bedingungen komplexer Interdependenz für die Durchsetzung rivalisierender Selbstbestimmungsansprüche bedeutsam bleiben, wobei allerdings die nicht-militärische Machtausübung gegenüber der militärischen Machtentfaltung auf absehbare Zeit an Bedeutung gewonnen hat (Ney 1990). *Zweitens* zeigt sich, daß Entgrenzung im Sinne der „Auffaltung" der Grenzlinie zwischen Staat und Markt sich nicht nur als stärkeres Ineinandergreifen beider Bereiche vollzieht, sondern auch mit neuen Grenzziehungen einhergeht. An die Stelle wohlfahrtsstaatlicher Regulierung der Sozialbeziehungen tritt eine plutokratische Subsidiarität in der Form von Regulierungsklubs, die unter dem Anspruch einer verstärkten Selbstregulierung der Marktkräfte Zonen der Exklusivität entstehen lassen, in denen Informationsvorsprünge in soziale Gestaltungsmacht umgesetzt werden (Brock/Hessler 1998). *Drittens* können die gesellschaftlichen Kosten der wirtschaftlichen Entgrenzung (Integrationsdefizite) offenbar durch internationale Regulation teilweise umverteilt werden (Japanische Banken kompensieren US-Banken für Nachteile aus einer Regulation, mit der die US-Parlamentarier ihre Wähler bei der Stange zu halten versuchen). *Last but not least* zeigt der Fall, wie demokratische Willensbildung eine solche Umverteilung auf zwischenstaatlicher Ebene auslösen, aber von den Banken auch wieder ausgehebelt werden kann. Der US-amerikanische Wähler

wurde für die Sozialisierung internationaler Verluste der US-Banken indirekt dadurch entschädigt, daß sich die Regierung verpflichtete, ein internationales Abkommen auszuhandeln, und die Banken sich zur Kooperation in diesem Unterfangen bereit erklärten. Heute versuchen die Großbanken offenbar mit Erfolg, die Verhaltensbeschränkungen selektiv zu revidieren, wodurch die internationale Bankenhierarchie gefestigt, wenn nicht ausgebaut wird.

5. Die Zukunft demokratischer Selbstbestimmung

Wie sind die geschilderten Entwicklungen in demokratiepraktischer Absicht, d.h. unter dem Gesichtspunkt der Bewahrung und Erweiterung demokratischer Selbstbestimmungsmöglichkeiten, zu bewerten?

Selbstbestimmung impliziert die Fähigkeit, das eigene Leben im Einklang mit gemeinschaftlich geteilten Prinzipien, Normen und Regeln zu gestalten. Das Element des Gemeinschaftlichen ist erforderlich im Sinne der notwendigen Einhegung rivalisierender Selbstbestimmungsansprüche analog zur klassischen Freiheitsproblematik. Es geht um Selbstbestimmung als aufklärerisches Projekt und zugleich um die Freisetzung und Mobilisierung von Ressourcen zur Bewältigung praktischer Lebensaufgaben. Insofern ist der hier verwendete Begriff der Selbstbestimmung normativ und funktional zugleich. Er geht von einer Verstärkung der Wirksamkeit politischer Entscheidungen durch demokratische Partizipation aus (vgl. Scharpf 1998).

Die Fähigkeit zur Gestaltung des eigenen Lebens hat eine objektive und eine subjektive Seite. Die subjektive Seite betrifft den Glauben, daß die Einhaltung der gemeinschaftlich geteilten Prinzipien, Normen und Regeln die eigene Lebensgestaltung ermöglicht, da von allen anderen ein gleichgerichtetes Verhalten erwartet werden kann. Die objektive Seite besteht in der Existenz institutioneller Arrangements, die eine verbindliche Konsensbildung über Prinzipien, Normen und Regeln und die Sanktionierung abweichenden Verhaltens gewährleisten.

Das Problem, auf das die Selbstbestimmung im hier erörterten Zusammenhang stößt, bzw. das die Frage nach den Möglichkeiten (und Grenzen) der Selbstbestimmung interessant macht, besteht darin, daß die Anforderungen an die Belastbarkeit der gemeinschaftlich geteilten Prinzipien, Normen und Regeln bei abnehmender räumlicher Kongruenz von Wirtschaft, Gesellschaft und Staat ihrerseits zunehmen. In die gleiche Richtung wirkt der Rückzug des Staates aus der positiven Gestaltung der Sozialbeziehungen und die Verlagerung des Schwergewichts seiner Aktivitäten auf die Bereitstellung der infrastrukturellen Voraussetzungen für deren Selbstregulierung. Die Ausdifferenzierung der Bezugsräume demokratischer Selbstbestimmung erschwert deren Operationalisierung, der Übergang zu einer angebotsorientierten Politik akzentuiert bestehende inner- und zwischengesellschaftliche Machtdisparitäten und damit die ungleiche Verteilung von Selbstbestimmungschancen. Räumliche Ausdifferenzierung und Deregulierung können auf diesem Wege dazu beitragen, den Glauben des Einzelnen an die Möglichkeit der Selbstbestimmung bei Einhaltung der erwähnten Grundsätze und Verfahrensweisen zu untergraben. Eine mögliche Folge wäre, daß letztere ihre Funktion für die Steuerung des individuellen Verhaltens verlieren, jeder also nach

seiner eigenen Façon selig zu werden versucht; eine andere, daß der Einzelne seine Hoffnung auf nicht-demokratische Lösungen setzt (vgl. Zürn 1998).
Nun ließe sich aber argumentieren, daß die Ausweitung des der Politisierung entzogenen „privaten" Bereichs im Zuge der Deregulierung dem Verfall der subjektiven Seite des Selbstbestimmungsglaubens entgegen wirke, sofern Deregulierung als Entbürokratisierung verstanden und im Wege einer Anerkennung der Grenzen des politisch Machbaren unter den Bedingungen komplexer Interdependenz als Notwendigkeit verstärkter Eigenanstrengungen zur Bewältigung der eigenen Lebensprobleme internalisiert wird. Die (subjektiven) Erwartungen an den Bereich dessen, was über eine politisch vermittelte Selbstbestimmung erreicht werden kann, würden auf diesem Wege heruntergefahren zugunsten dessen, was der „privaten" Lebensgestaltung (im Wege der Mobilisierung von Selbsthilfekräften) zuzumuten ist. Zweifellos hat sich im Umbruch der Weltpolitik Ende der 80er und im Verlaufe der 90er Jahre ein solcher Erwartungswandel nicht nur in den angelsächsischen Ländern, sondern in zunehmendem Maße auch auf dem eher wohlfahrtsstaatlich geprägten „Kontinent" vollzogen, bzw. er wird hier in verstärktem Maße angemahnt.
Offensichtlich erledigt sich aber das Demokratieproblem der Globalisierung damit keinesfalls von selbst. Die Umpolung der subjektiven Erwartungen trifft auf die fortbestehenden und zum Teil sich verschärfenden Schwierigkeiten des Einzelnen, sich im Wege der „privaten" Selbstbestimmung zu behaupten. Mit den sozialen Disparitäten wächst die allgemeine Verunsicherung, auch und gerade in den am weitesten entwikkelten Staaten. Die neue Dynamik strukturangepaßter Gesellschaften droht sich schnell zu verbrauchen, und das wachsende Systemrisiko erzeugt auch im Zentrum dieser neuen Dynamik, den Weltfinanzmärkten, Unruhe. Die neo-liberalen Vorstellungen über das rechte Verhältnis von Staat und Markt geraten ins Wanken. Die Weltbank hat in ihrem Weltentwicklungsbericht von 1997 das Verhältnis von Staat und Markt zur erneuten Diskussion freigegeben, und der Chefökonom der Weltbank, Joseph Stiglitz, hat unter dem Eindruck des Wechselbades hoher Erwartungen an das asiatische Entwicklungspotential und der ostasiatischen Krise den „Washington Consensus" aufgekündigt (Stiglitz 1998). Repräsentanten der Globalisierungsgewinner wie Peter D. Sutherland (Goldman Sachs Int.) und John W. Sewell (ehemals GATT, jetzt Chef des Overseas Development Council in Washington) meinen, daß es höchste Zeit sei, „die ganze Welt an einem Tisch" zu versammeln, um sich über die Probleme der Globalisierung und deren Bearbeitung zu verständigen (Sutherland/Sewell 1998). Wäre eine solche Verständigung möglich?
Halten wir zunächst fest, daß bisher nur von der Auswirkung der Globalisierung auf Demokratien gesprochen wurde. Daraus können sich insofern perspektivische Verzerrungen ergeben als die Globalisierungsdebatte sich im Kontext einer präzedenzlosen Ausbreitung der Demokratie als Staatsform, ja geradezu einer *Globalisierung der Demokratie* entfaltet hat. Diese Entwicklung wurde durch die Thematisierung politisch verantwortlichen Handelns (good governance) im Rahmen der Entwicklungszusammenarbeit gefördert. Und die Asienkrise hat - zumindest mit Blick auf Südkorea und Indonesien - die Hoffnung geweckt, daß der Zusammenbruch der bisher verfolgten Entwicklungsstrategien nun auch in Südost- und Nordost-Asien zur Demokratisierung beitragen könne, nachdem sich gerade diese Weltregion so lange unter Berufung auf „asiatische Werte" oder den „asiatischen Weg" gegen die Übernahme westlicher De-

mokratievorstellungen gewehrt hatte. Die bisherigen Forschungsergebnisse über den „demokratischen Frieden" legen den Schluß nahe, daß die wechselseitige Anerkennung der Staaten als Demokratien einer Verständigung unter ihnen entgegenkommt. Dementsprechend ließe sich die These aufstellen, daß sich die politischen Voraussetzungen für eine internationale Verständigung über die Herausforderungen der Globalisierung im Zuge der Globalisierung selbst verbessert haben.

Darüber hinaus ließe sich argumentieren, daß die neoliberale Neurorientierung des Verhältnisses von Staat und Markt zugunsten des Marktes mit der Förderung von Eigenverantwortlichkeit des Einzelnen zugleich dessen vorpolitische Fähigkeiten zu einer wirkungsvollen Teilhabe am politischen Prozeß stärkt, ja daß sich die Herausbildung neuer zivilgesellschaftlicher Strukturen, die der Demokratie zugute kommen (zur Differenzierung des Arguments vgl. Merkel/Laut 1998), nicht gegen, sondern mit der neoliberalen Wende in den einzelnen Ländern vollzogen habe. Das würde bedeuten, daß von dieser Seite her Fähigkeiten und Kräfte freigesetzt werden, die der Herstellung einer demokratischen Öffentlichkeit für einen internationalen Verständigungsversuch dienlich sein können.

Aber auch unter Berücksichtigung dieser Faktoren kann man sich nicht damit beruhigen, daß mit der Gefahr auch das Rettende wächst, also gerade das Zusammenwirken von Globalisierung und Deregulierung jene Kräfte freisetzt und Verhaltensmuster verallgemeinert, die zur Bearbeitung ihrer Folgeprobleme erforderlich sind. Die „dritte Welle" der Demokratisierung (Huntington 1991) hat sich außer in Lateinamerika schon wieder abgeflacht, aber auch in Lateinamerika bleibt die Demokratisierung prekär. Hier sind weltmarktorientierte Strukturanpassung und (Re-) Demokratisierung zum Teil Hand in Hand gegangen, zum Teil ist letztere der Strukturanpassung gefolgt. Dadurch sind klare Begrenzungen des ordnungspolitischen Handlungsspielraumes (im Sinne einer Begrenzung demokratischer Selbstbestimmung) vorgegeben worden. Während der Übergang von der Militärdiktatur zur Demokratie in seiner Bedeutung für die politischen Lebensumstände der Menschen kaum überschätzt werden kann, erlebt eine weiter wachsende Schicht von Armen die neu gewonnene Freiheit nur als „Freiheit, unter den Brücken zu schlafen". Aber nicht nur in der Dritten Welt, sondern auch in fast allen westlichen Industrieländern wächst seit den 70er Jahren die Armut und schrumpft unter der gegebenen Grundorientierung der Politik die Bandbreite ordnungspolitischer Alternativen, die heute zu ihrer Eindämmung zur Verfügung stehen. Und was die internationale Ebene betrifft, so nimmt trotz der wechselseitigen Anerkennung einer zunehmenden Zahl von Staaten als Demokratien die allgemeine Bereitschaft zur zwischenstaatlichen Verständigung über Grundfragen der weltwirtschaftlichen, technologischen und kulturellen Entwicklung offenbar eher ab als zu (Spanger 1998). Auch die Hoffnung auf eine substantielle Weiterentwicklung von Zivilgesellschaften, die die zwischenstaatliche Politik kritisch begleiten und ihre Rückbindung an demokratische Entscheidungsprozesse stärken könnten, macht offenbar einer zunehmenden Skepsis Platz.

Die Entwicklung ist also in höchstem Maße widersprüchlich - aber immerhin ist sie wenigstens *das*. Die Widersprüchlichkeit der Entwicklung bietet zahlreiche Ansatzpunkte für den Versuch, den Wirkungszusammenhang zwischen Globalisierung und Deregulierung in seiner Bedeutung für die Entwicklung der Demokratie als historisch kontingent aufzubrechen und zu bearbeiten. Es besteht heute in der Globalisierungsdebatte weitgehend Einigkeit darüber, daß der Nationalstaat auf absehbare Zeit das Zentrum für die Gestaltung des Sozialen bleiben wird. Das bedeutet nicht, daß die Reichweite der oben diagnostierten Strukturveränderungen nun wieder herunterzuspielen wäre, sondern daß es in erster Linie immer noch die Staaten sind, die mit diesen Strukturveränderungen fertig werden müssen. Hier zeigt sich der strategische Stellenwert, der einer erneuten Umorientierung des Verhältnisses von Staat und Markt für die Zukunft der Demokratie zukäme.

Freilich ist hier (bei aller Kontingenz der neoliberalen Globalisierung) die prinzipiell unaufhebbare Wechselwirkung zwischen der Gestaltung des Verhältnisses von Staat und Markt und der Gestaltung der internationalen Wirtschaftsbeziehungen unter den Bedingungen komplexer Interdependenz zu berücksichtigen. Da es unter diesen Bedingungen keine Lösung geben kann, die Fichtes Idee des geschlossenen Handelsstaates entspräche (deren Verwirklichung ohnehin unendliche Kriege zur Feststellung der „natürlichen Grenzen" solcher Staaten mit sich brächte), da des weiteren auch der Versuch protektionistischer Lösungen mehr Einengung als Erweiterung demokratischer Selbstbestimmung bringen würde, geht letztlich kein Weg an dem Versuch vorbei, die Bewahrung und Ausweitung demokratischer Selbstbestimmung auf innerstaatlicher Ebene durch internationale Verständigung über Sozial-, Umwelt- und Menschenrechtsstandards und deren Schutz abzusichern. Der Einwand, daß internationale Politikkoordination tendenziell demokratieschädlich sei, trifft hier auf den Gegeneinwand, daß Politikkoordination eine Voraussetzung für die Aufrechterhaltung der Funktionsvoraussetzungen für Demokratie darstellt (folglich Vor- und Nachteile im einzelnen abzuwägen wären), und daß der internationale Schutz von Standards, die der inneren Ordnung einer Gesellschaft entsprechen, keine Einschränkung demokratischer Selbstbestimmung mit sich bringt, sondern wiederum deren Voraussetzungen festigt. Freilich entsteht hier das Problem, daß die hegemoniale Vorgabe solcher Standards durch eine (hier die westliche) Staatengruppe eine Fremdbestimmung anderer Staaten bedeutet. Die entsprechende Kritik des westlichen Universalismus als Herrschaftsstrategie wird im Kontext der Asienkrise nicht abebben, sondern eher zunehmen. Dieses Dilemma könnte durch einen Wertedialog, der die unterschiedlichen Ausgangsbedingungen der einzelnen Staaten berücksichtigt und innerkulturellen Selbstklärungsprozessen Raum gibt (Senghaas 1998), gemildert, wenn auch nicht aufgehoben werden.

Diese schwierige Frage soll nicht weiter vertieft werden. Entscheidend ist im hier behandelten Zusammenhang, daß ein wirkungsvoller Dialog über internationale Standards der wirtschaftlichen, sozialen, kulturellen und ökologischen Entwicklung einen innergesellschaftlichen Dialog über die Bedeutung eben dieser Standards und die Möglichkeiten ihrer Einhaltung auch bezogen auf die westlichen Industrieländer selbst erforderlich macht. Das wiederum heißt, daß auch das Verhältnis von Staat und Markt, d.h. die Frage der Reichweite der staatlichen Gestaltung der Sozialbeziehungen, Gegenstand eines solchen Dialogs sein muß. Externe Herausforderungen demokratischer Selbstbstimmung können wirkungsvoll nur in Verbindung mit ihren inneren Problemen bearbeitet werden. Das Zustandekommen verständigungsorientierter Kommunikation über diese Fragen wird freilich nicht allein von der Überzeugungskraft der Argumente abhängen, sondern von konkreten gesellschaftlichen Auseinandersetzungen im Kontext der oben angesprochenen Widersprüche der gegenwärtigen Entwicklung.

6. *Fazit*

Es geht bei der Bearbeitung der hier angesprochenen Demokratieproblematik nicht um die Stärkung nationaler Handlungsfähigkeit als solcher (Streeck 1996, 1998), sondern um eine Erweiterung der innerstaatlichen Spielräume für eine demokratische Gestaltung des Sozialen in Wechselwirkung mit verstärkten internationalen Bemühungen um die Absicherung dieser Spielräume. Gelingt diese Doppelaufgabe nicht, gehen m.a.W. im Rahmen eines sich verschärfenden weltwirtschaftlichen Wettbewerbs die sozialen Errungenschaften verloren, über die sich die westlichen Gesellschaften bisher definiert haben, so würde dies die ohnehin schon beobachtbare Verunsicherung über die Leistungsfähigkeit der Demokratie im Umgang mit den Möglichkeiten und Problemen des weltwirtschaftlichen Strukturwandels vorantreiben. Wenn der Fokus einseitig auf nationale Handlungsfähigkeit gerichtet wird, kann dies wiederum dazu führen, daß die Kosten innergesellschaftlicher Arrangements auf andere, schwächere Staaten abgewälzt werden. Damit würde letztlich wiederum die internationale Rivalität demokratischer Selbstbestimmungsansprüche verschärft.

Es geht bei der hier erörterten Demokratieproblematik also auch nicht um Selbstbestimmung als solche, sondern um den Umgang mit rivalisierenden Selbstbestimmungsansprüchen, in denen sich globale Macht- und Entwicklungsdisparitäten ebenso spiegeln wie innerstaatliche Interessenkonflikte und ideologische Differenzen. Versteht man den langfristigen globalen Strukturwandel als historisch präzedenzlose Komplexitätssteigerung der Wechselwirkung zwischen wirtschaftlichen, sozialen, kulturellen und politischen Entwicklungen (Forschungsgruppe Weltgesellschaft 1996), so stellt sich einer demokratischen Politik im internationalen Kontext die Aufgabe, fortlaufend und in je spezifischen Zusammenhängen eine Verständigung über Möglichkeiten und Grenzen der Durchsetzung rivalisierender Selbstbestimmungsansprüche herbeizuführen. Es besteht m.a.W. neben dem angesprochenen Standardisierungsbedarf auch auf internationaler Ebene ein Diskursbedarf, der die internationalen verteilungspolitischen Implikationen von Sozial- und Umweltstandards anspricht (Neyer 1997). Zwar besteht hier aller Anlaß zur Skepsis hinsichtlich der Reichweite solcher Diskurse. Auf dem Gebiet der Klimapolitik lassen sich jedoch auch Ansätze zur internationalen Regelung von Verteilungsfragen aufzeigen (Zürn 1997a).

Die Berücksichtigung dieses Diskursbedarfs läuft nicht notwendigerweise darauf hinaus, möglichst viele Gremien auf möglichst vielen Ebenen ohne Prüfung dessen einzurichten, was damit zur praktischen Lösung von anstehenden Problemen beigetragen werden kann. Allerdings sollte die Ausweitung von Diskursmöglichkeiten auch nicht von vornherein als eine Verabsolutierung partizipatorischer Überlegungen zurückgewiesen werden, deren Umsetzung wenig zur Klärung der Sache und viel zur Blockierung von Entscheidungen beiträgt. Vielmehr gilt es, sich immer wieder zu vergegenwärtigen, daß die diskursive Anreicherung von Politik dazu beiträgt, sich überhaupt erst über die substantielle Rationalität von Entscheidungen zu verständigen, und daß sie insofern dem Denken in Kategorien der Output-Steigerung vorausgehen muß.

Der Anreiz, die bisher eingeleiteten Diskurse zu globalen Sachfragen (Entwicklung, Umwelt, Menschenrechte etc.) zu erweitern, müßte nach der hier verfolgten Argumentation in Zukunft wachsen. Das Verhältnis von Staat und Markt, des Öffentlichen zum Privaten als eine Grundfigur der Strukturierung gesellschaftlicher Räume steht nach dem Ende der neo-liberalen Gewißheiten der späten 80er und frühen 90er Jahre wieder zur Diskussion, weil diese Gewißheiten keinen überzeugenden Ansatz zum Umgang mit der Dynamik des globalen Wandels bieten. Das betrifft besonders die Überwindung von Systemrisiken des Weltfinanzmarktes, die Verhinderung einer weiteren sozialen Zerklüftung der Weltgesellschaft und die Ingangsetzung nachhaltiger Entwicklung. Das bedeutet nicht mehr und nicht weniger, als daß Autonomiestreben, Sicherheitsbedürfnisse und Gerechtigkeitserwägungen auf staatlicher und transstaatlicher Ebene in ein neues Gleichgewicht gebracht werden müssen.

Literaturverzeichnis

Abromeit, Heidrun, 1997: Überlegungen zur Demokratisierung der Europäischen Union, in: *Wolf, Klaus Dieter* (Hrsg.), Projekt Europa im Übergang? Staat und Demokratie in der Europäischen Union. Baden-Baden, 109-123.

Abromeit, Heidrun, 1998: Ein Vorschlag zur Demokratisierung des europäischen Entscheidungssystems, in: Politische Vierteljahresschrift 39, 1, 80-90.

Albert, Michael, 1998: Kapitalismus contra Kapitalismus, in: *Messner, Dirk* (Hrsg.), Die Zukunft des Staates und der Politik. Bonn, 100-120.

Albert, Mathias, 1996: Fallen der (Welt-)Ordnung. Internationale Beziehungen und ihre Theorien zwischen Moderne und Postmoderne. Opladen.

Albert, Mathias/Brock, Lothar/Hessler, Stephan/Menzel, Ulrich/Neyer, Jürgen 1995: Strukturveränderungen der Weltwirtschaft, 3 Bände. Frankfurt (Eigendruck).

Altvater, Elmar/Mahnkopf, Birgit 1996: Grenzen der Globalisierung. Münster.

Beck, Ulrich, 1997: Was ist Globalisierung? Frankfurt.

Benz, Arthur, 1998: Postparlamentarische Demokratie? Demokratische Legitimation im kooperativen Staat, in: *Greven, Michael Th.* (Hrsg.), Demokratie - eine Kultur des Westens? Opladen, 201-222.

Bienefeld, Manfred, 1996: Is a Strong National Economy a Utopian Goal at the End of the Twentieth Century?, in: *Robert Boyer/Daniel Drache* (ed.), States Against Markets. The Limits of Globalization, London/New York: Routledge, 415-440.

Böhret, Carl/Wewer, Göttrik, (Hrsg.), 1993: Regieren im 21. Jahrhundert - Zwischen Globalisierung und Regionalisierung. Opladen.

Bourdieu, Pierre, 1996: Warnung vor dem Modell Tietmeyer, in: Die Zeit vom 1.11.

Brock, Lothar/Albert, Mathias, 1995: Entgrenzung der Staatenwelt. Zur Analyse weltgesellschaftlicher Entwicklungstendenzen, in: Zeitschrift für Internationale Beziehungen 2:2, 259-285.

Brock, Lothar, 1998a: Staatenwelt, Weltgesellschaft und Demokratie. Chancen einer erneuten Transformation, in: *Messner, Dirk* (Hrsg.), Die Zukunft des Staates und der Politik. Bonn, 44-73.

Brock, Lothar, 1998b: Verweltlichung der Demokratie. Aus der Verflechtungs- in die Entgrenzungsfalle?, in: *Greven, Michael Th.* (Hrsg.), Demokratie - eine Kultur des Westens? Opladen, 39-54.

Brock, Lothar/Hessler, Stephan, 1998: Weltwirtschaftliche Strukturveränderungen. Indikatoren und politische Implikationen, in: *Busch, Andreas/Plümper, Thomas* (Hrsg.), Globalisierung. Anmerkungen zu einem populären Konzept. Baden-Baden, i.E.

Brunkhorst , Hauke, 1998: Läßt sich die Solidarität der Bürgergesellschaft globalisieren? Vortrag, Römergespräche. Frankfurt, 06.07.

Clark, William, 1985: Das Mexico-Syndrom. München.

Cox, Robert, 1994: Global Restructuring. Making Sense of the Changing International Political Economy, in: *Stubbs, Richard/Underhill, Geoffrey R. D.* (Hrsg.), Political Economy and the Changing Global Order. New York, 45-59.
Dahl, Robert A., 1994: A Democratic Dilemma: System Effectiveness versus Citizen Participation, in: Political Science Quarterly 109:1, 23-34.
Dahrendorf, Ralf, 1997: An der Schwelle zum autoritären Jahrhundert, in: Die Zeit, 14. November, 14-15.
Ertman, Thomas, 1997: Birth of the Leviathan. Cambridge.
Forschungsgruppe Weltgesellschaft 1996: Weltgesellschaft. Identifizierung eines Phantoms, in: Politische Vierteljahresschrift 37:1, 5-26.
Genschel, Philipp, 1998: Markt und Staat in Europa, in: Politische Vierteljahresschrift 39:1, 55-79.
Genschel, Philipp/Plümper, Thomas, 1998: Internationale Kooperation im Schatten des regulativen Wettbewerbs. Konstanz (Manuskript).
Giddens, Anthony, 1997: Jenseits von Links und Rechts. Frankfurt.
Globale Trends 1994, 1996, 1998, hrsg. von der Stiftung Entwicklung und Frieden. Frankfurt.
Grande, Edgar, 1996: Demokratische Legitimation und europäische Integration, in: Leviathan 24:3, 339-360.
Grande, Edgar, 1997: Post-nationale Demokratie - ein Ausweg aus der Globalisierungsfalle?, in: *Fricke, Werner/Fricke, Else* (Hrsg.), Jahrbuch Arbeit und Technik 1997. Bonn, 353-368.
Guéhenno, Jean-Marie, 1996: Das Ende der Demokratie. Stuttgart.
Heeg, Susanne, 1998: Vom Ende der Stadt als staatlicher Veranstaltung. Reformulierung städtischer Politikformen am Beispiel Berlins, in: PROKLA 28 (1), März, 5-24.
Held, David, 1995: Democracy and the Global Order. From the Modern State to Cosmopolitan Governance. Cambridge.
Held, David, 1998: Changing Contours of Political Community: rethinking democracy in the context of globalization, in: *Greven, Michael Th.* (Hrsg.), Demokratie - eine Kultur des Westens? Opladen, 249-261.
Hellmann, Norbert, 1998: Hilferuf aus Basel, Börsenzeitung, 27. März.
Hettne, Björn et al., 1995: International Political Economy. Understanding Global Disorder. London/New York.
Hirsch, Joachim 1995: Der nationale Wettbewerbsstaat. Berlin/Amsterdam.
Hirst, Paul/Thompson, Grahame, 1996: Globalization in Question. Cambridge.
Hirst, Paul/Thompson, Grahame 1998: Globalisierung? Internationale Wirtschaftsbeziehungen, Nationalökonomien und die Formierung von Handelsblöcken, in: *Beck, Ulrich* (Hrsg.), Politik der Globalisierung. Frankfurt, 85-133.
Hueglin, Thomas O., 1997: Regieren in Europa als universalistisches Projekt, in: *Wolf, Klaus Dieter* (Hrsg.), Projekt Europa im Übergang? Staat und Demokratie in der Europäischen Union. Baden-Baden, 91-107.
Huntington, Samuel P., 1991: The Third Wave. Democratization in the Late Twentieth Century, Norman/London.
Jachtenfuchs, Markus/Kohler-Koch, Beate, 1996: Einleitung: Regieren im dynamischen Mehrebenensystem, in: dies. (Hrsg.), Europäische Integration. Opladen, 15-46.
Jachtenfuchs, Markus, 1997: Die Europäische Union - ein Gebilde sui generis?, in: *Wolf, Klaus Dieter* (Hrsg.), Projekt Europa im Übergang? Staat und Demokratie in der Europäischen Union. Baden-Baden, 15-35.
Kielmansegg, Peter Graf, 1996: Integration und Demokratie, in: *Jachtenfuchs, Markus/Beate Kohler-Koch* (Hrsg.), Europäische Integration. Opladen, 47-72.
Kohler-Koch, Beate, 1998: Die Europäisierung nationaler Demokratien: Verschleiß eines europäischen Kulturerbes?, in: *Greven, Michael Th.* (Hrsg.), Demokratie - eine Kultur des Westens? Opladen, 263-288.
Krüger, Malte, 1997: Was besagen hohe Devisenmarktumsätze? In: Zeitschrift für das gesamte Kreditwesen 3, 11-16.
Mahnkopf, Birgit, 1998: Probleme der Demokratie unter den Bedingungen ökonomischer Globalisierung und ökologischer Restriktionen, in: *Greven, Michael Th.* (Hrsg.), Demokratie - eine Kultur des Westens? Opladen, 55-79.
McGrew, Anthony, 1998: Demokratie ohne Grenzen?, in: *Beck, Ulrich* (Hrsg.), Politik der Globalisierung. Frankfurt, 374-422.

Merkel, Wolfgang/Lauth, Hans-Joachim, 1998: Systemwechsel und Zivilgesellschaft: Welche Zivilgesellschaft braucht die Demokratie?, in: Aus Politik und Zeitgeschichte B 6-7, 3-12.

Messner, Dirk, 1998: Die Transformation von Staat und Politik im Globalisierungsprozeß, in: *ders.* (Hrsg.), Die Zukunft des Staates und der Politik. Bonn, 14-43.

Mummert, Uwe, 1998: Wirtschaftliche Entwicklung und Institutionen, in: Entwicklung und Zusammenarbeit 39:2, 36-39.

Münch, Richard, 1998: Globale Dynamik, lokale Lebenswelten. Frankfurt.

Münch, Richard, 1996: Between Nation-State, Regionalism and World Society, in: Journal of Common Market Studies 34:3, 379-402.

Negt, Oskar 1998: Ironie der Geschichte oder: Der Kaiser ist nackt, in: Frankfurter Rundschau, 4. Juli, S. 7.

Neyer, Jürgen, 1995: Globaler Markt und territorialer Staat, in: Zeitschrift für Internationale Beziehungen, 2:2, 287-315.

Neyer, Jürgen, 1997: Supranationalität als Auftrag zur Gestaltung verständigungsorientierter Diskurse, Bremen (Manuskript).

Neyer, Jürgen/Wolf, Dieter, 1996: Zusammenfügen was zusammengehört, in: Zeitschrift für Internationale Beziehungen, 3:2, 399-424.

North, Douglass, 1990: Institutional Change and Economic Performance. Cambridge.

Nye, Joseph, 1990: Bound to Leed: The Changing Nature of American Power. New York.

Oatley, Thomas/Nabors, Robert, 1998: Redistributive Cooperation: Market Failure, Wealth Transfers, and the Basle Accord, in: International Organization 52:1, Winter. L 35-54.

Oberndörfer, Dieter, 1998: Integration oder Abschottung? - Auf dem Weg zur postnationalen Republik, in: Zeitschrift für Ausländerrecht und Ausländerpolitik 18:1, 3-14.

Polanyi, Karl, 1997: The Great Transformation (1944), (4. Aufl.). Frankfurt.

Rezzori, Gregor von, 1953: Maghrebinische Geschichten. Rheinbek.

Riese, Hajo 1997: Stabilität und Entwicklung - Anmerkungen zur Integration der Dritten Welt in die Weltwirtschaft, in: *Braig, Marianne et al.* (Hrsg.), Begegnung und Einmischung. Stuttgart, 82-107.

Rodrik, Dani, 1997: Has Globalization gone too far?, Washington: Institute for International Economics.

Ruggie, John, 1982: International Regimes, Transactions and Change, in: International Organization 36, 379-415.

*Sassen, Saskia,*1996: Losing Control? Sovereignty in an Age of Globalization. New York.

Scharpf, Fritz, 1985: Die Politikverflechtungs-Falle: Europäische Integration und deutscher Föderalismus im Vergleich, in: Politische Vierteljahresschrift 26, 323-356.

Scharpf, Fritz, 1993a: Versuch über Demokratie im verhandelnden Staat, in: *Czada, Roland/Schmidt, Manfred G.* (Hrsg), Verhandlungsdemokratie, Interessenvermittlung, Regierbarkeit. Opladen, 25-50.

Scharpf, Fritz, 1993b: Legitimationsprobleme der Globalisierung. Regieren in Verhandlungssystemen, in: *Böhret, Carl/Wewer, Göttrik* (Hrsg.), Regieren im 21. Jahrhundert - Zwischen Globalisierung und Regionalisierung. Opladen, 165-185.

Scharpf, Fritz, 1995: Föderalismus und Demokratie in der transnationalen Ökonomie, in: Politische Vierteljahresschrift, Sonderheft 26, 211-235.

Scharpf, Fritz 1997: Globalisierung als Beschränkung der Handlungsmöglickeiten nationalstaatlicher Politik. Discussion Paper 97/1, Köln: Max-Planck-Institut für geGesellschaftsforschung.

Scharpf, Fritz, 1998: Demokratische Politik in der internationalisierten Ökonomie, in: *Greven, Michael Th.* (Hrsg.), Demokratie - eine Kultur des Westens? Opladen, 81-103.

Schmalz-Bruns, Rainer, 1997: Bürgergesellschaftliche Politik - ein Modell der Demokratisierung der Europäischen Union?, in: *Wolf, Klaus Dieter* (Hrsg.), Projekt Europa im Übergang? Staat und Demokratie in der Europäischen Union. Baden-Baden, 63-89.

Schmidt, Manfred G., 1997: Demokratietheorien (2. Auflage). Opladen.

Schmitter, Philippe 1995: Democracy's Future, in: Journal of Democracy 6:1, 15-22.

Schwartz, Herman M., 1994: States versus Markets. New York.

Schuppert, Gunnar 1997: Assoziative Demokratie, in: *Klein, Ansgar/Schmalz-Bruns, Rainer* (Hrsg.), Politische Beteiligung und Bürgerengagement in Deutschland - Möglichkeiten und Grenzen. Bonn.

Senghaas, Dieter 1998: Zivilisierung wider Willen. Frankfurt/M.

Spanger, Joachim 1998: Globalisierung, Geoökonomie und der Euro, HSFK-Report 4, Frankfurt/M.
Stiglitz, Joseph, 1998: Staat und Entwicklung - Das neue Denken, in: Entwicklung und Zusammenarbeit 39:4, 101-104.
Stoiber, Edmund, 1998: Demokratie in der Zeit von Internet und Global Players, in: *Greven, Michael Th.* (Hrsg.), Demokratie - eine Kultur des Westens? Opladen, 9-18.
Streeck, Wolfgang, 1998a: Gewerkschaften zwischen Nationalstaat und Europäischer Union, in: *Messner, Dirk* (Hrsg.), Die Zukunft des Staates und der Politik. Möglichkeit und Grenzen politischer Steuerung in der Weltgesellschaft. Bonn, 218-246.
Streeck, Wolfgang, 1998b: Industrielle Beziehungen in einer internationalisierten Wirtschaft, in: *Beck, Ulrich* (Hrsg.), Politik der Globalisierung. Frankfurt, 169-202.
Streeck, Wolfgang 1996: Public Power Beyond the Nation State. The Case of the European Community, in: *Boyer, Robert/Drache, Daniel* (Hrsg.), States Against Markets. London/New York, 299-315.
Streeck, Wolfgang, 1995: From Market Making to State-Building? Reflections on the Political Economy of European Social Policy, in: *Leibfried, Stephan/Pierson, Paul* (Hrsg.), European Social Policy. Between Fragmentation and Integration. Washington, DC, 389-431.
Sutherland, Peter D./Sewell, John W., 1998: Die ganze Welt an einen Tisch. Ein Aufruf, in: Die Zeit, 19.März, S. 35.
Tarkianinen, T., 1972: Die athenische Demokratie. München.
Wallerstein, Immanuel, 1974: The Modern World System, Bd. 1. Orlando, Fla.
Walter, Gregor/Dreher, Sabine/Beisheim, Marianne, 1997: Globalization Processes in the OECD World, InIIS-Arbeitspapier 4-5/1997. Bremen.
Weller, Christoph, 1998: Demokratie in der Globalisierungsfalle?, in: *Greven, Michael/Schmalz-Bruns, Rainer* (Hrsg.), Politische Theorie - heute. Baden-Baden, i.E.
Weltbank, 1997: World Development Report 1997. The State in a Changing World. Washington D.C./New York.
Wolf, Klaus Dieter, 1998: Die Neue Staatsräson als Demokratieproblem in der Weltgesellschaft, in *Greven, Michael Th./Schmalz-Bruns, Rainer* (Hrsg.), Politische Theorie - heute. Baden-Baden, i.E.
Wolf, Klaus Dieter, 1997: Entdemokratisierung durch Selbstbindung in der Europäischen Union, in: *Wolf, Klaus Dieter* (Hrsg.), Projekt Europa im Übergang? Staat und Demokratie in der Europäischen Union. Baden-Baden, 271-294
Wolf, Klaus Dieter (Hrsg.), 1997b: Projekt Europa im Übergang? Staat und Demokratie in der Europäischen Union. Baden-Baden.
Zürn, Michael, 1992: Jenseits der Staatlichkeit. Über den Prozeß der ungleichzeitigen Denationalisierung, in: Leviathan 20:4, 490-513.
Zürn, Michael, 1996: Über den Staat und die Demokratie im europäischen Mehrebenensystem, in: Politische Vierteljahresschrift 37:1, 27-55.
Zürn, Michael 1997a: „Positivies Regieren" jenseits des Nationalstaates. Zur Implementation internationaler Umweltregimes, in: Zeitschrift für Internationale Beziehungen 4:1, 41-68.
Zürn, Michael 1997b: Does International Governance Meet Demand?, InIIS-Arbeitspapier 4-5/1997. Bremen.
Zürn, Michael, 1998: Schwarz-Rot-Grün-Braun: Reaktionsweisen auf Denationalisierung, in: *Beck, Ulrich* (Hrsg.), Politik der Globalisierung. Frankfurt, 297-330.

Grenzprobleme der Demokratie: konzeptionelle Überlegungen

Heidrun Abromeit / Thomas Schmidt

1. *Einführung: Demokratie in der ,Globalisierungsfalle'?*

Unter dem Schlagwort ,Globalisierungsfalle' wird in der öffentlichen Debatte in der Regel auf die zunehmende Handlungsunfähigkeit des überkommenen Nationalstaats (der neuerdings ,westfälisch' geheißen wird) verwiesen: Die weltwirtschaftliche Verflechtung, aber auch die Auslagerung ursprünglich nationalstaatlicher Aufgabenerfüllung und/oder Normsetzung an internationale Regime oder an supranationale Institutionen lassen die formalen Kompetenzen nationalstaatlicher Institutionen zunehmend leerlaufen. Daraus auf das herannahende Ende des Nationalstaats zu schließen, wäre verfrüht und unterstellt ihn als monolithischen Akteur, d. h. als eine mythische Einheit, die mindestens ,in demokratischen Zeiten' in Frage steht. Was als Souveränitätsverlust des Staates an sich erscheint, ist bei genauerer Betrachtung staats*intern* der Machtverlust bestimmter staatlicher Akteure. Der z. B. aus der Föderalismusforschung bekannte Tatbestand, daß gliedstaatliche *Regierungen* Einbußen an gliedstaatlicher Autonomie gegen Zugewinne an gesamtstaatlicher Einflußnahme zu tauschen bereit sind, läßt sich auf die supranationale Ebene übertragen: nationalstaatliche *Regierungen* tauschen nationalstaatliche Autonomieverluste gegen suprastaatliche Einflußchancen und erzielen dabei (wie Wolf plausibel nachgewiesen hat: 1997, 1999) einen durchaus erwünschten Extraprofit, nämlich Zuwächse an *interner* Autonomie.

Die Schere, die dank Globalisierung weit auseinander klafft, ist weniger die zwischen (z. B.) formaler Kompetenz und realer Problemlösung, sondern die zwischen (wo auch immer allozierter) Kompetenz und Legitimation; Verlierer der Entwicklung sind die demokratischen Institutionen und damit die Bürger, deren Partizipationsmöglichkeiten notgedrungen leerlaufen. Am Beispiel der Europäischen Union läßt sich diese Entwicklung unschwer belegen. Das ,demokratische Defizit' der EU ist so oft beschrieben worden, daß es hier nicht erneut skizziert werden muß. Es mag ausreichen, darauf zu verweisen, daß das Defizit mehrdimensional ist: Das komplexe europäische Entscheidungssystem ist sowohl ,postnational' wie ,postparlamentarisch' (s. u.a. Andersen/Eliassen 1996). Die demokratietheoretisch interessante Frage in diesem Kontext ist, ob das Defizit obendrein unvermeidlich ist. Nicht nur Kielmansegg (1994) hält die Europäische Gemeinschaft für „nicht demokratiefähig", weil das „kollektive Subjekt", mithin der *Demos* fehle. „Should it turn out that some types of political decisions taken by the EU cannot be controlled democratically *as a matter of principle*, the EU would be a manifestation of a transformation of a fundamental principle of statehood" (Jachtenfuchs 1997: 57), und nicht nur das; die Demokratietheorie hätte vor der ,schlechten Realität' endgültig die Segel zu streichen.

,Demokratie' wird sowohl theoretisch wie praktisch vorschnell exklusiv auf den Staat bezogen, ja mit ,moderner Staatlichkeit' geradezu identifiziert. Aber kommt Demokratie in ,entgrenzten Räumen' unvermeidlich an ihre Grenze, ist darum das ,Ende der Demokratie' (Guéhenno 1994) in Sicht, oder ist Demokratie auch ,entgrenzt' konzipierbar? Robert A. Dahl hält nicht zu Unrecht die Zeit für die ,dritte Transformation" der Demokratie für gekommen (1989: 320), andere Autoren (z. B. Held 1991, 1995) fordern die Konzeptualisierung einer ,kosmopolitischen Demokratie' ein.
Der folgende Beitrag zielt nicht darauf ab, den ersten (meist vagen, idealistischen, z. T. naiven) Entwürfen in dieser Richtung einen weiteren hinzuzufügen. Primär geht es um eine neue Sichtung der ,Grenzprobleme' der Demokratie. Diese werden in einem ersten Abschnitt systematisch entfaltet - unter Berücksichtigung sowohl der verschiedenen Aspekte demokratie-relevanter ,Abgrenzung' als auch verschiedener Definitionen und Konzeptualisierungen von Demokratie. Im zweiten Teil konzentrieren unsere Überlegungen sich auf den - theoretisch wie praktisch bislang weitgehend ungeklärten - Zusammenhang zwischen ,Grenze' und Identität: auf die Frage, wieviel Bindung und Identifikation ,innen' erfordert sind, um einen Demos zu konstituieren, und wie weit er der Abgrenzung nach außen bedarf.

2. *Über die Schwierigkeiten bei der Konzeptualisierung transnationaler Demokratie*

2.1 Dimensionen des Grenzproblems der Demokratie

Eine geläufige Annahme besagt, daß Demokratie essentiell auf Exklusion beruhe. Gerade „stronger forms of democracy, urgently needed for many reasons, have been historically linked with rigorous policies of exclusion"; eine transnationale, gar universalistische ,politische Kultur' stehe mit der Demokratie darum tendenziell im Widerspruch (Bader 1997: 772 f.). Die Einschätzung basiert auf der weiteren Annahme, daß der Demos der Demokratie notwendigerweise in entscheidenden Punkten homogen sein müsse, wobei das Substrat dieser Homogenität durchaus unterschiedlich bestimmt sein kann - ethnisch, historisch (der gemeinsame Erfahrungshorizont) oder auch ökonomisch (wenn vom ,Staatsbürger' gefordert wird, „daß er sein eigener Herr ... sei, mithin irgendein Eigentum habe"[1]). In der Tat sind jeder Konzeptualisierung von Demokratie logisch vorgelagert die beiden Fragen (1) nach der Einheit, innerhalb derer der demokratische Prozeß stattfinden soll, und (2) nach den Teilnehmern an diesem Prozeß.[2] Abgrenzung, Grenzziehung, die Festlegung von Kriterien für Inklusion und Exklusion sind insofern grundlegende Themen der Demokratietheorie.
Strenggenommen gilt dies natürlich nur unter der Voraussetzung, daß Entscheidungen getroffen werden sollen, die sich (nur) an einen bestimmten Adressatenkreis richten und deren Wirkungen auf bestimmte Einheiten begrenzbar sind. Konzeptualisiert man ein Entscheidungssystem, das auf ,die Menschheit' abzielt (was bei aller Realitätsferne jedenfalls nicht denkunmöglich ist), wird das Grenzproblem gegenstandslos und jede

---

1 Kant: Über den Gemeinspruch..., in: Politische Schriften, hg. O. H. v. d. Gablentz, WV 1965: 85.

2 S. hierzu ausführlich und grundlegend Whelan 1983: 13 ff.

Exklusion willkürlich. Nach dem Vorbild der ökonomischen Föderalismustheorie läßt sich daher eine Art Stufenfolge modellieren: Entscheidungen, die nur ein Individuum betreffen, werden von ihm allein getroffen; Entscheidungen, die für eine bestimmte Teilgesamtheit gelten sollen, erfordern die Beteiligung der ihr Zugehörigen; Entscheidungen, die alle betreffen, erfordern die Beteiligung Aller. Abgrenzungs- und Exklusionsprobleme fallen also ‚nur' in dem mittleren Bereich an. Doch wie gleich zu sehen sein wird, ruft der Wegfall der Grenze zwischen Innen und Außen in einer ‚Menschheitsdemokratie' spezifische Dilemmata der Effektuierung demokratischer Prozesse hervor. Überdies ist zu bedenken, daß das Abgrenzungsproblem (mindestens) zwei Dimensionen hat und darum beim Überspringen der territorialen Grenzen noch lange nicht entfallen muß.

Das Innen und Außen der Demokratie. Wir sind es gewohnt, Demokratie ortsbezogen zu denken: Die Einheit, für die Entscheidungen getroffen bzw. Normen gesetzt werden, den ‚öffentlichen Raum', in dem dies geschieht, definieren wir typischerweise territorial. Dafür gibt es nicht nur gute historische Gründe, sondern ebenso gute theoriepragmatische. Werden Einheiten räumlich definiert, bereitet die Frage der Inklusion wenig Kopfzerbrechen; eher im Gegenteil: das Kopfzerbrechen beginnt erst, wenn man vom Grundsatz des Einbezugs ‚aller Anwohner' abweichen will. Auch Identitäts- und Homogenitätsfragen schienen - früher jedenfalls - bei Geltung des Territorialprinzips wenig Schwierigkeiten aufzuwerfen, ließen sich bei den Anwohnern eines bestimmten Territoriums doch ohne weiteres eine Reihe von Gemeinsamkeiten unterstellen. Kurz: Das Innen - der Demos - war verhältnismäßig leicht vom Außen - der Umwelt - abgrenzbar.

In unserem Kontext interessiert ein weiterer Aspekt, der sich aus der Spannung von Innen und Außen ergibt. Der Blick ‚nach draußen', die Auseinandersetzung mit der Umwelt, mag die Identifikation mit dem Innen fördern; sie schärft zugleich den Blick für seine Schwächen. Hirschmans Überlegungen zu den sozialen Reaktionsmodi *exit* und *voice* spielen auf dieses Spannungsverhältnis an. Abwanderung ist demnach das typische Verhalten von unzufriedenen Konsumenten: Sie wechseln vom einen zum anderen Anbieter. Wenn ‚Abwanderung' nicht möglich ist, sollte ‚Widerspruch' an seine Stelle treten - als typische Reaktionsform in politischen Zusammenhängen. Wo Abwanderung so leicht wie gang und gäbe ist, erscheint Widerspruch witzlos. Doch andererseits lebt die Durchsetzbarkeit von *voice* - also der Einflußnahme durch Beteiligung, ‚Mitbestimmung' - vom (wie immer modifizierten) Vorhandensein der *exit*-Option: als einer Art Drohung (wenn auch realiter wohl weniger von Individuen als vielmehr von Untereinheiten), die dem Widerspruch erst Gewicht verleiht.

Räumliche ‚Entgrenzung' wird so in mehrfacher Hinsicht zum Problem: Wo dem Innen das Außen abhanden kommt, die Umwelt internalisiert wird, verliert sich (1) die Bestimmbarkeit eines Demos im Ungewissen, steht (2) ggf. die Möglichkeit der Identifikation (und damit von *loyalty*; s. u.) in Frage und entfällt (3) die *exit*-Option.

Das Kongruenzproblem. Auch innerhalb territorial definierter Entscheidungseinheiten - sprich der Nationalstaaten - werden Entscheidungen getroffen, die nicht ‚alle Anwohner' in gleicher Weise betreffen und an denen sie auch nicht alle in gleicher Weise beteiligt sind. Das Schlagwort von der ‚postparlamentarischen Demokratie' verweist auf die Auslagerung ganzer Entscheidungsbereiche aus dem territorialen Kontext (der nationalen oder subnationalen Entscheidungssysteme) in ‚sachbezogene' Interaktionssysteme. Die demokratie-relevanten Einheiten sind eben nicht nur territorial, sondern auch funktional bestimmbar. Solche funktionalen Entscheidungszusammenhänge werfen nun in der Tat gravierende Abgrenzungsprobleme auf; Innen und Außen, obwohl vorhanden, sind tendenziell ähnlich ununterscheidbar wie im Fall transnationalen Regierens. Ganz offensichtlich gibt es hier keine einfachen, selbst-evidenten oder ‚in der Natur der Sache' liegenden Kriterien der Zugehörigkeit; wahrscheinlich ist über die Zugehörigkeit überhaupt nicht objektiv befindbar[3], weil - z. B. - zwischen der ‚Klasse an sich' und der ‚Klasse für sich' Welten liegen können. Überdies dürften Individuen sich unterschiedlichen, auch im Zeitverlauf wechselnden Sachzusammenhängen bzw. funktionalen Einheiten zuordnen; d. h. der Demos ist nicht nur schwer bestimmbar, sondern überdies ‚in flux': nicht ein für allemal festgelegt. Schließlich fragt sich, *wer* denn in solchen Einheiten über Inklusion und Exklusion zu entscheiden hätte (und mit welchem Recht?) - wenn nicht die ‚Zugehörigen' selbst?

Das - theoretische wie praktische - Problem der Definition der Grenzen einer *funktionalen* ‚self-governing unit' mag man für irrelevant erklären: ‚aufgehoben' in der nationalen Demokratie. Doch zum einen akzeptiert man damit die dauerhafte Verletzung des Kongruenzprinzips der Demokratie - des Grundsatzes, daß die Entscheidungsunterworfenen am Zustandekommen der Entscheidungen beteiligt sind und nicht *andere* über sie entscheiden. Zum anderen verweist die Praxis sowohl der EU als auch internationaler Regime darauf, daß räumliche Entgrenzung noch lange nicht den ‚Weltstaat', sondern zunächst und vor allem solche - transnationalen - funktionalen Entscheidungssysteme nach sich zieht.

Zum Grenzproblem tritt ein weiteres, nicht minder gravierendes Problem: Das Spannungsverhältnis von Innen und Außen ist in funktionalen Einheiten ein grundsätzlich anderes als in territorialen, da beide ihrerseits funktional aufeinander bezogen sind. Die *exit*-Option entfällt in solchem Kontext.

Auf eine *dritte Dimension* des Grenzproblems der Demokratie sei abschließend wenigstens kurz verwiesen: Grenzen bestimmen nicht nur das Verhältnis selbstbestimmter Einheiten, sondern auch das zwischen Entscheidungsinstanzen (‚checks and balances') sowie das zwischen diesen und den Individuen. So läßt sich denn ein trade-off denken zwischen räumlicher Entgrenzung auf der einen Seite und um so strikterer Gewaltenbegrenzung auf der anderen. So verstand sich ja auch die EG ursprünglich als eine neue - supranationale - Jurisdiktion „albeit within limited fields"[4]. Unglücklicherweise läßt sich aber gerade am europäischen Beispiel demonstrieren, daß diese Art der Grenzziehung wenig Sinn macht, wenn in der transnationalen Demokratie die Akteure fehlen, die wirksam auf ihre Einhaltung pochen können. So mag man es drehen und wenden, wie man will: Am Ende landet man immer wieder beim Demos, der sich indessen zunehmend selbst dem theoretischen Zugriff entzieht.

3 Siehe Abromeit 1998a: 72 ff.
4 EuGH, Van Gend & Loos vs. Nederlandse Administratie... 1962 (zitiert b. Weiler 1996).

2.2 Dilemmata und Lösungsversuche

Demokratietheoretisch wie -praktisch stehen wir also vor einem neuen Grenzproblem. Hatte die Demokratietheorie schon immer Schwierigkeiten mit der Bestimmung plausibler Kriterien für die Abgrenzung des Demos (vgl. Whelan 1983: 13 ff.)[5], so scheint die Aufgabe nun vollends unlösbar, da sie sich zum komplexen, mehrdimensionalen Problem ausgewachsen hat: Territoriale (aber nach Entscheidungsbereichen unterschiedlich weitgehende) Entgrenzung verbindet sich mit der Ausbildung funktionaler Entscheidungseinheiten, deren Ausdehnung und Abgrenzung im Ungewissen liegt. Das neue Rätsel besteht in der Bestimmung (räumlich) entgrenzter, amorpher Demoi. Wenn denn das unhintergehbare Definitionsmerkmal von Demokratie die Zustimmung der Entscheidungsunterworfenen zu diesen Entscheidungen ist: *wessen* Zustimmung wird dann *wo* gebraucht, und *wie* soll/kann sie sich äußern?

Das neue Grenzproblem resultiert in mindestens zwei Dilemmata, deren Lösung schwer vorstellbar ist.

1) Das erste Dilemma ist das grundlegender *Ungewißheit*: In funktionalen Zusammenhängen wird der Konnex zwischen den entscheidenden Akteuren, dem (a-territorialen) *locus* der Entscheidung und den betroffenen Referenzgruppe(n) systematisch prekär. Nicht nur der Demos, sondern auch die ‚Governance'-Ebene scheint unbestimmbar; zur Herstellung von Zurechenbarkeit und Kongruenz mangelt es an Transparenz.[6]
2) Weder transnationale noch funktionale Entscheidungszusammenhänge erlauben dem gedachten Demos sinnvolle *exit*-Strategien. Das zweite Dilemma ist darum das der grundlegenden *Entwertung* demokratischer Partizipation: Innerhalb der nationalstaatlichen Demokratie laufen demokratische Teilhaberechte in einer zunehmenden Zahl von Entscheidungsbereichen leer. Durch eine Aufwertung von supranationalen Einheiten mittels Gewährung eigenständiger ‚Suprastaatsbürgerrechte' würde diese Entwicklung legitimatorisch abgedeckt, aber nur pro forma, denn *voice* scheint auf der transnationalen Ebene nur in stark verdünntem Aufguß möglich. Beim Fehlen der *exit*-Option verbietet sich im übrigen von vornherein die Konstruktion von Zusatz- oder Ersatzlegitimation via ‚stillschweigender Zustimmung'.

Also doch das ‚Ende der Demokratie' und der Beginn eines neuen Zeitalters der „guardianship" (Dahl 1989: 320)? Lösungsansätze lassen sich um so schwerer finden, je ‚konventioneller', d. h. der gängigen parlamentarischen Praxis verhaftet die Demokratiedefinition ist, von der man ausgeht. Schmitter (1997: 15) z. B. definiert Demokratie als „a regime or system of governance in which rulers are held accountable for their actions in the public realm by citizens, acting indirectly through the competition and cooperation of their representatives." Seine Antwort auf die Frage nach der Möglichkeit der Demokratisierung der ‚Euro-Polity' fällt pessimistisch aus, weil das vorausgesetzte *public realm* „indefinite and inconsistent" ist (30 f.) und alle über die Repräsentation des Demos in der Mitte dieses ‚öffentlichen Reichs' laufenden Beteiligunsformen

5 Die ‚Nation' war nie eine plausible Lösung, weil die Zurechenbarkeit zu ihr prinzipiell so willkürlich ist wie die zum Demos. Der ‚selbst-definierte' Demos wiederum erscheint ordnungsliebenden Theoretikern höchst unbefriedigend (s. z. B. Dahl 1989: 196). Und die Frage ‚demokratisch' entscheiden zu lassen, ist logisch unmöglich (s. Whelan 1983: 22).

6 Daß dies nicht am bösen Willen der Akteure liegt, ließe sich netzwerktheoretisch begründen.

nicht greifen. Wenn die eindeutige Festlegung von „domain and scope" als Merkmal einer „democratic unit" definitorisch vorausgesetzt wird (s. auch Dahl 1989: 207), ist die Demokratisierung ‚entgrenzter', aber funktional differenzierter Räume definitionsgemäß unmöglich.
Zürn (1996: 39f.) basiert seine Überlegungen über die Demokratie im europäischen Mehrebenensystem auf die vier entscheidenden Voraussetzungen der Kongruenz (von Herrschaftsobjekten und -subjekten), der Identität (des Demos), der Reversibilität (der Entscheidungen) und der Zuordnung (von Entscheidungen zu Entscheidungsträgern). Dieser Ansatz erlaubt im Prinzip ein flexibleres Eingehen auf mehrdimensionale, ggf. ‚inkonsistente' Entscheidungseinheiten, dürfte aber vor der Aufgabe der objektiven Abgrenzung ‚kollektiver Identitäten' die Waffen strecken - wie vermutlich jeder Versuch des Entwurfs eines plausiblen, ‚legitimatorisch einwandfreien' funktionalen Demokratiekonzepts (s. u.).
Schließlich kann man sich definitorisch (wie in diesem Beitrag schon mehrfach geschehen) auf einen Kern, zugleich den Minimalinhalt von Demokratie zurückziehen, der in der Bindung von Entscheidungen an die Zustimmung der von den Entscheidungen Betroffenen besteht - mit der Qualifikation, daß diese Zustimmung nur dann als ‚stillschweigend' unterstellt werden kann, wenn wirksame und nutzbare Möglichkeiten des Widerspruchs bestehen. Auch mit einer solchen Definition entkommt man dem Abgrenzungsproblem freilich nicht.
Auf bisher unterbreitete Vorschläge, den Dilemmata ‚entgrenzter' Demokratie zu Leibe zu rücken, kann hier nicht ausführlich eingegangen werden. Drei Varianten seien zumindest benannt. Eher konventionell (im o. e. Sinn) ist David Helds Modell einer ‚kosmopolitischen Demokratie' (1991, 1995), das auf dem Prinzip der Parlamentarisierung insistiert und z. B. ‚regionale' (supranationale) Parlamente vorsieht und auch die Vereinten Nationen parlamentarisieren will, zugleich in bestimmten Sachfragen allerdings transnationale Referenda für sinnvoll hält. Richter (1997) sowie eine Reihe anderer, eher ‚zivilgesellschaftlich' orientierter Autoren stellen sich eine Verknüpfung von Demokratie und Globalisierung in einer Welt-'Bürgergesellschaft' vor, als deren Akteure, „in wechselnden Konstellationen, individuelle Experten, politische Eliten, spontane Öffentlichkeiten von sozialen und politischen Bewegungen, Medienöffentlichkeit oder Interessengruppen" (S. 194) visualisiert werden, die in einem „reziproken Vermittlungsprozeß der mikro- und makropolitischen Ebene" „deliberative Politikgestaltung" im Weltmaßstab betreiben (195, 193). Ein dritter, bisher nur für die EU ausgearbeiteter Vorschlag (Abromeit 1998) nimmt einen möglichen trade-off zwischen territorialer und sektoraler Demokratie zum Ausgangspunkt. Sektoral, so die Vermutung, konstituieren sich, issue-bezogen und jenseits eines territorial bestimmten *public realm*, pluralisierte „public spaces" (s. auch Connolly 1995, 153 ff.), in denen Partizipation fallweise aktualisiert werden kann/muß. Der Entwertung der Demokratie in territorial definierten Einheiten wäre mit der Etablierung von Partizipationsrechten in funktionalen Einheiten zu begegnen, wobei die Möglichkeit von *voice* im transnational-funktionalen Zusammenhang in einer Weise zu institutionalisieren wäre, die den Verlust der *exit*-Option ausgleicht, d. h. Blockaden gleichkommt. Bei unklaren Grundgesamtheiten läßt sich solch wirksame Partizipation nicht über repräsentative Institutionen aktualisieren. Konkret läuft der Vorschlag darum auf die Ermöglichung sachbezogener direktdemokratischer Vetos hinaus.

Alle drei Varianten vermögen die oben bezeichneten Dilemmata nicht befriedigend aufzulösen. Im ersten Modell bleibt völlig offen, wie denn - wann, von wem - und für welche Grundgesamtheit die anvisierten transnationalen Referenda aktualisiert werden sollen; es fehlt jeder Bezug zu einer Entscheidungseinheit und den Entscheidungsträgern. Der zweite Ansatz schüttet das Kind mit dem Bade aus: mit seiner Entgrenzung kommt der Demos völlig abhanden und wird tendenziell durch eben die Netzwerke ersetzt, die eigentlich von ihm zu kontrollieren wären. Das Ungewißheits-Dilemma wird damit nicht angegangen, sondern zu einem demokratischen (bürger- oder zivilgesellschaftlichen) Element umdefiniert. Die dritte Variante schließlich droht am selben Dilemma insofern zu scheitern, als die funktionalen ‚public spaces' im Nebel liegen. Mit dem sachbezogenen Veto vermag sie immerhin das Problem unklarer Zurechenbarkeit zu umgehen; das alt-neue Abgrenzungsproblem ist dagegen bestenfalls halb gelöst, denn was z. B. macht bei unbestimmten Grundgesamtheiten die Mehrheit aus?

2.3 Grenze und Identität

Die skizzierten Lösungsansätze sind mehr oder weniger vage Postulate; weder sind sie (bisher) demokratietheoretisch bis zum Ende durchdacht noch sind sie sozialwissenschaftlich basiert. Eine im Zusammenhang der ‚Entgrenzung' entscheidende, bislang aber noch ungelöste Frage ist vor allem die nach dem Ausmaß der ‚kollektiven Identität', die eine *self-governing unit* erst konstituiert. Werden solche Einheiten als ‚*Gemeinwesen*' verstanden - was schon rein sprachlich ‚Vergemeinschaftung' nahelegt -, wird die Identitätsbedingung (Zürn 1996, 39 f.) anspruchsvoller ausfallen als bei der Beschränkung auf ‚soziale Handlungszusammenhänge'. Individuen, auch Gruppen, agieren in unterschiedlichen Zusammenhängen und wechseln die (quasi-) Zugehörigkeiten obendrein im Zeitablauf. Aber wie amorph dürfen Einheiten sein, um noch selbstbestimmt sein zu können, wie amorph die Demoi, um noch partizipatorisch ernst genommen werden zu müssen? Wie lassen sich die Minima an Identität bestimmen, und auf welchen Dimensionen liegen sie?

Intuitiv sollte man meinen, daß majoritäre demokratische Institutionen ein höheres Maß an kollektiver Identität erfordern als nicht-majoritäre: Die jeweilige Minderheit muß schließlich akzeptieren, daß sie überstimmt wird, und die Mehrheit einsehen, daß sie solche Akzeptanz (bzw. Loyalität) nicht überstrapazieren darf. Wenn andererseits nicht-majoritäre Institutionen Minderheiten schützen, ist dann nicht für die Minderheit, die die Mehrheit zu blockieren vermag, die Identitätsbedingung weit schärfer auszulegen? Noch vertrackter wird die Sache, wenn man mit den Hirschman'schen Kategorien operiert. Der Überstimmte (bzw. Unzufriedene) beweist ‚Loyalität', wenn er nicht gleich abwandert; d. h. wo Abwanderung leicht möglich ist, bedarf es kaum der Loyalität. Andererseits ist Loyalität - und damit Identifikation - überflüssig, wo *exit* unmöglich ist: Man hat dann ja ohnehin keine Alternativen.

Daraus läßt sich der vorläufige Schluß ziehen, daß unterschiedliche Grade an kollektiver Identität nötig sind in unterschiedlichen Kontexten: differierend nach Entscheidungstypen und -bereichen, nach der Art der Entscheidungseinheit (incl. dem Vorhandensein von Ausweichmöglichkeiten), nach den Entscheidungsmodi (majoritär, repräsentativ, etc.). Vorschnell wäre es jedenfalls, aus einem „Auseinanderlaufen von Kongruenz- und Identitätsbedingung" auf ein weiteres „Demokratiedilemma" zu schließen (Zürn 1996, 40). Zwar legt die Kongruenzbedingung es fallweise in der Tat „nahe..., die Gültigkeitsreichweite politischer Regelungen möglichst umfassend zu gestalten", doch weist die Identitätsbedingung eben nicht (wie Zürn vermutet, ebd.) notgedrungen „exakt in die gegenteilige Richtung": Das käme - z. B. - ganz auf die Art der jeweiligen Regelung an.

Über die Identitätsbedingung ist also sehr differenziert nachzudenken. Je nach Kontext wäre sie über die ‚Erfahrungsgemeinschaft' (Kielmansegg 1996, 57) und gemeinsame Werte, über das Bewußtsein gegenseitiger Abhängigkeit und ‚mutual responsibility' (Elkins 1995, 167 ff.), über gemeinsame Interessen und gemeinsame Risiken (Abromeit 1998a, 113 f.) zu bestimmen. Eine Mindestbedingung wäre in jedem Fall das *Bewußtsein* der wie immer definierten Gemeinsamkeit im jeweiligen Entscheidungskontext; ob das impliziert, daß die Mitglieder des jeweiligen, mehr oder weniger amorphen Demos sich „als solche gegenseitig anerkennen" (Zürn 1996, 39), steht indes in Frage. Connolly (1995, 153) verschiebt das Problem auf eine andere Ebene, wenn er argumentiert, daß Demokratie nicht so sehr ‚shared understandings' (Walzer 1983) erfordere als vielmehr „public spaces and points of reference through which issues can be defined and pressures for action can be organized". Nicht (nur) um sozialpsychologische Faktoren geht es demzufolge, sondern um soziale, infrastrukturelle - um die Möglichkeit von *Öffentlichkeit*, die z.B. Grimm (1994), allerdings in einem emphatischeren Sinn, als Mindestbedingung von Demokratie einfordert.

Bei all dem ist schließlich noch gar nicht bedacht, in welchem Ausmaß Identitätsbildung ihrerseits der Abgrenzung bedarf. Wiederum läßt sich vermuten, daß zu differenzieren ist nach der Art der Entscheidungszusammenhänge, daß z. B. für territoriale Einheiten andere Plausibilitäten auszumachen sind als für sektorale. Werden die letzteren marktanalog gedacht, kommt man ggf. zu einer Dissens-bestimmten Identität, die der Abgrenzung nach außen letztlich nicht bedarf.

Fragen über Fragen! Einigen davon versuchen wir im Folgenden etwas systematischer nachzugehen.

3. *Zur gesellschaftlichen Basis transnationaler Demokratie*

Unsere Vorüberlegungen münden in die Vermutung, daß Referenzgruppen einer transnationalen Demokratie durch sechs Merkmale gekennzeichnet sein werden: erstens durch *Funktionalität/Sektorialität* (im Gegensatz zur Territorialität); zweitens durch *Latenz* (im Gegensatz zu Stabilität); drittens durch *Temporalität* (im Gegensatz zu Permanenz); viertens durch *Subjektivität* (statt Objektivität), fünftens durch *Prozessualität* (statt Substantialität); schließlich sechstens durch *Anonymität* (im Gegensatz zu face-to-face- bzw. direkter Interaktion). Diese Merkmale stehen in deutlichem Kontrast zu bisherigen Konzeptionen eines solidaritätsfähigen und konfliktresistenten/strapazierfähigen Grundkonsenses, der den bisherigen europäischen Verfassungsdiskurs dominiert. Ein solches Abweichen vom Tenor dieses Diskurses erfordert gute Argumente. Wir werden uns daher mit einigen aktuellen Ansätzen auseinandersetzen müssen, die die Begriffe ‚Gemeinschaft', ‚Mythos' und ‚Ethos' ins Zentrum ihrer Konzepte stellen.

So geht es uns darum, Nachweise für ein (möglicherweise) kleines aufkeimendes Pflänzchen zu entdecken, welches in konkurrierender oder aber komplementärer Form zu territorialen und ethnischen Identifikationen seine Partizipationsansprüche vorweisen kann, auf die mit entsprechenden politischen Institutionen zu reagieren wäre.

3.1 Sozialstrukturelle Grundlagen: Individualisierung und die Antiquiertheit des Systems der Interessenvermittlung

Wie oben schon erwähnt, beginnen die Schwierigkeiten bei der Identifikation sektoraler Demoi[7] dort, wo man sie vielleicht am wenigsten erwartet: bei der Bestimmung ihrer (mutmaßlichen) sozialstrukturellen Basis. Die Sozialstrukturen moderner westlicher Gesellschaften charakterisiert eine ‚doppelte Dynamisierung'. Sie zeichnen sich nicht nur durch ‚Bewegungen *in* Strukturen' (personale Mobilität), sondern auch durch ‚Bewegungen *von* Strukturen' aus (für die Bundesrepublik Deutschland, Berger 1996: 45-50). In der Folge erhöht sich der Grad dessen, was seit den intensiven sozialstrukturellen Debatten der 1980er Jahre mit Individualisierung der Lebenslagen und Lebenswege beschrieben wird[8]. Dieser Entwicklung, die nichts weiter als die Logik der Moderne fortschreibt, fielen zahlreiche, mehr oder weniger ‚objektiv' abgrenzbare Kollektive zum Opfer (z. B. das klassenbewußte proletarische[9] oder das katholische Milieu).

7 Die Vorstellung einer Pluralität von Demoi - insbesondere *sektoraler* multipler Demoi - ist umstritten und, wie die Diskussionen der DFG-Tagung „Demokratisches Regieren jenseits des Staates" (Mannheim, 13./14.07.1998) zeigten, hochbrisant; sie bedarf näherer Erläuterung, die an dieser Stelle allerdings nur stichwortartig geleistet werden kann. Versteht man unter dem Demos in Anlehnung an den klassischen Begriffsgebrauch „die politisch und rechtlich qualifizierte Bürgergemeinschaft einer Polis, die über sich selbst (...) herrscht" (Koselleck 1992: 144), scheint die Verwendung des Plurals unangemessen. Demos in dieser Bestimmung entspricht eher dem modernen Begriff der „Staatsbürgerschaft", der die unterschiedlichen Teile einer vielfach differenzierten Gesellschaft explizit einschließt. Doch die scheinbare Neutralität des Begriffs gegenüber sozialen und kulturellen Differenzierungen stößt sich mit dem Verweis auf eine Bürger*gemeinschaft*. Offenbar ist der Demos eben doch nicht nur der unqualifizierte Sammelbegriff für die Summe seiner mit „objektiven" (Staatsbürger-) Rechten ausgestatteten Bürger, sondern Synonym für eine ganz spezifische „politische Gemeinschaft" (vgl. Greven 1997): die „Nation" oder gar die „Willensgemeinschaft" (Francis 1965: 73-78). Das Oszillieren des Demos-Begriffs zwischen (formaler) „Staatsbürgerschaft" und (substantieller) „Werte-, Erfahrungs-, Erinnerungs-, Willens-Gemeinschaft" macht seine Anwendung in der Europa-Debatte generell zum Wagnis. So weit ersichtlich, ist das Spannungsverhältnis in keinem der einschlägigen Beiträge (siehe besonders Weiler 1995a; Grimm 1994; Lepsius 1990) überzeugend in die eine oder andere Richtung aufgelöst worden. Auch unser eigener Versuch muß als vorläufiger verstanden werden. Grundlage unseres Begriffs der „multiplen sektoralen Demoi" sind reale, vermutlich codevermittelte Vergesellschaftungsprozesse, deren integrative Wirkung das Problem der Mitgliedschaft auf der „subjektiven" Ebene löst. Unsere normative (demokratietheoretische) Folgerung wäre, daß solche subjektive Mitgliedschaft zumal in einem Nicht-Staat, d. h. in Abwesenheit eben des „klassischen", klar abgrenzbaren Demos, der Ergänzung durch die rechtlich-formale Dimension von Mitgliedschaft bedarf, soll die „Selbstregierung" seiner Teile möglich werden. Was also gemeint ist, sind - nüchten ausgedrückt - die variablen Referenzgruppen sektoraler „self-governing units". Eben dieser Bezug auf die „Selbstregierung" stellt den Konnex unseres Konzepts „multipler transnationaler sektoraler Demoi" mit der Tradition des Demos-Begriffs her.

8 Vgl. Kreckel 1983; Berger/Hradil 1990; Beck 1983; Beck 1986; Berger 1996; Giddens 1991.

9 Standardlektüre hierzu sind Mooser 1983 und Mooser 1984.

Soziale Ordnung kann unter diesen Bedingungen nicht mehr auf dem traditionalen und normativen Fundament einer übersichtlichen Anzahl sozialmoralischer Milieus aufruhen. An ihre Stelle tritt vielmehr eine politisch immer wieder auf neue herzustellende ‚Ordnung'. Georg Simmel hatte schon früh darauf hingewiesen, daß moderne Gesellschaften nicht mehr ausschließlich durch assoziative Kräfte zusammengehalten werden, sondern auch durch eine spezifische Kombination von Konsens und Dissens vergesellschaftet werden können (Simmel 1908, Bühl 1978: 26; Dubiel 1997: 425). Die Vielzahl sogenannter intermediärer Organisationen ist als eine erste Anpassungsleistung an diese ‚zivilisatorische' Herausforderung zu begreifen. Doch sind die nunmehr eingespielten Systeme der Interessenvermittlung angesichts des neuerlichen Individualisierungsschubs ihrerseits inzwischen ‚antiquiert' und auf die rasante Pluralisierung und Verzeitlichung von Antagonismen und Konfliktlagen noch kaum eingestellt (Beck 1993; Lane/Ersson 1996: 127-132). Noch immer spiegeln sich im Verbände-, ganz besonders aber im Parteiensystem, die Strukturen einer durch wenige Konfliktlinien in Großgruppen ‚formierten' Gesellschaft (klassisch: Lipset/Rokkan 1967). Die soziale Wirklichkeit sieht demgegenüber bereits ganz anders aus: „Kollektive entstehen und verschwinden nach Bedarf und Situation. Sie differenzieren sich entlang den Schwerelinien von Interessen, Opportunitäten, Aufmerksamkeiten und Moden. Das war zumindest in der Moderne schon immer so. Aber während bislang die Tradition der Einheit der Personen, der Familien, der Religionen, der Parteien oder der Gesellschaften sich immer wieder gegenüber den Kräften der Differenzierung und Dissipation behaupten konnten, und sei es nur aus schierer Angst vor der Anarchie unbeherrschter Komplexität, neigt sich nun die Balance zugunsten der Vielfalt." (Willke 1997: 238)
Was kommt nach einer so radikalen Freisetzung der Individuen, was folgt der ‚Zerstörung der Sozialstruktur' (Beck 1986)? Müssen nicht in Reaktion auf das radikale ‚disembedding' neue Formen des ‚reembedding' (Giddens 1991) gefunden werden? Welche Grundbestandteile der Gemeinsamkeit benötigen derartige Gesellschaften? Helmut Willke ‚löst' das Ordnungsproblem durch die partielle und momentane Inklusion der Individuen in die gesellschaftlichen Funktionssysteme. Andere Autoren glauben, angesichts einer solch polyzentrischen Entwicklung auf einen Rest von gemeinsamer Grundlage, auf eine Art ‚Grundkonsens' nicht verzichten zu können. Die nichtmarxistische Gellschaftstheorie, insbesondere die nicht-autopoietische Systemtheorie (klassisch Talcott Parsons, aktuell Richard Münch (1993, 1997a) operiert letztlich mit einem Modell, in dem die Grenzen des Nationalstaates mit den Grenzen des sozialen Systems deckungsgleich sind, kulturelle Werte unmittelbar in soziale Normen umgesetzt werden und kulturelle Partikularitäten in die kulturelle Homogenität der ‚gesellschaftlichen Gemeinschaft' überführt werden.

Wieder andere Ansätze lösen sich zwar von der Vorstellung einer kulturellnormativen Integration der Gesellschaft und akzeptieren selbst die Tatsache des fehlenden ‚Grundkonsens', führen diese Kategorie durch den Begriff der ‚politischen Gemeinschaft' hinten herum aber wieder ein: „Während die Voraussetzung einer ‚Gemeinschaft' ein gewisser Grundkonsens ist (ein Konsens übrigens, der vage ist, stets nur partiell thematisiert und getestet wird und auch nur negativer Art sein kann: man möchte die Zerstörung der eigenen Gemeinschaft verhindern), so ist die konstitutive Bedingung der ‚politischen' Gemeinschaft gerade die Akzeptierung von Dissens und (geregeltem) Konflikt: ‚Politik' entsteht so aus Nicht-Übereinstimmung innerhalb eines

sozialen Netzwerkes, das man nicht zerstören will" (Bühl 1978: 27).
Unsere Vermutung wäre, daß die Anforderungen im Hinblick auf das Ausmaß von ‚Vergemeinschaftung' unterschiedlich ausfallen müssen, je nachdem ob die jeweils ins Auge gefaßte (ggf. transnationale, sektorale) ‚Entität' Dissens und Konflikt einschließt oder nicht (bzw. in welchem Ausmaß).
Bevor wir uns aber dieser These zuwenden, wollen wir zur Akzentuierung unserer eigenen Perspektive darstellen, wie selbstverständlich noch immer zeitgenössische ‚Alternativvorschläge' die Loyalität und Identifikation der Individuen zu einer territorial definierten ‚politischen Gemeinschaft' einfordern, die Rahmen und Grundkonsens für politische Auseinandersetzungen abgeben soll.

3.2 Mythos, Ethos und Kommunikationsgemeinschaften

Fritz W. Scharpf hat in der Absicht, diesen Unbedingtheitsanspruch abzumildern, den Bedarf an Solidarität und Gemeinschaftlichkeit in Relation zu der Qualität des zu entscheidenden Politikgegenstandes gesetzt und damit die von vielen bestrittene Möglichkeit „demokratischer Legitimität auch oberhalb des Nationalstaates" behauptet (Scharpf 1997: 5). Die Struktur der Wir-Identitäten wird damit als stabile unabhängige Variable, die auf dieser Grundlage demokratisch legitimen Entscheidungen und Solidaritätszumutungen als abhängige Variable definiert: „Aus all dem folgt, daß auch die Output-Legitimation auf eine Wir-Identität angewiesen ist, die mindestens bestimmt, wer dazu gehört und wessen Interessen deshalb berücksichtigt werden müssen. Es folgt ferner, daß die Anforderungen an die Bindekraft dieser Wir-Identität in dem Maße steigen, wie durch kollektiv verbindliche Entscheidungen gravierende Opfer oder die Bereitschaft zu solidarischer Umverteilung abgefordert werden können. Umgekehrt bedeutet dies dann auch, daß politische Einheiten mit schwacher Wir-Identität – also beispielsweise die Europäische Union, aber auch ethnisch, religiös oder ideologisch tief gespaltene Nationalstaaten – nur über eine begrenzte Legitimation verfügen, welche den politischen Handlungsspielraum auf Lösungen beschränkt, die dem Pareto-Kriterium entsprechen, und die solidarische Umverteilung ausschließen." (ebd.)
Leider hinterfragt Scharpf nicht die Grundlagen dieser ‚Wir-Identitäten', die, in guter alter föderaler Ausrichtung, die angemessene territoriale Ebene für entweder redistributive oder auch ‚nur' regulative Politikentscheidungen markieren sollen. Wie aber werden nun Wir-Identitäten theoretisch begründet? Zwei typische Rechtfertigungsstrategien berufen sich entweder auf den gemeinsamen ‚Mythos' (a) oder das gemeinsame ‚Ethos' (b), wobei beide mit einer bestimmten territorialen Ebene synthetisiert werden.
a) Auf der Suche nach einer wirkmächtigen europäischen Idee, die eine Bindung der Bürger zu Europa, stärker noch: ‚europäische Identität' gewährleisten soll, durchstöbert Herfried Münkler (1995) die europäische Mythologie nach brauchbarem Material. Nachdem er das Reservoir klassischer Mythen gesichtet hat, aber keine von ihnen den spezifischen europäischen Voraussetzungen genügt, findet er schließlich doch die anschlußfähige Perspektive für Europa bei Johann Gottfried Herder: „Dieser ist, anknüpfend an die Gleichgewichtsmodelle der Statistik, wobei er Europa jedoch nicht mehr als Gemeinschaft von Staaten-Personen, sondern als eine von Nationscharakteren

begriff, zu einer Europavorstellung vorgestoßen, in der es die Pluralität der Nationen ist, die Europa in seiner Eigenart charakterisiert. Nicht eine unifizierende Menschheitsidee, sondern die Vielfalt der nationalen Eigenarten, die allesamt gleichberechtigt nebeneinander stehen, soll das Band bilden, welches Europa von der es umgebenden Welt trennt" (Münkler 1995: 26f.). Was Münkler hier mit Bezug auf einen Klassiker umtreibt, ist eindeutig die Konstruktion eines modernen Mythos für Europa.
Auch bei Anthony D. Smith wird die notwendige Solidarität innerhalb eines Gemeinwesens über das starke Zugehörigkeitsgefühl der Wir-Identität vermittelt gedacht, deckungsgleich mit den Grenzen des Nationalstaates. Bei ihm trägt sie den Namen ‚ethnie', und einer ihrer wichtigsten Merkmale ist der gemeinsame Mythos (Smith 1991). Anders als der vorsichtig optimistische Herfried Münkler räumt A. D. Smith der Konstruktion einer europäischen Identität allerdings kaum Chancen ein, eben da es dem Projekt Europa an gemeinsamem symbolischem Material mangele (Smith 1992). Aus ähnlichem Grund verwirft Smith jede Hoffnung auf eine ‚massenhafte' kosmopolitische Einstellung unter den Menschen, die ein Weltstaats- bzw. Weltgesellschaftsprojekt tragen könnte (Smith 1995). Doch beide Autoren sind in ihrer Grundansicht einig, daß jedes Gemeinwesen essentiell von einem Grundbestand gemeinsamer Narrationen und Bedeutungen abhängt, die als emotional-affektiver Kitt fungieren und eine starke Wir-Identität begründen.
Gegenüber diesen Vorstellungen muß kritisch angemerkt werden, daß große Teile der Gesellschaft bereits die gleiche Distanz, d.h. den gleichen Reflexionsstandort zur Mythologie erreicht haben wie die Sozialwissenschaftler Münkler und Smith. Einmal in seiner Genealogie und Funktionsweise durchschaut, ist die Wirkmächtigkeit eines Mythos sicher gering einzuschätzen, erhält er doch seinen genuinen Einfluß dadurch (sofern er nicht bewußt instrumentalistisch eingesetzt wird), daß er wahrhaftig geglaubt wird.
b) Eine zweite Begründungsstrategie von Gemeinschaft und Grundkonsens baut auf einer Klasse von Eigenschaften auf, die sich unter dem Begriff des ‚Ethos' hinreichend exakt kategorisieren läßt. Das ‚Ethos' ist eng verwandt mit dem Begriff der ‚Sitte' und umfaßt die zur festen Gewohnheit gewordenen allgemeinen Handlungsweisen eines Menschen oder Kollektivs. Das Ethos wird durch soziale Interaktion erworben, ist somit in hohem Maße von den spezifischen sozialen und kulturellen Lebensumständen abhängig und wird in zeitraubenden Internalisierungsprozessen, mal mehr mal weniger absichtsvoll „in den Körper eingeschrieben" (vgl. die einschlägigen Formulierungen Bourdieus (1987)). Im übrigen ist die starke relationale Abhängigkeit der Ethos-Entwicklung von den immer schon vorhandenen konkreten sozialen und kulturellen Umweltfaktoren für die relative Nähe des Diskursstranges ‚Ethos' zu einem anderen Diskurszusammenhang, dem des ‚Ethnos', d. h. der ‚Abstammungsgemeinschaft', verantwortlich. Demgegenüber muß das ‚Ethos' strikt vom Begriff der ‚Ethik' unterschieden werden, worunter lediglich Theorien zur Berurteilung menschlichen Handelns mit Kategorien wie ‚richtig/falsch', ‚gut/böse' etc. verstanden werden dürfen. Während das ‚Ethos' auf Gewohnheiten und moralische Handlungsroutinen, kurz, auf Teile des ‚praktischen Wissens' verweist, ist die ‚Ethik' Teil unseres ‚theoretischen Wissens' und gehorcht entsprechend anderen Entstehungs- und Funktionslogiken.
Erst seit kurzem hat das Ethos wieder verstärkte Aufmerksamkeit unter Theoretikern gefunden, wobei der Frage nach der *Substanz* des Ethos ein prominenter Stellenwert

eingeräumt wird. Je nach Provenienz der jeweiligen sozialpsychologischen und sozialphilosophischen Theorie lauten die Umschreibungen für diese Substanz ‚mental programme' „containing a large unsconscious and invisible component of common values (feelings)" (Hofstede 1996), „inkoporiertes Kulturkapital" (Bourdieu 1983), „konventionelle Codes" (Giesen 1993) oder „Gewohnheiten des Herzens" (Bellah et al. 1987), von denen sich situativ handlungsrelevante „ethische Gefühle" (Forst 1996) abrufen lassen. Wie immer die Begriffe allerdings lauten mögen, die Nähe zu dem in der Hegelschen Rechtsphilosophie entwickelten Begriff der ‚substantiellen Sittlichkeit' ist in fast jedem Fall durchschlagend.

Reiz und Nutzen der Ethos-Diskussion zur Bestimmung der Fundamente und Grenzen des Grundkonsens liegen auf der Hand. Die Existenz einer sittlichen Gemeinschaft reduziert rapide das Ordnungsproblem des menschlichen Handelns (idealiter bis auf Null); schließlich kann Ego mit guten Gründen darauf ‚vertrauen', daß Alter in bestimmten Situationen, entsprechend einer gemeinsam geteilten substantiellen Sittlichkeit, sich so und nicht anders verhalten wird. Koordinationsschwierigkeiten in solchen (fiktiven) Gemeinschaften würden schließlich nur noch aus der subjektiv unterschiedlichen Wahrnehmung einer objektiv gemeinsamen Situation entstehen. In diesem außergewöhnlichen Falle würden bei Ego und Alter nicht-kompatible (in den Worten Geert Hofstedes) ‚mental programmes' aktiviert mit durchweg kritischen Folgen für die Stabilität der Gemeinschaft[10].

Der vielschichtige Diskurs zum ‚Ethos' leistet einen wichtigen Beitrag zum Verständnis des menschlichen Handelns und der Bedingungen der Möglichkeit von Gemeinschaft und Gesellschaft, befaßt er sich doch mit *einem* sehr wichtigen Aspekt menschlicher Handlungsdispositionen. Davon unabhängig müssen aber alle Strategien, die die *Substantialität* des Ethos auf die Einflußgröße *Territorialitität* reduzieren, zurückgewiesen werden. Die Vermutung, auf diesem Wege entweder auf regionaler (z.B. Lindner 1994) oder auf nationaler (z.B. Kluxen-Pyta 1991), vielleicht auch auf europäischer Ebene stabile ‚Wertegemeinschaften' ausloben zu können, ignoriert weitgehend die Auswirkungen geographischer und sozialer Mobilität, wie Sozialstrukturanalysen sie allenthalben sichtbar machen (s. o.). Kultur wird nicht im modernen Sinne als Abkoppelung symbolischer Prozesse vom normativen Substrat, sondern immer noch *nur* als Wertorientierung und Tradition verstanden (vgl. Giesen/Schmid 1990), was implizit staatlich induzierte kulturelle Homogenisierungsmaßnahmen rechtfertigt. Zwar ist nicht zu bezweifeln, daß sich regional oder national „landestypische" Mentalitäten und Verhaltensstile ausgeprägt haben und heute noch nachweisen lassen. Diese Mentalitäten waren aber schon immer gebrochen, und das selbst in Zeiten, in denen auf Grund begrenzter Interaktionsreichweiten (kommunal, regional) und der (fast) nationalstaatlich monopolisierten Institutionen Bildung und Masseninformation der kulturelle Homogenisierungsdruck besonders groß war (Gellner 1991). Sie sind heute, da diese Einflußgrößen erheblich an Relevanz eingebüßt haben, um so mehr gebrochen, entbehren in den meisten Fällen der unterstellten vorreflexiven Ursprünglichkeit und Authentizität und sind dadurch durch weitere Reflexionsschritte jederzeit angreifbar.

---

10 Das Problem der abweichenden Situationsdeutung macht deutlich, wie sehr jede noch so ‚primitive Gesellschaft' selbst bei vermeintlich stabiler substantieller Sittlichkeit auf eine relative Flexibilität und Autonomie ihrer Handlungssubjekte angewiesen ist, damit Koordination zustande kommen kann.

Dieser Vorwurf trifft auch die Konzeption ‚multipler Demoi', die Joseph H. H. Weiler verwendet. Indem er den Demos Europas im wesentlichen aus der Fähigkeit der verschiedenen europäischen Demoi ableitet, Mehrfachmitgliedschaften zu ertragen, diese aber ausnahmslos ethnisch bzw. territorial definiert, läßt er an dieser Stelle jeglichen konzeptionellen Mut vermissen (Weiler 1995; gleiches gilt auch für Kleger 1995 und 1997).

Den Vorstellungen von einer Wertegemeinschaft gegenüber ist der vielzitierte Beitrag von Graf Kielmansegg ein Fortschritt (1996). Die Zugehörigkeit zu einem Gemeinwesen gründet ihm zufolge auf gemeinsamer Erfahrung (i), Erinnerung (ii) und Kommunikation (iii), womit drei Variablen genannt werden, die das *Generative* gegenüber dem *substantialisierten Ethos* in den Vordergrund stellen. Vorgetragen wurden diese Überlegungen, um das Primat der nationalen vor der europäischen Vergemeinschaftung zu verdeutlichen. Doch auch dieser (Re-) Konstruktionsversuch erscheint unzeitgemäß.

i) Moderne Gesellschaften sind zunehmend durch die ‚Erfahrungsvielfalt' (Berger 1996) ihrer Mitglieder gekennzeichnet. Die Erfahrungen des Individuums lassen sich immer seltener im Hinblick auf Klassen, Kohorten, Geschlechter etc. generalisieren, geschweige denn im Hinblick auf die Nation. Die Behauptung einer dominanten nationalen ‚Erfahrungsgemeinschaft' unterschlägt die einzigartigen Verwerfungen, die sich in den individuellen Biographien widerspiegeln, und gerät in Verdacht, einen mythischen Beitrag zur Integration der Gesellschaft vorzulegen.

ii) Im Begriff der ‚Erinnerungsgemeinschaften' tritt der ‚konstruierte' Charakter zum Zwecke der Abgrenzung eines Kollektivs noch stärker in Erscheinung. Denn der Behauptung einer naturwüchsigen geschichtlichen Entstehung einer solchen Gemeinschaft steht die Realität einer (meist) vereinheitlichenden, (meist) nationalen Geschichtsschreibung, die ‚Historie' gegenüber. Auch hier ist mit einer Pluralisierung der Erinnerungen im Zuge der Individualisierung, aber auch durch den ‚Strukturwandel der Öffentlichkeit' und die Transformationen wissenschaftlicher Diskurse zu rechnen. Mit unserer Kritik an Kielmansegg ist freilich nicht gesagt, daß sich nun doch umstandslos eine ‚europäische Gemeinschaft' konzeptualisieren ließe; vielmehr belegt sie, daß auch auf nationaler Ebene die Grundlagen für umfassende Vergemeinschaftungen wegbrechen.

iii) Die Behauptung, daß sich eine ‚Kommunikationsgemeinschaft' aus infrastrukturellen Gründen kaum auf einer europäischen Ebene konstituieren lassen wird, ist als der mit Abstand schwerwiegendste der drei Einwände anzusehen. Mit dem Begriff der Kommunikationsgemeinschaft schließt Kielmansegg direkt an die Theorie von Jürgen Habermas an. Beide postulieren, daß für ein Gemeinwesen, in dem der Konsens *nicht substantiell* vorausgesetzt, sondern *prozedural* immer wieder aufs neue reproduziert werden muß, eine öffentliche Sphäre ohne Zugangsbeschränkungen existentiell notwendig ist. Hinsichtlich der Möglichkeiten einer Übertragung einstmals nationaler Öffentlichkeiten in eine (in diesem Fall) europäische ist Kielmansegg skeptisch – schon wegen der Sprachenvielfalt. Habermas ist da weniger pessimistisch und entdeckt sogar erste Anzeichen für eine ‚Weltöffentlichkeit' (Habermas 1992: 660). Das Problem der Sprachenvielfalt relativiert er mit der Bemerkung, daß heute schon de facto das Englische zur gemeinsamen Sprache der (europäischen) Eliten geworden sei (Habermas 1996: 191). Angesichts der exkludierenden Konsequenzen für all diejenigen, die sich mittels dieser Sprache nur unsicher oder gar nicht verständigen können, ist dieser Umstand wohl doch nicht ganz so unproblematisch (s. u.).

Weitere Unstimmigkeiten in seiner Argumentation setzen Habermas' Konzept einer transnationalen oder supranationalen Öffentlichkeit (mit dem wir ja grundsätzlich symphatisieren) ins theoretische Zwielicht. Die Identität eines politischen Gemeinwesens ist bei ihm durch die gemeinsame (demokratische) politische Kultur seiner Mitglieder (im Gegensatz zu deren partikularen Lebensweisen) gegeben. Zu Recht haben Kritiker eingewandt, daß er damit ein *substantielles demokratisches Ethos* zwingend voraussetzt (vgl. Bernstein 1996: 1129ff.). Können wir aber voraussetzen, daß ein und dasselbe demokratische Ethos in der Welt oder wenigstens in Europa vorherrscht? Sicher nicht. Vermutlich würde Habermas dieses Problem durch den kommunikativen Prozeß einer gemeinsamen Verfassungsdiskussion im Sinne des Konzeptes eines vernünftigen Verfassungspatriotismus zu lösen versuchen (vgl. Schmalz-Bruns 1997: 79). Um aus dieser Diskussion das Gros der Betroffenen nicht vorab auszuschließen, müßte eine funktionierende europäische Öffentlichkeit aber bereits zur Verfügung stehen – ein Teufelskreis, wie ihn Kielmansegg andeutet (1996: 57). Das vorher abgetane Sprachenproblem gewinnt in diesem Kontext wieder erhöhte Relevanz.

Es scheint daher geraten, auf das Sprachenproblem gesondert einzugehen, zumal sich daran anschließend unsere eigenen Rahmen- und Code-theoretischen Prämissen zur Konstitution von transnationalen sektoralen Referenzgruppen entwickeln lassen.

3.3 Das Sprachenproblem

Das Problem der Sprachenvielfalt in Europa[11] und der Welt ist insofern schwerwiegend, als es sowohl den spontanen und uneingeschränkten Kommunikationsprozeß unter Anwesenden als auch den von Sprecher und anonymem Publikum (Öffentlichkeit) mit enormen, nennen wir es, Transaktionskosten überfrachtet. Das heißt freilich nicht, daß unter den Bedingungen des Sprachverstehens ein reibungsloser Kommunikationsprozeß gewährleistet werden könnte, wie das Beispiel der drei deutschsprachigen Länder Österreich, Schweiz und Bundesrepublick Deutschland verdeutlicht (vgl. Bickel/Schlaepfer 1994; Pollack 1994). Es gibt offenbar weitere Strukturmerkmale, die den Kommunikationsfluß behindern oder befördern können.

Nun ist kein Problem groß genug, um es nicht noch größer und unüberwindlich erscheinen zu lassen. Ähnliches scheint im Falle der Sprachenvielfalt in Europa zuzutreffen. Wir möchten hier dem allgemeinen akademischen Trend gegensteuern und jedenfalls die grundsätzlich formulierten Inkommensurabiltitätsthesen zurückweisen. Entgegen einer bestimmten Lesart von Wittgenstein sind die Grenzen unser Sprache nicht die Grenzen unserer Welt. Mit Bezug zu grundlegenden sprach- und kognitionstheoretischen Arbeiten (Furth 1972; Hallpike 1984) muß zwischen *Sprachsystem*, *Kognitionsformen* (weitgehend universale Denkformen) und (weitgehend kulturellem) *Bedeutungssystem* unterschieden werden (Bauernfeind 1995: 45-49)[12]. Jede andere Behaup-

---

11 Zum Sprachenproblem in Europa zusammenfassend: Kraus 1998.

12 Als anschauliches Beispiel hierfür kann die Mathematik dienen: Streit herrscht darüber, ob Mathematik eher dem kognitiven System oder dem kulturellen Bedeutungssystem zuzurechnen ist (vgl. Bloor 1976). Daß sie unabhängig von der Übersetzung in eine natürliche Sprache

tung würde die Kultur moderner Gesellschaften (bestenfalls) auf den Bereich der sogenannten ‚Lebenswelt' reduzieren, in der – wie in sogenannten ‚primitiven Gesellschaften' – Kultur undifferenziert ‚als Sprache und Konstitution' aufgefaßt werden muß (Giesen/Schmid 1990). Daß dem aber nicht so ist, zeigt sich daran, daß sich in unterschiedlichen westlichen Ländern basierend auf ähnlichen Bedeutungssystemen ähnliche Diskurse zu bestimmten gesellschaftlichen Problemlagen (Arbeitslosigkeit, Kriminalität; Rassismus, etc.) herauskristallisiert haben, und zwar trotz unterschiedlicher Sprachsysteme. Daß sich trotz alledem nur spärliche transnationale Diskurse einstellen, hängt mit technisch-praktischen (!) Schwierigkeiten zusammen, wobei es sich - und diese Feststellung ist wichtig - im wesentlichen um historisch-kontingente und nicht fundamentale Schwierigkeiten handelt.

Zweifellos fallen Wissenschaftlern (aber auch Technikern, vermutlich auch Diplomaten, Unternehmern etc.) transnationale Diskurse insofern leichter, als hier themen- und bereichsspezifisch standardisierte symbolische Bedeutungssysteme, die im Anschluß an Bernhard Giesen (1991; 1993) fortan ‚Codes' genannt werden sollen, zur Verfügung stehen und mit großer Routine eingesetzt werden. An dieser Stelle scheint es notwendig, sich von dem hoffnungslos unterkomplexen Codebegriff der Systemtheorie, der auf den sogenannten ‚symbolisch generalisierten Kommunikationsmedien' spezifischer Funktionssysteme z. B. der Wissenschaft basiert, zu distanzieren. In seiner binären Struktur ist er trotz (oder vielmehr wegen) seiner prinzipiellen Universalität dem realistischen Verständnis der Ambiguitäten und Ambivalenzen menschlicher Kommunikation nicht angemessen. Nachdem wir zuvor die am späten Wittgenstein orientierte *kulturell* induzierte Inkommensurabilititätsthese zurückgewiesen haben, verhindern wir durch diese Abgrenzung, gleich mit der nächsten, der *funktionslogisch* induzierten Inkommensurabilitätsthese, konfrontiert zu werden. Gleichwohl wollen wir auf den Begriff des Codes nicht generell verzichten, im Gegenteil. In Auseinandersetzung mit ‚Rahmen', ‚Rahmung' und ‚Bedeutungssystem' wollen wir einen Code-Begriff explizieren, mittels dessen wir (im Prinzip) die in flux befindlichen Grenzen und Grenzziehungen sektoraler Demoi beschreibend erfassen können.

Die im ersten Teil dieses Beitrags gestellte Frage nach den Möglichkeiten von Demokratie unter den Bedingungen ‚amorpher Demoi' läßt sich nun präzisieren zu der Frage: Was macht aus der Referenzgruppe einer bereichsspezifischen Entscheidungseinheit einen ‚sektoralen Demos'? In den meisten hier diskutierten Ansätzen konkretisiert sich diese Frage zu der nach den Voraussetzungen einer mehr oder weniger affektiv besetzten ‚politischen Gemeinschaft'. Demgegenüber fragen wir – bescheidener – danach, welchen Ausmaßes an gemeinsamen Referenzsystemen oder ‚Codes' transnationale sektorale Gruppen bedürfen, um ‚politisch' aktiv/relevant zu werden.

3.4 Rahmen/Rahmung und Codes als Bedeutungssysteme

James G. March und Johan P. Olsen (1995) haben ihre ‚institutional perspective'' (in Abgrenzung zur sogenannten ‚exchange perspective') durch die Bestimmung von

---

ihre Bedeutung behält, steht außer Frage: als Reflexionsgegenstand ist sie für jeden Menschen (Kognition) mittels Sprache (im Prinzip) zugänglich.

‚identities' und ‚appropriate behavior' klassifiziert. Drei Fragen erscheinen dabei für die Bedingungen kollektiven Handelns konstitutiv: a) Was für eine Art von Person bin ich? b) Was für eine Art von Situation ist das? und c) Was tut eine Person wie ich in einer solchen Situation? (March/Olson 1995: 7):

Eine solche Problemstellung setzt bereits recht umfangreiche Ansprüche an Deutungs-, Orientierungs- und Handlungswissen – alles Funktionsparameter symbolischer Codes. An dieser Stelle soll der Begriff des ‚Rahmens' eingeführt werden, der zuerst als Bilderrahmen-Metapher von Georg Simmel verwendet und später von Gregory Bateson und Erving Goffmann zum theoretischen Schlüsselbegriff weiterentwickelt wurde[13]. Die Hauptfunktion eines Rahmens ist es, bestimmte Sachverhalte ein- und andere auszuschließen. Der Rahmen ist somit, einem Filter nicht unähnlich, verantwortlich dafür, welcher Kontext für Mitteilungen aktiviert wird und welche Semantiken sich herausbilden können. Der Wahl des ‚richtigen' Rahmens, als Aktualisierung in Situationen ‚Rahmung' genannt, kommt, wie man ermessen kann, eine fundamentale Rolle zu.

Hartmut Esser hat sich mit den Funktionsweisen des ‚framing' intensiv auseinandergesetzt, nur daß der Rahmen bei ihm ‚Einstellungen' heißt (1997)[14]. Dabei bezeichnet er zwei unterschiedliche ‚Modi' des ‚framing': erstens das ‚automatische Aktivieren' eines bestimmten Modells ohne jeglichen Reflexionsschritt und zweitens die ‚rationale Kalkulation' eventueller Folgen des Handelns im Rahmen der aktivierten Einstellungen. Die spannende Frage lautet nun, unter welchen Umständen der Modus des Automatismus und unter welchen der Modus der Reflexion zum Tragen kommt. Esser liefert damit einen interessanten Beitrag insbesondere zur Motivationsforschung auf Basis des Theorems ‚primärer Zwischengüter'. Leider beschränkt er sich im wesentlichen auf die Analyse ethnischer Konflikte, außerdem unterschätzt er das Problem der Genealogie und Distribution der nötigen Modelle/Rahmen. Hier vermag der codetheoretische Ansatz von Bernhard Giesen (1991; 1993) weiterzuhelfen.

Was sind Codes? In ihrer Grundstruktur und Funktion sind keine grundsätzlichen Unterschiede zwischen Codes und den bereits angesprochenen Rahmen, Einstellungen und Modellen vorhanden. Präferierten Simmel und Bateson die Bilderrahmen-Metapher, verwendet Giesen die Metapher der ‚Landkarte', um die irreduzible Bedeutung des ‚Code' für jede einzelne Identifikations- und jede einzelne Orientierungsleistung zu veranschaulichen: Zwar stellen Landkarten eine mehr oder weniger präzise Abstraktion von der Wirklichkeit dar, sie ermöglichen dem Reisenden aber Orientierung (und das sogar unabhängig von der konkreten Durchführung, auf dem Wege der Antizipation bspw.)[15]: „Ohne elementare Landkarten im Kopf können wir uns

13 Zur Geschichte des Begriffs des Rahmens bis hin zu seiner theoretisch ausgefeiltesten Variante ‚Rahmen/Rahmung' bei Erving Goffman, vgl. Willems 1997: 30-49.

14 „Mit solchen ‚Einstellungen' werden bestimmte ‚Modelle' des Wissens, Gefühle und gewisse, automatisch aktivierte Programme des Handelns gleichzeitig aufgerufen. Unter angebbaren Umständen [...] geschieht diese Aktivierung so, daß kein anderer Gedanke aufkommt und alles unter der betreffenden Einstellung gesehen wird. Dieser Vorgang sei als das *Framing* des Konfliktes bezeichnet" (Esser 1997: 880).

15 Wie jede Metapher hinkt auch diese: Gäbe es nur Landkarten, wie sollte jemand in der Lage sein, die Zeichen auf der Landkarte richtig zu lesen? Eine weitere Landkarte hilft da wenig, da eine Art dechiffrierendes Lese-Programm benötigt wird. Dieses Problem hat Bateson mit dem Begriff der ‚doppelten Rahmung' belegt (vgl. Bateson, zitiert nach Willems 1997: 33). Trotz-

nicht sinnvoll bewegen, und ohne Codes läßt sich die soziale Wirklichkeit nicht wahrnehmen. Codes der sozialen Klassifikation machen den Kern der Konstruktion von Gemeinschaftlichkeit und Fremdheit, von kollektiver Identität und Differenzierung aus. Ohne sie hätte keine Grenze Bestand" (Giesen 1993: 30f.).

Die Hauptfunktion des Codes liegt also in der Klassifikation und Abgrenzung. Bei der Konstruktion ‚kollektiver Identität' kommt ihm folglich eine Schlüsselrolle zu. Als ‚soziale Tatsachen' (wie Durkheim es ausdrücken würde) können solche symbolischen Grenzziehungen durchaus die gleiche Undurchlässigkeit wie materiale Grenzen erreichen, z. B. im Falle von Religionen, Kasten, Ständen usw.

Im Zusammenhang mit seiner Untersuchung der Genealogie deutscher nationaler Identität während der sogenannten ‚Achsenzeit' entwickelt Giesen eine allgemeine Typologie kollektiver Codes, bestehend aus drei Idealtypen: „primordiale Codes" (a), „konventionelle Codes" (b) und „‚kulturelle' Codes" (c) (Giesen 1993: 48-65). Unsere Frage lautet, welcher Typus unserer Suche nach sektoraler Grenzziehung am nächsten kommt.

a) Primordiale Codes berufen sich auf Geschlecht oder Herkunft, Verwandtschaft oder Religion, Volk oder Rasse, auf all jene Merkmale eben, die objektiv, ‚natürlich', von Kommunikation und Austausch (vermeintlich) ausgeschlossen sind. In der modernen Massengesellschaft mit ihrer enormen Mobilität ist die Verwendung primordialer Codes als Mittel der sozialen Integration unzweckmäßig[16], und eine transnationale oder europäische Demokratie auf der Basis primordialer Codes wird es erst recht nicht geben.

b) Konstitutive Differenz konventioneller Codes ist der Unterschied zwischen ‚Routine' und ‚Außerordentlichem'. „Die Grenzen der Gemeinschaft werden hier durch die Vertrautheit und selbstverständliche Kenntnis der impliziten Verhaltensregeln und sozialen Routinen definiert" (Giesen 1993: 54). Mit dem konventionellen Code begegnet uns also genau jenes Konzept, daß wir als ‚Ethos' und ‚substantielle Sittlichkeit' an anderem Ort ausführlich kritisiert haben. Entsprechend läßt sich auch hier urteilen: eine kollektive Identität basierend auf einem konventionellen Code ist für eine europäische oder transnationale Demokratie ungeeignet.

c) Blieben noch die sogenannten „‚kulturellen' Codes", deren Bezeichnung äußerst mißverständlich ist (wie Giesen selbst zugeben muß, schließlich sind *alle* sozialen Codes genuine kulturelle Leistungen (Giesen/Eisenstadt 1995). Auch Giesens sakral angehauchte Sprache bei der Definition des ‚kulturellen' Codes mag im ersten Moment zur Irritation beitragen: „Solche im engeren Sinne kulturellen Codes konstruieren Grenzen durch eine besondere Bindung an den unveränderbaren und ewigen Bereich des Heiligen und Erhabenen – ganz gleich, ob dieser als Gott oder Vernunft, Fortschritt oder Rationalität definiert wird" (Giesen 1993: 60). Zuvor hatte er schon klargestellt: „Es geht hier nicht nur um die einfache Klassifikation des Ge-

---

dem ist die Landkartenmetapher natürlich auch weiterhin eine geeignete Veranschaulichung des Code-Begriffes, eine andere ist der Vergleich mit dem ‚genetischen Code' (Giesen 1991: 156).

16 Trotz all dem kann man immer wieder Strategien beobachten, die mittels der Behauptung natürlicher (z. B. rassischer) Unterschiede, der Unübersichtlichkeit der Moderne zu entkommen suchen, zuungsten einer der Freiheit und Willkür des Menschen entzogenen sozialen Ontologie.

genübers oder um die Herstellung von Gleichheit und Kollektivität, sondern um die Deutung der unsichtbaren und nichtvorhandenen Welt, um die Stellungnahme zu den vielen Möglichkeiten und Unsicherheiten, die die Welt enthält" (ebd.).

Interessant ist die diesem Codetyp inhärente ‚Universalität'. In fundamentalem Gegensatz zum primordialen und konventionellen Code ist hier ‚Missionierung' (Giesen 1993: 61-64, 66) möglich, der ‚Fremde' muß ‚nur' über den gemeinsamen Code „belehrt" werden und ihn akzeptieren. In seiner historischen Funktion, der kulturell entdifferenzierenden Integration von anonymen Großgesellschaften, hat dieser Codetyp für unsere Zwecke seine Relevanz verloren, auch wenn das (wie oben ausführlich besprochen) Autoren wie Herfried Münkler ganz anders sehen. Münklers Reminiszenz an Herder repräsentiert noch immer den Glauben an die Kraft und den Nutzen eines gemeinsamen ‚kulturellen Codes', über den sich Europa, eben kulturell, integrieren lassen könnte. Die Pointe von Münklers Argumentation liegt immerhin darin, ausgerechnet ‚Vielfalt' zum Leitbegriff der Einheit und damit zum Kern einer europäischen kollektiven Identität zu machen.

Von der Vergangenheit und den erwähnten zeitgenössischen Projekten aber abgesehen, wäre es nicht möglich, sich in gleicher Weise sektorspezifische Codes vorzustellen? Statt ‚Romantik', ‚Demokratie' und ‚Realpolitik', wie im Falle der deutschen ‚Kulturnation', wären dann ‚Umweltschutz', ‚Menschenrechte', ‚Gleichstellung', ‚Gentechnologie', ‚Agrarzuschüsse' und ‚Sozialpolitik' die Kernbegriffe, um die herum anspruchsvolle Codes sich entfalten könnten[17]. Als sektorale Codes müßten sie vermutlich bei weitem nicht über das Ausmaß an Tiefe und Erhabenheit wie ihre historischen Vorgänger verfügen, um ihre integrativen Stärken, nämlich prinzipielle Offenheit für alle ‚Interessierten' und (subjektiv) ‚Betroffenen', auszuspielen, und Rahmen anbieten zu können, in deren Grenzen durchaus unterschiedliche Positionen und Präferenzen ‚aufgehoben' sind. Doch bevor wir es wagen, die Terminologie der Rahmen und Codes noch intensiver an unser Problem transnationaler sektoraler Demoi anzuschließen, sollen zwei weitere wichtige Fragen angesprochen werden.

Woher stammen Codes? Zwar stellt die Landkarte gegenüber der Flüchtigkeit des Hier und Jetzt der ‚*Situation*' und der temporalen Linearität des ‚*Prozesses*' das beharrende Element der soziale(n) Welt(en) dar, doch gibt es zum einen je nach Landschaft und Zweck unterschiedliche Landkarten mit unterschiedlichem Auflösungsgrad, und zum anderen werden mit jeder Auflage Änderungen an den Eintragungen vorgenommen, werden vermeintliche Fehler korrigiert, neue Erkenntnisse eingefügt und neue Präsentationsformen ausprobiert. Wer aber ist (um im Bild zu bleiben) für die Karten-Redaktion zuständig? Entgegen einer bestimmten wissenssoziologischen Schule (vgl. Berger/Luckmann 1972), die das kulturelle Wissen (fast) ausschließlich der Alltagswelt zuordnet (vgl. Sprondel 1994: 14), betont Giesen in der Tradition der Mannheim'schen Schule den Bereich der ‚Mythologien', ‚Ideologien' und ‚Theorien'. Wiederum fragt sich: wer ist verantwortlich für die Erfindung, Modifikation und Manipulation dieser mythologischen, ideologischen und theoretischen Codes? In Giesens Untersuchung zur deutschen Nation konnten schließlich die ‚Intellektuellen' als Konstrukteure des nationalen Codes identifiziert werden. Wer aber soll in unserem Falle die sektoralen Codes

---

17 Vielleicht meinte Connolly ja etwa ganz ähnliches, als er von ‚points of reference' sprach (1995: 153).

konstruieren?

Wie werden Codes verteilt und wie entwickeln sie ihre inklusive Wirkung? Ohne ein interessiertes und rezeptionsbereites Publikum, das sich im Falle der deutschen Nation wesentlich aus dem Bildungsbürgertum zusammengesetzt hatte, wären die nationalen Codes der Intellektuellen ungehört und somit wirkungslos geblieben. Dasselbe wäre ohne das Medium der Zeitung geschehen. Die Intellektuellen wenden sich als Sprecher an ein anonymes Publikum, die Zeitungen sind für die Reichweite der Mitteilung verantwortlich (und markieren dadurch neue symbolische Grenzen!): Das Ergebnis ist die Konstitution immer größerer öffentlicher Räume. Auf diese Aspekte werden wir zurückkommen, wenn wir uns jetzt den praktischen Fragen zuwenden und nach ersten empirischen Anknüpfungspunkten für unsere Rahmen- und Code-theoretischen Überlegungen suchen.

3.5 Politische Netzwerk-, Öffentlichkeits- und Bewegungsforschung

Da die Intellektuellen als Konstrukteure des Codes heute weitgehend ausfallen (vgl. Bauman 1987; Giesen 1993: 200-232; Münch 1997b), stellt sich die Frage, wo und von wem die nötigen gemeinsamen Codes bereitgestellt werden könnten. Die empirische *Politiknetzwerkforschung* liefert interessante Hinweise auf die Bedeutung von Netzwerken bei der Erzeugung neuer und Angleichung verschiedener Codes. Netzwerke lassen sich definieren als „relativ dauerhafte, nicht formal organisierte, durch wechselseitige Abhängigkeiten, gemeinsame Verhaltenserwartungen und Orientierungen sowie Vertrauensbeziehungen stabilisierte Kommunikationsstrukturen zwischen Individuen oder Organisationen, die dem Informationsaustausch, der kooperativen Produktion eines Kollektivgutes oder der gemeinsamen Interessenformulierung dienen" (Benz 1995: 194). Sie sind also nicht ausschließlich auf Tausch ausgerichtet, sondern als Kommunikations- und Vertrauensbeziehungen zu charakterisieren, die durch kognitiv-normative Gemeinsamkeiten (‚shared knowledge') integriert werden (ebd.: 194f.).
Die kognitiv-normativen Gemeinsamkeiten, das ‚shared knowledge', sind nichts anderes als Synonyme für gemeinsame kollektive Code, die sich hier in dialogischer Weise entwickelt haben. Dabei läßt sich auch die relative Bedeutungslosigkeit nationaler wie sprachbedingter Kontexte nachweisen – zumindest sofern man analytisch auf der höheren, meist mit ‚professionals' besetzten Entscheidungsebene verbleibt. Womit wir bei den entscheidenden Nachteilen der Netzwerkforschung im Hinblick auf die Suche nach sektoralen Demoi wären. In Netzwerken kann definitionsgemäß keine universale Partizipation gegeben sein, Politiknetzwerke bleiben aus Funktionsgründen notwendig exklusiv, und ihre Entscheidungsfindung bleibt intransparent (Benz 1998). Sowenig die in den Politiknetzwerken kreierten Codes die Masse der Gesellschaftsmitglieder erreichen werden, sowenig werden auch wir allein mittels der Politiknetzwerkforschung zu den Codes der sozialen Referenzgruppen vorstoßen.
Schon aus diesem Grunde benötigt die Politiknetzwerkforschung dringend die Ergänzung durch die *Öffentlichkeitsforschung*. Nur mit Hilfe einer (transnationalen) Öffentlichkeit können die sektoralen Codes angemessene Verbreitung finden, die Struktur der Öffentlichkeit wiederum ist durch die Struktur des Mediensystems bestimmt. Zwar bietet der ‚universale' Charakter sektoraler Codes gegenüber den vorausset-

zungsvolleren primordialen und konventionellen Codes (im Prinzip) geeignete Voraussetzungen zur massenhaften Allokation unter den Bedingungen von Anonymität. Die Transformation und Trivialisierung komplexer theoretischer Codes in allgemeinverständlichere Varianten mag dabei eine notwendige Konsequenz massenmedialer Kommunikation sein, täte aber (wie die Verbreitung des nationalen, aber z. B. auch des proletarischen Codes in der Bevölkerung historisch gezeigt hat) für sich genommen einer sektoralen Rejustierung kollektiver Grenzen noch keinen Abbruch. Die eigentlichen Hindernisse bei der Verbreitung sektoraler Codes resultieren daher eher aus zwei anderen Strukturmerkmalen des Mediensystems: ihrer nationalen Segmentierung und ihrer Verstrickung in privatwirtschaftliche Konzerninteressen, gerade dort, wo die nationale Segmentierung de facto längst überwunden wurde.

Möglichkeiten, trotz dieser widrigen Umstände sektorale Themen in der Öffentlichkeit zu plazieren, erforscht die *Non-Governmental-Organisations- (NGO)* und *Bewegungsforschung*, welche zusammen die dritte Ecke des hier skizzierten ‚magischen Dreiecks' beschreiben. Im Blickfeld stehen hier vor allem ‚Aktivisten', die als Mittler zwischen hochkomplexen Zusammenhängen (Codes) und sozialen Referenzgruppen fungieren können. Ihre Tätigkeit hat starke Ähnlichkeit mit dem, was Giesen als ‚Missionierung' beschrieben hat (Giesen 1993: 61-64, 66): Seine prominenteste Aufgabe sieht der Aktivist darin, die Gesellschaft von der ‚Universalität' eines Themas, eines Bedeutungsrahmens zu überzeugen; alle sollen Anteil nehmen am ‚Umweltschutz', an ‚Menschenrechtsverletzungen' usw. In dieser Funktion kann ihm eine große Rolle bei der Transformation einer latenten Gruppe in eine manifeste zukommen. Er selbst stellt freilich nur einen marginalen Teil eines sektoralen Demos und verweist noch lange nicht auf diejenige Entität, die wir als sektorale Referenzgruppe empirisch gern isolieren würden.

Es ist noch eine Menge konzeptueller Arbeit zu verrichten, und eine Fülle weiterer Operationalisierungsschritte sind vonnöten, um eine gezielte empirische Forschung nach sektoralen Referenzgruppen anzuleiten. Immerhin erscheint es uns aber doch bereits möglich, anhand der eingangs aufgelisteten sechs Merkmale und der soeben ausgeführten Rahmen- und Code-theoretischen Überlegungen unsere Vorstellungen zu transnationalen sektoralen Demoi weiter zu präzisieren. Wir konzeptualisieren sie in einer Art Stufenfolge, deren erste Stufe wir *‚transnationale sektorale Kollektive'* und deren zweite Stufe *‚transnationale sektorale Demoi'* nennen möchten[18]. Dabei profitiert die Vorstellung transnationaler sektoraler Kollektive von der Tatsache, daß wir – im nationalen Kontext! – den Umgang mit ihnen gewohnt sind. Die Gruppen-Identitäten der Bauernschaft, der Unternehmer, der Frauen, der Studenten usw. korrellieren noch immer in hohem Maße mit den repräsentativen Selbstbeschreibungen der Individuen – was sich empirisch leicht überprüfen läßt. Was verstärkt zu untersuchen wäre, sind Chancen und Bedingungen, mittels derer die territorial und/oder ethnisch codierten Grenzen aufgehoben und von transnationalen sektoralen kollektiven Identitäten abgelöst werden – ein Prozeß, der scheinbar nur schleppend in Gang kommt. Dagegen haben wir es im Falle transnationaler sektoraler Demoi mit einer ganz anderen Qualität von Entitäten zu tun, da sie sich nicht über gemeinsame Interessen, Präferenzen

18 Ob es sich dabei freilich um eine wirkliche Stufenfolge oder womöglich doch „nur" um parallele oder gar konkurrierende Sachverhalte handelt, wollen wir bewußt offen lassen.

oder Normen, sondern lediglich über einen gemeinsamen Problembereich konstituieren. Hier liegen die eigentlichen theoretischen und empirischen Herausforderungen.
Sektorale Kollektive zeichnen sich durch die Entstehung einer mehr oder weniger starken Wir-Identität aus, die sich (anders als z. B. nationale Identität) nicht auf alle, sondern idealiter auf einen einzelnen spezifischen Konflikt bezieht (*Funktionalität/Sektoralität*). Sektorale Kollektive sind Referenzgruppen für spezifische Regelungsbereiche, aber gleichwohl unterhalb der ‚Organisation' anzusiedeln (*Latenz*). Zwar können sich auf der Grundlage sektoraler Kollektive mächtige Interessenvertretungen konstituieren, allerdings täte die politische Theorie gut daran, angesichts von Individualisierung, Pluralisierung und Temporalisierung sozialer ‚cleavages' ihre Aufmerksamkeit nicht nur der ‚Organisationsgesellschaft' (vgl. Schuppert 1997; Schmalz-Bruns 1997; Hirst 1994), sondern vor allem auch der angemessenen Berücksichtigung latenter Gruppen zu widmen. Die Wir-Identität der sektoralen Kollektive kann sowohl auf rationalen Interessenkalkülen als auch auf affektiv-emotional gefühlter Zugehörigkeit basieren. Analog zur nationalen Identität muß im Falle des Zugehörigkeitsgefühls von einer partikularen ‚imagined community' (Andersen 1988) gesprochen werden, da sich die einzelnen Gemeinschaftsmitglieder persönlich nicht bekannt sind (*Anonymität*). Als ‚imaginierte politische Gemeinschaft' hat sie nur wenige Merkmale mit dem am dörflichen Beispiel, d.h. an den Kriterien wie Verwandtschaft, Bekanntschaft und/oder Nähe, ausgebildeten Idealtyps der ‚Gemeinschaft' gemein, wie ihn einst Ferdinand Tönnies definierte.
Im Falle der sektoralen Demoi spielen Wir-Identitäten eine geringe Rolle. Zwar bilden sich sektorale Demoi ebenenfalls um issue- oder sektorspezifische Konfliktlinien aus, anders als die sektoralen Kollektive umfassen sie jedoch das *gesamte* Interessensspektrum dieses Politikbereichs mit allen darin enthaltenen Dissensen und Antagonismen und ggf. mehrere sektorale Kollektive. Die Rede von ‚politischen Gemeinschaften' hat hier kaum eine Berechtigung. Möchte man den Begriff der ‚Gemeinschaft' trotzdem retten (wie offensichtlich von Walter L. Bühl intendiert, vgl. 1978: 25-29), so sollte man sich weniger der deutschen denn der angelsächsischen Tradition des Begriffes erinnern. Als Beispiel dafür sei die ‚scientific community' genannt, in der sich ‚Zugehörigkeit' primär als Zugehörigkeit zu einem bestimmten Thema, zu einer spezifischen Sache und nur sekundär als Zugehörigkeit zu Leuten äußert.
Gleich ob man es mit einem sektoralen Kollektiv oder einem sektoralen Demos zu tun hat, in jedem Fall bedarf es einer gemeinsamen Rahmung, und diese wiederum kann nur auf der Grundlage spezifisch sektoraler Rahmen bzw. Codes erfolgen. In der Moderne (und unter den Bedingungen von Transnationalität) kann dieser Code unmöglich auf substantiellen Werte-, Konventions- oder Bedeutungsgemeinschaften mit stabilen Symbolsystemen beruhen, sondern muß durch aufwendige Kommunikationsprozesse immer wieder aufs neue reproduziert, modifiziert, konstruiert und schließlich distribuiert werden (*Prozessualiät*). Zugleich muß konstatiert werden, daß die Rahmung eines sektoralen Demos im Vergleich zu der eines sektoralen Kollektivs immer die problematischere sein wird, kann sich dieser Code doch nicht einfach auf gleichgerichtete Interessen, Präferenzen oder Normen berufen, sondern muß durch Rahmungen des Problembereichs widerstreitende Auffassungen einschließen.
Im Zuge objektiv beschleunigter Veränderungen der Lebensumstände lassen sich von der ‚objektiven Lage' immer seltener unmittelbare Schlußfolgerungen auf die ‚subjek-

tiv' geglaubten Interessen und Betroffenheiten der Individuen ziehen (*Subjektivität*). Als Folge der Beschleunigung zeichnen sich sowohl sektorale Kollektive als auch sektorale Demoi durch hohe Flüchtigkeit aus (*Temporalität*). Zwar werden Aktivisten und Vertreter von Organisationen versuchen, eine einmal in ihrem Sinne existierende Betroffenheit in der Gesellschaft zu konservieren, zu verstärken und ggf. umzuleiten, arbeiten dabei aber immer gegen die massiven Kräfte des Vergessens bei überbordendem Nachrichtenangebot. Es darf gemutmaßt werden, daß sich sektorale Kollektive auch in dieser Hinsicht leichter stabilisieren lassen als sektorale Demoi. Verliert der sektorale Demos sein Thema, z. B. dadurch, daß ein Konflikt zur allseitigen Zufriedenheit gelöst worden ist, gibt es keine Wir-Identität und kein Zugehörigkeitsgefühl, das bis zum Auftauchen eines adäquaten thematischen Ersatzes stabilisierend wirken könnte[19].

Eine andere Frage ist, ob nicht auf der Basis einer sektoralen Wir-Identität oder Problemdefinition eine Art neues sektorales Ethos, sprich: konventioneller Code ausgeprägt werden könnte. Für Politiknetzwerke lassen sich solche Prozesse leicht nachweisen. In der Tat läßt dieser Umstand die Kluft zwischen ihnen und ihren Referenzgruppen nur noch größer werden. Durch Anonymität und Temporalität kann ein sektorales Ethos bei den letzteren kaum eine Rolle spielen und scheidet als quasi-externer Faktor zur Stabilisierung von Kollektiv- und Demos-Grenzen darum weitgehend aus.

4. Die „neuen Grenzen" der Demokratie

Den ‚transnationalen Demos' wird es kaum geben; statt dessen ist in ‚entgrenzten Räumen' mit einer Pluralität transnationaler Demoi zu rechnen. Diese werden sich (wie oben vermutet) durch Sektorialität, Latenz, Temporalität, Subjektivität, Prozessualität und Anonymität auszeichnen. Nach der gängigen Interpretation der Identitätsbedingung der Demokratie (siehe Zürn 1996; Grimm 1994; Kielmansegg 1996; Guéhenno 1994; u. a.) steht darum grundsätzlich in Frage, ob die betreffenden quasi-Einheiten – die Referenzgruppen transnationaler Entscheidungssysteme – überhaupt als ‚Demoi' angesehen werden können.

Empirisch lassen sich mit Mühe einige wenige Belege für ‚spontane' issue-spezifische transnationale Gruppenbildung (unterhalb der Organisationsebene, wohlgemerkt) auffinden. Unsere Überlegungen konzentrieren sich allerdings auf die theoretische Eruierung der Chancen solcher Gruppenbildung, auf die Konstitutionsbedingungen transnationaler Demoi. Beides, Empirie und theoretische Erörterung, verweist auf – immerhin – die Möglichkeit transnationaler Identitätsbildung, aber in nur schwachem Ausmaß. In unserer Stufenfolge haben wir entsprechend zwischen der Identität sektoraler Kollektive (mit ‚konventioneller' Wir-Identität) und der Identität sektoraler Demoi (in der die Identifikation den gesamten Sektor umfaßt, einschließlich aller darin ‚aufgehobenen' Dissense) unterschieden.

Die Bindungskräfte und Belastbarkeit dieser transnationalen sektoralen quasi-

19 Immerhin läßt sich aber vermuten, daß im einen wie im anderen Fall sowohl die Wahrnehmung neuer Mitteilungen als auch die Übernahme neuer Rahmen genuin von zuvor praktizierten Rahmungen beeinflußt wurde, was (im schwachen Sinne) auch als ‚Lernen' bezeichnet werden könnte.

Einheiten können sich in Anbetracht ihrer Latenz mit den gewohnten (nationalen) Loyalitäts- und Solidaritäts-Maßstäben kaum messen. Allerdings haben wir oben (vgl. 3.3) argumentiert, daß die Identitätsbedingung der Demokratie nicht absolut gesetzt werden kann, sondern nach Kontexten relativiert werden muß. Demnach ist der für demokratische Partizipation erforderliche Grad kollektiver Identitätsbildung zu differenzieren nach der Art der Entscheidungseinheit, Entscheidungstyp und den Entscheidungsmodi. Im Umkehrschluß und in Anwendung unserer Stufenfolge läßt sich nun folgende These formulieren:

Der in transnationalen (sektoralen) ‚latenten Demoi' erwartbare Grad an kollektiver Identität erlaubt a) nur „anspruchslose" Entscheidungs- bzw. Politiktypen; konkret: mangels ‚Loyalität' (oder ‚Bereichs-Solidarität', im Unterschied zur Gruppensolidarität) verbietet sich z. B. redistributive Politik (siehe schon Scharpf 1997; Majone 1996: 228, 234, 244). Er erlaubt b) nur bestimmte Entscheidungsmodi, nämlich nicht-majoritäre. Weniger aus Identitätsgründen denn aus dem eher organisatorischen Grund der mangelnden personellen Abgrenzbarkeit sektoraler Entscheidungsbereiche verbieten sich im übrigen repräsentative Entscheidungsverfahren.

An dem Postulat demokratischer Beteiligung – das darf bei all dem nicht in Vergessenheit geraten – muß indessen festgehalten werden, daß in transnational-sektoralen Entscheidungseinheiten die Exit-Option der Entscheidungsunterworfenen entfällt und darum keine ernstzunehmende Output-Legitimation konstruierbar ist. Daraus ergibt sich die Herausforderung, nicht zuletzt an die Politikwissenschaft, über neue/alternative Beteiligungsformen nachzudenken.

Nachzudenken ist ferner über die technisch-praktischen Bedingungen der Herausbildung transnationaler ‚Bereichs-Demoi', weitergehend ggf. über die Bedingungen ihrer Transformation von latenten in manifeste Demoi. Sie lassen sich im wesentlichen konkretisieren als die Entstehungsbedingungen von Bereichs-Öffentlichkeiten, erschwert durch das Sprachenproblem. Schon im nationalen Kontext haftet der Dynamik von Entstehung und Verfall issue-zentrierter Teilöffentlichkeiten etwas Beliebiges an; hinzu kommt häufig ein manipulatives Element. Mindestens die Beliebigkeit sowohl von Themen-Karrieren als auch genereller der Ausbreitung issue-spezifischer ‚Rahmungen' und ‚Codes' wird transnational noch um einiges stärker ausgeprägt sein. Das Sprachenproblem wiederum mag einerseits die Steuerbarkeit von Teilöffentlichkeiten mindern; andererseits bringt es ‚nationale Verstärker' ins Spiel, die das transnationale Moment der betreffenden (sachbezogenen) Referenzsysteme abschwächen, mindestens seine Ausbildung verlangsamen kann.

Auf das Mediensystem zugespitzt, läßt sich unsere Konstitutionsproblematik in mehrere Einzelprobleme auffächern (die hier indessen nicht näher ausgeführt werden können): Erstens müssen Sprachbarrieren überwunden werden. Zweitens haben wir es überwiegend mit nationalen Medien zu tun, die für die entsprechende, traditionale ‚Rahmung' sorgen werden. Zwar gibt es Medien, die transnational operieren; doch die sind (drittens) entweder fachspezifisch und insofern chronisch ‚elitär', als sie nur die sogenannten Experten erreichen – oder aber sie sind (viertens) von internationalen Medienkonzernen gesteuert, die mit der (ansatzweisen) Etablierung einer transnationalen Öffentlichkeit spezifische (z. B. marketing-orientierte) Eigeninteressen verfolgen.

Der traditionelle, territorial verstandene Demos grenzt sich im allgemeinen deutlich nach außen ab. Demgegenüber sind die hier konzipierten transnational-sektoralen

‚latenten Demoi' nicht objektiv abgrenzbar; schon gar nicht können sie selbst – als ‚Bereichsbürger' sozusagen – sich nach außen abgrenzen: Das Außen und Innen aktualisiert sich nur fallweise. In welchem Ausmaß solche Aktualisierung jeweils stattfindet, hängt indessen davon ab, mit welchem Erfolg die eben beschriebenen ‚technischen' Probleme bei der Herausbildung von Bereichs-Öffentlichkeiten zu meistern sind. Das führt zu einer fatalen Schlußfolgerung: Das Grenzproblem wird bei den transnationalen Demoi nicht etwa gegenstandlos; doch die Grenzen sind nicht selbstdefiniert, sondern werden diesen Demoi von außen aufgenötigt. Mit mindestens zwei solchen Grenzen wird man im Besonderen zu tun haben: den Grenzen von Kommunikations- und Mediensystemen (a) und den Grenzen politischer Netzwerke (b).

a) Auf die Medienproblematik wurde eben bereits hingewiesen; ihr zufolge bestimmen im Extremfall Unternehmerinteressen über Ausdehnung, Inklusion und Exklusion. Nur eine verhältnismäßig kleine ‚Informationselite' dürfte in der Lage sein, diese Art von Grenzziehung zu transzendieren.
b) Transnationale politische Netzwerke (wie die europäischen) wurden oben (und werden auch in der Literatur gerne und vielfach) als eine Art transnationaler Demos *in nuce* charakterisiert. Als Generatoren gemeinsamer Codes bilden sie das ‚shared knowledge' (Heclo 1978) und die ‚shared understandings' (Walzer 1983) aus, die hier als unerläßliches Minimum kollektiver Identitätsbildung definiert wurden. Indessen bleiben ihre Akteure weitgehend „unter sich", sind hochgradig exklusiv – bei mindestens ebenso hochgradiger Intransparenz der Zugangsbedingungen! –; schotten sich gegenüber ihrer sozialen Basis bzw. den Referenzgruppen ab, oder besser: beziehen sie nur dann, fallweise und qua ‚veranstalteter Öffentlichkeit', ein, wenn das im internen Verhandlungssystem Gewinn verspricht[20].

Was den beiden Typen der ‚neuen Grenzen' gemeinsam ist, ist ihre Intransparenz. Weder ihr Ort noch ihr Zustandekommen sind den potentiell den betroffenen Bereichs-Öffentlichkeiten Zugehörigen bekannt, noch sind sie durch diese latenten Demoi beeinflußbar, da ja deren Existenz von der Existenz der Netzwerke wie der Mediensysteme (mit) abhängt.

Die letzte Schlußfolgerung fällt damit pessimistisch aus: Mindestens das Ungewißheits-Dilemma der ‚entgrenzten Demoi' ist über die Konstruktion transnational-sektoraler Demoi nicht auflösbar.

Literaturverzeichnis

Abromeit, Heidrun, 1998a: Democracy in Europe – Legitimising Politics in a Non-State Polity. Oxford/New York.

Abromeit, Heidrun, 1998b: Ein Vorschlag zur Demokratisierung des europäischen Entscheidungssystems, in: Politische Vierteljahresschrift 39, 1, 80-90.

Andersen, Svein S./Eliassen, Kjell A. (Hrsg.), 1996: The European Union – How Democratic is it? London.

Anderson, Benedict, 1988: Die Erfindung der Nation. Frankfurt a.M./New York.

Bader, Veit, 1997: The Cultural Conditions of Transnational Citizenship. On the Interpenetration of

20 Dies geschieht im übrigen natürlich auch, wenn Verhandlungsergebnisse formaler (z. B. parlamentarischer) Absegnung bedürfen. Das wiederum geschieht dann typischerweise im *nationalen* Kontext.

Political and Ethnic Cultures, in: Political Theory 25, 6, 771-813.
Bauernfeind, Reinhard, 1995: Sozio-Logik – Der kulturelle Code als Bedeutungssystem. Frankfurt a.M./u.a.
Bauman, Zygmunt, 1987: Legislators and Interprets – On Modernity, Postmodernity, and the Intellectuals. Oxford.
Beck, Ulrich, 1983: Jenseits von Stand und Klasse? Soziale Ungleichheit, gesellschaftliche Individualisierungsprozesse und die Entstehung neuer sozialer Formationen und Identitäten, in: *Kreckel, Reinhard* (Hrsg.), Soziale Ungleichheiten; Sonderband 2 der Zeitschrift Soziale Welt, Göttingen: Schwartz, 35-74.
Beck, Ulrich, 1986: Risikogesellschaft. Frankfurt a.M.
Beck, Ulrich, 1993: Die Erfindung des Politischen. Frankfurt a.M.
Bellah, Robert N./ u. a., 1987: Gewohnheiten des Herzens. Köln.
Benz, Arthur, 1995: Politiknetzwerke in der Horizontalen Politikverflechtung, in: *Jansen, Dorothea/Schubert, Klaus* (Hrsg.), Netzwerke und Politikproduktion. Marburg, 185-204.
Benz, Arthur, 1998: Postparlamentarische Demokratie? Demokratische Legitimation im kooperativen Staat, in: *Greven, Michael Th.* (Hrsg.), Demokratie – eine Kultur des Westens? 20. Wiss. Kongreß der DVPW. Opladen, S. 201-222.
Berger, Peter A., 1996: Individualisierung – Statusunsicherheit und Erfahrungsvielfalt. Opladen.
Berger Peter A./Hradil, Stefan (Hrsg.), 1990: Lebenslagen, Lebensläufe, Lebenstile. Sonderband 7 der Zeitschrift Soziale Welt. Göttingen.
Berger, Peter L./Luckmann, Peter, 1972: Die gesellschaftliche Konstruktion der Wirklichkeit – eine Theorie der Wissenssoziologie. Frankfurt a.M.
Bernstein, Richard J., 1996: The Retrieval of the Democratic Ethos, in: Cardozo Law Review 17 1127-1146.
Bickel, Hans/Schlaepfer, Robert (Hrsg.), 1994: Mehrsprachigkeit – eine Herausforderung. [Schweizerisches] Nationales Forschungsprogramm 21, Kulturelle Vielfalt und nationale Identität. Basel/Frankfurt a.M.
Bloor, David, 1976: Knowledge and Social Imagery. London et al.
Bourdieu, Pierre, 1983: Ökonomisches Kapital, kulturelles Kapital, soziales Kapital, in: *Kreckel, Reinhard* (Hrsg.): Soziale Ungleichheiten, Sondernband 2 der Zeitschrift Soziale Welt, Göttingen, 183-198.
Bourdieu, Pierre, 1987: Sozialer Sinn – Kritik der theoretischen Vernunft. Frankfurt a.M.
Bühl, Walter L., 1978: Transnationale Politik. Stuttgart.
Connolly, William, 1995: The Ethos of Pluralization. Minneapolis.
Dahl, Robert, 1989: Democracy and its Critics. New Haven, Conn.
Dubiel, Helmut, 1997: Unversöhnlichkeit und Demokratie, in: *Heitmeyer, Wilhelm* (Hrsg.); Was hält die Gesellschaft zusammen? Frankfurt a.M., 425-446.
Elkins, David J., 1995: Beyond Sovereignty – Territory and Political Economy in the Twenty-First Century. Toronto.
Esser, Hartmut, 1997: Die Entstehung ethnischer Konflikte, in: *Hradil, Stefan* (Hrsg.); Differenz und Integration. Verhandlungen des 28. Kongresses der DGS; Frankfurt a.M./New York, 876-894.
Forst, Rainer, 1996: Kontexte der Gerechtigkeit. Frankfurt a.M.
Francis, Emerich, 1965: Ethnos und Demos. Berlin.
Furth, Hans G., 1972: Denkprozesse ohne Sprache. Düsseldorf.
Gellner, Ernest, 1991: Nationalismus und Moderne. Berlin.
Giddens, Anthony, 1991: Modernity and Self-Identity. Oxford/Cambridge.
Giesen, Bernhard, 1991: Die Entdinglichung des Sozialen. Frankfurt a.M.
Giesen, Bernhard, 1993: Die Intellektuellen und die Nation. Frankfurt a.M.
Giesen, Bernhard/Schmid, Michael, 1990: Symbolische, institutionelle und sozialstrukturelle Differenzierung – Eine selektionstheoretische Betrachtung, in: *Haferkamp, Hans* (Hrsg.), Sozialstruktur und Kultur. Frankfurt a.M., 20-53.
Giesen, Bernhard./Eisenstadt, Shmuel Noah, 1995: The Construction of Collective Identity, in: Archives européennes de sociologie. XXXVI, 72-102.
Greven, Michael Th., 1997: Can the European Union finally become a Democracy? The Challenge of Creating a Democratic Political Community. Ms.
Grimm, Dieter, 1994: Braucht Europa eine Verfassung? München.
Guéhenno, Jean-Marie, 1994: Das Ende der Demokratie. München/Zürich.
Habermas, Jürgen, 1992: Staatsbürgerschaft und nationale Identität, in: ders.; Faktizität und Gel-

tung. Frankfurt a.M., 632-660.
Habermas, Jürgen, 1996: Braucht Europa eine Verfassung? Eine Bemerkung zu Dieter Grimm, in: *ders.*; Die Einbeziehung des Anderen. Frankfurt a.M., 185-191.
Hallpike, Christopher Robert, 1984: Die Grundlagen des primitiven Denkens. Stuttgart.
Heclo, Hugh, 1978: Issue Networks and the Executive Establishment, in: *King, A.* (Hrsg.), The New American Political System. Washington, 87-124.
Held, David, 1991; Democracy, the Nation-State and the Global System, in: *ders.* (Hrsg.), Political Theory Today. Cambridge, 197-236.
Held, David, 1995: Democracy and the Global Order. Cambridge/Oxford.
Hirschmann, Alber O., 1974: Abwanderung und Widerspruch. Tübingen.
Hirst, Paul, 1994: Associative Democracy. Cambridge/Oxford.
Hofstede, Geert, 1996: The Nation-State as a Source of Common Mental Programming: Similarities and Difference Across Eastern and Western Europe, in: *Gustavsson, Sverker/Lewin, Leif* (Hrsg.), The Future of the Nation-State. London/Stockholm/New York, 19-48.
Jachtenfuchs, Markus, 1997: Democracy and Governance in the European Union, in: *Føllesdal, Andreas/Koslowski, Peter* (Hrsg.), Democracy and the European Union. Berlin et al., 37-64.
Kielmansegg, Peter Graf, 1994: Läßt sich die Europäische Union demokratisch verfassen? In: Europäische Rundschau 22, 2, 23-33.
Kielmansegg, Peter Graf, 1996: Integration und Demokratie, in: *Jachtenfuchs, Markus/Kohler-Koch, Beate* (Hrsg.), Europäische Integration. Opladen, 47-72.
Kleger, Heinz, 1995: Transnationale Staatsbürgerschaft: Zur Arbeit an einem europäischen Bürgerstatus, in: *Erne/Gross/Kaufmann/Kleger* (Hrsg.), Transnationale Demokratie. Zürich, 287-335.
Kleger, Heinz (Hrsg.), 1997: Transnationale Staatsbürgerschaft. Frankfurt a.M./New York.
Kluxen-Pyta, Donate, 1991: Nation und Ethos – Die Moral des Patriotismus. Freiburg/München.
Koselleck, Reinhart, 1992: Volk, Nation, Nationalismus, Masse. Einleitung, in: *Bruner, Otto/u.a.* (Hrsg.), Geschichtliche Grundbegriffe: historisches Lexikon zur politisch-sozialen Sprache in Deutschland. Stuttgart, 141-151.
Kraus, Peter A., 1998: Kultureller Pluralismus und politische Integration – Die Sprachenfrage in der EU. unveröff. Manuskript.
Kreckel, Reinhard (Hrsg.), 1983: Soziale Ungleichheiten. Sonderband 2 der Zeitschrift Soziale Welt, Göttingen.
Lane, Jan-Erik/Ersson, Svante O., 1996: European Politics. London.
Lepsius, M. Rainer, 1990: ‚Ethnos' oder ‚Demos'. Zur Anwendung zweier Kategorien von Emerich Francis auf das nationale Selbstverständnis der Bundesrepublik und auf die Europäische Einigung, in: *ders.*, Interessen, Ideen und Institutionen. Opladen.
Lindner, Rolf, 1994: Das Ethos der Region, in: *ders.* (Hrsg.); Die Wiederkehr des Regionalen – Über neue Formen kultureller Identität. Frankfurt a.M./New York, 201-232.
Lipset Seymor M./Rokkan, Stein (Hrsg.), 1967: Party System and Voters Aligment. New York.
March, James G./Olsen, Johan P., 1995: Democratic Governance. New York.
Majone, Giandomenico, 1996: Redistributive und sozialregulative Politik, in: *Jachtenfuchs, Markus/Kohler-Koch, Beate* (Hrsg.): Europäische Integration. Opladen, 225-248.
Münch, Richard, 1993: Das Projekt Europa. Frankfurt a.M.
Münch, Richard, 1997a: Elemente einer Theorie der Integration moderner Gesellschaften, in: *Heitmeyer, Wilhelm* (Hrsg.); Was hält die Gesellschaft zusammen? Frankfurt a.M.
Münch, Richard, 1997b: Mediale Ereignisproduktion – Strukturwandel der politischen Macht, in: *Hradil, Stefan* (Hrsg.); Differenz und Integration. Verhandlungen des 28. Kongresses der DGS; Frankfurt a.M./New York; 696-709.
Münkler, Herfried, 1995: Die politische Idee Europa, in: *Delgado, Mariano/Lutz-Bachmann, Matthias* (Hrsg.); Herausforderung Europa – Wege zu einer europäischen Identität. München.
Mooser, Josef, 1983: Auflösung proletarischer Milieus. Klassenbildung und Individualisierung in der Arbeiterschaft vom Kaiserreich bis in die Bundesrepublik Deutschland, in: Soziale Welt 34, 270ff.
Mooser, Josef, 1984: Arbeiterleben in Deutschland 1900-1970. Frankfurt a.M.
Pollack, Wolfgang, 1994: Österreich und Europa – Sprachkulturelle und nationale Identität. Wien (ÖGS/ISSS).
Richter, Emanuel, 1997: Demokratie und Globalisierung – Das Modell einer Bürgergesellschaft im Weltsystem, in: *Klein, Ansgar/Schmalz-Bruns, Rainer* (Hrsg.), Politische Beteiligung und Bürgerengagement in Deutschland. Bonn, 173-202.

Scharpf, Fritz W., 1997: Demokratische Politik in der internationalisierten Ökonomie. MPIfG Working Paper 97/9; http://www.mpi-fg-koeln.mpg.de/publikation/working_papers.
Schmalz-Bruns, Rainer, 1997: Bürgergesellschaftliche Politik – ein Modell der Demokratisierung der Europäischen Union? In: *Wolf, Klaus Dieter* (Hrsg.), Projekt Europa im Übergang. Baden-Baden, 63-90.
Schmitter, Philippe C., 1997: Is it Really Possible to Democratize the Euro-Polity? In: *Føllesdal, Andreas/Koslowski, Peter* (Hrsg.), Democracy and the European Union. Berlin et al., 13-36.
Schuppert, Gunnar Folke, 1997: Assoziative Demokratie. Zum Platz des organisierten Menschen in der Demokratietheorie, in: Klein, Ansgar/ Schmalz-Bruns, Rainer (Hrsg.), Politische Beteiligung und Bürgerengagement in Deutschland – Möglichkeiten und Grenzen. Bonn, 114-153.
Simmel, Georg, 1908: Der Streit, in: *ders.*, Soziologie. Untersuchungen über die Formen der Vergesellschaftung. Leipzig.
Smith, Anthony D., 1991: National Identity. London.
Smith, Anthony D., 1992: National Identity and the Idea of the European Unity, in: International Affairs 68, 1, 55-76.
Smith, Anthony D., 1995: Nations and Nationalism in a Global Era. Cambridge/Oxford.
Sprondel, Walter M. (Hrsg.), 1994: Die Objektivität der Ordnungen und ihre kommunikative Konstruktion. Frankfurt a.M.
Walzer, Michael, 1983; Spheres of Justice. New York.
Weiler, Joseph H. H./ et al., 1995: European Democracy and its Critique, in: West European Politics 3.
Weiler, Joseph H. H., 1995a: Der Staat ‚über alles' – Demos, Telos und die Maastricht-Entscheidung des Bundesverfassungsgerichts. Jean Monnet Working Papers 7/95; http://www.law.harvard.edu/groups/jmpapers.
Weiler, Joseph H. H., 1996: European Neo-Constitutionalism: In Search of Foundations for the European Constitutional Order, in: Political Studies XLIV, 517-533.
Whelan, Frederick G., 1983: Prologue – Democratic Theory and the Boundary Problem, in: *Pennock, J.R./Chapman, J.W.* (Hrsg.), Liberal Democracy. New York/London, 13-47.
Willems, Herbert, 1997: Rahmen und Habitus. Zum theoretischen und methodischen Ansatz Erving Goffmans: Vergleiche, Anschlüsse, Anwendungen. Frankfurt a.M.
Willke, Helmut, 1997: Supervision des Staates. Frankfurt a.M.
Wolf, Klaus Dieter, 1997: Entdemokratisierung durch Selbstbindung in der Europäischen Union, in: *ders.* (Hrsg.), Projekt Europa im Übergang. Baden-Baden, 271-294.
Wolf, Klaus Dieter, 1999: Defending State Autonomy. Intergouvernmental Governance in the European Union, in Beate Kohler-Koch/Reiner Eising (Hrsg.): The Transformation of Governance in the European Union. London.
Zürn, Michael, 1996: Über den Staat und die Demokratie im europäischen Mehrebensystem, in: Politische Vierteljahresschrift 37, 1, 27-55.

Regieren in Europa jenseits öffentlicher Legitimation? Eine Untersuchung zur Rolle von politischer Öffentlichkeit in Europa

Klaus Eder / Kai-Uwe Hellmann / Hans-Jörg Trenz

1. Einleitung

Spätestens seit dem Vertrag von Maastricht können elementare Mängel in der Gestaltung europäischen Regierens nach demokratischen Grundsätzen kaum noch geleugnet werden. Die Beschreibung des dabei vielfach eingeklagten Demokratiedefizits bleibt allerdings weitgehend konventionell an die Erfüllung bestimmter Formalien bzw. institutioneller Arrangements gebunden (unvollständige Gewaltenteilung, fehlende Parlamentarisierung des Gesetzgebungsprozesses, Intransparenz und mangelhafte Zurechenbarkeit von Entscheidungen sowie eine fehlende Verfassung, um nur einige Beispiele aufzuführen). Aus der Sicht der Bürger läßt sich das Demokratiedefizit dagegen zum einen als ein Gestaltungsdefizit konkretisieren, d.h. als „Probleme der Bürger, mit ihren Präferenzen und Interessen im Politikprozeß angemessene Berücksichtigung zu finden", und zum anderen als ein Kontrolldefizit, d.h. als „Schwierigkeiten der Bürger, die Ausübung der Macht wirkungsvoll zu kontrollieren" (Grande 1997: 361f.). Beide hier aufgeführten Dimensionen des europäischen Demokratiedefizits lassen sich, wie wir im folgenden darzulegen bemüht sind, auf das Fehlen von Öffentlichkeit zurückführen. Wenn man das europäische Demokratiedefizit abstrakt als ein Öffentlichkeitsdefizit thematisiert, so eröffnet sich damit eine analytische Dimension, die es uns erlaubt, sich dem Legitimationsproblem europäischen Regierens unbefangen und losgelöst von normativen Vorentscheidungen über die ideale Gestaltung eines demokratischen Gemeinwesens anzunähern.

Daß dieser Zusammenhang zwischen Öffentlichkeit und Demokratie besteht, hat etwa Dieter Grimm deutlich gemacht. Öffentlichkeit stellt eine konstitutive Bedingung für Demokratie dar, da „der parlamentarische Prozeß ... auf einem gesellschaftlichen Prozeß der Interessenvermittlung und Konfliktsteuerung auf(baut), der die parlamentarische Entscheidungstätigkeit teils entlastet, teils vorstrukturiert. Dabei wird die Verbindung zwischen den Einzelnen, ihren gesellschaftlichen Assoziationen und den staatlichen Organen vor allem von den Kommunikationsmedien aufrechterhalten, die jene Öffentlichkeit herstellen, durch welche allgemeine Meinungsbildung und demokratische Teilhabe erst möglich werden." (Grimm 1994: 37) Wenn die Entfaltung einer demokratischen Praxis also Öffentlichkeit voraussetzt, sollten auch die Analysen zum Demokratiedefizit europäischen Regierens an dieser Problematik ansetzen. Es stellen sich dann die Fragen, welche Strukturen politischer Öffentlichkeit in Europa überhaupt vorausgesetzt werden können, und in welcher Form Öffentlichkeit zur Lösung des Legitimitätsproblems europäischen Regierens beitragen kann.

Wir unterstellen also ein konstitutives Verhältnis von Öffentlichkeit und Demokratie, wenn wir das Demokratiedefizit der Europäischen Union diskutieren. Diese Prämisse eines konstitutiven Zusammenhangs von Legitimation politischer Herrschaft und politischer Öffentlichkeit in modernen Gesellschaften muß zunächst begründet werden.

2. *Soziale Voraussetzungen und normative Ideale von Demokratie in Europa*

2.1 Die Erosion der Grundlagen nationalstaatlich verfaßter Öffentlichkeit

Politische Herrschaft ist legitim, wenn politische Entscheidungen deshalb Anerkennung erfahren, weil ihnen die besondere Qualität zugeschrieben werden kann, als „richtig“ zu gelten. Dabei variiert dieser Legitimationsmodus, Entscheidungen auf Grund einer ihnen inhärenten Eigenschaft als "richtig" anzuerkennen, je nach Gesellschaft; hier erweist sich der Typisierungsvorschlag von Max Weber, zwischen traditionalen, formal-rationalen und charismatischen Legitimationsmodi zu unterscheiden, jedoch weiterhin als der überzeugendste und fruchtbarste. Was Weber weniger systematisch behandelt hat, ist dagegen, daß Legitimität nicht nur von den Ideen abhängt, sondern auch von den sozialen Formen, in denen der Legitimitätsglaube eingeübt, ausgedrückt und inszeniert wird. Unter dieser Perspektive kommen Phänomene ins Blickfeld wie die Beteiligung an Entscheidungsprozessen, religiöse Rituale, in denen die Geltungsgründe angerufen bzw. bestätigt werden, oder mediatisierte Kommunikation, in denen das Nichtalltägliche von Herrschaft inszeniert wird. Diese Formen finden sich in allen Herrschaftsformen in unterschiedlicher Mischung. Uns interessieren in diesem Zusammenhang unter den möglichen Konstellationen vor allem zwei: diejenige, die sich in Europa seit dem 19. Jahrhundert herausgebildet hat, und diejenige, die sich heute auf europäischer Ebene abzuzeichnen beginnt.

Auf der Ebene der Ideen können die normativen Ansprüche an Legitimität als bekannt vorausgesetzt werden, da sie in langdauernden Legitimitätsdiskursen immer wieder benannt wurden. Was moderne Herrschaftssysteme in Europa auszeichnet, ist die Idee einer gleichen Berücksichtigung der Interessen freier Bürger, die sich als 'Demos' über ihre Interessen in diskursiver Weise verständigen und ihre Dissense behandeln.[1] Auf der Ebene der sozialen Formen geht es darum, die konkreten organisatorischen Formen, die sich mit diesen Leitbildern verbinden und von diesen Leitbildern geprägt werden, zu identifizieren. Die im modernen Nationalstaat realisierte institutionelle Form war die Repräsentation des Demos in seinen gewählten Repräsentanten sowie die permanente Beobachtung dieser Repräsentanten durch die Repräsentierten. Das

---

1 Diese Voraussetzungen sind in den verschiedensten Varianten dargestellt worden. Die besondere, diskursiv abgespeckte Variante, die Eder (1985) vorgeschlagen hat, war die Identifikation eines Modellkerns, der aus den drei Prinzipien egalitär/diskursiv/Verständigung (kurz: EDV-Modell) besteht. Dieses Modell soll leicht modifiziert werden, um den Freiheitsaspekt expliziter einzubauen. Das Modell besteht aus den Prinzipien der diskursiven Verständigung als elementarer Anforderung, die zwischen freien und gleichen Menschen stattfindet. Das modifizierte Modell ließe sich dann mit dem Akronym „DFG-Modell“ (Diskurs von Freien und Gleichen) benennen.

Demos ist das Publikum, das seine eigenen Repräsentanten beobachtet, kommentiert, kritisiert und bisweilen absetzt und ersetzt.
Moderne politische Systeme sind zustimmungsfähig dadurch, daß sie kollektive Meinungs- und Willensbildungsprozesse an einen besonderen Träger binden: den Akteur „Volk" (Demos). Dabei werden dem Volk, das als beobachtendes Publikum verstanden wird, außergewöhnliche und außeralltägliche Eigenschaften zugesprochen: Es wird als allgemeiner Wille, als volonté générale inszeniert, den kein Einzelner haben kann, sondern nur das Kollektiv; es ist das republikanisch definierte Staatsvolk, das jene geheimnisvolle öffentliche kollektive Meinung hat, die Legitimität herstellt. Das Volk als Träger dieser öffentlichen Meinung ist allerdings eine fragile soziale Konstruktion. Es muß sich immer wieder seiner Identität vergewissern, seine Beziehung zu sich selbst feiern und anbeten. Dies leisten Rituale der Bestätigung einer kollektiven Identität und eines kollektiven Willens. Rituale der Kritik von Herrschaft werden mit der Inszenierung dieses Volkes als einer politischen Gemeinschaft verbunden.[2] Das Ergebnis der rituellen Bestätigung der Einheit des Volkes ist dann die Nation.
Die Entstehung von transnationalen Institutionen wie der EU, einem politischen 'Gebilde sui generis' (Jachtenfuchs 1997) jenseits des Nationalstaats, scheint sich zunächst von diesem Entstehungszusammenhang moderner politischer Herrschaft entkoppeln zu können. Transnationale Institutionenbildung legitimiert sich durch schieren Sachzwang, durch Effizienz. Das traditionelle Legitimationsproblem des Nationalstaats entfällt, weil diesen Institutionen kein Volk entspricht. Es gibt keine „verfaßte" Gemeinschaft von Bürgern, kein Volk, das zum legitimationsheischenden Publikum werden könnte.
Unsere Vermutung ist, daß diese Form der Legitimation durch Effizienz nur eine kurze Überleitungsformel war. Mit der zunehmenden politischen Gestaltung Europas entsteht auch eine europäische Gesellschaft, die politische Institutionenbildung wieder an die Tradition moderner Herrschaftsformen ankoppelt. Dieser Prozeß beschleunigt sich selbst. Denn in dem Maße, wie sich die europäische Gesellschaft politisch konstituiert, also Grenzen zieht, die diese Gesellschaft von anderen unterscheidet, verringert sich die Möglichkeit, sich dem Europäisierungsdruck zu entziehen. Exit-Möglichkeiten aus Europa werden erschwert, was die nationalen „Stimmen" (voices) dazu zwingt, von 'exit' auf 'voice' (Hirschman) umzustellen. Mit anderen Worten: In dem Maße, in dem eine europäische Gesellschaft mit spezifischen (rechtlichen, ideologischen, politischen, ökonomischen) Grenzen entsteht und sich entlang dieser Grenzen ausdifferenziert,[3] bildet sich auch auf europäischer Ebene ein System des ‚voicing', der politischen Artikulation und Willensbildung aus, die die politische Konstitution einer europäischen Gesellschaft vorantreiben.
Damit kehrt das klassische Legitimationsproblem zurück. Diese Wiederankopplung transnationaler Institutionenbildung in Europa an die Tradition normativ gehaltvoller Legitimation trifft allerdings auf einen neuartigen sozialen Kontext: auf eine Öffentlichkeit, der das als Nation konstruierte Volk fehlt. Ein republikanisch gedachter (und

2 Auch das ist ein Phänomen, das sich in nichtmodernen Herrschaftssystemen findet. Vgl. die Analyse der „Rebellionsrituale", die Gluckman (1963) an afrikanischen Herrschaftssystemen analysiert hat.
3 Die Rede vom „transnationalen Feld" bezeichnet - je nach ideologischer Vorliebe - entweder die Schwundform oder die Ausgangsform einer europäischen Gesellschaft.

in diesem Sinne ‚konstruierter') Kollektivakteur „Volk" scheint sich auf europäischer Ebene nicht mehr konstruieren zu lassen; es ist daher zu erwarten, daß die Homogenitätsannahme des als Nation gedachten Volkes auf europäischer Ebene nicht mehr wiederholt werden kann; an die Stelle der Transformation (oder Transsubstantiation) der europäischen Gesellschaftsmitglieder in einen kollektiven Akteur 'Volk', der einfach darstellbar und inszenierbar wäre, tritt eine Pluralität von kollektiven Akteuren mit sich überschneidenden Loyalitäten und Interessen. Damit ist die Rolle, die dem Akteur „Volk" zukommt, nur mehr bedingt erfüllbar: nämlich Träger jener öffentlichen Meinung zu sein, die Herrschaft dadurch kritisieren kann, daß sie Öffentlichkeit von Entscheidungsprozessen sicherstellt.
Auf dem Hintergrund dieser Überlegungen läßt sich eine erste These formulieren: In dem Maße, wie eine europäische Gesellschaft jenseits des nationalstaatlich verfaßten Volkes entsteht, müssen Prozeduren der Beteiligung gefunden werden, die mit dem normativen Ideal, daß sich Freie und Gleiche diskursiv an der kollektiven Willensbildung beteiligen können, vereinbar sind. Wir vermuten, daß sich in dem Maße, wie die Europäisierung der politischen Entscheidungsprozesse voranschreitet, eine europäische Gesellschaft entsteht, die zu einer „Öffentlichkeit" jenseits der Reifizierung dieser Gesellschaft in einem Volk führt. Wir vermuten also einen besonderen Strukturwandel von Öffentlichkeit im Zuge fortschreitender Europäisierung. Dieser Strukturwandel soll kurz erläutert werden.

2.2 Gibt es eine Öffentlichkeit ohne Volk?

Ein Kennzeichen des europäischen Regierens ist seine stark funktional gegliederte Segmentierung. Schon die innere Organisation der Gemeinschaft – Zuständigkeit bei den jeweiligen Fachministerien im Rat bzw. die intra-institutionelle Arbeitsteilung der Kommission und ihre Aufteilung in relativ autonome Generaldirektorate – leistet der Herausbildung politikfeldspezifischer Handlungs- und Kommunikationsräume Vorschub, die sich aus den jeweils zuständigen Fachministerien im Rat, aus den betreffenden Abteilungen der Kommission, aus Experten nationaler Verwaltungen, aus den jeweils spezialisierten parlamentarischen Ausschüssen sowie den relevanten Interessengruppen zusammensetzen. Ein Politikfeld läßt sich dabei unter Rückgriff auf organisationssoziologische Arbeiten beschreiben "by specifying a substantively defined criterion of mutual relevance or common orientation among a set of consequential actors concerned with formulating, advocating and selecting courses of action (i.e. policy options) that are intended to resolve the delimited substantive problems in question" (Knoke/Laumann 1982: 256).
Politikfelder lassen sich demnach als bereichsspezifische entscheidungs- und lösungsorientierte Kommunikationsnetzwerke analysieren. Kristallisationspunkt für ihre Herausbildung auf europäischer Gemeinschaftsebene ist die jeweilige institutionelle und rechtliche Ausgestaltung von Verfahren der politischen Kooperation als Opportunitätsstruktur für die Mobilisierung kollektiven Handelns, durch die Kompetenzen ver-

teilt und unterschiedliche Einflußchancen festgelegt werden.[4] Europäisches Regieren unterscheidet sich dabei von anderen Formen der internationalen politischen Zusammenarbeit vor allem durch die Institutionalisierung von Verfahren der auf Dauer gestellten politischen Kooperation in bestimmten, klar abgegrenzten substantiellen Politikbereichen und der Beteiligung von Akteuren, die auf den verschiedenen Handlungsebenen (supranational, international, national oder subnational) mit der Durchführung dieser Verfahren betraut sind. Die Institutionalisierung solcher Verfahren erlaubt es, die Pluralität von Akteuren und Ideen im transnationalen Raum zu bündeln und auf Entscheidungen auszurichten.

Die Entstehung transnationaler Politikfelder löst nun die Homogenität von Öffentlichkeit auf. Es bilden sich heterogene Öffentlichkeiten, die sich voneinander abgrenzen und die Ausbildung von Teilöffentlichkeiten vorantreiben.[5] Damit wird Issue-Betroffenheit, aber nicht mehr generalisierte Betroffenheit für das Gemeinwesen zum Organisationsprinzip von Öffentlichkeit. Das Differenzierungsprinzip dieser Teilöffentlichkeiten ist also „Issue-Orientierung", die die Strukturierung einer europäischen Öffentlichkeit an die Differenzierung von transnational organisierten Politikfeldern anbindet. Das Folgeproblem dieser Differenzierung von Öffentlichkeit ist dann das Problem der Koordination der entstehenden Teilöffentlichkeiten unter dem Gesichtspunkt eines Beitrags zur „Gesamtlegitimation" des politischen Systems der entstehenden europäischen Gesellschaft.

Die These einer Pluralisierung von Öffentlichkeit läßt sich in drei Hinsichten spezifizieren. Es geht (1) um die Trägergruppe, (2) um Organisationsform und (3) um das Publikum von Teilöffentlichkeiten:

1) Die Homogenität der Kommunikationsgemeinschaft wird vom „Volk" abgekoppelt und als Pluralität von Teilöffentlichkeiten je nach Sach- und Interessenlage neu konstruiert. Teilöffentlichkeiten werden über issuespezifische Thematisierungswellen hergestellt. Öffentlichkeit wird enttraditionalisiert und kontingent gesetzt.
2) In diesem Prozeß entstehen Kommunikationsnetzwerke, die sich um issues herum ausbilden und den Modus der Repräsentation verändern. An die Stelle von gewählten Repräsentanten treten organisierte Akteure, die im Prinzip jedes organisierbare Interesse einschließen (und damit per definitionem jedes nichtorganisierbare Interesse ausschließen). Kommunikationsnetzwerke sind also interorganisationelle Settings, in denen Kommunikationszusammenhänge zwischen den an einem Issue interessierten Organisationen hergestellt werden. Wieweit diese Netzwerköffentlichkeiten vor den Toren europäischer Institutionen stehen und diese „belagern" oder in diese Institutionen selber miteingebaut werden, variiert dabei je nach Politikfeld bzw. Issue.
3) Die Publika dieser Netzwerke, die Netzwerköffentlichkeiten, variieren wiederum

4 In der Europadiskussion ist der Begriff des Politikfeldes in Verbindung mit Netzwerkanalysen u.a. zur Untersuchung des Ausschußwesens der Europäischen Kommission fruchtbar gemacht worden. Verschiedene Pfade der externen Einflußnahme auf die Formulierung und Implementierung europäischer Politik sind dabei beschrieben und voneinander abgegrenzt worden (Pappi/Schnorpfeil 1996, Joerges/Neyer 1997).

5 Ein Prozeß, der prinzipiell auch auf nationalstaatlicher Ebene abläuft mit dem entscheidenen Unterschied, daß sich im Rahmen historisch gewachsener Nationalstaaten die Fiktion einer homogenen Öffentlichkeit unter Berufung auf den die Segmentierung überwindenen „demos" noch am ehesten aufrechterhalten läßt.

nach Maßgabe der prozeduralen Anbindung an diese Kommunikationsnetzwerke. Netzwerköffentlichkeiten können zur symbolischen Aufwertung eines Issue passiv mobilisiert werden. Akteure aus Netzwerköffentlichkeiten können sich aber auch aktiv um eine strategische Plazierung ihrer Interessen an einem Issue bemühen. Schließlich können sie durch deliberative Verfahren die Rationalitätsansprüche an den Umgang mit Issues hochschrauben und Entscheidungsprozesse unter besonderen Legitimationsdruck setzen.

Auf die massenmediale Form von Öffentlichkeit, die sich auf der Ebene von Nationalstaaten durchgesetzt hat, können wir dabei allerdings nicht zurückgreifen. Auf europäischer Ebene gibt es keine Massenmedien, die in der Lage sind, über ein Zeitungswesen und Hörfunk- und Fernsehkanäle ein europäisches Publikum zu adressieren.[6] Hinzu kommt das Sprachenproblem, das die Verständlichkeit des massenmedial Kommunizierten beschränkt. Damit kann die klassische Verknüpfung von Öffentlichkeit und politischer Entscheidungsfindung, nämlich die massenmediale Beobachtung der Repräsentanten des Volkes, nicht zum Zuge kommen.

Statt nun Öffentlichkeit einfach zu verabschieden, bietet die These eines Strukturwandels von Öffentlichkeit die Möglichkeit, nach funktionalen Äquivalenten zu einer europäischen massenmedial konstituierten Öffentlichkeit zu suchen. Als funktional äquivalente Formen der Verknüpfung von legitimierender Öffentlichkeit und politischen Entscheidungsprozessen werden vor allem partizipative (Ausbau der Lobbystrukturen) und/oder deliberative Verfahren (Ausbau von Expertendiskussion und damit von Strukturen der Komitologie) vorgeschlagen.[7] Ob diese Optionen den Bereich der zu beobachtenden Phänomene fassen können, gilt es im folgenden zu prüfen.

3. *Politische Öffentlichkeit - ein konzeptueller Vorschlag*

3.1 Markt und Moral - zwei Modelle politischer Öffentlichkeit

In der Beschäftigung mit politischer Öffentlichkeit herrschen gegenwärtig zwei Modelle vor, das funktionale und das normative, die jedoch beide auf eine nahezu identische Konzeption des politischen Systems Bezug nehmen (Gerhards/Neidhardt 1990; Peters 1994; Gerhards 1994). Diese Konzeption des politischen Systems differenziert dessen Binnenstruktur nach der Unterscheidung von Zentrum und Peripherie. Im Zentrum des politischen Systems geht es um die Herstellung kollektiv bindenden Entscheidens, an der Peripherie des politischen Systems befindet sich dagegen das Kollektiv, für und über das kollektiv bindend entschieden wird. Ausgehend von der

---

6 Dies ist das Ergebnis der bislang vorliegenden Versuche, das Problem europäischer Öffentlichkeit anzugehen. Vgl. Gerhards 1993. Aus dieser Perspektive bedeutet fehlende massenmediale Öffentlichkeit fehlende Vergemeinschaftung, beides begründet das europäische Demokratiedefizit (Grimm 1994, Kielmansegg 1996).

7 Man kann diese Unterscheidung auch als ein Kontinuum von einer schwachen zu einer starken Version sehen. In der schwachen Version geht es nur um Inklusion in Entscheidungsprozesse; in der starken Version geht es um den Rationalitätsgewinn durch Beteiligung des Publikums. Alles zwischen diesen beiden Endpunkten trägt zur Legitimation bei und hat unterschiedliche Kosten, ein Problem, das Gegenstand einer zunehmenden Debatte ist. Zur Diskussion des Verhältnisses von Deliberation und Partizipation vgl. Eder 1995.

Unterscheidung zwischen Leistungs- und Publikumsrollen (Stichweh 1988) könnte man daher auch sagen, daß sich im Zentrum die Entscheider befinden, denen an der Peripherie die von den Entscheidungen Betroffenen gegenüberstehen (Luhmann 1991; van den Daele/Neidhardt 1996a). Entscheidend bei dieser Konzeption ist, daß zwischen Zentrum und Peripherie eine beträchtliche Entfernung besteht, die durch einfache Interaktion nicht mehr überbrückbar ist. Genau hier setzt die Bedeutung politischer Öffentlichkeit an, indem sie zwischen Zentrum und Peripherie vermittelt, und dies in beide Richtungen. Politische Öffentlichkeit bezeichnet insofern das intermediäre Feld innerhalb des politischen Systems.

Die "Verortung" der politischen Öffentlichkeit innerhalb des politischen Systems hat nun direkte Auswirkungen darauf, was unter politischer Öffentlichkeit verstanden wird, welche Leistungserwartungen an sie gestellt werden und welche Merkmale sie aufweist. Dabei unterscheidet sich diese Einschätzung politischer Öffentlichkeit je nachdem, ob es sich um (1) das funktionale oder (2) das normative Modell handelt.

1) Das funktionale Modell begreift politische Öffentlichkeit als ein Kommunikationssystem, das zwischen Zentrum und Peripherie des politischen Systems vermittelt.[8] Es setzt sich einerseits aus den Sprechern zusammen, die sowohl vom Zentrum als auch von der Peripherie her agieren können, andererseits aus den Zuhörern und Zuschauern, kurz dem Publikum, das in seiner Gesamtheit sämtliche potentiell durch die Politik Betroffenen repräsentiert, eben das 'Volk'. Dabei nimmt politische Öffentlichkeit erst einmal die Funktion der Inklusion sämtlicher Betroffenen wahr, da sie prinzipiell allen zugänglich ist, ohne von vornherein jemanden auszuschließen (Hellmann 1997). Weiterhin geht es um die Funktion der Selektion der politisch relevanten Themen, da sich sämtliche Beiträge zu allen Themen - wie auf einem Markt - gegen die Konkurrenz anderer Beiträge durchsetzen müssen, um überhaupt bemerkt zu werden (Luhmann 1971; Pfetsch 1994; Neidhardt 1994a). Schließlich kommt es auf die Funktion der Repräsentation der Einheit des Systems zu einem bestimmten Zeitpunkt an, da sich im Laufe dieses Ausleseprozesses jeweils eine spezifische Agenda jener Themen herauskristallisiert, die gerade als aktuell und politisch relevant betrachtet und als Agenda dann häufig auch als die "Öffentliche Meinung" bezeichnet werden (Luhmann 1990; Ruhrmann 1992).
2) Das normative Modell betrachtet politische Öffentlichkeit ebenfalls von einem kommunikationstheoretischen Standpunkt, spricht jedoch nicht von System, sondern von Diskurs. Doch auch bei der Diskursvariante geht es darum, daß sämtliche Betroffenen potentiell an politischer Öffentlichkeit teilnehmen können, was Bernhard Peters als Gleichheit bezeichnet, wobei er zusätzlich darauf aufmerksam macht, daß auch für sämtliche Themen und themenbezogenen Beiträge die Chance zur Artikulation bestehen sollte, was er wiederum als Offenheit bezeichnet (Peters 1994). Bei der Frage, welchen Output man sich normativ von politischer Öffentlichkeit verspricht, geht es dem normativen Modell jedoch nicht um eine Selektionsfunktion im Sinne von Konkurrenz, sondern um eine Rationalitätsunterstellung im Sinne von argumentativ erzieltem Konsens. Dieses Prinzip bezeichnet Peters als

8 Vgl. die Zusammenfassung von Gerhards/Neidhardt 1990: "Unter Öffentlichkeit wird ein ausdifferenziertes Kommunikationssystem verstanden, dessen Funktion darin besteht, zwischen den Meinungen und Interessen der Bürger und der kollektiven Akteure einer Gesellschaft einerseits und dem politischen System andererseits zu vermitteln."

Diskursivität, mit der die politische Öffentlichkeit unter normativen Gesichtspunkten zu Ergebnissen zu kommen sucht, die nicht dem "bargaining", sondern dem "arguing" als logischer Struktur von Meinungs- und Willensbildungsprozessen gerecht werden; letztlich entscheidet das Argument des besseren Arguments, nicht das bloße Aushandlungsverfahren (Schmalz-Bruns 1995; Nullmeier 1995).

Wir gehen nun davon aus, daß sich auch die von uns untersuchten Teilöffentlichkeiten in der EU diesen funktionalen bzw. normativen Anforderungen stellen müssen. Das bedeutet konkret, daß Teilöffentlichkeiten in Europa mindestens symbolische Inklusion, möglicherweise öffentliche Meinungsbildung und vielleicht sogar diskursive Willensbildung gewährleisten können müssen, je nachdem, wie hoch die normativen Ansprüche gehängt werden.

3.2 Sprecher und Publika, Entscheider und Betroffene

Ausgehend von der Binnendifferenzierung des politischen Systems nach Zentrum und Peripherie, zwischen denen politische Öffentlichkeit vermittelt, gehen wir davon aus, daß politische Öffentlichkeit dann besteht, wenn es ein Publikum gibt. Denn Sprecher allein konstituieren noch keine politische Öffentlichkeit. Sie sind zwar eine unverzichtbare Voraussetzung, da ohne Mitteilung nichts verstanden werden kann; aber ohne daß jemand tatsächlich zuhört oder zuschaut, verpufft jede Mitteilungsabsicht wirkungslos. "Eine Meinungsäußerung ist dann öffentlich, wenn sie vor anderen, d.h. vor einem Publikum, erfolgt." (Fuchs/Pfetsch 1996: 106)

Hier stellt sich aber grundsätzlich die Frage, wie sich ein Publikum überhaupt identifizieren läßt. Diese Frage nach der empirischen Existenz eines Publikum läßt sich nun so umformulieren: Wie wird ein Publikum erreicht? Hier bietet sich die Unterscheidung zwischen Medien- und Präsenzpublikum an, da unterschieden werden kann zwischen einer Medienöffentlichkeit, die massenmedial hergestellt wird, und einer Präsenzöffentlichkeit, die durch Anwesenheit zustande kommt, wie bei Veranstaltungen und dergleichen (Gerhards/Neidhardt 1990). Je nachdem, ob wir es also mit Präsenz- oder Medienöffentlichkeit zu tun haben, handelt es sich bei dem jeweiligen Publikum um alle, die gerade anwesend sind, oder um jene, die durch entsprechende Massenmedien erreicht werden.

Dabei bleibt offen, wie zu entscheiden ist, wer zu einem Publikum gehört und wer nicht. Ein Vorschlag wäre, alle, die sich von einer politischen Entscheidung betroffen fühlen, zumindest als potentielles Publikum zu qualifizieren (Peters 1994; Neidhardt 1994b). Denn ausgehend von der weithin unbestrittenen Funktion des politischen Systems, kollektiv bindende Entscheidungen zu treffen, können alle, die diesem Kollektiv zugehören, sich von den jeweiligen Entscheidungen betroffen fühlen, wobei dieses zahlenmäßig durchaus streuen kann, je nach Entscheidungslage. Die Bestimmung der Publikumsgrenze im Sinne von Zugehörigkeit macht sich also daran fest, wer sich durch eine bestimmte Entscheidung jeweils betroffen fühlt, was ebenso alle wie nur wenige betreffen kann.

Geht man davon aus, daß erst die jeweilige Entscheidungslage die Bestimmung des Kollektivs erlaubt, könnte man ferner zwischen einem direkt und einem indirekt betroffenen Publikum unterscheiden, je nachdem, ob sich die Betroffenen danach richten müssen oder können. So stellt sich etwa die Nahrungsmittelindustrie im Falle der Verabschiedung eines Gesetzes zur Lebensmittelqualität als ein direktes Publikum dar, da sie nicht umhin kann, diesem Gesetz Folge zu leisten, während die Verbraucher indirekt davon betroffen sind insofern, als sie sich weiterhin frei entscheiden können, inwieweit sie sich von dieser Entscheidungslage in ihrem Kaufverhalten beeinflussen lassen. Das direkt betroffene Publikum muß also handeln, während das indirekt betroffene Publikum handeln kann, sofern es will.

Schließlich sei noch die Unterscheidung zwischen passivem und aktivem Publikum angeführt. Die Bestimmung eines passiven Publikums beschränkt sich auf die Inklusionsbedingung politischer Öffentlichkeit, da es lediglich um die Chance des Zugangs zur politischen Öffentlichkeit geht. Die Bestimmung des aktiven Publikums setzt dagegen erst an der Partizipationsbedingung an, da es selbst als kollektiver Akteur öffentlich in Erscheinung tritt und sich ggf. sogar deliberativ am Prozeß der politischen Meinungs- und Willensbildung beteiligt.

Wendet man sich nun der Frage zu, welche weiteren Merkmale für die Bestimmung von Öffentlichkeit bedeutsam sind, so dürften vor allem die verschiedenen Sprecherrollen von Interesse sein, die sich jeweils für eine der beteiligten Perspektiven zu Wort melden. Grob kann man dabei entsprechend der Topographie des politischen Systems zwischen drei Sprecherrollen unterscheiden: den Sprechern des Zentrums, den Sprechern der Vermittlung, und den Sprechern der Peripherie (Kingdon 1984; Gerhards 1997). Die Sprecher des Zentrums umfassen zumeist institutionelle Sprecherrollen, die durch die Regierung und die Parteien repräsentiert werden. Die Sprecher der Vermittlung setzen sich dagegen vorwiegend aus den Journalisten der Massenmedien zusammen, aber auch aus den Pressesprechern der Interessenverbände. Die Sprecher der Peripherie können durch Repräsentanten, Experten, Advokaten und öffentliche Intellektuelle gestellt werden (Peters 1994).

Im folgenden wird es darum gehen, diese konzeptionelle Ausarbeitung eines empiriefähigen Modells politischer Öffentlichkeit an einem Fallbeispiel fruchtbar zu machen. Es geht darum zu prüfen, ob und wie Legitimation durch Öffentlichkeit im Kontext europäischen Regierens entsteht. Am Beispiel der Migrationspolitik wird die Dynamik von in transnationale Kommunikationsnetzwerke eingebetteten Entscheidungsprozessen analysiert und überprüft, welche Optionen eines Öffentlichkeitsbezugs realisiert werden. Daraus werden dann Konsequenzen zur „Demokratiefähigkeit" europäischen Regierens gezogen.

4. *Zur empirischen Beschreibung transnationaler Teilöffentlichkeiten: Der Fall der Migrationspolitik*

4.1 Die „Dritte Säule" der EU und der „Kampf um Anerkennung" von Drittstaatenangehörigen

Begreift man demnach die Europäische Union als ein "System sui generis", das sich durch die dynamische Verflechtung einer Mehrzahl von Handlungs- und Entscheidungsebenen auszeichnet (Jachtenfuchs/Kohler-Koch 1996), so muß zunächst einmal einschränkend festgestellt werden, daß sich der von uns zur Untersuchung herangezogene Fall der Migrationspolitik, wie auch andere innerhalb der sog. "Zweiten" und „Dritten Säule" durch den Europäischen Unionsvertrag neu festgelegte Zuständigkeitsbereiche, dieser Beschreibung der Europäischen Union als horizontalem Mehrebenensystem weitgehend entziehen. Gemäß der Logik intergouvernementaler Entscheidungsstrukturen handelt es sich im Bereich der "Dritten Säule" um besonders exklusive, geschlossene Verhandlungssysteme, in denen eine Übertragung zentraler Kompetenzen auf die supranationalen EU-Institutionen, wie sie im Gemeinschaftsrecht vorgenommen wurde, nicht stattgefunden hat und auch externe Akteure von der Mitarbeit weitestgehend ausgeschlossen sind.

Für unsere Zwecke einer Analyse der Dynamik politikfeldspezifischer Teilöffentlichkeiten in Europa ist gerade diese Abweichung vom "Normalmodell" kommunitärer Entscheidungspraxis von Interesse. Zum einen, weil sich im Bereich der intergouvernementalen Zusammenarbeit die vielfach beschriebene Legitimationsproblematik europäischen Regierens nicht etwa auflöst, sondern vielmehr durch den Ausschluß zentraler Akteure bei wachsender Reichweite der zu treffenden Entscheidungen mit neuer Dringlichkeit stellt. Das Demokratiedefizit weitet sich aus zu einer "Bedrohung der Demokratie", wenn, wie von manchem kritischen Beobachter unterstellt, im Bereich der Justiz und des Inneren eine autoritäre Entscheidungspraxis auf intergouvernementaler Ebene die Substanz demokratischer Verfassungsstaaten auszuhöhlen beginnt (Bunyan 1991). Daraus könnte man die naheliegende Forderung nach einem Abbruch intergouvernementaler Zusammenarbeit innerhalb der "Dritten Säule" und nach einer Wiedereinsetzung demokratisch legitimierter Instanzen auf nationalstaatlicher Ebene stellen. Interessanterweise wird aber von den Hauptkritikern der intergouvernementalen Entscheidungspraxis gerade die "versäumte" Vergemeinschaftung als Haupthindernis für eine Demokratisierung dieses Entscheidungsbereichs angeklagt (EK 1994; EP 1995), und selbst aus der Perspektive der Migranten steht weniger die Europäisierung des Regelungsbereichs als vielmehr ein Zielkonflikt über dessen wünschenswerte Formen und Inhalte im Vordergrund ihrer von außen vorgebrachten Fundamentalkritik intergouvernementaler Entscheidungspraxis (MEU 1996).

Zum anderen eignet sich der Fall der Migrationspolitik insofern als ein Versuchsfeld, als die Entfaltung einer institutionellen Eigendynamik von Verfahren europäischen Regierens getestet werden kann, die den Regelungsbereich der ursprünglichen Alleinkompetenz der Regierungen langsam entzieht und einer "schleichenden" Kommunitarisierung zuführt. Entsprechend dieser Dynamik läßt sich in der Evolution dieses Regelungsbereichs eine expansive Tendenz im Sinne einer allmählichen Ausweitung und Institutionalisierung der Zusammenarbeit auf europäischer Ebene feststellen. Die Entwicklung reicht von der anfänglich informellen intergouvernementalen Form der Kooperation Ende der achtziger Jahre über die Form des institutionalisierten Intergouvernementalismus unter teilweiser Einbeziehung der Gemeinschaftsorgane ("3. Säule" des 1993 ratifizierten EU-Vertrages) bis zu der vom Amsterdamer Vertrag 1997 in Aussicht gestellten weitgehenden Vergemeinschaftung dieses Regelungsbereiches.[9] Beides, das Einklagen demokratischer Partizipationsrechte von außen als auch die institutionelle Eigendynamik der Verfahren von innen, haben mit der Funktionsweise

9 Zur Genese dieses Regelungsbereichs vgl. die Beiträge in Bieber/Monar 1995, Pauly 1996 und Müller-Graff 1996.

politischer Öffentlichkeit in modernen Herrschaftssystemen zu tun.

Nicht zuletzt eignet sich die Migrationspolitik auch deshalb zur Darlegung der Dynamik von Teilöffentlichkeiten in Europa, weil hier Betroffenheit wie in kaum einem anderen Regelungsbereich des Gemeinschaftsrechts akzentuiert ist und damit Opposition wahrscheinlich werden läßt. Im Falle der Migrationspolitik läßt sich das potentielle Publikum relativ klar abgrenzen: Es handelt sich um Migranten aus Drittstaaten, die als Exkludierte zugleich die von europäischer Politik direkt Betroffenen darstellen. Auf europäischer Ebene stehen Drittstaatenangehörige den Gemeinschaftsbürgern gegenüber (Bauböck 1994, Martiniello 1995). Der soziale Ausschluß ersterer verschärft sich in gleichem Maße, wie sich die Inklusionsbedingungen letzterer verbessern. Drittstaatenangehörige können sich den Auswirkungen europäischer Politik auch kaum entziehen; während europäische Staatsbürger nur in wenigen Ausnahmesituationen von ihren neu definierten positiven Staatsbürgerrechten Gebrauch machen werden, beginnen sich die Ausschlußmechanismen des neuen Europas für die Drittstaatenangehörigen bereits in elementaren Lebenssituationen auszuwirken. Der Kampf um Anerkennung auf europäischer Ebene wird für sie, wenn ihnen z.B. das Aufenthaltsrecht oder die Arbeitserlaubnis entzogen oder das Recht auf Familienzusammenführung verweigert wird, zu einer Frage der existentiellen Lebenssicherung.

Auf der anderen Seite bietet die EU den Migranten aber auch eine neue Opportunitätsstruktur für die Mobilisierung transnationalen kollektiven Handelns. Das geteilte Schicksal der Exklusion stärkt die Solidarität unter den Betroffenen und dient als Anregung zur Ausbildung assoziativer Netzwerke, welche das Potential ihres Widerstandes im Kampf um Anerkennung erhöhen. Das potentielle Publikum der Betroffenen wird dabei zum aktiven Publikum; es tritt selbst als kollektiver Akteur in Erscheinung, der seine Inklusion in Europa einfordert und gleichzeitig die Rationalitätskriterien europäischer Politik öffentlich hinterfragt. Den Migranten gelingt es dabei, spezifische Organisationsvorteile auszunutzen, die sie gegenüber der oft schwerfälligen Interessenkoordinierung nationaler Verbände auszeichnen. Solche Organisationsvorteile ergeben sich z.B. daraus, daß es sich bei Einwanderungsminderheiten ohnehin bereits um "transnationale Gemeinschaften" handelt, deren Angehörige oft über alle Mitgliedstaaten verteilt sind, die untereinander eine Vielzahl familiärer oder beruflicher Netzwerke ausgebildet haben und damit ein Gefühl von Gemeinschaftlichkeit über geteilte Betroffenheit vermitteln können (Soysal 1996). Darüber hinaus liefert das Projekt der Europäischen Integration auch das Vokabular der Inklusion, auf das auch von den Migranten für ihren Kampf um Anerkennung zurückgegriffen werden kann. Europäische Staatsbürgerschaft wird dabei zur Inklusionsformel, die auch von Drittstaatenangehörigen als der "16. Nation" Europas (Kastoryano 1994) übernommen wird. Ebenso ist auf die Rolle transnationaler Diskurse (wie z.B. Menschenrechte) zu verweisen, denen sich auch die politischen Entscheidungsträger zum Zwecke der öffentlichen Legitimation ihrer Politik kaum entziehen können und die zudem vielerlei Anschlußmöglichkeiten für eine Mobilisierung affirmativer Zustimmung in der Öffentlichkeit bieten (Soysal 1996).

Als offizielles Sprachrohr für die Vertretung der Interessen von Drittstaatenangehörigen gegenüber der Europäischen Gemeinschaft hat sich 1994 das Migrantenforum in Brüssel etablieren können, das sich aus immerhin 110 nationalen Migrantenverbänden aus allen EU-Mitgliedstaaten zusammensetzt (Ireland 1994: 132). Auslöser für diese

Initiative war eine Alarmierung durch neue Formen der politischen Kooperation im Bereich der Einwanderungskontrolle (Schengen, Ad-Hoc Gruppe Einwanderung, etc.), deren zunehmende Tragweite und Relevanz sich für den interessierten Beobachter abzuzeichnen begannen. Das Migrantenforum sollte dabei die Wahrnehmung des Problemfelds Europa verstärken, bestehende Trägheiten und Widerstände bei der Mobilisierung transnationaler Interessen überwinden helfen und nationale Verbände bei dem Vorhaben unterstützen, ihre Tätigkeiten auf Europa auszurichten. Zentrale Unterstützung für die Mobilisierung der Betroffenen wird dabei durch die Gemeinschaftsorgane geleistet. Das Europäische Parlament, aber auch die Kommission funktionieren als wichtige Ansprechpartner für die Einbindung und Verstärkung von Verbandsinteressen und stellen überhaupt erst die Infrastruktur und die notwendigen Ressourcen bereit, um Interessen organisieren und mobilisieren zu können. Die Gründung des Migrantenforums erfolgte auf Initiative des Europäischen Parlaments. Heute wird seine Finanzierung weitestgehend durch die Europäische Kommission (GD V) geleistet, die auch – durchaus im Eigeninteresse einer Expansion ihres Tätigkeitsbereichs – eine Kanalisierung von Einwandererinteressen vornimmt.

Ein prinzipielles Problem entsteht für solche von oben eingesetzten Verbände auf transnationaler Ebene daraus, daß sie ihre Autonomie bewahren bzw. überhaupt erst ausbauen müssen, um einer einseitigen Instrumentalisierung durch die Gemeinschaftsorgane entgegenzuwirken (Kohler-Koch 1996). Unseren Beobachtungen zufolge wurde ein "sanfter" Dirigismus von oben v.a. in der Konstituierungssphase des Migrantenforums ausgeübt, was sich dabei aber als unentbehrlich erwies, um bestehende Heterogenitäten zwischen den einzelnen Migrantenverbänden auszugleichen. Nach anfänglichen Startschwierigkeiten hat sich das Migrantenforum in den letzten Jahren erfolgreich konsolidieren und seine Eigenständigkeit notfalls auch in Opposition zu seinen Geldgebern mehrfach unter Beweis stellen können.

Eine "Indienstnahme" von Verbandsinteressen durch die Gemeinschaftsorgane (Kohler-Koch 1996: 201) ist demnach nicht notwendigerweise zu befürchten. Es ist vielmehr davon auszugehen, daß beide durch Bündelung ihrer Aktivitäten sich wechselseitig stärken und ihre Position gegenüber den nationalen Regierungen ausbauen können. Das Europäische Parlament und teilweise auch die Kommission[10] haben sich dabei als loyale Verbündete von Einwandererinteressen erwiesen – das zeigt sich an ihrer Unterstützung der Forderungen nach einer europäischen Integrationspolitik, einer Anti-Rassismus Initiative sowie einer Ausweitung europäischer Staatsbürgerschaft (EK 1994, EP 1995). Die Migrantenverbände sind dagegen mit der eigenständigen Durchführung von Initiativen z.B. im Europäischen Jahr gegen Rassismus betraut worden und werden darüber hinaus nicht müde, ihrer Fundamentalkritik gegenüber der intergouvernementalen Verhandlungspraxis im Bereich der Justiz und des Inneren Ausdruck zu verschaffen (MEU 1996).

Neben den Gemeinschaftsinstitutionen erfahren die moralischen Anliegen der Ein-

10 Eine direkte Unterstützung erfährt das Migrantenforum innerhalb der Kommission lediglich durch das mit sozialen Angelegenheiten beauftragte GD V. Andere Abteilungen der Kommission und v.a. die eigentlich mit der Zusammenarbeit im Bereich Justiz und Inneres beauftragte "Task Force" werden selber zur Zielscheibe öffentlicher Kampagnen durch die Migrantenverbände (MEU 1996). Siehe auch die unter dem Namen "Forum-Kurier" vom Migrantenforum in hoher Auflage und in mehreren Sprachen herausgegebenen Informationsblätter.

wanderer auch noch bei einer Reihe von weiteren einflußreichen Akteuren Unterstützung (wie den Kirchen, NGOs oder einer parallel zum Migrantenforum unter dem Namen "United" ins Leben gerufenen gesamteuropäischen Organisation antirassistischer Bewegungen). Eine Einwanderungs- und Flüchtlingslobby ist im Entstehen, die als Sprecher der Peripherie ihre Inklusions- und Partizipationsrechte gegenüber den Akteuren des Zentrums (v.a. den Regierungen) einklagt. Vermittler zwischen beiden sind auf transnationaler Ebene allerdings weniger die Medien als die supranationalen Gemeinschaftsorgane, die ihre Infrastruktur für die Interessenartikulation peripherer Akteure zur Verfügung stellen und gleichzeitig einen Zugang zum Zentrum gewährleisten. Im Zuge einer anhaltenden Delegitimation von außen sehen sich auch die Akteure des Zentrums (die Regierungen) veranlaßt, nach öffentlicher Legitimation für die von ihnen in intergouvernementalen Foren ausgehandelte Politik zu suchen. Regierungen sind dabei allerdings eher an der Sensibilisierung eines passiven Publikum interessiert, das sie in den nach wie vor nationalstaatlich organisierten Medienöffentlichkeiten vorfinden.

Es zeigt sich also, daß transnationale Kommunikationsnetzwerke im Bereich der Migrationspolitik nicht ohne die Inszenierung von Legitimationsdiskursen auskommen. Wenn Sprecher bestimmte Themen auf die Agenda setzen und/oder Forderungen nach politischen Entscheidungen stellen, dann debattieren sie zugleich Ideen, Werte oder Interessen, mit denen sie bestimmten Ordnungsvorstellungen Ausdruck verschaffen. Eine entscheidende Rolle wird dabei der idealen Geltung von Verfahren entscheidungsvorbereitender oder entscheidungsbegleitender Kommunikation zugeschrieben.[11] Generalisierte Geltungsansprüche werden in der Form von Legitimitätsdiskursen erhoben, in denen unterschiedliche Bewertungen hinsichtlich des Fortgangs der Verfahren und der von ihnen generierten Politiken zur Diskussion gestellt werden (Jachtenfuchs et.al. 1996).

Unsere eingangs formulierte theoretische Erwartung wird somit bestätigt. Auch die im transnationalen Raum tätigen Akteure müssen die Zustimmungsfähigkeit der von ihnen verfolgten Politiken gegenüber einer Öffentlichkeit absichern. Selbst relativ geschlossene Verhandlungssysteme, wie sie z.B. im Bereich der "Dritten Säule" zu beobachten sind, verhandeln niemals nur unter Ausschluß der Öffentlichkeit, sondern müssen ihre Ideen und Ansprüche immer auch in einer Öffentlichkeit kommunizieren und rechtfertigen. Konkurrierende, an die Öffentlichkeit herangetragene Geltungsansprüche bestimmen somit die Dynamik politikfeldspezifischer Kommunikationsprozesse. In dem Maße, wie diese transnationalen Kommunikationsnetzwerke selektiv an ein interessiertes Publikum angebunden werden, soll von transnationalen, politikfeldspezifischen Öffentlichkeiten gesprochen werden. Migrationspolitik läßt sich dann als ein Fall eines an eine politikfeldspezifische Öffentlichkeit gekoppelten Kommunikationsnetzwerks von Sprechern deuten.

---

11 Der hier angesprochene Zusammenhang zwischen Institutionen und Legitimation ist am deutlichsten von neo-institutionalistischen Theorien herausgestellt worden (March/Olsen 1989).

4.2 Legitimationsanforderungen an europäisches Regieren

Welche Legitimationsansprüche werden von Kommunikationsnetzwerken an europäisches Regieren innerhalb der Dritten Säule gestellt? Zu den allgemeinen Effizienzanforderungen gehört, daß von europäischer Politik verlangt wird, Regelungskompetenzen auszubauen oder wiederherzustellen, die auf nationaler Ebene eingeschränkt wurden oder unweigerlich verloren gegangen sind. Für den Bereich der Migrationspolitik gilt z.B., daß unter der Prämisse eines prinzipiellen Handlungs- und Regelungsbedarfs europäische Zusammenarbeit die Kontrolle von Zuwanderung durchaus "effizienter" zu gestalten vermag, als dies Nationalstaaten alleine befähigt wären (Cornelius et. al 1994). Darüber hinaus läßt sich europäische Politik in diesem Bereich "effektiv" von den Regierungen in Szene setzen, um durch symbolische Mobilisierung die Sicherheitsbedürfnisse breiter Teile der Bevölkerung befriedigen zu können (den Boer 1994).

Andererseits gilt aber die bestehende Form der Zusammenarbeit in intergouvernementalen Foren allgemein als suboptimal. Verhandlungen erleiden eine frühe Selbstblockade, da von den beteiligten Regierungen immer auch kurzfristige innerstaatliche Interessen und Stimmungslagen respektiert werden müssen. Die Erfahrung der Zusammenarbeit innerhalb der "Dritten Säule" hat gezeigt, daß eine solche Selbstblockade immer dann eintritt, wenn Entscheidungen über bestimmte Minimalforderungen auf dem kleinsten gemeinsamen Nenner hinaus getroffen werden sollen. Es fehlt dann im Rahmen des Intergouvernementalismus an kompetenten Vermittlungsinstanzen, die Verhandlungsprozesse vorantreiben könnten (Lobkovicz 1996: 357). Entgegen verhandlungstheoretischen Intuitionen wird eine Lösung dieses Problems in der Ausweitung von Verfahren auf die kommunitäre Ebene gesehen.[12] Aus rein funktionalen Erwägungen ergibt sich hier also ein Bedarf nach einer Öffnung und Ausweitung von Verfahren. Von Vergemeinschaftung als Lösung der Verhandlungsblockade wird eine Verbesserung des Outputs und damit ein Plus an Legitimation erwartet. Effizientes bzw. effektives Regieren ist mit einer Verbesserung von Partizipationschancen sowie einer Verlagerung der Entscheidungsebene in horizontale Mehrebenensysteme zumindest nicht unvereinbar.

Diese Perspektive ändert sich grundlegend, wenn die funktionale Notwendigkeit oder die normative Wünschenswertigkeit nach europäischer Regulierung im Bereich der Einwanderungskontrolle überhaupt verneint wird. Diese Frage nach der basalen Legitimität europäischen Regierens in den jeweils relevanten Politikfeldern ist, wie die aktuelle Debatte zur Subsidiarität bzw. zum Demokratiedefizit verdeutlicht, grundsätzlich strittig und kann, wenn überhaupt, nur durch bereits vorab geführte Selbstverständigungsdiskurse politischer Gemeinschaften geklärt werden. Aus der Perspektive der Gegner europäischer Regulierung müssen von daher die Ergebnisse europäischen Regierens im Bereich der Migrationspolitik als "zu effizient" erscheinen, da sie Zuwanderung wirkungsvoll verhindern können und darüber hinaus in elementare

12 So z.B. die Bewertungen der Europäischen Kommission (1994) oder des Europäischen Parlaments (1995).

Grund- und Menschenrechte eingreifen.[13] Als Alternative dazu kann dann z.B. vorgeschlagen werden, daß die Europäische Union in dem von ihr weitgehend vernachlässigten Bereich der Integration von Einwanderungsminderheiten tätig wird und die Europäische Staatsbürgerschaft auch auf Drittstaatenangehörige ausweitet.[14]
Fragen nach der normativen Wünschenswertigkeit europäischer Politik thematisieren die Legitimationsproblematik demnach jenseits von Output-Effizienz. In dem Maße, wie die im Rahmen der "Dritten Säule" institutionalisierte Form der politischen Zusammenarbeit ein eigenständiges System der Herrschaft ausbildet, kann sie sich nicht mehr länger durch ihren Output legitimieren, sondern muß sich der Anforderung nach demokratischer Legitimation stellen. Alles weist dabei auf eine interne Verklammerung von Fragen des Inputs und des Outputs für die Legitimation europäischer Politik hin. Normative Anforderungen an die Zustimmungsfähigkeit europäischer Politik (Diskursivität, Freiheit und Gleichheit) bestehen somit, wie eingangs von uns vermutet, fort. Bleiben diese normativen Prinzipien aus, so werden sie von außen eingefordert.
Normative Legitimitätsansprüche an Europäisches Regieren werden im Zuge der steigenden Organisationsfähigkeit oppositioneller Gruppen auf europäischer Gemeinschaftsebene verstärkt. Mit der Herausbildung von assoziativen Strukturen kommt es zur Mobilisierung von Widerstand gegen das Projekt der Errichtung eines exklusiven Kontrollregimes ("Festung Europa") durch die nationalen Regierungen und zur Propagierung des Gegenprojekts eines Europas als multikultureller Solidargemeinschaft mit den Einwanderern. Andauernde Delegitimation von außen setzt die nationalen Regierungen unter einen zunehmenden öffentlichen Rechtfertigungsdruck, wodurch normative Forderungen nach Transparenz der europäischen Entscheidungsprozesse, nach Mitsprache und nach Mitbestimmung, kurz nach einer Demokratisierung der "Dritten Säule" bei einer anvisierten Reform der Verfahren nicht mehr länger unberücksichtigt bleiben können.

4.3 Arenen öffentlicher Kommunikation

Für die Austragung dieser Konflikte lassen sich drei Arenen unterscheiden, in denen die legitimationserzeugende Wirkung politikfeldspezifischer Teilöffentlichkeiten auf jeweils unterschiedliche Weise zum Tragen kommt:
1) In deliberativen Arenen geht es um politische Meinungs- und Willensbildung und die Nutzung des legitimatorischen Potentials argumentativer Verfahren der Konfliktbearbeitung und Konsensfindung.
2) In Arenen der Interessenpolitik geht es um politische Einflußnahme und die Mobilisierung eines pluralistischen Modells demokratischer Interessenvertretung.
3) In Arenen symbolischer Politik geht es um die Durchsetzung von Politiken durch

13 Aus ökonomischen Gesichtspunkten kann z.B. ein Einwanderungsbedarf diagnostiziert werden. NGOs und internationale Menschenrechtsorganisationen stellen dagegen die prinzipielle normative Wünschenswertigkeit von Einwanderungskontrolle in Frage.

14 Siehe hierzu insbesondere die an die Regierungskonferenz 1996 gestellten Forderungen des Europäischen Parlament (1995), der Migrantenverbände (MEU 1995) und bedingt auch der Europäischen Kommission (1994).

die legitimationswirksame Mobilisierung von Aufmerksamkeit bzw. Herstellung von Massenloyalität.

(ad 1) Transnationale Kommunikationsnetzwerke lassen sich als deliberative Arenen beschreiben, die der Entscheidungsfindung vorgeschaltet sind. Im Vorfeld der Verhandlungen dienen sie der freien Artikulation gesellschaftlicher Interessen und leiten Prozesse der kollektiven Meinungs- und Willensbildung ein. Wieder einmal fällt den Gemeinschaftsorganen (Europäische Kommission und Europäisches Parlament) die Aufgabe zu, Deliberation im transnationalen Raum anzuregen. In bisher pointiertester Form ist eine solche Initiative zur Förderung gesellschaftlicher Interessenartikulation aus Anlaß der Regierungskonferenz 1996 ergriffen worden. Bei der eigens zu diesem Zwecke einberufenen "Reflexionsgruppe" handelte es sich um eine intra-institutionelle Vorverhandlungsrunde, bestehend aus Vertretern der Außenminister, des EP und der Kommission, deren Aufgabe darin bestand, einen Bericht über den bestehenden Reformbedarf des europäischen Vertragswerks zu erstellen, der den Regierungen bei Eröffnung der Regierungskonferenz vorgelegt werden sollte.

Bei der Arbeit der Reflexionsgruppe ging es also nicht um Entscheidungsfindung, sondern zunächst einmal um die Identifizierung bestehender Defizite und Problemlagen (agenda-setting) und die Diskussion von Lösungsvorschlägen (agenda-building). Angesprochen waren dabei v.a. die entsprechenden Fachreferate innerhalb der Kommission, des Rates oder der nationalen Ministerien, von denen erwartet wurde, daß sie der Reflexionsgruppe zuarbeiten und ihren jeweiligen Reform- und Handlungsbedarf signalisieren. Darüber hinaus sollte aber auch eine übergreifende Sondierung gesellschaftlicher Interessen vorgenommen werden. Entsprechend der neuen Legitimationsformel eines "Europa der Bürger" stand dabei das allseitige Bekenntnis zum "offenen Dialog" und der Wille, die "Weiterentwicklung Europas durch mehr Öffentlichkeit abzusichern", im Vordergrund.[15] Externe Verbände und Organisation wurden deshalb v.a. vom Parlament explizit dazu aufgerufen, ihre Wünsche und Vorstellungen an die Gemeinschaftsorgane heranzutragen.[16] Aus offizieller Sicht bezweckte man damit, das Versäumnis von Maastricht nachzuholen und den Verhandlungen eine breite politische Meinungs- und Willensbildung vorausgehen zu lassen, um eventuell zu erwartende Widerstände bereits im Vorfeld zu behandeln und die Stabilität der neuen politischen Ordnung Europas abzusichern (Mazey/Richardson 1997).

Solche Initiativen unterstützen die Ausbildung transnationaler Kommunikationsgemeinschaften, innerhalb derer sich Betroffene frei artikulieren und ihre Dialogbereitschaft mit den Repräsentanten europäischer Politik unter Beweis stellen können. Deliberative Arenen unterbreiten Ideen für eine Verbesserung der Integrationsbedingungen von Drittstaatenangehörigen oder debattieren die Wünschenswertigkeit einer europäischen Antidiskriminierungspolitik. Gleichzeitig formiert sich in ihnen der Widerstand gegen die "Festung Europa", deren Rationalitätsbasis durch "gute Argumente" in der öffentlichen Debatte hinterfragt wird. Bereits frühzeitig und unabhängig von den dafür ursprünglich ja nicht vorgesehenen Verfahren des Gemeinschaftsrechts

15 So der Wortlaut der Kommission in ihrem Bericht an die Reflexionsgruppe (EK 1995: 3).

16 Das Parlament hat z.B. bereits 1995 zu einer Serie von Hearings eingeladen, bei denen annähernd 100 Organisationen oder Verbände vorsprechen durften, um ihre Meinungen und Vorschläge bezüglich einer Modifizierung des Vertragswerks kundzutun (Mazey/Richardson 1997: 121).

hat sich z.B. ein Aktions- und Kommunikationsnetzwerk 'Antirassismus' herausbilden können, welches durch eine Vielzahl von Initiativen und Publikationen auf neue europaweite Problematiken aufmerksam machte und erste Lösungsvorschläge unterbreitete, lange bevor die Regierungen sich mit diesem Thema auseinanderzusetzen begannen (Ireland 1994: 138; Geddes 1995: 212). Diese Initiative ist dann auch von der Europäischen Kommission aufgegriffen worden, die in enger Zusammenarbeit mit den Verbänden ein europäisches Aktionsjahr gegen den Rassismus ausgerufen hatte mit dem Ziel, das Bewußtsein für diese Problematik zu stärken, Beziehungen zwischen den Akteuren auf transnationaler Ebene zu fördern und neue Solidaritäten auszubilden.[17]

Allgemein wird bemängelt, daß sich eine solche Deliberation nur im Vorfeld einer Entscheidung bewegt, ohne auf die jeweilige Beschlußfassung in den intergouvernementalen Verhandlungen selbst Einfluß nehmen zu können. Ohne hier eine definitive Antwort geben zu können, läßt sich dennoch vermuten, daß ein Einfluß auf die Entscheidungsfindung nicht ganz ausbleibt. "Entscheidungen fallen vielleicht nicht durch Deliberation, aber auch nicht ohne Deliberation" (van den Daele/Neidhardt 1996a: 12). Nicht umsonst ist die jüngste von den Verbänden eingeforderte Ausweitung der Gemeinschaftskompetenzen auf den Bereich der Antidiskriminierungspolitik durch den neuen Art. 13 des EGV ausgerechnet im "Europäischen Jahr gegen den Rassismus" eingelöst worden.

(ad 2) Interessenvermittlung zwischen Betroffenen bzw. ihren Repräsentanten und den politischen Entscheidungsträgern wird durch die unterschiedlichen Verfahrenslogiken eines Systems politischen Regierens mit horizontalem Mehrebenencharakter eingeengt. Im Gegensatz zum Gemeinschaftsrecht hat im Rahmen intergouvernementaler Entscheidungsstrukturen eine Institutionalisierung externer Interessenvermittlung noch nicht stattgefunden (Andersen/Eliassen 1996). Euro-Verbände müssen sich, wie am Fall der Migrationspolitik deutlich wird, ihre Einflußmöglichkeiten erst mühsam erkämpfen. Zentraler Adressat der Einflußnahme sind deshalb nach wie vor die nationalen Regierungen, wobei jedoch europäische Institutionen eine zentrale Rolle als Ansprechpartner für die Einbindung und Verstärkung von Verbandsinteressen übernehmen können. Intergouvernementale Verfahren leiden dabei mehr noch als die reguläre Gemeinschaftspolitik unter einem prinzipiellen Mangel der externen Interesseneinbindung und ermöglichen es den transnationalen Akteuren kaum, mit den Entscheidungsträgern in Kontakt zu treten. Verbände können lediglich auf informelle Kontakte mit den Regierungen zurückgreifen. Eine solche informelle Form der externen Einflußnahme hat sich z.B. zwischen der jeweiligen Ratspräsidentschaft und den in Brüssel ansässigen Verbänden bzw. NGOs herausgebildet. Die Regierungen, die die Präsidentschaft übernehmen, haben es sich dabei zur Gewohnheit gemacht, bereits in der Vorbereitungsphase die Vertreter der Betroffenenverbände in die jeweiligen Hauptstädte einzuladen, um bestehenden Handlungsbedarf aufzudecken und Initiativen gemeinsam abzusprechen.

Die Beziehung zur jeweiligen Präsidentschaft entscheidet auch über die Qualität der

17 Voraussetzung für die Gewährung finanzieller Unterstützung war es gewesen, daß die Antragsteller in ihren Projekten "transnationale Partnerschaften mit Initiativen oder Organisationen aus anderen Mitgliedstaaten entwickelt hatten" (Europäische Kommission 1998: 2).

Informationspolitik des Ministerrates. Klagen über die schlechte Informationspolitik des Rates sind dennoch häufig. In der Regel vollzieht sich Kommunikation lediglich in Form von schriftlichen Stellungnahmen, die zwischen den Sekretariaten des Rates und den Verbänden ausgetauscht werden. Um so dringlicher sind die Euro-Verbände deshalb auf traditionelle Formen des Lobbyismus zu den nationalen Regierungen in den jeweiligen Hauptstädten als Ergänzung ihrer Tätigkeit auf Gemeinschaftsebene angewiesen. Erstaunlicherweise ist es oft gerade dieser durch die Logik der Verfahren erzwungene Wiederanschluß an traditionelle Kanäle der Interessenvermittlung auf nationalstaatlicher Ebene, der vielen Euro-Verbänden Schwierigkeiten bereitet. Antirassistische Bewegungen sind z.B. oft erst in Opposition gegen die restriktiven und diskriminatorischen Effekte einer europäischen Einwanderungskontrollpolitik entstanden. Sie haben ihre Organisation auf europäischer Ebene besser aufgebaut als ihnen das auf nationaler Ebene jemals gelungen ist (Goodman 1998: 364).

(ad 3) Am interessantesten ist das dritte Modell der Arenen symbolischer Mobilisierung. Im Gegensatz zu den beiden vorhergehenden Modellen, die in der demokratietheoretischen Literatur normativ (aus unterschiedlichen Gründen) ausgezeichnet wurden, gilt dieses dritte Modell eher als pathologische Form (Habermas 1990). Das Charakteristische dieser Form ist, daß Entscheidungen durch symbolische Politik, also durch Mobilisierung von öffentlicher Anerkennung legitimiert werden (Edelman 1964; Sarcinelli 1989). Eine solche Form der symbolischen Mobilisierung gegenüber einem über Massenmedien anzusprechenden Publikum wird zunehmend auch für die Regierungen der Mitgliedstaaten virulent, um die Verlagerung ihres Tätigkeitsbereichs auf die transnationale Ebene gegenüber den zu erwartenden Widerständen (meist nationaler) Öffentlichkeiten durchzusetzen. Sie suchen, wie besonders das Politikfeld der europäischen Migrationspolitik zeigt, ihr Tätigkeitsfeld durch symbolische Mobilisierung gegenüber einem über Massenmedien anzusprechenden Publikum abzusichern. Öffentlichkeitswirksame Diskurse richten sich dabei auf die Bewahrung nationaler (bzw. europäischer) Sicherheitsinteressen, mit denen eine Abwehr von Migranten und entsprechende dafür zu treffende Maßnahmen gerechtfertigt werden können (den Boer 1994). Die Effekte einer solchen Massenmobilisierung indirekter Betroffenheit des Publikums über den Mechanismus symbolischer Politik brauchen uns hier nicht weiter zu interessieren.[18] Festzustellen ist, daß sie darauf abzielen, Legitimation auf symbolische Weise durch die Inszenierung eines kollektiven "Wir" in Abgrenzung zu spezifischen Feindbildern ("illegale Einwanderer") und durch die Mobilisierung indirekter Betroffenheit einzulösen, anstatt sich auf die Kooperation mit den direkt Betroffenen festzulegen.

Für die direkt Betroffenen kann unter diesen Bedingungen "taking voice" nur bedeuten: Delegitimation der Verfahren und Inhalte europäischer Kooperation durch sym-

---

18 Immerhin ist feststellbar, und durch Untersuchungen zur nationalen Strukturierung von Einwanderungsdebatten bestätigt, daß solche symbolischen Mobilisierungen indirekter Betroffenheit durchaus legitimatorische Effekte bei einem Massenpublikum nach sich ziehen können. Die zu erwartenden Legitimationsgewinne dürften aber in der Hauptsache auf die nationalen Regierungen abfärben. Für Europa dagegen zeichnet sich eine Option der negativen Identifizierung ab, in der es um Abgrenzung nach außen, nicht um positive Integration nach innen geht. Gegenüberstellungen wie Gemeinschaftsbürger gegen außereuropäische Zuwanderer können als Indikator für eine solche europäische Identität "ex negativo" herhalten.

bolische Gegenmobilisierung und Emotionalisierung des indirekten Publikums. An diesem Punkt machen sich die mangelnden Möglichkeiten für einen Rückgriff auf Medienöffentlichkeiten auf europäischer Ebene für die Migranten negativ bemerkbar. Migranten haben schon auf nationalstaatlicher Ebene Schwierigkeiten, ihrer Betroffenheit durch die Kanäle der Massenkommunikation Ausdruck zu verleihen. Ihre Beziehung zu den Medien ist dabei durchaus ambivalent. Einerseits erheben sie an die Medien den Vorwurf, durch ihre Berichterstattung ausländerfeindliche Stimmungen oder gar Rassismus zu verbreiten. Andererseits sind sie aber nach wie vor auf Medien angewiesen, um ihre Anliegen über die direkten Betroffenen hinaus auch an ein Allgemeinpublikum kommunizieren zu können. Auf europäischer Ebene verschärft sich das Problem dadurch, daß die Migrantenverbände gerade durch den offensiven Frontalangriff der Regierungen in eine defensive Außenseiterrolle gedrängt werden. Als symbolische Antwort wählen sie den Diskurs einer "Festung Europa", der in geeigneter Weise eine Delegitimation des vorherrschenden Sicherheitsparadigmas vornehmen soll. Die symbolische Mobilisierung eines Massenpublikums müssen die Migranten allerdings ihren nationalen Verbänden überlassen, die darum bemüht sind, Europa zu thematisieren und eine massenmediale Relevanz für ihre Anliegen herzustellen.

Wenn auch symbolische Gegenmobilisierung als Antwort auf europäische Politik wiederum auf die Ebene nationaler Medienöffentlichkeiten rückwirkt, so kann dennoch auf europäischer Ebene der Prozeß des "taking voice" durch den Versuch, die "Festung Europa" von innen her aufzubrechen, flankiert werden, indem sich die Betroffenen innerhalb der bestehenden Diskurskoalitionen Gehör verschaffen und für eine Inklusion und Partizipation in die bestehenden Verfahren antreten. Die Antwort auf symbolische Mobilisierung kann auch innerhalb deliberativer Arenen oder Arenen der Interessenvermittlung gesucht werden. Man kann das als Elemente eines Demokratisierungsprozesses sehen insofern, als über Gegenstrategien mobilisierte Publika öffentlichkeitswirksame Forderungen nach Demokratie stellen: Partizipation und Transparenz werden dabei zu Prüfsteinen, an denen die Demokratietauglichkeit europäischer Zusammenarbeit getestet wird. Der entscheidende Effekt dürfte sein, daß symbolische Mobilisierung unter bestimmten Bedingungen Gegenmobilisierung nach sich zieht, die Öffentlichkeit in einer konfrontativen Weise an Entscheidungsprozesse bindet. Der Versuch, eine „vermachtete" Öffentlichkeit (Habermas 1992) in Europa durch symbolische Politik herzustellen, öffnet die Büchse der Pandora im Sinne einer responsiven Öffentlichkeit, die die Legitimität europäischer Politik an steigende normative Erwartungen knüpft.

Allerdings wird diese symbolische Auseinandersetzung mit ungleichen Mitteln geführt. Ressourcen für symbolische Gegenmobilisierung sind ungleich verteilt, und daraus ergeben sich ungleiche Mobilisierungschancen einer Gegenöffentlichkeit. So mobilisieren Themen wie Menschenrechte, Forderungen nach offenen Grenzen und nach demokratischer Mitbestimmung jeweils nur ein moralisches Elitenpublikum. Populistische Strategien wie die Beschwörung europäischer Sicherheitsinteressen (Schutz vor Kriminalität, illegaler Einwanderung, etc.) sind dagegen durchaus in der Lage, auch ein Massenpublikum zu mobilisieren. Symbolische Mobilisierung folgt allerdings seiner eigenen, oft auch irrationalen Eigendynamik, etwa in Form ausländerfeindlicher Übergriffe. Hier verstärkt sich der Mechanismus symbolischer Mobilisierung selbst, da solche Mobilisierung wiederum Gegenmobilisierung auslösen kann (etwa die Mobilisierung von Antirassisten gegen die Mobilisierung von Rassisten). Im Fall der Migrationspolitik beruht diese „Gegenmobilisierung" auf einem besonderen Typus von Publikum, das für Menschenrechte und gegen Rassismus und Ausländerfeindlichkeit auf die Straße geht, um dem Widerstand gegen europäische Politik Ausdruck zu verschaffen.

Arenen symbolischer Politik folgen einer Logik symbolischer Macht, die am Fall der Migrationspolitik im Kontext europäischer Politik vermehrt zum Tragen kommt. In dem Maße, wie die europäische Gesellschaft ein zuschauendes und zuhörendes Publikum wird, müssen die politischen Institutionen Europas auf dieses Publikum Rücksicht nehmen. Die offensive Strategie, die sich für politische Institutionen anbietet, ist die, eine sich formierende Gesellschaft direkt zu mobilisieren und die Mittel symbolischer Macht einzusetzen. Das legt zumindest das Fallbeispiel nahe. Die Paradoxie der legitimatorischen Wirkungen wurde angedeutet. Zumindest wird Gegenmobilisierung – mit all den ihr eigenen Ambivalenzen – ausgelöst.

Das legt eine weitere Überlegung zum Strukturwandel von Öffentlichkeit in Europa nahe: In dem Maße, wie durch symbolische Politik mobilisierte Teilöffentlichkeiten in verschiedenen Politikbereichen entstehen, emergiert eine Öffentlichkeit, die eine besondere Form von Macht erhält: nämlich den „permissive consensus" (d.h. die blinde Loyalität nationaler Publika mit der Europapolitik ihrer Regierungen) aufbrechen zu können. Es entsteht so eine negative Öffentlichkeit, die nicht mehr Legitimation vermittelt, Institutionen legitimiert, sondern Legitimation entzieht, sich dem symbolischen Werben der Institutionen um Zustimmung verweigert. Diese „negativen Öffentlichkeiten" sind nicht mehr an massenmediale Verstärker ihrer Stimme gebunden. Gerade das Fehlen dieser Elemente reduziert die legitimatorischen Ressourcen für europäische Institutionen. Sie müssen sich deshalb sogar bemühen, solche bereitzustellen. Wenn das „Volk" diese nicht annimmt, um so schlechter für die Institutionen: sie müssen Politik jenseits von Legitimität betreiben, mit all den Risiken, die das bedeutet.

5. Schluß

Der Strukturwandel politischer Öffentlichkeit im Prozeß der Europäisierung von Politik deutet sich am Fall der Migrationsproblematik wie folgt an: Zur Trägergruppe von Öffentlichkeit in Europa werden transnationale Eliten, die die supranationale Ebene als neues Tätigkeitsfeld für die Diffusion und Kommunikation ihrer Anliegen erschließen; wir sprechen von der Herausbildung transnationaler Elitenöffentlichkeiten. Als Organisationsform für diese transnationalen Teilöffentlichkeiten bieten sich die durch die Verfahren des Gemeinschaftsrechts abgegrenzten Politikfelder an; wir sprechen von der Herausbildung transnationaler politikfeldspezifischer Teilöffentlichkeiten. Gekennzeichnet sind diese transnationalen Teilöffentlichkeiten ferner durch eine grundsätzliche Variabilität ihres Publikums, die sich auf die weitgehende Abwesenheit massenmedialer Kommunikationsformen zurückführen läßt. Ein Publikum kann sich durch all diejenigen bilden, die sich in den jeweiligen Handlungskontexten betroffen fühlen. Es kann in deliberativen und partizipativen Arenen klein gehalten und gegebenenfalls durch symbolische Mobilisierung erweitert werden.

Die von uns dabei skizzierten Arenen der öffentlichen Kommunikation verweisen auf drei Typen der Herstellung von Legitimität durch politische Öffentlichkeit: Partizipation, Deliberation und Massenloyalität. Alle drei Typen gehen über die auf Effizienz abstellende Form der Legitimation europäische Regierens hinaus. In der Praxis gelingt es den auf Partizipation und Deliberation abstellenden Legitimationsstrategien politischer Eliten allerdings nicht, ihr spezifisches Legitimationspotential auszuschöpfen. Deliberative Foren der öffentlichen Meinungs- und Willensbildung werden im transnationalen Raum der Entscheidungsfindung zwar vor- oder nach-, aber nicht gleichgeschaltet. Partizipation verliert sein legitimatorisches Potential durch restriktive Verfahrensbedingungen, die eine Einbindung sämtlicher Betroffener verhindern. Dieser Befund macht deutlich, daß entgegen unserer Erwartung Partizipation und Deliberation nicht zureichend demokratische Legitimationsfunktionen erfüllen können. Haupthindernis einer wirksamen Einbindung von Betroffeneninteressen durch Partizipation oder Deliberation sind deshalb weniger, wie vielfach angenommen, Probleme sprachlicher oder kultureller Art als vielmehr verfahrensspezifische Restriktionen in der Eigenart des EU-Regierungssystems. Immerhin ist die Ausbildung transnationaler Teilöffentlichkeiten feststellbar, die eine unmittelbare, nicht über nationalstaatliche Öffentlichkeiten vermittelte Verständigung zwischen Betroffenen und Entscheidungsträgern ermöglichen.

Es bleibt die Option symbolischer Mobilisierung als einer Form der demokratischen Legitimation europäischer Politik. Die Mobilisierung von Massenloyalität sichert Legitimität und sie stärkt zugleich die Rolle von Öffentlichkeit. Denn symbolische Mobilisierung wird unter Bedingungen gesellschaftlicher Pluralisierung immer mit Dissens, also mit symbolischer Gegenmobilisierung zu rechnen haben. Öffentlichkeit akkumuliert symbolische (Gegen)Macht, die Politikentscheidung und –implementierung unter Rechtfertigungsdruck setzen. Es kommt zu einer unerwartet engen Kopplung von Kommunikation und Entscheidung. Diese symbolische Gegenmacht kann entweder ihre Stimme erheben oder gar nichts sagen – beides wäre Legitimationsentzug für europäisches Regieren. Zwischen der Skylla der zu lauten Beobachtung durch das Publikum und der Charybdis der zu leisen Beobachtung durch das Publikum muß sich europäisches Regieren lavieren, eine indirekte, aber vermutlich effiziente Form demokratischer Kontrolle durch das Publikum.

Literaturverzeichnis

Andersen, Svein S./Eliassen, Kjell A., 1996: EU-Lobbying: Between Representativity and Effectiveness, in: *Andersen, Svein S./Eliassen, Kjell A.* (Hrsg.), The European Union: How Democratic is it? London, S. 41-55.

Bauböck, Rainer (Hrsg.), 1994: From Aliens to Citizens. Redefining the Legal Status of Immigrants. Aldershot.

Benz, Arthur, 1997: Kooperativer Staat? Gesellschaftliche Einflußnahme auf staatliche Steuerung, in: *Klein, Ansgar/Schmalz-Bruns, Rainer* (Hrsg.), Politische Beteiligung und Bürgerengagement in Deutschland. Bonn, 88-113.

Bieber, Roland/Monar, Joerg (Hrsg.), 1995: Justice and Home Affairs in the European Union. Brüssel.

Bunyan, Tony, 1991: Towards an Authoritarian European State, in: Race & Class 32, 19-27.

Cornelius, Wayne/Martin, Philip L./Hollifield, James F. (Hrsg.), 1995: Controlling immigration. A global perspective. Stanford, CA.

den Boer, Monica, 1994: The Quest for European Policing. Rhetoric and Justification in a Disorderly

Debate, in: *Anderson, Malcom/den Boer, Monica* (Hrsg.), Policing Across National Boundaries. London.

Edelman, Murray, 1964: The Symbolic Uses of Politics. Urbana, IL.

Eder, Klaus, 1985: Geschichte als Lernprozeß? Zur Pathogenese politischer Modernität in Deutschland. Frankfurt.

Eder, Klaus, 1995: Die Dynamik demokratischer Institutionenbildung. Strukturelle Voraussetzungen deliberativer Demokratie in fortgeschrittenen Industriegesellschaften, in: *Nedelmann, Birgitta* (Hrsg.), Politische Institutionen im Wandel. Kölner Zeitschrift für Soziologie und Sozialpsychologie, Sonderheft 35. Opladen, 327-345.

Europäische Kommission (EK), 1994: Communication from the Commission to the Council and the European Parliament on Immigration and Asylum Policies. Brüssel, 23.2.94: com (94) 23 final.

Europäische Kommission, (EK), 1995: Bericht der Kommission an die Reflexionsgruppe. Luxemburg.

Europäische Kommission, (EK), 1998: Europäisches Jahr gegen Rassismus. Projektverzeichnis. Brüssel: DG V: Employment and Social Affairs.

Europäisches Parlament, (EP), 1995: Resolution on the Functioning of the Treaty on European Union with a View to the 1996 Intergovernmental Conference - Implementation and Government of the Union: PE 190.441. 17/05/95.

Fuchs, Dieter/Pfetsch, Barbara, 1996: Die Beobachtung der öffentlichen Meinung durch das Regierungssystem, in: *van den Daele, Wolfgang/Neidhardt, Friedhelm* (Hrsg.), Kommunikation und Entscheidung. Politische Funktionen öffentlicher Meinungsbildung und diskursiver Verfahren. Berlin, 103-135.

Geddes, Andrew, 1995: Immigration and Ethnic Minorities and the EU's Deomocratic Deficit, in: Journal of Common Market Studies 33, 197-217.

Gerhards, Jürgen, 1993: Westeuropäische Integration und die Schwierigkeiten der Entstehung einer europäischen Öffentlichkeit, in: Zeitschrift für Soziologie 22, 96-110.

Gerhards, Jürgen, 1994: Politische Öffentlichkeit. Ein system- und akteurstheoretischer Bestimmungsversuch, in: *Neidhardt, Friedhelm* (Hrsg.), Öffentlichkeit, öffentliche Meinung, soziale Bewegungen. Opladen, 77-105.

Gerhards, Jürgen/Neidhardt, Friedhelm, 1990: Strukturen und Funktionen moderner Öffentlichkeit. Fragestellungen und Ansätze. Berlin.

Gluckman, Max, 1963: Order and Rebellion in Tribal Africa. London.

Goodman, James, 1998: Die Europäische Union: Neue Demokratieformen des Nationalstaats, in: *Beck, Ulrich* (Hrsg.), Politik der Globalisierung. Frankfurt, 331-373.

Grande, Edgar, 1997: Post-nationale Demokratie - ein Ausweg aus der Globalisierungsfalle?, (Arbeitspapier Nr. 2/1997 des Lehrstuhls politische Wissenschaften der TU München). München.

Grimm, Dieter, 1994: Braucht Europa eine Verfassung? München.

Habermas, Jürgen, 1990 [1962]: Strukturwandel der Öffentlichkeit. Untersuchungen zu einer Kategorie der bürgerlichen Gesellschaft. Frankfurt/M.

Habermas, Jürgen, 1992: Faktizität und Geltung. Beiträge zur Diskurstheorie des Rechts und des demokratischen Rechtsstaats. Frankfurt.

Hellmann, Kai-Uwe, 1997: Integration durch Öffentlichkeit. Zur Selbstbeobachtung der modernen Gesellschaft, in: Berliner Journal für Soziologie 7, 37-59.

Ireland, Patrick, 1994: Demander la lune: la participation politique des immigrés dans la communauté Européenne, in: Revue Européenne des Migrations Internationales 10, 127-144.

Jachtenfuchs, Markus, 1997: Die europäische Union - ein Gebilde sui generis?, in: *Wolf, Klaus Dieter* (Hrsg.), Projekt Europa im Übergang? Probleme, Modelle und Strategien des Regierens in der Europäischen Union. Baden-Baden, 15-35.

Jachtenfuchs, Markus/Diez, Thomas/Jung, Sabine, 1996: Regieren jenseits der Staatlichkeit? Legitimitätsideen in der Europäischen Union. Mannheim: Mannheimer Zentrum für Sozialforschung. Arbeitspapiere III/Nr.15.

Jachtenfuchs, Markus/Kohler-Koch, Beate, 1996: Einleitung: Regieren im dynamischen Mehrebenensystem, in: *Jachtenfuchs, Markus/Kohler-Koch, Beate* (Hrsg.), Europäische Integration. Opladen, 15-44.

Joerges, Christian/Neyer, Jürgen, 1997: From Intergovernmental Bargaining to Deliberative Political Processes: The Constitutionalisation of Comitology, in: European Law Journal 3, 273-299.

Kastoryano, Riva, 1994: Mobilisations des migrants en Europe: du national au transnational, in: Revue Européenne des Migrations Internationales 10, 169-182.

Kielmansegg, Peter Graf, 1996: Integration und Demokratie, in: *Jachtenfuchs, Markus/Kohler-Koch,*

Beate (Hrsg.), Europäische Integration. Opladen, 47-71.

Kingdon, John W., 1984: Agendas, Alternatives and Public Policy. New York, NY.

Knoke, David/Laumann, E. O., 1982: The Social Organization of National Policy Domains: An Exploration of Some Structural Hypotheses, in: *Marsden, P. V./Lin, N.* (Hrsg.), Social Structure and Network Analysis. Beverly Hills, CA, 255-270.

Kohler-Koch, Beate, 1996: Die Gestaltungsmacht organisierter Interessen, in: *Jachtenfuchs, Markus/Kohler-Koch, Beate* (Hrsg.), Europäische Integration. Opladen, 193-222.

Luhmann, Niklas, 1970: Öffentliche Meinung, in: Politische Vierteljahresschrift 11, 2-28.

Luhmann, Niklas, 1990: Gesellschaftliche Komplexität und öffentliche Meinung, in: *Luhmann, Niklas*, Soziologische Aufklärung 5. Konstruktivistische Perspektiven. Opladen, 170-182.

Luhmann, Niklas, 1991: Entscheider und Betroffene, in: *Luhmann, Niklas*, Soziologie des Risikos. Berlin, 111-134.

March, James G./Olsen, Johan P., 1989: Rediscovering Institutions: The Organizational Basis of Politics. New York, NY.

Martiniello, Marco (Hrsg.), 1995: Migration, Citizenship and Ethno-National Identities in the European Union. Avebury.

Mazey, Sonia/Richardson, Jeremy, 1997: Policy-Framing: Interest Groups and the lead up to1996 Intergovernmental Conference, in: West European Politics 20, (3) 111-133.

Migrantenforum der Europäischen Union (MEU), 1996: Vorschläge im Hinblick auf die Nachbesserung des Vertrages über die Europäische Union im Rahmen der Regierungskonferenz 1996. Brüssel.

Müller-Graff, Peter-Christian (Hrsg.), 1996: Europäische Zusammenarbeit in den Bereichen Justiz und Inneres. Baden-Baden.

Neidhardt, Friedhelm, 1994a: Die Rolle des Publikums. Anmerkungen zur Soziologie politischer Öffentlichkeit, in: *Derlien, Hans-Ulrich/Gerhard, Uta/Scharpf, Fritz W.* (Hrsg.), Systemrationalität und Partialinteresse. Festschrift für Renate Mayntz. Baden-Baden, 315-328.

Neidhardt, Friedhelm, 1994b: Öffentlichkeit, öffentliche Meinung, soziale Bewegungen, in: *Neidhardt, Friedhelm* (Hrsg.), Öffentlichkeit, öffentliche Meinung, soziale Bewegungen. Kölner Zeitschrift für Soziologie und Sozialpsychologie, Sonderheft 34/1994. Opladen, 7-41.

Nullmeier, Frank, 1995: Diskursive Öffentlichkeit. Möglichkeiten der Radikalisierung und der Kritik, in: *Göhler, Gerhard* (Hrsg.), Macht der Öffentlichkeit - Öffentlichkeit der Macht. Baden-Baden, 85-112.

Pappi, Franz Urban/ Schnorpfeil, Willi, 1996: Das Ausschußwesen der Europäischen Kommission: Grundstrukturen und Kommunikationsmöglichkeiten für Verbände, in: *König, Thomas/Rieger, Elmar/Schmitt, Hermann* (Hrsg.), Das Europäische Mehrebenensystem. Frankfurt/M, 135-159.

Pauly, Alexis (Hrsg.), 1996: De Schengen à Maastricht: voie royale et course d'obstacles. Maastricht.

Peters, Bernhard, 1994: Der Sinn von Öffentlichkeit, in: *Neidhardt, Friedhelm* (Hrsg.), Öffentlichkeit, öffentliche Meinung, soziale Bewegungen. Opladen, 42-76.

Pfetsch, Barbara, 1994: Themenkarrieren und politische Kommunikation. Zum Verhältnis von Politik und Medien bei der Entstehung der politischen Agenda, in: Aus Politik und Zeitgeschichte 39, 11-20.

Ruhrmann, Georg, 1994: Öffentliche Meinung, in: *Dammann, Klaus/Grunow, Dieter/Japp, Klaus P.* (Hrsg.), Die Verwaltung des politischen Systems. Opladen, 40-53.

Sarcinelli, Ulrich, 1989: Symbolische Politik und politische Kultur. Das Kommunikationsritual als politische Wirklichkeit, in: Politische Vierteljahresschrift 30, 292-309.

Schmalz-Bruns, Rainer, 1995: Reflexive Demokratie. Die demokratische Transformation moderner Politik. Baden-Baden.

Soysal, Yasemin, 1996: Changing Boundaries of Civic Participation in Europe: Organized Islam in European Public Spheres. Working Paper European Forum 96/4. Florence: European University Institute.

Stichweh, Rudolf, 1988: Inklusion in Funktionssysteme der modernen Gesellschaft, in: *Mayntz, Renate et al.* (Hrsg.), Differenzierung und Verselbständigung. Zur Entwicklung gesellschaftlicher Teilsysteme. Frankfurt, 261-293.

Van den Daele, Wolfgang/Neidhardt, Friedhelm, 1996: 'Regierung durch Diskussion' - Versuche, mit Argumenten Politik zu machen, in: *van den Daele, Wolfgang/Neidhardt, Friedhelm* (Hrsg.), Kommunikation und Entscheidung. Politische Funktionen öffentlicher Meinungsbildung und diskursiver Verfahren. Berlin,9-50.

von Lobkowicz, Wenzel, 1996: Die innere Sicherheit der Union in der Perspektive der Regierungskonferenz 1996, in: *Leicht, Anton* (Hrsg.), Regierungskonferenz 1996: Wohin steuert die EU?, Wien, 345-367.

Ansatzpunkte für ein europafähiges Demokratiekonzept

Arthur Benz

1. Einleitung

Die Politik der europäischen Integration und die mit ihr geschaffenen Institutionen litten von Beginn an unter einem Demokratieproblem, wenn man den herrschenden Begriff der repräsentativen Demokratie als Maßstab heranzieht. Dieses Problem ist in der internationale Politik und in internationalen Organisationen generell festzustellen (Kaiser 1970; Wolf 1997) und nimmt im Prozeß der Globalisierung neue Dimensionen an (Dahl 1994; Held 1995; Guehenno 1994). Hier sind die Exekutiven von Nationalstaaten die bestimmenden Akteure, der Einfluß der nationalen Parlamente ist hingegen gering. Mit der Überwindung des Primats der Außenpolitik, der im Zeitalter der Nationalstaaten galt, konnten zwar die Parlamente in der internationalen Politik an Gewicht gewinnen, allerdings stießen sie an praktische Grenzen: Je mehr die in der internationalen Politik agierenden Regierungen an Entscheidungen ihrer Parlamente gebunden werden, desto geringer ist ihr Verhandlungsspielraum und damit die Chance auf eine Einigung mit anderen Regierungen. Erfolgreiche internationale Verhandlungen setzen dagegen eine weitgehende Handlungsfreiheit der Regierungen voraus.

Auf einer durch die Exekutiven der Nationalstaaten dominierten Politik beruhte auch der Erfolg der Europäischen Integration. Ihre Legitimität gründet sich auf Funktionalität. Die Fähigkeit zur Lösung von Problemen, die die Grenzen der Nationalstaaten überschreiten, rechtfertigte die europäische Politik (Scharpf 1998). Die Integrationsideologie stützte sich auf die Annahme, „die neuen europäischen Eliten könnten auf unstrittige und eindeutige Weise aus Integrationsaufgaben entsprechende Integrationslösungen ableiten". (Rieger/König 1997: 22). Solange dies von weiten Teilen der Bürger und Parteien in den Mitgliedstaaten der Gemeinschaft anerkannt wurde, beruhte die europäische Integration auf einer legitimen Politik. Ihr Demokratiedefizit war also nicht gleichbedeutend mit einem Legitimitätsdefizit.

Dies änderte sich paradoxerweise in etwa mit der Einrichtung des direkt gewählten Europäischen Parlaments im Jahre 1979. Mit ihr wurde gleichsam symbolisch zum Ausdruck gebracht, daß die Europäischen Gemeinschaften mehr sein sollten als andere Formen zwischenstaatlicher Zusammenarbeit. Nunmehr wurde der Anspruch erhoben, die europäische Politik solle durch Beteiligung der Bürger an der Willensbildung und durch die Direktwahl von Repräsentanten demokratisch legitimiert werden. Ein Parlament, das im wesentlichen nur über beratende Kompetenzen verfügt, konnte allerdings das Demokratiedefizit nicht beseitigen. Es ist deshalb nicht erstaunlich, daß die nunmehr offenkundige Diskrepanz zwischen Anspruch und Wirklichkeit der Demokratie in den Europäischen Gemeinschaften dazu führte, daß deren Legitimation zu einem Problem wurde. Mit der Einrichtung der politischen Union, die durch den Vertrag von Maastricht erfolgte, verschärfte sich dieses Problem, weil sich die Verlagerung von Kompetenzen der Nationalstaaten auf die europäische Ebene in Institutionen verdichtete, die in erheblichem Maße politische Macht erlangten. Auch wenn nach wie vor „der Funktionalismus das herrschende Denkmodell der Europapolitik" (Rieger/König, 1997: 28) ist, so ist inzwischen der Mangel an demokratischer Legitimität zu einem Kernproblem des Regierens in der EU geworden, der „permissive Konsens" über die europäische Integration ist brüchig geworden (Kreile 1992: VII).

Könnte man davon ausgehen, daß sich die EU in absehbarer Zukunft zu einem eigenständigen Staat entwickeln wird, in dem sich ein parlamentarisches Regierungssystem bildet, so würde sich dieses Problem auf die Frage reduzieren lassen, wie dieser Prozeß der Institutionenentwicklung abläuft und wie er politisch zu steuern ist. Tatsächlich wird inzwischen allgemein angenommen, daß die EU auf Dauer ein politisches System „sui generis" sein wird, das sich durch Mehrstufigkeit der Entscheidungsstrukturen und -prozesse auszeichnet (Jachtenfuchs/Kohler-Koch 1997). Die Demokratie der EU muß daher auf ihr eigentümliches Mehrebenensystem zugeschnitten werden. Eine einfache Übertragung von Institutionen, die sich im Prozeß der Demokratisierung der westlichen Nationalstaaten herausgebildet haben, ist daher wenig erfolgversprechend.

Die Frage der Demokratisierung der EU bedeutet deshalb eine Herausforderung für die politikwissenschaftliche Theorie. Diese muß - neben der Untersuchung der gesellschaftlichen Voraussetzungen einer Demokratisierung in der EU[1] - Leitlinien vorgeben, wie Institutionen und Verfahren der Demokratie in Mehrebenensystemen gestalten werden können. Die folgenden Ausführungen sollen dazu einen Beitrag leisten. Ich will dazu zunächst einen Überblick über die bisherige politikwissenschaftliche Diskussion zur Demokratie in Europa geben und Problemanalysen wie Lösungsvorschläge skizzieren (2.). Den Beiträgen zur Demokratiediskussion läßt sich entnehmen, daß das politische System der EU sich weder auf eine parlamentarische Demokratie zubewegt noch dem Modell einer föderativen oder assoziativen Demokratie entsprechen wird, sondern eine Mischform aus diesen (und evtl. anderen, etwa Referenden, unabhängigen „agencies") Formen darstellt. Im weiteren gehe ich dann von einem Konzept einer repräsentativen Demokratie aus, nach dem die Bürger in der europäischen Politik durch ihre Regierungen, durch die direkt gewählten Parlamente auf europäischer, nationaler und regionaler Ebene und durch Verbände vertreten werden (3.). Die bestehenden Repräsentationsformen weisen zweifellos Defizite auf. Diese sind, wie ich begründen werde, allerdings nicht allein durch unzureichende Interessenvermittlung zwischen Bürgern und verantwortlichen Entscheidungsträgern in der EU verursacht, sondern durch wechselseitige Störungen zwischen den vorhandenen Formen politischer Willensbildung, Interessenvermittlung und Entscheidungsfindung. Deshalb gefährden Demokratisierungsstrategien, die ausschließlich auf traditionelle Vorstellungen von Partizipation und Kontrolle „von unten" setzen, die Effizienz wie die Legitimation der europäischen Politik (4.). In einem weiteren Schritt der Analyse ist zu

1 Fragen nach den Bedingungen für das Entstehen einer europäischen Zivilgesellschaft, nach der Kompetenz der Unionsbürger und ihrer Identifikation mit der EU, nach Voraussetzungen und Potentialen gesellschaftlicher Interessenformierung und direkter Bürgerbeteiligung werden hier nicht weiter erörtert. Dieser Beitrag beschränkt sich auf die Analyse der institutionellen Bedingungen für eine Demokratisierung der EU.

untersuchen, wie diese Störungen und die Blockadegefahren vermieden werden können und gleichzeitig der demokratische Charakter von Repräsentation gestärkt werden kann. Hieraus leiten sich Überlegungen zu einem für die EU geeigneten Konzept von Demokratie ab (5.).

2. *Zur Diskussion über das Demokratiedefizit der EU*

Die Frage der Demokratisierung Europas wird seit dem Abschluß des Maastrichter Vertrags in der Wissenschaft wie in der Öffentlichkeit intensiv diskutiert. Während in der Öffentlichkeit vor allem auf die Schwächen des direkt gewählten Europäischen Parlaments aufmerksam gemacht wird, zeichnen sich die politikwissenschaftlichen Beiträge durch eine bemerkenswerte Differenzierung der Argumentationen aus (zusammenfassend: Abromeit 1998; Grande 1996; Wolf 1997a). Dabei unterscheiden sich nicht nur die Bewertungen der demokratischen Qualität der europäischen Union und ihrer Politik, sondern auch die Diagnosen der Demokratiedefizite.
Zu einer äußerst skeptischen Einschätzung der Demokratisierungschancen in der EU gelangen Vertreter der Theorie internationaler Beziehungen, die die EU mit dem Ansatz des „two-level-games" untersuchen (Moravcsik 1997). Danach gewinnen die nationalen Exekutiven durch die Verlagerung der Politik in europäische Verhandlungssysteme gegenüber den anderen Institutionen der Nationalstaaten und der Regionen an Macht, weil sie als Schnittstelleninhaber die Informationen, die Verfahren, die Interessenvermittlung und die ideologischen Begründungen der Politikergebnisse dominieren. Die Schwächen dieser Theorie liegen darin, daß als Akteure in der EU nur Regierungen erfaßt werden. Europäische Institutionen wie das Europäische Parlament oder diverse Ausschüsse sowie Netzwerke der Interessenvermittlung, welche den vermeintlichen Verlierern der Europäisierung direkte Zugänge zur europäischen Ebene verschaffen, werden nicht berücksichtigt. Die analytische Stringenz der Argumentation wird mit der Vernachlässigung wichtiger Elemente der europäischen Politik erkauft.
In anderen Beiträgen wird nach einer europafähigen Form von Demokratie gesucht. Grundsätzlich kann man die Vorschläge einteilen in solche, die das Modell der parlamentarischen Demokratie als Maßstab nehmen, und in solche, die andere Formen demokratischer Legitimation erörtern. In der ersten Gruppe wiederum kann man unterscheiden zwischen Analysen, die eine Parlamentarisierung der EU als möglich unterstellen (a), und solchen, die dies aus gesellschaftlichen Gründen für ausgeschlossen halten und deshalb für eine Föderalisierung und Dezentralisierung eintreten (b). In der zweiten Gruppe wiederum ist zu unterscheiden zwischen Überlegungen, die auf Theorien einer assoziativen oder korporatistischen Verhandlungsdemokratie aufbauen (c), und Vorschlägen zur Einführung von Verfahren einer direkten Demokratie (d) (ähnlich Kohler-Koch 1998).

a) Das Europäische Parlament, das seit 1979 direkt gewählt wird, gilt oft als Institution, an deren Zustand sich das Schicksal der Demokratisierung der EU entscheidet. Daß das Parlament den anerkannten Normen einer parlamentarischen Demokratie nicht genügt, ist unbestritten. Kritisiert wird das Wahlverfahren, in dem die Bestimmung der Abgeordneten nach Regeln erfolgt, die zwischen den Mitgliedstaaten variieren, und das bewirkt, daß Europawahlen und das Europäische Parlament durch nationale Parteien dominiert werden. Die Tatsache, daß das Europäische Parlament bestenfalls das Recht zur Mitentscheidung hat, die eigentlichen Legislativkompetenzen hingegen nach wie vor dem Rat zustehen, wird vielfach als das eigentliche Demokratiedefizit der EU bezeichnet. Kritisiert wird ferner, das Europäische Parlament erweise sich in der Konkurrenz zwischen europäischer und nationaler Politik als schwach (Lodge 1996). Solange es nicht gegenüber der EU-Technokratie gestärkt würde, drohe die EU in eine Repräsentationskrise zu geraten (Wallace/Smith 1995). Allerdings ließen sich diese institutionellen Mängel des europäischen Regierungssystems durch Vertragsänderungen beheben. Fortschritte in Richtung einer Stärkung des Europäischen Parlaments lassen sich in der Tat feststellen.

b) Die Hoffnungen auf eine Parlamentarisierung der EU werden von Demokratietheoretikern gedämpft, die die gesellschaftlichen Voraussetzungen von legitimer Repräsentation berücksichtigen. Entscheidungen in einer parlamentarischen Demokratie nach dem Mehrheitsprinzip seien nur zu rechtfertigen, wenn sich die Gesellschaft zu einer politischen „Nation" konstituieren würde, die sich als „Kommunikations-, Erfahrungs- und Erinnerungsgemeinschaft" (Kielmansegg 1996: 55; Zürn 1996: 43-44) versteht. In der EU aber könne man weder von einer historisch gewachsenen Gemeinschaftsbildung ausgehen noch von einer Kommunikationsgemeinschaft, die eine gemeinsame Sprache und Kultur voraussetzen würde. Unter diesen Bedingungen könne die parlamentarische Mehrheitsdemokratie nicht legitimiert werden, da sie Teile der europäischen Gesellschaft in eine strukturell bedingte Minderheitsposition bringt, was besonders gravierend ist, wenn Verteilungsentscheidungen getroffen werden (Dehousse 1995; Scharpf 1995). Repräsentation könne daher nur als eine doppelte verwirklicht werden: Unmittelbar sind die Bürger Europas in den Parlamenten der Nationalstaaten repräsentiert, die ihrerseits Vertreter der Nationen in europäische Gremien senden. Demokratische Legitimation wird demnach durch eine föderative Ordnung verwirklicht (Kielmansegg 1996; Kluth 1995), in der die nationalen Parlamente die Regierungen als Vertreter der Völker Europas legitimieren und kontrollieren (Steffani 1995). Um die Beteiligungsmöglichkeiten der Bürger zu erhöhen, wird dem Subsidiaritätsprinzip ein wichtiger Stellenwert zugemessen. „Autonomieschonende" Regulierung soll den demokratischen Organen der Nationalstaaten und Regionen möglichst weite Entscheidungsspielräume belassen (Scharpf 1994). In Regionen werden Potentiale für eine zivilgesellschaftliche Basis der EU vermutet (Richter 1997).

c) Man kann dieser Argumentation entgegenhalten, daß eine einheitliche Sprache und Kultur in einer multikulturellen Gesellschaft nicht zwingende Voraussetzungen für Kommunikation in einem politischen Verband sind. Zudem müssen sich zivilgesellschaftliche Strukturen nicht notwendigerweise zu einer „europäischen Nation" entwickeln, sondern können in einzelnen Politik- bzw. Gesellschaftssektoren entstehen. Ausgehend von diesen Überlegungen wird in einer weiteren Argumentation die Fixierung auf das parlamentarische Modell von Demokratie in Frage gestellt, und zwar nicht nur weil es sich in der EU als problematisch erweist, sondern auch, weil es in der organisierten Gesellschaft generell als nur bedingt geeignet gilt. Angesichts der Tatsache, daß sich in der EU bereits vielfältige Formen von Experten- und Verbändebeteiligung entwickelt haben, setzen Vertreter einer „postparlamentarischen Demokratie" (Andersen/Burns 1996) oder einer „assoziativen Demokratie"

(Schmalz-Bruns 1997) auf Demokratisierung durch Verhandlungssysteme und Expertennetze, in denen sich diskursive Willensbildung und Konsensfindung entfalten könnten (Joerges/Neyer 1997). Demokratisierung erfolgt nach dieser Auffassung über eine Kombination unterschiedlicher Formen von Repräsentation der Bürger, die einerseits durch ihre Regierungen in intergouvernementalen Verhandlungssystemen und andererseits durch Verbandsfunktionäre in korporatistischen Netzwerken vertreten werden (Weiler/Haltern/Mayer 1995: 24-38).

d) Die komplexen Entscheidungsprozesse in Verhandlungsstrukturen und korporatistischen Netzwerken werden allerdings oft für Intransparenz und Bürgerferne verantwortlich gemacht und damit nicht als Lösung, sondern als Ursache des Demokratiedefizits der EU betrachtet. Angesichts der Tatsache, daß das Europäische Parlament keine hinreichende Gewähr für demokratische Verfahren bietet, wird die Einführung von Referenden erwogen. Sie sollen Formen einer repräsentativen Demokratie nicht ersetzen, vielmehr ergänzen und im Sinne der Gewaltenteilungstheorie ein Gegengewicht gegen die Macht der verhandelnden Exekutiven bilden (Abromeit 1998a; Grande 1996: 353-356; Zürn 1996: 49-50). Daß Referenden unter Umständen reine Vetomacht erzeugen, wird dabei konzediert. Nicht hinreichend erörtert wird jedoch die Frage, ob intransparente und bürgerferne Politikstrukturen eine geeignete Voraussetzung für direkte Demokratie sind, oder ob nicht vielmehr die Schaffung von Transparenz und Öffentlichkeit diese erst ermöglichen kann. Im übrigen sind Referenden nur bei besonders wichtigen Entscheidungen anwendbar.

Vor dem Hintergrund dieser - hier nur unvollständig aufgelisteten - Analysen und Lösungsvorschläge erscheint es sinnvoll davon auszugehen, daß in der EU eine komplexe Mischverfassung aus unterschiedlichen Elementen repräsentativer Demokratie und vertikaler wie horizontaler Gewaltenteilung im Entstehen begriffen ist. Um so mehr erstaunt es, warum man bislang noch zu wenig diese Form einer komplexen Demokratie in ihrer Gesamtheit zu analysieren versucht und sich die Frage gestellt hat, ob und in welcher Weise die verbundenen Formen politischer Willensbildung und Entscheidungsfindung in einer funktions- und gewaltenteiligen Kombination geeignet sind, die Funktionsfähigkeit des europäischen Entscheidungssystems zu sichern. Oft wird die Analyse dadurch verengt, daß man demokratisches Regieren auf die Frage der Bürgerbeteiligung und Interessenberücksichtigung reduziert, damit jedoch vernachlässigt, daß demokratische Legitimität erst gesichert ist, wenn auch effizient regiert wird (Naschold 1968; Putnam 1993; Scharpf 1970; Schmidt 1995: 204-214; Steffani 1981: 142-147). Hiervon ausgehend wäre zu untersuchen, ob die genannten Formen der Repräsentation von Bürgerinteressen miteinander harmonieren oder ob sie sich in ihrer Funktionsweise wechselseitig beeinträchtigen. Daß letzteres der Fall sein kann, legt die Hypothese der Politikverflechtungsfalle (Scharpf 1985) nahe, wonach die Effektivität und Reformfähigkeit der EG/EU durch die Schwerfälligkeit und Blockadeanfälligkeit eines Verhandlungssystems verringert wird, in dem Regierungen zusammenarbeiten müssen, die auf die Zustimmung von nationalen Parlamenten, Parteien und Wählerschaften angewiesen sind. Ob das Entscheidungssystem der EU durch eine Stärkung des Europäischen Parlaments, eine Föderalisierung und Regionalisierung oder die Nutzung von assoziativen Strukturen und direktdemokratischen Verfahren nicht noch schwerfälliger und ineffektiver würde, müßte eingehend geprüft werden, es sei denn, man sieht schon in der Etablierung weiterer Vetopositionen in der europäischen Politik eine Stärkung der Demokratie.

3. *Strukturen repräsentativer Demokratie in der EU*

Die politischen Strukturen der EU sind nicht das Ergebnis einer Verfassungskonstruktion, sondern resultieren aus der schrittweisen Einrichtung von Institutionen. Ihre Demokratisierung war dabei kein vorrangiges Ziel. Allerdings resultiert die heutige Institutionenordnung der EU aus Vereinbarungen demokratisch legitimierter Regierungen und entwickelte sich im Kontext der demokratischen Traditionen Westeuropas. Bemühungen um eine Lösung übernationaler Probleme waren in zunehmendem Maße durch eine Öffnung der Entscheidungsverfahren für territoriale und sektorale Interessen begleitet. Diese folgten schrittweise einer sich verdichtenden Europäisierung der Politik, die immer weitere Politikbereiche erfaßte und die Autonomie der nationalen und regionalen Regierungen und Parlamente spürbar beeinträchtigte.

Die inkrementelle und primär an funktionalen Erfordernissen ausgerichtete europäische Integration führte dazu, daß die heutigen politischen Strukturen der EU durchaus Formen repräsentativer Herrschaft beinhalten, die als Ansatzpunkte für eine Demokratisierung dienen können. Sie bilden jedoch eine eigentümliche Mischverfassung, die unterschiedliche Formen von Repräsentation verbindet. Die Zusammenarbeit der Regierungen der Mitgliedstaaten im Ministerrat wurde dabei ergänzt um Formen der Verbändebeteiligung und der parlamentarischen Demokratie. Zwar finden sich solche Mischformen auch in den Nationalstaaten, aber während hier von einem Primat der parlamentarischen Repräsentation der Bürger auszugehen ist, die allenfalls in Bundesstaaten durch die territoriale Repräsentation der Völker der Mitgliedstaaten oder in Konkordanzdemokratien durch die Einbeziehung von Verbänden in die politischen Verhandlungsprozesse ergänzt wird, müssen wir in der EU eine Kombination aus drei Repräsentationsformen feststellen, die in keiner eindeutigen Rangordnung stehen. Hinzu kommt, daß die parlamentarische Repräsentation nicht primär auf europäischer, sondern auf nationaler (und teilweise regionaler) Ebene verwirklicht ist und daß auch Verbände auf den verschiedenen Stufen des europäischen Mehrebenensystems eingebunden sind.

- Seit Beginn der europäischen Integration sind die Völker der Mitgliedstaaten durch ihre Regierungen im Europäischen Rat bzw. im Ministerrat vertreten. Bei dieser *gouvernementalen Repräsentation* handelt es sich um eine vermittelte Form der Demokratie, weil die Regierungen in den parlamentarischen Regierungssystemen der europäischen Mitgliedstaaten nicht direkt von den Bürgern gewählt werden, sondern von den nationalen Parlamenten und diesen gegenüber verantwortlich sind. Die Repräsentation der subnationalen Einheiten im Ausschuß der Regionen und lokalen Gebietskörperschaften entspricht nicht demokratietheoretischen Normen, da seine Mitglieder nicht durch regionale und lokale Parlamente gewählt, sondern von den nationalen Regierungen ernannt werden. Regionale Bürgerschaften sind nur in informellen Beziehungen oder in Verfahren der innerstaatlichen Mitwirkung durch ihre Regierungen beteiligt.

  Aus der hier einschlägigen normativen Theorie des Föderalismus folgt, daß die gouvernementale Repräsentation nur dann Legitimation sichert, wenn allen Völkern die gleichen Chancen auf Wahrung ihrer Interessen zukommen (Hüglin 1997: 98). Dies schließt die Anwendung der Mehrheitsregel in Entscheidungsverfahren nicht aus, erfordert jedoch einen angemessenen Minderheitenschutz, der dafür sorgt, daß kein Staatsvolk strukturell benachteiligt ist. Das Erfordernis des Minderheitenschutzes kann je nach Entscheidungsmaterie variieren, wie dies im EWG-Vertrag für Ratsentscheidungen vorgesehen ist (Wessels 1997: 714). Unabhängig von der konkreten Entscheidungsregel können Ergebnisse nur nach intergouvernementalen Verhandlungen erzielt werden, weil Mehrheiten nicht durch Fraktionsbildungen vorgegeben sind, sondern in jedem Einzelfall neu formiert werden müssen. Der gouvernementalen Repräsentation entspricht daher der Entscheidungsmodus der *Verhandlung*.

- Die unmittelbare Vertretung der Bürger wird im Mehrebenensystem der EU sowohl durch das Europäische Parlament als auch durch die nationalen, in föderativen und regionalisierten Mitgliedstaaten zudem durch regionale Parlamente verwirklicht. Mit dieser nach Ebenen differenzierten *parlamentarischen Repräsentation* ähnelt die EU einem parlamentarischen Bundesstaat. Sie unterscheidet sich von diesem jedoch insofern, als das Europäische Parlament über keine vollständigen Parlamentsrechte verfügt, die parlamentarische Legitimation der europäischen Politik daher nach wie vor auch (wenn nicht primär, so das Bundesverfassungsgericht in seinem Maastricht-Urteil) durch die nationalen Parlamente gewährleistet wird. Daran wird sich nichts ändern, solange das Europäische Parlament nicht aufgrund eines einheitlichen Wahlrechts gewählt wird, das allen Stimmen die gleichen Erfolgschancen garantiert, und solange die Gesetzgebungskompetenzen der EU beim Rat liegen und die Exekutive der Union nicht vollständig dem Europäischen Parlament verantwortlich ist. Das Europäische Parlament stellt gleichwohl eine demokratische Institution der EU dar.

  Parlamentarische Entscheidungsverfahren beruhen nicht nur auf dem *Mehrheitsprinzip*, sie zeichnen sich zudem durch parteipolitische Fraktionsbildungen und den Wettbewerb zwischen den Parteien aus. Mit einem funktionierenden *Parteienwettbewerb* werden Alternativen erzeugt, aus denen Bürger auswählen und dadurch Kontrolle ausüben können. Auch in den Parlamenten finden zwar intensive Verhandlungen statt, jedoch sind diese durch kompetitive Orientierungen der in die Fraktionsdisziplin eingebundenen Abgeordneten geprägt. Struktur und Intensität des Parteienwettbewerbs in den Mitgliedstaaten variieren zwischen den Extremen der britischen Wettbewerbsdemokratie und der österreichischen oder niederländischen Konkordanzdemokratie (Lijphardt 1984; Norton 1997), im Europäischen Parlament wird er durch die „relative Schwäche der parteipolitischen Disziplin" (Wallace 1996: 157) reduziert.

- Die dritte Form der Repräsentation der Bürger in der europäischen Politik ist weniger institutionalisiert, spielt aber in der Praxis eine wichtige Rolle. Sie beruht auf der Beteiligung von Verbänden in Ausschüssen und Politiknetzen, die sektorale Interessen vermitteln (Kohler-Koch 1992; Mazey/Richardson 1993). Den institutionellen Kern dieser *assoziativen Repräsentation* bildet der Wirtschafts- und Sozialausschuß, wenngleich dessen Besetzung zwischen den Mitgliedstaaten ausgehandelt wird und nur bedingt relevanten Interessenstrukturen entspricht. Daneben existieren jedoch zahlreiche mehr oder weniger formalisierte Netzwerke und Beratungsgremien. Sie gelten in modernen Gesellschaften als wichtige Ergänzung der Repräsentation des

Volkes oder der Völker, weil die politische Willensbildung und Interessenaggregation in beträchtlichem Maße durch „intermediäre Organisationen" in einzelnen Sektoren der funktional differenzierten Gesellschaft erfolgt, die Bürger also nicht nur als individuelle Staatsbürger auftreten, sondern auch in „Assoziationsverhältnisse" (Offe 1989: 755) eingebunden sind (Cohen/Rogers 1992; Hirst, 1994; Schuppert 1997). Ausschüsse und Politiknetzwerke unterliegen, da sie lediglich der Interessenvermittlung, der Beratung und der Vorentscheidung dienen, keiner institutionalisierten Entscheidungsregel, weshalb sie durch *Deliberations- und Verhandlungsverfahren* geprägt sind. Im Idealfall kommt es dabei zu diskursiver Willensbildung („arguing"), zur Verständigung über gemeinsame Interessen (Joerges/Neyer 1997), in der Realität herrscht vielfach „bargaining" vor, man einigt sich durch Kompromisse oder Tauschgeschäfte (Elster 1991; Benz 1994: 112-148). Normativ betrachtet ist weniger wichtig, welche Einflußlogik sich dabei durchsetzt, entscheidend ist vielmehr, daß gleichzeitig die Interessen der Verbandsmitglieder berücksichtigt werden.

4. *Repräsentations- und Effizienzdefizite in der Mischverfassung der EU*

4.1 Das Dilemma inkompatibler Regelsysteme

Die Wirklichkeit dieser Formen von Repräsentation deckt sich nicht mit den Anforderungen, die in entsprechenden normativen Demokratietheorien genannt werden. Repräsentative Demokratie setzt nicht nur voraus, daß die Repräsentierten den in Auswahlverfahren als die „Besten" ermittelten Repräsentanten Vertrauen entgegenbringen, sie erfordert auch, daß die Repräsentanten von den Repräsentierten kontrolliert und positiv oder negativ sanktioniert werden können (Patzelt 1993; Pitkin 1967). Hinsichtlich der Kontroll- und Sanktionsmöglichkeiten weisen die genannten Repräsentationsformen im europäischen Mehrebenensystem Schwächen auf: Direkt gewählt und damit auch abwählbar sind nur die Vertreter in Parlamenten (sieht man vom französischen Präsidenten ab), das Europäische Parlament jedoch hat noch nicht den Status einer echten Volksvertretung erreicht, und bei Wahlen zu nationalen und regionalen Parlamenten dagegen spielen Entscheidungen über europapolitische Themen (zumindest bisher) keine wesentliche Rolle. Die Vertreter der Regierungen in intergouvernementalen Verhandlungen können nur von den Parlamenten sanktioniert werden, nicht hingegen direkt von den Bürgern der Staatsvölker. Noch schwächer sind in der Regel Sanktionsmöglichkeiten gegenüber Vertretern verbandlich organisierter Interessen, zumal Verbände nicht zwingend demokratische Strukturen ausbilden müssen. Demokratische Repräsentation ist im europäischen Mehrebenensystem also nur defizitär verwirklicht.

Diese Schwächen der Repräsentationsformen in der EU scheinen überwindbar, wenn wir einerseits von einer *wechselseitigen Ergänzung und Verbindung der drei Formen* ausgehen, so daß Defizite einzelner Repräsentationsformen durch die Verdreifachung von Repräsentation und durch eine Verschränkung der mit ihnen geschaffenen „Gewalten" kompensiert werden, und wenn wir andererseits akzeptieren, daß die Kontrolle der Regierungen und Verbandsvertretungen notwendigerweise durch organisierte Zusammenschlüsse der repräsentierten Bürger, d. h. durch die nationalen oder regionalen

Parlamente oder durch nationale oder regionale Verbandsorganisationen, erfolgt. Dies legt den Gedanken nahe, das europäische Mehrebenensystem als eine gewaltenteilige Organisation zu interpretieren, die einerseits *mehrere, sich ergänzende Zugangskanäle für gesellschaftliche Interessen* bietet, die andererseits ein *System wechselseitiger Kontrolle von politischer Machtausübung* darstellt.

Diese Überlegung ist allerdings nur auf den ersten Blick plausibel. Das europäische Mehrebenensystem wurde weder in einem Verfahren einer geordneten Verfassungspolitik konstruiert noch ist es in einem pfadabhängigen historischen Entwicklungsprozeß gewachsen. Es ist Ergebnis pragmatischer Entscheidungen, mit denen die Staats- und Regierungschefs der Mitgliedstaaten auf institutionelle Probleme einer funktionalistischen Integrationslogik und auf zunehmende Beteiligungsansprüche von staatlichen und gesellschaftlichen Akteuren reagierten. Daher kann man nicht unterstellen, daß wir es mit einem konsistenten Strukturmuster zu tun haben. Schon deshalb ist mit internen Spannungen zu rechnen (Schmalz-Bruns 1997: 74). Hinzu kommt, daß die Entwicklungsdynamik der europäischen Institutionen die Tendenz erzeugt, immer mehr Akteure in immer komplexere Verfahren der gemeinsamen Entscheidungsfindung zu integrieren. Alle legitimen Vertreter können den Anspruch erheben, in einer gewaltenteiligen Organisation einen Anteil an der Machtausübung zu erhalten. In dem noch wenig verfestigten europäischen Mehrebenensystem sind politische Prozesse in erheblichem Maße durch Bestrebungen von Parlamenten, Regierungen und Verbänden um Machtbeteiligung geprägt. Aus der berechtigten Forderung nach einer Verbindung der drei Repräsentationsformen erwächst damit die *Tendenz zur engen Kopplung dieser Strukturen*. Diese Form der Kopplung erzeugt jedoch Probleme der Entscheidungsfähigkeit und Entscheidungseffizienz, weil *inkompatible „Regelsysteme"* (Lehmbruch 1998: Abschn. 1.4) aufeinandertreffen. Es liegt daher nahe zu vermuten, daß das Demokratieproblem der EU nicht allein in einer unzureichenden Repräsentation der Bürger und Völker oder einer mangelnden Interessenvermittlung liegt, sondern auch in wechselseitigen Inkompatibilitäten der Formen von Repräsentation, die im Prinzip je für sich grundsätzlich demokratische Legitimation erzeugen können. Die Folge ist, daß Defizite der Repräsentation nur auf Kosten der Entscheidungseffizienz zu überwinden sind.

Von Repräsentationsdefiziten wird im folgenden gesprochen, wenn die in einer Repräsentationsform intendierte Abbildung gesellschaftlicher Interessen durch sachlich nicht gerechtfertigte, strukturbedingte Selektivitäten verzerrt wird und/oder wenn die Möglichkeiten der Kontrolle durch Intransparenz der politischen Willensbildungs- und Entscheidungsprozesse reduziert werden. Unter Entscheidungseffizienz soll das Verhältnis zwischen Entscheidungskosten und Entscheidungsqualität verstanden werden. Im Hinblick auf die Entscheidungskosten, die vor allem im erforderlichen Zeitaufwand liegen, wird angenommen, daß sie steigen, wenn die Anzahl der Akteure, die Anzahl der beteiligten Institutionen, der von einer Entscheidungsregel geforderte Anteil positiver Voten und das Ausmaß der Interessendivergenzen zunimmt. Die Qualität der Entscheidungen kann anhand der Relation zwischen den erwarteten und den realisierten Problemlösungen (Ausmaß der Enttäuschung) bestimmt werden. Operationalisiert werden kann der Begriff Entscheidungseffizienz dann auf einer Skala, die Entscheidungsblockaden als schlechteste, Konfliktvermeidung und selektive Interessenberücksichtigung als zweitschlechteste, Paketlösungen als bessere und innovative Konsensfindung als beste Lösung unterstellt.

Für die Vermutung, daß die Verbindung der genannten Politikformen im europäischen Mehrebenensystem in das bekannte Effizienz-Demokratie-Dilemma führt (Dahl 1994) sprechen folgende Überlegungen (vgl. auch Benz 1998):

4.2 Das Spannungsverhältnis zwischen parlamentarischer und gouvernementaler Repräsentation

Gouvernementale Repräsentation der europäischen Völker ist nur dann legitim, wenn die Völker durch ihre gewählten nationalen (oder regionalen) Parlamente das Handeln der Regierungen kontrollieren können. In der klassischen Außenpolitik wird den Regierungen ein weithin freies Mandat zugeschrieben. Danach handeln die Regierungen, die gemäß den Regeln der nationalen Verfassungen gewählt sind, im Rahmen ihrer „außenpolitischen" Verantwortung über Aufgaben, die den Zuständigkeitsraum der Mitgliedstaaten überschreiten. Diese Trennung zwischen außenpolitischen und innenpolitischen Handlungsbereichen ist im Rahmen der EU nicht mehr möglich. Europäische und nationale bzw. regionale Kompetenzbereiche sind in der Regel interdependent, es besteht ein hohes Maß an Aufgabenverflechtung. Durch „horizontale" Kooperation zwischen Regierungen auf der europäischen Ebene werden die Zuständigkeiten der nationalen oder regionalen Parlamente betroffen, weshalb diese beteiligt werden müssen und Beteiligungsrechte einfordern. Da europäische Politik immer mehr zu einem Teil der Innenpolitik geworden ist, kommt es zu einer zunehmenden Verknüpfung des Parteienwettbewerbs in den parlamentarischen Arenen der Mitgliedstaaten und von intergouvernementalen Verhandlungen im europäischen Mehrebenensystem mit der Folge, daß in der EU das im kooperativen Bundesstaat bekannte Demokratiedilemma (Lehmbruch 1998) reproduziert wird.

Dabei leidet die parlamentarische Repräsentation, wenn effektive intergouvernementale Verhandlungen den nachgeordneten Parlamenten Ergebnisse vorgeben, die sie nur noch annehmen oder ablehnen können. In vielen Fällen ist der Zwang zur Annahme schon deshalb groß, weil ansonsten die Parlamentsmehrheit das Verhalten der von ihr gestützten Regierung mißbilligen würde. Faktisch setzen intergouvernementale Verhandlungen eigene Selektivitäten an die Stelle der parlamentarischen Auswahlentscheidungen. Die Entwicklung der EU als ein Verhandlungsregime stärkt darüber hinaus Informationsressourcen, die innenpolitische Agendakontrolle, die ideologische Definitionsmacht und die institutionelle Stellung der nationalen Exekutiven gegenüber den Parlamenten (Moravcsik 1997), weshalb Kontrollen durch Intransparenz der Prozesse erschwert werden.

Die naheliegende Forderung, das damit verursachte Legitimationsdefizit durch eine Stärkung der Parlamente im europäischen Mehrebenensystem zu überwinden, bedroht nun allerdings die Effizienz von Verhandlungen. Dies gilt im Falle einer Aufwertung des Europäischen Parlaments, wenn diese - was allgemein erwartet wird - zur Ausbildung eines europäischen Parteiensystems mit konkurrierenden Parteien führt. Parteipolitisch strukturierte Willensbildung und intergouvernementale Verhandlungen im Ministerrat müßten funktional getrennt werden, wenn nicht, wie bei Zustimmungsgesetzen im deutschen Bundesstaat, ständig Blockaden drohen sollen. Selbst unter den heutigen Bedingungen eines schwachen europäischen Parteienwettbewerbs sind im

Falle von Mitentscheidungs- und Zustimmungsverfahren Blockadetendenzen strukturell angelegt, weil die Prozesse der Mehrheitsfindung im Europäischen Parlament kaum zu kalkulieren sind, eine wechselseitige Koordinierung der Entscheidungsprozesse daher schwer fällt.

Mit einem Effektivitätsverlust ist aber vor allem dann zu rechnen, wenn die parlamentarische Legitimation auf die nationalen oder subnationalen Parlamente zurückgeführt wird und die verhandelnden Vertreter der nationalen und regionalen Regierungen stärker an die Willensbildung in ihren Parlamenten gebunden und von diesen kontrolliert werden (wie dies Art. 23 Abs. 2-6 GG postuliert). Sowohl die Bindung an parlamentarisch definierte Positionen wie die damit verbundenen Verhaltenserwartungen mögen zwar der parlamentarischen Legitimation dienen und wünschenswert sein, um den Transmissionsmechanismus der Interessenvermittlung zwischen Bürgern und Regierenden nicht zu unterbrechen, sie veranlassen aber verhandelnde Akteure zu kompetitiven Handlungsorientierungen. In der parlamentarischen Arena und im öffentlichen Parteienwettbewerb wird von den Regierungen ein Konfrontationsverhalten erwartet und praktiziert (Mayntz/Neidhardt 1989), mit dem sie spezifische Interessen der eigenen Wählerschaft durchsetzen. Als Folge steigt das Konfliktniveau sowie die Wahrscheinlichkeit, daß Verhandlungen blockiert werden oder mit konfliktminimierenden Kompromissen enden (Scharpf 1997: 165-166).

4.3 Das Spannungsverhältnis zwischen parlamentarischer und assoziativer Repräsentation

In gleicher Weise wie die intergouvernementalen Verhandlungen gefährden Interessengruppennetzwerke die parlamentarische Legitimation. Sie tun dies, indem sie die Entscheidungsfindung der öffentlichen Debatte entziehen und in informelle, nicht transparente, meistens elitäre, jedenfalls selektive Verhandlungsgremien verlagern. Die Parlamente erleiden einen Informationsrückstand in Entscheidungsprozessen, der schwer zu kompensieren ist. Sie werden zu reinen Vollzugsinstanzen bereits ausgehandelter Kompromisse zwischen partikularen Interessen. Die öffentliche Kontrolle ist nicht mehr hinreichend gewährleistet. Sowohl der Selektivitätsgrad der Interessenvermittlung wie die mangelnde Transparenz der politischen Prozesse stehen einer demokratischen Legitimität der Repräsentationsformen entgegen.

Eine stärkere Parlamentarisierung kann auch hier unerwünschte Folgeeffekte für die Effizienz assoziativer Interessenvermittlung auslösen. Im Parteienwettbewerb werden austarierte Verhandlungslösungen zwischen Interessengruppen oft in Frage gestellt, insbesondere dann, wenn die Konfliktlinien in Parlamenten quer zu denen der Interessengruppen in einem Politikfeld verlaufen. Da diese „cross-cutting cleavages" nicht in einer Institution bzw. in einem Verfahren behandelt werden, bleiben die Konfliktdimensionen unverbunden und begünstigen divergierende Entscheidungen. Die Wahrscheinlichkeit, daß dies zutrifft, steigt, wenn die Legitimation europäischer Politik durch nationale (oder regionale) Parlamente hergestellt wird. In diesem Fall steht die nationale (oder regionale) Interessendefinition nicht nur der sektoralen, sondern auch der übernationalen Interessendefinition gegenüber. Setzt sich die Logik des Parteienwettbewerbs durch, drohen zudem Blockaden, weil enttäuschte Verbandsmitglieder die Verhandlungsfähigkeit ihrer Vertreter oder den Sinn von Kooperation in Zweifel ziehen und Konfrontationsstrategien in der Interessenpolitik einfordern, indem sie mit dem Entzug von Zustimmung drohen. Das grundsätzliche Spannungsverhältnis zwischen „Mitgliedschaftslogik" und „Einflußlogik" (Schmitter/Streeck 1981) wird also verschärft.

4.4 Das Spannungsverhältnis zwischen gouvernementaler und assoziativer Repräsentation

Assoziative Interessenvermittlung steht zudem tendenziell mit der gouvernementalen Repräsentation in Konflikt. Auch dieses Spannungsverhältnis kann entweder Defizite der Repräsentation oder ineffiziente Entscheidungen verursachen. Ersteres ist wahrscheinlicher, weil Regierungen, die in intergouvernementale Verhandlungsstrukturen eingebunden sind, sich leichter dem unmittelbaren Einfluß von Interessengruppen entziehen können als autonome nationale oder regionale Regierungen (Grande 1994). Assoziative Repräsentationsformen werden dadurch aber entwertet, Verbändebeteiligung reduziert sich auf pluralistische Lobbyaktivitäten.

Sofern assoziative Interessenvermittlung aber als legitime Form demokratischer Repräsentation verstanden und als solche institutionalisiert wird, können sich Regierungen diesen Einflüssen nicht ohne weiteres verschließen. In diesem Fall bilden sich Netzwerke von Regierungs- und Verbandsvertretern, in der Regel in sektoralen Politikfeldern. Diese begünstigen selektive Problemwahrnehmungen und partikulare Interessen gegenüber den - zumindest dem Anspruch und der Funktion nach - von den Regierungen vertretenen Gemeinwohlinteressen. Das entscheidende Problem liegt aber darin, daß sich Verhandlungen in den jeweiligen Arenen der Interessenvermittlung wechselseitig blockieren können. Sektorale und staatliche bzw. regionale Interessenstrukturen sind in aller Regel nicht deckungsgleich. Wird nun in einem Bereich eine Vereinbarung getroffen, so ist diese nicht ohne weiteres auch in einer anderen Verhandlungsarena umzusetzen. Die Erfahrung belegt, daß die konfliktvermeidende negative Koordination in der EU vor allem dann festzustellen ist, wenn intergouvernementale Verhandlungen mit sektoralen Verhandlungsstrukturen zwischen Regierungen und Verbänden verbunden sind (siehe Übersicht 1).

Wenn diese Überlegungen richtig sind, läßt sich das Demokratiedefizit der EU nicht durch einfache Konzepte beseitigen. Weder die Erweiterung der Kompetenzen des Europäischen Parlaments, noch die Stärkung der nationalen Parlamente, noch die Entwicklung von Strukturen einer assoziativen Demokratie sind geeignet, die demokratische Legitimation zu garantieren. Selbst die simultane, gleichgewichtige Demokratisierung der Repräsentationsstrukturen droht die Entscheidungseffizienz zu reduzieren, weil Entscheidungskosten und Konflikte zunehmen. Gesucht werden muß daher nach Strategien einer Demokratisierung, die neben den „vertikalen" Beziehungen zwischen Repräsentierten und Repräsentanten auch das „horizontale" Zusammenwirken der Repräsentationsformen verändern

Übersicht 1: Spannungsverhältnisse der Regelsysteme

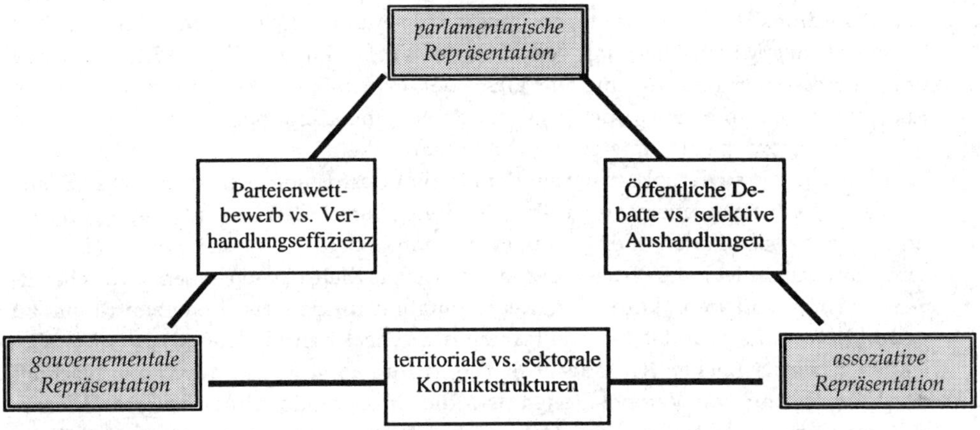

5. *Überlegungen zu einem Demokratiekonzept für die EU*

Die Forderung nach einer Demokratisierung, die alle wichtigen Komponenten des europäischen Mehrebenensystems umfassen soll, erscheint kaum realisierbar, wenn damit eine grundlegende Reform der Verfassung der EU verlangt wird. Zum einen sind bisher keine Entwürfe eines demokratischen Regierungssystems für die EU bekannt, von denen man annehmen könnte, daß sie die Probleme demokratischer Legitimation wirklich lösen werden. Zum anderen ist, selbst wenn solche funktionsfähigen Konzepte vorhanden wären, wenig wahrscheinlich, daß in absehbarer Zukunft ein Prozeß der Verfassungsentwicklung in Gang kommt, in dem die entsprechenden Reformen verwirklicht werden können, ganz abgesehen von den Schwierigkeiten, die weitreichende institutionelle Reformen in verflochtenen Entscheidungsstrukturen aufwerfen (Scharpf 1985). Dies sollte keineswegs bedeuten, daß sich die Politikwissenschaft nicht weiterhin um die Erarbeitung geeigneter Modellentwürfe bemühen sollte. Genauso wichtig ist es aber zu untersuchen, wie die in den existierenden Strukturen angelegten Demokratisierungspotentiale besser genutzt und wie „die Zielkonflikte und Folgeprobleme neuer demokratischer Designs" (Kitschelt 1996: 29) vermieden werden können. Mein Vorschlag geht dahin, die politischen Prozesse im europäischen Mehrebenensystem zu demokratisieren, statt auf eine Verfassungsreform zu hoffen.

5.1 Grundsätze

Eine solche Variante einer Demokratisierung potentiell demokratiefähiger Strukturen geht von folgenden Überlegungen aus:

- Zunächst setzt Legitimation in Formen der repräsentativen Demokratie voraus, daß die *Kommunikation und die Kontrollmöglichkeiten der Repräsentierten gegenüber den Repräsentanten* verbessert werden. Insofern sind Forderungen nach einer Aufwertung der Parlamente auf allen Ebenen, nach einer stärkeren Beteiligung nationaler und regionaler Parlamente an der Europapolitik der Regierungen und nach einem stärkeren Einfluß von Mitgliedsorganisationen der europäischen Verbände berechtigt. Allerdings dürfen dabei keine imperativen Mandate geschaffen werden. Statt Verfahren der Mitentscheidung bedarf es der Verfahren *öffentlicher* Willensbildung und Interessenvermittlung und vor allem der *Verfahren der Rechenschaftslegung* der Repräsentanten, die Einsprüche gegen deren Entscheidungen ermöglichen. Sie wiederum erfordern die Herstellung von Öffentlichkeit.

- Würden nun die so demokratisierten Repräsentationsformen auf europäischer Ebene in Verfahren der gemeinsamen Entscheidung verbunden, so wären wiederum Entscheidungsblockaden oder Lösungen auf dem „kleinsten gemeinsamen Nenner" sehr wahrscheinlich. Der Vorteil des europäischen Mehrebenensystems, durch Differenzierung von demokratischen Repräsentationsformen Machtkonzentration zu verhindern und damit das liberale Prinzip der „checks and balances" zwischen Gewalten zu verwirklichen (Grande 1996: 355), würde aufgewogen durch den Nachteil der Vermehrung von Vetopositionen. Um die Effizienz des differenzierten Mehrebenensystems zu bewahren, um also Machtaufteilung und Handlungsfähigkeit zu optimieren, müssen daher *Vermittlungsstrukturen zwischen den Arenen* vorhanden sein, die diese wechselseitigen Störungen unterbinden. Sie können dazu beitragen, inkompatible Handlungsorientierungen und -strategien, die durch Unterschiede in den Regelsystemen verursacht sind, einander anzunähern. Solche Vermittlungsstrukturen existieren, wie im folgenden an einem Beispiel belegt wird, tatsächlich, aber sie reduzieren oft die Transparenz der politischen Prozesse.
- Vermittlungsstrukturen stellen eine Form der losen Arenenkopplung (Benz 1998a) dar, die aber gegen Störungen durch Machtansprüche von Repräsentanten anfällig ist. Dauerhaft gesichert werden kann lose Kopplung durch *Funktionsdifferenzierung zwischen den Arenen der gouvernementalen, der parlamentarischen und der assoziativen Repräsentation.* Funktionsdifferenzierung kann entsprechend dem „klassischen" Gewaltenteilungsschema ausgestaltet werden. Dieses sieht bekanntlich vor, daß die Exekutive für die Initiative und Ausführung von Politik zuständig ist, während die Verbände die Funktion der Interessenvermittlung und Parlamente Entscheidungs- und Kontrollfunktionen übernehmen. Voraussetzung dafür ist, daß Regierungen und Parlamente autonom über einen Politikbereich entscheiden können. Die Verwirklichung des klassischen Gewaltenteilungsmodells nach dem Vorbild des parlamentarischen Regierungssystems ist in der EU für Politikbereiche anzustreben, in denen diese über die ausschließliche Kompetenz verfügt. Hier müßte das Europäische Parlament zur alleinigen Entscheidungsinstanz werden, während der Ministerrat nur noch für die Vorbereitung von Entscheidungsvorschlägen zuständig wäre. Diese „Agenda-setting"-Funktion könnte er in Zusammenarbeit mit der Kommission erfüllen.

  In allen anderen Politikbereichen, die als Mehrebenensystem organisiert sind, muß eine andere Form der Funktionsdifferenzierung realisiert werden. Hier liegt die Entscheidungsfunktion bei intergouvernementalen Verhandlungssystemen. Das Problem liegt darin, daß gegenwärtig die Agenda durch die Kommission definiert wird, während die Beteiligung der Parlamente auf allen Ebenen wenig wirksam ist. Nachdem sich Verfahren der Mitentscheidung als blockadeanfällig erweisen, kann der „Exekutivlastigkeit" der politischen Prozesse in der EU nur durch *Verlagerung und Demokratisierung von Agenda-setting- und Kontrollfunktionen auf Parlamente und auf assoziative Strukturen entgegengewirkt werden.* Zu trennen ist damit zwischen auf Entscheidungen bezogenen Funktionen, die in der Regel in intergouvernementalen Verhandlungssystemen erfüllt werden, und Funktionen, die einerseits auf Thematisierung politischer Probleme und Ideen bzw. die Ausarbeitung von Entscheidungsvorschlägen und andererseits auf öffentliche Evaluierung und Kritik von Entscheidungen gerichtet sind. Wenn alle Parlamente in der EU (also auch die nationalen und regionalen) die Möglichkeit hätten, im Europäischen Rat oder Ministerrat Entscheidungsvorschläge einzubringen, so hätte dies zum einen zur Folge, daß für europäische Probleme und Themen auf den unterschiedlichen Ebenen Öffentlichkeit hergestellt wird, zum anderen wären nationale und regionale Abgeordnete und Parteien gezwungen, ihre Vorschläge so zu formulieren, daß sie auch den Belangen anderer Mitgliedstaaten oder Regionen Rechnung tragen. Die öffentliche Thematisierung von Problemen und Entscheidungsvorschlägen würde zudem die Verhandlungen zwischen den Regierungen der Mitgliedstaaten erheblich beeinflussen, ohne sie an „landesegoistische" Positionen zu binden. Neben der Transparenz und Öffentlichkeit, die durch eine derartige Funktionsdifferenzierung im Mehrebenensystem hergestellt würden und die demokratische Kontrolle der Repräsentanten ermöglichen könnten, würde also auch die Parlamentarisierung der europäischen Politik vorangetrieben. Statt durch Vetomacht, die nur Entscheidungen verhindern kann, erhielten die Parlamente Einfluß auf die Gestaltung von Verhandlungsgegenständen, der bislang durch die Kommission und die nationalen Verwaltungen weitgehend dominiert wird.

Übersicht 2: Gewaltenteilung und Funktionsdifferenzierung im europäischen Regierungssystem

	Klassisches Gewaltenteilungs-schema bei autonomer Kompetenzausübung der EU	Funktionsdifferenzierung im Mehrebenensystem
Agenda-setting	Kommission; Regierungen	Parlamente auf allen Ebenen
Interessenvermittlung	Verbände	nationale und regionale Regierungen, Verbände
Entscheidung	Europäisches Parlament	Verhandlungssysteme der nationalen Regierungen
Evaluierung/Kontrolle	Europäisches Parlament	Parlamente, assoziative Strukturen

- Diese Überlegungen implizieren, daß sowohl die Einrichtung von Vermittlungsstrukturen als auch die Funktionsdifferenzierung zwischen den Institutionen der Repräsentation *notwendigerweise nach Politikbereichen variiert*. Dies liegt zum einen an der Tatsache, daß je nach Politikfeld eher allgemeine Interessen der Bürger, territoriale Interessen von Nationen oder Regionen oder soziale Interessen einzelner Gesellschaftsgruppen betroffen sind. Dementsprechend kann der Grad der Europäisierung unterschiedlich sein und sind Beteiligungs- und Entscheidungsrechte eher auf parlamentarische, intergouvernementale oder assoziative Institutionen zu übertragen. Zum anderen besitzt die EU keine einheitliche Form, sondern ist je nach Politikfeldern sehr unterschiedlich organisiert. Dem muß eine Strategie der Demokratisierung wie die Demokratietheorie Rechnung tragen. Die erforderliche Differenzierung ist mit den hier vorgestellten grundsätzlichen Ideen nur grob skizziert.

5.2 Illustration: Das Beispiel der regionalen Strukturpolitik der EU

Im folgenden soll am Beispiel der Regionalpolitik[2] erläutert werden, wie die bisher dargelegten theoretischen Überlegungen genutzt werden können, um Demokratisierungspotentiale im existierenden europäischen Mehrebenensystem zu nutzen. Dieses Politikfeld bietet sich an, weil es hinsichtlich des Koordinationsbedarfs als Pilotprojekt für eine europäisierte Mehrebenenpolitik angesehen werden kann. Zudem besteht in der Regionalpolitik Legitimationsbedarf sowohl im Hinblick auf Entscheidungen über die Bereitstellung und Verteilung von Finanzmitteln zur Förderung der regionalen Entwicklung als auch im Hinblick auf Entscheidungen über inhaltliche Ziele der regionalen Entwicklung, also über die Frage, wie sich Regionen entwickeln sollen. Wir können daher das Demokratieproblem für unterschiedliche policy-Typen erörtern. Beide Entscheidungsbereiche gelten nicht als rein administrative Aufgaben, der Bedarf an demokratischer Legitimation wird anerkannt.

In der europäischen Strukturpolitik werden interregionale Verteilungskonflikte durch Festlegung des finanziellen Rahmens und von Verteilungsnormen auf der europäischen Ebene vorentschieden (Marks 1996; Staeck 1997). Die Entscheidungszuständigkeit obliegt dem Ministerrat, wobei bei der Bereitstellung der Haushaltsmittel für die Strukturfonds („die zu den sog. nicht-obligatorischen Ausgaben zählen") das Europäische Parlament ein begrenztes Mitentscheidungsrecht hat. Aus demokratietheoretischer Sicht ist bei Verteilungsentscheidungen zu fordern, daß diejenigen, die für die zu verteilenden Mittel aufkommen, beteiligt sind und daß das Ergebnis einer begründeten und von den Beteiligten akzeptierten Norm der Verteilungsgerechtigkeit entspricht. Da die Mittel, über die die EU verfügt, nicht direkt von den Steuerzahlern aufgebracht, sondern aus den Haushalten der Mitgliedstaaten bereitgestellt werden, ist es gerechtfertigt, wenn über ihre Verwendung die Vertreter der Mitgliedstaaten im Rat beschließen. Eine direkte Beteiligung der Regionen erscheint, unabhängig von ihrer Stellung in der Staatsorganisation der einzelnen Mitgliedstaaten, nicht erforderlich, auch wenn sie für den Vollzug von Regionalpolitik verantwortlich sind. Selbst wenn die zuständigen regionalen Institutionen der Mitgliedstaaten nach dem Prinzip der Ko-finanzierung einen eigenen Finanzbeitrag leisten, entscheiden sie über ein Förderangebot der EU, das sie annehmen oder ablehnen können. Die Regionen sind zwar genauso wie die Mitgliedstaaten von Verteilungsentscheidungen betroffen, bei denen sie in ihnen verlieren oder gewinnen können. Allerdings geht es in der Regionalpolitik nicht um einen

2 Die Ausführungen stützen sich auf ein laufendes Forschungsprojekt zur „Demokratische[n] Legitimation regionaler Politik im europäischen Mehrebenensystem", das unter Mitarbeit von Katrin Auel und Thomas Esslinger durchgeführt wird. Nach den ersten explorativen Interviews können allerdings nur Hypothesen formuliert werden.

Finanzausgleich zwischen Gebietskörperschaften, sondern um Transferleistungen zugunsten der Bürger in benachteiligten Gebieten, die zum Kern einer sozialpolitischen Programmatik zu rechnen sind (Anderson 1998).
Wenn man damit davon ausgehen kann, daß die formalen Regeln über die Interessenrepräsentation und Entscheidungskompetenzen in dieser Phase der Regionalpolitik annähernd demokratischen Normen entsprechen, so bestehen Zweifel an der Effektivität des Verfahrens. Diese ergeben sich aus zwei Gründen: Zum einen könnten in der Zusammenarbeit zwischen Rat und Parlament Blockaden auftreten. Letzteres ist nach den geltenden Verfahrensregeln kaum der Fall, weil das Europäische Parlament nur die Höhe, nicht aber die Aufteilung der Strukturfondsmittel mitbestimmt. Zum zweiten sind die nationalen Regierungen an die Zustimmung ihrer Parlamente gebunden und die Ergebnisse der Verteilungsentscheidungen in der EU werden hier nach nationalen Gewinn- und Verlustrechnungen bewertet. Nach vorliegenden Untersuchungen zur Regionalpolitik (Hooghe/Keating 1994) sind die Verhandlungen im Rat durch nationale Positionen dominiert, Entscheidungsblockaden werden jedoch durch Tauschgeschäfte und Ausweitung des Mittelrahmens vermieden. Dies führt in der Tendenz dazu, daß die entwicklungspolitische Bedeutung der regionalen Strukturpolitik an Bedeutung verliert und sie zu einer Art Finanzausgleich gemacht wird, in dem nationalstaatliche Verteilungsinteressen dominieren.[3]
Anders wäre dies, wenn es gelingen würde, Verteilungsentscheidungen stärker nach sachlich begründbaren Verteilungsnormen zu treffen. Dies ist in Verhandlungsprozessen nicht per se ausgeschlossen. Orientierungen an Maßstäben der Verteilungsgerechtigkeit können durch neutrale Vermittlungsinstanzen gestärkt werden, die einer engen Kopplung der Regierungen an die nationale Willensbildung entgegenwirken. Bisher scheint in der europäischen Strukturpolitik die Kommission diese Aufgabe zu erfüllen, indem sie die Agenda der Union definiert und im Rahmen der Vorbereitung von Ratsentscheidungen auch Verteilungsnormen und Begründungen für Verteilungsentscheidungen erarbeitet. Die Vorgaben der Bürokratie können aber in nationalen oder regionalen Öffentlichkeiten und Parlamenten leicht durch Verweis auf ihre fehlende demokratische Legitimation in Frage gestellt werden. Diese Gefahr bestünde nicht, wenn das Europäische Parlament über Verteilungsnormen beschließen würde, mit denen der Rat die von ihm festgelegten konkreten Mittelaufteilungen begründen muß. Das Europäische Parlament würde in dieser Funktion weder als Vertretung der europäischen Steuerzahler (die es ja nicht gibt) noch als Vertretung nationaler Völker fungieren, sondern als öffentliche Arena der diskursiven Willensbildung, in deren Zentrum direkt gewählte Repräsentanten der Unionsbürger stehen. Durch die Einbettung von intergouvernementalen Verhandlungen in die durch das Parlament hergestellte

3 Daß es gelang, in mehreren Reformen eine moderne Form der Regionalpolitik zu verwirklichen, die auf die Förderung endogener Entwicklungspotentiale in Regionen gerichtet ist, muß der starken Rolle der Kommission und ihrer Expertennetzwerke in der Vorbereitung von Ratsentscheidungen zugeschrieben werden. Diese Tatsache allerdings verweist darauf, daß bürokratische Entscheidungsmechanismen die demokratischen dominieren. Die Kommission bemüht sich allerdings um Kooperation mit dem Europäischen Parlament, das die im Politikansatz der Kommission angelegte Regionalisierung und Partnerschaft unterstützt. Daß die Kommission ihre Initiativ- und Agenda-setting-Funktion erfolgreich erfüllt, dürfte auch auf die Beteiligung von Ausschüssen des Parlaments in dieser Phase des Politikprozesses zurückzuführen sein.

Öffentlichkeit würden die Regierungen verpflichtet, ihre Argumente auf verallgemeinerbare Begründungen zu stützen (Elster 1993: 571), selbst wenn sie durch ihre nationalen und regionalen Parlamente zu egoistischen Positionen und kompetitiven Strategien veranlaßt werden. Vertreter in dezentralen Parlamenten könnten ihrerseits ihre Forderungen nicht einfach mit Gewinn- und Verlustrechnungen für das eigene Territorium begründen, sondern müßten sich mit dem öffentlich proklamierten Gerechtigkeitsverständnis des Europäischen Parlaments argumentativ auseinandersetzen.
Als Arena der Diskussion könnte das Europäische Parlament zudem die Evaluierung und Kontrolle darüber übernehmen, ob in den strukturpolitischen Entscheidungen des Ministerrats die anerkannten Verteilungsgrundsätze und -kriterien umgesetzt sind. Sachliche Zuarbeiten liefern schon heute der Europäische Rechnungshof, der sich der Regionalpolitik ausführlich widmet, und die Kommission. Die spezifische Leistung des Europäischen Parlaments könnte darin liegen, dieser Expertenkontrolle die einem demokratischen Prozeß angemessene Öffentlichkeit zu verschaffen, in die wiederum die nationalen und regionalen Prozesse der Willensbildung eingebettet sind.
In der Programmplanung ist von anderen Strukturen auszugehen, dementsprechend muß eine Demokratisierungspolitik anders ansetzen. Hier geht es einerseits um die Willensbildung und Entscheidung im Hinblick auf die Frage, wie die für eine Förderung durch die Strukturfonds der EU ausgewählten Regionen zu entwickeln sind, andererseits um eine Koordination der regionalen Programme mit der europäischen Regionalpolitik. Letzteres geschieht in Verhandlungsprozessen zwischen der Kommission und den zuständigen nationalen bzw. regionalen Regierungen. Da die Regierungen bei der Bereitstellung von Mitteln zur Ko-finanzierung von Strukturfondsmitteln auf die Zustimmung der Parlamente angewiesen sind, droht der Parteienwettbewerb die intergouvernementalen Verhandlungen bei der Programmkoordination zu belasten. Faktisch ist dies zumindest in der Bundesrepublik nicht der Fall. Ähnlich wie in der Bund-Länder-Gemeinschaftsaufgabe „Verbesserung der regionalen Wirtschaftsstruktur" ratifizieren die Parlamente des Bundes und der Länder die durch die Exekutiven ausgehandelten Programme. Diese Tatsache wird allgemein als Demokratiedefizit kritisiert. Im Mehrebenensystem der Programmkoordinierung gibt es jedoch drei Ansatzpunkte für eine Demokratisierung:
Zum einen können die Parlamente ihre Öffentlichkeitsfunktion bei der Kontrolle der Strukturpolitik entfalten. In klassischen parlamentarischen Systemen, wie sie in den deutschen Ländern existieren, wird man allerdings nicht erwarten können, daß die Mehrheitsfraktionen der Regierung die Entlastung verweigern werden. Hier liegt es an der Opposition, ob und wie defizitäre Mittelverwendungen in der Regionalpolitik öffentlich kritisiert werden. Gerade die vermeintlich schwachen Oppositionsabgeordneten können die Regierung zur Rechenschaftslegung vor der Öffentlichkeit veranlassen, ohne ihre Verhandlungsautonomie in der Programmplanung einzuschränken.
Zum zweiten beruht die EU-Regionalpolitik auf einer assoziativen Interessenvermittlung, die Züge eines regionalen Korporatismus aufweist, zugleich aber dem Konzept einer „assoziativen Demokratie" ähnlich ist. Gemäß der Strukturfondsverordnung von 1993 sind in den Regionen die „Wirtschafts- und Sozialpartner" bei der Erstellung regionaler Entwicklungskonzepte zu beteiligen. In zahlreichen Regionen bildeten sich daher „Regionalkonferenzen", in denen relevante gesellschaftliche Organisationen mitarbeiten. Diese Regionalkonferenzen bieten, auch wenn sie bislang kaum den An-

forderungen an eine „assoziative Demokratie" entsprechen, Potentiale für erweiterte Interessenrepräsentation. Würden diesen Regionalkonferenzen Rechte zur Mitentscheidung über die Programmplanung zukommen, so würden sie zum einen die parlamentarische Legitimation noch stärker beschränken, zum anderen würden dadurch die Entscheidungskosten erheblich zunehmen. In Regionen, in denen die Mittelvergabe aus den Strukturfonds an die Kooperation der regionalen Akteure gebunden ist, kommt es tatsächlich zu erheblichen Friktionen, die nur durch die Verlagerung der Koordination in informelle Vermittlungsstrukturen vermieden werden können (Fürst 1994). Nach dem Modell einer Funktionsdifferenzierung wären Regionalkonferenzen als Formen assoziativer Repräsentation hingegen Arenen der Problemdefinition, der Ideenfindung und der öffentlichkeitswirksamen Evaluierung der Regionalpolitik. Diese Funktion erfüllen sie in einigen Regionen bereits in Ansätzen, indem sie durch Stärken-Schwächen-Analysen die Problemdefinition prägen, mit regionalen Entwicklungskonzepten die Grundsätze der regionalpolitischen Steuerung formulieren und als Foren öffentlicher Diskussion arbeiten.

Zum dritten wurde in das Verfahren der Strukturpolitik eine Institution der Evaluierung und Kontrolle eingefügt, die bislang dem Modell der gouvernementalen Repräsentation angenähert ist. In sogenannten Begleitausschüssen, die in allen Regionen bestehen, arbeiten Vertreter der regionalen und nationalen Regierungen und der EU-Kommission zusammen und kontrollieren laufend die Umsetzung der Strukturfonds in den Regionen. Inzwischen wird seitens der Kommission gefordert, daß auch Vertreter der Wirtschafts- und Sozialpartner beteiligt werden sollen. Einzelne deutsche Länder sind diesem Vorschlag bereits gefolgt. Eine derartige Öffnung würde vermutlich die Unabhängigkeit der Evaluierung und Kontrolle sowie die Öffentlichkeit der Kritik verbessern. Sie setzt jedoch ein erhebliches Engagement der Wirtschafts- und Sozialpartner voraus, die bislang noch nicht festzustellen ist.

Ausgehend von diesen Überlegungen lassen sich in zweifacher Weise Demokratisierungspotentiale verorten, die nicht in das Demokratie-Effektivitäts-Dilemma führen:

- Zum einen führt die Funktionsdifferenzierung der genannten Art eine Form von Gewaltenteilung ein, die - anders als die bekannte Gewaltenteilung zwischen politikvorbereitender und -ausführender Exekutive sowie gesetzgebendem und kontrollierendem Parlament - die Definition der Agenda, der Probleme und der Policyprinzipien sowie die Kontrolle zu eigenen, eigenständig institutionalisierten Funktionen demokratischer Politik erhebt.
- Zum zweiten lassen sich nur so Institutionen der parlamentarischen und assoziativen Repräsentation aufwerten, die ansonsten nur als „Vetopunkte" wirken können, also bestenfalls gewaltenhemmenden, aber keinen politikgestaltenden Einfluß ausüben würden. Zudem bestehen durch die institutionelle Ausdifferenzierung dieser Funktionen größere Chancen, Prozesse an diskursive öffentliche Verfahren anzunähern.

6. Abschließende Bemerkungen zur Demokratieforschung

Die hier skizzierten Überlegungen beruhen auf einem Demokratieverständnis, das dreierlei impliziert:

- Demokratie ist im europäischen Mehrebenensystem im wesentlichen - wenn auch nicht ausschließlich - als repräsentative Demokratie zu verwirklichen. Demokratische Repräsentation wird aber nicht nur durch Vertretung von Interessen gewährleistet, sondern auch und vor allem durch Kommunikations- und Kontrollbeziehungen zwischen Repräsentanten und Repräsentierten. Voraussetzung hierfür sind Transparenz und Öffentlichkeit.
- Demokratische Legitimation erfordert nicht nur die Inklusion aller relevanten gesellschaftlichen Interessen in Strukturen repräsentativer Demokratie, sondern auch effiziente Entscheidungen, die gesellschaftliche Probleme in einer für die Betroffenen akzeptablen Weise lösen.
- Um diese Bedingungen zu realisieren, bedarf es einer Kombination unterschiedlicher Repräsentationsformen, die mittels Funktionsdifferenzierung nur lose gekoppelt werden. Mit dieser Abwandlung des Gewaltenteilungsmodells können neben einer Machtbegrenzung auch effiziente Willensbildungs- und Entscheidungsprozesse sowie Strukturen der Öffentlichkeit („sektorale Öffentlichkeiten", Zürn 1996: 51, aber auch „nationale" und „regionale" Öffentlichkeiten) geschaffen werden.

Diese Überlegungen machen deutlich, daß die Demokratietheorie ein hohes Komplexitätsniveau erreichen muß, wenn sie den Bedingungen des europäischen Mehrebenensystems angemessene Modelle demokratisch legitimierter Politik erarbeiten möchte. Sie muß des weiteren der Tatsache Rechnung tragen, daß die EU eine politische Struktur im Werden ist, die aber schwerlich durch einen Akt der Verfassungsgebung insgesamt und systematisch reformiert werden kann. Überlegungen zu einer europafähigen Demokratie müssen den evolutionären Charakter der europäischen Integration berücksichtigen. Zum einen sollten vorhandene Institutionen und Strukturentwicklungen auf Demokratisierungspotentiale erforscht werden, zum anderen müssen Demokratiemodelle, die für die EU konzipiert werden, entwicklungsfähig sein.

Dazu gehört auch, daß untersucht wird, ob die von der Wissenschaft erarbeiteten Konzepte einer demokratischen Politik mit den Legitimationskonzepten der handelnden Akteure in der EU übereinstimmen. Die in diesem Artikel entwickelten Vorschläge müssen sich diesem Test erst noch stellen. Es ist keineswegs offensichtlich, daß Akteure im europäischen Mehrebenensystem, die aus unterschiedlichen Staaten mit unterschiedlichen Demokratietraditionen kommen, die Legitimität ihres Handelns nach den hier vorgelegten Maßstäben bestimmen. Das politische System der EU entstand vor dem Hintergrund ganz unterschiedlicher Formen der Demokratie in den Mitgliedstaaten (Schmidt 1997): Bei eingehender Analyse lassen sich sicher Einflüsse des französischen Kabinettsystems, des deutschen Bundesstaatsmodells, des mitteleuropäischen Korporatismus wie (in allerdings deutlich geringerem Maße) der britischen Konkurrenzdemokratie feststellen. Folgen Repräsentanten aber einer anderen Legitimitätskonzeption, so könnte damit die Rechtfertigung für ein wissenschaftliches Demokratiemodell in Frage stehen, selbst wenn ein solches Modell nur als Rahmen für eine Analyse der realen Politik dient. In jedem Fall aber hängen die Demokratisierungspotentiale, die im Prozeß der Institutionenentwicklung zu mobilisieren sind, von den spezifischen Legitimationsüberzeugungen der Akteure (Kielmansegg 1971: 390) ab. Für die Forschung über die Demokratie in der EU folgt hieraus:

- Eine den differenzierten Mehrebenenstrukturen der EU angemessene Demokratietheorie muß ein Demokratiekonzept entwickeln, das nur bedingt an die im nationalstaatlichen Kontext entstandenen Demokratietheorien anknüpfen kann. „Die Demokratisierung Europas verlangt eine Transformation der Demokratie" (Schmalz-Bruns 1997: 74).
- Die Demokratieforschung muß stärker empirisch ausgerichtet werden, weil nur so ein hinreichendes Verständnis von Demokratisierungspotentialen und -defiziten in der EU zu gewinnen ist.
- Schließlich sind durch vergleichende Untersuchungen die unterschiedlichen Bedingungen in den Mitgliedstaaten zu ermitteln, die nicht nur in institutionellen Strukturen, sondern auch in spezifischen Demokratietraditionen und Legitimationskonzepten der Akteure bestehen.

Literaturverzeichnis

Abromeit, Heidrun, 1998: Democracy in Europe. How to legitimize politics in a non-state polity. Oxford: Berghahn Books.

Abromeit, Heidrun, 1998a: Ein Vorschlag zur Demokratisierung des europäischen Entscheidungssystems, in: Politische Vierteljahresschrift 39, 80-90.

Andersen, Svein S./Burns, Tom R., 1996, The European Union and the Erosion of Parliamentary Democracy: A Study of Post-parliamentary Governance, in: *Andersen, Svein S./Eliassen, Kjell A.* (Hrsg.), The European Union: How Democratic Is It? London u.a.: Sage, 227-251.

Anderson, Jeffrey J., 1998: Die „soziale Dimension" der Strukturfonds: Sprungbrett oder Stolperstein, in: *Leibfried, Stephan/Pierson, Paul* (Hrsg.), Standort Europa. Frankfurt a.M.: Suhrkamp, 155-195.

Benz, Arthur, 1994: Kooperative Verwaltung. Funktionen, Voraussetzungen und Folgen. Baden-Baden: Nomos.

Benz, Arthur, 1998: Postparlamentarische Demokratie? Demokratische Legitimation im kooperativen Staat, in: *Greven, Michael Th.* (Hrsg.), Demokratie - Eine Kultur des Westens? Opladen: Leske und Budrich, 201-222.

Benz, Arthur, 1998a: From Cooperative Federalism to Multi-level Governance: German Regional Policy in the EU (Paper prepared for delivery at the 1998 Annual Meeting of the American Political Science Association, Boston, 3.-6. September 1998). Ms.: Institut für Politikwissenschaft der Martin-Luther-Universität Halle-Wittenberg.

Cohen, Joshua/Rogers, Joel, 1992: Solidarity, Democracy, Association, in: *Streeck, Wolfgang* (Hrsg.), Staat und Verbände (PVS-Sonderheft 25). Opladen: Westdeutscher Verlag, 136-159.

Dahl, Robert A., 1994: A Democratic Dilemma: System Effectiveness versus Citizen Participation, in: Political Science Quarterly 109, 23-34.

Dehousse, Rehaud, 1995: Constitutional Reform in the European Community: Are there Alternatives to the Majoritarian Avenue?, in: West European Politics 18 (special Issue: The Crisis of Representation in Europe, ed. by Jack Hayward), 118-136.

Elster, Jon, 1991: Arguing and Bargaining, Manuscript, University of Chicago, Department of Political Science.

Elster, Jon, 1993: Constitutional Bootstrapping in Philadelphia and Paris, in: Cardozo Law Review 14, 549-575.

Fürst, Dietrich, 1994: Regionalkonferenzen zwischen offenen Netzwerken und fester Institutionalisierung, in: Raumforschung und Raumordnung 52, 184-192.

Grande, Edgar, 1994: Vom Nationalstaat zur europäischen Politikverflechtung. Expansion und Transformation moderner Staatlichkeit - untersucht am Beispiel der Forschungs- und Technologiepolitik, Habilitationsschrift: Universität Konstanz.

Grande, Edgar, 1996: Demokratische Legitimation und europäische Integration, in: Leviathan 24, 339-360.
Grande, Edgar, 1997: Post-nationale Demokratie - ein Ausweg aus der Globalisierungsfalle?, Arbeitspapier Nr. 2/1997 des Lehrstuhls für Politische Wissenschaft der TU München, München: Vervielf. Ms.
Guéhenno, Jean-Marie, 1994: Das Ende der Demokratie. München.
Held, David, 1995: Democracy and the Global Order. From the Modern State to Cosmopolitan Governance. Cambridge: Polity Press.
Hirst, Paul, 1994: Associative Democracy. New Forms of Economic and Social Governance. Amherst: Massachusetts University Press.
Hooghe, Liesbet/Keating, Michael, 1994: The politics of European Union regional policy, in: Journal of European Politics 1, 54-79.
Hüglin, Thomas O., 1997: Regieren in Europa als universalistisches Projekt, in: *Wolf, Klaus Dieter* (Hrsg.), Projekt Europa im Übergang. Baden-Baden: Nomos, 91-107.
Jachtenfuchs, Markus/Kohler-Koch, Beate, 1996: Einleitung: Regieren im dynamischen Mehrebenensystem, in: *Jachtenfuchs, Markus/Kohler-Koch, Beate* (Hrsg.), Europäische Integration. Opladen: Leske und Budrich, 15-44.
Joerges, Christian/Neyer, Jürgen, 1997: Transforming strategic interaction into deliberative problem-solving: European comitology in the foodstuffs sector, in: Journal of European Public Policy 4, 609-625.
Kaiser, Karl, 1970: Transnational Relations as a Threat to the Democratic Process, in: *Keohane, Robert/ Nye, Joseph S.* (Hrsg.), Transnational Relations and World Politics. Cambridge/Mass., S. 341-367.
Kielmansegg, Peter Graf, 1996: Integration und Demokratie, in: *Jachtenfuchs, Markus/Kohler-Koch, Beate* (Hrsg.), Europäische Integration. Opladen: Leske und Budrich, 47-71.
Kielmansegg, Peter Graf, 1971: Legitimität als analytische Kategorie, in: Politische Vierteljahresschrift 12, 367-401.
Kitschelt, Werner, 1996: Demokratietheorie und Veränderung politischer Beteiligungsformen. Zum institutionellen Design postindustrieller Gesellschaften, in: Forschungsjournal Neue Soziale Bewegungen 9, 2, 17-29.
Kohler-Koch, Beate, 1992: Interessen und Integration. Die Rolle organisierter Interessen im westeuropäischen Integrationsprozeß, in: *Kreile, Michael* (Hrsg.), Die Integration Europas (PVS-Sonderheft 23). Opladen: Westdeutscher Verlag, 81-119.
Kohler-Koch, Beate, 1998: Die Europäisierung nationaler Demokratien: Verschleiß eines europäischen Kulturerbes?, in: *Greven, Michael Th.* (Hrsg.), Demokratie - Eine Kultur des Westens? Opladen: Leske und Budrich: 263-288.
Kreile, Michael, 1992: Einleitung, in: *Kreile, Michael* (Hrsg.), Die Integration Europas (PVS-Sonderheft 23). Opladen: Westdeutscher Verlag, VII-XIX.
Kluth, Winfried, 1995: Die demokratische Legitimation der Europäischen Union. Berlin: Duncker und Humblot.
Lehmbruch, Gerhard, 1998: Parteienwettbewerb im Bundesstaat. Regelsysteme und Spannungslagen im Institutionengefüge der Bundesrepublik Deutschland, Ms. der Neubearbeitung (1. Aufl. 1976, Stuttgart u.a.: Kohlhammer).
Lijphart, Arend, 1984: Democracies: Patterns of Majoritarian and Consensus Government in Twenty-One Countries, New Haven: Yale University Press.
Lodge, Juliet, 1996: The European Parliament, in: *Andersen, Svein S./Eliassen, Kjell A.* (Hrsg.), The European Union: How Democratic Is It? London u.a.: Sage, 187-214.
Marks, Gary, 1996: Politikmuster und Einflußlogik in der Strukturpolitik, in: *Jachtenfuchs, Markus/Kohler-Koch, Beate* (Hrsg.): Europäische Integration. Opladen: Leske und Budrich, 313 - 344.
Mayntz, Renate/Neidhardt, Friedhelm, 1989: Parlamentskultur: Handlungsorientierungen von Bundestagsabgeordneten - eine empirisch-explorative Studie, in: Zeitschrift für Parlamentsfragen 20, 370-387.
Mazey, Sonia/Richardson, Jeremy (Hrsg.), 1993: Lobbying the European Community. Oxford.
Moravcsik, Andrew, 1997: Warum die Europäische Union die Exekutive stärkt: Innenpolitik und internationale Kooperation, in: *Wolf, Klaus Dieter* (Hrsg.), Projekt Europa im Übergang. Baden-Baden: Nomos, 211-269.
Naschold, Frieder, 1968: Demokratie und Komplexität, in: Politische Vierteljahresschrift 9, 494-518.
Norton, Philip, 1996: National Parliaments and the European Union. London: Frank Cass.

Offe, Claus, 1989: Fessel und Bremse. Moralische und institutionelle Aspekte „intelligenter Selbstbeschränkung", in: Honneth, Axel et al. (Hrsg.), Zwischenbetrachtungen im Prozeß der Aufklärung. Frankfurt a.M.: Suhrkamp, 739-775.

Patzelt, Werner J., 1993: Abgeordnete und Repräsentation. Passau: Rothe.

Pitkin, Hanna Fenichel, 1967: The Concept of Representation, Berkeley u.a.

Putnam, Robert, 1993: Making Democracy Work. Civic Traditions in Modern Italy, Princeton, NJ: Princeton University Press.

Richter, Emanuel, 1997: Die europäische Zivilgesellschaft, in: *Wolf, Klaus Dieter* (Hrsg.), Projekt Europa im Übergang. Baden-Baden: Nomos, 37-62.

Rieger, Elmar/König, Thomas, 1997, Einleitung: Perspektiven und Probleme europäischer Institutionenpolitik, in: *König, Thomas/Rieger, Elmar/Schmitt, Hermann* (Hrsg.), Europäische Institutionenpolitik (Mannheimer Jahrbuch für Europäischen Sozialforschung, Band 2). Frankfurt a.M, New York: Campus Verlag, 11-41.

Scharpf, Fritz W., 1970: Demokratietheorie zwischen Utopie und Anpassung. Konstanz: Universtätsverlag.

Scharpf, Fritz W., 1985: Die Politikverflechtungsfalle: Europäische Integration und deutscher Föderalismus im Vergleich, in: Politische Vierteljahresschrift 26: 323-356.

Scharpf, Fritz W., 1993: Versuch über Demokratie im verhandelnden Staat, in: Czada, Roland/Schmidt, Manfred G. (Hrsg.), Verhandlungsdemokratie, Interessenvermittlung, Regierbarkeit. Opladen: Westdeutscher Verlag, 25-50.

Scharpf, Fritz W., 1994: Autonomieschonend und gemeinschaftsverträglich: Zur Logik der europäischen Mehrebenenpolitik, in: *Ders.*, Optionen des Föderalismus in Deutschland und Europa. Frankfurt a.M., New York: Campus, 131-155.

Scharpf, Fritz W., 1995: Demokratische Politik in Europa, in: Staatswissenschaften und Staatspraxis 6, 565-591.

Scharpf, Fritz W., 1997: Games Real Actors Play. Actor-Centered Institutionalism in Policy Research, Boulder, Col: Westview Press.

Scharpf, Fritz W., 1998: Demokratische Politik in der internationalisierten Ökonomie, in: Greven, Michael Th. (Hrsg.), Demokratie - Eine Kultur des Westens? Opladen: Leske und Budrich, 81-103.

Schmalz-Bruns, Rainer, 1997: Bürgergesellschaftliche Politik - ein Modell der Demokratisierung der Europäischen Union, in: Wolf, Klaus Dieter (Hrsg.), Projekt Europa im Übergang. Baden-Baden: Nomos, 63-89.

Schmidt, Manfred G., 1995: Demokratietheorien, Opladen: Leske und Budrich (2. Aufl. 1997).

Schmidt, Vivien A., 1997: European Integration and Democracy: The Differences among Member-States, in: Journal of European Public Policy 4: 128-145.

Schmitter, Philippe/Streeck, Wolfgang, 1981: The organization of business interests: a research design to study the associative action of business in the advanced industrial societies of Western Europe (Wissenschaftszentrum Berlin IIMV dp 81-13). Berlin: WZB.

Schuppert, Gunnar F., 1997: Assoziative Demokratie. Zum Platz des organisierten Menschen in der Demokratietheorie, in: Klein, Ansgar/Schmalz-Bruns, Rainer (Hrsg.), Politische Beteiligung und Bürgerengagement in Deutschland. Baden-Baden: Nomos, 114-152.

Staeck, Nicola, 1997: Politikprozesse im Mehrebenensystem der Europäischen Union. Eine Policy-Netzwerkanalyse der europäischen Strukturfondspolitik. Opladen: Leske und Budrich.

Steffani, Winfried, 1981: Parlamentarische und präsidentielle Demokratie. Strukturelle Aspekte westlicher Demokratien. Opladen: Westdeutscher Verlag.

Steffani, Winfried, 1995: Das Demokratie-Dilemma der Europäischen Union. Die Rolle der Parlamente nach dem Urteil des Bundesverfassungsgerichts vom 12. Oktober 1993, in: Steffani, Winfried/Thaysen, Uwe (Hrsg.), Demokratie in Europa: Zur Rolle der Parlamente (Sonderband der Zeitschrift für Parlamentsfragen). Opladen: Westdeutscher Verlag, 33-49.

Wallace, Helen, 1996: Die Dynamik des EU-Institutionengefüges, in: *Jachtenfuchs, Markus/Kohler-Koch, Beate* (Hrsg.): Europäische Integration. Opladen: Leske und Budrich, 141-163.

Wallace, William/Smith, Julie, 1995: Democracy or Technocracy? European Integration and the Problem of Popular Consent, in: West European Politics 18 (special Issue: The Crisis of Representation in Europe, ed. by Jack Hayward), 137-157.

Weiler, J.H.H./Haltern, Ulrich R./Mayer, Franz C., 1995: European Democracy and Its Critique, in: West European Politics 18 (special Issue: The Crisis of Representation in Europe, ed. by Jack Hayward), 4-39.

Wessels, Wolfgang, 1997: Das politische System der Europäischen Union, in: Ismayr, Wolfgang (Hrsg.), Die politischen Systeme Westeuropas. Opladen: Leske und Budrich, 693-722.
Wolf, Klaus Dieter, 1997: Entdemokratisierung durch Selbstbindung in der Europäischen Union, in: *Wolf, Klaus Dieter* (Hrsg.), Projekt Europa im Übergang. Baden-Baden: Nomos, 271-294.
Wolf, Klaus Dieter (Hrsg.) 1997a: Projekt Europa im Übergang. Probleme, Modelle und Strategien des Regierens in der Europäischen Union. Baden-Baden: Nomos.
Zürn, Michael, 1996: Über den Staat und die Demokratie im europäischen Mehrebenensystem, in: Politische Vierteljahresschrift 37, 27-55.

Grenzerfahrungen und Grenzüberschreitungen: Demokratie im integrierten Europa? (Kommentar)

Rainer Schmalz-Bruns

Die inzwischen üblich gewordene, gleichwohl in gewisser Hinsicht etwas ratlose und auf jeden Fall demokratietheoretisch unterbestimmt bleibende Charakterisierung der Europäischen Union als ein politisches Gebilde sui generis ist auch dann, wenn sie zunächst nur deskriptiv verstanden werden soll, normativ gesehen nicht nur wenig instruktiv, sondern in doppelter Hinsicht auch riskant. Selbst in dem günstigeren Fall, daß damit lediglich, und ohne Ermäßigung der normativen Gehalte der Idee der Demokratie, eine Anpassung der Demokratietheorie an neue funktionale und räumliche Maßstäblichkeiten der Politik angemahnt und die konzeptionelle Entwicklung einer künftigen Euro-Polity in Richtung auf ein post-staatliches, möglicherweise post-parlamentarisches, auf jeden Fall aber post-nationales System der Demokratie angeregt werden soll, bleibt unklar, ob auf dem Weg nach einem solchen Europa die nationalstaatlich erschlossenen politischen Ressourcen der bürgerschaftlichen Selbstanerkennung, des vertikal gerichteten Vertrauens, mit (legitimen) institutionellen Mitteln auf die Qualität und Entwicklung der Gesellschaft einwirken und so die effektive Schicksalskontrolle (vgl. Scharpf 1997: 19) behalten zu können, wie des horizontal gelagerten, wechselseitigen solidarischen Interesses aller am Schicksal jeweils aller anderen Mitglieder stabilisiert oder entwickelt werden oder nicht vielmehr verloren gehen könnten (vgl. Offe 1998b: 1). Dieses demokratische Risiko wird noch offensichtlicher, wenn, wie im ungünstigeren Fall, diese Formel genutzt werden soll, um eine funktional induzierte Eigenlogik des Integrationsprozesses gegen fundamentale demokratische Prinzipien abzuschirmen und die faktischen Ermäßigungen am normativen Gehalt der Idee demokratischer Selbstbestimmung auch theoretisch zu sanktionieren (vgl. Greven in diesem Band).

Was in beiden Deutungen die demokratische Qualität des europäischen Integrationsprozesses fragwürdig erscheinen läßt, ist, daß die von Habermas (1992) mit Blick auf den demokratischen Rechtsstaat und dessen Entwicklungslogik und -dynamik an der Idee des Rechts entzifferte Verschränkung von Faktizität und Geltung, also der Verwendung des (positiven) Rechts als Steuerungsmedium und der legitimen Erzeugung von Recht in Prozessen einer demokratischen Rechtsgenese mit Blick auf die europäische Faktizität der negativen Integration, die ihren Ausdruck im kurzgeschlossenen administrativen Machtkreislauf zwischen Europäischem Gerichtshof, Ministerrat und Kommission findet, aufgebrochen wird: Diese Verschränkung (oder wenigstens: Spannung) zwischen Faktizität und Geltung kann mindestens solange nicht wiederhergestellt oder zumindest thematisch werden, wie es den Bürgerinnen und Bürgern als demokratischen Subjekten des Integrationsprozesses nicht gelingt (oder gelingen kann), sich im Medium von Öffentlichkeit zu organisieren und/oder sich als kollektiv handlungsfähiges Subjekt institutionell zu beschreiben. Einen prinzipiellen Status

erhält dieser Einwand freilich erst dann, wenn man nicht nur einen Mangel an der faktischen Selbstidentikation eines europäischen Demos konstatieren, sondern darüber hinaus zeigen kann, daß diese mit demokratischen Mitteln gar nicht zu vollziehen ist. Was darunter zu verstehen sein könnte, hat jüngst Claus Offe unter dem Stichwort „demokratischer Unmöglichkeiten", also solcher Fragen, „[...] which, by their own logic, cannot be resolved in a democratic way" (Offe 1998a: 115-119), erläutert: Da ist zum einen das aus der kontraktualistischen Tradition bekannte konstitutionelle Problem, daß sich die Geltung demokratischer Normen und Regeln nicht selbst auf eine demokratische Legitimation stützen kann, weil die pouvoir constituant selbst jenen demokratischen Prinzipien vorausliegt (und insofern auch durch diese nicht zu binden ist), die herrschen sollen, sobald das demokratische Regime etabliert ist. Kann man diesem Problem zunächst wenigstens noch logisch dadurch zu entkommen versuchen, daß man im Sinne von Habermas auf die Gleichursprünglichkeit von Demokratie und Recht verweist, also auf jene notwendigen demokratischen Präsuppositionen rekurriert, die jedem Akt der Rechtserzeugung unvermeidlich eingeschrieben sind, werden die prinzipiellen Grenzen der demokratischen Selbstbestimmung spätestens dann sichtbar, wenn es um die Bestimmung von Grenzen in mitgliedschaftlicher und territorialer Hinsicht geht - wie soll ein in diesen Hinsichten demokratisches Grenzregime möglich sein, wenn der Einschluß einiger immer auch den Ausschluß aller anderen impliziert und wenn Konflikte über innere und äußere Grenzziehungen spätestens (und selbst im günstigsten Fall) auf der Ebene von Entscheidungen über alternative Verfahren zur Entscheidung dieses Problems nicht gelöst werden können, ohne auf vorpolitische (und in diesem Sinne: undemokratische) Kriterien der Unterscheidung von legitimen und illegitimen Ansprüchen auszuweichen?
Mit diesen „demokratischen Unmöglichkeiten" der Grenzbestimmung jedenfalls werden wir an den hartnäckigen Kernbestand der Probleme herangeführt, die entstehen, wenn wir die demokratische Überschreitung bestehender politischer Grenzen oder - im Grenzfall - das demokratische Regieren in entgrenzten Räumen ins Auge fassen. Zum einen hätten wir es in dieser Sicht im Fall der Demokratisierung Europas mit einem wirklichen demokratietheoretischen Dilemma und nicht lediglich mit (vielleicht) behebbaren Defiziten der Demokratisierung neu entstandener politischer Räume zu tun. Und zum anderen dürfte sich dieses Dilemma als hartnäckig auch insofern erweisen, als wir hier mit den spiegelbildlichen Effekten einer zugleich zivilisierenden und „barbarisierenden" Wirkung von politischen Grenzen konfrontiert werden (vgl. von Bredow 1998): Zivilisierend wirken sie, insofern sie jene Schutzräume bilden, innerhalb derer sich die o.g. Ressourcen der politischen Selbsteinwirkung reproduzieren und entfalten können; barbarisierend wirken sie dadurch, daß damit *allen anderen* das Recht vorenthalten oder zumindest die Chance minimiert wird, ihr Selbstbestimmungsrecht gegenüber *uns* in symmetrischer Weise zur Geltung zu bringen. Diese Konstellation ist nun für die Demokratie insofern dilemmatisch, als es ihr nicht möglich zu sein scheint, den ihr begründungstheoretisch eingeschriebenen menschenrechtlichen Universalismus mit dem demokratieermöglichenden oder zumindest -fördernden sittlich-ethischen Partikularismus zu balancieren. Denn selbstverständlich besteht einerseits ein enger begrifflicher und normativer Zusammenhang zwischen Menschen- und Bürgerrechten derart, daß wir den Impuls der Universalisierung der im modernen Bürgerstatus eng miteinander verknüpften bürgerlichen, politischen und sozialen

Rechte nicht unterdrücken können, ohne - wie Wellmer befürchtet - die faktische und moralische Überlebensfähigkeit der demokratischen Kultur des Westens selber zu gefährden (Wellmer 1993: 191). Andererseits ist aber auch nicht zu bestreiten, daß die geläufigen institutionellen Mechanismen der demokratischen Selbsteinwirkung erheblich strapaziert oder - nimmt man den prekären Status nicht beliebig teil- oder vermehrbarer sozialer Bürgerrechte hinzu (so etwa Greven in diesem Band) - überstrapaziert werden könnten: Durch eine Überdehnung von Vertrauen und Solidarität als den moralischen Grundlagen des demokratischen Wohlfahrtsstaates könnte - so die gegenteilige Befürchtung etwa Offes - eine Abwärtsspirale in Gang gesetzt werden, der in Folge der Aufkündigung sozialer Anerkennung auch die politischen und bürgerlichen Freiheitsrechte zum Opfer fallen würden (Offe 1998b: 42). In dieser Sicht tritt die zivilisierende Wirkung von (territorial gezogenen) Grenzen hervor, insofern sie die „notwendige Voraussetzung dafür [sind], die Staatsgewalt zu bändigen" (Offe 1998b: 4), und eben dadurch könnte, entgegen der universalistischen Sicht, die „durch Globalisierung und Universalisierung weggehobelte Zwischenwelt des Nationalen durchaus ein eigenes und bleibendes normatives Rationalitätsprofil gewinnen" (Kersting 1998: 47) - der Grund dafür wäre letztlich darin zu sehen, daß - mit den Worten von Rawls - es jeweils nur gruppenspezifische, partikulare Formen der Verbindung des Guten mit dem Vernünftigen geben kann, in denen sich der demokratiekonstitutive, anerkennungstheoretisch gestiftete Zusammenhang zwischen Recht und Solidarität, zwischen Selbstachtung, Selbstwertgefühl und Selbstanerkennung herstellt (Rawls 1979: 479-481; Honneth 1992: 148-211).

Dieser Gedanke nun, daß (etwa im Nationalstaat gezogene) politische Grenzen mit Blick auf die Ermöglichung demokratischer Selbstbestimmung einen geradezu normativen Gehalt annehmen können, ist alles andere als neu. Er wurde (und dieses Motiv durchdringt ganz zweifellos auch die skeptischen Überlegungen Offes) vor allem in der republikanischen Tradition durch den für sie spezifischen Blick auf die soziomoralischen Voraussetzungen der Demokratie (Münkler) geschärft und tritt paradigmatisch etwa in der Idee der Bürgerreligion in Rousseaus „Gesellschaftsvertrag" hervor (Rousseau 1977: IV, 8). Instruktiv für die vorliegende Problematik ist Rousseau nun aber vor allem deshalb, weil er ja andererseits durchaus die barbarisierenden Effekte von Grenzziehungen im Blick hatte. So schreibt er etwa in den berühmt gewordenen einleitenden Sätzen zum zweiten Teil seines „Diskurs[es] über die Ungleichheit": „Der erste, der ein Stück Land eingezäunt hatte und es sich einfallen ließ zu sagen: dies ist mein und der Leute fand, die einfältig genug waren, ihm zu glauben, war der wahre Gründer der bürgerlichen Gesellschaft. Wie viele Verbrechen, Kriege, Morde, wie viel Not und Elend und wie viele Schrecken hätte derjenige dem Menschengeschlecht erspart, der die Pfähle herausgerissen oder den Graben zugeschüttet [hätte]" (Rousseau 1984: II, 173). Wie aber konnte Rousseau diesem moralischen Skandal in dem - zugegeben: anderen - Kontext seiner „staatsrechtlichen Grundsätze" nun einen geradezu normativen Rang zuweisen? Das ist zweifellos zum einen seinem melancholischen Blick auf die Dialektik des Zivilisationsprozesses insgesamt geschuldet; systematisch gesehen entscheidender und hier auch interessanter sind zwei andere, allerdings eng miteinander verbundene Gründe: Zum einen mußte in seiner Sicht der unvermeidlich staatsbürgerliche Partikularismus den freiheitsmoralischen Universalismus solange nicht tangieren, wie sich der universelle Anspruch auf freie Selbstbestimmung und

kollektive Autonomie differentiell realisieren ließ - d.h. solange dieser Anspruch nicht als Anspruch auf Mitgliedschaft in einer bestimmten, sondern als Anspruch auf Mitgliedschaft in irgendeiner Republik einzulösen war. Das war ihm allerdings zum anderen nur deshalb möglich, weil er noch nicht sehen konnte resp. gesehen hat, daß die unterschiedliche Dynamik von marktvermittelten, staatlichen oder gemeinschaftlichen Integrationsprozessen die Form einer partikularen Einlösung des universellen Anspruchs auf Selbstbestimmung würde leerlaufen lassen können - m.a.W. solange die Kongruenzbedingung effektiver Schicksalskontrolle nicht durch unterschiedliche Reichweiten und Geschwindigkeiten unterschiedlicher Dimensionen gesellschaftlicher Integration aufgehoben oder zumindest beschädigt war.
Das Problem besteht funktional wie normativ heute nun darin, daß durch funktionale Grenzüberschreitungen auch die normative Dignität von politischen Grenzmarkierungen beschädigt wird, was immer ihr interner Wert. Und genau deswegen läßt sich m.E., anders als *Greven* dies in seinem Beitrag suggeriert, der von der Europaforschung ausgelöste Impuls einer Erkundung neuer Formen der Demokratisierung bestehender Governance-Strukturen auf europäischer Ebene auch nicht schlechterdings als bloße Adaption normativer Standards an eine „schlechte Wirklichkeit", als demokratietheoretische Sanktionierung und Rationalisierung eines technokratischen „acquis communautaire" begreifen. Gewiß ist Grevens Skepsis, zumal vor dem Hintergrund eines kritischen Grundverständnisses der Politikwissenschaft, deren Aufgabe es eben nicht sei, die europäische Demokratie „programmatisch herbeizureden", sondern die zunächst einmal den Finger auf die Wunde der im Zuge der europäischen Integration unvermeidlich auftretenden bürgerschaftlichen Substanzverluste zu legen habe, zunächst verständlich. Und dies um so mehr, als Greven sicherlich zu Recht auf die schleichende Ermäßigung der Gehalte demokratischer Legitimität aufmerksam macht, die sich durch die zunehmende legitimationstheoretische Favorisierung und Verselbständigung von Output- gegenüber Input-Kriterien der politischen Legitimation ergibt. Hier ist Greven zu Recht rigoros, wenn er in Anlehnung an Kants Republikanismus den irreduzibel individualrechtlichen Bezugspunkt demokratischer Legitimität hervorhebt und deshalb zum einen auf der input-zentrierten Form der Einlösung bürgerlicher und politischer Freiheitsrechte insistiert. Eine m.E. problematische (und in Hinblick auf den Prozeduralismus Kants auch nicht ganz nachvollziehbare) Wendung nimmt dieses Argument freilich dann, wenn er auf die „extrakonstitutionellen funktionalen" Voraussetzungen der Demokratie zu sprechen kommt und mit Blick auf den durch Öffentlichkeiten konstituierten politischen Raum feststellt, daß Zugehörigkeit hier „kein organisatorisches oder gar rechtliches Merkmal [meint], sondern auf die kulturell vermittelte objektive Teilhabe an einem historisch spezifischen und sich von anderen politischen Räumen unterscheidenden Sinnzusammenhang, auf den eine reale Kommunikation als Voraussetzung immer schon angewiesen ist und den sich nicht unvermittelt aus sich selbst heraus erzeugen kann" verweist (Greven in diesem Band: 258). Mit diesem objektivistischen Apriori nimmt er insofern eine entscheidende Weichenstellung vor, als er nunmehr mit Blick auf die sprachliche und kulturelle Heterogenität Europas eine prinzipielle Schranke vor einer dem nationalstaatlichen Bezugsrahmen sich entziehenden Demokratisierung Europas niedergehen läßt - zunächst bezüglich der Möglichkeit der Herausbildung demokratischer Öffentlichkeiten und dann, in konsequenter Folge, bezüglich der Entwicklung auch verteilungspolitisch

belastbarer solidarischer Beziehungen wie schließlich der konsequenten Parlamentarisierung. Trotz der beeindruckenden Konsequenz der soeben grob charakterisierten Überlegungen Grevens würde ich aus seinen Beobachtungen in dreierlei Hinsicht andere Schlußfolgerungen ziehen: Erstens läßt er seinen einleitenden Hinweis auf den „naturalistischen Fehlschluß" der Sozial- und Politikwissenschaften, die „sich zur Bestimmung und Abgrenzung ihres 'Gegenstandes' seit dem 19. Jahrhundert fast ausnahmslos auf die nationalstaatlichen Grenzen bezogen" (Greven in diesem Band 250) im weiteren nicht nur ungenutzt, sondern er läuft Gefahr, diesen durch eine Art kulturalistischen Fehlschluß zu ersetzen; zweitens verführt ihn, ohne daß dies ausführlicher begründet würde, seine auf die Wahrung normativer Standards hin ausgelegte Kritik an der Europaforschung zu der viel weiterreichenden (und normativ nicht gedeckten) Kritik von Versuchen, eine Art post-parlamentarischer Struktur der Euro-Polity zu beschreiben - hier gehen sein (begrüßenswerter) normativer und sein (eher unverständlicher) institutioneller Rigorismus insofern eine etwas unglückliche Verbindung ein, als gerade diese institutionelle Enthaltsamkeit ihm am Ende seine europapolitische Skepsis geradezu aufnötigt; schließlich übersieht er in seinem gewiß zutreffenden, wiederholten Hinweis darauf, daß eine Demokratisierung Europas entschiedener Impulse seitens einer sich als solche verstehenden europäischen Bürgerschaft bedarf, daß solche Prozesse der demokratischen Erzeugung supranationaler Institutionen durchaus in die Regie institutionalisierter Verfahren genommen oder von diesen auch ausgehen können (vgl. Pogge 1997).

Kurz, was an Grevens Argumentation irritiert, ist, daß er eine seinen normativen Ansprüchen entsprechende supranationale Lösung des europäischen Demokratieproblems unterbelichtet läßt. Instruktiv sind seine Überlegungen insgesamt allerdings schon deshalb, weil sie klarmachen, daß jede zwischen den Extrempolen intakter nationalstaatlicher Souveränität und einer komplettierten europäischen Supranationalität liegende Lösung des Problems kurzschlüssig wäre (vgl. Offe 1998b: 16). Genau auf diese Einsicht reagieren, in unterschiedlicher Weise und unter Bezug auf die von Greven markierten kritischen Punkte, die Beiträge von Brock, Benz, Abromeit/Schmidt und Eder/Hellmann/Trenz in ihrer Suche nach Formen positiver Integration, in denen sich der konstitutive Zusammenhang der Trias von bürgerlichen, politischen und sozialen Bürgerrechten durch reflexiven Rechtsgebrauch auch auf europäischer Ebene im Rahmen einer komplett institutionalisierten Euro-Polity wiederherstellen könnte (Offe 1998b: 40).

Nun sollte, ganz im Sinne der von Dahl (1994) vorgenommenen Beweislastverteilung, allerdings genau geprüft werden, inwieweit eine Supranationalisierung der Demokratie funktional tatsächlich notwendig erscheint und wie eine entsprechende Transformation vorgenommen werden kann, ohne die fundamentalen demokratischen Legitimationsprinzipien nachhaltig zu beschädigen. Von diesem von Scharpf vorgeschlagenen konzeptionellen Filter macht auch *Brock* Gebrauch, wenn er zunächst den Bedarf an einer regionalen oder globalen Ebenentransformation der Demokratie im Gegenlicht dessen prüft, was er als „innere Grenzverschiebungen" zwischen privat und öffentlich, zwischen Markt und Staat oder zwischen Wirtschaft, Kultur, Gesellschaft und Politik begreift. Im Ergebnis kann er vor diesem Hintergrund plausibel machen, daß sich die unter dem Stichwort der „Globalisierung" markierten unterschiedlichen Elastizitäten marktvermittelter, staatlicher oder gemeinschaftlicher Integration und die

daraus resultierenden Anpassungszwänge zu einem nicht unerheblichen Teil einer im Rahmen des neoliberalen Paradigmas sich vollziehenden „Verschiebung der Binnengrenzen der Demokratie" verdanken. Seine zentrale These lautet mithin, daß „[d]ie Veränderung des Außenverhältnisses [...] ganz wesentlich durch politische Entscheidungen vorangetrieben worden [ist]: durch die Preisgabe des Systems der festen Wechselkurse, durch den Abbau von Kapitalverkehrskontrollen, durch die Forcierung einer weltmarktorientierten Strukturanpassung nach den Vorgaben einer neo-liberalen Angebotspolitik, kurz durch den politisch abgesicherten Übergang vom Industrie- zum monetären Kapitalismus" (Brock in diesem Band 279). Mit dieser These grenzt er einen Bereich ab, in dem über eine Neubestimmung des Verhältnisses von Markt und Staat wesentliche und autonomieschonende Handlungsoptionen erschlossen werden können, so daß seine Empfehlungen schließlich, ausgerichtet primär auf das Aufhalten der weiteren Erosion der subjektiven und objektiven Voraussetzungen demokratischer Selbstbestimmung im Zusammenhang internationaler Koordination, auf einen moderaten Transnationalismus zielen, der sich von der Einsicht leiten läßt, daß „der Nationalstaat auf absehbare Zeit das Zentrum für die Gestaltung des Sozialen bleiben wird". In diesem Rahmen kommt der internationalen Politik dann die komplementäre Funktion zu, „die Bewahrung und Ausweitung demokratischer Selbstbestimmung auf innerstaatlicher Ebene durch internationale Verständigung über Sozial, Umwelt- und Menschenrechtsstandards und deren Schutz abzusichern" und die durch nach wie vor rivalisierende Selbstbestimmungsansprüche hervorgerufenen Spannungen durch „Wertedialoge" und sich nach Außen öffnende „innerkulturelle Selbstverständigungsprozesse" wenigstens zu mildern (Brock in diesem Band: 287). Dagegen ist nun insofern nichts einzuwenden, als solche Prozesse wie die von Brock insgesamt empfohlene „diskursive Anreicherung von Politik" gewiß ein irreduzibles ethisch-moralisches Ferment demokratischer Selbstbestimmung in sich globalisierenden politischen Räumen darstellen – und dies schon deshalb, weil selbstverständlich auch ein weitergehender Struktur- und institutioneller Wandel auf der Ebene internationaler Politik auf diese Form einer Transzendenz von Innen sich stützen können muß. Allerdings scheint letztlich zweifelhaft, ob in dieser vorsichtig zurückhaltenden Perspektive eines „liberal-demokratischen Internationalismus" (McGrew 1998: 390-394) Strukturen einer Form kollektiver Selbstbestimmung beschrieben werden können, die den von Brock selbst hervorgehobenen Belastungen (vor allem: die nachhaltige Umverteilung von Wohlstand auf globaler Ebene) standhalten können. Hier wären Zweifel bezüglich einer falsch plazierten Bescheidenheit anzumelden, die sich durchaus auf die Kriterien beziehen können, die er selber im Zusammenhang seiner Rekonstruktion gesellschaftlicher Selbstbestimmung zur Geltung bringt: Was an den existierenden Formen internationaler Politikkoordination sollte unter Bedingungen nach wie vor konkurrierender Selbstbestimmungsansprüche die Gewißheit der symmetrischen Erfüllung moralischer, rechtlicher und solidarischer Pflichten oder auch nur der symmetrischen Geltung dieser partikularen Ansprüche begründen – die bestehende institutionelle Ordnung bildet kaum den geeigneten Rahmen, innerhalb dessen sich ein effektives transnationales „Wir-Gefühl" herausbilden oder zur Geltung bringen könnte; und sie wäre wohl auch zu schwach, die Legitimationslasten zu tragen, die durch eine zwangsbewährte Sanktion des Fehlverhaltens ökonomischer und politischer Eliten entstehen.
Kurz: Jede auch nur einigermaßen anspruchsvolle Form kollektiver Selbstbestimmung

setzt einen m.E. entschlosseneren institutionellen Vorgriff voraus, als Brock ihn sich mit Blick auf die Bedingungen internationaler Politik zutraut. Vollends gilt das für die Beantwortung der Frage nach der Gestalt der Demokratie in einem integrierten Europa, sofern diese auch nur in etwa den von Greven noch einmal nachdrücklich in Erinnerung gerufenen demokratischen Legitimationsprinzipien Ausdruck verleihen soll. Deshalb kommt dem Versuch von *Arthur Benz* erhebliche Bedeutung zu, die in den segmentären Strukturen des Regierens in der EU angelegten Demokratiepotentiale aufzugreifen und in ein dem Leitbild „komplexer Demokratie" verpflichtetes Mischverfassungsmodell jedenfalls für jene Politikbereiche zu überführen, in der wir es bislang mit zu intransparenten und zu wenig formalisierten Formen einer Mehrebenenpolitik zu tun haben. Dabei geht es ihm einerseits darum, durch Formen der losen Kopplung von Arenen gouvernementaler, parlamentarischer und assoziativer Repräsentation unter der Wahrung der demokratischen Legitimationskette Störungen zu vermeiden, die sich an den Schnittstellen dieser Arenen regelmäßig durch Kontroll-, Transparenz-, Sanktions- und Vertrauensverluste einstellen; und andererseits möchte er durch eine neue institutionelle Funktionsdifferenzierung erreichen, daß die spezifischen Rationalitätsvorteile der politischen Interaktionsmodi von Verhandlung, Wettbewerb und Deliberation zu einer Rationalitätssteigerung europäischer Politik genutzt werden können. Ohne hier auf Details der Argumentation eingehen zu können, möchte ich doch auf einen in meiner Sicht möglicherweise zentralen Defekt dieses Mischverfassungsmodells hinweisen. Obwohl Benz durch die Konstitutionalisierung wenigstens eine gewisse Gewähr dafür bieten möchte, daß sich das komplexe Zusammenspiel von politikbereichsspezifisch unterschiedlichen Reichweiten und Tiefen von Vergemeinschaftung und entsprechenden Demokratiemodellen nicht allein aus einem dem Interesse institutioneller Akteure folgenden „institutional bootstrapping" ergibt, bleibt in seinem Modell der Gewaltenteilung und -verschränkung zum einen gerade die Stelle systematisch unbestimmt und leer, an der die Idee der Volkssouveränität ihren Sitz haben müßte: Wer bestimmt darüber, wer nach welchem Modell in welchen Bereichen wie und mit welcher Wirkung entscheidet? Die Beantwortung dieser Fragen kann ein demokratischen Prinzipien der Selbstbestimmung und Selbsteinwirkung verpflichtetes Modell nicht einfach offenlassen, wenn es sich nicht dem Verdacht aussetzen möchte, insgeheim doch einer anderen als einer demokratischen - und vielleicht eher expertokratischen - Logik zu folgen. Einen solchen (freilich kontraintuitiven) Verdacht kann Benz am Ende auch deshalb nicht ganz ausräumen, weil er die faktische Inklusion von Herrschaftsunterworfenen einerseits und die Effizienz oder sachliche Rationalität von Entscheidungen andererseits als demokratisch gleichrangige Legitimationsprinzipien nebeneinanderstellt, statt Effizienz lediglich als eine mögliche Form der Qualifizierung jener Gründe zu verstehen, die uns zu einer legitimationsstiftenden allgemeinen, rational motivierten Akzeptanz der institutionellen Allokation von Entscheidungsrechten, Prärogativen o.ä. veranlassen könnten - daß Benz dafür nicht ausreichend sensibel ist, zeigt sich u.a. in konstitutioneller Perspektive an der Vernachlässigung der Frage nach den Möglichkeiten und Verfahren einer demokratischen Institutionenengenese (vgl. Pogge 1997) genauso wie an fehlenden Ausführungen zu einem dem unter Bedingungen normaler, institutioneller Politik entsprechenden (reflexiven) Funktionswandel des Parlaments (vgl. etwa Uhr 1998 und Andersen/Burns 1996).

Zum anderen bleibt bei Benz (was er freilich selber einräumt) dann auch jene sich erst in einer konstitutionellen Optik einstellende Frage nach den gemeinschaftlich-solidarischen Voraussetzungen europäischer Demokratie unterbelichtet. Diese Frage wird nun von *Abromeit/Schmidt* ganz energisch in den Mittelpunkt ihrer konzeptionellen Überlegungen zu den „Grenzproblemen der Demokratie" gerückt, wobei sie drei Dimensionen dieses Grenzproblems herausstellen: in moralischer Perspektive als demokratisches Dilemma von Inklusion und Exklusion, in ethischer Hinsicht als Herausforderung der Fähigkeit zu solidarischer Selbst-Identifikation und in funktionaler Einstellung als Problem der Sichtbarkeit von Grenzen wie der Transparenz von Grenzziehungen. Schon durch diese Dimensionierung machen sie klar, daß Grenzenlosigkeit eine auch im demokratischen Sinne schlechte Utopie darstellt und plädieren deshalb nicht für eine Abschaffung, sondern für eine Differenzierung der inneren Grenzen der EU. In diesem Zusammenhang führen sie dann die gewiß suggestive Vorstellung der Herausbildung multipler, sektoraler Demoi als Referenzgruppen einer transnationalen Demokratie ein, mit der sie gleichen Abstand halten von der in jeglicher Hinsicht porös gewordenen Idee einer nationalstaatlichen Einhüllung der Demokratie einerseits wie der Zwangsvergemeinschaftung in einer supranational verstandenen EU andererseits. Dabei greifen sie, im Unterschied zu einer formal-staatsbürgerlichen oder gemeinschaftlichen Perspektive, auf einen gruppentheoretischen Ansatz zurück, wobei sie die Herausbildung transnationaler Referenzgruppen einer weitergehenden Demokratisierung der EU nun allerdings nicht, und darin ist die eigentliche Pointe zu sehen, auf gemeinsame Interessen und Präferenzen, sondern auf eine sich aus Betroffenheit ergebende sachliche Zugehörigkeit und mithin auf kognitive und argumentative Orientierungen zurückführen wollen. Allerdings ergeben sich auf dem Weg der konzeptionellen Ausführung dieser plausiblen Intuition einige Schwierigkeiten, die erst hervortreten, wenn man den Blick auf jene vier impliziten Annahmen richtet, die in einen internen Zusammenhang gebracht werden müssen, aber doch in einer gewissen Spannung (wo nicht Widerspruch) zueinander zu stehen scheinen: So benötigen sie zunächst einen Begriff demokratischer Sittlichkeit, in dem partikulare Ethosformen mit den Orientierungen staatsbürgerlicher Moralität zusammengedacht werden können - während sie zu diesem Zweck zwar wenigstens andeuten, wie das zwischen beiden Formen bestehende Niveaugefälle von der Seite ethischer Orientierungen her durch die Einführung eines implizit an Vorstellungen Deweys angelehnten Konzepts demokratischer, posttraditionaler Vergemeinschaftung abgetragen werden könnte, fehlt ihnen das argumentative Gegenstück einer Vorstellung des öffentlichen Vernunftgebrauchs (Rawls), in bezug auf das sie Form und Funktionen staatsbürgerlicher Moralität klären und die Existenz partikulare Gemeinschaften übergreifender positiver und negativer Pflichten begründen könnten; dieser Mangel macht sich dann zweitens auch dort bemerkbar, wo es darauf ankäme zu zeigen, im Lichte welcher Orientierungen und staatsbürgerlicher Kompetenzen sich die Balance zwischen der Independenz und notwendigen Interdependenz sektoraler Demoi herstellen können soll, wenn denn die Vorstellung multipler Demoi nicht in der vollständigen Balkanisierung eines europäischen Demos enden soll; in diesem Zusammenhang lassen sie leider auch offen, ob eine sektorale Assoziationslogik von im Deweyschen Sinne Problemlösungsgemeinschaften und eine identitätsstiftende Gemeinschaftslogik überhaupt auf einer Ebene liegen können oder müssen - es fehlen m.a.W. wirklich überzeugende Gründe für die

Annahme, daß sich der demokratische Mehrwert assoziativer Politik erst dann einstellt, wenn wir uns diese Assoziationen zugleich auch als im Lichte partikularer, identitätsstiftender Wertbezüge sich konstituierende Gemeinschaften vorstellen können; und selbst wenn das so wäre, fehlt am Ende eine Begründung dafür, weshalb wir annehmen sollten, daß sich die Dynamik einer „politics of identity" und einer funktional bestimmten, sektoralen Gruppenbildung in die gleiche Richtung entfalten.[1] Kurz: Was angesichts dieser konzeptionellen Schwierigkeiten auch fehlt, ist eine Antwort auf die vorgängige Frage, was uns überhaupt nötigen sollte, die assoziativen Referenzgruppen einer transnationalen Demokratie als Demoi zu konzipieren. Hier scheint mir ein konsequent prozeduraler Ansatz, wie er u.a. bei Benz angedeutet wird, der die Konsequenzen eines Modells deliberativer Politik etwa, wie zuletzt von Cohen und Sabel (1997) vorgeschlagen, in der Perspektive einer „deliberativen Polyarchie" konstitutionell und institutionell auslegt, vielversprechender.

Folgten Abromeit und Schmidt diesem Weg, und würden sie auch den demokratietheoretischen Hintergrund im Verhältnis zu ihren identitätstheoretischen Grundannahmen besser ausleuchten, würde sich vielleicht zeigen, daß man sich ohne Verlust von der Verteidigung der mit ihrer Perspektive verbundenen, extrem anspruchsvollen Behauptungen dispensieren könnte. Während Benz also in der Entfaltung der Idee einer komplexen Demokratie für Europa in gewisser Hinsicht nicht radikal genug vorgeht, sind Abromeit und Schmidt hier m.E. zu (und dazu: unnötig) radikal. Vor dem Hintergrund dieser Spannung bezieht schließlich der Versuch von *Eder, Hellmann und Trenz* seine Attraktivität daraus, mit Blick auf die Rolle nicht-institutionalisierter Öffentlichkeiten im Prozeß des europäischen Regierens auf bislang nicht thematisierte zivilgesellschaftliche Legitimationsquellen einer europäischen Demokratie aufmerksam zu machen. Zwar kann, was durch die Begriffsbildung schon angedeutet wird, ihr Konzept „negativer Öffentlichkeiten" zumal in konstitutioneller Perspektive kaum als selbsttragend gelten, aber es enthält doch weitere wichtige Hinweise, wie ein Teil der in Benz´ Modell der komplexen Demokratie aufgerissene Legitimationslücken geschlossen werden könnte. Vor diesem Hintergrund lautet die den Text strukturierende Fragestellung, ob und wie ein Bild europäischer Öffentlichkeiten gezeichnet werden kann, das den normativen Gehalt der Idee der Öffentlichkeit in sich aufnimmt und zugleich dem Struktur- und Funktionswandel, dem demokratische Öffentlichkeiten im Zuge ihrer Europäisierung unvermeidlich ausgesetzt sind, gerecht wird. In der Antwort auf diese Frage, die sie schließlich in einem Konzept „negativer Öffentlichkeiten" finden, verschränken sie auf informative Weise normative Klarstellungen, konzeptionelle Überlegungen und empirische Befunde - und der Weg zu dieser Antwort verteilt sich grob auf fünf Schritte.

In einem ersten Schritt rekonstruieren Eder, Hellmann und Trenz die historische Genese von Öffentlichkeitsmodellen allgemein als Formen der Operationalisierung eines je spezifischen Legitimationsmodus politischer Herrschaft, die zwar alle einen normativen Kern aufweisen, den sie wahlweise als „egalitär-diskursive Verständigung" (EDV-Modell) oder als „Diskurs von Freien und Gleichen" (DFG-Modell) kennzeichnen, der

---

1 Die systematischen Gründe, die gegen eine voreilige Fusion dieser Perspektiven und insgesamt gegen der Versuch sprechen, einen heterogenen Demos mit Mitteln von "identity group rights" zu konsolidieren, hat jüngst Offe (1998a) in überzeugender Weise zusammengestellt.

sich aber wiederum mit jeweils spezifischen Formen der kollektiven Einübung von Legitimitätsglauben (Beteiligung, religiöse, rituelle, medienvermittelte Kommunikation) verbinden muß. Vor diesem Hintergrund können sie dann in einem zweiten Schritt plausibel machen, daß die Gestalt, die die politische Öffentlichkeit im 19. Jahrhundert in der Verbindung von Volk, Nation und Volonté Générale angenommen hat, aus drei Gründen überholt zu sein scheint: Erstens könne die Homogenitätsannahme des als Nation gedachten Volks auf europäischer Ebene nicht mehr wiederholt werden; zweitens könne dann der im Lichte republikanischer Annahmen konstruierte Kollektivakteur „Volk" auch seine Rolle, Träger der öffentlichen Meinung zu sein, nurmehr bedingt erfüllen, was drittens auch damit zu tun habe, daß die Ausdehnung von Partizipationschancen für alle die diskursive Qualität des Partizipationsprozesses unvermeidlich sinken lasse. Dadurch herausgefordert, rekurrieren sie dann in einem dritten Schritt, alternativ zu nationalen Öffentlichkeiten, auf die Idee themenspezifischer Teilöffentlichkeiten, die den konzeptionellen Rahmen der empirischen Untersuchungen im vierten wie der programmatischen Überlegungen im fünften Teil bildet. Zu diesem Zweck führen sie mit Bezug auf die öffentlichkeitsstrukturierende Verteilung von Publikums- und Sprecherrollen eine Reihe von funktionalen Unterscheidungen ein, die sie in einem Drei-Arenen-Modell öffentlicher Kommunikation miteinander kombinieren. Dabei unterscheiden sie im einzelnen Medien- von Präsenzpublika, qualifizieren diese einerseits nach dem jeweiligen Ausmaß ihrer Betroffenheit von politischen Entscheidungen als direkt, indirekt oder potentiell betroffene und andererseits als aktive resp. passive Publika, um diesen dann Sprecherrollen des Zentrums (institutionelle Sprecherrollen), des Vermittlungssystems (vor allem massenmediale Sprecherrollen) und der Peripherie (vor allem Experten, Advokaten und öffentliche Intellektuelle) gegenüberzustellen. Diese Unterscheidungen dienen, wie bereits gesagt, der konzeptionellen Ausarbeitung empiriefähiger Modelle politischer Öffentlichkeit(en), die sie am Beispiel von in der europäischen Migrationspolitik entstehenden transnationalen Öffentlichkeiten in einem vierten Schritt zunächst deskriptiv einführen und schließlich in einem fünften Schritt programmatisch generalisieren. Dabei stoßen sie mit deliberativen, interessenpolitischen und symbolischen Arenen auf drei Modelle öffentlicher Kommunikation im transnationalen Raum, die eine jeweils spezifische Verbindung von Sprechern und Publika ebenso wie spezifische Ziele und Rationalitätsansprüche aufweisen und bereiten so ihre gewiß kontraintuitive These vor, daß gerade die normativ und von ihren infrastrukturellen Voraussetzungen her anspruchsärmste Form von Öffentlichkeitsbeteiligung in Arenen symbolischer Politik zum Kristallisationskern einer zivilgesellschafltichen Demokratisierung der EU werden könnte: Die (dialektische) These ist, daß gerade der Versuch europäischer Eliten, über symbolische Mobilisierung diffuse Zustimmung zu gewinnen, die „Büchse der Pandora" einer „responsiven Öffentlichkeit, die die Legitimität europäischer Politik an steigende normative Erwartungen knüpft", öffnet und so zur Emergenz „negativer Öffentlichkeiten" beiträgt, die den bestehenden Institutionen zunächst zwar nur Legitimation entziehen, damit aber auch legitimationsstiftende institutionelle Reformprozesse provozieren und stützen (Eder/Hellmann/Trenz in diesem Band: 339).

Diese Überlegungen zu Funktion und Form transnationaler Teilbereichsöffentlichkeiten scheinen, bei aller Vorläufigkeit, im Ansatz jedenfalls durchaus geeignet, die von Greven mit Blick auf das nationalstaatliche Modell politischer Öffentlichkeit ausgemachten Hürden (im Wesentlichen: fehlende sprachliche und bedeutungssichernde kulturelle Homogenität) vor der Entfaltung einer europäischen Demokratie ein Stück weit abzutragen. Im Zusammenhang gelesen, stützen die hier kommentierten Texte so insgesamt doch eher die Auffassung, daß es jedenfalls keinen prinzipiellen Anlaß gibt, auf die Grenzproblematik der Demokratie lediglich mit Skepsis zu reagieren. Die oben angedeutete Dialektik von Inklusion und Exklusion, die sich für die Demokratie zu einem Dilemma ausweiten kann, wenn die der Demokratie inhärente menschenrechtlich-universalistische Dynamik in eine Selbstüberforderung der inneren Integrationsmechanismen umschlägt, stellt sich in einer Skepsis begründenden Schärfe als prinzipielles Problem wohl erst dann, wenn man die Grundlagen der Demokratie in einem zugleich zu engen und zu starken Sinn ethisch versteht. Hier scheinen Ermäßigungen an dem aus der republikanischen Tradition überkommenen Ethos der Demokratie angebracht, die dann in prozedural-konstitutioneller Hinsicht zu kompensieren wären. So würde, und auch dafür halten die in diesem Abschnitt versammelten Texte durchaus Belege bereit, ein konzeptioneller Spielraum eröffnet, der für differenzierte Grenzziehungen und ein komplexes, konstitutionell eingehegtes Arrangement unterschiedlicher Formen der Realisierung der Idee demokratischer Selbstbestimmung in der Perspektive eines zumindest europäischen Supranationalismus genutzt werden kann, ohne dafür notwendigerweise den Preis einer inakzeptablen Ausdünnung des normativen Gehalts der Strukturen europäischen Regierens entrichten zu müssen. Allerdings markieren sie damit auch deutlich eine konstitutionelle Schwelle, die zu diesem Zweck auf jeden Fall überschritten werden müßte.

Literaturverzeichnis

Abromeit, Heidrun/Schmidt, Thomas, in diesem Band: Grenzprobleme der Demokratie: konzeptionelle Überlegungen.

Andersen, Svein S./Burns, Tom, 1996: The European Union and the Erosion of Parliamentary Democracy: A Study of Post-parliamentary Governance, in: *Andersen, Svein S./Eliassen, Kjell A.* (Hrsg.), The European Union: How Democratic Is It? London, 227-251.

Benz, Arthur, in diesem Band:Ansatzpunkte für ein europafähiges Demokratiekonzept.

Brock, Lothar, in diesem Band: Die Grenzen der Demokratie: Selbstbestimmung im Kontext des globalen Strukturwandels Und des sich wandelnden Verhältnisses zwischen Markt und Staat.

Bredow, Wilfried von, 1998: Beiderseitigkeit. Vom Verschwinden und Wiederauftauchen politischer Grenzen, in: Universitas 53, 623, 441-453.

Cohen, Joshua/Sabel, Charles, 1997: Directly-Deliberative Polyarchy, in: European Law Journal 3, 4, 313-342.

Dahl, Robert A., 1994: A Democratic Dilemma: System Effectiveness versus Citizen Participation, in: Political Science Quaterly 109, 1, 23-34.

Eder, Klaus/Hellmann, Kai-Uwe/Trenz, Hans-Jörg, in diesem Band: Regieren in Europa jenseits öffentlicher Legitimation? Eine Untersuchung zur Rolle von politischer Öffentlichkeit in Europa.

Gerstenberg, Oliver, 1997: Law´s Polyarchy: A Comment on Cohen and Sabel, in: European Law Journal 3, 4, 343-358.

Greven, Michael Th., in diesem Band: Mitgliedschaft, Grenzen und politischer Raum. Problemdimensionen der Demokratisierung der Europäischen Union.

Habermas, Jürgen, 1992: Faktizität und Geltung. Beiträge zur Diskurstheorie des Rechts und des demokratischen Rechtsstaats. Frankfurt a.M.

Habermas, Jürgen, 1996: Die Einbeziehung des Anderen. Studien zur politischen Theorie. Frankfurt a.M.

Habermas, Jürgen, 1998: Die postnationale Konstellation und die Zukunft der Demokratie (Ms.).
Honneth, Axel, 1992: Kampf um Anerkennung. zur moralischen Grammatik sozialer Konflikte. Frankfurt a.M.
Joerges, Christian/Neyer, Jürgen, 1997: From Intergovernmental Bargaining to Deliberative Political Processes: The Constitutionalisation of Comitology, in: European Law Journal 3, 3, 273-299.
Kersting, Wolfgang, 1998: Einleitung: Probleme der politischen Philosophie der internationalen Beziehungen: die Beiträge im Kontext, in: *Chwaszcza, Christine/Kersting, Wolfgang* (Hrsg.), Politische Philosophie der internationalen Beziehungen. Frankfurt a.M., 9-69.
McGrew, Anthony, 1988: Demokratie ohne Grenzen?, in: *Beck, Ulrich* (Hrsg.), Politik der Globalisierung. Frankfurt a.M., 374-422.
Münch, Richard, 1998: Globale Dynamik, lokale Lebenswelten. Der schwierige Weg in die Weltgesellschaft. Frankfurt a.M.
Offe, Claus, 1998a: „Homogeneity" and Constitutional Democracy: Coping with Identity Conflicts through Group Rights, in: The Journal of Political Philosophy 6, 2, 113-141.
Offe, Claus, 1998b: Demokratie und Wohlfahrtsstaat: Eine europäische Regimeform unter dem Streß der europäischen Integration (Ms.).
Pogge, Thomas W., 1997: Creating Supra-National Institutions Democratically: Reflections on the European Union´s „Democratic Deficit", in: The Journal of Political Philosophy 5, 2, 162-182.
Rawls, John, 1979: Eine Theorie der Gerechtigkeit. Frankfurt a.M.
Rousseau, Jean-Jacques, 1977: Vom Gesellschaftsvertrag oder Grundsätze des Staatsrechts. Stuttgart.
Rousseau, Jean-Jacques, 1984: Diskurs über die Ungleichheit. Paderborn.
Scharpf, Fritz W., 1997: Economic integration, democracy and the welfare state, in: Journal of European Public Policy 4, 1, 18-36.
Uhr, John, 1998: Deliberative Democracy in Australia. The Changing Place of Parliament. Cambridge.
Wellmer, Albrecht, 1993: Bedingungen einer demokratischen Kultur. Zur Debatte zwischen Liberalen und Kommunitaristen, in: *Brumlik, Micha/Brunkhorst, Hauke* (Hrsg.), Gemeinschaft und Gerechtigkeit. Frankfurt a.M., 173-196.

Verzeichnis der Autoren

Herausgeberin:
Kohler-Koch, Beate, Prof. Dr., Universität Mannheim, Lehrstuhl für Politische Wissenschaft II, 68131 Mannheim

Abromeit, Heidrun, Prof. Dr., TU Darmstadt, Institut für Politikwissenschaft, Residenzschloß, 64283 Darmstadt

Albert, Mathias, Dr., J. W. Goethe Universität, FB Gesellschaftswissenschaften, Robert-Mayer-Str. 5, 60054 Frankfurt/Main

Benz, Arthur, Prof. Dr., Martin-Luther-Universität Halle-Wittenberg, Institut für Politikwissenschaft, 06099 Halle (Saale)

Brock, Lothar, Prof. Dr., J. W. Goethe Universität, FB Gesellschaftswissenschaften, Robert-Mayer-Str. 5, 60054 Frankfurt/Main

Eder, Klaus, Prof. Dr., Humboldt-Universität zu Berlin, Institut für Sozialwissenschaften, Universitätsstr. 3b, 10099

Edler, Jakob, Universität Mannheim, Mannheimer Zentrum für Europäische Sozialforschung, AB III, 68131 Mannheim

Greven, Michael Th., Prof. Dr., Universität Hamburg, Institut für Politische Wissenschaft, Allende-Platz 1, 20146 Hamburg

Hellmann, Kai Uwe, Münchener Projektgruppe für Sozialforschung e.V., Dachauer Str. 189, 80637 München

Jachtenfuchs, Markus, Dr., Wodanstraße 30, 14513 Teltow

Joerges, Christian, Prof. Dr., Zentrum für Europäische Rechtspolitik (ZERP), Universitätsallee, GW 1, 28359 Bremen

Neyer, Jürgen, Dr., Zentrum für Europäische Rechtspolitik (ZERP), Universitätsallee, GW 1, 28359 Bremen

Ortmann, Günther, Prof. Dr., Universität der Bundeswehr Hamburg, FB Wirtschafts- und Oganisationswissenschaften, Postfach 700822, 22039 Hamburg

Scharpf, Fritz W., Prof. Dr., Max-Planck-Institut für Gesellschaftsforschung, Paulstr. 3, 50676 Köln

Schmalz-Bruns, Rainer, Prof. Dr., TU Darmstadt, Institut für Politikwissenschaft, Residenzschloß, 64283 Darmstadt

Schmidt, Thomas, TU Darmstadt, Institut für Politikwissenschaft, Residenzschloß, 64283 Darmstadt

Schulten, Thorsten, Hans-Böckler Stiftung, Bertha von Suttner Platz 1, 40227 Düsseldorf

Sydow, Jörg, Prof. Dr., FU Berlin, FB Wirtschaftswissenschaften, Institut für ABWL, Boltzmannstraße 20, 14195 Berlin

Trenz, Hans-Jörg, Münchener Projektgruppe für Sozialforschung e.V., Dachauer Str. 189, 80637 München

Wolf, Klaus-Dieter, Prof. Dr., TU Darmstadt, Institut für Politikwissenschaft, Residenzschloß, 64283 Darmstadt

Zürn, Michael, Prof. Dr., Universität Bremen, FB 8, Institut für Interkulturelle und Internationale Studien, Postfach 330440, 28334 Bremen, sowie Zentrum für Europäische Rechtspolitik (ZERP), Universitätsallee, GW 1, 28359 Bremen

Politische Vierteljahresschrift Sonderhefte

Sonderheft 25

Wolfgang Streeck (Hrsg.)

Staat und Verbände

1995. 402 S. Br. DM 58,00

ISBN 3-531-12661-X

Der Band soll durch theoretische und empirische Beiträge den Stand der Diskussion in der deutschen Politikwissenschaft seit den siebziger Jahren an aufgetretene neue Bedingungen und Fragestellungen heranführen. Insbesondere werden der Einfluß von Deregulierungspolitiken auf den Status von Interessenverbänden, die Lage verbandlicher Interessenvermittlung bei fortschreitender Internationalisierung von Wirtschaft und Politik sowie die Schwierigkeiten bei der Herausbildung von Verbändesystemen in den nachkommunistischen Transformationsgesellschaften behandelt.

Sonderheft 26

Klaus von Beyme / Claus Offe (Hrsg.)

Politische Theorien in der Ära der Transformation

1996. 389 S. Br. DM 62,00

ISBN 3-531-12844-2

Der Band verdeutlicht Umbrüche der Transformationsphase in der politischen Theorie. In einigen Bereichen, etwa der Modernisierungs-, der Demokratietheorie oder der Theorie des Systemwechsels, ist der Einfluß konkreter Ereignisse wie der von 1989, beträchtlich. Das gilt auch für neuere Entwicklungen der internationalen Politik. In anderen Bereichen, wie den Theorien des Feminismus, der neuen sozialen Bewegungen, der Theorien von citizenchip und Legitimationstheorien scheint der Zusammenhang schwächer zu sein, hier wirkte eher der Niedergang des Marxismus in den 80er Jahren als der Zusammenbruch des realen Sozialismus 1989 auf den Wandel der Theorien. Dennoch zeigen sich auch hier bedeutende Einflüsse des Wandels zu post-sozialistischen Gesellschaften. Der Band ist eine umfassende Würdigung aller Bereiche der Theorie - bis hin zu neuen Ansätzen wie rational choice und Chaostheorie.

Änderungen vorbehalten. Stand: Oktober 1998.